《安徽通史》编纂委员会

主　　任：臧世凯

副 主 任：黄传新

委　　员：（以姓名笔画为序）

王世华　　王光照　　王鑫义　　田海明

朱玉龙　　汤奇学　　杨俊龙　　李修松

李琳琦　　沈　葵　　宋　霖　　张子侠

陆勤毅　　周怀宇　　房列曙　　施立业

唐先田　　黄传新　　臧世凯

学术顾问：（以姓名笔画为序）

卜宪群　　王彦民　　王　健　　李昌宪

夏维中　　徐光寿　　童志强　　瞿林东

《安徽通史》编纂委员会 编

安徽通史

宋金元卷

4

主　编◎朱玉龙
副主编◎陈　瑞

全国百佳图书出版单位

时代出版传媒股份有限公司
安徽人民出版社

图书在版编目(CIP)数据

安徽通史·宋金元卷/朱玉龙主编.—合肥:安徽人民出版社,2011.9

ISBN 978-7-212-04293-6

Ⅰ.①安… Ⅱ.①朱… Ⅲ.①安徽省—地方史—辽宋金元时代 Ⅳ.①K295.4

中国版本图书馆 CIP 数据核字(2011)第 186351 号

安徽通史·宋金元卷

朱玉龙 主编

出 版 人:胡正义

总 责 编:杨咸海

责任编辑:杨咸海 黄牧远 　　　　装帧设计:宋文岚

出版发行:时代出版传媒股份有限公司 http://www.press-mart.com

安徽人民出版社 http://www.ahpeople.com

合肥市政务文化新区翡翠路 1118 号出版传媒广场八楼

邮编:230071

营销部电话:0551-3533258 0551-3533292(传真)

制 版:合肥市中旭制版有限责任公司

印 制:安徽新华印刷股份有限公司

(如发现印装质量问题,影响阅读,请与印刷厂商联系调换)

开本:710×1010 1/16 印张:43.5 字数:640 千 插页:6

版次:2011 年 9 月第 1 版 2011 年 9 月第 1 次印刷

标准书号:ISBN 978-7-212-04293-6 定价:148.00 元

北宋　景德镇窑注子注碗

1964年宿松县北宋元祐二年墓出土

北宋　吉州窑绿釉狮盖香薰
1964年宿松县北宋元祐二年墓出土

北宋　景德镇窑影青釉香薰
1973年合肥市包绶墓出土

北宋　繁昌窑影青釉凤头壶
1977年繁昌县新港镇出土

北宋　紫定描金彩瓶
1982年合肥市肥西县将军岭乡李岗村出土

宋 枣心眉纹歙砚
1953年歙县小北门窖藏出土

宋 长方形歙砚
1988年合肥市南郊宋墓出土

宋 "元丰三年" 莲花纹银盒
1966年含山县褒禅山塔塔基内出土

宋　双龙金香囊

1958年宣城县西郊窑场出土

宋　捶揲金棺

1977年寿县报恩寺出土

宋　葵花形金盏

1952年休宁县城关南宋工部侍郎朱晞颜夫妇合葬墓出土

【宋金元卷】

宋　鎏金佛塔

1967年青阳县城关镇宋塔地宫出土

宋　牡丹纹石雕印盒
1994年合肥市电子所工地宋墓出土

北宋　金釦玛瑙碗
1972年来安县相官公社出土

南宋　玛瑙洗
1952年休宁县城关朱晞颜夫妇合葬墓出土

南宋　兽面纹玉卣

1952年休宁县城关朱晞颜夫妇合葬墓出土

元　贯耳玉瓶

1956年安庆市棋盘山元代尚书墓出土

元　荷鹭纹玉饰件

20世纪70年代征集

元 青花双兽耳牡丹纹盖罐
1973年蚌埠市东郊明初汤和墓出土

元 青花莲纹盘
1977年安庆市出土

元 青花兔纹带座供瓶
1984年青阳县庙前乡出土

元　仿哥窑单把杯

1977年安庆市出土

元　卵白釉葫芦形执壶

1982年歙县人民银行基建工地出土

北宋　景德镇窑影青釉狮形瓷枕
1984年屯溪市出土

北宋　景德镇窑影青釉仙人吹笙执壶
1994年宿松县北宋天圣三年墓出土

宋　景德镇窑影青釉炉
1994年枞阳县横铺镇出土

金　白釉"太平馆"铭文四系瓶
1982年萧县出土

南宋　吉州窑莲花纹梅瓶
1955年巢湖市周郑村出土

总　　序

　　盛世修史,是中华民族的优良传统。2004 年 8 月,时任安徽省委副书记张平同志主持召开了《安徽通史》编纂委员会第一次会议,《安徽通史》作为省哲学社会科学规划重大项目立项并启动。在中共安徽省委、省政府领导的关心下,经过我省数十位专家历时近 8 年的辛勤笔耕,现即面世以飨读者。

　　《安徽通史》8 卷 10 册,600 万字,对上自洪荒,下迄 1952 年的安徽历史作了全面系统的表述。

　　编撰《安徽通史》我们坚持三个基本原则:

　　一是坚持以马克思主义的辩证唯物主义和历史唯物主义为指导思想,实事求是,从纷繁复杂的历史表象入手,去伪存真,去粗取精,真实地、本质地反映安徽历史。尊重历史事实,是则是,非则非,秉笔直陈,不用春秋笔法,把编写者的主观判断排除在《安徽通史》之外,把历史事实展现给读者,把评说的空间留给读者。

　　二是略远而详近。古代是我们的前天,近现代是我们的昨天。近现代是传统向现代转变时期,直接影响当代。自夏代算起,安徽历史

有4000年,其中鸦片战争至新中国成立之初不过百年,叙述这百余年历史的卷数为《安徽通史》全书的25%,字数约为全书的30%;《新中国卷》虽只写四年亦立为一卷。历史著作的社会价值主要在于有助于人们深刻了解当代社会和当代人,为解决现实问题提供经验教训。因此而言,略远而详近是必然选择。

三是史料务求翔实。史料是史著的基本元素,史料丰富与否往往决定了史著价值高低。几年来,参加编写《安徽通史》的专家用于爬梳资料的时间远多于撰写时间,经多方罗掘,发现了很多新的资料。先秦部分用近年发现的大量考古资料以补充文献资料,近现代部分则大量利用了报刊资料及档案。新资料的发现和使用是本书一系列亮点的基础。

中国是一个整体,但各省(区、市)的历史各有特色,造成差别的原因很多,地理位置和自然条件的差异是最基本的原因之一。安徽连贯东西、融会南北,左江浙,右湖北,上接中原,下邻江西。长江淮河穿省而过将安徽切成比较均匀的三大块。淮北平原属典型的北方,皖南山区是标准的南方,江淮之间是南北过渡地带。全省气候温和,水资源丰富,适宜农耕。

安徽历史的特点约略有五:

一、安徽历史发展受惠外部较多。自给自足的自然经济一般有很强的封闭性,但封闭不是绝对的,安徽与周边地区交往较多,对安徽历史发展起了明显的促进作用。安徽本为东夷活动区域,大禹为治水来到安徽,并在涂山(今属安徽怀远)大会诸侯,安徽的东夷积极响应,自此开始融入中国主流。东晋至南宋是中国经济重心南移、中原文化南播时期,安徽作为主要通道,社会经济发展水平显著提高。明清时期安徽和江浙关系密切,其时江浙正是中国经济最富庶、文化最发达地区,安徽经济、文化与之同时发展,且不遑多让。鸦片战争后,上海成为中国经济发展的龙头,八百里皖江成了近代意义上的黄金水道;

新中国成立前,号称"小上海"的城镇遍布我省各地,在安徽人心目中,上海是先进和繁华的代名词。

二、安徽的历史发展特别艰难曲折。安徽历史上灾难之多之惨烈绝非其他省可以相比。江淮之水患频仍世人皆知,但对安徽历史损害最大的是兵祸。自古以来,淮北和江淮就是各方争夺之地,楚汉、魏吴、东晋、南朝、南宋、南明和北方政权,都曾在安徽进行过恶战;历史上大规模农民战争除两汉外,如秦末、隋末、唐末、元末、明末、晚清农民战争,无不以安徽为主战场。每当战乱,除交战双方相互砍杀之外,就是对人民烧杀抢掠,一时白骨遍野,数百里不见人烟,惨不忍睹。在历史上淮北和江淮之间因兵燹损失半数以上人口有十余次。面对深重苦难,安徽人民顽强坚毅,一次次在废墟上重建家园。显示了超强的生聚能力。

三、安徽南北社会、经济、文化和国家的南北社会、经济、文化同步变化。三国以降,国家分裂时,表现为南北政权对峙,安徽则分属南北两个对立的政权。自东晋至南宋,中国经济重心南移,中原文化南播,改变了中国经济、文化态势,与此同时,安徽沿江江南在经济文化方面一跃超过原先先进的淮北。在上述两方面没有一省像安徽那样酷似国家的变化。

四、人才之盛,世所公认。安徽独特的环境为中华民族造就一大批精英人物,其中一些人分别在不同领域为华夏文明创立了标志性历史功业。改革家首推生于涂山的夏启(对先秦时代的人常以出生地为其籍贯),启废禅让为世袭,中国遂由原始社会进入阶级社会、文明时代。李鸿章兴办洋务新政是中国向近代迈出的第一步。思想领域老子把朴素的辩证法教给了中国人,陈独秀高举科学、民主旗帜,从根本上否定传统的价值观。在文化领域,庄子、曹操、方苞、程长庚,各领风骚,为五彩缤纷的中华文化作出巨大贡献。胡适倡导白话文学,促成白话文代替文言文成为"正宗"载体,其功至伟。

五、独特的历史遗憾。明以前,今安徽总是分属于几个不同行政区域或不同政权管辖,并且这些行政区域或政权治所或不在安徽或在安徽却旋设旋撤,以致秦以后安徽没有出现规模较大的都市。工商辐辏的都市对一个地区社会、经济、文化有显著的拉动作用,即使在农业社会也是如此。此外,未形成可基本覆盖全省的皖文化。这两点在内地各省中绝无仅有。

每一代人都在创造历史,我们这一代人的使命是创造安徽崛起、中华复兴的历史。人们是在历史的基础上创造历史,先辈的经验教训对于后人是一笔宝贵的财富,前贤的精神是激励后代的动力。本书对全面深入了解安徽有较大帮助,希望能引起读者兴趣。

历史已成过去,完全复原绝不可能。作者有其局限,洵为常理,众人之作难以避免风格上不统一,《安徽通史》中可商榷处所在多有。盼望读者批评,如切如磋,如琢如磨,以期繁荣学术,俾安徽历史的研究水平更上层楼。

《安徽通史》编纂委员会

2011 年 9 月

目　　　录

总　序 ……………………………………………………… 001

第一章　北宋王朝对安徽地区的统治 …………………… 001
　第一节　平定南唐、安徽全境入宋 ……………………… 003
　第二节　行政区划调整及管理机构的设置 ……………… 005
　第三节　政治、军事和思想控制 ………………………… 012

第二章　北宋时期安徽地区的农业 ……………………… 017
　第一节　北宋政府发展农业的政策与措施 ……………… 019
　第二节　农业生产力稳步提高 …………………………… 023
　第三节　农田和水利建设 ………………………………… 028
　第四节　农林及家庭畜养业 ……………………………… 034
　第五节　过度开发对生态环境的影响 …………………… 041

第三章　北宋时期安徽地区的矿冶和手工业 …………… 043
　第一节　采矿和冶铸业 …………………………………… 045
　第二节　文具制造业 ……………………………………… 049
　第三节　纺织、印染、酿造和陶瓷业 …………………… 056

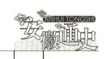

第四章　北宋时期安徽地区的商业和交通运输业 ·········· 067

　　第一节　商业的繁荣与兴盛 ·········· 069

　　第二节　城镇的兴起 ·········· 080

　　第三节　交通运输业的发展 ·········· 088

第五章　北宋时期安徽地区贫富两极分化及
　　　　社会矛盾的加剧 ·········· 093

　　第一节　土地高度集中和社会结构的变化 ·········· 095

　　第二节　沉重的经济剥削和徭役负担 ·········· 100

　　第三节　流民、兵变和盗贼问题 ·········· 112

　　第四节　方腊起义及其对皖南地区的影响 ·········· 117

第六章　南北对峙及由此引发的溃兵、盗贼和
　　　　流民武装集团问题 ·········· 121

　　第一节　北宋灭亡及南北对峙下的安徽战局 ·········· 123

　　第二节　安徽人民为保卫家园进行的英勇斗争 ·········· 137

　　第三节　溃兵、盗贼和流民武装集团对安徽地区的侵扰 ········ 141

第七章　南宋、金、伪齐统治下的安徽地区 ·········· 149

　　第一节　金和伪齐统治下的安徽淮北地区 ·········· 151

　　第二节　南宋统治下的安徽江淮之间地区 ·········· 157

　　第三节　南宋统治下的皖南地区 ·········· 173

　　第四节　南宋土地占有和社会财富分配状况 ·········· 184

第八章　宋代安徽地区的文学与艺术 ·········· 195

　　第一节　新意迭出的文艺理论界 ·········· 197

　　第二节　异彩纷呈的创作园地 ·········· 206

　　第三节　诗歌资料搜集与整理 ·········· 237

第四节　书法艺术 ·································· 242

第五节　绘画艺术 ·································· 249

第九章　宋代安徽学术园地生机勃勃 ·············· 263

第一节　儒学 ······································ 265

第二节　史学和地理学 ······························ 277

第三节　佛学 ······································ 290

第十章　宋代安徽地域文化异彩纷呈 ·············· 297

第一节　方兴未艾的雕板印刷业 ···················· 299

第二节　藏书 ······································ 307

第三节　亭台园林建筑和名人题记 ·················· 311

第四节　宗教信仰 ·································· 314

第五节　民间神祠文化 ······························ 318

第六节　形式多样的民间文化娱乐活动 ·············· 323

第七节　人情风俗 ·································· 325

第十一章　宋金时期安徽地区的教育与科技 ········ 329

第一节　跌宕起伏的教育事业 ······················ 331

第二节　光辉灿烂的科技成就 ······················ 349

第十二章　元灭宋及其对安徽地区的统治 ·········· 361

第一节　灭宋、安徽全境入元 ······················ 363

第二节　平息动乱、恢复社会秩序 ·················· 364

第三节　行政设置及统属关系 ······················ 366

第四节　设官分职 ·································· 369

第五节　中央和行省的派出机构 ···················· 370

第六节　元政权对安徽地区的控制 ·················· 375

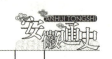

第十三章　元代安徽地区的经济 ……………………………………… 381

第一节　农业 …………………………………………………………… 383

第二节　种植业、畜养业和渔业 ……………………………………… 413

第三节　矿冶与手工业 ………………………………………………… 420

第四节　交通运输业 …………………………………………………… 438

第五节　商业 …………………………………………………………… 442

第十四章　元代安徽地区的文化、教育和科技事业 ………………… 449

第一节　文学艺术 ……………………………………………………… 451

第二节　史学 …………………………………………………………… 459

第三节　儒学 …………………………………………………………… 462

第四节　宗教 …………………………………………………………… 470

第五节　教育 …………………………………………………………… 473

第六节　科技 …………………………………………………………… 492

第十五章　社会矛盾加剧与安徽人民推翻元朝统治的斗争 ………… 503

第一节　社会矛盾加剧 ………………………………………………… 505

第二节　安徽人民推翻元朝统治的斗争 ……………………………… 508

附录一　宋金元安徽大事编年 ………………………………………… 523

附录二　宋金元安徽人物小传及资料来源表 ………………………… 549

主要参考文献 …………………………………………………………… 679

后　记 …………………………………………………………………… 688

第一章
北宋王朝对安徽地区的统治

北宋王朝是赵匡胤在五代纷争、十国偏霸的乱局中通过阴谋手段建立起来的,他的弟弟赵匡义,又是在烛影斧声中爬上皇帝宝座的。鉴于历史的教训,他们的施政方略,始终都贯彻了强干弱枝、重文抑武、事权分散的方针。尤其对原来隶属南唐统治的淮河以南地区,更是如此。

第一节 平定南唐、安徽全境入宋

一、灭南唐前的准备工作

公元960年,赵匡胤发动陈桥兵变,建立宋朝。后人为便于和建立在杭州的偏安政权区别,又称其为北宋。原属后周的今安徽长江以北地区,转手为其所有,而江南的宣、歙、池三州及当涂雄远军,却仍在南唐统治之下。

南唐在十国中号称头等强国,北宋统治者没敢贸然对其用兵,而是沿用后周制定的先易后难统一诸国的战略原则,做好准备,再一举灭之。其准备工作要而言之有以下几个方面:一、扫清外围,完成对南唐的战略包围。乾德元年(963),降荆南、平湖湘;三年,灭蜀。开宝四年(971),敉平南汉。加之吴越钱氏本来就是南唐的仇敌,所以至此南唐已陷入南、北、西三面包围之中。二、开凿整治通往长江前线的河道,以保障战时后勤供给。建隆元年(960),命中使督役浚蔡河,设斗门积水,自京师至通许镇(在今河南省通许县)。① 二年,发京畿、陈、许丁夫数万,导闵水自新郑与蔡水合,从京城历陈、颍达寿春入淮,以通淮右舟楫。② 开宝四年,疏浚肥河。③ 自淮经合肥入巢入江。开宝八年(975),发和州丁夫及乡兵数万凿横江渠,自今和县城东至金河口入长江,和当时的牛屯河、姥下河、麻湖、巢湖连通,成为重要的水上运粮通道。至于隋唐大运河,更是一修再修,至开宝后期,已可以自开封放战舰一路直抵扬州。三、施反间计,离间南唐君臣关系,借李煜之手杀掉积极主张抗拒北宋的一代名将林仁肇。四、用计谋赚取南唐诸州图

① 《续资治通鉴长编》卷一《建隆元年》。
② 《续资治通鉴长编》卷二《建隆二年》
③ 《舆地纪胜》卷四五《新开肥河记》。

经,山川、津隘及设防情况尽在掌握之中。[①] 五、不断地进行战争恐吓,迫使频繁入贡,削弱南唐的经济实力。六、在京师、江陵、汉阳等地大造战船,秣马厉兵,聚草屯粮。开宝七年(974),诸事就绪,召李煜赴阙,被拒绝,于是对南唐的战争开始了。

二、安徽全境入宋

开宝七年九月,赵匡胤命曹彬为西南路行营马步军战棹都部署,潘美为都监,曹翰为先锋都指挥使,吴越王钱俶为昇州东南行营招抚制置使。十月,诸路大军并发。曹彬等自江陵东下,很快便由蕲阳(今湖北蕲县)渡过长江,除留曹翰一军围江州,余部直扑池州。南唐池州守将尚未接到战报,见了宋军,还以为是例行巡边,于是遣使奉牛酒犒劳,旋即发现情况异常,遂弃城逃跑。闰十月,曹彬入池州城,乘胜东下,连克铜陵、芜湖、当涂,进屯采石,以待后续部队。先是南唐池州人樊若水因举进士不第,心怀怨愤,猜知宋将南征,遂扮作渔夫,乘舟往来于采石至江对面,测知江面宽度后,投奔汴梁,向赵匡胤献造浮桥以渡大军之计。北宋依其计而行,在江陵打造黄、黑龙船数千艘,备齐竹绠,由水军运至石牌口(今怀宁西)。十一月十一、二日间,再移至采石。时值仲冬,长江水枯,不过三日,浮桥建成,不差尺寸,在江北集结待命的宋军后续部队,浩浩荡荡,如履平地,杀奔江南。南唐后主李煜命镇海军节度使郑彦华督水军、天德都虞侯杜真领步军迎战,杜真一马当先,率部死战,郑彦华却停船中流,拥兵不救,结果杜真部一败涂地。宋军乘胜而进,逼近金陵(今南京市),南唐军进退失据。开宝八年二月,宋军攻破金陵外城;四月,吴越兵陷常州,兵锋直指润州(今江苏镇江市);九月,南唐润州镇海军留后刘澄举城降。润州失守,金陵门户大开,吴越兵很快攻至金陵城下,与宋军东西夹击金陵。李煜急调南都(治今江西南昌市)水军入援,大将朱令赟拥众15万,迟迟不发,至此,始自湖口(即今江西鄱阳湖入长江之口)顺流东下,将焚采石浮桥,行至皖口(即今安庆市西南皖水入江口),被宋将王明击溃,

---

① 《续资治通鉴长编》卷一四《开宝六年》。

朱令赟被生擒。十一月二十七日,金陵城破,李煜降,曹彬命其以手书谕境内郡县归降,于是安徽全境入宋。

第二节　行政区划调整及管理机构的设置

一、综　述

宋初沿袭唐制,以道为地方最高一级行政区划单位,将辖地划分为5道。太宗淳化四年(993),割据势力渐次削平,始置10道,然而当时道的长官"计使"只理财赋,从严格意义上讲,尚不具备一级行政机构职能。至道三年(997),始有定制。至神宗熙宁、元丰年间,路一级划分基本稳定下来。今安徽境土分属于当时的京西北路、京东西路、淮南东路、淮南西路、江南东路。路设转运使司,又曰漕司,"经度一路财赋",了解盈余有无,筹措上供朝廷钱物,年终统计各州县的出入,盈者提取,亏者补足;安抚使司,又称帅司,负责处理本路军民事务;提点刑狱司,又称宪司,初为分散转运司的事权而设,末年兼掌坑冶事务;提举常平司,又曰仓司,负责常平仓、义仓、免役、市易、场坊河渡、农田水利、保甲义勇、户绝田地处置等事务。[①] 这样路已完全具备了一级行政单位的职能。

二级行政单位有府、州、军、监。因为州有大小、轻重之别,故又区别为节度州、防御州、团练州、军事州。军事州全称为知某某军州事,神宗时,军事收归正副将,或钤辖,其制遂罢。州又按户口之多寡,区别为雄、望、紧和上、中、下州。宋朝的节度使、防御使、团练使、刺史皆不之任,徒为文武官员迁转之阶。唯差京朝官"知州",才是亲民办事的官。[②] 军有两种,一种与下州同级,属路管辖,其长官称"知某某

---

① 以上系据《宋史·职官志》修入。
② 孙逢吉:《职官分纪》卷四〇。

军"，一般设在地理位置重要而又不宜置州、府的津会之处。第二种与上县同级，隶属于府、州管辖，其长官称"某某军使"，军使兼知所在县事。监一般设在坑冶、铸钱、制盐、牧马之地。

三级行政单位有县、军、监，县亦有雄、望、紧和上、中、下之分。

基层行政单位，城区行厢、坊制，如当时的寿春县城就有伍明坊、左史坊、春申坊、廉公坊、八仙坊、市内坊、西城坊等，霍邱县城有孝义坊，下蔡县城有南厢。① 村落之间设镇、乡、里甲。唐代的镇主要指军镇，设在过遮冲要之处，其长官称"某某镇遏使"。北宋用"监镇"代替了"镇遏使"，其职能也由军事改为"管火禁，或兼酒税"。② 设置原则也改以经济实力和人户多寡为标准。比如歙县的岩寺和新馆，年税收都很多，但因新馆居民"不满百家"，结果朝廷批准岩寺为镇而新馆却"不可为镇"。③ 北宋初，置里正掌课输。至和初，罢里正，增差户长。熙宁中，罢户长，行保甲法，令甲头催科。

另外，北宋在今安徽境内还设置了一些直属中央的机构。太平兴国七年（982），诏舒州修司命真君祠，赐号灵仙观。景德二年（1005），诏修亳州太清、洞霄两宫。大中祥符九年（1016），亳州修明道宫。寺观诸务，旧为僧道主持，北宋始置管勾或提举主其事，往往由衰老不任职或失意、求清闲的官员充当。④ 专门经济机构，如无为榷货务，为北宋我国沿江四大榷货务之一，是重要的物资集散地。淮南十三场中的六个场在今安徽境内，则是专门收购和出售茶叶的机构。这些也都直属中央。

又《宋史·地理志》、《元丰九域志》等，一遵新旧《唐书·地理志》例，于府州后同时又标郡名，如舒州同安郡、宣州宣城郡、庐州庐江郡……致使新编史志误认为两宋乃行州郡交替制。详考史实，其实早自唐代中后期，州已不再改名郡，历五代十国迄南北宋，一直如此。正如前人多已指出的，仅备王公大臣封爵而已，无当于地理沿革之实，故本

---

① 光绪《寿州志》卷三《宋天圣院佛会人名碑》。
② 《宋史》卷一六七《职官志七》。
③ 《宋会要辑稿·方域十二》之九。
④ 《宋史》卷一七〇《职官志·宫观》。

文从略。为使读者一目了然,现将其隶属关系表示如下:

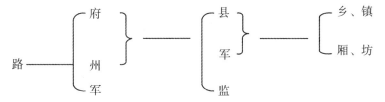

二、建制沿革及隶属关系

京东西路,辖 4 府、5 州、1 军,在今安徽境内设萧、砀 2 县。萧县,望,属徐州,辖 4 乡和永安、白土(即今萧县之白土镇)、双沟(即今江苏睢宁县之双沟镇)3 镇。① 砀山,望,属单州,辖 5 乡。

京西北路,辖 4 府、5 州、1 军,在今安徽境内设颍州顺昌府。颍州,上,旧团练,开宝六年升防御。元丰二年(1079)建为顺昌军节度,政和六年(1116)升顺昌府,治汝阴,统县 4。汝阴,望,开宝六年(973)移旧治东南 10 里处,辖 5 乡和栎头(在今阜阳市西)、王家市(即今利辛县西北之王市)、永宁、椒陂(即今阜南县之焦陂集)4 镇。泰和,望,开宝六年析汝阴县北鄙置万寿县,治百尺镇。咸平五年(1002)移治城南 10 里处,宣和中改名泰和县,②辖 3 乡和斤沟(即今太和县东北之斤沟镇)、界沟、税子步(即今太和县西北之税铺镇)3 镇。颍上,紧,辖 2 乡和漕口(即今颍上县之南照集)、正阳(在今颍河入淮河处)、江陂(即今颍上县之江口镇)3 镇。沈丘,紧,辖 3 乡和永安镇(即今阜南县西之永安镇)。

淮南东路,辖 10 州、2 军,在今安徽境内设亳、宿、滁 3 州,并涉及扬州的天长县、泗州的招信县。亳州,望,旧防御,大中祥符七年(1014)建为集庆军节度,治谯县,统县 7,内 3 县在今安徽境内。谯,望,辖 10 乡和双沟镇(即今亳州市西南之双沟集)。城父,望,辖 7 乡和福宁镇。蒙城,望,辖 7 乡和蒙馆镇(在今蒙城县东北)。宿州,上,建隆元年(960)升防御,开宝五年(972)建为保静军节度,治符离,统县 5。符离,望,辖 6 乡和曲沟(即今宿州东之高沟)、夹沟(即今宿州北之夹沟镇)2 镇。临涣,紧,大中祥符七年一度割隶亳州,天禧元年

---

① 镇之升降置废靡常,本文所述,主要依据《元丰九域志》等书。
② 万寿改名泰和年月,有宣和元、三年两说,迄无的证表明孰是孰非,姑约以宣和中。

（1017）复还隶宿州。原辖4乡，因大李乡距县治太远，遂留属亳州，故后仅辖3乡和柳子（即今柳子集）、蕲泽（在今宿州西北）2镇。虹，中，辖4乡和通海（即今泗县东之通海集）、新兴（在今泗县东）、子仙（在今泗县东北）、新马（在今泗县北）4镇。灵璧（宋称灵壁，金时改为灵璧），元祐元年（1086）析虹县之零壁镇置，同年七月复废为镇；七年二月，再升为县。政和七年（1117），改零壁为灵璧，辖西堌镇（一作西固、西故，即今固镇县城）。蕲，望，辖3乡和桐墟（在今宿州西南）、静安（在今宿州东）、荆山（在今怀远县涡河入淮处）3镇。滁州，上，军事，治清流县，统县3。清流，望，辖5乡。全椒，紧，辖4乡和六丈镇（即今全椒之六丈镇）。来安，望，辖5乡和白塔镇（即今来安之半塔镇）。扬州天长县，望，旧为天长军，至道二年（997）废军为县，辖28乡和铜城（即今天长市北之铜城镇）、石梁（即今天长市之石梁镇）2镇。泗州招信县，上，旧名招义，属濠州，乾德元年（963）改隶泗州。太平兴国元年，避太宗御名改曰招信，辖6乡和木场镇。

淮南西路，辖1府、7州、2军，在今安徽境内设寿春府、庐舒濠和4州和无为军。寿春府，紧，旧寿州忠正军节度，政和六年（1116）升府，治下蔡。初领下蔡、寿春、安丰、霍邱、霍山、盛唐6县，开宝元年废霍山入盛唐，四年改盛唐曰六安①，政和八年（1118）升六安县为六安军，故北宋末只领4县1军。下蔡，紧，辖4乡和苏村、阚团（即今利辛县东南之阚汀集）2镇。安丰，望，辖16乡和建春、塘曲、夏塘（即今长丰县南之下塘镇）、合寨（在今长丰县南）、永乐（即今寿县之永乐镇）、隐贤（即今寿县之隐贤镇）、谢步（即今寿县南之谢埠）、来远（在今寿县西南）、木场（即今六安市北之木厂镇）9镇。霍邱，望，辖10乡和成家步（在今霍邱县西）、善香（在今六安市北）、开顺（即今金寨县东北之开顺集）3镇。寿春，紧，旧治今县东南，宋初移今治，辖6乡和史源（即今长丰县西史院）、花靥（在今寿县西北淮河南岸，已没于水）、南庐（在今长丰县东）、墥涧（在今淮南市东北）4镇。六安军，旧名盛唐，

---

① 按《太平寰宇记》卷一二九《寿州六安县》云："开宝四年改为六安县，仍并霍山县入焉。"《宋史》卷八八《地理志》作"开宝中废霍山、盛唐二县"，均含混不确定，今据《元丰九域志》卷五，废霍山入盛唐在开宝元年，改盛唐名曰六安在开宝四年。

开宝四年（971）改名六安，政和八年升县为军，与上县同级，辖7乡和桐木、丁汲（即今六安市西北丁集）、故步（一作故埠，即今霍山县城）、山南（即今肥西县之山南馆）、麻步（即今六安市西南之麻埠镇）、郭界步、船坊、故县8镇。庐州，保信军节度，大中祥符三年（1010），以庐州长史兼安抚使。嘉祐四年（1059），庐州安抚使兼本路兵马钤辖。大观二年（1108），升望，治合肥。旧领合肥、庐江、巢、慎、舒城5县，太平兴国三年（978），割巢、庐江别置无为军，自此终北宋世管内仅3县。合肥，上，辖10乡和段寨（在今合肥市西北）、青阳（在今合肥市东南）、移风、永安（即今肥东县北之永安镇）4镇。慎，中，辖6乡和大涧、竹里、故郡、东曹、清水（在今合肥市北）、沛城、袁团7镇。舒城，下，辖2乡和九井（即今舒城县之九井）、新仓（即今肥西县南之新仓）、桃城（即今舒城县之桃溪镇）、航步（即今舒城县东北之航埠镇）4镇。和州，上，防御，治历阳，统县3。历阳，紧，辖8乡和万岁岭（在今和县西北）、功剩桥（在今和县西南）、姥下（即今和县西南姥桥）、白渡桥（即今和县之白渡桥镇）、平痫汤（在今和县西北）、白望堆6镇。含山，中，辖4乡和清溪（即今含山县西南之清溪镇）、仙踪（在今含山县北）、石门、再安（在今含山县西北）4镇。乌江，中，辖4乡和汤泉（即今江苏江浦县西之汤泉镇）、永安、石碛、新市、高望5镇。舒州，上，旧防御，政和五年（1115）升德庆军节度，治怀宁，淮西路提点刑狱司治此，统5县1监。怀宁，上，辖8乡和石牌（即今怀宁县之石牌镇）、石潭（在今潜山县东）、许公（在今怀宁县境内）、长风沙（即今安庆市东之长风镇）、皖口（又名山口镇，在今怀宁县东北）、石井（在今桐城县南）、获步、罗豆8镇。望江，上，辖2乡和马头镇。太湖，上，辖2乡。宿松，上，辖3乡和龙溪镇。桐城，上，辖4乡和永安、盘水、双港（在今怀宁县东北）、孔城（即今桐城县之孔城镇）、鸎山、石溪（在今枞阳县东）、北硖（即今桐城县之吕亭镇）、挂车（即今桐城县之挂车镇）、枞阳（即今枞阳县城）9镇。同安监，熙宁八年（1075）置，铸铜铁钱，址在今怀宁月山镇东北。濠州，上，旧团练，开宝四年（971）升防御，治钟离。原领3县，乾德元年割招义隶泗州，管内仅余2县。钟离，望，辖8乡和淮东镇（在今凤阳县境）。定远，望，辖6乡和永安（在今定远县

西)、藕塘(即今定远县东南之藕塘镇)、长乐(在今定远县东)、芦塘4镇。无为军,与下州同级,太平兴国三年,以巢县之无为镇置,割庐州之巢、庐江2县隶之。后废,淳化初复置,再废,淳化四年(993)再置。① 熙宁三年(1070),析巢、庐江2县地置无为县,至此始领3县,治无为。无为,望,熙宁三年置,辖5乡和石涧(在今无为县城北)、糁潭(在今无为县西长江北岸,南与铜陵隔江相望)、襄安(即今无为县之襄安镇)3镇。庐江,望,先隶庐州,太平兴国三年来属,辖10乡和矾山(即今庐江县东南之矾山镇)、金牛(即今庐江县西北之金牛乡)、罗场(在今庐江县南)、昆山(即今无为县西南之昆山镇)、武亭、清野6镇。巢,望,旧隶庐州,太平兴国三年来属,辖11乡和石牌、柘皋2镇。

江南东路,辖1府、7州、2军,在今安徽境内置宣、徽、池、太平4州和广德军。宣州,望,初为宁国军节度,元祐后降防御,治宣城。南唐时领宣城、南陵、泾、太平、宁国、旌德6县,开宝八年南唐亡,宋割昇州之芜湖、广德、繁昌来属。太平兴国二年(997),析芜湖、繁昌隶太平州;四年(979),广德升军,自此终北宋世宣州只领原来的6县。宣城,望,辖13乡和水阳(即今水阳镇)、符离窑(在今宣城市北)、城子务3镇。南陵,望,辖8乡。宁国,紧,辖15乡和杜迁(在今宁国市西北)镇。旌德,紧,辖7乡。太平,中,辖9乡。泾,紧,辖11乡。太平州,上,军事,南唐雄远军,宋开宝八年平南唐,改曰平南军。② 太平兴国二年废平南军置太平州,③治当涂,割宣州之芜湖、繁昌隶之。当涂,上,辖14乡和采石(即今当涂县北之采石镇)、慈湖(即今马鞍山市东北之慈湖镇)、黄池(即今当涂县之黄池镇)、青山④、丹阳(即今当涂县东

---

① 按《太平寰宇记》卷一二六、《元丰九域志》卷五、《宋史》卷八八《地理志》、《文献通考》卷三一八、《续资治通鉴长编》卷一九、王之道《无为军淮西道院记》,俱云无为军建在太平兴国三年。《燕翼诒谋录》卷三谓"无为军之建,在淳化四年十二月戊戌"。《读史方舆纪要》卷七又云建在淳化初。《嘉庆重修一统志》卷一二二说:"无为建军在太平兴国三年,淳化中复置。"本折衷诸说云云。

② 按《太平寰宇记》、《宋朝事实》、《元丰九域志》、《续资治通鉴长编》等书,俱云开宝八年改南唐雄远军曰平南军,唯《宋史·地理志》云:"开宝八年,改南平军。"疑《宋史》之"南平军"为"平南军"倒文。

③ 当涂置太平州年月,《元丰九域志》、《太平寰宇记》、《续资治通鉴长编》、《文献通考·舆地考》、《宋史·地理志》、曾巩《繁昌县兴造记》俱在太平兴国二年。《宋史》卷五《真宗记》作咸平元年三月己巳,与诸书异,疑误,故不从。

④ 考《入蜀记》等书俱作青山,即今当涂县东南之青山镇。《元丰九域志》作"青游",恐误,因不从。

北之小丹阳镇)、薛店6镇。芜湖,中,旧隶宣州,太平兴国二年来属,①辖5乡。繁昌,中,旧隶宣州,太平兴国二年来属,辖5乡和荻港(即今繁昌县西北之荻港镇)、黄火(即今繁昌县西南之黄浒镇)、上峨桥(在今繁昌县南)、下峨桥(即今繁昌县东北之峨桥镇)、杨家会5镇。徽州,上,旧名歙州,宣和三年(1121)改今名,治歙县,统县6。歙,望,辖16乡和岩寺镇。休宁,望,辖11乡。祁门,望,辖7乡和大共镇(在今祁门县城北)。绩溪,望,辖9乡。黟,紧,辖4乡和西武、厢口2镇。婺源,望,辖6乡和清化镇。池州,上,军事,治贵池,统6县1监。贵池,望,辖7乡和池口(即今池州市西北之池口村)、秀山(在今池州市西南)、青溪(即池州市南之青溪镇)、灵芝(在今池州市东南)4镇。青阳,上,辖9乡。铜陵,上,辖5乡和大通(即今铜陵市西南之大通镇)、顺安(即今铜陵市东之顺安镇)2镇。建德,上,辖4乡。石埭,上,辖5乡和留口镇(在今石台县东)。东流,中下,原隶江州,太平兴国三年(978)来属,辖4乡和赵屯镇。永丰监,南唐旧铸钱监,北宋至道二年(996)赐今额,址在今贵池县东北龙梅镇。广德军,与下州同级,太平兴国四年(979)析宣州之广德县置,初领1县,自端拱元年(988)始领2县。广德,望,辖9乡。建平,端拱元年析广德县置,治郎步镇,辖5乡和梅渚镇(即今郎溪县北之梅渚镇)。

三、特　点

北宋安徽行政机构设置及区划的调整,和我国其他地方一样,都是围绕加强中央集权,强干弱枝,防止地方尾大不掉进行的。具体表现为:一、政治色彩加重,重北轻南、以北制南倾向明显。如寿州,下属5个行政单位,其中4个在淮河以南,1个在淮河以北,但治所不设在淮河以南的寿春,却放在淮北的下蔡。淮北的亳、宿等州,距淮东路治所扬州千里之遥,唐代一直属河南道,而北宋却将二州割隶淮南东路。这种违反常理的决定,显然不是为了便于管理,而是为了加强政治控

---

①　按诸书皆云太平兴国二年割宣州之芜湖、繁昌隶太平州,唯《宋史·地理志》作三年,疑误,故不从其说。

制。二、事权分散，机构增多。如唐代的道，前期设采访使，后期改制置使，一个行政机构而已。而北宋路并置安抚、转运、刑狱、常平、兵马钤辖 5 司，而且互不统辖。知州之外，又命通判，以牵制之，防止其权大专横。三、二级行政机构除析宣州置太平州、广德军，析庐州置无为军外，大体与五代十国相同。三级行政机构除增置无为、泰和、建平三县，撤销霍山县外，亦基本保持了五代旧貌。

第三节 政治、军事和思想控制

一、政治控制

北宋王朝鉴于唐五代外重内轻、藩镇跋扈、屡篡王室的历史教训，极力推行强干弱枝、尊京师而抑郡县的政策，并为此采取了一系列具体措施。削弱藩镇势力，便是其中重要举措之一。通过收兵权，支郡直属京，节度使不之镇，至真宗朝，扰攘我国历史近两百年之久的藩镇问题被彻底解决。太宗时，南方偏霸诸国渐次削平，为防止溃兵和犷暴之徒乘时作乱，割据政权的残余势力借机死灰复燃，将这些人"悉收隶兵籍"，"列营京畿"，使"虽有桀骜恣肆，而无所施于其间"。[①] 太平兴国元年，江南甫定，即下诏堕毁江淮诸州城隍，撤除江淮地区的武备。先是杨吴、南唐政权为抵御外来势力入侵，曾新筑或增固寿、庐、舒、滁、宣、歙等州城池，至此悉被铲平摧毁。开宝三年、太平兴国三年、淳化二年（991），又先后数次下令没收散落在民间的兵甲，将平定南唐缴获的武器统统集中到扬州封存，严令任何人都不得擅自动用。并禁止私人制造兵器、窝藏兵器。嘉祐四年（1059），下令诸州造册登记打造兵器匠人姓名，规定若再犯，即处以全家流徙的重刑。职官配置，重西北，轻东南，据《文昌杂录》卷五记载，元丰年间，陕西路文武

---

① 《宋史》卷一八七《兵志一》。

职官 552 员、河北路 420 员、京西路 308 员、京东路 307 员，而淮南东西两路加起来才 305 员，只是陕西路的半数，明显少于西北各路。江南东路的歙州，素称"繁难去处"，除知州外，仅配置通判、州学教授、军事判官、军事推官、兵马都监、添差兵马都监、兵马监押、录事参军、司理参军、司法参军、司户参军和监在城酒税各一员，①计才 13 员。东南诸州不仅官员人数比西北诸州少，而且资质也比西北诸州低。陕西、河北、河东三路，任命官吏用"特举"，并"选年六十以下强干者充"。②东南诸州命官用"累资"，也就是按资排辈，这样往往是"庸人并进"，③年老衰颓和才质平庸者尸位。江淮地区统治力量薄弱的情况，曾引起北宋一些政治家的忧虑，早在真宗咸平三年（1000），王禹偁就上书说：

> 太宗缵嗣洪业，克辑大勋，平定并、汾，怀来闽、越，天下一家，无不臣妾。当时议者乃令江淮诸郡毁城隍、收兵甲、撤武备者，三十余年，书生领州，大郡给二十，小郡减五人，以充常从，号曰长吏，实同旅人。名为郡城，荡若平地。虽则尊京师而抑郡县，强干弱枝之术，亦非得其中道也。臣比在滁州，值发兵輓漕，关城无人守御，止以白直代主开闭。城池既圮，器杖不完。及迁维扬，称为大镇，乃与滁州无异。尝出铠甲二十副与巡警使臣，彀弩张弓，十损四、五，盖不敢擅有修治也。④

官员数量少、资质低，意味着统治不严密，政治难以清明，潜伏着大患和社会危机，方腊起义发生在睦州，并迅速蔓延至江南数州，这是其中原因之一。但其中也有例外，如江南的宣州，以"生齿舆赋之数实夥他郡，为州之望，亚于江宁府。朝廷之守不系于有司，丞相率以老于烦使之人上名于天子而授之"。⑤

---

① 淳熙《新安志》卷一《官府》。
② 《续资治通鉴长编》卷六一《景德二年》。
③ 李觏：《盱江集》卷一《长江赋》。
④ 《历代名臣奏议》卷三一七《乞备盗疏》。
⑤ 嘉庆《宁国府志》卷二一卢革《修牙城公宇记》。

安徽淮北诸州,地近京畿,北宋三大漕渠中的汴河、惠民河两条经过这里,因而重视程度相对要高些。《穆参军集》卷中《上颍州刘侍郎书》就曾讲到:"汝阴郡,今之善地,守兹郡者复朝之重贤。"淳化四年,今河南、安徽的淮河以北地区"盗贼群起、商旅不行","沿(长)江多盗"。[1] 大中祥符中,真宗东封西巡,南祠亳州太清宫,大兴木土,火上加油,治安情况进一步恶化。宋王朝开始在沿江、淮、汴、惠民河两岸及京师至颍、亳等州重要交通地段和关津要隘置巡检司。巡检司为北宋新创,任务是维护地方治安,主要负责巡逻州县、捕捉盗贼和私贩、河防及烟火等公事。见于文献记载的如柳子镇巡检、零壁镇巡检、通海镇巡检、桐墟镇巡检等。熙宁四年(1071),诏宿、徐、单等州别立盗贼重法;十年(1077),重法区扩大到寿、亳、濠、泗。元丰四年(1081),颍州也被立为重法区,至此,安徽的沿淮及淮北州县全部列入重法区。而南方只有汀、建、南剑3州和邵武军曾立重法,其他州县均为平法区。所谓重法区,就是同罪而量刑不同,在重法区犯罪,比在平法区量刑要重些,这是法制史上的一个新创造。但实行的效果并不佳,元祐六年(1091)十二月礼部侍郎范祖禹曾说:"自熙宁重法以来,二十余年间不闻盗贼衰止,但闻其愈多耳。"[2]

二、军事控制

北宋军队,大致有三种,禁军、厢军、乡兵。禁军的任务是卫天子、备征战,列营京畿,轮番出戍以捍边陲。太宗初,下江南,分禁旅戍宿、寿,二州各屯勇敢军两指挥,亳州和虹县各屯一指挥,每指挥500人左右。雍熙中,亳州增屯归恩军二指挥(熙宁三年并为一指挥,改名雄胜)。咸平三年(1000),寿州咸圣军一指挥改名骁骏。天圣、宝元间,诏令淮南、江南募置归远军,内寿、亳、宿各一指挥。康定间,募置宣毅军,亳州二指挥,颍、宿、寿、庐、濠、舒、和及无为军各一指挥。同时,颍州置龙骑军一指挥。庆历中,亳、颍各屯广捷军一指挥。皇祐五年

---

① 《续资治通鉴长编》卷三四。
② 《续资治通鉴长编》卷六八《元祐六年》。

（1053），置教阅忠节，大州 500 人，小州 300 人，亳州二指挥，宿、寿、庐、滁、池、歙、宣、太平州和广德军各一指挥。嘉祐四年（1059），诏庐州增募威果二指挥，每指挥不得超过 400 人，淮南、江南其他诸州也随之置此军，"于是东南稍有备矣"。熙宁二年（1069）正月，将厢军的团结、教阅、武艺并入威边，改名武胜军。各州屯驻禁军人数相差很大，淮北的宿、寿、颍、亳最多，有的达五、六指挥，这一方面反映朝廷对这些州的重视，另外，与就食近便也有关系。淮南的庐州，以其地理位置特别重要，也经常驻有三或四个指挥。其他如舒、和、滁、池、太平州及无为军、广德军，或一或二指挥不等。歙州地险人劲，屯忠节、威果、武雄各一指挥，不足千人。① 禁军不久驻一地，屯戍各州的禁军一般三年一更戍，以防军政勾结为一体。统属关系，对上，分别隶属于殿前司和侍卫司。在本州府的活动，北宋前期，受"知某某州（府）军事"管辖。神宗实行将兵制后，改归正、副将管辖。多头领导，重复设官，北宋最高统治当局这样做的目的是使兵不识将，将不能专其兵，防止兵将联合作乱。但由此产生的弊端也很多，事无专责，互相推诿，士兵"饮食嬉游，无所事事"，遂"养成骄隋"，降低了战斗力，以致"缓急不可用"。② 池州盗贼不过 10 人，公然鸣鼓摇旗，招摇过市，大白天入城掠夺。③ 在山东肇事的王伦、宋江等，也都纷纷转战向淮南发展，足见这一地区统治力量之薄弱。为了解决这个矛盾，元丰四年（1081），开始在东南诸路置 13 将，负责教阅士兵。淮南东路为第一将，驻亳州；淮南西路为第二将，驻庐州；江南东路为第五将，驻宣州。到方腊起事，东南诸将望风溃逃，其效果也就可想而知了。宣和三年（1121），下诏诸州增屯禁军，节度州二指挥，余州一指挥，这时北宋王朝已是风雨飘摇，大厦将倾。

厢军，又名镇兵或州兵，属所在州管辖。"名额猥多，自骑射至牢城，其名凡二二三"。然"止给诸役，未尝教以武伎"。④ "给漕輓者，兵也；服工役者，兵也；缮河防者，兵也；供寝庙者，也兵；养国马者，兵也；

① 《宋史》卷一八八《兵志二》。
② 《宋史》卷一八八《兵志二》。
③ 《续资治通鉴长编》卷一四一《庆历三年》。
④ 《宋史》卷一八九《兵志三》。

疲劳而坐食者,兵也。"①寿州厢军有桥道都、杂作都,和州有装发都,亳州有装卸营,池州有酒务营、竹匠营,从这些军种名称也不难看出,名曰军,实则为苦力。为了防止聚众闹事,一般采取分散编制,"一军之额有分隶数州者,或一州兼屯数军者"。② 不仅在本州服役,"京师兵役不足,岁取于诸路,而江淮兵每饥冻,道毙相属"。③

乡兵大都是按户籍编组的各地壮丁,一般不脱离生产,农闲时进行军训。我国西北地区乡兵比较普遍,江淮之间少见,因不得其详,故不赘。

三、思想控制

北宋和历代王朝一样,非常重视思想舆论。开宝五年(972),下诏明令禁止私藏天文、图谶、太乙、雷公、六壬、遁甲等,严禁僧道私习天文地理。太宗阴谋篡位,心里有鬼,尤关心此事,登基第二个月即下令诸州大索,将明知天文术数者悉送阙下,敢匿藏者弃市,检举告密者赏钱30万。太平兴国五年(980),又没收庐山国学学田,逼使其停废,恐怕也是防止书生聚集在一起议论朝廷事情,对己不利。偏霸诸国被消灭后,一些失职的文士难免会流露不满情绪,就把他们召至京师,编纂校勘古书,以牢笼之。原来在南唐供职的皖籍人物如舒雅、查道、吕文仲、张洎等,皆在其列。仁宗天圣五年(1027),命令民间摹印文字,必先上报有司,候委派官员看详同意后,始准许镂版印刷。庆历四年(1044),又下诏说:以游学之士竞起,轻去就,规定自今有学州县毋得辄容纳非本土人入居听讲。

北宋王朝采取这些举措,目的固然是为了巩固封建统治,加强中央集权。但同时也应看到,这对于结束长期以来的动荡分裂局面,促使社会迅速趋于稳定,给人民群众生产生活营造一个安定的环境,也自有其不容低估的积极作用。中期以后,随着统治的稳固,对思想、文化的控制也开始放松下来。

---

① 《挥麈录·余话》卷一。
② 陈傅良:《历代兵制》卷八《宋兵制》。
③ 《宋史》卷一八九《兵志三》。

第二章

北宋时期安徽地区的农业

北宋时期，今安徽地区社会承平，民户安堵，农业经济在经历了自唐末五代以来近一个世纪的困顿低迷之后，开始迎来汉唐后又一个黄金时期。户口增加，耕地面积扩大，农田水利建设蓬勃发展，粮食单位面积产量大幅度提高，林业和其他经济作物兴旺发达，江淮大地呈现一派多年未有的新气象。

第一节　北宋政府发展农业的政策与措施

一、括田均税

北宋王朝为了巩固统治的基础,曾先后出台了一些有利于农业发展的政策和措施,括田均税,便是其中的一项。土地高度集中和税赋严重不均的问题,由来已久,早在后周和南唐时就已经表现得相当突出,以致在南唐引发了一场关于恢复井田的大争论。[1] 宋太祖在位期间,为了解决这个问题,曾在一些州县开展均田,《舆地纪胜》卷四五载有《庐州五县均田记》,碑立于开宝五年(972),大概收效不大,所以到了仁宗庆历年间,改均田为括田均税。庆历三年(1043)十月,欧阳修"请于亳、寿、汝、蔡择赋尤不均者均之"。[2] 三司派郭谘和孙琳去解决,亳、寿情况失载,郭氏在蔡州上蔡一县即括出逃税田 26930 余顷。神宗时,王安石变法,熙宁五年"重修定方田法,诏司农以《方田均税条约》并式颁之天下"。[3] 哲宗即位,司马光罢新法,当然也包括方田均税法。徽宗上台,重新实行方田均税法,但到了蔡京手里,新法已变质,结果招致各地百姓反对。此后时行时罢,到宣和元年(1119),终于明令废止。方田均税,明晰了土地所有权和应承担的赋税,有利于调动农民的生产积极性。

二、限定租率

北宋实行"不抑兼并"政策,土地高度集中,自耕农大量减少,租佃经济在一些州府占据了主导地位,佃农成了农业生产的主力军。因此,协调好地主与佃农的关系,把地主对佃农的剥削量限定在一定的

---

[1]　陆游:《南唐书·列传》卷一○《李平传》。
[2]　《续资治通鉴长编》卷一四四。
[3]　《宋史》卷一七四《食货上》。

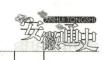
范围内,成为发展农业生产和保障社会安定的重要问题。为此,北宋王朝曾先后多次颁布降租及限定租率的诏令。这虽然无法从根本上改变佃农的经济地位,但在当时历史条件下,还是具有一定积极意义的。

三、鼓励垦荒

宋初,淮河流域荒闲地很多,乾德四年(966),太祖诏令"所在长吏,告谕百姓,有能广植桑枣、开垦荒田者,并只输旧租,永不通检"。[①]淳化元年(990)九月,太宗诏江、浙诸路抛荒地区,耕种者五年内免纳租税,五年后减十分之三租税。至道元年(995),仅邓、许、陈、蔡、颍、宿、亳7州,即有官司闲田22万顷,凡351处,而私家荒田尚不在其内。[②]朝廷命皇甫选经度颍、寿屯田。[③]明年,太常博士陈靖又言:"今京畿周环二三十州,幅员数千里,地之垦者十才二三。"[④]为此,太宗命陈靖"按行陈、蔡、颍、襄、邓、唐、汝等州,劝民垦田"。[⑤]并给以优惠条件,"只计每岁所垦田亩桑枣输税,至五年复旧。旧所逋欠,悉从除免"。真宗咸平六年(1003),颍州诸处陂塘荒田1500余顷,朝廷命大理寺丞黄宗旦前往经度之。宗旦募民耕田,免其租赋和徭役,应募者有300余家。[⑥]仁宗对垦荒也相当重视,《续资治通鉴长编》卷一九二嘉祐五年(1060)七月云:

> 初,天下废田尚多,民罕土著,或弃田流徙为闲民。自天圣初下赦书,即诏民流积十年者,其田听人耕,三年而后收赋,减旧额之半。又诏流民能自复者,赋亦如之。既而又与流民期,百日复业,蠲赋役五年,减旧赋十之八。期尽不至,听他人得耕。自是每下赦令,辄以招集流亡,募人耕垦为言。

① 《宋会要辑稿·食货一》之十六。
② 《宋会要辑稿·食货七》之三。
③ 《续资治通鉴长编》卷三七。
④ 毕沅:《续资治通鉴》卷一九《宋纪十九》。
⑤ 《续资治通鉴长编》卷四〇。
⑥ 《续资治通鉴长编》卷五四。

民被灾而流者,又优其蠲复,缓其期招之。又尝诏州县长吏令佐,能劝民修起陂池沟洫之久废者,及垦辟荒田增税及二十万,以议赏。监司能督部吏经画,赏亦如之。久之,天下生齿益蕃,四野加辟。

治平四年(1067)九月,三司奏称池州多逃田,因为原税额太重,农户都不愿请佃。为此政府规定逃田 30 年以上者,于原额上减 4 合,40 年以上减 7 合。神宗熙宁年间,发布农田水利法,用薄税鼓励农民垦荒,至此,安徽各地荒闲土地大部分都得到开发利用。

四、设置劝农司

宋初,处理地方农业生产中碰到的问题,一般都是派遣劝农使,尚属临时差遣性质。真宗景德年间,始正式设置劝农司,命诸路转运使、提点刑狱、知府事、知州事兼辖区内劝农使,负责督促指导劝课农桑、招民耕垦、检括赋税等事务。

五、积极推广农业知识

景德二年(1005),三司编敕所编成《景德农田敕》五卷,雕印颁行,"民间咸以为便"。[1] 天禧四年(1020),又雕印《四时纂要》、《齐民要术》二书,"赐诸道劝农司"。[2]

六、鼓励农民改变传统耕作制度

由于自然环境和历史背景不同,各地耕作制度和种植物结构也有所差别,江南专种粳稻,江北杂种五谷,是几千年养成的老习惯。北宋政府为了合理使用地力,多次要求农民改变传统耕作制度,太宗时,曾号召"江南、两浙、荆湖、岭南、福建诸州长吏,劝民益种五谷,民乏粟、麦、黍、豆种者,于淮北州郡给之"。江北诸州,随着水利工程的兴复,

---

① 《续资治通鉴长编》卷六一。
② 《宋会要辑稿·职官四二》之二。

"亦令就水广种梗稻,并免其租"。① 推行的结果,原来"地不宜麦"②的淮南,到了哲宗时,已是"望此夏田,以日为岁。大麦已秀,小麦已孕"。③ 淮北的颍州,变得"有鱼稻之饶"。④ 宿、亳等州也有不少关于种稻的记载。王安石在江宁府的田地,每年地租中有小麦 30 万石。宣州太平县,"其田凿山为畦,播以稻。不可畦者,以粟以麦"。⑤ 因地制宜,参种不同作物,使土地得到充分合理的利用,也开辟了新的生产领域,增加了农民的收入。

七、引进良种

北宋政府重视良种的选择和推广,大中祥符五年(1012)五月,江、淮、两浙路大旱,政府"遣使到福建取占城稻三万斛,分给三路,令择民田之高仰者莳之",还把"种法付转运使,揭榜谕民"。⑥ 占城稻"穗长而无芒,粒差小,不择地而生",耐旱、省功、生长期短,自下种至收成仅五十余日,⑦是一种适应性很强的良种,深受江淮人民的欢迎。所以不久,真宗皇帝又遣使臣至其国购买这种稻种,《湘山野录》卷下《真宗求占城种》记载此事说:"真宗深念稼穑,闻占城稻耐旱,西天菉豆子多而粒大,各遣使以珍货求其种。占城得种二十石,至今在处播之。西天中印土得菉豆种二石。"另外,还有免收农具税,进行大规模水利建设等,因为本书有关章节已作介绍,兹不再赘述。总之,这些政策和措施,对北宋时期安徽地区农业的恢复和发展,都起了很好作用。

---

① 《宋史》卷一七三《食货上》。
② 《宋史》卷二九九《张洞传》。
③ 《东坡全集·后集》卷一五《祈雨僧伽塔祝文》。
④ 苏辙:《栾城集》卷三〇《崔公度知颍州》。
⑤ 嘉庆《宁国府志》卷五孙觉《太平县县厅记》。
⑥ 《续资治通鉴长编》卷七七。
⑦ 《玉海》卷七七、《宋史》卷一七三《食货上》。

第二节 农业生产力稳步提高

一、人　力

人是生产力诸要素中最主要的因素，人户的增减盈缩在传统农业经济中起到至关重要的作用。北宋安徽各州府人户资料相对完整系统，为方便大家了解和评估，现据《宋史·地理志》、《太平寰宇记》、《元丰九域志》和《文献通考》记载的数据，列表如下：

表 2—1　北宋安徽地区人户资料表

州军名称	北宋初			元丰初			崇宁初		
	县数	总户数	县平均数	县数	总户数	县平均数	县数	总户数	县平均数
颍州	4	33015	8253.75	4	91408	22852.00	4	78174	19543.50
亳州	7	57110	8158.57	7	120879	17268.43	7	130119	18588.43
单州	4	23782	5945.50	4	60277	15069.25	4	61409	15352.25
徐州	5	34426	6885.25	5	103916	20783.25	5	64430	12886.00
泗州				3	53965	17988.33	3	63632	21210.67
宿州	4	127235	31808.75	4	105878	26469.50	5	91483	18296.60
濠州	2	18311	9155.50	2	47314	23657.00	2	64570	32285
寿州	5	33503	6700.60	5	128768	25753.60	4	126383	31595.75
庐州	5	45228	9045.60	3	90488	30162.66	3	83056	27685.33
滁州	3	20673	6891	3	40285	13428.33	3	40026	13342.00
舒州	5	32180	6436	5	126434	25286.80	5	128350	25670.00
和州	3	9750	3250	3	39289	13096.33	3	34104	11368.00
无为军				3	51887	17295.66	3	60138	20046.00
天长县	1	14780	14780						

州军名称	北宋初			元丰初			崇宁初		
	县数	总户数	县平均数	县数	总户数	县平均数	县数	总户数	县平均数
宣州	6	46952	7825.33	6	142812	23802.00	6	147040	24506.67
池州	6	33424	5570.67	6	131365	21894.16	6	135059	22509.83
歙州	6	51763	8627.17	6	106584	17764	6	108316	18052.67
太平州	3	14060	4686.67	3	50997	16999.00	3	53261	17753.67
广德军	1	10733	10733	2	40399	20199.50	2	41500	20750.00

　　本表所列，并不是每一个数字都很准确，如《宋景文集》卷四六《寿州风俗记》云："籍户主客，九万有畸，生齿倍之。"《记》写于庆历二年（1002），是本表同期户数的 3 倍。淳熙《新安志》卷一《户口》载天禧中，本州主户 121105，客户 6098，合计 127302，是本表所载北宋初歙州户数的 2.46 倍。因此只能是大体上反映了当时的情况。

　　从时间的角度讲，北宋初，宿州人户最多，平均每县近 32000 户。天长县次之，近 15000 户。最少的是和州，平均每县 3250 户，其次舒州 6436 户、太平州 4686.67 户、池州 5584 户、寿州 6700.60 户，整体上淮河以南户口偏少。这种情况与两次统一战争都发生在淮河以南是息息相关的。周世宗伐南唐，江淮之间沦为战区，战事历时四年才结束，其中的寿、舒、庐、滁、和州，双方争夺尤激烈，受战争之祸也最深，这些地区人户锐减，似在情理之中。宋太祖伐南唐，沿江的池州、太平州首当其冲，宋初两州人户偏少，应该说也是战争影响的结果。元丰初，在经历了近百年来的休养生息之后，安徽绝大部分州县人口都大幅度增加，庐州平均每县达到 3 万多户，颍、滁、濠、寿、舒、池、宣州及广德军，每县也都在 2 万户以上。增加最快的是和州，达 400%，依次为舒州 393%、池州 392%、寿州 384%、广德军 378%、太平州 363%、庐州 333%、宣州 304%。颍、亳、濠、歙、滁也在 2 倍以上。只有宿州，非但没有增加，每县反而比宋初减少了 5339.25 户。元丰初至崇宁初只有 25 年，舒、滁、池、宣、歙、太平州和广德军，前后相差无几。比元丰初增加的有：濠州平均每县增加 8628 户、寿州 5843.15 户、无为军

2751户、亳州1320户。减少的有：宿州平均每县减少5258.83户、颍州3308.50户、庐州2477.33户、和州1728.33户，增和减的幅度都比较大。从空间的角度讲，北宋安徽人户分布的最大特点是南北差距缩小，各地区之间渐趋平衡。与兄弟省份比较，北宋时期，我国北方地区户数虽然也有所增加，但增加速度都不快，增幅最高的永兴军路为118%，余则更少，可说普遍低于安徽各州县。这一快一慢，拉近了南北之间的距离，从而扭转了唐代以前安徽长期落后于北方各省的局面。

与历史上的黄金时期唐天宝元年（742）相比，北宋安徽户数虽有所增加，但因每户平均人口仅是天宝元年的三分之一或四分之一，所以实际人口却仍低于天宝时。为便于比较，现据《新唐书·地理志》和《宋史·地理志》提供的数据表示如下：

表2—2　唐天宝元年与北宋时期人户数量对照表

州郡名称	年代	总户数	总人数
颍州	天宝元年	30707	202890
	崇宁元年	78174	160628
亳州	天宝元年	88960	675121
	崇宁元年	130119	183581
滁州	天宝元年	26486	152374
	崇宁元年	40026	97089
寿州	天宝元年	35581	187587
	崇宁元年	126383（增下蔡）	246381（增下蔡）
舒州	天宝元年	35353	186393
	崇宁元年	128350	341866
歙州	天宝元年	38200	249109
	崇宁元年	108316	167896

上举除寿州北宋增领下蔡县外，他州辖域基本与唐同，而崇宁户数普遍比天宝高，人口除舒州外，却均比天宝少，而且少了不少。可以

说,终北宋世,安徽人口都未达到盛唐的水平。明白这一点,对我们客观评价北宋安徽农业发展水平及所处历史地位,是很有必要的。

二、畜　力

家养大牲畜在我国古代社会里是仅次于人的生产力,在耕作、运输方面,其功效甚至超过人。但因受水土气候限制,全国各地牲畜种类差异却很大。牛,是分布最广的一种牲畜,安徽各地都饲养,而且数量很大。《续资治通鉴长编》卷二一七曾讲到:"庐州发牛筋、角八纲","所差衙前押牛皮纲又最为第一等"。《宋史》卷三〇二《范师道传》讲广德祠山庙"民岁祠神,杀牛数千"。牛浑身是宝,肉可食,皮筋角可做甲胄和兵器,为了保护生产力,封建王朝虽屡下诏命,禁止宰牛,但从上例看,令者自令,行者自行,禁而不止。牛主要有两种,淮河以北大部分地区养黄牛,以南则多为水牛。马性宜凉,产于北方,大体上越往南越少。淮河流域少数民族聚集的地方养马较多,但体格低下,质量远不如北方所产。"江东素乏马,每县不过十余匹。"[①]驴子体格小,适应性强,容易饲养,分布很广,用途很多,淮河流域,尤其是淮北地区,养驴的人家很多,远远超过马的数量。民间耕地、拉磨、运输,多使用驴子,另外还可以乘坐,代替步力,是牛马之外的又一重要畜力。康定元年(1040),官府曾在开封府、京东路、京西路、河东路括驴50000头,运送粮草,[②]便足以说明这些地方养驴数量之多。

三、水　力

我国劳动人民很久以前就已经学会了利用流水自高向低产生的冲击力为生产、生活服务了,在记述北宋今安徽地区的历史文献里,经常可以看到有关水碓、水硙、水车的记载。碓是春米的工具,硙是石制的磨子,水碓、水硙就是利用水力驱动碓硙,将稻谷或粟麦脱去皮、舂成粉、磨成面。《续资治通鉴长编》卷一一一有关于明道元年(1032)

---

① 淳熙《新安志》卷五。
② 《续资治通鉴长编》卷一二九。

十一月诏令禁止舒州百姓利用吴塘堰置水碓、水硙的记载。孔凡礼《郭祥正集辑佚》卷一录有《水磨诗》,云:"盘石琢深齿,贯轮激清陂。运动无昼夜,柄任谁与持。霹雳驾飞雪,盛夏移冬威。功成给众食,势转随圆机。翻思兵家言,千仞俯可窥。又想对明月,大壑投珠玑。睥睨巧匠手,不使差毫厘。牛驴免穿颔,僮仆逃胼胝。利用固已博,沉吟岂虚辞。顾将水磨篇,荐之调鼎司"。① 皖南地区又有一种名叫"筒车"的灌溉工具,借水力把低处的水吸引至高处,梅尧臣在他的诗中描述说:"既如车轮转,又若川虹饮。能够霖雨功,自致禾苗稔。"②筒车比两浙地区时兴的踏车既省人力,功率又高,大大增强了劳动人民征服干旱的能力。

四、工具的改进和经验的积累

根据考古发现,唐代创制的曲辕犁,至北宋,淮河流域已经广泛使用,并普遍安装了"䲹刀"。王桢《农书》介绍䲹刀说,形如短镰,"背则加厚",刃边有钢,锋利耐用,专门用于垦荒。淳化五年(994),宋、亳等州发生牛疫,"太子中允武允成献踏犁,以人力运之,不用牛"。③ 周去非《岭外代答》卷四介绍踏犁形制和用法时说:"踏犁形如匙,长六尺许,末施横木一尺余,此两手所提处也。犁柄之中,于其左边施短柄焉,此左脚所踏处也。踏可耕三尺,则释左脚,而以两手翻泥,谓之一进,迤逦而前,泥垅悉成行列,不异牛耕。"踏犁虽不及曲辕犁省便,但"比镵耕之功则倍","淮楚间民踏犁,凡四五人力可比牛一具",④在耕牛不足的情况下,不失为抢赶农时的一种良器。所以到了景德二年(1005)初,朝廷取其式样"颁之河朔",令当地依样制造和使用。⑤ 其他农业生产工具,在与安徽境土交错接壤的徐州出土过三齿耙,扬州出土过四齿耙,河南豫东地区出土过镵等,也都比前代有所改进。

---

① 《郭祥正集·附录》,黄山书社1995年版。
② 《宛陵集》卷四。
③ 《续资治通鉴长编》卷三五。
④ 《宋会要辑稿·食货一》之十六、十七。
⑤ 《续资治通鉴长编》卷五九。

安徽人民在长期的实践中,还积累了不少农业生产经验,陈师道《后山谈丛》记载的颍州谚语云:"黄鹂口禁荞麦斗,黄鹂不鸣,则荞麦可广种也。八月一日雨,则麦田下熟。"又云:"子过母,当暑而凉,水退而鱼潜,皆为大水之候。颍人谓前水为母,后水为子,水日至,日长势不能大,水定而复来,后水大于前水,为子胜母。水终,鱼当大出,河滨之人厌于食鲜。水退而鱼不出,为潜云。"说明当时颍州人民已经掌握了"大水之候",并用以为农业生产服务。

第三节　农田和水利建设

一、田　地

田地是农业的基础和最重要的生产资料,北宋时期,安徽人民垦辟荒闲田地,围湖造田,把长满荆棘杂草的荒山丘岭改造成梯田,进一步扩大了耕地面积,提高了人均田地占有率,为农业的大发展提供了坚实基础。为了准确地反映当时安徽人民拥有田地的情况,现根据《文献通考·田赋考》提供的田地数字、《元丰九域志》提供的户数、《历史研究》1975 年第 3 期《宋代户口》提供的各路领土面积,列表如下:

表2—3　北宋时期各路人户拥有土地情况表

路名	田地(亩)	户数	户均田亩	领土面积(平方公里)	每平方公里垦殖指数(亩)
开封	11384831	235599	48.3	171171	66.5
京东	26719361	1359666	19.7	153106	174.5
京西	21283526	916640	23.2	191997	110.8
河北	27906656	1232659	33.0	123586	225.8
陕西	44710360	1355844	32.97	268168	166.7
河东	11170660	576180	19.4	131067	85

路名	田地(亩)	户数	户均田亩	领土面积(平方公里)	每平方公里垦殖指数(亩)
淮南	97357193	1357064	71.7	179879	541
两浙	36344198	1778953	20.4	122622	296
江东	42944878	1127311	38.1	86134	498.6
江西	45223146	1287136	35.1	131688	343
湖南	33204055	871214	38.1	128221	259
湖北	25988507	657533	39.5	123579	210
福建	11091990	1043839	10.6	127326	87
成都	21612777	864403	25.0	54818	394
利州	1288089	336248	3.8	79516	16
夔州	224720	254361	0.8	107310	2
广东	3145490	579253	5.4	170575	18
广西	55180	258382	0.2	238146	0.2
梓州				55092	

上表显示,北宋时期,我国农田主要分布在东南地区,今安徽所在的淮南路最多,江东路稍低于陕西、江西。在全国19个统计单位中,安徽名列第四,说明安徽具有丰富的土地资源。平均每平方公里垦殖数,开封、淮南、江东分列前三名,这说明安徽土地开发利用率属于较高地区。平均每户拥有耕地数,淮南路第一,达71.7亩,远远高于其他各路。江南东路平均每户38亩,稍低于开封府和两湖地区,也属于高水平之列,这就为农业的持续发展创造了巨大的空间。

二、农田水利建设

水利是农业的命脉,因此,我国历代政府都比较重视农田水利建设。北宋初年,王祚任颍州刺史,"州境旧有通商渠,距淮三百里,岁久湮塞,祚疏导之,遂通舟楫,郡无水患"。擢宿州防御使,又"课民凿井

修火备,筑城北堤以御水灾"。① 真宗初,崔立知安丰县,大水坏期思塘,立躬自督役修治,逾月竣工。② 大中祥符八年(1015),京东大雨,宋、亳一带积水成灾,毁民田数百千顷,宰相寇准派郑希甫督役开渠通于淮,"疏涤尽涸,明年垦田号上上"。③ 天禧四年(1020),知定远县江泽率百姓修废塘,浚石沟,以灌高仰之田,民获其利,朝廷特加奖赏。④ 仁宗天圣二年(1024),为了排泄京畿积水,诏宿、亳、颍、徐、单等州疏凿沟渠。明年,工将竣,恐岁久复废,特命上州亲民官并带"开治沟洫河道事",⑤将其制度化。王巩《闻见近录》说,经过这次大规模治理,"凡潴积之地悉为良田"。九年正月,"诏舒州调兵夫筑长风沙堤"。⑥舒州的吴塘堰,是历史上有名的水利工程,系聚竹落石筑成,长计百余丈,自北折水而南,历五斗门,凡十七堰,溉田千余顷,或云溉田两万顷。周围富户豪民多近塘置碓硙,并常有盗决之事发生,致使不能发挥其应有的效能。明道元年(1032)十一月,朝廷下令,命本县官岁检功料,以上户为陂头,组织人夫重加整治,禁止近塘置水碓水硙及在陂种莳,发现盗决者论如律。⑦ 同年十二月,李若谷知寿州,时芍陂美田多为豪右分占,盛夏水溢坏民田,旱则盗决灌私田。若谷严厉打击冒占陂田和盗决陂水的豪右,保护了这个著名的水利工程。⑧庆历中,⑨知安丰县张旨浚淠河 30 里,疏支流入芍陂,为斗门,溉田数万顷,又加固外堤以防水患。晏殊知颍州时,由于历年淤积,西湖变得又浅又小,殊开浚十有余顷之阔,又作北渚、西溪。虽然意在游赏,而实有水利之效。⑩ 皇祐五年(1053),南陵县民胡友谅私人出资建白杨陂石堰。⑪

---

① 《宋史》卷二四九《王祚传》。

② 《宋史》卷四二六《崔立传》。

③ 《苏学士集》卷一四《郑希甫墓志》。

④ 《续资治通鉴长编》卷九五。

⑤ 《续资治通鉴长编》卷一○三。

⑥ 《续资治通鉴长编》卷一一○。

⑦⑧ 《续资治通鉴长编》卷一一一。

⑨ 考《宋景文集》,庆历初,宋祁知寿州,上《乞开治淠河奏》,朝廷允其请,始有张旨浚淠河之举。《宋史·张旨传》将此事系于明道中,显误,因不从其说。

⑩ 《永乐大典》卷二二六三引《舆地要记》。

⑪ 《南陵县志·水利》。

地处芜湖县境内的秦家圩,南唐有国日尝置官领之,太平兴国间江南大水,以圩吏护堤不谨被冲决,自此废弃近八十年之久。嘉祐六年(1061),转运使张颙、判官谢景温奏准朝廷,以工代赈,重新修复。拨常平粟3万斛、钱4万缗充资用。募集宣城、宁国、南陵、当涂、芜湖、繁昌、广德、建平8县民14000余人,在宁国令沈披的督导指挥下,经过40天奋战,筑堤84公里,造水门5,成田1270顷,皇帝赐名万春圩。年产谷近百万斛,出租给农民耕种,岁可得租米3万6千斛、菰蒲桑之利钱50万。万春圩筑成后,继又于其东15里筑百圩。① 神宗熙宁元年(1068),诏诸路修水利。明年,颁布《农田水利约束》,即后世常说的《农田水利法》,自此用事者争言水利,在全国范围内掀起一股兴修水利的热潮。见于安徽者,熙宁三年,知太湖李谏修复江河堤岸多处,使"昔日不殖之地,一旦遂为膏壤"。② 熙宁五年八月,歙州军事判官陈郛在歙州修水利有功,擢光禄寺丞。③ 同年九月,司农寺出常平粟10万石,用于宿、亳、泗3州募饥民浚沟洫。④ 明年,又出常平粟助钟离县修长安堰、定远县修楚汉二堰。⑤ 吕希道知和州,"郡境有麻湖,濒江二十里,环湖田数千顷,无蓄泄之备,雨久田皆陷泽中,为一方患甚钜。公疏河通江,介湖中为沟港,雨暴注则泻诸江,因沟港通舟达城中,数千顷皆为良田,岁收三百余万斛。朝廷优赏其功"。⑥ 熙宁末,北宋政府再次对淮南路各州县的沟塘渠堰大规模整修,就安徽而言,天长县修白马塘、沛塘,虹县修万安湖、小河,安丰县修芍陂,使10万余顷农田获得灌溉之利。⑦ 蒋之奇为淮东路转运使,修天长36陂,临涣横斜三沟,用工至百万,溉田9000顷。⑧ 汪澥知黟县,筑长堤防水,农田免于水灾。⑨ 韩某人知庐州,"合肥有陂可溉田,久为右姓专其利,公

① 沈括:《长兴集》卷二一《万春圩图记》。
② 《续资治通鉴长编》卷二一八。
③ 《续资治通鉴长编》卷二三七。
④ 《续资治通鉴长编》卷二三八。
⑤ 《宋会要辑稿·食货七》之十六。
⑥ 《范太史集》卷四二《吕希道墓志铭》。
⑦ 《长编》卷二七二、《文献通考》卷六《水利田》。
⑧ 《宋史》卷三四三《蒋之奇传》。
⑨ 淳熙《新安志》卷五《贤宰》。

决以济下户"。^① 哲宗元祐六年（1091），苏轼出知颍州，在赵德麟的协助下，罢黄河夫万人，浚清河，引汝水（今泉河）以补给其水源，使州治西南地表水可泄可蓄，沿岸60里农田受其利。又以余力浚西湖，作三闸以通焦陂水。^②

徽宗时，安徽在农田水利方面仍有所兴作。绍圣初，王蓬知无为军，修3圩，开12井，筑北岭以捍水患。^③ 萧县城南居民常被水患，绍圣三年（1096），县令张惇"自西河因故作新，支为大渠，合于东河，以导滞而缓溺。于是富者出财，壮者出力，日劝旬劳，既月而成"。^④ 曾肇知颍州，曾"浚清河百余里，以通东南物货，人至今赖之"。^⑤ 政和二年，围当涂县路西湖为田，皇帝赐名政和圩。^⑥ 五年，筑永丰圩。贵要之家又筑童家圩。^⑦ 汴河主要用于漕运，但遇天气干旱，又可引之灌田，造福农业。^⑧ 汴河水源自黄河，泥沙含量大，从唐代起，安徽沿汴河一带的人民就创造了淤田法，即决汴河入低洼之田，使土质变肥，土地变平。沈括在《梦溪笔谈》中曾讲到他出使宿州时，"得一石碑，乃唐人凿六陡门发汴水以淤下泽，民获其利，刻石以颂刺史之功"。神宗熙宁三年，朝廷专门成立沿汴淤田司，命侯叔献、杨汲提举其事。《宋史·河渠志》载，京东西一些碱卤地，经连年放淤，"尽成膏腴，为利极大"。同书卷三三三《俞充传》说："熙宁中为都水丞，提举沿汴淤泥溉田，为上腴者八万顷。"《灵壁志略》曾举汴南司家仓、汴北休家道口为例，具体说明此法对肥田改土的作用，"浊流经过，泥沙停积，其地最为肥美，旱涝无虞"。元丰二年（1079）引洛通汴，黄河水不再进入汴河，才撤销沿汴淤田司，不再放淤。

以上水利工程，大部分集中在淮南地区。内修旧者居多，新建者较少；中小型的多，大型设施偏少。除个别系私人出资兴建的，余则基

---

① 《苏舜钦集》卷一六《韩公行状》。
② 《永乐大典》卷二二六三引《凤阳府志》，正德《颍州志》卷一、四。
③ 乾隆《无为州志》卷二二赵汝谈《待制楚公祠堂记》。
④ 《后山居士文集》卷一四。
⑤ 杨时：《龟山先生集》卷二九《曾文昭公行述》。
⑥ 《宋会要辑稿·食货八》。
⑦ 《宋会要辑稿·食货六一》之一四五。
⑧ 《宋史》卷八《真宗记》曾载：大中祥符五年八月，"淮南旱，减运河水灌民田"。

本上是由政府利用农隙或荒年凶岁,用常平仓钱谷,以工代赈建成的。我们的先人根据各地不同自然条件,因地制宜。淮北诸州县,地势平衍,主要利用水源挖沟修渠,或疏浚旧河道,这样既可排水防涝,又给沿河渠百姓带来舟楫之便和灌溉之利。江淮丘陵和皖南山区,地势陡峻,水难停流,则改以开塘筑堨,蓄水浇灌为主。沿江及濒湖地区,以筑圩造田为主。旱能浇,涝能排,对提高土地产出率,保护人民的生活生产,发挥了重要作用。但人民群众也为此付出了巨大牺牲。熙宁九年(1076),淮南大规模整治河道沟渠时,当局规定每人每天要完成120尺土方量,南人体弱,多不能完成。主役官吏急于求成,滥施威虐,役夫虽病剧,还要让人抬着到役所呈验,符实方准停役,许多人死于半途中。[①]

三、水利田数及其在全国的地位

为了确切反映北宋安徽农田水利建设的整体状况及其在全国所处的地位,现据《宋会要辑稿·食货六一》之六八、六九记载的熙宁年间新建水田数和《文献通考·田赋考》提供的田亩数,列表如下:

表2—4 北宋时期各路水利田亩资料表

路府名	水利工程（处）	总田亩数（亩）	水利田数（亩）	水利田占总田数的百分比（%）
开封府	25	11384831	1574929	13.8
京东路	177	26719361	2594014	9.7
京西路	1010	21283526	3336145	15.7
河北路	45	27906656	5966060	21.4
陕西路	32	44710360	498170	1.1
河东路	114	11170660	471981	4.2
淮南路	1980	97357193	7481161	7.7
两浙路	2294	36344198	10484842	28.8
江东路	510	42944878	1070266	2.5

---

① 《续资治通鉴长编》卷二七三。

路府名	水利工程（处）	总田亩数（亩）	水利田数（亩）	水利田占总田数的百分比（%）
江西路	997	45223146	467481	1.0
湖南路	233	33204055	873330	2.6
湖北路	1473	25988507	115114	0.4
福建路	212	11091990	302471	2.7
成都路	29	21612777	288387	1.3
梓州路	11	缺	90177	
利州路	1	1288089	3130	0.2
夔州路	274	224720	85466	（38）
广东路	407	3145490	59773	1.9
广西路	879	55180	273889	（496）

上表中个别地区的水利田数字不可靠,如广西的水利田竟比总田数高出近五倍,显然是地方官吏贪功谎报的结果。夔州路多山,其水利田也不可能占如此大的比例。淮南水利工程,《宋会要辑稿·食货六一》分言之,曰淮西1761,淮东513,合为2274处,与《文献通考》稍异。然就全国范围而言,两浙路水利田最多,淮南路紧随其后,河北又在淮南之下,大体反映了当时的实际情况。北宋大规模的农田水利建设,为农业丰产、高产提供了强有力的支撑。

第四节　农林及家庭畜养业

一、粮　食

北宋粮食生产仍实行传统的二年三熟制,粮食作物种类很多,大体说来,淮河以北夏季收获的作物主要为麦;秋季是稻、粟、黍、豆、花生、薯类和荞麦、芝麻等杂粮，稻的比重较小，只在水利条件很好的地方施种。江淮之间，稻、麦和杂粮参半。皖南及沿江以稻为主，种类比较单调。安徽粮食作物分布的这个特点，主要是因为南北地理、地貌、气候不同造成的。

关于粮食产量，没有系统记载，一般说来，与各地生产条件有关，土壤肥沃，水利条件好，则亩产量高。反之，则比较低。仁宗时，芜湖万春圩亩产稻谷可达六斛。① 神宗时，和州麻湖周围的农田，亩产在四至五斛之间。② 徽宗时，太平州圩田亩产五石。③ 但这些个例因条件特殊，多不具备统计意义。太宗至道年间，陈尧叟讲宿、亳、颍、寿亩可收三斛。④ 又据《宋会要辑稿·食货六》之二三所载南宋乾道时淮南亩产稻二石推论，战乱凋残之余尚登此数，北宋承平之际，亩产三石左右是很可能的。两宋徽州地区的生产环境相差不多，淳熙《新安志》卷二讲到南宋徽州上田亩产米二石，北宋大约也不会低于这个数字。徽州土地瘠薄，上田尚能亩产米二石，宣州、太平州、池州、广德军，土质、水利都比徽州好，其产量当然应该比徽州更高一些。比较北宋我国其他地方的亩产量，大体处于偏高行列。

由于耕地多，产量高，自真宗景德后，安徽成为我国重要的粮食调出地区，除自给、上供和留足种粮及备荒的外，经常运粮往周边地区，或用于赈济饥民，或用来平抑那里的粮价。《宋会要辑稿·食货六赈贷》记载，大中祥符四年（1011），登、莱等州民艰食，朝廷命淮南转运司雇船运粟 30 万石赈之。天禧二年（1018），京东及河北二路谷贵，诏江淮运米 10 万斛至彼处，以平抑那里的粮价。熙宁元年，京师粳米贵，又以淮南上供新米平抑之。元祐二年（1087），调淮南、两浙谷 40 万石赈济京东路。

---

① 张问：《张颢墓志铭》，湖南常德博物馆藏。
② 《范太史集》卷四二《吕希道墓志铭》。
③ 贺铸：《庆湖遗老集·拾遗·题皖山濒江田舍》。
④ 《文献通考》卷七《田赋》。

二、经济作物

经济作物是种植业的重要组成部分,是对农业的有力补充,地方特色浓郁,种类繁多,现仅就比较突出的林木、果木和桑蚕业作一介绍。

安徽的江淮丘陵、大别和皖南山区,自古以来就以盛产竹木闻名,寿州"材章竹个,刊伐萹蓿,连千䑓而下,衍给旁郡"。① 歙州"山出美材,岁联柎下浙河,往者多取富"。② 除上述自然林外,北宋政府还特别重视人工栽培,开宝五年(972)正月,诏令沿汴河州县,除继续增植桑、枣外,又委长吏课民别种榆柳及其他土地所宜之树。按户籍定为五等,第一等户岁种 50 棵,二等以下递减 10 棵,如欲多种,听随其便。③ 太平兴国七年(982)闰十二月,诏诸州选熟悉种植之法者补为农师,县一人,蠲其租,免其税,与三老、里胥共同劝诱百姓于旷土植种树木。④ 安徽竹木多,但用量也大得惊人,太宗以后,大兴土木,仅安徽境内就有:太平兴国七年舒州修灵仙观,总成 630 区。景德二年(1005),亳州修太清、洞霄二宫。大中祥符四年,定远修玉清昭应宫;亳州修法相寺。九年,亳州修明道宫,总成 480 区。天禧元年,宿州临涣县修天静宫。明道二年(1033),舒州修山谷寺。据《天柱山志》记载,仅其一山,北宋就建有寺观近 2000 区。嘉祐元年(1056),自京师至泗州清口 840 里 130 步汴河,全部改用木岸,用材之多,可想而知。另外,京师土建,也伐林于南方。⑤ 京师用的木炭,过去都是取自西洛,徽宗时,西洛林木尽,令淮南路代输。饶州永平监铸钱用的木炭,也取之滁州。⑥ 为满足各地急增的用材需求,寿州置市木务,将大别山的竹木顺淠、泄等水运至寿春,再由寿春溯颍、涡等水运至京师及其他地方。⑦ 早在真宗

① 《宋景文集》卷四六《寿州风俗记》。
② 淳熙《新安志》卷一《风俗》。
③ 《续资治通鉴长编》卷一三。
④ 《续资治通鉴长编》卷二三。
⑤ 《续资治通鉴长编》卷八八。
⑥ 《小畜集》卷一七《江州广宁监记》。
⑦ 《续资治通鉴长编》卷七一。

时,亳州修法相寺,因地不产美材,以至要派人到舒州砍伐。^① 到了神宗熙宁间,江淮之间大树也砍伐殆尽,朝廷修金明池桥时,不得不远赴池州购买。^② 至宣和年间,"滁州之林木亦尽矣"。^③ 政和初,修艮岳,提举木伐所拨 16 万贯到宣、池买木。^④

作为林业分支的果木业,亳州的枣最负盛名,《东京梦华录》卷八《立秋》说:"京师枣有数品,灵枣、牙枣、青州枣、亳州枣"。是为享誉东京市场的四大名枣之一。宣、歙产柿、银杏。^⑤ 宣州的木瓜与洛阳齐名,栗子与兖州齐名。宣、歙二州又皆产梨,尤以宣州所产最佳,"皮厚而肉实,其味极长"。歙州梨"皆津而消",体质弱,往往易损伤,"蜂犯之则为瘕,故土人率以柿油渍为囊,就枝苞封之,霜后始收"。^⑥ 果木业扩大了生产范围,增加了社会财富,丰富了市场和人民生活,促进了商品经济的发展。但就安徽果木业的整体水平而言,品种少,产量低,除亳州枣外,多在附近或就地销售,远不如京西、河北、陕西、两浙、广南、四川等地发达。

桑麻种植在安徽历史悠久,李觏说:"东南之郡……,平原沃土,桑柘甚盛。蚕女勤苦,罔畏饥渴,急采疾食,如避盗贼。"^⑦概括了包括今安徽在内的我国东南各省桑柘种植之普遍、生产活动之紧张和收获之丰硕。淮南地区的农民,实行桑麻间作,桑根植深,苎根植浅,并不相妨,而利倍差,"若能勤粪治,即一岁三收"。^⑧ 根据《元丰九域志》及《宋史·地理志》所载安徽各州向朝廷进贡纺织品的种类分析,大约颍、亳、单、徐、宿、濠、滁、扬、太平州植桑较多,舒、和、庐、宣、歙等州麻的种植面积较大。

漆树只有宣、歙二州和大别山区种植,《宋诗纪事》卷一○○《太

① 《穆参军集》卷下《亳州法相寺禅院钟记》。
② 《范太史集》卷四四《资政殿学士范公墓志铭》。
③ 《浦阳人物记》卷上《梅执礼》。
④ 《宋会要辑稿·食货二五》。
⑤ 《曲洧旧闻》卷三。
⑥ 淳熙《新安志》卷二《果木》。
⑦ 《李觏集》卷一六《富国策》。
⑧ 陈旉:《农书》卷下《种桑之法篇》。

平老人袖中锦》过录宋时民谣,有"宣州四出,漆、栗、笔、蜜"语。大中祥符间朝廷修玉清、昭应等宫观,从全国各地调选最好的物料,在众多产漆州府中,惟宣州产的漆入选。[①] 另外,花木种植也成为安徽一些州县的新时尚。海棠花先盛于蜀地,"今京师江淮尤竞植之,每一本价不下数十金,胜地名园,目为佳致"。[②] 而和州人又喜欢种牡丹,《能改斋漫录》卷一五说:"自苏台、会稽至历阳郡,好事者众,栽植(牡丹)尤夥。"

三、茶叶生产

唐代后期发展起来的茶叶生产,至北宋,已成为今安徽地区的重要产业。产地扩及舒、庐、寿、宣、歙、池、太平州及广德军,滁、和州及无为军也产茶,但因量少质差,远不如上述州军出名。茶树主要种植在山坡丘陵上,茶叶分名茶、号茶和散茶(不及号者)三种。名茶产地集中在皖南,参合各书记载,宣州有陂坡、横纹,歙州有胜金、嫩蕊、华英、运合、来泉、先春、仙芝,池州有福合、禄合、庆合、莲合、斗骨。国家对茶叶生产的管理,因地而异,淮南地区初听商人入山自行买卖,乾德以后,改由官营,官自为场,置吏总之。谓之山场者十三,六州(寿、庐、舒、光、黄、蕲)采茶之民皆隶焉,谓之园户。岁课茶输租,余则官悉市之。……又民岁输税愿折茶者,谓之折税茶。[③] 这就是说,淮南13场之茶或通过税课,或通过官市,全部由官方掌握。小型茶园,可自产输税。13场中,有6场在今安徽境内,即寿州的霍山场、麻步场、开顺场,舒州的太湖场、罗源场,庐州的王同场。茶事到来,茶农把生产出来的茶叶全部运至指定的山场,除去用以输租、折税外,余下的不管好坏也要全部交官,合格者按质给钱,不合格者也全部收下,但不偿其值。然后主持茶场的官吏再把这些茶叶或批发给商人,或运到指定的榷货务,由榷货务批发给商人到各地去零售。北宋在全国设六大榷货务,安徽茶主要运到无为军榷货务和真州榷货务。茶农如果私自卖给商

① 《宋朝事实》卷七。
② 陈思:《海棠谱》卷上引沈立《海棠记》。
③ 《宋史》卷一八三《食货下》。

人,就触犯了朝廷律条,轻者责罚,重者治罪。开宝七年(974),刘蟠到庐、舒二州察看茶叶生产和销售情况,化装成商人模样,到茶农家买茶,忠厚的茶农不知其诈,拿出茶叶卖给他,他立即现露原形,把茶农捉起来,置之于法。[①] 皖南地区,除岁如山场输租折税,改行民营官榷法。[②]

官府收购价与批发价之比大体在 1∶4,如池州庆合,收购价每斤 132 文,无为军榷货务批发给商人每斤 534 文;福合收购价 121 文,批发价 492 文;运合收购价 110 文,批发价 490 文。淮南号茶收购价最高的为太湖场上号,每斤 38 文 5 分;最低的为庐州王同场下号,每斤只有 15 文 4 分。而无为军榷货务批发价每斤从 45 文到 188 文不等。[③] 国家获利甚厚。乾德中,苏晓负责舒、庐、寿、黄、蕲五州榷茶,岁入百余万缗,一萌一蘖尽收其利,淮南百姓恨他,当其翻船溺死时,比屋相庆。[④] 榷茶制度损害了广大茶农和消费者的利益,"民被诛求之困,日惟咨嗟"。[⑤] 也引发茶商不满,官商斗争的结果,茶商获胜,朝廷于嘉祐四年(1059)终于下诏承认榷法为患益深,令其通商。[⑥]

北宋安徽茶叶产量,没有确切统计,《梦溪笔谈》卷一二载,嘉祐六年,淮南 13 场祖额钱 289399 贯 732 文,共买茶 4796961 斤。内:麻步场买茶 331832 斤,卖钱 34811 贯 350 文;霍山场买茶 532309 斤,卖钱 35595 贯 489 文;开顺场买茶 269077 斤,卖钱 17130 贯;王同场买茶 297328 斤,卖钱 14357 贯 642 文;罗源场买茶 185082 斤,卖钱 10469 贯 785 文;太湖场买茶 829032 斤,卖钱 36096 贯 680 文。此后产量逐年攀高,熙宁十年(1077),政府从安徽收购的茶叶,霍山场 845064 斤,麻步场 423600 斤,开顺场 268838 斤,罗源场 308150 斤,太湖场 1214148 斤,王同场 776127 斤,宣州 1092398 斤,歙州 61264 斤,池州 156687 斤,广德军 123309 斤,总计 5269585 斤,为北宋最高年份。分而

① 《续资治通鉴长编》卷一五。
② 《宋史》卷一八三《食货下》。
③ 《宋会要辑稿·食货二九》。
④ 《玉壶清话》卷二。
⑤⑥ 《宋史》卷一八四《食货》。

计之,淮南六场共3835927斤,皖南的宣、歙、池3州加广德军共1433658斤,两者相差2402269斤。据《续资治通鉴长编》卷九二真宗天禧二年(1018)载:十二月"丙辰,赐宣州泾县学究徐画出身,画上泾县茶场利便,岁增课四万贯也"。仅增课数就高达四万贯,若其全部祖额,数目一定会更大。歙、池都是自唐以来我国重要产茶州郡,歙州6县,此才6万余斤,县均万余;池州6县,此才15万余斤,年均亦仅有2万多斤,数量如此之少,让人费解。寻绎《淳熙新安志》卷二《叙物产》文,熙宁十年之61264斤,乃折税茶,由州自卖之数,并不包括输真州和无为军榷货务部分,也不包括茶农自卖者。"逮宣和改茶法,招诱商贩而不复科买,人以为便,岁额二百万有奇。"应该说,这才接近北宋时歙州实际产茶数。徽宗崇宁以后,淮南13场总计才80余万斤,一片衰败景象。

四、养殖和水产业

牛马驴之属已见本章第一节《畜力》,不再重复。另外,安徽沿淮州县还普遍养羊,其佳者"可亚大羊"。而"江、浙羊都少味而发疾",[①]质量低于淮域。淮北生猪饲养量很大,以至京师商贩常到这里贩买生猪。[②] 亳州和宣州都产蜜,陆游在《老学庵笔记》卷二说:"亳州太清宫桧至多,桧花开时,蜜蜂飞集其间,不可胜数。作蜜极香,而味带微苦,谓之桧花蜜,真奇物也。欧阳公守亳时,有诗曰:'蜂采桧花村落香。'"因此,陆游据欧阳氏诗,最后又推言桧蜜产地"不独太清",亳之村落间亦皆产此"奇物"。蜜为"宣州四出"[③]之一,因其质量高,被朝廷列为贡品。

安徽河多、湖多、水面辽阔,水产品特别丰富。颍州"巨蟹鲜虾,肥鱼美稻,不异江湖之富","巨鱼鲜美,虾蟹极多,皆他郡所无",[④]以致当地人烧菜也用鱼油。[⑤] 宿州"虹县城北有湖水,广袤十里,蒲鱼之饶,

---

① 《重修政和证类本草》卷一七《縠羊角》。

② 《三朝北盟会编》卷一九九。

③ 《宋诗纪事》卷一〇〇《太平老人袖中锦》。

④ 《欧阳文忠公全集·书简》卷二、一〇。

⑤ 《鸡肋篇》卷上。

周给邻境,隋炀帝幸江都,赐名万安湖"。① 无为县城东百万湖,"泽中富菱藕蒲芦,饥民取之,可以充饥"。② 舒州"界有菰蒲鳖鱼之利,居民每以自给"。③ 寿州出绿毛龟,列为朝廷贡品。像安丰塘、巢湖等巨浸,鱼蒲之利尤博。鱼的种类很多,以琴高鱼和淮白鱼最为著名。"琴高产于泾县小溪中,渔人网取,渍以盐,邑官须索无度,用为苞苴土宜。"④ 王珪、欧阳修、梅尧臣、王彦章等皆有诗咏之。⑤ 淮白鱼产于寿、濠境内淮水中,品极美,糟之尤佳,仁宗最喜欢吃,《邵氏闻见前录》卷八云:"文靖(吕夷简)夫人因内朝,皇后曰:'上(指仁宗)好食糟淮白鱼,祖宗旧制,不得取食味于四方,无从可致。相公家寿州,当有之。'夫人归,欲以十奁为献,公见,问之,夫人告以故,公曰:'两奁可耳。'夫人曰:'以备玉食,何惜也。'公怅然曰:'玉食所无之物,人臣之家何得有十奁也。'"后来,糟淮白鱼列为濠州贡品。⑥ 除天然水产外,北宋安徽沿江江南地区还兴起人工养鱼,而且收入不菲,范镇《东斋记事》卷五云:"江湖间筑池养鱼苗,一年而卖鱼……,岁入之利,多者数千缗,其少者亦不减数十百千。"《宋史·太宗本纪》淳化元年(990)八月曾下诏命"蠲舒州宿松等三处鱼池税",可见早在北宋初,安徽沿江地区筑池养鱼之风已甚盛。

第五节 过度开发对生态环境的影响

大规模的森林砍伐和农田开发,对增加社会生产力,促进农业经济快速发展,发挥了重要作用。但给生态环境,也带来不少负面影响。淮河流域,原是望不尽的平原沃壤,无数个大大小小的陂塘星罗棋布

---

① 《郴行录》卷七。
② 《永乐大典》卷二二七〇引《北山纪事》。
③ 《续资治通鉴长编》卷一建隆元年。
④ 《夷坚志》卷四七《琴高先生》。
⑤ 《宾退录》卷五。
⑥ 《宋史》卷八八《地理志》。

在这片广袤的土地上,潴水浇灌,既防涝,又抗旱,利莫大焉。据《水经注》载,汉魏时,润河流域有富陂、高唐陂、焦陵陂(即焦陂)、铜陂,颍水流域有江陂,颍、茨之间有大漴陂,肥、茨之间有高陂,北淝河有瑕陂,涣水有白汀陂,历涧水有徐陂,睢水有洋陂、潼陂,安丰水有穷陂,南淝河有鸡陂、黄陂,淠、淝间有芍陂。由于长期淤淀和百姓围垦,到了北宋,许多河流夷为平地或变成又窄又短的小泥沟,许多陂塘变成洼地或小河塘,潴灌、排泄功能大大减低。以芍陂为例,古代溉田或说万顷,或说4万顷,到了仁宗庆历间,却只能灌田52万亩了,减少了一半。因为蓄水、泄水的地方少了,致使北宋政府不得不劳民伤财,动员百姓挖沟开渠,以减轻漫流带来的危害。

废湖为田,任意改变河道,原来的水系被打乱,常常带来意想不到的灾害。政和二年(1112),当涂县路西湖筑成政和圩后,"山水无以发泄。遂至冲决圩岸"。政和五年,永丰圩建成,嗣后50余年"横截水势,不容通泄,圩为害非细"。绩溪与建平水会合处,汪洋阔远,"政和间贵要之家请佃此湖围成田","自此每遇水涨,诸圩被害"。① 围湖造田还破坏了水生资源,《北山纪事》载无为县百万湖"富菱藕蒲芦,饥民取之,可以充食,今即为田,不可复得"。《宝祐濡须志》引王莲《百万湖诗》说:"台下弥漫百万湖,丛生萑苇伴菰蒲。自从围作民田后,每遇凶年一物空。"②

早在一百多年前,恩格斯曾告诫人们:"不要过分陶醉于我们对于自然界的胜利,对于每一次这样的胜利,自然界都报复了我们。"③我们应该牢牢记住历史的教训和导师的告诫,全面考虑、权衡利弊、从长计议,坚持用科学发展观指导伟大的社会主义建设事业。

---

① 《宋会要辑稿·食货七》。
② 《永乐大典》卷二二七〇引。
③ 《马克思恩格斯全集》卷二〇,人民出版社1971年版,第516页。

第三章

北宋时期安徽地区的矿冶和手工业

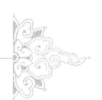

唐代安徽地区的矿冶和手工业已相当发达,入宋后,在社会需求不断扩大的刺激下,又有了新的发展、新的进步,并出现许多新的特点。灵壁石第一次大规模开采,淮北煤田首次发现并开始用于冶铁和烧制陶瓷器,无为成为煎矾基地。文房四宝生产地从宣、歙扩及到池、和、寿、庐、宿、太平州和无为军。以宿、亳等州为中心的丝织业、印染业,在发扬传统的基础上再创辉煌。南宋沿江造船和兵器制造因其质量好,受到朝廷的高度赞赏。

第一节　采矿和冶铸业

一、煤炭的开发和利用

煤炭,古称石炭,据清人俞正燮考证,早在唐代,黟县的煤炭已被人类发现,[①]但是,直到北宋,尚未发现开采和利用的记载。11 世纪末,淮北的萧县一带开始采煤烧瓷炼铁。元丰元年(1078)苏轼任徐州刺史时,写有《石炭行》诗,该诗前《引》说:"彭城旧无石炭,元丰元年十二月,始访获州之西南、白土镇之北。以冶铁作兵,犀利胜常。"是安徽淮北煤田被开发利用的最早记载。诗云:"根苗一发浩无际,万人鼓舞千人看。投泥泼水愈光明,烁玉流金实精悍。南山栗林渐可息,北山顽矿何劳锻。为君铸作百炼刀,要斩长鲸为万段。"[②]又,根据考古发现,北宋白土镇烧制瓷器,也是用煤作燃料,这说明煤的使用范围已相当广泛。

二、矾的生产和销售

北宋无为军所属庐江县和池州所属铜陵县,均以产矾著称。铜陵生产绿矾,为铜的伴生矿,仁宗嘉祐六年(1061)停产。无为军产白矾,一直延续到今天,其规模、产量仅次于北方的晋、慈、隰州,是我国南方最大的产矾基地。主要行销于朝廷指定的南方九路。国家对矾矿生产、销售的管理,时而榷卖,时而通商,和对茶叶的管理差不多。北宋初,朝廷在无为军置昆山务,规定镬户生产出来的矾,统由政府派遣的场务官买下,再转售给商人。仁宗天圣二年八月废务,听民自鬻。神宗熙、丰间,恢复官卖,由淮南发运司典其事。哲宗元祐初,又改行通

---

① 《癸巳类稿》卷八。
② 《苏东坡全集·前集》卷一〇。

商,每百斤收税 50 文。绍圣初,复熙丰旧制。徽宗大观元年(1107),罢官卖,听商贩,置提举官掌其事。政和初,复官卖,罢商贩,事权复归发运司。变来变去,大抵都是由于官商争利引起的。

无为军矾的生产成本,每 150 万斤约用本钱 1.83 万贯,平均每斤花费 12.2 文。官府批发给商贩的价钱,宋初每斤 150 文,天圣二年 120 文,六年 90 文,十年 60 文。产量,天圣二年 120 万斤,治平至元丰之间,每年产 150 万斤。政府从无为军矾业获利:熙宁元年 36400 余缗,六年起,增至 113100 余贯。元丰六年(1083),又增至 337900 缗。徽宗大观二年(1112),降至 90000 缗。政和二年 33100 缗,四年,复升至 90000 缗。总的说来,熙宁、元丰中经营状况最好,此后每况愈下,直至北宋灭亡。①

三、玉石矿

灵璧石属于大理石的一种,硕厚清越,表面如涂光泽,早在商周之际就已经很出名。《尚书·禹贡》讲的"泗滨浮磬",不少学者认为即指灵璧石。用途甚多:一、可用以制造乐器。灵璧石"声如青铜色璧玉",与铜钟相配,曰金石之声,汉律主声,故常用泗滨之石。② 北宋康定元年(1040)闰十一月,朝廷详定宫廷大乐,曾诏宿、泗等州采磬石。③ "吴令升知灵璧县,会朝廷定乐,下县造磬。磬成,溯汴进入。"④ 二、具有药用价值。⑤ 三、可用以制作砚台,详见下节中《文房四宝》。四、具有较高的观赏性,为著名建筑材料。政和七年,筑万岁山,即艮岳,就是用灵璧石。后来徽宗转爱太湖石,所采灵璧石被委弃汴河两岸,直到全国解放前,尚零星可见。

四、金属矿

淮西的铁,自汉代已负盛名,入宋,仍为江淮间重要金属矿产。

① 以上系参合《宋史》及《宋会要辑稿》二书之《食货》部分撰成。
② 《宋史》卷一二九《乐四》。
③ 《宋史》卷一二八《乐志三》。
④ 方勺:《泊宅编》卷四。
⑤ 《砚北杂志》卷下。

光绪《庐江县志》卷一四移录(宋)祝况《重建庐江县治记》讲到县之出产时曾说:"有东顾、白若铁冶。"江南的繁昌、南陵一带,铁矿开采和冶炼也很兴旺,其中繁昌竹围弯唐宋冶铁遗址,炉呈圆形,直径约1.15米,炉壁用砖砌成,内搪掺有砂粒的耐火泥,以栗炭为燃料,石灰石为熔剂。① 另外,宣、池2州产铜,伴生矿有银、铅、锡,但北宋中期即因矿苗枯竭而停采。歙州产金,量很少,亦不久即停采。根据《宋会要辑稿·食货三三》之七至十八所载各路矿产祖额和元丰元年实际产量,陕西、广东、京东、河北、广西、湖南、福建7路是我国北宋时期最重要的金属矿产基地。淮南路或所产甚微,略而不计,因缺。江东路号称产铜名区,但到了北宋元丰年间,仅是广东的万分之一强,屈居广东、利州、福建、陕西、湖南之后。只有银的情况稍好,祖额占到全国祖额总和的14.4%,尚有一定的地位。总体说来,与唐相比,明显衰退。

五、铸币业

自唐历五代,皖南地区一直是我国铜质钱币的铸造基地。开宝八年,宋伐南唐,因为战争原因,一度停铸。先是南唐于用兵之际,用度骤增,铜钱之外,又另增铸铁钱,北宋政府为了统一货币,太平兴国二年,罢铁钱,改铸铜钱。至道二年,应马亮之请,朝廷赐池州铸钱监额曰永丰。南唐末年,该监岁铸铜钱6万贯。入宋,池、饶2州合计岁铸40万贯;至道初,增至64万贯,产量逐年攀升。咸平三年,江南有所谓的江、饶、池、建四大钱监,岁铸135万贯,铜铅尚皆有余。也许是池、饶2州成绩尤突出的缘故,大中祥符二年,朝廷特别增加两州工匠犒赏钱,池州监30万,饶州监17万。二者相差近一倍,殆不是因为规模大工匠多,即是因为池州监产量高质量好,别无其他解释。祥符末,因铜坑多不发,铜产量大幅下降,四大钱监岁铸才120万贯。据《续资治通鉴长编》卷八六讲,铸造120万贯铜钱,需用铜453万斤,而四监当时存铜只剩下1521200斤。此后几年,文献中经常出现缺铜的记载。

① 胡悦谦:《繁昌古代炼铁遗址》,《文物》1959年第7期。

庆历元年，西北用兵，铜钱不敷用，朝廷只得命江、饶、池3州增铸铁钱300万贯；八年，又命其铸小铁钱，这些铁钱，悉运至关中，充陕西军费。因为钱荒，民间纷纷盗铸，致使钱文大乱，物价腾贵。为了解决这个矛盾，熙宁六年，诏京西、淮南、两浙、荆湖6路，各置监铸钱。淮南路分别在真州和舒州置监，岁铸以10万贯为额。舒州监名同安，铸铁钱，经过一年多的筹备，至熙宁八年开炉，生产的钱主要供淮南路使用。徽宗崇宁元年，采纳吴居厚的建议，命江、饶、池、建4监钱减铜增铅锡，4监岁省铜50余万斤，增铸159000余贯。新铸的钱光明坚韧，与原铸无异。蔡京当国，又令江、饶、池、建4监在小平钱的基础上，增加物料，改铸当五大铜钱，文曰"圣宋通宝"。令舒、睦、衡、鄂钱监用陕西式样铸折十钱，岁额铜钱30万贯、铁钱200万贯，铜钱通行诸路，铁钱在本路使用。大观中，池州永丰监岁铸铜钱345000贯，每贯用铜3斤10两（16两1斤制）、铅1斤8两、锡8两，重5斤。因其所铸质地良好，一直专供朝廷使用。命舒州同安监铸夹锡钱，每贯用铜8斤、黑锡4斤、白锡2斤，一夹锡铜钱当二铜钱用。史称舒州"夹锡钱精善"。

铜、铁钱混用，初无轻重之别，至元祐三年始规定，每铁钱一贯20文足，换铜钱一贯文足。绍圣元年（1094）改为每铁钱一贯250文足，换铜钱一贯文足；四年，又改为每铁钱一贯400文足，换铜钱一贯文足。元符二年（1099），每铁钱一贯600文足，换铜钱一贯文足。此后，铁钱渐多，铜钱渐少，最后有时用铁钱二贯五六百文，方兑换得铜钱一贯。

铜、铁钱均以文、陌、贯（缗）为单位，百文为陌，10陌为贯。唐天祐以后，兵乱窘乏，曾先后以85、80、77文为陌。北宋初，凡输官统一以80文或85文为陌，即800文或850文为一贯。而诸州县私用，各随其俗，缺钱的地方，至有以48文为陌者。因为钱少，盗铸屡禁不止，大观四年（1110），全国以私铸得罪者高达11万人，而沿江的池、宣、太平等州尤猖獗。

第二节　文具制造业

一、造纸业

北宋安徽的手工业，主要是文具制造业，产品即文房四宝。文房四宝系指纸、墨、笔、砚四种文具用品，发轫于唐，得名于宋。北宋时，安徽生产的纸墨笔砚质量好，产量高，产地也从宣、歙扩展到池、和、宿、庐、寿、太平州和无为军等地，成为一个崭新的产业。纸，唐代以宣州所产最知名，故有宣纸之称。入宋以后，宣纸仍在生产，如《宋会要辑稿·食货三五》讲到各地贡品时有"池州大抄、连纸，宣州大抄、三抄、连纸"，加上南康所贡，共3255400张。《天禄琳琅书目》卷二说，宋版《唐书》为仁宗嘉祐刊本，"印纸坚致莹洁，每页有武侯之裔篆文印记，在纸背者十之九，似造纸家印记，其姓为诸葛氏"。我们知道宣州诸葛笔很有名，据此，似诸葛家族也精于造纸。但总的说来，北宋关于宣纸的记载稀少起来，很可能当时安徽的造纸中心已经从唐代的宣州转移到歙州。歙纸兴起于五代，著名的澄心堂纸即出自歙、池2州。蔡襄《文房四说·纸说》云："李主澄心为第一，其为出江南池、歙二郡。"梅尧臣亦云"澄心纸出新安郡"。罗愿《新安志》说"绩溪纸乃澄心堂遗物"。据地理书记载，唐宋以来绩溪县一直隶属于歙州（新安郡）。折衷以上三说，似可断定澄心堂纸出自池、歙。米芾《书史》以为"今人以歙为澄心，可笑"，或是刻意立异。梅尧臣曾把别人送给他的南唐澄心堂纸转赠给歙州制墨名家潘谷些许，潘氏仿制出来的纸比南唐遗物更轻，并深为文人喜爱，所以宋代也有澄心堂纸。屠隆《纸墨笔砚笺·纸笺》曾说："宋纸，有澄心堂，极佳，宋诸名公写字及李伯时画，多用澄心堂纸。"北宋歙州除仿制澄心堂纸外，还有许多其他名纸，仅上供朝廷使用的就有常样、降样、大抄、京运、三抄、京连、小抄7种，岁供多达1448632张。用作商品出售的有麦光、白滑、冰翼、凝霜等。

又有一种龙须纸,出自绩溪县一个名叫龙须的地方。① 歙州产佳纸的原因,罗愿认为是由于"新安之水清澈见底,利于沤楮,故纸之成,振之似玉雪者,水色所为也。其岁晏敲冰为之者,益坚韧而佳"。② 苏易简的《文房四谱》还详细记载了歙纸的生产过程,说:"歙民数日理其楮,然后于长船中浸之,数十夫举帘以抄之,傍一夫以鼓而节之,于是以薰笼固而焙之,不上于墙壁也。由是自首至尾,匀薄如一。"纸的大小规格也不尽相同,"有长者,可五十尺为一幅"。制造这样长的纸,普通的纸帘和纸槽是派不上用场的,操作时必须有高超的技艺。随着文化教育事业的日益发展,纸的用量也逐年增加,到了北宋末年,歙纸已"无复佳品"。③ 池州生产的纸也很有名,《蜀笺谱》说:"徽纸、池纸在蜀,蜀人爱其轻细,客贩至成都,每番视川纸价几三倍。"《石林燕语》卷三评价说:歙纸"池州楮纸,皆一等也"。另外,和州和无为军也产纸,《宝晋英光集·补遗》说:"无为纸,亦有细白者,砑亦久用。"纸除用于书画、印刷,为文化教育事业提供大量物质载体外,还可制作衣、被和甲胄。纸甲,唐末已出现,《新唐书》卷一一三《徐商传》记载,懿宗朝,商为河中节度使,"置备征军凡千人,襞纸为铠,劲矢不能动。"五代末,周世宗征南唐,淮南人民"相聚山泽,立堡壁自固,操农器为兵,积纸为甲,时人谓之'白甲军'"。④ 宋仁宗康定元年四月,诏令淮南、江南、两浙 3 路造纸甲 3 万给陕西防城弓手。⑤ 关于纸甲的制造方法,茅元仪的《武备志》和朱国桢的《涌幢小品》都有记载,大抵用纸与绢间隔,叠厚一至三寸,再用钉子钉实而成。纸衣有"外风不入,内气不出"的特点,制作方法:"每一百幅用胡桃、乳香各一两煮之,不尔,蒸之亦妙。如蒸之,即常洒乳香等水,令热熟阴干,用竹箭竿横卷而蹙之。然患其补缀繁碎,今黟歙中有人造纸衣段,可如大门阔许。近士大夫征行,亦有衣之者"。⑥ 这种方法,后来传到日本。

① 淳熙《新安志》卷二。
② 淳熙《新安志》卷二《货贿》。
③ 叶梦得:《避暑录话》卷上。
④ 《资治通鉴》卷二九三《显德三年》。
⑤ 《续资治通鉴长编》卷一二七。
⑥ 《文房四谱·纸谱》。

二、制墨

歙州制墨起于唐末李廷珪父子，入宋，随着文化教育事业的长足发展，需求量日益增加，具有制墨传统的歙州很快便出现"家传户习"、"新安人例工制墨"的盛况，并带动了周边池、宣等州制墨业的蓬勃兴起。廷珪为南唐墨务官，所造为极品，入宋以后价比黄金还要贵。廷珪弟廷宽，[①]廷宽子承晏，承晏子文用，文用子仲宣，仲宣子惟益、惟庆，世其业。《文房四说》云："承晏而下，不能用其家法，无足取焉。"叶梦得《避暑录话》说："元祐初，京师杂货务售墨，犹有惟益所作千余挺，当时士大夫争取之，印作'歙州墨务官李惟益造'。惟庆墨者，上品，亚廷珪，面印'歙州供进墨官李惟庆造'。此后李氏遂无闻。仁宗时，其子孙尚有为务官者，岁供上，绝不佳，每移文本州责之。"综上诸家记载，李氏墨自文晏后开始走下坡路，至仁宗时已"绝不佳"，到了惟益、惟庆兄弟之后，遂泯然无闻。延续了二百年左右。歙州另一制墨世家姓张，创始人名张遇，也是唐末自易州迁来歙州的，后落叶黟县。遇子谷，谷子处厚，皆精于制墨，邹浩《道乡集》卷三二说："予用处厚墨久矣，而未之识，一旦处厚踵门，问其家世，则谷之子，遇之孙。昔李氏以墨显于江南，而遇得其法，至处厚，益恐坠其家声，不汲汲于朝，尤可尚也。"处厚墨"用远烟鱼胶所制，佳者不减沈珪、常和"，但因所制量少，"世不多有"。[②] 歙州人潘谷、谷子遇，制墨亦颇负盛名，《砚山斋墨谱》说：潘谷"注油取烟，和膠制料，悉以己意为之，不用作墨家常法。"独成一格，多有创新。晁贯之《墨经》亦云："潘谷之煤，人皆有之，而人制墨莫有及谷者，正在煎膠之法。"《春渚纪闻》卷八谓："其用膠不过五（一本作五十）两之制，亦遇湿不败。"淳熙《新安志》卷一〇引黄鲁斋《跋瞿公巽所藏石刻》云："谷制墨主料用黄山松烟，参用高丽煤烟，光泽有余，而不甚黟黑，又多木横纹。"所制"枢廷东阁"墨，具

---

① 此据陆友《墨史》和罗愿《新安志》。蔡襄《文房四说》云："余收歙州李氏父子四世墨，李超之子廷珪，珪之子廷宽，宽子承晏，晏子文用。"按廷珪与廷宽同为"廷"字辈，当是兄弟行。又，超、珪、宽、晏、用为五世，与"四世"亦不协，因疑此"珪之子"为"珪之弟"误。

② 《春渚纪闻》卷八。

有"香彻骨肌,磨研至尽而香不衰"的特点,被誉为墨中"神品"。另所制"松丸"、"狻猊"、"犀角盘双龙",被当时文人雅士倾慕至极。苏轼作诗称赞说:"徂徕无老松,易水无良工;珍材取乐浪,妙手惟潘翁。鱼胞熟万杵,犀角盘双龙;墨成不敢用,进入蓬莱宫。"①黄庭坚偶得潘墨半锭,欣喜异常,又赋诗赞之,又制锦囊储之。潘谷不仅是位制墨高手,还是出色的墨品鉴赏家,《春渚纪闻》载:"山谷道人云:'潘生一日过余,取所藏墨示之,谷隔锦囊揣之曰:此李承晏软剂,今不易得。又揣一曰:此谷二十年前造者,今精力不及,无此墨也。取视,果然。'"卖墨"每笏止取百钱,或就而乞,探箧取碎者,与之不吝也"。晚年"尽取欠墨钱券焚之,饮酒三日,发狂浪走趁井死"。故苏轼挽诗曰:"一朝入海寻李白,空看人间画墨仙。"谷子遇,能世父业,其后即无闻。耿仁遂,歙州人,子文政、文寿,族人耿盛、耿德真,皆以制墨世其家。"德真所制墨甚精,惜早死,藏墨之家不多有。"②高庆和,歙州人,"大观间,叶少蕴令庆和造墨,取煤于黄山,不复计其值,益以松渍、漆并烧。又尝馆三韩使人,得其贡墨,碎之,参以三分之一,既成,潘、张之徒皆不及。同时有汪通、高景修,皆起灶作煤,制墨为世业"。③ 景修,或即庆和族人。墨一般都是黑色,《文房四谱》卷三曾讲到:"近歙、黟间有人造白墨,色如银,迨研讫,即与常墨无异,却未知所造之法。"歙州制墨业为何如此发达,叶梦得《石林燕语》归因于原料好而丰富,这里的黄山松丰腴坚镇,非他处可比,又盛产漆,这些都是制墨的主要原料。北宋宣、池2州也涌现出不少制墨名家,朱觐,九华人,善用胶,作软剂出光墨。滕元发知池州时,令其手制,铭曰"爱山堂造"者最佳。子聪,亦工制墨,艺稍逊其父。柴珣,宋初宣城人,得李廷珪父子胶法,所制墨作玉梭样,面印"柴珣东瑶"四字,质量出潘谷、张遇之上,士大夫得之,像得到黄金一样。④ 盛匡道、盛通、盛真、盛舟、盛信、盛皓,皆宣州一族人,大率仿李廷珪样,惟盛通墨挺大,稍别于诸盛。

① 《苏东坡集·前集》卷一四《孙莘老寄墨四首》。
② 陆友:《墨史》。
③ 陆友:《墨史》。
④ 上述关于宣、池两州制墨的情况,系参合《墨经》和《春渚纪闻》卷八撰成。

三、制笔

笔的历史甚久远,至唐代,宣州用兔毛制的"紫毫笔"声名大噪,列为贡品,受到上自皇帝、下至官僚文士的钟爱,赞美之词不绝于耳。到了北宋,制作技术不断提高,宣笔得到空前大发展,涌现出诸葛高、诸葛渐、诸葛元等一批制笔高手。其中诸葛高声名最著,欧阳修、黄庭坚都称之为葛老,而不呼其名。梅尧臣赞曰:"笔工诸葛高,海内称第一。"黄庭坚得到朋友赠送给他的诸葛笔,高兴地说:"千金求买市中无。"蔡襄等书画大家都曾请他制笔。因为非常名贵,所以一般人都舍不得用以写字作画,"率以为珍玩"。① 诸葛笔的形制,"大概笔长寸半,藏一寸于管中"。使用起来"锋虽尽而心故圆",②故名散卓笔。"熙宁以后,世始用无心散卓笔,其风一变。"③宣笔用料,自白居易开中山(在唐宣州属县溧水境内)兔毫说,因循相袭,至北宋,一般仍持此说。哲宗绍圣初,张耒出知宣州,"问笔工毫用何处兔,答云:陈、亳、宿数州客所贩,宣有兔毫,不堪用。盖兔居原田则毫全,以出入无伤也。宣兔居山,出入为荆棘树石所伤,毫例秃短"。④ 事属亲见,绝非妄言漫语。《宣和画谱·崔悫传》亦云"江南之兔未尝有毫",并讥白氏"此大不知物之理"。唐人所著《北户录》讲到兔毫时,有"宣州岁贡青毫六两、紫毫三两"语,后又云"王羲之叹江东下湿,兔毫不及中山"。由是而言,宣州亦产兔毫,但不及北方所产劲健可用耳。宣笔又有用黄鼬须为原料者,即后世常讲的狼毫,屡见文献记载,如刘克庄《跋梅都官帖》就曾讲到:圣俞所饷蔡公襄鼠须笔并散卓笔帖云:此葛老加意者。葛亦宣城人,蔡公尝请制笔。⑤ 诸葛高以后,子孙不肖,攀附权贵,奔走时好,时而仿黄庭坚式,作枣心样;时而讨好蔡京,作"鲁公羊毫样";时而又改为蔡卞的"观文样"。数数更其调度,屡屡改其传统工

---

① 叶梦得:《避暑录话》。
② 黄庭坚:《笔说》。
③ 叶梦得:《避暑录话》。
④ 张耒:《明道杂志》。
⑤ 刘克庄:《后村先生大全集》卷一〇四。

艺，"政和后，诸葛氏之名于是顿息焉"[1]。"而其家亦衰矣"[2]。这个曾经辉耀东晋、宋、齐、梁、陈、隋、唐、杨吴、南唐九朝，流传近七百年的制笔名牌，就这样惨烈倒下了。蔡絛在《铁围山丛谈》卷五曾感叹地说："向使能世其业如唐季时，则诸葛氏门户岂遽减息哉！"宣城陈氏"家传右军求笔帖，后世益作笔名家。柳公权求笔，但遗以二枝。"其笔保留了右军遗法，锥锋长二寸许，无心毫[3]。造笔历史与诸葛氏同样悠久，可惜声名不如彼高。在宣州制笔业的带动下，北宋安徽制笔地区从唐代宣、舒两州扩大到歙、和等州，如歙州的吕道人，"非为贫而作笔，故能工。黟川（黟县的别称）吕大渊，悟韦仲将作笔法，为余作大小笔二十余枝，无不可人意"[4]。汪伯立制的笔，被列为新安四宝[5]。李之仪《姑溪集》卷一二《书柳材笔》云："元祐中，钱唐倪本敦复通守当涂，抵书相劳问，籍以十笔，其签云：'河东柳材'，试之，颇相入。自后访柳不可得，而念不少辍。异时余得罪流是邦，首幸得偿所念，而材乃历阳人，死已久。得柳东，所艺宛转抑扬，二十年之负怳然见慰。问之，盖材族人，于是知渊源有自来也。"李之仪是北宋后期著名文人、书法家，能得其如此赞誉，说明历阳柳氏笔质量也很高，非寻常辈能比。

四、制砚

安徽出砚，以歙州所产最出名。歙砚石料出今江西婺源，开发生产始于唐开元年间，至南唐转盛。入宋，歙砚停产80余年，仁宗景祐中，钱仙芝出知歙州，始重新恢复生产。砚石产婺源，加工制造也在婺源，因为婺源地属歙州，始有歙砚之称。据唐积《歙州砚谱》记载，婺源县城有三姓四家十二人从事砚的生产，他们的姓名是：刘福诚，小名刘大，兄弟六人。周金，小名周四；周进诚，小名周二；周小四；周进昌，小名周三。朱明，小名朱三。刘二。县之万安乡灵属里一姓三家六

---

① 《铁围山丛谈》卷五。
② 《避暑录话》卷上。
③ 《邵氏闻见后录》卷二八。
④ 黄庭坚：《笔说》。
⑤ 程敏政：《新安文献志》卷一九《送侄济售砚序》，黄山书社2004年版。

人,他们是:戴义和,小名戴二,兄弟四人。戴文宗,小名戴大。戴义诚,小名戴四。万安乡大容里①三姓四人,他们是:方守宗,小名方七;胡嵩兴,小名胡三;汪王二,小名汪大。正是这些名不见经传的能工巧匠们,创造了歙砚的辉煌,生产出许多精品佳作,受到书画大家、文人学士的推崇和赞扬,同时,也为自己开辟了一条新的生路。对砚石的评价,往往因个人好恶或所见不同而大相径庭。柳公权认为青州砚第一,略不及端砚和歙砚。苏易简、蔡襄与柳说同。欧阳修则认为歙砚在端砚之上,②苏轼亦对歙砚赞扬有加。而《瓮牖闲评》、《苕溪渔隐丛话》、《砚谱》等书则与之完全相反,云龙尾山虽有其名,山上并无砚石,"盖好事者取其美名以咤于世耳","苏东坡为人所绐,故形之歌咏"。叶梦得也说:歙州"砚久无良材,所谓罗文、眉子者不复见。惟龙尾石,悍坚拒墨,与凡石无异"。③ 产生歧议的原因,据《歙砚说》、《春渚纪闻》云,上好的歙砚石出自龙尾溪水下,钱仙芝改其流由别道行,方得之,而岁采不过十数。后县民病需索无度,复溪流如初,石乃中绝。后时复时绝,一直未能正常大量开采。世传歙砚多出龙溪山之支脉,好劣混杂,个人所见不同,故而评价也有轩轾。

宿州砚产地在灵壁县,系用灵壁石琢成。屠隆《文具雅编》云:"大率研山之石以灵壁石为佳,他石纹片粗大,绝无小样曲折岏岪、森耸峰峦状者。"有人向徽宗献灵壁小峰砚,徽宗非常珍爱,又在"灵壁小峰"旁刻"山高月小,水落石出"八字。不足之处是"无石脉"。④ 寿州紫石砚,产自寿春县紫金山,特点是"甚发墨,扣之有声","特轻薄"。⑤ 米芾《砚史》遍举十八州一府一军所产石砚,内有庐州青石砚。又,据李之仪《姑溪集》卷一四《当涂砚铭》:"青山之英,采石之灵;上凌汗漫,下为坚青。磨礲八极,包容四溟;烂若星日,隐然雷霆。挥洒之余,沾丐后生;永宝用之,尺璧可轻。"知当涂亦产砚,而且制作精良,

① 大容,淳熙《新安志》卷五《婺源》作大鰫,容鰫同音,可以通假,知为一地。
② 《避暑录话》上。
③ 《避暑录话》上。
④ 佚名:《砚谱·诸州砚》。
⑤ 杜绾:《云林石谱》卷上。

贵重超过"尺璧"。石砚产地分布南北数州,已不再局限于新安一隅,这是北宋时期发生的新变化。

北宋安徽文具制造业的繁荣昌盛,固得之天造地设,然亦传统因袭,更受助于北宋江淮地区经济和文化教育事业长足发展之驱动。

第三节　纺织、印染、酿造和陶瓷业

一、纺织和印染业

北宋时期,安徽南北各州军均生产纺织品,但质量有别,品种各异。淮河流域,纺织业有优良传统,秦汉以来,素称发达,朝廷曾多次在亳州折科官绝,收购绢纱,①与宋、定、益州同为北宋四大丝织中心。亳州"轻纱举之若无,裁之为衣,直若烟雾"。工艺相当精巧,只可惜"一州唯两家能织,相与世世为婚姻,惧他人家得其法也。云自唐以来名家,今三百余年矣"。② 这样保守封闭式的生产方式,质量虽高,规模产量却受到很大限制。印染技术有了新的突破,《三朝北盟会编》卷一九九引《中兴遗史》云:"先是单州砀山县染户宋从因贩枣往南京界刘婆家,得一小儿曰遇僧,以枣博归养之。……稍长,令学雕花板……"这是我国关于雕版印染的最早记载之一。另一处见《宋会要辑稿·刑法二》之六〇所录政和三年九月诏,曾讲到朝廷为卫士制衣,"多是使臣之家顾工开板"。一在开封,一在砀山,都在北宋后期,这说明北宋末今安徽淮北地区的印染技术已达到全国先进水平。

"淮南桑麻之富不减京东"。至道二年,诏淮南税绢 90 余万匹入内藏库。政和五年,淮南转运司上言:"每年管催夏税绸绢,并为上供内府支用,淮南路并无尺寸。"③按宋制,质量上乘物品始准入内藏库,

---

① 《文献通考》卷二〇《市籴一》。
② 《老学庵笔记》卷六。
③ 《宋会要辑稿·食货六四》之二六。

淮南路税收中的绸绢悉数上供,说明其产品整体优良。淮南路的绫、纱、绝也很出名,朝廷曾命庐、寿折科小绫,寿州折科白縠,庐、寿、濠、泗、和等州折科官绝。江南的宣、歙、池、太平州和广德军,名优产品相对较少,质量远不如淮南路,歙州"素来拙于机织,所产绢类皆轻絁脆弱",①太平州则连布也不出产,②总体上落后于淮河流域。为客观评价北宋时期安徽丝织业水平,现据《宋会要辑稿·食货六四》所载各路租税中丝织品种类、数量列表如下:

表3—1 《宋会要辑稿》所载各路租税中丝织品种类数量表

种类 数量 路府名	罗(匹)	绫(匹)	绢(匹)	绝(匹)	绸(匹)	布(匹)	总计(匹)	丝绵(两)
开封府			46372		3851		50223	170633
京东东路			282840		33253	49827	599105	469332
京东西路		4032	207589		21574			
京西南路			18500		2514	60961	81975	62928
京西北路			298259	42	3530		301831	508415
河北东路		7315					7315	618804
河北西路			230910		40753		271663	955008
河东路				22729	52988	151116	226833	86
永兴军路						800	800	101
秦凤路						305	305	1226
两浙路	860		673009		124256		798125	2004800
淮南东路			40646	2149	10537	10422	63754	662835
淮南西路		2871	39038	2247	8301	2398	54855	452595
江南东路			383659		62288	9896	455843	1198244

① 《续资治通鉴长编》卷五四咸平六年。
② 《宋会要辑稿·食货七〇》之七一。

数量＼种类 路府名	罗（匹）	绫（匹）	绢（匹）	绝（匹）	绸（匹）	布（匹）	总计（匹）	丝绵（两）
江南西路			105538		25	2808	108371	344784
荆湖北路			131137		24506	15581	171224	198101
荆湖南路			45	20694		73772	94511	
福建路			28545				28545	
成都府路			63760		11703	4554	80017	831505
梓州路			213396		19840		233236	431384
利州路			111650		11676	22	123348	194670
夔州路	83		19440		4722		24245	94439
广南东路								
广南西路						105647	105647	
备注	一、上列仅限租税中经三司或户部的丝织品，不包括入内藏库者。 二、租税结构因地而异，不能机械地看待上述数字。 三、永兴军、利州两路的布匹数，系据《舆地纪胜》卷一一五、《续资治通鉴长编》卷一四补入。							

据上表，淮南东、西两路租税丝织品涉及绫、绢、绝、绸、布 5 种，计 118609 匹，若再加上前边所说的入内藏库的 90 余万匹，累计达百余万匹，高出两浙 20 余万匹，居全国第一位。丝绵 1115420 两，低于两浙路，和江南东路持平，亦位列全国前茅。江南东路租税中的丝织品总数 445947 匹、丝绵 1198244 两，也居全国前列，这说明产品质量虽然欠佳，但蚕桑业发达，纺织业生产规模很大，产量也很高。

为了更加全面地了解北宋安徽地区的纺织业情况，下面再根据《元丰九域志》所载各路土贡纺织品列表如下：

表3—2 《元丰九域志》所载各路土贡纺织品品类表

路府名称	土贡丝织品名	土贡麻毛葛制品名
开封府界	方纹绫 方纹纱	
南京	绢	
北京	花绸 绵绸 平绸	
京东东路	绢 仙纹绫 绵 综丝绝 绫	
京东西路	花绫 绸 绢 双丝绫	
京西南路	白縠 绢 绫	葛纻 白纻
京西北路	绢 绫 绸 绝	纻布
河北东路	绢 平绸 绝	白毡
河北西路	罗 纱 绢 绫 平绸 花绝 绸 绝	
永兴军路	绸 绝	靴毡 毡 毛毼 紫茸毡
秦凤路	绢	紫茸 毛毡 毛毼 白毡
河东路	绝 绢	毡
淮南东路	绢 隔织	细纻 纻布
淮南西路	纱绢	葛布 白纻布 纻绵
两浙路	绫 越绫 茜绯花纱 轻容纱 罗	葛 白纻
江南东路	纱	白纻布 白纻
江南西路	绢	葛 白纻 纻布 纻
湖北路	绫 班白绢	纻布 纻 纻练
湖南路		葛 白纻 纻
成都府路	花罗 锦 春罗 单丝罗 罗 绫 锦绸	高纻布 纻布 纻丝布
夔州路	绸 绵绸 绢	葛布
梓州路	白花绫 楀蒲绫 绢 锦绸 绸丝	布 葛布 葛班布
利州路	隔织 莲绫 绵绸 综丝绫	
福建路		红花焦布 练 葛纻
广南东路	绢	焦布 纻布 布 白纻布

表中所列贡品,都是当时各地的名特优,北宋时期今属安徽地区的淮南东西路和江南东路,没有一项著名毛织品,著名丝织品也远在河北、两浙、成都、梓州、京东东路之后。其优势为麻、葛制品,仅麻纺织品就有练、绞、白绞、细绞、绞布、白绞布六种之多,很突出。

综合纺织品的数量、质量、品类和印染水平,可以毫不夸张地说,北宋安徽纺织业已步入全国先进行列。

二、陶瓷制造业

五代至北宋,我国陶瓷制造业达到鼎盛时期,出现了中国陶瓷史上常说的以定州为中心的定窑系、以磁州为中心的磁窑系、以耀州为中心的耀窑系、以阳翟为中心的钧窑系、以浙江丽水为中心的龙泉窑系、以江西景德镇为中心的景德镇窑系;哥窑、钧窑、定窑、汝窑、官窑时称五大名窑。安徽陶瓷制造业虽在六大体系之外,也难与五大名窑比肩,但也有了明显的进步,并形成分布区域广、地方特色浓厚等特点。从区域分布的角度讲,自北而南第一个比较出名的就要算白土窑了。白土窑坐落在萧县白土镇,1960 年和 1961 年,安徽省博物馆和南京博物院曾分别对该窑进行调查和试掘,判明创烧于唐,兴于宋,衰于元。器有青、黄、白,宋代以烧制白瓷为主。纹饰以刻花或剔花为主。用煤作燃料。[①] 质量仅次于定窑产品。生产规模很大,洪迈《夷坚志》载,仅白窑户总首邹师孟一家,就拥有 30 余口窑,雇工匠达数百人。界首陶窑,坐落在县南陶集,历史悠久,旧有陶祖庙,相传是陶户供奉春秋越国大夫范蠡为陶祖的庙宇。附近居民世以制陶为业,入宋,进入极盛时期,有以姓氏命名的卢、魏、殷、张、沈等 13 个窑群。器形古朴粗犷,以三彩剔花为主要特征。[②]

北宋中后期,黑釉瓷器在安徽的江淮之间迅速发展起来,霍山的下符桥窑、太湖的刘羊窑、庐江的果树窑,均专门烧制黑釉器,专家考定为典型的北宋中晚期窑。釉色欠匀净,胎土不够精细,器物造型马

---

① 中国硅酸盐学会编:《中国陶瓷史》,文物出版社 1982 年版。

② 张秉伦等著:《安徽科学技术史稿》,安徽科学技术出版社 1990 年版。

虎,是其共同的特点。下符桥窑遗址是安徽省考古工作者1983年发现的,窑炉为龙窑,其中一条保存完好的窑道长28米,窑具大量为窑柱和托珠。器类主要为瓶、罐、盆、钵、碗、盏、油灯等生活用具。多素面,无纹饰,仅个别器物上有模印的"大吉"图案和字样。另有一定数量的狮、狗、羊、龟和骑马俑玩具。[①]

皖南陶瓷制造业以宣州、太平州最为发达。《元丰九域志》载宣城县下有符里窑镇;据《宋会要辑稿·食货》载,熙宁十年(1077),该镇上交商税1408贯612文、盐税802贯527文,相当江淮间下县一年上交之数,人稠业茂,似不亚于萧县之白土。后改名东门渡,割隶芜湖。[②] 1985年全省文物普查时,在其附近的康王山、营盘山、小山、蛤蟆地、小竹园、窑头山发现6处窑址,面积达20万平方米,并在康王山窑址采集到一钤有"宣州官窑"阴文印款的残片。[③] 窑型为龙窑,依山而建。有大量瓷片堆积,最厚的为康王山遗址,达10米以上。6窑器物不尽相同,康王山有四系罐、盆、执壶、双系小口瓶、春瓶、盏、碾槽、力士俑、瓷塑动物。营盘山以烧制四系罐、双系小口瓶为主。小山以大型缸器为主,蛤蟆地有碗、钵、盏、灯,小竹园和窑头山以小口瓶为主。总体来说,工艺落后,质量粗糙。调查结论,启于唐,盛于五代、北宋。[④] 1984年和1985年,考古工作者又先后在泾县的琴溪乡和古坝乡发现多处古窑址及大量遗物,产品主要为青瓷,并有少量的白釉和黑釉瓷。烧制工艺、瓷器品类、釉色、造型基本相同,并在古坝窑址出土了一块有"大中祥符四年十月"纪年铭文的瓷片。[⑤] 大中祥符为北宋真宗皇帝的年号,说明其确为北宋窑。在宋歙州所属绩溪县的覆间窑、瑶头窑、窑岭遗址,曾发现大量黑釉瓷器制品,明亮莹润,清澈淡雅,造型别致,纹饰优美,具有浓郁的地方特色。[⑥]

繁昌窑位于县城南郊和西郊的岗坡上,柯家冲、张塘、半边街、柳

---

① 李广宁:《霍山县下符桥宋代古陶瓷窑址调查报告》。
② 《宣城县志·沿革》。
③ 《中国文物报》1991年4月7日。
④ 《东南文化》1991年第2期。
⑤ 《安徽文博》总第5期。
⑥ 《文物研究》第四辑。

墩、骆冲等处皆有分布,总面积约 10 万平方米,以南郊的柯家冲最为集中。1955 年发现,此后几年,省文物部门曾陆续组织人力前往调查和试掘。遗址堆积一般在 2 米左右,最厚处达 6 米。专家判定起于晚唐,兴于五代,盛于北宋,之后即衰落不振。属于古代南方龙窑系统,依山坡而建,别为阶梯式和斜坡式两种。烧制方法以北宋盛行的烧法为主,间亦存在创烧阶段曾经使用过的支钉明火叠烧遗迹。从采集到的残片看,以民间生活用具为主,如碗、盏、碟、盒、罐、盂、盘、钵、壶等。制作工整,造型精美。胎薄质坚,玻化程度很高。釉色介于青白之间,或青中透白,或白中泛青,似玉如翠,光亮润泽,故称青白瓷或影青瓷。[①] 青白瓷是一种在还原焰中烧成的高温瓷,用传统的工艺和单一的纯瓷土制胎,是烧不出来的。专家根据繁昌窑瓷片中氧化铝含量高达 72.69% 的化验结果,推定当时该窑已采用了二元合成配方法,即在传统用的瓷土中加入了一种新的、含铝量较高的黏土,用改变胎泥性质,提高烧成温度,使胎和釉烧结玻化成瓷。[②] 这是一项重大技术突破,它标志着我国烧瓷工艺由此跨入用改造天然瓷土制坯的大门,在中国瓷器发展史上树立起一座新的里程碑。繁昌窑生产的青白瓷器质量堪与同期景德镇产品比高低,深受消费者欢迎,行销长江中下游地区,是安徽境内继唐寿州窑之后,又一名窑。[③]

三、酿酒业

北宋实行榷酒制,先在东、西、南三京分设都酒务,后又扩大到北京。州、府、军所在城市置酒务,县、镇、乡、闾设坊场。酒务和坊场酿酒卖酒,兼收酒税。实行的结果弊端百出,淳化五年(997),官府不得不将一些经营不善的坊场改为"募民自酤"。[④] 所谓"募民自酤",就是由官府发榜召人出价承包,官府"视价高者给之"。[⑤] 这种

---

① 《文物研究》第四辑。
② 《东南文化》1994 年增刊 1 号。
③ 《文物研究》第 10 辑。
④ 《宋史》卷一八五《食货下》。
⑤ 《续资治通鉴长编》卷二一七。

办法,文献中又称买朴。但酒曲的制造和销售仍由官府垄断,严禁私人染指,违者要处以峻刑。酿出的酒也只能在官府划定的地界内销售,越界者也要处以峻刑。一般来说,麦一斗可造曲6斤4两,售价则因时、因地而异。太平兴国中,东京、南京每斤曲价150文,西京145文。元丰元年250文,熙宁四年200文,十年240文。酒分两种,售价略有高低,腊酝夏出者曰大酒,分为23个等级,每斤价从8文到48文不等;自春至秋酝成者称小酒,分为26个等级,每斤从5文到30文不等。

酿酒业受地理条件的制约相对小一些,只要有粮食,各地都可生产,但质量因受水土和气温的影响,却略有不同。见于文献的安徽名酒有:蒙城高太后家香泉酒,颍州银条酒、风曲酒,庐州金城酒、金斗酒、杏仁酒,宣州双溪酒、琳腴酒,寿州王氏酒。又,《清异录》卷四载当涂县"有一种酒曲,皆散发药香,见风即消。既不久醉,又无肠腹滞之患,人号快活汤,士大夫呼为君子觥",似亦应在名酒之列。《曲洧旧闻》卷七举北宋名酒凡203种,内淮南路4种、江南路7种。

各地酿酒数量,因史书缺载,现已无从确知,但《宋会要辑稿·食货十九》录有熙宁十年各路卖曲所得钱数:陕西路2489699贯,河北路1916609贯,两浙路1897063贯,京东路(包括南京)1524044贯,淮南路1261955贯,河东路709121贯,东京(包括开封府)597440贯,湖北路481914贯,江南东路450691贯,江南西路211778贯,湖南路141467贯,成都路135955贯、布5460匹,梓州路70397贯、布1420匹,福建路46177贯,利州路34002贯。曲与酒有一定的产出比,用曲多少,产酒量也相应有高低。陕西、河北两路售曲量遥遥领先于其他路,一是因为西北天气寒冷,人们喜欢以酒御寒。二是有几十万大军驻扎在那里,需求量大,刺激了当地的酿酒业。淮南路仅次于陕西、河北、两浙、京东4路,应该说也属于酿酒业比较发达的地区。

表3—3　北宋安徽地区各州军酿酒情况表

地名	祖额	熙宁十年	地名	祖额	熙宁十年
颍州	83462 贯	83563 贯 215 文	濠州	钱 24871 贯 绢 2391 匹 丝 8 两	钱 25046 贯 绢 4458 匹 3 尺 丝 36 两
亳州	117068 贯	98118 贯 129 文			
宿州	119228 贯	127487 贯 457 文			
寿州	99548 贯	78524 贯 770 文	宣州	85621 贯	88531 贯 955 文
庐州	84657 贯	70725 贯 539 文	歙州	29807 贯	23477 贯 837 文
舒州	53589 贯	63498 贯 793 文	太平州	37178 贯	44410 贯 18 文 铁 7500 文
和州	36553 贯	35994 贯 679 文			
无为军	53152 贯	32682 贯 667 文	池州	29902 贯	45280 贯 862 文
滁州	26359 贯	27432 贯 9 文	广德军	26278 贯	25033 贯 66 文

　　以州军为单位,祖额从高到低依次为宿、亳、寿、宣、颍、舒、无为军、太平州、和、池、歙、濠、滁州、广德军。淮河流域诸州明显高于皖南地区。但各州辖县有多寡,境土有大小,宿州 4 县,平均每县 29802贯,近 3 万贯;无为军 2 县,每县 26576 贯;颍州 4 县,每县 21731 贯,其他年均每县都在 2 万贯以下。最少的为歙州,6 县,平均每县仅 4968贯。出现这种情况,可能与商业和交通运输业都有关系。宿州系沿汴河重镇,又是南北陆路交通的枢纽;无为军为全国六大榷货务之一的无为榷货务驻地,人员辐辏,万商云集,酒的需要量自然要高出其他地方。歙州处在万山丛中,攀缘行走,非都会处,仅靠当地居民婚丧喜庆用酒,自然量要少得多。从动态分析,祖额与熙宁十年实际销售额比较,除宿、濠、滁、宣、池、太平州略有增长外,他州军普遍下降,降幅一般在 30% ~40% 之间,其原因很可能与熙宁年间几次提高曲的售价有关。

四、建筑和兵器制造

江淮地区素多能工巧匠,宣城给朝廷作兵器,一批即制造出11324件,件件"皆精且利"。[①] 真宗大中祥符间,朝廷大兴土木,专门从淮南诸州调集工匠充役。[②] 仁宗明道初修大内,又命淮南、江东工匠赴京参建。[③] 江淮工匠技艺之精闻名当世,开封城里那些金碧辉煌的楼台殿阁,也凝聚着安徽先民的智慧和辛劳。1981年,宁国县出土50件金银器,有鎏金人物盘、乐伎莲花银杯、牡丹花银杯、葵花银杯,以及镂空开光人物、盘龙、花果钗簪等头饰件。采用锤打、镂孔、錾刻、焊接等技法,花纹图案精细,具有较高的艺术价值。[④]

---

① 曾巩:《元丰类稿》卷四三《李丕墓志铭》。
② 《续资治通鉴长编》卷八〇《大中祥符六年》。
③ 《续资治通鉴长编》卷一一一《明道元年》。
④ 《文物参考资料》1956年第6期。

第四章

北宋时期安徽地区的商业和交通运输业

北宋时期,随着农业和手工业的蓬勃发展,有越来越多的社会产品投入交换领域。政策鼓励和商业资本运营条件的改善,又激发了人们从事商业活动的热情。国家政治中心由关陕转移到以开封和洛阳为中心的中原地区,安徽成为京师与富庶的东南地区联系的纽带。特别是从汉江沟通黄、淮水系的尝试失败后,江南西路、荆湖北路、荆湖南路、广南东路、广南西路也都必须循长江东下,经江淮运河,溯淮、汴才能到达京师。也就是说,我国整个南方地区都必须经过安徽才能到达京师。正是在这些因素的影响下,安徽的商业和交通运输业迎来前所未有的兴旺和繁荣。

第一节　商业的繁荣与兴盛

一、政策环境的改善

为了发展商业,繁荣经济,太祖即位之初便拟订了"薄税敛"以奖励商人的则例。建隆二年(961)二月,"诏蔡河、颍河、五丈河及汴河州县民船载粟者勿算"。[①] 太宗即位,"诏榜商税则例于务门,无得擅改更、增损及创收"。[②]"除商旅货币外,其贩夫贩妇细碎交易,并不得收其算"。[③] 仁宗嘉祐年间,又订立了"犯榷货者,不根问经由"的"海行条法",[④]对政府专卖品的走私活动,大为放松。神宗熙宁五年,苏、湖大熟,米价视淮南才十分之五,客船贩米,以沿路场务收往来力胜钱,故苏、湖之米不至。六年十二月,朝廷"诏淮西免纳力胜"。[⑤] 政策环境的改善,给商业发展带来十分有利的机遇。

二、商业的繁荣

北宋时期,我国商品构成发生了重大变化,"商业不再是为少数富人服务,而变成供应广大人民的大规模商业。这在性质上是一种革命性变化"。[⑥] 地处我国东南的今安徽地区,尤其如此。这里既少驻军,也没有庞大的官僚机器,商品种类以居民生产、生活资料为主,专供皇亲国戚、达官贵人消费的乳香犀玉、金银珍玩稀少,大宗的商品是粮食、布帛、盐、酒、茶、竹木、牲畜、药材、陶瓷、文具、农耕具等日用必须品。景德年间,江淮连岁大稔,三司官员讲到,当时"富商大贾自江淮

---

① 《宋会要辑稿·食货一七》之一〇。
② 《文献通考》卷一四《征榷考》。
③ 《文献通考》卷一四《征榷考》。
④ 《建炎以来系年要录》卷一三二。
⑤ 《续资治通鉴长编》卷二四八。
⑥ 傅筑夫:《中国封建社会经济史》第5卷,人民出版社1989年版,第2页。

贱市粳稻,转市京师,坐邀厚利"。① 熙宁五年,苏、湖大丰收,米价不到江淮地区的一半,粮商们又纷纷把苏、湖米运至江淮地区出售。汉代商人"逐什一之利",现在时价相差一倍,可说利润相当丰厚。茶叶是安徽的又一大宗商品,尤其是淮西路和江南东路,因为当地盛产茶叶,这项交易尤红火。"浮梁、歙州,万国来求";"舒城、太湖,买婢买奴"。② 人们不远万里跑到歙州贩运茶叶,业茶致富的舒城、太湖商人则忙着买婢买奴,一派兴旺景象。寿州的"开顺、麻步、霍山,岁榷无虑三万钧(约百万斤),坐居竹斋,率千金以算,其利不赀"。③《宋会要辑稿·食货三六》之一三讲到:"田昌于舒州太湖算茶十二万,计其羡数又逾七万。"田昌一次就从太湖场买茶 12 万斤,加上羡数 7 万已达到 19 万斤。据同书《食货二九》提供的太湖场茶叶批发价:上号每斤 88 文 2 分、中号 75 文 6 分、下号 67 文 1 分。以中号茶价计,即使买进 12 万斤就要付出 9072 贯,其中尚不包括运输、雇工等诸多费用,可见其资本之大。李晓《论宋代的茶商和茶商资本》④依据镇戎军茶叶零售价和我国东南地区茶叶批发价,推算售价大约是成本价的 3.5 倍。这样田昌一趟就可净赚四五十万贯,看来宋祁讲的"其利不赀"的确如此。因为茶叶买卖利润太高了,结果导致竞争激烈、私贩严重。舒城县茶叶销售被当地大姓张迪等五家把持,其他商人莫能染指,陈某人出知舒城县,依法纠正,张迪等以莫须有的罪名诬构于上,陈某险些为此丢了官。⑤ 政和三年(1113),贵池县"程益等九人公然兴贩私茶,杀伤捕人韩十等三人"。⑥ 梅尧臣《宛陵集》卷三四《闻进士贩茶》诗则生动具体地记述了士人违法贩茶的行径:

　　　　山园茶盛四五月,江南窃贩如豺狼。
　　　　顽凶少壮冒岭险,夜行作队如刀枪。

---

① 《续资治通鉴长编》卷六三。
② 王重民:《敦煌变文集》卷二《茶酒论》。
③ 《宋景文集》卷四六《寿州风俗记》。
④ 《中国经济研究》1997 年第 2 期。
⑤ 祖无择:《龙学文集》卷九《陈君神道碑铭》。
⑥ 《宋会要辑稿·食货三二》。

浮浪书生亦贪利，史笥经箱为盗囊。

津头吏卒虽捕获，官吏直惜儒衣裳。

却来城中谈孔孟，言语便欲非尧汤。

三日夏雨刺昏垫，五月炎热讥旱伤。

百端得钱事酒炙，屋里饿妇无粮粮。

一身沟壑乃自取，将相贤科何尔当！

商品意识增强，把装经书的箱子当成了装茶叶的"盗囊"。

盐有两种，引池而成者曰颗盐，产地解州，故又曰池盐、解盐；煮海水而成者曰末盐，主要产自淮东和浙江，故又曰海盐、浙盐、淮盐。宋时安徽不产盐，旧食海盐，建隆二年，诏宿、徐等州改食池盐。天圣九年（1031），颍、亳、单等州也改食池盐。康定以后，宿、亳复食淮盐，而颍州仍食池盐。淮河以南诸州及江南东路的宣、池、太平州和广德军，俱食淮盐，自真州榷货务或设在楚、泰、通州的盐仓搬运。唯有歙州自始至终食浙盐。官府收买淮盐每斤付4文钱，售价视距产地路途远近而上下其估。宋初，定淮盐为21等，售价每斤自47文至8文不等。颗盐分3等，每斤售价从44文至34文不等。后又陆续增高售价，史言熙丰间，每斤增至六七十文。销售方式分为通商、官卖（即通常讲的禁榷）二种，至于具体采取哪种方式，原则上随州军所宜而定，但也经常变化。初，淮南十八州军半行榷卖，半行通商，涉及今安徽地区的单、颍、亳、宿皆为禁榷地。因为私盐物美价廉，官盐质劣价高，百姓皆利食私盐，以致私贩者越来越多，官府财源流失严重。至道二年十一月，朝廷从西京作坊使杨允恭议，诸州皆改为官卖。天禧初，复罢榷法，听商人入钱粟京师而去淮东路易盐，然后运往各地自行销售。熙宁中，为把盐利收归国有，在淮西推行周辅盐法，即由官吏坐肆卖盐。官吏图省事，课民买盐，并根据贫富及财产多寡定其买盐数量。结果引起民间骚怨，尤其富室的强烈不满。元丰改制，稍变其法。崇宁以后，恢复熙宁课买之制，规定州县每年卖官盐数额，"以卖盐多寡为官吏殿最，如有循职养民不忍侵克，则指为沮法，必重劾遣黜。州县孰不望风畏威，竞为刻虐，由是东南诸州县三等以上户，俱以物产高下勒认

盐数之多寡。上户岁有至千缗,第三等户不下三五十贯,籍为定数,使依贩易,以足岁额。稍或愆期,鞭挞随之"。

政和二年,蔡京复用事,又变盐法,在熙宁斤盐售价六七十文的基础上,广德军和太平州再增 2 文,宣、歙增 3 文,池州增 4 文。政府听商人赴榷货务请盐,榷货务批发给商人的价钱是 300 斤 10 贯,即每斤 33 文。官府允许商人自定零售价。商人因成本剧增,又得增损售价之便利,于是"盐价苦高,私贩者众"。行之不久,又改为课买制。《宋史》卷三五七《梅执礼传》说,方腊起事之明年,徙知滁州,当时朝廷课配给滁州的盐,"乃倍粟数",执礼"请于朝,诏损二十万"。李之仪《书简》云:"宣城天下佳处,只是盐法太严。"①为进一步全面具体地反映安徽各地盐业情况,下面我们再据《宋会要辑稿·食货二二》所载熙宁中安徽各州县镇务课买食盐钱数,列表如下:

表4—1　熙宁中安徽各州县镇务课买食盐钱数表

州　军	县镇务	钱　数	州　军	县镇务	钱　数
扬州	天长县	5204 贯 542 文	滁州	清流县	14720 贯 704 文
	铜城镇	1308 贯 513 文		来安县	3966 贯 490 文
	计	6513 贯 55 文		全椒县	17650 贯
亳州	亳县	7171 贯 352 文		白塔镇	876 贯 303 文
	城父县	2557 贯 788 文		计	37213 贯 497 文
	蒙城县	2557 贯 788 文	宿州	符离县	5666 贯 869 文
	蒙馆镇	2313 贯 62 文		临涣县	1393 贯 781
	计	15332 贯 99 文		虹县	3614 贯 792 文
广德军	广德县	12294 贯 147 文		蕲县	1587 贯 366 文
	建平县	11300 贯 22 文		柳子镇	6308 贯 113 文
	计	23594 贯 169 文		蕲泽镇	1256 贯 197 文

---

① 《永乐大典》卷二三六九。

州　军	县镇务	钱　数	州　军	县镇务	钱　数
宿州(续)	静安镇	1328 贯 281	寿州(续)	麻步镇	3368 贯 961 文
	灵壁镇	1588 贯 747 文		嶼涧镇	1163 贯 622 文
	荆山镇	1850 贯 377 文		计	61804 贯 13 文
	西故镇	986 贯 963 文	和州	历阳县	19030 贯文
	新马镇	822 贯 730 文		东关务	2220 贯 280 文
	通海镇	115 贯 560 文		栅江务	477 贯 838
	桐墟镇	134 贯 215 文		乌江县	10198 贯 316 文
	计	26653 贯 653 文		含山县	10567 贯 264 文
庐州	合肥县	56142 贯 197 文		采石务	357 贯 316 文
	慎县	13280 贯 285 文		计	42801 贯 71 文
	舒城县	22652 贯 836 文	舒州	怀宁县	39553 贯 233 文
	青阳镇	1351 贯 397 文		宿松县	25334 贯 962 文
	九井镇	954 贯 829 文		桐城县	13775 贯 534 文
	计	93381 贯 544 文		太湖县	24900 贯 247 文
泗州	招信县	4050 贯		望江县	16672 贯 59 文
	木场务	2463 贯 527 文		孔城务	4191 贯 496 文
	计	6513 贯 527 文		许公务	9853 贯 536 文
寿州	下蔡县	24963 贯 182 文		鹭山务	1333 贯 304 文
	寿春县	3090 贯 962 文		石井务	5002 贯 734 文
	安丰县	7632 贯文		皖口务	11946 贯 33 文
	霍邱县	15330 贯 764 文		永安务	7999 贯 772 文
	六安县	17445 贯 145 文		石溪务	5802 贯 781
	来远镇	2190 贯 575 文		双港务	5230 贯 398 文
	霍山镇	3786 贯 23 文		长风沙务	1004 贯 904 文
	开顺镇	2832 贯 539 文		荻步务	109 贯

州　军	县镇务	钱　数	州　军	县镇务	钱　数
舒州(续)	计	172709 贯 993 文	宣州(续)	杜迁镇	499 贯 388 文
濠州	钟离县	15315 贯 498 文		符里窑务	802 贯 527 文
	定远县	5309 贯 150 文		城子务	1189 贯 880 文
	永乐镇	3916 贯 326 文		计	127277 贯 530 文
	藕塘镇	2632 贯 156 文	歙州	歙县	30392 贯 257 文
	芦塘镇	555 贯 299 文		休宁县	9759 贯 620 文
	长乐镇	585 贯 964 文		绩溪县	2794 贯 110 文
	淮东镇	610 贯 112 文		黟 县	5954 贯 720 文
	计	27922 贯 525 文		祁门县	8899 贯 385 文
无为军	无为县	20130 贯 908 文		婺源县	13707 贯 735 文
	庐江县	29498 贯 451 文		计	71907 贯 827 文
	巢县	11670 贯 107 文	池州	贵池县	35136 贯 460 文
	零盐场	2191 贯 621 文		青阳县	21720 贯 118 文
	糁潭务	4151 贯 430 文		建德县	21143 贯 486 文
	石牌务	1721 贯 822 文		东流县	16008 贯 384 文
	柘皋务	4147 贯 81 文		铜陵县	5910 贯 941 文
	昆山务	12610 贯 179 文		石埭县	5414 贯 902 文
	计	86119 贯 598 文		顺安镇	1584 贯 592 文
宣州	宣城县	63895 贯 179 文		大通镇	3924 贯 236 文
	南陵县	42552 贯 690 文		计	94008 贯 448 文
	宁国县	6908 贯 943 文	太平州	当涂县	23882 贯 239 文
	泾县	4597 贯 122 文		芜湖县	16299 贯 330 文
	旌德县	2486 贯 164 文		繁昌县	9193 贯 378 文
	太平县	1438 贯 658 文		采石务	1345 贯 903 文
	水阳镇	2998 贯 979 文		慈湖务	1399 贯 315 文

续表

州　军	县镇务	钱　数
太平州（续）	戋桥务	6332 贯 988 文
	获港务	4701 贯 837 文
	计	62163 贯 990 文
安徽地区总计		955918 贯 485 文

一年上百万缗的交易量,可说是仅次于粮、茶的又一大宗商品。由于进价和售价之比高低悬殊,利润空间很大,一直私贩猖獗。至道二年闰七月,"江淮发运使杨允恭捕获贩私盐贼三十九人送阙下"。[①] 元祐中,"宣、歙之民勇悍者多以贩盐为业,百十为群,往来浙中。以兵杖护送私盐,官司以其不为他盗,故略而不问"。[②] 这已是大规模武装贩运。参与人员,也不再限于穷苦的黎民百姓,"江淮间虽衣冠士人,狃于厚利,或以贩盐为事"。[③]

大别山和皖南山区的木材,或由淠河入淮,再由淮溯颍、涡至京畿;或联筏由新安江顺流至杭州;或浮江至扬州,走邗沟、汴渠至京师,皆获厚利。甚至一些现任官员盗用"官船贩鬻材木取利"。[④] 亳州的枣畅销东京市场,为当时四大名枣之一。[⑤] 开封府有歙县人潘谷开设的墨店,[⑥]寿州王氏开的酒楼。池、歙生产的纸都有"轻细"的特点,贩运至四川,池纸比当地产的川笺纸价钱高出近三倍,仍很受欢迎,"在川诸司及州县缄牍必同徽、池纸"。[⑦]

三、资本转移和商人势力崛起

丰厚的商业利润,加速了农业资本、手工业资本等社会资金向商

---

① 《续资治通鉴长编》卷四六。
② 《续资治通鉴长编》卷四六一。
③ 《续资治通鉴长编》卷一九六。
④ 《续资治通鉴长编》卷九一《天禧二年》。
⑤ 《东京梦华录》卷八《立秋》。
⑥ 《东京梦华录》卷三《相国寺万姓交易》。
⑦ 《蜀笺谱》。

业资本转移的速度。有些地主一改有钱买田的传统经营方式,开始在城镇建商铺、货栈、邸店,兼营商业。《宋景文集》卷四六《寿州风俗记》讲寿州"农与商参,迭为并兼",说明这种情况淮河流域有。《新安文献志》卷九一朱熹《记外大父祝公确遗事》曰:"其邸肆生业,几占郡城之半,因号祝半州。"说明这种情况皖南地区也有。买朴是北宋时期出现的新名词,用现代话讲就是买断某种商品的经营销售权。为帮助大家具体了解农村地主豪强兼营商业的情况,现将《宋会要辑稿·食货一九》所载熙宁十年官营及买朴酒钱表示如下:

表4—2　熙宁十年安徽各州县官营及买朴酒钱数额表

州军名称	官营	买朴	合计
颍州	75812 贯 475 文	7750 贯 740 文	83563 贯 215 文
亳州	73806 贯	24312 贯	98118 贯
宿州	98720 贯 841 文	28766 贯 616 文	127487 贯 457 文
滁州	15709 贯 296 文	11722 贯 713 文	27432 贯 9 文
寿州	31885 贯 180 文	46639 贯 590 文	78524 贯 770 文
庐州	57605 贯 919 文	13119 贯 540 文	70725 贯 539 文
和州	10005 贯 582 文	25989 贯 97 文	35994 贯 679 文
舒州	27353 贯 300 文	36145 贯 493 文	63498 贯 793 文
无为军	14771 贯 194 文	17915 贯 473 文	32686 贯 667 文
宣州	77046 贯 971 文	11484 贯 984 文	88531 贯 955 文
歙州	21614 贯 971 文	1863 贯 283 文	22477 贯 837 文
池州	36886 贯 86 文	8394 贯 776 文	45280 贯 862 文
太平州	42817 贯 752 文	1592 贯 266 文	44410 贯 18 文
濠州	19180 贯 190 文	钱 7865 贯 939 文 绢 4458 疋、丝 36 两	钱 27046 贯 129 文 绢 4458 疋、丝 36 两

根据本表显示的数据,寿州、和州、舒州、无为军买朴数都超过了官营。和州尤甚,买朴 26000 贯,官酿才万余贯。地主豪强用买断专

卖权,强行销售,遇民有吉凶事,辄抑配沽酒,①有的居民办桩喜事,仅酒钱就要用十几贯,而这些承包商则坐享厚利。手工业资本向商业资本转移也不乏其例,如砀山县染户宋从,印染之余,经常往来于砀山、南京之间,做红枣生意。②

随着商业的繁荣,安徽涌现出一批全国闻名的富商大贾,"无为陈氏,家有赀累百巨万"。③ 寿州的范氏、陈氏,势力更大,《续资治通鉴长编》卷一一五记载,寿州大茶商陈子城关节通到杨太后那里,纳女宫中,杨太后并答应立其女为仁宗皇后,后来因为吕夷简、宋绶、王曾等大臣极力反对,才未能实现。真宗朝宰相程琳之妻亦出寿州陈氏。④这说明他们已不再满足于一般的财富占有,进而谋求干预国家政治了。

四、从商税看安徽及所属各地商业状况

如果说上面零碎的个案还不能全面反映安徽商业的具体状况及其在全国所处地位的话,现在我们再根据《宋会要辑稿·食货》一五至一七记载的嘉祐间和熙宁十年全国各路上缴商税数额,列表如下:

表4—3　嘉祐间和熙宁十年全国各路上缴商税数额表

地区名称	嘉祐间商税额（贯）	名次	熙宁十年商税额（贯）	名次
东京都商税院			402379.137	5
开封府	108704	17	152801.660	20
西京	60456	21	67548.547	23
南京	33923	23	45561.696	24
北京	84454	18	95930.820	22
京东东路	246538	10	475332.149	2

① 《续资治通鉴长编》卷一〇八。
② 《三朝北盟会编》卷一九九。
③ 《睽车志》卷五。
④ 《临川集》卷九八《陈氏墓志》。

续表

地区名称	嘉祐间商税额（贯）	名次	熙宁十年商税额（贯）	名次
京东西路	270463	9	266304.431	11
京西南路	129130	16	190496.963	16
京西北路	280017	8	173227.993	19
河北东路	476718	2	471906.266	3
河北西路	382249	4	286948.000	10
永兴军路	310824	7	399026.217	6
秦凤路	350602	6	342995.159	9
河东路	226555	12	262933.153	13
淮南东路	351098	5	422206.718	4
淮南西路	521502	1	359070.771	8
两浙路	475556	3	867714.624	1
江南东路	243362	11	361811.051	7
江南西路	162732	13	248520.800	15
荆湖南路	69770	20	178298.075	18
荆湖北路	130033	15	188313.075	17
福建路	131932	14	264897.094	12
广南东路	81639	19	249803.803	14
广南西路	43547	22	139846.035	21

北宋商税主要有过税和住税两种，前者约收货物的百分之二，后者约为百分之三。从表中所列的24个统计单位的情况看，涉及安徽的两淮和江东3路，总体上属于比较发达的地区。嘉祐年间，淮南西路上交商税最高，名列全国第一；淮南东路名次稍后于河北东路、两浙路、河北西路，位居第五；江南东路第十一名，属于中等水平。至熙宁十年，3路名次略有变化，淮南西路从第一降至第八，淮南东路从第五升至第四，江南东路从第十一升至第七。若以8个统计单位为一个方阵，分成发达、一般、欠发达的话，涉安徽3路俱在第一方阵，也即发达

之列。

为了进一步了解今安徽所辖各州、军的商业发达水平及变化情况,现再将《宋会要辑稿·食货》记载的各地旧税额及熙宁十年实际上缴商税数额表示如下:

表4—4　安徽各州县军旧税额及熙宁十年上缴商税数额表

州军县名	旧额	熙宁十年上交商税数	名次
萧县		4095 贯 085 文	17
颍州	50519 贯	20399 贯 606 文	11
天长县		16020 贯 816 文	13
蒙城		15038 贯 114 文	15
宿州	32902 贯	26691 贯 60 文	7
滁州	11334 贯	15344 贯 561 文	14
寿州	133224 贯	53456 贯 560 文	2
庐州	50882 贯	72074 贯 317 文	1
和州	23622 贯	27000 贯 989 文	6
舒州	42926 贯	23172 贯 860 文	9
无为军	56856 贯	37964 贯 555 文	4
濠州	16051 贯	19105 贯 112 文	12
宣州	26709 贯	42458 贯 780 文	3
歙州	13537 贯	25956 贯 555 文	8
太平州	21421 贯	22828 贯 143 文	10
池州	16674 贯	36648 贯 63 文	5
广德军	13006 贯	14314 贯 655 文	16

上表共列 14 个统计单位,内有三级行政机构县,二级行政机构州、军。同为州军,辖县数也不尽相同,因此不可简单类比。一、总体看来,安徽所属各州军呈均衡发展态势,无论旧额还是熙宁十年上交数,都在万贯以上。虽有高低之别,但不像其他地方,相差那么悬殊。

二、就县级税收而言,天长最高。三、旧额,淮南西路所属州军较高,寿州旧额 13 万余贯,名列第一。无为军、庐州、颍州也都在 5 万贯以上,在全国也属于交税较高的州军。皖南各州军则普遍偏低,歙州每县平均只有 2000 多贯,仅是萧县的二分之一、天长县的八分之一。四、从发展趋势看,庐、滁、和、濠、宣、歙、太平、池州及广德军均呈上升趋势。池州增幅最大,达一倍多。庐、宣、歙较快,庐州增加 2 万多贯,宣、歙也各增万余贯。寿、颍、宿、舒州及无为军呈下降趋势,寿州减少 8 万贯,颍州 3 万余贯,舒州、无为军近 2 万贯。商税多寡是商业发达还是落后的标志,上述这几个州军商税大幅度下降,说明彼处商业已经由繁荣开始走向衰退和萎缩。

第二节　城镇的兴起

一、城镇的分布和数量

城镇的兴起是社会生产力发展的自然产物,商品经济发展的必然结果,主要表现在城镇数量的增加和城镇人口的膨胀,城镇经济意义日趋鲜明,城镇商税大幅度增长等方面。根据《元丰九域志》记载,北宋时期,涉及今安徽的县城共 62 个,内 15 个与州、军同城而治,故又可称之为州城、军城。其选点设置一般从政治控制和行政管理的角度考虑的比较多些,所以分布比较匀称。镇的数量高达 142 个,为全国之冠。江北与皖南相比,皖南 4 州 1 军仅有 24 个,江北 118 个,南北差距甚大。全省无镇的县共有 16 个,皖南占 13 个,这说明在城镇的兴起方面,皖南地区远远落后于长江以北地区。长江以北镇数最多的是寿州,5 县 27 个,仅低于东京开封府的 31 镇,在全国名列第二。但东京开封府辖开封、祥符、尉氏、陈留、雍丘、封丘、中牟、阳武、酸枣、长垣、东明、襄邑、扶沟、鄢陵、考城、太康、咸平 17 县,寿州辖 5 县,若从每县平均数讲,寿州又远远高于开封。

二、城、镇上交商税额

商税多寡是反映城镇商业规模大小及经济意义轻重的主要参数，为让大家确切了解北宋安徽各城镇的商业规模及其在经济上的重要程度，现根据《宋会要辑稿·食货》十五至十七记载的熙宁十年商税额，列表如下：

表4—5　熙宁十年安徽各城镇商税数额表

州军名	县镇务名	熙宁十年商税额	在同级行政单位中的名次
徐州	萧县　在城 白土镇	2823 贯 912 文 1271 贯 173 文	镇第 20
单州	砀山　在城	1853 贯 699 文	
泗州	招信　在城	1054 贯 37 文	
	木场	268 贯 750 文	
扬州	天长　在城	7987 贯 280 文	城第 18
	铜城	8032 贯 536 文	镇第 2
颍州	汝阴　在城	3916 贯 459 文	
	沈丘　在城	1826 贯 865 文	
	万寿　在城	1236 贯 876 文	
	颍上　在城	1934 贯 146 文	
	斤沟	1105 贯 209 文	
	漕口	505 贯 917 文	
	永宁	115 贯 267 文	
	正阳	4094 贯 385 文	镇第 6
	永安	1251 贯 501 文	镇第 22
	界沟	836 贯 471 文	
	河镶	1927 贯 200 文	镇第 11
	会津门	176 贯 80 文	

续表

州军名	县镇务名	熙宁十年商税额	在同级行政单位中的名次
颖州(续)	河渡	1102 贯 589 文	镇第 26
	王家市	370 贯 740 文	
亳州	谯县　在城	4377 贯 204 文	
	蒙城　在城	2785 贯 518 文	
	城父　在城	7519 贯 57 文	城第 19
	蒙馆	356 贯 299 文	
宿州	符离　在城	15079 贯 299 文	城第 7
	临涣　在城	1539 贯 454 文	
	虹县　在城	2042 贯 894 文	
	蕲县　在城	606 贯 862 文	
	柳子	871 贯 348 文	
	蕲泽	511 贯 945 文	
	静安	666 贯 55 文	
	零壁	2156 贯 632 文	镇第 9
	荆山	1191 贯 324 文	镇第 23
	西故	599 贯 928 文	
	新马	795 贯 323 文	
滁州	清流　在城	12545 贯 63 文	城第 10
	来安　在城	1215 贯 882 文	
	全椒　在城	1257 贯 137 文	
	白塔	326 贯 479 文	
寿州	下蔡　在城	17550 贯 621 文	城第 4
	寿春　在城	6274 贯 533 文	城第 22
	安丰　在城	8863 贯 154 文	城第 15
	霍邱　在城	13796 贯 622 文	城第 8

州军名	县镇务名	熙宁十年商税额	在同级行政单位中的名次
寿州(续)	六安　在城	18500 贯 937 文	城第 3
	麻步务	1265 贯 203 文	镇第 21
	霍山务	4255 贯 919 文	镇第 5
	开顺务	1331 贯 35 文	镇第 17
	来远务	382 贯 953 文	
	土厥涧务	1162 贯 613 文	镇第 24
庐州	合肥　在城	50315 贯 887 文	城第 1
	慎县　在城	1971 贯 217 文	
	舒城　在城	8087 贯 505 文	城第 17
	青阳	403 贯 77 文	
	九井	1296 贯 636 文	镇第 19
和州	历阳　在城	16124 贯 37 文	城第 6
	乌江　在城	3140 贯 977 文	
	含山　在城	2131 贯 790 文	
	栅江	572 贯 381 文	
	东关	3312 贯 172 文	镇第 8
	采石	1719 贯 632 文	镇第 14
舒州	怀宁　在城	2830 贯 980 文	
	宿松　在城	1390 贯 327 文	
	桐城　在城	1624 贯 250 文	
	太湖　在城	3038 贯 982 文	
	望江　在城	907 贯 649 文	
	孔城	1065 贯 11 文	镇第 28
	许公	871 贯 722 文	
	鹭山	5041 贯 301 文	镇第 4

州军名	县镇务名	熙宁十年商税额	在同级行政单位中的名次
舒州（续）	皖口	1733 贯 515 文	镇第 13
	永安	7927 贯 468 文	镇第 3
	石溪	657 贯 142 文	
	双港	446 贯 192 文	
	杨溪	136 贯 321 文	
无为军	无为　在城	20040 贯 837 文	城第 2
	巢县　在城	3968 贯 90 文	
	庐江　在城	9971 贯 339 文	城第 13
	糁潭	907 贯 56 文	
	柘皋	1096 贯 997 文	镇第 27
	昆山	900 贯 741 文	
	石牌	238 贯 495 文	
濠州	钟离　在城	8264 贯 643 文	城第 16
	定远　在城	8984 贯 190 文	城第 14
	藕塘	998 贯 659 文	
	永安	857 贯 620 文	
宣州	宣城　在城	16476 贯 11 文	城第 5
	宁国　在城	6726 贯 840 文	城第 21
	南陵　在城	4210 贯 415 文	
	泾县　在城	4214 贯 909 文	
	旌德　在城	2661 贯 174 文	
	太平　在城	2574 贯 716 文	
	水阳	1966 贯 370 文	镇第 10
	杜迁	400 贯 393 文	
	城子	1819 贯 340 文	镇第 12
	符里窑	1408 贯 612 文	镇第 15

州军名	县镇务名	熙宁十年商税额	在同级行政单位中的名次
歙州	歙县　在城	12258 贯 120 文	城第 11
	休宁　在城	2967 贯 216 文	
	绩溪　在城	1436 贯 739 文	
	婺源　在城	4782 贯 750 文	
	黟县　在城	1279 贯 584 文	
	祁门　在城	2988 贯 87 文	
	清化	244 贯 59 文	
池州	贵池　在城	4851 贯 713 文	
	铜陵　在城	1752 贯 240 文	
	建德　在城	7141 贯 158 文	城第 20
	石埭　在城	1252 贯 336 文	
	东流　在城	1195 贯 584 文	
	青阳　在城	3076 贯 76 文	
	池口	13386 贯 479 文	镇第 1
	大通	3616 贯 62 文	镇第 7
	顺安	375 贯 415 文	
太平州	当涂　在城	3739 贯 619 文	
	繁昌　在城	1554 贯 405 文	
	芜湖　在城	13220 贯 735 文	城第 9
	慈湖	393 贯 634 文	
	采石	1368 贯 785 文	镇第 16
	戈桥	945 贯 23 文	
	荻港	1299 贯 927 文	镇第 18
	丹阳	307 贯 65 文	
广德军	广德　在城	10005 贯 425 文	城第 12
	建平　在城	4309 贯 230 文	

在全省 62 个城市中,商税超万贯的有 12 个,从高到低依次为合肥、无为、六安、下蔡、宣城、历阳、符离、霍邱、芜湖、清流、歙县、广德,内 8 在江北,4 在皖南。商税五千至万贯的有 10 个,从高到低依次为庐江、定远、安丰、钟离、舒城、天长、城父、建德、宁国、寿春,内 8 在江北,2 个在皖南。59 个镇中,年商税 2000 贯以上者有 9,从高到低依次为池口、铜城、永安、鸎山、霍山、正阳、大通、东关、灵璧,内 7 个在江北,2 个在皖南。三组数字都说明,长江以北城、镇的商业规模远远超过皖南,尤其是合肥县城,高出同级县城几倍、甚至十几倍。池口则是其他镇的几倍、几十倍,甚至上百倍。这些城、镇不仅为安徽之最,我国其他地方也罕有能比者。反映出的第三个特点是,小超大、下超上、新超旧。镇超县城的如:永安镇 7927 贯,是州城怀宁的 3 倍、桐城县城的 5 倍;池口 13386 贯,是州城贵池的 3 倍、东流县城的 10 倍;东关比乌江、含山都高;正阳分别是沈丘、万寿、颍上的 2 倍多,并超过州城汝阴。一般属县超过州城的有:城父超过谯县,六安超过下蔡,太湖超过怀宁,定远超过钟离,芜湖超过当涂。最令人感到惊奇的是无为、清流等,一向被人视为荒僻小县,而熙宁十年商税却分别达到 20040 贯和 12545 贯,分别是著名大县汝阴的 5 倍和 3 倍多、谯县的 5 倍和 3 倍、怀宁的 7 倍多和 4 倍多,比上述州城各县高出好几倍。可以说,昔日的商业格局完全被打乱,展现在人们面前的是一派令人眼花瞭乱的全新景象。

三、城镇类型及意义

北宋安徽城镇,大体可以归为三种类型。一是像庐州的合肥、寿州的下蔡、宿州的符离、宣州的宣城等,既是地方政府州、军所在地,又以交通便利、居民繁盛、商贾云集而成为所在地域的经济中心,有学者将其归类为综合性城市,[1]我们认为还是比较科学的。宿州的符离,地临汴河,因为漕运的关系,自唐代后期就已经很发达,以致因为"罗城狭小,居民多在城外"。入宋承平百余年,人户快速增长,到元祐年间,

---

① 　参见王鑫义主编:《淮河流域经济开发史》,黄山书社 2001 年版。

郊区"人户大坟墓六千九百所,小者犹不在数"。若以一户一所计,已近万户。再考虑到中国聚族而葬的习俗,则恐已不止万户。为此,知宿州周秩尝计划展筑外城十一里。[1] 寿州治所下蔡县,在唐为颍上县下一小镇,后周世宗柴荣奄有淮南后,始升县,移寿州治焉。以其地濒淮、颍,南控庐、和,西连光州和信阳军,四通八达,且有竹木茶米之富,至北宋仁宗时,已有大量居民住在城外的草市。[2] 仅城西草市,即有居民3000余家,知寿州朱景"筑外郭环之"。[3] 所以《宋史·地理志》把寿州列为江淮"巨镇"。庐州也是四达之地,北肥河通淮,南肥河入巢湖出长江。陆路方面,西经六安至河南信阳,南通滁舒,因此自秦汉已为"都会"性城市,历魏晋南北朝隋唐至北宋,一直为江淮间重镇,直到元改都今北京,始渐衰落。宣城北控大江,南连浙右,自东晋南北朝,已成为仅次于建康的江南重镇。北宋时,"凡生齿舆赋之数,寔夥他郡,为州之望,亚于江宁府"。[4]

　　镇是由唐代的军镇和草市发展演变而来的。市有两种,所谓草市,乃指民间自为聚落、私相贸易的集市,为别于由官方建立的市,故名草市。始见于南北朝时期的历史文献,隋唐缓慢发展,入宋以后,随着商业和手工业日趋繁荣兴盛,草市也如雨后春笋,大量涌现。称谓因地而异,或曰店、或曰馆、或曰墟、或曰埠(步)、或曰集、或曰市。开市的时间,各地也不尽相同,四川有痎市,"间日一集"。池州则有子午会,即逢子、卯、酉隔两日日趁墟。[5] 从镇的分布情况看,一种是位于交通运输线上,如柳子、池口、正阳、桐墟、水阳、采石、皖口、长风沙、挂车、柘皋、灵壁等皆是,因交通的兴衰而兴衰,故或名之为交通型镇市。其特点往往表现为交通繁忙,商贾云集,居民成分复杂等。一种是产业型镇市,如白土、昆山、开顺、麻步、大通、符里窑、矾山、霍山等。白土、符里窑以陶瓷业兴,昆山以产矾盛,大通以铁冶起,霍山、开顺、麻

---

① 《东坡全集·奏议集》卷一二《乞罢宿州修城状》。
② 《光绪寿州志》卷三一《宋天圣院佛会名单》。
③ 《宋史》卷三三三《朱景传》;张安道《乐全集》卷三九《赵郡李公墓志铭》。
④ 《嘉庆宁国府志》卷二一,卢革《宣州牙城公宇记(作于熙宁四年六月)》。
⑤ 叶廷珪:《海绿碎事》卷五《子午会》。

步则是著名茶场。这些镇市往往随着主导产业的兴衰而兴衰。

作为新型的工商业据点,镇市在安徽经济生活中扮演了很重要的角色。通过农副产品和手工业品的集散交流,使得周围乡村的自然经济体与城市交换经济发生日趋广泛而又频繁的联系。商品交换关系通过镇市悄悄地侵蚀着自然经济的封闭体系,这不仅为商品经济的进一步发展开辟了更加广阔的道路,也改变着传统的观念。

第三节　交通运输业的发展

一、综　述

北宋都开封,庞大的官僚机构加上大量驻军,社会需求量巨大,从而导致经济上进一步仰仗南方诸路。福建、广南、两浙、荆湖、江南、淮南6路的米粮、布帛、土产、百货,源源不断地运往今河南中部的开封地区,无论走水路还是走陆路,今安徽地区都是必经的地方。自京畿往南,取道蔡州、信阳军至寿州,然后再东南行,至庐州分道:一路至舒州渡江,至江西、湖广;一路越巢湖自和州渡江,经宣城,过广德县千秋关至浙江;一路经滁州,走滁扬古道至瓜洲渡江至镇江。自京畿往东,走汴河路,至永城东入今安徽界,经临涣、符离、灵璧、虹县,至今江苏盱眙对岸的清口渡淮,走江淮运河,至扬州瓜洲渡江至镇江。自京畿往东南方向有两要路:一经蔡河入颍水,经汝阴,至颍上县西正阳入淮;一经陈留走涡河路至谯,过蒙城,至今怀远渡淮,经濠、滁至扬州。对于这些联接京师和南方6路的水陆交通干线,北宋王朝自始至终都格外重视。

二、惠民河

北宋以前称蔡河或蔡水,又曾名沙水。故道本承古汴水于开封东,南流经今河南省通许、太康2县,至淮阳县折而东南流,复经鹿邑县南,循今安徽茨河,经涡阳、蒙城2县,至怀远西入淮。隋唐以后,今淮阳以东河段淤断,遂改自淮阳县东南循浪荡渠故道至蔡口镇①入颍。建隆元年三月,北宋建国伊始,为了沟通淮右漕路,便匆匆"命中使浚蔡河,设斗门以节水,自都城距通许镇"。② 明年正月,又命右领卫上将军陈承昭督导畿甸、陈、许丁夫数万,"导闵水自新郑③与蔡水合,贯京师南,历陈、颍达寿春,以通淮右舟楫"。④ 乾德二年(964)二月,承昭又受命"帅丁夫数千凿渠自长社⑤引溟水至京合闵河"。闵、蔡合为一水后,补充了大量水源,"闵河之漕益通流焉",⑥成为北宋四大漕渠中仅次于汴河的一条。年运陈、许、光、蔡、颍、寿淮右 6 州上供粟米 60 万石⑦饷太康、咸平、尉氏等畿县驻军。⑧ 开宝六年,改闵河曰惠民河,于是又称蔡河、闵水为惠民河。

三、汴　河

即隋通济渠,宋名汴渠、汴河、汴水。初于今河南省荥阳市北置汴口受纳黄河水以为运河水源,春开秋闭,岁放水八九个月。元丰二年三月,导洛入汴,改引洛水为源。元祐五年(1090)十一月,恢复旧制。水自荥阳东南流,经开封市及杞县、睢县、宁陵、应天府(今商丘市)、夏邑,至永城东入安徽界。又经柳子、符离、灵壁、虹县,至今江苏盱眙对岸入淮。与邗沟(又称江淮运河)、江南运河、浙江运河联接,直通今宁波市。安史之乱爆发后,曾是唐王朝赖以苟延残喘的生命线,五代纷争,疏于治理,宿县以东已是重载不能行。北宋王朝为恢复京师至东南诸路的漕运,进行了长期的、艰苦的综合性治理。采取的措施有:一、均调汴口水量,保持水源稳定。二、疏浚河道,防止淤塞。据《梦溪笔谈》卷二五、《宋史·河渠志三》及《续资治通鉴长编》等书记

---

① 宋蔡口镇,在今河南省淮阳县南颍河北岸。
② 即今河南省通许县。文见《续资治通鉴长编》卷一。
③ 即今河南省新郑县。
④ 《续资治通鉴长编》卷二。
⑤ 治今河南省许昌市。
⑥ 《续资治通鉴长编》卷五。
⑦ 《玉海》卷二二《食货·漕运》。
⑧ 《乐全集》卷二七《论汴河利害》。

载,大中祥符之前,岁发民夫浚之,故河行地中。三年六月,谢德权领治京畿沟洫,借用浚汴夫,浚汴工程暂停。八年十二月,用韦继升议,改为三五年一浚,其后或 20 年始一浚。岁岁堙淀,地下河变成了地上河,人要"仰而望河"。所以到了皇祐三年九月,朝廷不得不恢复旧制,仍然每岁一浚。三、人工清淤的同时,还运用了不少科技手段,大中祥符八年十二月,"沿汴河作头踏道擗岸,其浅处为锯牙以束水势,使水势竣急,河流得以下泻"。① 明道元年(1032)九月,"于雍邱治木岸以束水势"。② 嘉祐元年(1056)九月,"自(南)京至泗州,置狭河木岸"。③ 六年,又令从应天府至汴口岸阔浅漫至 60 步者,修木岸狭河,"扼束水势令深驶"。④ 木岸狭河效果显著。先是,河床淤浅,要在河中铺一层很厚的草屯或麦杆,船才能在纤夫的拉动下向前行驶。元丰三年(1080)二月,用宋用臣议,狭河道 600 里,为 21 万 600 步,四月兴工,至五年十月毕工,历时三年。经过这次整修后,江淮发运司自请不再置草屯浮堰并减少纲船人数。⑤ 可见效果之佳。四、固堤防险。北宋政府自建隆年间起,曾多次下令沿岸百姓在汴堤上种榆柳等树,以加固堤岸,减少决漏。天圣四年(1026),又命凡汴水长一丈,殿前司马步军禁卒就要上岸列铺巡护,以防决溢。⑥ 又禁"商人以竹木为排入汴"。⑦ 每当隆冬严寒,都要派士兵沿汴河监视冰冻凌情,⑧以防积冰坏堤。

经过长期的不间断的治理和时时细心防护,汴河成为北宋的立国之本。张洎说:四大漕渠"唯汴之水横亘中国,首承大河,漕引江湖,利尽南海,半天下之财赋并山泽之百货,悉由此路而进"。⑨《宋史·河渠志三》说:汴渠"岁漕江、淮、湖、浙米数百万,及至东南之产,百物众宝,不可胜记。又下西山之薪炭,以输京师之粟,以赈河北之急,内外

① 《续资治通鉴长编》卷八五。
② 《续资治通鉴长编》卷一○一。
③ 《续资治通鉴长编》卷一八二。
④ 《宋史》卷九三《河渠三》。
⑤ 《续资治通鉴长编》卷三○四。
⑥ 《续资治通鉴长编》卷一○四。
⑦ 《续资治通鉴长编》卷三○五。
⑧ 《续资治通鉴长编》卷五三。
⑨ 《续资治通鉴长编》卷三七。

仰给焉。故于诸水,莫此为重"。汴河漕运实行转般法,即于沿汴河的真、扬、楚、泗州置转般仓,用以受纳来自江南、淮南、两浙、荆湖路的租籴,再由转般仓分调舟船,溯汴运至京师。运输漕粮的船只则实行纲运制,宋初规定 10 船为 1 纲,即组成一支船队,以使臣或军将为纲首,负责押运。[1] 因为经常发生纲首侵盗漕运物资的事情,大中祥符八年,并 3 纲为 1 纲,3 个纲首共同押运,互相伺察,希望以此减少损失。崇宁三年(1070),又改行直达纲法,即诸路纲船直抵京,不再经真、扬、楚、泗中转。开宝五年,规定 80 日一运,一岁 3 运,后改为 4 运。根据《宋史·食货志》《续资治通鉴长编》等书的记载,开宝之前,汴、蔡两河岁运才 10 万石。太平兴国初,以江南平定,仅汴河即猛增至 400 万石。端拱二年(989),500 万石,以致"都下粟麦至贱,露积红腐,陈陈相因"。[2] 至道初,运米 580 万石。景德三年,定江淮漕米以 600 万石为额。大中祥符二年,实际运米 700 万石。薛奎任江淮发运使,曾"岁以800 万石食京师"。[3] 这是我们见到的汴河最高年漕运额,此后罕及其多者,大约徘徊在 600 万石上下。北宋末造,漕运制度破坏,花石纲簇拥河道,运力为之锐减。金人陷两京,停运。北宋汴河运量之大,不仅超过汉唐,而且明清的京杭运河也望尘莫及,创造出空前绝后的奇迹。

四、整治长江航道

唐代,广南、江西、荆湖等路的漕运都是出长江溯汉水至长安。宋改都开封,在沟通江、汉、淮、黄的努力失败后,3 路船只改自长江顺流至扬州入江淮运河,再由江淮运河经汴渠至京师,这样长江的漕运价值就突然凸现出来。而这段航路大部分在今安徽省境内,因此安徽段长江航道也便成为整治的重点。仁宗天圣九年(1031),调兵夫筑长风沙江堤。长风沙,又名石牌湾,在今怀宁县境内,史称"其地最险",江淮发运使周湛督修,用工 30 万,凿新河 10 里,避开了险要,大大方便

---

① 《宋史》卷一七五《食货上》。
② 《续资治通鉴长编》卷三〇。
③ 《欧阳修全集·居士集》卷二六《薛公(奎)墓志铭》。

了来往船只。① 庆历中,发运使许元修池州江岸。② 熙宁五年,江南东路转运使韩铎开上栾家马鞍山河道,朝廷赐银绢 200 两匹赏之。③ 熙宁六年,皮公弼开黄池江,计用夫 70 万,益以运兵 300 人,昼夜兴作,以致逃死者常达千余人。④ 池州长江段,乃上游纲运必经之地,其东岸皆暗礁石,长至 20 余里。西岸则有沙洲,广 200 余里,谚云"拆船湾",言舟行至此必毁拆,前后坏船不可胜数。宣和六年(1124)九月,根据卢宗原的建议,于东岸车轴河口开新河 4 里入杜湖,经池口,避江行 200 里风涛之险。⑤ 沿江设置了 89 个水运递铺,先是雇用民夫,咸平三年八月起,悉改由本城士卒充役。⑥

五、支线建设

宋初,颍州疏浚通商渠。开宝四年(971),合肥浚肥河;八年,凿和州横江渠。庆历中,张旨浚澫河 30 余里。熙宁六年,天长县修界河和古盐河。熙宁末,虹县浚小河。元祐年间,颍州开八丈沟,导沙水入颍。元祐、绍圣间,苏轼、曾肇先后疏浚颍州清河百余里,以通东南物货。江淮之间,湖泊星罗棋布,河汉纵横交错,原来就有发展水上交通运输的基础,经过上述一番修旧辟新后,黄、淮、江水系进一步通驶无阻,形成密如蛛网的水上运道,不仅满足了朝廷的漕运需求,也极大地方便了商品交流和行旅往来,成为当之无愧的南北枢纽。

皖南地区,徽州的新安江,宣州的水阳江、青弋江,常年通航,水上运输唯其是赖。其他"皆取道山间,攀缘不可舟车之地"。⑦ 政和四年(1114)二月,卢宗原提议修江州至真州古河道;宣和六年九月,他又献言浚自芜湖由宣溪、溧水至镇江的河道,由于工程浩大,且持异议者甚多,结果未见行动而罢。

---

① 《宋史》卷三〇〇《周湛传》。
② 《诗人玉屑》卷二〇《集古录》云:"许元为发运使,因修江岸,得斯石于池阳江水中,始知为灵澈诗也。"
③ 《续资治通鉴长编》卷二三三。
④ 《续资治通鉴长编》卷二四七。
⑤ 《宋会要辑稿·方域十三》、《宋史》卷九六《河渠志六》。
⑥ 《续资治通鉴长编》卷四七。
⑦ 《新安文献志》卷一一汪藻《婺源县清风堂记》。

第五章

北宋时期安徽地区贫富两极分化及社会矛盾的加剧

唐改租庸调制为两税法后，国家采取了"兼并者不复追正，贫弱者不复授田政策"，①私家地主取得了自其诞生以来梦寐以求的合法膨胀权力，土地兼并速度因此大大加快了。北宋"不立田制"，②"不抑兼并"，③"有钱则买，无钱则卖"，④土地买卖完全可以自由进行。到了仁宗时，"天下田畴，半为形势所占"。⑤ 贫弱户因失去中古田制模式的庇护加速破产，失地农户在地租、杂税和徭役的重重盘剥压榨下，生计愈来愈艰辛，流民、盗贼、兵变频繁发生，成为困扰北宋王朝的主要社会问题，并最终酿成方腊农民起义。

---

① 《文献通考》卷三〇《田赋三》。
② 《宋史》卷一七三《食货上一》。
③ 《挥麈录·余话》卷一。
④ 袁采:《袁氏世范》卷三《治家》。
⑤ 《宋会要辑稿·食货三》之六九。

第一节　土地高度集中和社会结构的变化

一、三种不同类型的土地所有制

北宋今安徽地区的田地，就其所有制形式来说，大体可分为三类：官田，为国家所有，来源包括江河湖陂淤积自然长出的新生土地；官府出资募人开垦的土地，或新筑圩田；抄没罪犯的田地；绝户或逃户逾期不归者的田地。用途大致如下：一、用作分配给当地政府官员的职田，藩镇州 35 至 40 顷，团练防御州 30 顷，中上州 20 顷，下州及军、监 15 顷，上县 10 顷，中县 8 顷，下县 7 顷，转运副使 10 顷，兵马都监、监押、寨主、厘务官、录事参军、判司等，比通判、幕职之数而均给之。[1] 职田免交两税。《宋会要辑稿·食货六一》引毕仲衍《中书备对》说，淮南路合计共有职田 2023 顷 45 亩，江南东路有 888 顷 50 亩。二、拨给州县学校，充作兴学养士用。三、赏赐有功之臣及寺庙道观。四、安置边陲少数民族内附者，如明道元年（1032）九月，女真国内附的 184 人，即被安置在濠州。除上述四项用途外，剩余的官田租给佃农耕种，所得租米十分之五给州县长吏，余上缴两京。

公田，是集体所有的田地，如寺庙田、学田、族田、义田等，皆属此类。北宋安徽各州县都兴建了不少道观、寺院、尼庵，根据其规模大小，出家人多少，也都占有数量不等的山林田地。其中有些是朝廷赐给的，有些是用香火钱购买的，而大部分是一些信男信女自愿捐献的，史书一般称之为"常住田"或"庙产"。少则数顷，多者几十、几百、几千或上万顷。《勉斋先生黄文肃公文集》卷三二《申制置司行下安庆府催包砌城壁事》讲到南宋时安庆府五县"田地山林，太半皆属寺观"。义田种类较多，如北宋役重，乡村役户多有因此败家破产者。为

---

[1] 《续资治通鉴长编》卷四五。

了解决这个问题,不少地方的役户自发集资购买田地,用所收租入帮助充役之家,俗称义田或义役。沿江江南的强宗大族,为了解决兴办族学和祭祠祖先费用,往往由族人捐田或集资购买田地,用其租入资助常祭和族学,这部分田地通称族田,由本族人共有共享。还有些水利设施,需要经常修缮,受益农户捐田或共同出资购买,用其租入解决整修经费。这种情况在水利事业比较发达的淮南和沿江地区特别普遍。

私田,或称民田,系指除国家、集体之外,包括官僚、地主、商人、农户私家所有的田地。收入归己,可以自由买卖。

北宋安徽官田和民田(包括公田和私田)所占比例,《文献通考》卷四《田赋四》引毕仲衍《中书备对》云,元丰年间,淮南路民田96868420亩,官田488713亩,官田占总田数的0.5%。江南东路民田42160447亩,官田784431亩,官田占总田数的1.86%。

二、土地高度集中

土地高度集中,在南唐时期就已经很严重,北宋王朝为了缓解这个矛盾,开宝五年,曾于庐州所属5县进行均田,①大概收效不大,庆历三年(1043)十月欧阳修请于亳、寿、汝、蔡择赋尤不均者均之,②改均田为均赋。虽然从"均田"到"均赋"仅有一字之差,但却反映了北宋王朝土地制度的根本转变,从此朝廷上下免谈均田,只在赋役方面时而搞点小花样。所以,此后大地主像雨后春笋,纷纷从地下冒了出来。青阳方纲,家人及奴仆、佃客计有700余人,年交夏税400贯,秋苗2400硕,还能拿出余谷50斛赈济灾民,景德二年受到朝廷旌表,并特免其杂税。③颍州学究段广,献粟500硕助军,又运菽120硕输澶州。④王安石《临川先生文集》卷五五载有两道今安徽人纳粟补官制词,一为《寿州税户李仲宣李仲渊本州助教制》,曰:"勅某:淮人阻饥,朕欲

---

① 《舆地纪胜》卷四五《庐州五县均田记》。
② 《续资治通鉴长编》卷一四四。
③ 《宋史》卷四五六《方纲传》。
④ 《续资治通鉴长编》卷五九。

阙饩。尔能输米,来助有司。赏以一官,往其祗服。可。"二为《宿州临涣县柳子镇市户进纳斛斗人朱亿、弟杰本州助教制》,曰:"勅某:阙饩阻饥,朝廷之政。尔能输积,以助有司。褒赐一官,往其祗服。可。"按宋制,助教为从九品,纳粟2000硕者方能补此官,而有2000硕余谷者,肯定是拥有大量田地的殷实人家。嘉祐年间,江西德化县义门陈氏分家,从《义门陈氏族谱》卷二保存下来的《分家目录》知道,其田庄在今安徽境内的竟有11处之多。内:陈均奎分休宁庄,陈希汉分太湖庄,陈承富分太平庄,陈希贤分望江庄,陈希成分怀宁庄,陈希潜分舒州庄,陈汝成分舒城庄,陈永昂分太湖庄,陈希斌分宿松庄,陈希海分婺源庄,陈守秩分枫林庄,安徽沿江各县差不多都有他们的田庄。

尤其是水利条件好、土壤肥沃的田地,更成为兼并的对象。《续资治通鉴长编》卷一一一明道元年十二月载,芍陂之田,多为豪右分占。《夷坚志·甲志》卷七讲,官吏在外者,多于池州购田。

宋代私家地主置田扩产,主要是通过买卖这一经济渠道实现的,但也不乏霸占强取者。参知政事章惇的父亲章俞与其弟知沈丘县事章恺,就曾因为依仗章惇的权势强行霸占沈丘民田而被大理寺弹劾。[1]北宋安徽商业繁荣,但结果却如宋祁在《寿州风俗记》一文中讲的,"农与商迭为并兼",商人把经商赚足的钱购买田地,商业资本与地主经济结合,促进了土地兼并。最后,百姓为逃避日益苛重的赋役,常常不情愿地将自己的田地"献给形势之家",史称之为"诡名寄户"。这个现象在全国都很普遍,以致"百姓膏腴,皆归贵势之家"。[2]

三、社会结构

北宋人户,根据不同身份划分为官户和民户,官户的标准是一至九品官员及品官子孙中因恩、荫得官者。按所从事工作的类属,以种茶为生的曰园户,煮盐煎矾者曰灶户,烧制陶瓷器和砖瓦的曰窑户,从事金属冶炼的曰冶户,搞水上运输的曰船户,木、石、金、银、漆等各类

---

① 《续资治通鉴长编》卷三一一。
② 《宋史》卷一七三《食货一》。

工匠统称匠户。按居地划分,有坊郭户、乡村户。住在城里的称坊郭户,住在乡村的总称乡村户。坊郭户中,按其有无资产划分为主户和客户,有者曰主户,无者曰客户。乡村户则按其有无田产区分为主户和客户,有则为主户,无则曰客户。太平兴国三年(978),定乡村主户为九等,后改为五等。一、二等户占田一般都在数百亩以上,故又称上户,即后世常说的地主。四、五等户占田一般在数亩至数十亩之间,又称下户,即人们常说的贫雇农,所入不足糊口,要靠佣工或租种地主的田地始能勉强为生。三等户又称中户,类属自耕农。

不同户等的人,权力、地位和承担的义务是不一样的。官户,免除科派和徭役,仅交两税。上户除交纳两税外,还要服职役,轮差担任州县吏胥和基层政权头目,如衙前、里正、户长、耆长等,负责赋税催征、仓库管理、税物运输、衙门公事。壮丁、弓手,类属兵役,由下户充当。官户和基层政权的头目、州县衙前办事人员,合称形势户,是地主阶级的当权派。

这里比较复杂的是关于客户的界定问题。多数文献认为乡村无田、城市无房产的为客户,客户总数远远超过主户,并且愈到后来在总户数中所占比例越大。但《太平寰宇记》所载北宋初主客户数、《元丰九域志》所载元丰年间主客户数,却与之恰恰相反,不论宋初还是元丰年间,客户所占比例均未超过40%。对此,目前史学界有两种解释:一、认为两部志书所载数字错误;二、客户的标准不单是无田产,还必须具有"转移不定"的特点,具备"无产而侨寓者"两个条件。比较两说,第二种说法似更有说服力。不过还有一个问题,似乎被大家忽略了,《文献通考》卷一一《户口二》说:"天禧五年,诏诸州县自今招来户口及创居入中开垦荒田者,许依格式申入户口籍,无得以客户增数。"其下,马氏又解释说:"旧制,县吏能招增户口,县即申等,仍加其俸缗。至有析客户者,虽登于籍,而赋税无所增入,故条约之。"为增加俸钱,人为地将客户虚报为主户,恐怕这也是主客比例失实的原因。

为了让大家对北宋时期今安徽地区各州军的阶级关系有个粗略的了解,现根据《太平寰宇记》所载北宋初主客户数和《元丰九域志》记载的元丰主客户数,列表如下:

表5—1 北宋初和元丰间安徽各州军主客户数量关系表

主 \ 年代 \ 客户 \ 州军名称	北宋初			元丰间		
	主户	客户	客户占总户数的百分比	主户	客户	客户占总户数的百分比
颍州	15715	17200	52%	45624	45784	50%
亳州	30813	26297	46%	86811	34068	28%
宿州	112542	14693	12%	57818	48060	45%
濠州	7447	10864	59%	31837	15477	33%
寿州	6997	26506	79%	56063	72705	56%
庐州	18817	26411	58%	60136	30352	34%
滁州	10839	9834	48%	29922	10363	26%
舒州	12842	19338	60%	79050	47434	38%
和州	4789	4961	51%	26163	13126	33%
太平州	11219	2841	20%	41720	9277	18%
池州	18381	15043	45%	106657	24708	19%
宣州	34927	12025	26%	120959	21853	15%
广德军	9706	1207	11%	40146	253	6%
歙州	48560	3203	6%	103716	2868	3%
无为军				40258	11629	22%
平均比			41.8%			28.46%

在 15 个统计单位中,寿州客户占总户数的比例最高,北宋初达79%,也就是说 10 户中有 8 户无田无产或是转移不定的侨寓者;元丰间仍高达 56%,10 户中有近 6 户无田无地。舒、濠、庐 3 州宋初客户占总户数的比例也比较高,元丰间虽然下降了不少,但仍在三分之一以上。皖南的宣、歙、池、太、和等州和广德军客户占总户数的比例都比较低,宋初平均 21.6%,元丰 12.2%。但综合其他文献记载分析,当时皖南客户绝不止于此。

据梁方仲《中国历代户口、田地、田赋统计》，北宋初，全国客户占总户数的比例平均42％。元丰初有两个数字，根据《中书备对》提供的数字计算为31％，根据《元丰九域志》提供的数字计算为34％。这说明在全国，安徽尚不是土地集中最高，无田无产户所占比例最大的地区。

第二节　沉重的经济剥削和徭役负担

一、地　租

北宋土地高度集中，失去土地的广大农户靠佃种官田或地主的土地勉强为生，因而地租剥削成为当时最常见的一种剥削方式。剥削量的大小，全国没有统一标准，大体根据土地肥瘠、单位面积产量和所有制形式的不同或高或低。一般来说，佃种官田的租率相对要低些，据《宋会要辑稿·食货七》所载天禧二年（1018）宣城化成圩水陆田地880余顷，岁纳租米2400余硕推算，每亩平均米2.7斗多一点，折谷约合4斗。安徽沿江圩田一季亩产量一般在4至6硕之间，因知其租率大体在10％左右。如果佃户愿意再种一季，第二熟免交租，所收全部归己。但佃户要自备种子和牛耕具，并承担两税输纳。佃种私家地主的田地，大部分地区是农作物收成以后，"出种与税而后分之"，[①]即扣除种子和两税后，剩余产品由地主和佃户对半分，剥削量显然要比官田高。但官田多被地主豪强包占，普通农户是很难租到的。地主包佃官田，并非自己耕种，而是转手再出租给无田农户，从中攫取官田与私田租率之间的差额。这种现象滥觞于北宋，兴盛于南宋。

---

① 《欧阳修文集·居士外集》卷九《原弊》。

二、田　赋

北宋承唐旧制,规定田赋分夏秋两次计亩征收,所以又叫两税。夏税收钱、绢,秋税征粮,因此也称夏税秋粮或夏税秋苗。另有身丁钱,也即人头税,随夏税输纳,是两税的一部分。税率没有统一规定,由各地根据土地肥瘠和单位面积产量高低自行决定。夏税,"天下之田,有一亩而税钱数十者,有一亩而税数钱者"。[①] 秋粮,"大率中田亩收一石,输官一斗"。[②] 李昌龄也曾说:宋初两税立额,"亩税一斗,天下之通法"。[③] 从形式上看,官定税率10%并不算太高,但实际上却完全不是这么一回事。一、官收两税,每石要别输一斗贮义仓。[④] 二、逃户是北宋自始至终全国普遍存在的社会问题,逃户遗留下来的税额,一般由民户均摊或由职役户代纳。田锡《咸平集》卷三〇《宣城令母克温考词》就曾讲到,宣城在籍两万户,逃户2400,"户虽有逃,税幸登数",即属此类。沈辽《云巢编》卷九《张司勋墓志铭》有怀宁"侨户出丁钱,其去来不常,十年间吏不时籍而无陈,遂至万数。其去者责于里胥,故任役者率破产,为大害"。寿州与之情况类似,"五等之籍久废,每敛率无科,吏以赂为轻重"。[⑤] 赂多少交,赂少多纳,最后倒霉的还是无钱行赂的小老百姓。地主豪强为了少纳税,或交通吏胥,或隐瞒少报田产,或恃强抗命。《宋史》卷三〇三《胡顺之传》讲到,休宁一家汪姓大地主,素豪横不入租赋,历届县官都拿他没办法。顺之出知休宁县,让士兵在汪家周围堆满干柴,扬言放火焚之,汪氏才乖乖地如数上税。[⑥] 所以《宋会要辑稿·食货九》说:"江东路苗米一石,率皆输一石八斗。"三、北宋输纳两税实行支移,即"移此输彼,移近输远"。[⑦] 颍州

---

① 《续资治通鉴长编》卷二二四《熙宁四年》。
② 张方平:《乐全集》卷一四《食货论·赋税》。
③ 《说郛》卷九八,引《乐善录》。
④ 《续资治通鉴长编》卷四《乾德元年》。
⑤ 《苏学士文集》卷一六《王质行状》。
⑥ 司马光《涑水记闻》卷六系此事于顺之知浮梁县时,富豪名臧有金,与《宋史》稍异,姑附以俟考。
⑦ 《宋史》卷一七四《食货上·三》。

"民税旧输陈、蔡"。① 颍州的段广，"以户籍当运菽120硕输澶渊"。②"旌德之民岁输米于太平州芜湖县仓"，走二百余里山路，"路迥远，费甚"。③ 这本质上是一种附加税，运费远远超过正税。四、折科，或曰折变，是插在农民身上的又一根吸血的管子。《宋会要辑稿·食货六九》记载，大观二年，汝阴县小麦市价每斗112文，交纳夏税时，改纳钱为输麦，而每斗小麦仅折钱37文，这样税户输一斗麦，就要损失75文钱。愤怒的农民进京告状，要求政府"以实估比实价"。庆历五年（1045），"江淮菽麦已登矣，而官责民输钱，数斗之费不供一斗之价"。两税征收已变成疯狂地、无节制地掠夺，所以宣和七年（1125）十月，有的大臣就指出："访闻夏税秋苗，巧立名目，非法折变，如绢一匹，折钱若干，钱又折麦若干。以绢较钱，钱倍于绢；以钱折麦，麦又倍于钱，殆于白著无异。前日东南诸郡寇盗蜂起，劫掠居民，盖监司官吏有以致之。"④五、乱增税额。《续资治通鉴长编》卷三七七元祐元年五月载："李琮在江南、淮南、两浙，以根究逃户为名，于常赋外，增税数倍，均令人户认纳。"北宋疆土小于唐，而"上税之数，视唐增至七倍"，⑤可见北宋农民的实际赋税负担，不是轻，而是加重了。遇到水旱灾荒，朝廷也经常诏令减放部分赋税，但多落不到实处，如宣和三年，芜湖县水灾，朝廷令减放若干，而漕司非但未减，反比原额多征收了8900硕米。⑥

三、和 买

和买，也称预买，此法创于真宗朝，仁宗庆历中开始行于诸路。大体是春天民乏食，政府预贷钱于民，俟蚕熟时再买绢输官抵贷。原其初意，未尝不好，但到了基层，执行起来就走了样，变成压在农民身上的又一沉重负担。《永乐大典》卷三一四二《陈瓘传》讲：建中靖国元年（1101），无为军"民间买绢一疋，用一贯四五百文足，人户请常平钱

---

① 《宋史》卷三一七《邵亢传》。
② 《续资治通鉴长编》卷五九《景德二年》。
③ 《元丰类稿·陈枢墓志铭》。
④ 《宋会要辑稿·食货六九》。
⑤ 《宋史·食货志》。
⑥ 《宋会要辑稿·食货一》。

一贯文。"政府给一贯钱,让人户买价值一贯四五百文的绢,这四五百文的差额,无疑要人户赔付。《宋会要辑稿·食货六九》又讲到,宣和三年三月七日臣僚言:江南东路"和买绢未尝支给价钱,而漕臣又令州县所买绢须重十三两为例。如两数不足,勒令人户依丝价贴纳,见钱每两不下 200 余文,百姓以此重困"。命令买绢,但不支给所需价钱,已属掠夺。宋制,税绢疋重 11 两,咸平二年特旨歙州可以作为例外,以 10 两为额,此忽增至 13 两,则更加苛刻。

四、杂　税

北宋除两税之外,还有许多五花八门的税种,通称之为杂税,现举例说明。一、菰、蒲、鱼、鳖税,《宋史》卷二七〇《冯瓒传》讲到舒州有此税。二、耕牛税,《续资治通鉴长编》卷一一一明道元年七月有关于"权免淮南灾伤州军耕牛税"的记载。三、鱼池税,《宋史·太宗本纪》有淳化元年(990)八月诏免宿松县鱼池税义。四、农具、车、船税,见《宋史》吕夷简等人传。五、渡河钱、瓜果税,分见《续资治通鉴长编》卷一一一明道元年七、八月文。六、居民购买田宅,收印契税。嘉祐末,每千输税 40 文,宣和末增为 60 文。① 七、牛皮钱,《渑水燕谈录》载:"国初,令民田七顷纳牛皮一张、角一对、筋四两。建隆中,令共纳钱一贯五百文,今税额中牛皮钱是也。"八、率分钱,广德军曾交此税,见《续资治通鉴长编》卷五二咸平五年。九、荻柴税,《续资治通鉴长编》卷六五景祐四年(1037)载,扬州民采荻柴,官府也要承例十税其二。十、另外还有一种情况,如歙州原产金,民输以代赋,后来金矿枯竭,不再产金了,而"责其赋如故"。② 广德军管内祠山庙,有百姓施牛 200 头,官府租借给民户,年税绢一匹。30 年后,牛早已死了,但税不除,每年犹令纳绢一匹。③

---

①　俞文豹:《吹剑外集》。

②　《宋史》卷二八七《李纮传》。

③　《续资治通鉴长编》卷九二《天禧二年》。

五、科敛和抑配

科敛属于临时性的、无报酬的强行征收，抑配指强买强卖，如神宗时，发运使应诏于江、池等州市木修金明池桥，郡县以户等科之，交木不给钱。[①] 庆历五年正月，税绢已输，民间贸易无余，而暴令复下科绸绢。[②] 元祐初，"河东用兵，上等科配一户至有万缗之费，力不能堪，艰苦万状"。[③]《宋史》卷三五七《梅执礼传》云：方腊起义之明年，执礼徙滁州，朝廷抑配滁州买盐数倍于粮食产量。在梅氏的一再恳求下，才少配给 20 万斤。康定元年（1040）四月，"诏淮南、江、浙州军造纸甲三万，给陕西防城弓手"。也属临时科派。

六、沿　纳

安徽淮南、皖南地区，五代时期先后为杨吴和南唐所有。南唐末年，李煜于用兵之际，权宜调敛，横赋于民者或曰十四事，或曰十七事，宋平南唐，将其定为常课，以其"事非创立，特循沿李氏旧法"，故号曰沿纳。见于史书的如：赡军茶，南唐末课民所输，景祐时舒城县岁输 7350 斤。[④] 夏税正额外另加脚钱 12 文，盐钱 12 文，曲钱折绅四寸、绢一尺三寸、布一尺、绵三两；秋苗正额外另加盐钱 12 文、耗米四升四合、义仓二升二合，合称三色杂钱。入宋以后，南唐的这些临时科派被保留下来，立为常额，仅此一页，歙州岁"凡为钱五万缗有奇"。[⑤] 但吴、南唐收曲钱，许百姓私人酿酒；输盐钱，官府支给相应的食盐，实际上是一种官民之间的平等交易。北宋禁止私人酿酒，也不再无偿支给食盐，却仍然按旧法输物纳钱，这就变成赤裸裸地敲诈勒索。军衫布，创始于杨吴，用食盐交换百姓的布帛，每疋布给食盐七斤半。北宋百姓输布，但官不给盐，令税钱五贯以上者，每贯纳在三尺六寸有奇，随

---

① 范祖禹：《范石神妙墓志铭》。
② 《续资治通鉴长编》卷一五四。
③ 《续资治通鉴长编》卷三四八。
④ 《续资治通鉴长编》卷一一一。
⑤ 淳熙《新安志》卷二《杂钱》。

夏税输纳,据《淳熙新安志》卷二《夏税物帛》讲,仅歙州一郡,岁纳军衫布 3150 匹。《续资治通鉴长编》卷三二四元丰五年三月所载刘谊奏折中,还提到江南东路供军有鞋钱,入仓有蓤钱,也都是沿纳南唐的旧税。据《国朝诸臣奏议》卷一〇四过录陈靖《上真宗论江南二税外沿征钱物》,除上述名目,还有加耗丝绵、耗脚斗面、盐博斛斗、公用钱、米铺襯、蘆蒢米等。人们常说赵宋税重,而旧属吴、南唐的今安徽淮南、江南地区,则是重中之重了。

七、徭　役

北宋徭役,大体可分为职役和力役两类。职役是按照户等轮差乡村主户担任基层政权头目和州县政府衙门办事人员的一种制度安排,由一、二等户充任。州县衙门里的杂差公人,属于力役性质;乡镇虞候、弓手之类治安人员,为兵役残余,这两类人员由四、五等户充任。这三种人合计起来,小县约百余人,大县三四百人。各色职役如衙前、里正、户长等,既因为有一定的权力可以作威作福,刁难甚或欺压百姓,又因负责押运纲船、管理仓储、催督赋税,而官物一旦损失即要他们以家产赔偿,赋税催征不上来也要由他们代输,常有为此而沦为中户或下户者,故比较本分的一、二等户都视之为畏途,竞相躲避,并不热衷这个危险差使。《续资治通鉴长编·拾补》卷一载治平四年(1067)六月诏曰:"京东有父子二丁将为衙前役者,其父告其子云:'吾当求死,使汝曹免冻馁也。'遂自经死。又闻江南有嫁其祖母及与母析居以避役者。……又有鬻产于官者。"最高统治当局也为此伤透了脑筋,熙宁年间,王安石主政,在全国推行免役法,把以前实行的职役轮差改以和雇为主。和雇就是原来的衙前、户长、里正等各种职役,民户不再自己服役,改向政府交钱,再由政府雇人充役。被雇用的役夫政府每天支给 200 文钱。民户按其田产多少分为三类十等,一至四等户交钱免役,随两税输纳,号称免役钱。乡村四等和坊郭六等以下的人户不交免役钱。客户、女户、寺观、未成丁户,均无差役负担,但要按定额的半数交助役钱。免役钱数额由各州县自行制定。在役钱总额之外,加收 20% 的"免役宽剩钱",由州县存留备用。熙宁九年,司

农寺共收到诸路免役钱 10414553 贯,其中涉及今安徽的淮南西路 348200 贯、淮南东路 494130 贯、江南东路 386856 贯,3 路共计 1229886 贯,是全国总数的八分之一。但在此后的实践过程中,却渐渐被扭曲走样。据苏轼讲,元祐初,各地宽剩钱从 20% 提高到 40% ～ 50%,富豪之家交的少,贫困户反而交的多。① 免役钱交了,却并未免役,是北宋役法中又一桩怪事。史载熙宁四年在全国推行免役法,而明年又推行保甲法,设正副保正、大小保长,负责维持社会治安。第三年,又轮差保丁充任催税甲头。第四年,以保甲、保正顶替耆长职责。上交的免役钱积而不用,免役法行之六七年,到元祐初还剩下三千余万贯,其余一半就这样被各级官吏挥霍贪污掉了。

夫役,又称役夫、丁夫、民夫、人夫,属于力役性质,分春夫、急夫两类。春夫,"正月首事,季月而毕",因使役时节正当初春而得名,主要从事疏浚河道,增固堤防,搬运官物,土木营建。凡成丁男子,每年都要服役一个月。遇到战争突发、河防猝溃等紧急情况,官府临时急调农夫辇运军需、堵塞决口,这叫急夫。急夫只需服役 20 天,但劳苦危险,常有因饥寒病累而抛尸异乡荒野者。许多人为逃避沉重的劳役,不惜自残,砸断自己的腿脚。为了解决这个矛盾,政府对江、淮、浙、闽等商品经济比较发达的地区,往往用征收免夫钱的办法以代替服役。元丰五年(1082)三月,刘谊上疏朝廷说:"昔臣过淮南,淮南之民科黄河夫钱,夫钱十五千,上户有及六十夫者"。② 宣和六年(1124),王黼作免夫令,调淮南路夫 40000、江南路夫 97000,并纳免夫钱,每夫 20 贯。③ 江、淮出夫计 137000,输免夫钱 274 万贯。《独醒杂志》说:"令下之日,州县莫知所措,乃令税一千者输一万,约日而集,督责加峻。"免夫钱 10 倍于两税,虽解除了劳累之苦,但付出的经济代价也够大的了。

八、对国家的贡献

宝元二年(1039)五月,贾昌朝上书朝廷说:"天下诸道,若京之

---

① 《宋会要辑稿·食货一三》。
② 《续资治通鉴长编》卷三二四。
③ 《续资治通鉴长编·拾补》卷四八。

东、西,财可自足;陕右、河朔,岁须供馈。所仰者,淮南、江东数十郡耳。"①考《宋史·地理志》,北宋江东路辖1府7州2军,在今安徽境内有宣、歙、池、太平州和广德军,苏皖两省各居其半。淮南路18州军,在今安徽境内有10,占半数还多。且颍州、砀山、萧县尚不在内。因此北宋时期,安徽地区是对国家经济贡献最大地区之一。

以两税所输言,虽然没有这方面的系统记载,但零散的记载还是有的,宋祁《寿州风俗记》说:"赋租以斛计者岁二十万,以缗者四分之,绚两计者三十万,匹端者八之一,沿赋杂订上千百万计。"也就是说,庆历中,寿州每年输秋粮米20万硕、夏税钱5万贯、丝30万两、绢37500疋。寿州辖5县,平均每县输米4万硕。又,《永乐大典》卷七五一七引李从《天圣九年梁县新建常平仓记》云:该县"占数之氓一万三千户,给公之谷五万六千斛"。按75%的出米率折算,5.6斛谷可折米4.2斛。综合上述这些个案分析,大体可以推断平均每县交秋苗米在四至五万斛之间。北宋今安徽地区设县62,累计则在300万斛左右。而这还仅仅是正额,若再加上"上百千万"的"沿赋杂订",其数目当更庞大。这些米粮,除部分用于赈灾、兴修水利,内有很大一部分被州县长吏及僚属分赃。《宋史》卷四二一《常楙传》就曾讲到,广德军"郡守秋苗例可得米千石"。另有部分漕运到京师。《宋会要辑稿·食货四二》载有淳化四年(993)东南6路漕运上供米数,现表示如下,以见我安徽对国家之贡献。

表5—2　淳化四年东南6路上供米数表

路名	送纳地点	上供米数(石)	占总额的百分比(%)
淮南路	汴京 尉氏　咸平 太康	1250000 200000 }1500000 50000	24.19
江南东路	汴京 拱州	746100 245000 }991100	15.99

---

① 《续资治通鉴长编》卷一二三。

续表

路名	送纳地点	上供米数(石)	占总额的百分比(%)
江南西路	汴京 南京	1008900 200000 } 1208900	19.50
荆湖北路		350000	5.65
荆湖南路	汴京	650000	10.48
两浙路	汴京	1500000	24.19
6路总额		6200000	100.00

按沈括《梦溪笔谈》卷一二《官政》,亦记有北宋东南6路岁供漕米额数,但无年月及送纳地点,且云"以六百万石为额","通羡余岁入六百二十万石"。诸路漕米数,淮南1300000,较《宋会要辑稿》少200000石,他同。据表,淮南路与江东路合计为2491100斛,占总数的40.18%,这就是说,北宋政治中心军民所食有近半数来自今苏皖两省。

米粮之外,每年各地还要上供朝廷数量不等的钱帛(即夏税),《宋会要辑稿·食货》和《文献通考》卷二三《国用考》录有宣和元年诸路上供钱帛数,现表之如下:

表5—3 宣和元年全国诸路上供钱帛数表

路名	上供钱帛(贯匹)	路名	上供钱帛(贯匹)
诸路总计	15024414	荆湖北路	427277
京东路	1772124	荆湖南路	423229
京西路	96351	福建路	722467
河北路	175464	成都路	45725
陕西路	150790	利州路	32518
两浙路	4435788	夔州路	120389
淮南路	1111643	潼川路	52120
江南东路	3920421	广南东路	188030
江南西路	1276098	广南西路	91980

《国用考》引陈傅良《止斋文集》云:"斛斗地杂科不与焉",知上列数字均为正额,科敛杂税不在其内。又,上供之名始于唐中叶,地方收入,三分之一上供朝廷,三分之一送节度使,三分之一留州使用。北宋初,取消了这项制度,真宗大中祥符元年始重立诸路上供额。熙宁变法,增额一倍。崇宁三年(1104),立上供钱物新格,增至10倍。上表数据,当是以新格为准稽考出来的。我国东南各路数额普遍偏高,以涉及今苏皖两省之淮南、江南东路为例,合计达5032063贯匹,占总数的三分之一强。与江苏各半,安徽也有200余万贯匹,在全国仅次于两浙。

土贡,是各地税额以外无偿贡献给朝廷的土特产,数量较少,各年也不尽相同,现据《元丰九域志》、《宋史》、《宋会要辑稿》等书所载,综合如下:

表5—4　史志记载安徽各州年土贡情况表

州军名	贡品
颍州	《宋史·地理志》:贡绸、绝、绵。 《元丰九域志》:土贡绸、绝、绢各10匹,绵百两。 《宋会要辑稿·崇儒七》:景德四年(1007)贡白芝麻3石。
亳州	《宋史·地理志》:贡绉、纱、绢。 《元丰九域志》:土贡绢20匹。
宿州	《宋史·地理志》:贡绢。 《元丰九域志》:土贡绢10匹。 《宋会要辑稿·崇儒七》:无茣10斤。
滁州	《宋史·地理志》:贡绢。 《元丰九域志》:贡绢10匹。
寿州	《宋史·地理志》:贡葛布、石斛。 《元丰九域志》:贡葛布10匹、石斛10斤。 《宋会要辑稿·崇儒七》:景德四年贡新茶芽10斤、隔罗光米10石、蛟鲊淮白鱼。
濠州	《宋史·地理志》:贡绢、糟白鱼。 《元丰九域志》:贡绢10匹。
和州	《宋史·地理志》:贡纻布、练布。 《元丰九域志》:土贡纻、练各10匹。
庐州	《宋史·地理志》:贡纱、绢、蜡、石斛。 《元丰九域志》:土贡纱、绢各10匹,生石斛、蜡各20斤。

州军名	贡品
舒州	《宋史·地理志》:贡白术。 《元丰九域志》:土贡纻布 20 匹、白术 10 两。
无为军	《宋史》、《元丰九域志》同,贡绢 10 匹。
宣州	《宋史·地理志》:贡纻布、黄连、笔。 《元丰九域志》:土贡白纻布 10 匹、黄连 30 斤、笔 500 管。 《宋会要辑稿·食货五六》:景德四年贡细笔、竹簟、望春茶。 《宋会要辑稿·崇儒七》:贡捒蜂儿 20 斤、花木瓜 300 枚。 《宾退录》卷五:贡琴高鱼。
歙州	《宋史·地理志》:贡白芷、纸。 《元丰九域志》:土贡白纻 10 匹、纸 1000 张。 《宋会要辑稿·食货三五》:建国靖国元年贡墨 600 锭。 《宋会要辑稿·食货五六》:景祐四年贡表纸、麦光纸、白滑纸、冰翼纸、纻乾、预菜、腊芽茶、细布。 《宋会要辑稿·食货四一》,熙宁元年十二月户部上诸道府土贡物,歙州于白滑、表纸外,尚有大龙凤墨 100 锭。
池州	《宋史·地理志》:贡纸、红白姜。 《元丰九域志》:土贡纸 1000 张。 《宋会要辑稿·崇儒七》:九华山石菖蒲一盒、糟姜 300 斤。
太平州	《宋史·地理志》:贡纱。 《九域志》:土贡纱 10 匹。
广德军	《宋史·地理志》:贡茶芽。 《九域志》:土贡茶芽 10 斤。 《宋会要辑稿·食货五六》:治平四年(1067),贡先春茶 66 两。

北宋遇到诸如皇帝登基、纳后、生日、南郊,各路都要进奉银绢,史称大礼银绢。毕仲衍《中书备对》录神宗元丰年间各路进奉同天节(神宗生日)和南郊银绢数,现表之如下:

表5—5　元丰年间各路同天节银绢数量表

路名	金(两)	银(两)	绢(匹)	钱(贯、文)
淮南		9250		1079 贯 221 文
江南东	1000	6000	4000	580 贯
京东	200	550	7300	4324 贯 700 文
京西	100	7100		2609 贯 475 文

路名	金（两）	银（两）	绢（匹）	钱（贯、文）
两浙		11800	5500	
江南西		14500	2500	
荆湖南		9300		
荆湖北		8100		
福建		14000		
广南东		4000		

表5—6 元丰年间各路南郊银绢数量表

路名	金（两）	银（两）	绢（匹）	钱（贯、文）
淮南		3500	15000	6135 贯 512 文
江南东		5500	9000	581 贯 169 文
京东	700		13000	605 贯
京西	100	1300	15500	2110 贯
两浙		9500	8500、罗 1000	
江南西		10500	4000	
荆湖南		1300		
荆湖北		7800	500	
福建		23000		
广南东		3000		
广南西		500		230 贯

无河北、陕西、山西、成都、梓州、潼川、夔州等路,抑或所奉太少,故略而不记。从存录的十数路看,最多的还是今浙、皖、苏、赣4省区。

综合漕运米、上供钱帛、土贡、大礼银绢4组数值,北宋时期,经济上对国家贡献最大的应为两浙。仅次于两浙的,则当属安徽和江苏。

第三节　流民、兵变和盗贼问题

流民、兵变、盗贼，是困扰北宋王朝的三大社会问题，而今安徽地区尤突出，文献中关于这方面的记载不绝于书，举不胜举。最高统治当局虽曾为此开过许多药方，但都无法从根本上解决问题，最后酿成大规模的方腊起义。

一、流　民

或曰逃户，实际上是一根藤上的两个瓜，都是弃田不耕，转走他乡。这个问题，早在宋初已很严重，当时"京畿周环二十三州，幅员数千里，地之垦者才二三，税之入者又十无五六，复有匿里舍而称逃户，弃农耕而事游惰，赋额岁减，国用不充"。①《续资治通鉴长编》卷五四记载：咸平六年（1003）三月，大理丞黄宗旦上言，颍州陂塘荒地计1500余顷，朝廷命黄氏经度，反复动员，应募者才300家。同上书卷七六云，大中祥符四年，江淮间的滁、和、庐、寿等州出现大规模流民，庐、寿两州的流民甚至跑到了江南的常、润等州。明道二年，"南方大旱，种饷皆绝，人多流亡，……村聚墟里，几为之空"。②《北京图书馆金石文字拓本汇编》第37册《焦宗古墓志》："知亳州，谯县流民复贯者800户。"流民的日益增多，不仅危及社会治安，还严重影响了国家的赋税收入，为此，朝廷"诏书累下，许民复业，蠲其租调，宽以岁时"。但仍无济于事，弃产逃移者非但没减少，反而继续增加。咸平年间，宣城县逃户2400家。③到了明道年间，宣州新旧逃户5500家、太平州4400。④元祐二年（1087）九月，朝廷命李琮根究两浙、江东、淮南东西路逃绝

---

①《宋史纪事本末》。
②《续资治通鉴长编》卷一一二。
③《咸平集》卷三〇《宣城令毌克温考词》。
④《景定建康志》卷四〇《田赋序》。

户,时江东、两浙路有逃绝户401332家,淮南东西两路有475965户。①江东、两浙路辖县127个,则平均每县有逃绝户3169家;淮南东西路辖县69个,则平均每县有逃绝6898户。到了北宋末年,宣城县逃户增至9000家,几占总户数的一半。而且"他县皆然"。

造成流民不愿回乡复业的原因大致有四:一、税重。《宋会要辑稿·食货一》讲到:治平四年(1067)九月二日三司奏说:"池州多逃户,年深元额税重,人户不敢请射。"《续资治通鉴长编》在分析江、淮、浙多逃户时也说:"物产素薄,税赋加重,一遇荒欠,遂复逃移。"二、政府许诺不能兑现。《宋史纪事本末》云:"每一户归业,(县乡)则刺报所由。朝耕尺寸之田,暮入差徭之籍,吏胥责问,继踵而来,虽蒙蠲其常租,实无补于捐瘠。"三、躲避积欠。元祐七年(1092),苏轼上言:"臣自颍州移扬州,舟过濠、寿、楚、泗等州,所至麻麦如云,臣每屏去吏卒,亲入村落访问父老,皆有忧色。云:'丰年不如凶年,天灾流行,民虽乏食,缩衣节口,犹可以生。若丰年,举催积欠,胥徒在门,枷棒在身,则人户求死不得。'言讫,泪下。臣亦不觉流涕。又所至城邑多有流民,官吏皆云,以夏麦既熟,举催积欠,故流民不敢回乡。"②四、"及既亡逋,则乡里检其资财,至于室庐什器、桑枣林木,咸计其价。或里胥用以输税,或债主取以偿逋。生计荡然,还无所诣,以兹浮荡,绝意归耕。"③

二、兵 变

宋代的士兵,实际上就是穿着军装的农民,招进了军营,也同样过着囚徒式的生活。不许吃酒,不许吃肉,不许久驻一地,脸上被刺上面涅,举凡开矿、煎矾、修河、筑堤、鞔船、酿酒、烧制砖瓦、营建公署官邸等急难险重的活,都派士兵去干。知舒州林特甚至为姻家造私宅,也要役使兵健。④ 而且常受上峰虐待,拿不到军饷。因此,反抗情绪很

---

① 《续资治通鉴长编》卷四〇五。
② 《续资治通鉴长编》卷四七三。
③ 《宋史记事本末》。
④ 《续资治通鉴长编》卷九一。

大,屡屡发生逃亡、自残和兵变等事。早在太宗时,即发生汝阴龙骑卒叛为盗事。① 大中祥符间,亳州逃亡士卒剽掠城邑,朝廷发兵捕之,久无结果,七年,李迪出知亳州,广布眼线,探知其藏身处,才"擒贼于蒙馆镇"。天禧元年(1017),寿州城西镇将李文谅与勇捷军校孙兴结徒12 人,杀沿淮巡检王骥,旋被捕杀。庆历元年十月,御史中丞张方平上言,臣比在审刑院,诸州奏到宣毅兵士文案,无日无有。大则谋杀官吏,劫仓库,小则谋欲劫民户入山林。多则三五十,少亦一二十数。可见兵变的事相当多,不独上举几例。

庆历三年五月,京东路虎翼卒 100 余人在士兵王伦的领导下,杀沂州巡检使朱进,占据沂州城。攻青州不下,转锋南下攻打泗州,渡过淮河,连破楚、真、扬、泰、滁,直抵和州。"连骑扬旗,如入无人之境。而巡检、县尉反赴贼召,其衣甲器械皆束手而归之"。"自置官称,著黄衣,改年号"。"淮南一带官吏,与王伦饮宴,率民金帛献送,开门纳贼,道左参迎",声势震撼朝廷。七月,朝廷调集数路兵围攻,伦败于历阳,欲渡江转入皖南,至西采石,被历阳壮丁张矩击杀。② 嘉祐三年正月,知寿州林洙因为行事苛急,鼓角将夜入州廨,拔堂槛铁钩将其击杀。不久,虎翼卒屯寿春者谋反,被杀。③ 熙宁十年,蕲县桐墟镇士兵王海杀巡检使刘震。上述这些兵变,皆出自卒伍,层次较低。参加的人数少则几人,多则几十人,力量非常单弱。不少都是乌合之众,仓促起事,缺乏周密组织和明确的斗争目标,基本上属于流寇劫掠式的兵变,得不到广大民众的响应和支持,结果旋起旋灭。

三、盗 贼

早在北宋初年,文献中就已经频繁出现关于"盗贼"的记载。开宝五年三月,颍州龙骑指挥使仇兴即因为捕盗有功,受到朝廷的赏

---

① 《河南先生文集》卷一四《张显忠墓志》。

② 王伦事许多书上都有记载,此据《续资治通鉴长编》卷一四五、《欧阳修文集·奏议集》卷二《论沂州军贼王伦事宜劄子》修入。

③ 《苏东坡全集·前集》卷三五《陈公弼传》。

赐。^① 淳化四年（993），"陈、颍、宋、亳间盗贼群起，商旅不行"；"缘江多盗，诏以杨允恭督江南水运，用军士輓舟船"。^②《宋史》卷三〇四《秦羲传》讲："咸平初，江南群盗久为民患，羲讨捕殆尽。""景德元年八月，知寿州陈尧佐上言，饥民劫窖藏粟麦者凡70余人。"^③大中祥符五年，因为沿汴护堤河清卒经常杀害行旅，取其资财，弃尸水中，影响交通，朝廷特悬赏鼓励人们互相纠告。^④ 天禧三年，婺源县民汪正爵以捕获强盗蠲本户差役。^⑤ "宿（州）多剧盗，至白昼被甲剽攻，郡县不能制"。^⑥ 山东李小二过滁，"犯庐、寿"。^⑦ "寿州属县多盗，至白昼掠民市中"。^⑧ "自京畿至泗州，往来舟船，多为盗邀劫"。^⑨ 明道元年（1032）春，"淮南民大饥，有聚为盗者，命张亿经画以闻"。^⑩ 景祐元年，"河北、京东、淮南，比多盗贼"。^⑪ 二年八月，砀山尉董祺捕盗，斗死。^⑫ 庐州有巨盗张雄，因内讧，被捕杀。^⑬ 庆历三年六月，余靖上言："池州之贼不过十人，公然入城虏掠人户。"欧阳修也说："池州、解州、邓州、南京等处，各有强贼不少，皆建旗鸣鼓，白日入城，官吏逢迎，饮食宴乐。"^⑭神宗熙宁四年，"宿州之民乏食，盗贼充斥，人不安处。见禁死罪五百人，未获军贼亦不少，乃所至全无武备"。^⑮ 十年十二月，司马光在写给吴育的信中说："河北、京东、淮南蜂起之盗，攻剽城邑，杀掠官吏，官军不能制矣。"^⑯元丰五年，"淮南群贼驱掳良民，经历数州"；

① 《续资治通鉴长编》卷一三。
② 《续资治通鉴长编》卷三四。
③ 《续资治通鉴长编》卷五七。
④ 《续资治通鉴长编》卷七七。
⑤ 《续资治通鉴长编》卷九四。
⑥ 《宋史》卷三三三《朱寿隆传》。
⑦ 《苏东坡全集·后集》卷一八《赵概神道碑》。
⑧ 《续资治通鉴长编》卷一〇四《天圣四年》。
⑨ 《续资治通鉴长编》卷一〇五《天圣五年》。
⑩ 《续资治通鉴长编》卷一一一。
⑪ 《续资治通鉴长编》卷一一四。
⑫ 《续资治通鉴长编》卷一三五。
⑬ 《苏学士集》卷一六《王质行状》。
⑭ 《续资治通鉴长编》卷一四一。
⑮ 《续资治通鉴长编》卷二二二。
⑯ 《续资治通鉴长编》卷二八二。

"宿州有贼四十余人"。① 符离牧羊人徐一起为盗,抄掠周边数县,朝廷命王竞知宿州讨捕,七月,追贼于傅家曲,捕斩净尽。② 六年,定远县尉又捕获强盗四夥。

这些所谓的"盗贼",除个别好逸恶劳的不逞之徒外,大部分都是饥民、流民或亡命士卒。他们失去生产和生活的资料,急谋斗粟尺帛以苟延岁月,既无推翻旧王朝的雄心壮志,也没有再造新山河的宏图远略,乌合草聚,仓促起事,东飘西伏,故皆旋起旋灭。攻击的主要目标是大地主、大商人,尚未发展到像以后的方腊起义,专杀贪官污吏,与官府为敌的地步。活动区域,以民风躁劲犷悍的淮河流域为主,而沿淮、沿汴、沿江、沿颍、沿涡等富豪商贾辐辏麕集处,又是其出没最为频繁的地方。虽然这些小打小闹尚不足以对最高统治当局构成大的威胁,但此起彼伏,接连不断,搅得人心惶惶,生产、生活秩序都受影响,而且说不定哪天就会蔓延成燎原大火。因此,统治阶级一直在想方设法尽快捕灭这些星星之火,不断在要冲地区增加驻军,又把徐、泗、亳、宿、单、颍、寿、濠等州定为重法区,同罪重罚,严厉镇压。元丰四年,置东南13将,指挥团练诸军镇压农民的反抗。但仍无济于事,正如范祖禹讲的,"自熙宁行重法以来,二十余年间不闻盗贼衰止,但闻其愈多耳"。③ 元祐"三年春,盗发陈、蔡、颍之间,甲而兵者40余人,皆慓悍善斗"。"每到大姓之家,独取金帛,斥其钱粟以予小民,小民德之,乐为囊橐,通行馈食,捕盗官以故稀复遇。间遇之,又辄为所败"。朝廷立赏格:得其首魁者,官三班借职,钱60万;余党一人,钱40万。捕盗者相望十余屯。④ 在颍州地区,先有管三等啸聚为寇,继而又有尹遇、陈钦、邹立、尹荣等结伙打劫富豪。后来钦、立、荣等被官军捕杀,尹遇又结集郑饶、李松及陈钦之弟陈兴等数人,继续打劫富户。尹自称"大大王"、陈称"二大王"、郑称"侥三"、李称"管四"。元祐六年,苏轼出知

---

① 《续资治通鉴长编》卷三二八。

② 徐一事据毕仲游《西台集》卷一三《王竞墓志铭》,王竞出知宿州年月据《续资治通鉴长编》卷三二八。

③ 《续资治通鉴长编》卷四六八。

④ 秦观:《淮海集》卷三八《救书奖谕记》。

颖州,遣汝阴县尉李直方前往讨捕,尹遇被捕于霍邱县成家步,李松等三人被捕于霍邱县开顺场。[1] 元祐六年秋,庐、濠、寿等州大饥,民以榆树皮及糠麸杂马齿苋充饥,安丰县木场镇施助教家、霍邱县善香镇谢解元家、六安县故步镇魏助教家,先后被打劫,每家被劫数皆数千贯。分散行动,或十余人、或二三十人一伙。[2] 政和五年,舒城县刘五聚众杀富豪,[3]在北上庐、寿劫掠时,被官军擒杀。[4] 宣和二年冬,江西路的刘花三率众转掠青阳。[5] 三年初,山东的宋江转战至濠、泗一带。[6] 他们虽曾打击了官绅富豪,但其多数并不能够代表广大民众的利益,也未给深受压迫和剥削的民众带来任何摆脱困境的希望,所以缺乏号召力,和历史上风起云涌一呼百应的大规模农民起义完全是两码事。

第四节　方腊起义及其对皖南地区的影响

方腊,又名方十三,睦州青溪县万年乡堨邨人。出身贫苦,在当地一个名叫方有常的地主家作佣工。[7] 距方家很近的地方有个帮源洞,广深约40里,方腊和附近信奉牟尼教的贫苦农民经常偷偷到这里聚会。宋代官方文书诬其为"妖贼"、"以左道惑众"。方腊假称得天符牒,约某日举行起义。百姓互相转告,不幸走漏风声。方有常的儿子方庚将方腊关禁在仓库里,没料到早晨关的,夜里即在群众帮助下逃出了。地主老财们赶快向青溪县令报告,宣和二年十月丙子,方腊率领农民杀死方有常,并放火烧了方家,赶赴帮源洞组织起事。

---

① 《苏东坡全集·奏议集》卷一〇《乞将合转一官与李直方酬奖状》。
② 《苏东坡全集·奏议集》卷一〇《乞赐度牒籴斛斗准备赈济淮浙流民状》。
③ 韩元吉:《南涧甲乙稿》卷二〇《李宏墓志铭》。
④ 汪藻:《浮溪集》卷二四《直龙图阁张公行状》。
⑤ 《春渚纪闻》卷二《吴观成二梦首尾》。
⑥ 《南繢志》卷五五《汪希旦传》。
⑦ 此据方勺《青溪寇轨》修入。或云"腊有漆园,造作局屡酷取之,腊怨而未敢发"。若如此,则俨然小地主也,今不取其说。

方腊鼓动群众说：天下国家，本同一理，如今我们老百姓整年劳苦耕织，得到一点粟帛，却被皇帝老爷们全部拿去挥霍了。而且稍不如意，就要鞭打，甚至随便处死，能甘心忍受吗！又说：东南之民苦于盘剥久矣，近年朝廷征收花石纲，骚扰尤其不堪，诸君若能仗义而起，四方必会闻风响应，旬日之间，万众可集。我们一鼓攻下江南诸郡，划江而治，轻徭薄税，十年之间，就能统一天下。

在方腊的号召下，北宋历史上最大的一次农民起义爆发了。远近百姓闻风响应，旬日之间，就发展到几万人。十一月戊戌朔，建立政权，自称圣公，置官吏、将帅，官衔大小以巾饰颜色为别，自红巾而上，凡六等。改元永乐，以宋宣和二年十一月为永乐元年正月。① 分兵攻占睦州及所属诸县。与青溪接壤的宣、歙、广德军守臣见势不妙，借故逃窜，三州军皆以通判行守事。江东帅司遣东南第三将外号叫病关索的郭师中驻军歙县。十二月十八日甲申，义军攻陷休宁，活捉知休宁县事曲嗣复，劝他投降，曲氏非但不降，反而大骂。义军看劝降不成，即放其走，曲氏不解地问道：何不速杀我？义军战士说：我们都是休宁人，知道你在休宁做官干过不少好事，前边的几任县官都不如你，我们怎能忍心杀害你呢。事实证明，义军虽然仇恨剥削阶级，但又是通情达理的，有区别的，并不滥杀其中的好人。义军陷休宁后，转锋东攻歙县，守将郭师中所部州兵，皆怯弱不敢战，结果临阵不战自溃，义军阵斩师中，占领歙县。② 于是婺源、绩溪、祁门、黟县的官员落荒而逃，义军兵不血刃地占领了这些城池。二十二日戊子，攻占宁国，逼近宣城。先是皇帝亲命江东漕李侗领江宁兵800人赴援，至宣城，闻歙州危，遂顿兵不进。宣州通判强行父请与之共守，并网开一面，下令对捕获的义军，只要不是骨干，一律不问，宣城始稍安。宣和三年二月十七日壬午，义军攻占旌德。③

① 陈桱《续通鉴》系此事于十月，盖自起事牵连而及改元、置官。《宋史纪事本末》卷一四一、毕沅《续资治通鉴》卷九三，均谓十月起事，十一月一日改元置官，今从之。

② 曾协《云庄集》卷五《强公行状》。

③ 此据《十朝纲要》和《宋史纪事本末》卷一四一修入。毕沅《续资治通鉴》系之二十八日癸巳，盖捷书至朝之日，因不取。

方腊起义的警报传至京师,朝野震动,徽宗乃罢北伐之役,命谭稹为两浙制置使,童贯为江、淮、荆、浙宣抚使,率领禁军及秦晋番汉兵15万南下镇压起义军。宋将刘镇与义军遇于宁国乌村湾,义军战败,宋军收复宁国。[①] 三月,宋将刘延庆由江东进至宣州泾县,大败义军,复泾县,本月十三日戊申,复歙州。至此,被义军攻陷的安徽州县全部被宋军收复。四月,童贯集军于歙、睦之间,分兵四面包围帮源洞,纵火焚山,方腊被擒,起义失败。但转战于其他地方的义军势力仍很强大,一直到八月,始全部被捕灭。童贯下令军中,杀一人赏绢一疋,那些军士为得重赏,疯狂杀人。据《青溪寇轨》记载,宋军共杀义军百余万,无辜平民不下两百万,宣、歙等地遭受严重破坏。但腐朽的北宋王朝,在汹涌澎湃的农民革命浪潮冲击下,离开灭亡的日子也不远了。

---

　　① 此据《十朝纲要》,《宋史纪事本末》复宁国在本年三月,主将刘延东,亦非镇,则二书互异也。岂二月刘镇复宁国后,义军又陷之,俟三月刘延东再复之耶! 待考。

第六章

南北对峙及由此引发的溃兵、盗贼和流民武装集团问题

宋徽宗与蔡京一伙昏君奸臣，倒行逆施，导致社会危机加深。面对蓬勃兴起的女真，又错误地采取了联金灭辽政策。岂知螳螂捕蝉，黄雀在后，辽灭，北宋王朝的末日也到了。在经历了150余年的和平发展后，古老的安徽大地从此又陷入南北分裂、战乱频仍的困苦年代，并最终改变了安徽历史发展的格局。

第一节　北宋灭亡及南北对峙下的安徽战局

一、北宋灭亡及南北对峙局面的形成

北宋中前期,边陲危胁主要来自辽、西夏,战事多发生在我国的北部和西北部。宣和七年,金灭辽,乘势大举南侵,拉开宋金战争的序幕。明年闰十一月,东京陷落,北宋灭亡。靖康二年(1127)五月,时任天下兵马都元帅的康王赵构,从河北仓皇南逃,至今河南商丘登基即皇帝位,改元建炎,是为高宗。高宗昏庸懦弱不亚乃兄乃父,但玩弄权术的伎俩却罕有人能及者。他迫于舆论,一方面标榜"中兴",起用声望很高的抗战派人物李纲做宰相,同时又以主和派人物黄潜善、汪伯彦为心腹谋臣,暗中制肘。结果李纲只当了 75 天宰相,便被排挤去位。主和派控制了军政大权,开始作放弃中原逃往东南地区的准备。建炎元年(1127)十月,金军主力尚远在河北,高宗率领他的小朝廷就匆匆忙忙逃到扬州。三年初,金人已破河北、陕西及京东西诸州军,于是开始作试探性进攻,自今山东以轻骑 3000 南下。韩世忠军无斗志,不战自溃于沭阳(治今江苏沭阳县),金兵长驱破淮阳(治今河南正阳县北),陷彭城(即今江苏徐州市),间道趋淮甸。二月初,游骑至天长军,天长守军万余人望风逃遁。高宗在扬州听到天长陷落的消息,惊慌失措,驱命刘光世前去迎敌,自率少数亲军卫士狼狈渡江。刘光世军溃,金兵入扬州,大掠而回。八月,金兵再次南下。九月,陷单州、南京(今河南商丘市)。十月,金中路军陷寿州、黄州(治今湖北黄州市),宋沿江防线湖北段崩溃,金兵过江,自湖北大冶趋洪州(治今江西南昌市)。十一月初一日,金兵犯庐州,守臣李会举城降敌;①戊申,

---

① 此据《宋史·高宗本纪》和《建炎以来系年要录》,《金史·太宗纪》庐州降在十月甲辰,早《宋史》一日。或李会通降书在十月甲辰,金兵入城在十一月初一,故稍异。

金元帅兀朮（一作乌珠，即完颜宗弼）犯和州，守臣李俦举城降金；己酉，兀朮陷无为军，守臣李知己装载着侵吞的公家帑藏渡江南逃，金人渡江；癸亥，陷太平州，金兵继续南进。高宗和隆裕太后孟氏如丧家之犬，被金兵追赶得乱窜。建炎四年二月，金兵大掠温、明、杭、越诸州后北还，一些抗战派将领指挥的军队，奋起截击，韩世忠在镇江及黄天荡（一作皇天荡，即今南京市东北长江干流）连败金军，扭转了自开战以来一味逃跑的颓势。建康之战，岳飞又重创金军。绍兴元年（1131）三月，金人开始从淮南撤军，集中兵力攻西线。九月，吴玠大败兀朮于和尚原，兀朮身中流矢，逃归燕山，金军自川陕推进的计划也被粉碎。金兵退走后，东起淮水，西至秦岭的战线，逐渐平静下来。高宗在临安建立起他的统治，控制着半壁河山。安徽淮河以北地区受金人扶持的刘豫傀儡政权统治，南北对峙的局面形成。

二、安徽江淮之间沦为宋金争夺的战场

1. 南宋与金齐联军的战争

金人北归，但亡宋之心不死。南宋统治阶级内部，一部分人苟安江左，不惜向金人屈膝称臣，而另一部分人却坚决主张抗战北伐，收复失地。此后，随着彼此力量的消长和各自国内政局的演变，宋金之间一直打打谈谈，于是地处南北要冲的江淮之间，便成为南北双方往来角逐的战场。绍兴和议之前，挞懒掌控金国大权，试图利用伪齐攻宋，促成和议，而刘氏父子也想借力向南扩张，这样旷日持久的角力，便由宋齐首先拉开了战幕。

绍兴四年九月，刘豫决计攻宋，计划沿汴河东下直趋泗州，渡淮攻取盱眙，再自盱眙分兵向滁、和、扬。得手后，一路自扬州瓜洲渡江攻镇江，一路自和州采石渡江攻今南京。二十四日庚午，金齐联军自淮阳分道来侵，舟师由清河口渡淮攻楚、承等州，骑兵自泗州犯滁州。十月十三日戊子，韩世忠邀击金人于扬州江都县之大仪镇（即今江苏仪征东北大仪镇），败之，又遣部将董旼败金军于天长县鸦口桥。十四日己丑，金以重兵围濠州，知州寇宏率军民守御整整七个昼夜，最后见城终不可守，二十一日丙申，弃城走。三十日乙巳，淮西路宣抚使仇悆与

孙晖合兵击金军于寿春,败之,金人渡淮去,遂收复霍邱、安丰2县。十一月十一日丙辰,金兵掠全椒三城湖。十三日戊午,金兵陷滁州,召募匠人造船,准备渡江。十八日癸亥,宋统制官王德与金军在滁州桑根坡遭遇(在今全椒县西北),大败金兵,生擒10人。十二月十八日壬辰,金、齐增兵逼庐州,仇悆尽发戍兵千人拒之,全部战死,无一生还者,遂求救于京西制置使岳飞。飞遣统制官牛皋及爱将徐庆率轻骑2000来援,牛、徐引13骑先至,坐未定,探子来报,金甲骑5000将逼城。时宋后续部队尚未到达,仇悆见状惊恐不安。牛皋说:不要怕,看我给你击退此贼。牛皋、徐庆率从骑出城,遥声大喊:牛皋在此,尔等安敢来犯!金人不信,皋乃免胄张旗示之,金军愕然不知所措。牛皋见敌有惧色,于是舞动长枪直冲敌阵。敌疑有伏兵,溃奔。牛、徐率众追杀30余里始回。① 二十六日庚子,兀术与金大军屯竹墩(即今泗县东南竹墩集),适大雪乏粮,又听说其主完颜晟病笃,恐生内变,于是决计北归,当晚遁去。刘豫之子麟、侄猊听到金大军北归的消息,二十七日辛丑,也弃辎重仓皇遁去,昼夜兼行300里,至宿州,始敢少憩。三十日甲辰,占据滁州的金人也撤走。② 绍兴五年正月,金人去濠州,于是安徽淮南之地复归为南宋所有。

绍兴六年六月,张浚督师淮上。七月,刘光世复寿春府。八月,岳飞克商、虢等州。面对南宋军队的步步进逼,刘豫告急金主完颜亶,乞发兵救援,金人却其请,许其自行。九月,刘豫命其子麟为行台尚书,许清臣、李邺、冯长宁参谋军事,李成、孔彦舟、关师古等宋叛将隶其麾

---

① 此据《宋史·高宗纪》、《建炎以来系年要录》、《中兴小纪》。《三朝北盟会编》将此事系于十月中旬,无日,与上述诸书皆异。考诸史,俱云十月仇悆与孙晖合兵袭寿春金人,《三朝北盟会编》云云,恐是将前后两事混而为一了,故不取其说。又,《三朝北盟会编》云"皋以十三骑袭五十里",亦非雅言。岳飞《奏功状》称接战官兵546人,是不止13骑。《奏功状》又称"逐敌三十余里",也非50里。《三朝北盟会编》系传闻异词,不足为据。

② 考诸史,俱云绍兴四年十一月十三日戊午金兵陷滁,据滁四十七天而去。检《二十史朔闰表》,是月丙午朔,甲戌晦,自十三日戊午至二十九日甲戌前后十七天。十二月乙亥朔,三十日甲辰晦,以"据滁四十七天"计,当以十二月三十日甲辰撤离滁州为是。《建炎以来系年要录》作壬寅,壬寅为十二月二十八日,加上月之十七日才四十五日,与"四十七天"之数不合。《宋史》本纪系之"癸卯",而癸卯为二十九日,加上月之十七天,也仅四十六天,与"四十七"仍差一天。《三朝北盟会编》作"三十日癸卯",置日对,然误记了干支,并不取。

下,签乡兵30万,号70万,分路南下。中路由寿春趋合肥,刘麟自统之;东路由紫金山出涡口,犯定远,趋宣化(即今南京市北浦口镇),由豫偁猊统之;西路由光州犯六安,由孔彦舟统之。刘豫亲领10万大军,次濠、寿间,以为声援。取二十九日甲午行营。时宋将张俊驻盱眙,杨沂中屯泗州,韩世忠在楚州,刘光世在当涂,岳飞在鄂州,声势了不相接。十月初,刘麟从淮西系三浮桥渡淮,众号10万,出没濠、寿间,宋命张俊拒之,并以淮西军马统属张俊指挥,杨沂中至泗州,与张俊合。四日戊戌,杨沂中至濠州。同日,宋将王德、郦琼、赵买臣等将精兵自安丰出谢安镇,遇伪齐将崔皋于霍邱、贾泽于正阳、王遇于前羊市,皆败之。伪齐攻南寿春府芍陂水寨,守臣孙晖夜劫其营,又败之。五日壬寅,刘猊以众数万过定远县,欲趋宣化以犯建康,前锋与杨沂中部遇于赵宗坊(一作越家坊),被沂中部击败。猊孤军深入,恐宋军掩其后,改向合肥,与刘麟会师。十日甲辰,行至藕塘,猝遇杨沂中大军。猊军据山险,列阵向外,矢下如雨。沂中命摧锋统制吴锡以劲骑5000突其军,猊军阵乱,沂中复纵大军乘势而上,自将精骑绕出其胁,短兵相击,异常惨烈。尚未分出胜负,沂中忽大喊:破贼矣! 猊军正在愕视,恰好南宋江东宣抚司前军统制张宗颜等自泗州赶到,诸路俱进,猊军大败。猊用头抵其谋主李谔,说:适见一长髯将军,果杨殿前也。猊以数骑逃跑,余众犹有万余人,皆僵立骇顾,沂中跃马前叱之,皆怖伏听命。获大将李享等数十人。[①] 十一日乙巳,围攻庐州的刘麟闻报,也拔寨而去。刘豫第二次南侵的失败,加速了他的垮台,明年冬,金废豫为蜀王,取消齐政权。

2. 顺昌大捷

绍兴九年正月,宋金和议成。宋向金称臣,年贡银、绢各25万两匹;金许还河南、陕西地及徽宗梓宫。七月,金国发生政变,熙宗杀掉主张宋金议和的挞懒,起用主战的兀术为都元帅,并进爵越国王。十年初,金以东、西、南3京及寿春府、宿州、亳州、单州、曹州、陕西路、京

---

① 按:藕塘大战,《三朝北盟会编》系之八月壬寅,误。今从《宋史·高宗本纪》和《建炎以来系年录》,置诸十月甲辰。

西路还宋。二月，宋命孟庾为东京留守、刘锜为东京副留守、李显忠为南京副留守、仇悆知河南府事，以接替金人的统治。四月十八日壬戌，刘锜入朝辞陛，高宗命以锜先所部骑司外，又益以殿前司3000人前往，家属留顺昌就粮，精兵分屯陈、汴。二十三日戊戌，锜起营离临安，率所部以舟900艘绝江溯淮而行。五月十三日丙戌，金人毁约，命复取河南、陕西。金都元帅兀术入东京，宋留守孟庾降，自是河南诸州也皆望风纳款于金。十四日丁亥，刘锜军至颍上县，闻金人已入陈州，军情紧迫，乃与将佐舍舟登陆，先期赶赴顺昌。十七日庚寅，知顺昌府事陈规接报敌已入东京，转示刘锜，锜说：事急矣。表示城中若有粮，愿与共守。陈规告诉刘锜，有米数万斛。锜说：够了。于是二人决定同心协力守城。是日夜四更，刘锜大军赶到顺昌，共4万人，其中半数为家属老小，能投入战斗的不超过2万人。十八日辛卯黎明，得报敌骑已至陈，陈州距顺昌城300里，居民惶惑恐惧，锜命敛兵入城，众心始稍安。十九日壬辰，召集军事会议，统一意志，研究作战方略。锜命将舟船凿沉，把自己的家眷戚属搬到一座寺庙里，门口堆满干柴，吩嘱守卫，万一战事不利，即放火焚庙，以示义无返顾。分遣统制官许青守东门，贺光辉守西门，钟彦守南门，杜杞守北门。在主将的感染下，士气昂扬，斗志风发，将士们说：平时人欺我八字军，①今天当为国破贼立功。连妇女儿童也磨刀擦枪，准备迎敌。刘锜亲自登城督战士设战具、修城壁，取伪齐所弃蚩尤车，以轮辕埋城上，凡六日，守备粗具。

五月二十五日戊戌，金游骑数千抵顺昌城下，刘锜从擒获的两个金兵口里得知，由韩将军和翟将军率领的先锋部队当晚在城北30里的白沙窝一带宿营。刘锜决定乘敌无备，偷袭白沙窝，结果首战告捷，毙敌千余人。二十九日壬寅，金人围顺昌，3路都统葛王完颜褒率大军3万余人亦相继赶到。宋军用神臂弓和强弩射之，复以步兵邀击，金军溺死于颍河者甚多。金军攻城不下，又连吃败仗，于是遣使驰赴东京告急于都元帅兀术，并移寨城东20里的拐李村。六月二日乙巳夜，刘锜遣骁将闫充以锐卒500乘夜劫寨，时值天将暴雨，浓云密布，

---

① 王彦所统义军，面皆刺"誓杀金贼，不负赵王"，故人称八字军。彦死，其军改隶刘锜麾下。

雷鸣电闪,宋军用吹口哨联络,约定"电所烁则奋击,电止则不动",见"秃头辫发者就砍"。金兵仓促应战,黑暗中难辨敌我,阵脚大乱,终夜自相残杀,损失惨重,第二天,又退到今太和县颍河北岸的老婆湾。消息传到汴京,气急败坏的兀术索靴上马,二话没说,就麾众出城,七日庚戌赶到顺昌,加上陆续到来的金军,史载有 10 万之多,"连营下寨,人马蔽野"。大骂诸将无能,气焰十分嚣张。刘锜为麻痹敌人故意派出间谍到处散布流言,说:刘锜只不过是太平时期的边帅之子,喜欢声色犬马、吃喝玩乐,根本不懂得打仗,这次赴任东京,是迷恋都市繁华,图快活而来的。兀术果然中计,误以刘锜为纨绔子弟,不把他放在眼里,甚至连攻城用的鹅车战具也弃置不用。刘锜派人到金营下战书,兀术大怒,说:你们这个城,我用靴子尖就可以把它踢倒。九日壬子,兀术开始攻城,刘锜以逸待劳,让战士轮番休息,相持到中午,见金军人马又饥又渴,疲惫不堪,于是号令出击,直捣兀术中军,戮力血战,毙敌 5000,伤俘万余,损伤战马 3000 匹。因为刘锜预先派人在颍河上游和城外草丛中撒了许多毒药,金人马中毒,没死的也都黄肿困乏,力疲气索。次日,暑雨暴注,兀术之帐一夜三徙,悬釜而炊,部下被杀得心惊胆战,往往无故骇走。兀术不敢再战,十二日乙卯,下令拔营退兵。宋军乘势追击,兀术令其牙兵 3000 殿后。3000 牙兵个个披重铠甲,戴铁兜,号"铁浮屠",最是厉害。刘锜军先用长枪挑去其铁兜,继用大斧砍杀,结果 3000 人被杀得十去七八。

顺昌之役,刘锜以 5000 敝卒①当金 10 万精锐,力量悬殊,形势险恶。当时秦桧当国,恐妨和议,屡请皇帝命刘锜班师。大将之间,又互不相能,淮西宣抚使张俊遣王德赴援,德故意迁延时日,缓缓而行,战斗结束好几天了,其先遣十数骑始至顺昌城下探听动静。刘锜上负拒命之嫌,下犯孤军深入之忌,全凭男儿一腔报国热情,才创造出这一惊天地、泣鬼神的奇迹。顺昌大捷,极大地鼓舞了南宋广大军民,闰六月,韩世忠部收复海州,岳飞部收复陈、邓,张俊部收复宿、亳,诸路告

---

① 刘锜军号四万,半数为妻儿老小,战斗人员实不逾两万。两万之中,有提供后勤服务者、巡逻守卫者、管押俘虏者,参战者仅 5000 人,故云尔。

捷,喜讯频传。顺昌大捷也极大地震动了金国朝野,金王朝已开始把燕京的珍宝北运,准备放弃燕南之地逃跑。被拘留在金国的南宋使臣洪皓看到这些情况,曾密派间使报告南宋朝廷,建议乘胜直追,收复失地。可恨高宗、秦桧不听,再次严令刘锜、岳飞等诸大将退军,将士们用鲜血和生命收复的州县旋复失之,不仅把恢复中原的良机白白断送,也把刚刚取得的胜利果实丢得一干二净。

3. 柘皋之战

金帅兀术自顺昌战败,遂保据汴京,留屯宋、亳,出入许、邓之间,下令在这些地方大搞军屯,征发两河及番部子弟当兵,图谋再举,以雪前耻。绍兴十一年(1141)正月十五日乙卯,兀术乘宋无备,派兵突袭寿春府,守臣孙晖、统制官雷仲全力抵抗,终因兵力悬殊,战至十七日丁巳,城陷。警报传到临安,高宗于仓促之间命刘锜自太平州渡江援淮西,张俊自临安回建康。二十五日乙丑,刘锜率兵20000、马数百匹赶到庐州,驻扎城外。时知庐州陈规刚刚病死,官吏居民皆出城逃遁,备御之具皆缺,唯有统制官闵师古一部2000人在这里勉强支撑。刘锜见状,知不可守,随即与闵师古部冒雨向南转移。二十六日丙寅,金军入庐州城,[①]遣轻骑数千追击南撤宋军,望见是刘锜旌旗,慑于顺昌大战的威名,都逡巡不敢向前靠近,日暮,各自收兵。二十七日丁卯,刘锜率部结阵缓行,向东关进发。东关负水面山,地势险要,刘锜据险扎营,以遏敌冲,兵力复振。兀术大军在庐州,虽时遣兵入和州及无为军境内剽掠,但畏刘锜乘其后,故终不敢举兵渡江,由是江南稍安。二月四日癸酉,宋悍将、外号"夜叉"的王德自采石渡江,屯兵和州,金兵退居昭关。张俊当夜宿于江心,次日见敌退,也壮着胆子登岸入城。同时,赴援的杨沂中部也自临安昼夜疾驰赶到历阳,至此宋军集结完毕。十日己卯,关师古、李横收复巢县。十三日壬午,淮西宣抚司将张守忠败金军于全椒。十四日癸未,王德、张子盖会兵取含山,复昭关。十五日甲申,崔皋败金人于舒城。金军抵挡不住刘锜、杨沂中、张俊3

---

① 此据《宋史·高宗本纪》和《建炎以来系年要录》,若《三朝北盟会编》"二月三日壬申,金人陷庐州"者,显误,因不取其说。

路大军的合击,向北退到柘皋。见柘皋地势平阔,利于骑兵作战,便就石梁河畔列营扎寨。石梁河通巢湖,宽两丈余,新经大雨,水流湍急,金兵断桥自固,以铁骑10万分两隅夹道而阵。十八日丁亥,刘锜军追敌至柘皋,与金兵夹河而阵,相持至次日戊子,杨沂中、王德、田师中诸军亦相继赶到。刘锜自上流涉河而进,不利,王德说:贼右隅皆劲骑,吾将先破之。王德与田师中麾兵渡河,薄其右,金军阵动,王德大呼驰击,诸军鼓噪叫好。金以拐子马两翼而进,杨沂中令战士持长斧围堵砍杀,金军大败,退屯紫金山。

这次战役,宋军死903人,金军"死者以万计",史言"柘皋战地,横尸十余里,臭不堪行","自军兴以来,未有今日之盛"。[①] 兀朮亲率大军迎战于店埠,沂中等又败之,乘胜逐北,二十日己卯,遂收复庐州。高宗以秦桧提出的"南自南,北自北"为基本国策,所以一旦收复庐州,便又急令退军。金因蒙古、鞑靼宿衅未除,患在肘腋,这次重兵出境,意在"以战胁和",战既失利,三月,也自涡口渡淮北归。冬,和议成,自是江淮地区近20年无战事。

4. 采石之战

按照绍兴十一年达成的和议,宋金东以淮河、西以大散关为界;宋再割唐、邓两州及秦、商两州之半给金;宋向金称臣;岁贡银绢各25万两匹。为了稳当儿皇帝,高宗、秦桧先收韩世忠、刘光世、岳飞三大将兵权,继又以莫须有的罪名残忍杀害岳飞父子。又撤除淮南的守备,罢免主战派官员,所行一切,几乎都是唯恐得罪了金人,让其找到开战的借口。但是树欲静而风不止,南宋小朝廷的屈辱忍让,并不能感动女真贵族亡宋的野心。绍兴三十一年(1161)八月,金主完颜亮在完成南下的准备工作之后,公然单方面地撕毁和约,大杀在其境内的赵氏宗亲,又要索取淮、汉之地。到了这个时候,昏庸怯懦的宋高宗才相信金人南下已决,命吴拱戍襄阳,成闵扼武昌,刘锜督师江淮。九月,完颜亮集军60万,号称200万,分道南下:一路自寿春攻淮南,由大怀忠统之;一路攻襄阳;一路攻川陕;一路浮海攻浙右。完颜亮自将女真精

① 《中兴小纪》卷二九。

锐屯寿春,督攻淮南诸军。十月一日庚子,南宋始正式下诏拒敌,刘锜抱病至盱眙军,合议诸将。二月辛丑,金兵自涡口系桥渡淮。三日壬寅,金主亮至安丰军,前锋破蒋州。六日乙巳,刘锜留侄刘汜守盱眙,自往淮阴县。金人将从清口放船入淮,沿江淮运河南犯,刘锜列兵岸边以扼之,并派副帅王权先行去指挥淮西军事。王权与妻妾哭泣告别,以犒军为名,将金帛细软装船运至江南,自己住在和州不动。刘锜再次命权进军寿春,迫不得已,进至庐州又不动了。听说金军将到,当夜二更,复放弃庐州退至昭关。十二日辛亥,金将肖琦入滁州。琦自花靥由定远取滁阳路,经藕塘、清流关,"每过险阻必忧有备,至则全无守御,如蹈无人之境"。[1] 十四日癸酉,金兵陷庐州,权知州事杨椿(一作春)突围出,过中派河,率乡兵守巢湖水寨。十七日丙辰,完颜亮入庐州。王权屯昭关,将士欲出战,而权引兵先遁,金兵追至尉子桥,统制官姚兴以3000人力战,王权置酒仙踪山,拥兵自卫,不去救援,姚兴战死。刘锜在淮东闻王权退师,亟遣刘汜将骑兵5000往援,又别遣敢死队千人往断浮桥,皆陷于金军。王权退至和州,二十一日庚申,复自和州遁归东采石。二十二日辛酉,金人兵不血刃入和州。高宗得王权败报,决计故伎重演,遣散百官,浮海避敌。宰相陈伯康力谏,才勉强暂留临安,观望形势。十一月六日甲戌,诏以驻军芜湖的池州都统李显忠代替王权,命中书舍人、参谋军事虞允文赴采石负责两帅军权交接工作。当时李显忠未至,王权已弃军去,士兵没有主帅,皆三三两两坐于路旁,茫然不知所措。见此情景,随从人员都劝允文回建康,不要自找麻烦,代人受过。允文不听,勇敢地挑起指挥重担。

虞允文组织散兵,并与将士磋商作战方略。时完颜亮驻军和州鸡笼山,七日乙亥,临江筑坛,刑马祭天,定于明日渡江。八日丙子,完颜亮指挥战船由杨林口(一作杨林渡,在今和县东)入江,借助风势向南岸疾驶,一场恶战开始了。金兵刚登岸,虞允文事先布置的伏兵就冲杀上来。金军原以为采石无兵,见状大惊,欲退不能,而后续部队因江风忽止,船速减慢,一时还难到达。登陆金兵被宋军一断为二,分割包

---

[1] 《建炎以来系年要录》卷一九三。

围,首尾不能相救,损失惨重。九日丁丑,宋军舟师渡江直抵杨林河口,一面用强弓硬弩堵住金船出口,一面从河的上流纵火焚烧金船,上下夹击,金军再遭惨败。① 宋军经过两胜,士气高昂,加之李显忠又赶到,采石防御能力大大加强,金军想从采石渡江已是不可能了。完颜亮只好移师瓜洲,欲从镇江登岸,又被虞允文、杨沂中所遏。时山东、河北义军蜂起,荆鄂成闵军方顺流东下,金东京留守完颜襄已自立为帝,完颜亮内外交困,求胜心切,回扬州,召诸将,约三日内全部渡江,过期者斩。逼得诸将合谋兵变,直入其卧室,乱箭射死。十二月,安徽淮南的金军全部北撤。

5. 隆兴北伐

绍兴三十二年六月,高宗赵构禅位,嗣子、太祖七世孙睿即皇帝位,是为孝宗。孝宗一改高宗对金的消极防御政策,锐意恢复,起用赵鼎、张浚等主战派人物,追复岳飞原来的官爵,以风励将士。七月,金遗书求索完颜亮渝盟前故地和岁币,拒之。十月,金以蒲察、大周仁屯虹县,肖琦屯灵璧,积粮修城,为南下计。十一月一日癸巳,金命仆散忠义、纥石烈志宁为正、副元帅,统兵南下,军号 10 万,窥视两淮。张浚遣兵分屯盱眙及泗、濠、庐等州,金见宋有备,不敢轻动。隆兴元年(1163)三月一日壬辰,金副元帅纥石烈志宁遣人索海、泗、唐、邓四州及岁币。② 四月二十八日戊子,宋命邵宏渊帅军次盱眙,出泗州,趋虹县。二十九日己丑,命李显忠部次定远,出濠州,趋灵璧。五月七日丁西,李显忠自钟离渡淮,至陡沟。金右翼都统、灵璧守将肖琦先曾与显忠约降宋,至此忽背约,率 3000 余骑来拒。显忠帐下时俊力战,遂复灵璧。显忠入城,不戮一人,于是中原归附者接踵而来。八日戊戌,显忠率部东趋虹县,虹县壕宽水深,城壁砖砌,金人闭门坚守,邵宏渊久攻不下。显忠遣灵璧降卒入城向金将开陈祸福,守将蒲察、大周仁出

---

① 关于采石却敌,诸书记载颇有出入,此则依据赛驹《虞尚书采石毙亮记》、杨万里《虞允文神道碑》、员兴宗《采石大战始末》、熊克《中兴小纪》、李心传《建炎以来系年要录》及《炀王江上录》修入。

② 此据《大金国志》卷一六《世宗本纪》移录的《纥石烈志宁遗南宋书》,毕沅《续资治通鉴》卷一三八作"索海、泗、唐、邓、商州"。参稽他史,金求商州系隆兴二年十月事,此年止求四郡,毕氏误,故不取其说。

降。宏渊耻功不出己,由是二人不和。收复灵璧、虹县后,李邵合军西上攻宿州,十三日癸卯,从灵璧突围而出的金将肖琦投降李显忠。[①]李、邵攻克宿州,追奔20余里,毙敌数千人。二十一日辛亥,金副元帅纥石烈志宁自睢阳引精兵至宿州,显忠等复击退之。二十二日壬子,金元帅仆散忠义自汴京率骑10万东下,晨,列阵宿州城下。李显忠约邵宏渊并力夹攻敌人,邵氏按兵不动,并对部下说:"当此盛夏,摇扇于清凉之下且犹不堪,况烈日披甲苦战乎!"军心因此动摇。二十三日癸丑,金兵复攻城,显忠竭力捍御,斩首2000余,积尸与羊马墙平,金军稍却。显忠见邵宏渊无与同心守城志,势单难以持久,遂弃城撤军。纥石烈志宁占领宿州。二十四日甲寅,金兵追李、邵至符离(旧符离县城),宋军溃,死伤无数,军资捐失殆尽,这就是南宋历史上著名的符离军溃。

宿州之战是顺昌大捷后南宋第一次出兵淮北,失败的原因很简单,由主将之间不和引起。符离军溃迫使南宋由战略进攻转而采取战略防御政策,以魏胜守海州,陈敏守泗州,戚方守濠州,郭振守六安,聚水军于寿春和淮阴,筑高邮、巢县城壁,修滁州关山以扼敌冲。七月,汤思退拜右相,一意主和,边备尽弛,又劾张浚,致罢其政。隆兴二年十月,金元帅仆散忠义见宋有机可乘,于是谋划再次南侵,二十九日辛巳,与副帅纥石烈志宁分兵自清口侵楚州。十一月四日乙酉,宋知楚州魏胜力战而死,楚州陷落,随之濠、滁两州亦失守。明年正月,宋金和议成,宋对金改称臣为称叔,易表曰书,岁贡为岁币,减银绢各5万两疋,地界仍如绍兴和议,史称隆兴和议。隆兴和议后,江淮人民过了40年和平生活,到了宁宗开禧年间,南北战火再起。

6. 开禧北伐

先是孝宗死,光宗病不能治丧,赵汝愚与韩侂胄定策立宁宗,改号庆元。韩侂胄以外戚加预立大功,官运亨通,嘉泰初,累升至平章军国重事。见金朝国势日衰,遂立志恢复中原。擢用主张恢复的人士,追夺秦桧官爵,改谥缪丑,立韩世忠庙于镇江,追封岳飞为鄂王,禁用"伪

---

① 以上系据《宋会要辑稿·兵十四》移录的李、邵《战报》修入。

学"之党,以风励诸将。加强淮南守备,浚天长县城壕,置和州马监,增加庐州驻军,调三衙兵增戍淮东。开禧元年(1205)五月八日甲子,金人见宋于两淮增兵,也命仆散揆为河南宣抚使,驻开封,籍诸道兵以备宋。开禧二年四月十三日甲子,宋命邓友龙为两淮宣抚使。二十四日乙亥,以郭倪兼山东、京东路招讨使。郭倪命毕再遇、陈孝庆取泗州,克日进军。二十六日丁丑,毕、陈兵薄泗州,金军溃败,宋复泗州。五月一日辛巳,陈孝庆复虹县。七日丁亥,宋下诏北伐。十三日甲午,池州副都统郭倬、主管马军司公事李汝翼会兵5万攻宿州,值淫雨潦溢,宋师暴露劳倦,败绩,死伤千余。二十三日癸卯,郭倬等退至蕲县,金兵追及围之,倬惧,执部将田俊迈与金,得免。先是郭倪遣毕再遇北取徐州,再遇行至虹县,遇郭倬、李汝翼败军,知前军大败,督兵疾驰至灵璧。时陈孝庆驻军灵璧县之凤凰山,受朝命班师,再遇曰:"郭、李兵溃,金必追蹑,吾当自御之。"金果以5000余骑分道而至。再遇率敢死士20人守灵璧北门,自领精锐卒出城冲击。金兵见其旗帜,惊曰:"毕将军耶!"遂不战而逃。再遇手舞双刀,越过汴河向北追击,杀敌无数,衣甲尽赤。逐北30里,金有骁将持双铁铜跃马迎战,再遇以左刀格其铜,右刀劈其胁,金将坠马死。俟金大队人马去之已远,再遇始焚灵璧,率部安全撤回泗州,旋又受命回师盱眙。建康都统李爽率军攻寿州,逾月不能下,六月三日癸丑,败归。四日甲寅,宋以丘崈代邓友龙为两淮宣抚使。十七日丁卯,田琳收复南寿春府。十月,金兵分九路大举南下,在江淮地区,仆散揆以行省兵3万出颍、寿,完颜匡以25000众出唐、邓,纥石烈子仁以兵3万出涡口,纥石烈执中以山东兵2万出清口。二十九日丙子,纥石烈执中自清口渡淮,围楚州,攻盱眙。毕再遇遣人焚金人屯积在淮阴的粮草。十一月八日乙酉,金仆散揆侦知八叠滩淮水浅,易涉,但却扬言自下蔡渡淮,宋军中计,专备花靥,没料到金兵偷渡八叠,皆惊溃,金人乘势夺颍口,攻下安丰军及霍邱县,兵锋直指合肥。十一日戊子,金兵临合肥城下,守将田琳击却之。十九日丙申,金攻合肥久不下,撤围而去。同日,纥石烈子仁破滁州。二十一日戊戌,仆散揆陷含山。十二月一日丁未,仆散揆进军和州,其中军骁将穆延斯赉塔被射杀,战不利,七日癸丑,去和州。八日甲寅,金右翼军掩击六合,进屯瓦梁河,欲扼真、扬诸路之冲。毕再遇自楚州援六合,偃旗息鼓,设伏六合城南门,列弩弓手于城上,敌至城下,众弩齐发,扬旗擂鼓,伏兵从四面冲出,金兵大败,逃遁,再遇追至滁州,回军击围楚之敌,敌解围而去。仆散揆请通和罢兵,丘崒允之。二十二日戊辰,仆散揆自淮南退师屯下蔡,只留守濠州之军在淮南。开禧三年,礼部侍郎史弥远与杨皇后合谋杀韩侂胄,向金求和。嘉定元年(1210)三月,议成。

嘉定以后,金内有红袄军之忧,外受蒙古压迫,国势已不复当年,不敢再频繁发动大规模的侵略战争。嘉定十二年,仆散安贞侵淮南,游骑曾至东采石杨林渡,在化湖陂(今怀远北)被李全击败后,旋即解诸城之围北去。十五年,完颜讹论渡淮攻宋州县,旋亦北还。至理宗端平元年(1234),金在宋、蒙夹击下灭亡,从此开始了蒙元与南宋的对峙。

7. 蒙古南下

端平元年金亡,安徽淮北州县转手为蒙古所有。二年,新建的蒙古汗国开始大举南下,一路由阔端(或译作库端)率领,侵四川;一路由曲出(或译作库春)率领,侵襄汉。三年十月十八日壬寅,蒙古军偏师攻淮西,破固始,宋将吕文信、杜林率溃卒万余人叛降于蒙古,六安、霍邱皆为群盗所据,安徽又开始遭受新一轮战争之苦。十一月十九日壬申,蒙古昆布哈(或译作温布花)陷蕲、光、黄[1] 3 州,守臣皆逃遁。游骑自信阳趋合肥,宋朝廷闻讯大惊,遣将史嵩之援光州,赵葵援合肥,赵邦永援滁州,陈郃屯和州,为淮西声援。两淮百姓见兵兴,纷纷避地江南,沿途以剽掠为资。嘉熙元年(1237)七月,蒙古兵自信阳抵合肥,庐州守臣赵胜、都统王福拒之。十月,昆布哈攻寿春,城陷,继攻安丰。知安丰县事杜杲与突围入城的池州都统制吕文德合力捍御,蒙古军退。二年九月,蒙古将察罕率兵马号 80 万围庐州,计划先下庐州,然后在巢湖造船,作渡江用。十月,宋淮西安抚使兼知庐州杜杲率

---

① 此据《黄文肃公先生文集》、《桯史》、《景定建康志》等书修入。毕沅《续资治通鉴》作"蕲、光、舒三州","舒"当为黄之误,因不取其说。

舟师及精锐扼守要害。时宗子、六合人赵时暭在淮东召集真、滁、安丰、濠4郡流民10余万人,团结为17寨,闻庐州军情紧急,就近调500壮士前往增援。蒙古军于庐州城外筑土城60里,又填壕为27木坝,坝高于城楼,分兵扼守。杜杲以油浸草,因风纵火焚烧木坝。又于城外发炮轰坝,蒙古军大惊,杲乘胜出击,蒙古军败走。蒙古军折锋庐州后,改攻滁州,出身赵葵部下的知招信军余玠亲提精锐赴援。蒙古军乘虚攻招信,结果被余玠回军击败,死伤无数。知镇江府吴潜也组织民兵夜渡长江攻劫蒙古营寨。侵掠江淮地区的蒙古军不断遭受官军和民兵的攻击,暂时北还。

淳祐元年(1241)十一月,蒙古军渡淮围安丰,己亥,余玠以舟师击败之,安丰围解。① 二年七月,蒙古将张柔自五河口(今五河县城南)渡淮,攻扬、滁、和、真②等州,先后战于扬州挞扒店(在今江苏邗江县西)和天长县东,宋军败。十月,蒙古军破通州,屠城。四年五月,蒙古军围寿春府,宋将吕文德统领水陆诸军御之,安丰军将士也积极策应,围解。五年二月,吕文德败蒙古军于五河,收复其城。七月,蒙古察罕与张柔分兵掠淮西,吕文德先与之战五河口,再战于濠州,蒙古军不得志,遂大掠而去。九年春,蒙古掠边,知安丰军邢德、知寿春府刘雄飞败之于谢步。

蒙古自窝阔台汗死,乃马真后称制以来,法度不一,内外离心,加之连年大旱,民不聊生,所以对南宋发动的侵略战争,主要还是以掳掠奴隶和财物为目标,还没有制定出消灭南宋的整体计划和方略。

淳祐十一年,蒙古蒙哥即汗位,是为宪宗。宝祐六年(1253)二月,蒙古出动3路大军侵宋;蒙哥自率主力进军四川;忽必烈攻鄂州,趋临安;已经侵入云南的兀良哈台自交、广北上攻潭州,然后在鄂州与忽必烈会师。蒙哥在四川得手后,沿江东下与诸军会师,合力围攻南宋首都临安。这实际上已是一个灭宋的全面进兵计划。明年七月,蒙哥病逝于蜀中师次,讣至漠北,蒙古诸王开始酝酿册立新君。闰十一月,忽

----

① 此据《宋史·理宗本纪》。毕沅《续资治通鉴》作十月己亥,考《朔闰表》本年十月乙卯朔,无己亥日。十一月甲申朔,己亥为十六日。因知毕书误,而从《宋史》之说。

② “真”,毕沅《续资治通鉴》作“萧”。考两宋无萧州,因不从其说。

必烈闻讯,迅即决策退兵,北上争取汗位,该计划也就中途泡汤了。

第二节　安徽人民为保卫家园进行的英勇斗争

一、喋血招信城下

金、蒙南下,江淮人民或配合官军作战,或团结自保,筑山水寨,伺机打击来犯之敌,表现了崇高的大无畏精神,谱写了一曲曲英雄赞歌。建炎三年正月,金兵犯泗州,宋守将闾瑾焚毁淮河桥梁,仓皇南逃。招信县尉孙荣,一面派快马报告朝廷,一面组织所部百余名弓手,协同民兵,奋起抵抗。是日天昏雾暗,金人不测宋兵力多寡,相持逾半日,孙荣及其部众全部战死,城始陷,从而给高宗渡江赢得了时间。史言:"倘非尉悉力以扼其锋,俾探骑上闻,则殆矣。"①

二、和州人民的英雄壮举

建炎三年十一月,金帅兀朮陷和州,既而渡江南侵,和州复为南宋军民收复。州人临时推举兵马都监宋昌祚权领州事。昌祚率军民固守,男丁不足,"杂以妇人,戴头巾,著军号,执兵器,巡防城壁"。四年五月,金人北归,兀朮路过和州,亲督大军攻城。军士胡广伏城东北角,发强弩射中兀朮左臂。兀朮又疼又气,增兵猛攻。城陷,军民都不愿降金,溃围出保州西之麻湖水寨,推举一二乡豪为统制,率领民众继续斗争。六月,历阳县龚家城进士龚楫,率领水寨丁壮乘间出劫敌营,大胜,俘敌数百。不幸在返回的路上与金大队人马遭遇,因为众寡悬殊,失败,丁壮多投水自杀。楫被俘,不屈而死。② 和州人民的英雄壮

---

① 此据《挥麈录·前录》卷三、《建炎以来系年要录》卷一九修入。若《宋史》卷四五三,传主名孙晖,却将孙荣事迹附丽其后,显误,因不取其说。
② 此据《建炎以来系年要录》卷三三修入。

举,广为流传,曾多次受到朝廷褒奖。①

三、惊心动魄的濠州保卫战

绍兴四年九月,金与傀儡政权伪齐刘豫联合攻宋,十月十四日己丑,重兵围濠州。当时钟离城内宋军人数很少,一个战士要负责守卫三堵女墙。知濠州寇宏临危不惧,动员组织和尚、道士和市民共同守御。每十人编为一甲,军民相掺,披甲执枪,向外对准来兵,不得内顾。每条通道派二人监守,不准无故上下城墙。宏着便服,日夜在城上巡视指挥,由是人情稍安、守城者不敢稍息。金军以冲车、云梯登城,宏作铁锤,上插狼牙钉,名之曰破金锤,有缘云梯而上者,守城军民即以铁锤击之,盔脑皆碎,尸积于城下有数尺厚。金、齐援军源源而至,在东门外聚集了数万个又大又响的鼓,一时齐击,声音震天,金人名之曰胁城鼓,史言钟离城东北角女墙曾被震塌二三十步。宏命民运灰瓶,别修女墙,"指顾之间,墙如旧矣"。金人以精卒利弓齐射,飞矢如雨,宏乃令张幕布御箭。如是坚守七昼夜,宏见城终不可守,二十一日丙申夜,率众突围走。

四、庐州军民收复城池的斗争

绍兴三十一年十月九日戊申,金兵趋庐州,南宋庐州守将王权闻风夜遁。十一日庚戌,金大军扎营合肥城北20里的白马庙,庐州安抚使龚涛见势不妙,委本州驻泊兵马都监杨春(或作杨椿)权领州事,自率众弃城逃跑。杨春兵不满百,势单力薄,自忖难与金大军抗衡,亦突阵而出,往驻派河。十七日丙辰,金主完颜亮率大军入合肥城,以康定山知庐州,石纥烈为同知。杨春在派河遣人四出召募丁壮及流落在这里的游兵散勇,旬日间得800余人。命乡豪岳孝忠领300人守上派河口,宋再兴领300人守中派河,二十九日戊辰夜,自领敢死民兵217人至合肥城南20里店埋伏。令民兵孙彦等20人各带火种和随身器械,

---

① 上述叙事取《三朝北盟会编》,年月据《宋史·高宗本纪》和《建炎以来系年要录》,作十月十四日己丑围城,二十一日丙申城陷。若《三朝北盟会编》将此事系之十一月中下旬,与诸书皆异,因不取其说。

于四更天悄悄摸到庐江门东北角逾墙入城,经过一片麻麦空地,径赴州仓,杀掉守兵,放火焚烧仓廒里屯积的米粮,从旧路返回。十一月五日癸酉夜二更,又从庐江门西壁踰垣入城,杀沿街警戒哨兵,金军惊乱,杨春率部乘夜杀出合肥,四鼓,回到中派河驻地,夺战马54匹。二十日戊子,有乞丐张贫子自合肥行乞到中派河口,询知,金兵经过两次夜袭后,人心惶惶,提心吊胆,日夜惊忧,防卫益严,纥石烈定于明日领正军往中派河以南劫掠山水寨粮食。杨春知道后,差岳孝忠领61人在中派河以北的芦村埋伏,赵再立领73骑于庐江门外20里之店垛埋伏,胡亮、伏宣二人在庐江门外三里冈瞭望警戒,自领丁壮71人于庐江门外10里之皂角寨埋伏。至期,金军果然出庐江门南行。至皂角寨,杨春率伏兵杀出,赵再立马军亦随之赶来增援,纥石烈中箭逃跑,余部溃不成军,杨春等乘胜逐北,追杀至合肥城下始班师。是役歼敌44,夺战马、骡子各2匹,生擒女真2人,获器械无数。自此金人紧闭城门,不敢出战。十二月三日辛丑,杨春与驻焦湖西口水寨的合肥县尉张用约定,当夜二更再入合肥城分路劫寨。杨春领兵入城后,杀至兴安寺后县桥南边,正碰上康定山骑着大白马拥兵迎面而来,杨春没等其反应过来,跃马直前,一枪把他刺杀于马下。纥石烈急领余众奔县桥路逃走,杨春乘胜追击,至白马庙才收兵,敌人死伤相属。杨春收复庐州后,逃移在外的居民陆续归业,又开始过上和平的生活。[①] 合肥人民为了感谢他,建庙供祀,直到新中国成立后,杨公庙尚在。

此外,小股的群众抵抗活动,俯拾皆是,如绍兴三十二年二月,忠义军统领孟晞聚众数万,屯于宿、亳间的朱家村,四出打击金军,等等,恕不再一一列述。

五、淮南山水寨

自建炎年起,每当北方少数民族贵族兴兵南犯,江淮百姓为躲避战乱,常依山傍水,筑堡立寨,团结自保。比较著名的,在和州有双山、鸡笼山山寨及麻湖、阿育湖水寨;在无为军有孤鼻山、崑山、矾山山寨;

---

① 此据《三朝北盟会编》卷二三五引合肥野叟(佚名)撰《杨庐州忠节录》修入。

在天长县有横山山寨；在濠州有韭山、横涧山山寨；在滁州有琅玡、独山等山寨；在寿州有芍陂水寨；在庐州有焦湖水寨和浮槎、方山山寨；吴渊节制安庆府，凡创司空山、燕家山、金刚台三大寨，嵯峨山、鹰山、什子山等22小寨。"团丁壮置军，分立队伍，星联棋布，脉络贯通，无事则耕，有警则御"。① 山寨大者可容一、两万家，如招信县土豪刘位保聚天长县南50里之横山，屯粮积蒭，分乡民为军，使诸弟子分别统之，敌不敢来犯。时西北衣冠及百姓奔东南者，视招信刘家为乐园，狼狈而来者皆得以安，招信刘家的声名也因此而远播。② 刘位及其子刘纲授官调离横山后，刘绎与张楫继续坚守之。韭山寨在今定远县西北45里，钟离县土豪王惟忠创置。中间小寨周四里，用石头垒成。其周又作大寨七里环绕之。山上有泉，汇入山下洞内，供难民饮用。战御工具悉备，百姓前来依之者常万余人，惟忠选其强壮者为兵。金兵陷濠州，属县皆用金天会年号，独惟忠仍用宋年号。③ 建炎四年五月，惟忠弃韭山投刘位后，为流民史康民所据。无为军的山水寨，起初"不下二三十处，而积日累月之久，能获保全者仅一二数。余皆不溃则破，至有自相吞噬者"。④ 到绍兴末，只剩下孤鼻山和豹子山两寨。孤鼻山寨系王之道兄弟率里人建，金军、溃兵游勇、土匪强盗屡来犯，始终奈何不得，故百姓改孤鼻山曰胡避山。芍陂水寨尤出名，建炎间霍邱土豪孙晖创置，在反抗女真和蒙古的入侵，保一方平安方面，发挥了重要作用。孝宗时，崔与之主管淮西安抚司公事，"因滁州有山林之阻，创五寨，结忠义民兵。金人犯淮西，沿边之民得附山自固，金人亦疑设伏，自是不敢深入"。⑤ 《鹤林玉露》卷一《民兵》曾讲到："开禧用兵，禁旅多败，而两淮山水寨万弩手率有功，特为官军所嫉，无以慰其心，尽其力耳。"事实说明，淮南山水寨对打击敌人，保护一方百姓生命财产少受损失，起了重要作用。

① 《宋史》卷四一五《吴渊传》。
② 《三朝北盟会编》卷一三四。
③ 《建炎以来系年要录》卷三三。
④ 《历代名臣奏议集》卷二二二，王之道《论建江北义社事奏》。
⑤ 《宋史》卷四〇六《崔与之传》。

南宋前期的山水寨，是由当地人民自发建立起来的，到了中后期，官府染指，山水寨也变了味。《建炎以来系年要录》卷一八八绍兴三十一年云："淮西山水寨，动以二三十万人为名，百端科扰，人不聊生，逃之。"打着修山水寨的名义，盘剥百姓，好事变成了坏事。

第三节　溃兵、盗贼和流民武装集团对安徽地区的侵扰

一、溃　兵

北宋末，金兵南下攻河北、山东，守将望风而遁，州县纷纷陷落，溃兵成群结伙涌入江淮地区。士兵失去主帅，没有纪律约束和粮饷供给，故"多乘时作过"。金人围京师，四方忠义之士，不甘家国破亡，纷纷举起义旗，"广之东西、湖之南北、福建、江淮，越数千里争先勤王"。但令人惋惜的是，"当时大臣无远识大略，不能抚而用之"，"使之饥饿困穷，弱者填沟壑，强者为盗贼"，①成为严重的社会问题。

建炎元年三月，"西安义兵溃散，无所归，与其徒去为盗，掠汝、颍间"，②安徽首受其祸。四月，陈留溃兵李忠率众入和州清水镇。③"杨进，号没角牛，兵30万；王再兴、李贵、王大郎等，各拥兵数万，往来京西、淮南、河南北，侵略为患"。④ 李成，本河北雄州归信县弓手，雄州失守，率溃兵南下，归朝，命为忠州防御使、京东河北大捉杀使。开始秋毫不犯，朝廷恐其尾大不掉，七月，分其众为三军：2000人往南京；1000人往宿州就粮；成率余众赴行在。成遣其将史亮分兵趋宿州，亮至柳子（今柳孜）、临涣一带，即开始杀掠居民，并焚毁汴河桥梁。不久，成蹑其后至，当地有个名叫陶子思的道士，喜谈兵，谓成有割据之

① 《宋史》卷三六〇《宗泽传》。
② 《建炎以来系年要录》卷三。
③ 《建炎以来系年要录》卷四。
④ 《宋史》卷三六〇《宗泽传》。

相,劝其西取巴蜀。成惑其说,遂叛,分军为二:一路侵泗州,别将率之;一路侵宿州,自领之。二年八月晦日,成整军入宿州城,纵火剽掠,征强壮男子为兵。侵泗州之军至虹县,大掠而回。朝廷命大将刘光世进讨,降。三年五月,朝廷命成知泗州,并赐绢2万匹以羁縻之。时知滁州向子伋闻金人将大举入侵,弃州城,率民众2000余人走保琅玡山寨,立为五军,然犹恐力薄难支,移书召成助守。成将至,向氏忽然中悔,闭门不纳,成怒,攻之。寨中有涧水,不足两三千人饮用,军中皆食炒米,所以多得渴病。十月十五日,成陷琅玡山寨,杀向氏。赵甡之《中兴遗史》说:成在滁州,军容甚整肃,官员、秀才,皆许陈利害,虽一言可采,必诵之于心而不忘。每发一言,必中理。或问天下何时可定,成吟曰:"凭君莫问封侯事,一将功成万骨枯",闻者皆服其论。十二月末,成见金人已渡江南去,乘虚率众往淮西。四年正月,陷六安。二月,犯舒州,刘文舜迎战,败绩。二十三日丙申,成入舒州,杀宋守臣郑严。朝廷行姑息之政,即授成舒蕲镇抚使,兼知舒州。光黄镇抚使吴翼,惧金人来犯,亦弃其城依李成,成奄有舒、蕲、光、黄四州之地,遂谋据江西以观天下之变。十月十日,遣其将马进犯江西。十二月,张俊、岳飞联手讨李成。绍兴元年,岳飞大破成于江西,成渡江北投刘豫。成盘旋安徽江淮地区达四年之久,诡诈多变,叛附不常,善恶兼有。

勤王兵刘文舜,本济南僧人,值汴京陷落,高宗崎岖南奔,中原沸腾,也与其众渡淮,驻庐州境,以剽掠为资。朝廷发兵讨捕,败绩。建炎元年七月,胡舜陟出知庐州,招安之。舜陟命其讨伐围攻寿州的丁进和围攻梁县的张遇,皆大胜而归,朝廷命为淮西安抚司统制。三年四月,文舜引众犯濠州,知濠州连南夫遣土豪俞孝忠率民兵150人拒之,大败。文舜兵临濠州城下,连南夫敛金银财宝,并解己所服金带送之,文舜引去。七月,攻舒州,通判舒州事郑严以礼待之,文舜大喜,屯舒州,秋毫无犯。四年二月,李成自六安寇舒州,文舜率众迎战,败,渡江趋饶州。四月,被刘光世麾下王德诱杀于饶州。

戚方,初为训练军马的士兵,军兴盗起,入九朵花部,后又杀其首领投杜充,充用为准备将。建炎三年冬,建康失利,杜充降金,方率溃卒走镇江,犯金坛,攻常州,不下,引去。四年三月,陷广德军,杀权通判王俌。四月,进围宣州。守臣李光尽徙城外居民入城,组织溃散士兵之在宣州者,又动员州官及寓客分守城之四壁,僧道男妇亦皆执杖登城。宁国县民尤壮悍,每以自制手炮击方军。守将巨师古与戚方战于宣州城下,方三战三败,围城二十九天不下,引去。六月,转攻湖州安吉县,被岳飞击败,诣张俊降。

王善、张用、祝友溃兵集团。建炎二年二月,金军陷淮宁府(治今河南淮阳县),三人溃围而出,遂分兵转掠宿、亳、濠等州。六月,善犯宿州,被宋宿州统军王冠击败,遂南下,屯军巢县。十月,金兵犯合肥,善以巢县降金,于是其下各以所部自行,自是两淮皆披王善余党之扰。四年十月,善余党祝友寨于滁州龚家城,野无所掠,乃杀人为资粮。后渡江至新市薛店,纵兵掳掠,欲攻宣州,阻水不克,降于刘光世。张用自淮宁溃围后,先驻蔡州确山县,以其人多,号"张莽荡"。抄掠粮食,所至一空,殃及南京、临涣、蕲县、寿州。建炎三年七月,以淮西乏粮,转向湖北,驻军蕲阳。四年五月,主力自蕲阳经柳孜趋寿春,至舒城县界安营下寨,分屯四布。时和州以东金人往来,野无所掠,至采草木及动活之物为食。转寇江西,势穷降于岳飞。

崔增,磁州人。旧隶闫瑾军,建炎三年初,金兵攻泗州,瑾弃城走,诸军皆溃,增逃往寿春境中,劫祝博士寨,併其寨兵,始稍振。四年五月,自寿转濠趋巢县,攻巢湖水寨。在这里避难的大都是淮西富商大贾和上户富民,有大小船数十只,携带的金银财宝无数,寨破,尽为增有。七月,渡江攻太平州,不下,遂驱掠居民于城下,脔剖残杀。又纵火焚烧天庆观及民居。十二月,降于吕颐浩。

张遇,真定府溃兵,号一窠蜂。建炎初,南下转掠濠、庐间,至梁县,庐州安抚使胡舜涉遣将击破之。十一月,渡江而南,池州守臣滕祐弃城逃跑。遇入池州,纵兵大掠,并驱强壮者为兵。百姓辞以不会武伎,遇说好办,命二人取兵器相击,杀死一人乃止,说:此战胜法,能杀彼则汝活。朝廷命大将刘光世讨捕,败北,差点被遇活捉。十二月,自池州溯江寇江、黄。二年正月,复自黄州引兵东下,焚真州,陷镇江府。朝廷下招安诏,以所部降于两浙制置使王渊,隶韩世忠部。三年正月,世忠兵溃沭阳,遇战死。

143

张琪，相州军校。建炎初，军溃。四年初，率众转战至舒州界下寨。时李成屯兵舒州头子山，遣人索要粮草，琪惧，徙屯庐江县界。四月，破矾山寨。六月，破昆山寨。八月，移屯襄安镇，遂引兵渡江，犯太平州、池州所属诸县。张俊、韩世清合兵讨之，败退至溧水，受刘光世招安。不久复叛，绍兴元年六月，自安吉犯宣州，守臣韩世清拒之。七月，陷徽州之歙、祁门等县。九月，回师屯于宣城、南陵间的孔村，其将李捧谋杀琪降宋，琪觉，遁走，犯宣城。十二月，被擒于楚州，送行在所斩之。李捧受招安后，其徒路进不从，率众3000渡江北去，犯舒州，王进破之，转屯司空山自保。

嘉定二年（1209），舒州溃兵张军大率众攻桐城，抄掠寓居在这里的富翁朱少卿家，收获颇巨。转攻郡城，郡守林仲虎弃城逃跑。军大入城，不掳掠，把府库的粮米、布帛和财宝尽散发给居民后，出城屯潜山真源宫。官军讨捕，自望江县浮江而下至建康，后因用度太奢华，被侦探怀疑，捕获。①

以上所述仅其大而资料比较齐全者，若骤起旋灭，或小股流窜溃卒，可说猬毛丛集，不绝于书。如建炎二年春，桂仲正叛于建康，合张胜众3万，陷当涂，破建德，掠石埭，入历阳，"凶焰益逼"。② 三年二月，御前平寇将军范琼自东平引溃军至寿春，杀守臣邓绍密，"入城焚烧，城中悉为灰烬"。③ 张昱、张彦攻掠和州。④ 翼州云骑卒孙琪聚溃兵为盗，号"一海虾"，窜至庐州，邀资粮，守臣胡舜涉不给，即纵兵抄掠乡里。⑤ 四年七月，马吉以溃散余兵扰旌德、太平间。⑥ 李伸拥兵数十万攻无为豹子山寨。⑦ 绍兴七年，郦琼叛于庐州，"军士纵掠城中而去"。⑧ 三十一年，刘宝逃兵陈孝恭暴掠庐、寿间。⑨

---

① 《桯史》卷五。
② 《相山集》卷二九《李孝先墓志》。
③ 《建炎以来系年要录》卷二〇。
④ 《宋史》卷三六八《王德传》。
⑤ 《宋史》卷三七八《胡舜涉传》。
⑥ 《三朝北盟会编》卷一四〇。
⑦ 王之道：《相山集》卷二九《孙宜人墓志》。
⑧ 《建炎以来系年要录》卷一一三。
⑨ 《建炎以来系年要录》卷一八八。

溃兵肆虐集中在我国江淮地区,以建炎、绍兴间最烈。其结果无异是在女真贵族发动的侵略战争烈火上又浇了一桶油,致使安徽黎民百姓遭受的损失更重、更惨。

二、盗　贼

兵乱和灾荒,是盗贼猖獗的两个重要原因。南宋时期,今安徽江淮地区战事连绵,饥馑相荐,由此而引发的盗贼猖獗,成为困扰这一地区的又一个严重社会问题。

建炎初,因罪逃亡在外的寿春县苏村人丁进复归乡里,因乱聚众,很快就发展到数万人。自称丁一箭,徒党皆面刺"六点"、"八点"或"入夥"字样。十一月,围攻寿春府,守臣康允之拒之,引去。十二月,诣宗泽降,授武翼大夫、阁门宣赞舍人,寻升京城都巡检。二年二月,与金人战,生擒其将史某。四月,夜袭金左监军完颜希尹营,因金人有备,败。与韩世忠不和,双方军士相击无虚日,九月,复叛,寇淮西,刘正彦击之。十月二十日,降于正彦。三年二月,扈驾南行,沿途恣为劫掠,被朱胜非诱杀。

邵青,济南人,五丈河舟师,素为盗。建炎兵乱,聚舟往来淮上,三年二月,入泗州,掠其金帛而去。八月,受建康留守杜充招安,命为沿江措置使司水军统制。十一月二十九日,金人渡江,青以一舟18人阻金兵于江上,身中17箭,退屯竹篠港。十二月二十五日,破李成党周虎于芜湖,遂移屯芜湖。张俊讨李成,命青受其节制,青进至青阳县境,与溃兵张用徒党遭遇,相持多日,以饷运不继,回芜湖就粮。四年二月,杜充降金,青失所向,又开始四处劫掠。知宣州李光招谕之,并遗米2000斛,青大喜,说:吾官军也,所过皆以盗贼见遇,独李公不疑我。于是秋毫无犯。绍兴元年五月,青遣人往太平州买卖东西,知州郭伟拒之,青大怒,遂拥众攻太平州城。时青有众数万,大小船只数千艘,自姑溪河,上连褐山,下及采石,东至三湖口,与其党单德忠、孙立、魏曦、闫应,分布遍满。又于城外四壁、札立硬寨,开畎河水淹圩埠,掘圩堤以断援兵来路。焚烧屋宇,驱百姓沿江砍柴送至城下,填叠墁道两所。百姓稍有懈怠,即杀之,并其尸与柴铺路。一日之间,墁道与城

平。纵火烧城楼,取怀孕妇女,剖腹取胎卜吉凶。昼夜攻城不息,郭伟趁东风,令人放火烧墁道。青不能救,又剖取乡民心脏祭风。郭伟见姑溪水面高于邵青营寨,乘夜募民出城决河堤淹其寨。青计穷拔寨遁去。六月,泊镇江,留三日,又趋江阴,驻崇明岛,后降于宋将王德。

史康民,濮州人。初起于京东,因迎神社会有缴、扇、挝、剑之类仪物,遂藉以为资,拥众乱。乏粮,杀人食之,号为饿虱子,建炎中,转掠淮南,往来于濠、泗间。张文孝先在其军,谓之张铃辖,后背康民自立一军。康民屯韭山,文孝屯黄连埠(在今肥东县北)。文孝往攻濠州,康民乘虚掩袭黄连埠,破其寨,引众归定远。金人来攻,康民大败,降宋。绍兴元年四月,宋命其为真扬镇抚使。

建炎中,群盗张俊(号小张俊,降朝廷,赐名张守忠)、李贵(号李阎罗)啸聚颍上,来往商旅不行。三年七月,洪皓使金,道出滁阳路,自寿春向东京行,至顺昌,招抚之,二人听命,引兵入卫。十一月,淮贼刘忠入舒州,杀通判孙知微。巨盗李绅活跃于庐州一带,朝廷行姑息之政,即以为庐寿镇抚使。但绅凶恣残暴如故。四年十一月,无为军兵马铃辖王亨讨捕之。绍兴初,濠滁镇抚使刘纲屯兵建康雨花台,惧怕金兵不敢之任,濠滁无官守,防御空虚,盗贼王才乘机据濠州横涧山寨,有众3万,山寨有石井3口,掠来的牛千余头,梨枣干粮装满三大屋,杀权知滁州梅迪俊,勾结刘豫,以抄掠为事,刘纲以才权清流县丞。难厌其心,遣其徒丁顺围攻濠州,历时两月不下,城外坟墓被其发掘殆尽。缺箭,取墓中棺椁为箭杆,而弃露其尸骸,所以当地人说,丁顺攻濠州,活人死人都遭殃。十月,刘光世遣部将郦琼讨之,才召丁顺回,与之焚营北奔投刘豫。绍兴二年九月,盘踞宿松司空山的盗贼李通出降。理宗时,安庆府有剧贼胡兴、刘文亮等,淳祐元年,汪立信献策招安之。

《三朝北盟会编》说:建炎间,淮南"州县无官司,比比皆是盗贼"。《宋史·胡舜陟传》说:"自军兴后,淮西八郡,群盗攻蹂,无全城。"绍兴初,江北野无所掠,纷纷过江,两淮盗贼暂时稍息。而随着政局的演变,兵兴再起,整个南宋时期,江淮百姓无宁日。

三、流 民

流民问题两宋皆有,但起因、影响却各异。建炎兵兴,"西北衣冠百姓奔赴东南者络绎道路"。① 隆兴北伐,"淮甸流民二三十万避乱江南,结草舍遍山谷,暴露冻馁,疫死者半,仅有还者亦死"。② 开禧间,金兵攻庐州不下,留兵濠州以待议和,淮南老百姓大惊,纷纷逃往江南,仅在建康的流民就有数十万之多。③ 嘉定间,"淮南流民南渡,自采石弥路满城"。④ 嘉熙初,蒙古攻宋,涌入江南东路的两淮流民四十余万。⑤ 这些流民离开家乡,离开土地,无以为生,弱者转死沟壑,强者劫掠为资,《黄先生文肃公文集》卷三二《安庆府筑城记》讲:"开禧丙寅,淮人避寇,千百为群,沿途劫掠。"《宋史》卷四〇七《杜范传》说,嘉熙二年,两淮饥民渡江者多剽掠,其首张世显尤为勇悍,拥兵3000余人至宣州城下。

北宋流民多为就食、逃债而游走他乡,甚少见有劫掠等祸及其他情况发生,对国家的影响仅仅是税户减少。而南宋的流民则是为了躲避战乱,流向集中在江南东路,因为当时社会已严重失控,故时有剽掠、互相攻击等事发生,相比之下,对社会的危害更深。

旷日持久的战争犹如一棵毒藤,由此引发的溃兵、流民、盗贼问题则是这棵藤上的三个苦瓜,这四股力量合力搅动,打破了北宋安徽区域经济文化平衡发展的格局。从此,沿江江南地区成为安徽经济文化的领跑者。

---

① 《三朝北盟会编》卷一三四。
② 《宋史》卷六二《五行志一》。
③ 《宋史》卷三九七《徐谊传》。
④ 《新安文献志》卷七九方回《吕午家传》。
⑤ 《宋史》卷四一六《吴渊传》。

第七章

南宋、金、伪齐统治下的安徽地区

南宋时期,安徽的淮北地区受金和伪齐统治,淮河以南,根据绍兴和议,归属南宋。但皖南与江淮之间遭际迥异,江淮之间为宋金角力的疆场,战乱频仍,经济萧条,社会凋敝。皖南除建炎间一度被金人占领外,此后即一直处在宋的有效控制之下,人民生活相对安宁。为突出各自的特点,现分别加以叙述。

第一节　金和伪齐统治下的安徽淮北地区

一、行政建置和统属关系

金和伪齐在今安徽淮北地区设立的行政管理系统,基本上承袭了北宋的一套,仍采取路、州府、县、寨镇四级管理体制。但同时又保留了本民族某些旧有的组织形式,如乡各为寨,推土豪为寨长等。治所在今安徽境内的州有宿、寿、颍、亳,另有些县涉及治所在外省的单、永、徐、泗州。他们分别属于南京路和河南路。

南京路:

宿州,中,防御,初属山东西路,大定六年(1166)改属南京路。贞祐三年(1215),升保静军节度。原统 5 县,绍兴中虹县改隶泗州后,终金之世,管内止 4 县。符离,州治所,辖符离、曲沟、黄团 3 镇。灵璧,宋曰灵壁,金改壁为璧,有西固镇。临涣,辖柳子(今柳孜)、蕲泽、桐墟三镇。蕲,辖静安镇。

寿州,南宋初荒废,刘豫复。绍兴十年正月,金以之还宋。十一年和议成,南宋割归金人。贞元元年(1153),金于下蔡复置寿州,属南京路,为与南宋之寿州区别,或曰北寿州,割亳州之蒙城隶之。泰和六年(1206),由下州升防御。元光二年(1223),又割颍州之颍上县益之,自是终金之世领下蔡、蒙城、颍上 3 县。蒙城,有蒙馆镇。颍上,辖永宁、漕口、王家市、栎头、永清、椒陂、正阳、江陂、界沟、斤沟 10 镇。

颍州,北宋顺昌府、顺昌军节度,金废顺昌府为颍州,降节度为防御,隶南京路。原领 4 县,颍上改隶寿州后,管内剩下汝阴、泰和、沈丘 3 县。沈丘,有永安镇。

亳州,北宋集庆军节度,金初降防御。贞祐三年,复升为集庆军节度。天兴元年(1232),元兵入亳州,改曰顺天府。治谯,在今安徽境内设谯、城父、蒙城 3 县。蒙城改隶寿州后,领谯、城父 2 县。谯,有双

沟镇。

砀山县，北宋时治今县北，金兴定二年（1218），县城圮于河，移治今县南之保安镇。原属单州，兴定元年改隶归德府，五年，又割属永州。

虹县，旧属宿州，绍兴中金割隶泗州。先属山东西路，大定六年，改属南京路。有子仙、[1]通海二镇。

河南路：

萧县，徐州属县，先属山东西路，贞祐三年，改属河南路。有白土、安民2镇。

永固县，元光二年升萧县之壌堌镇置，属徐州。[2]

宿、泗、亳、颍、寿各置副都巡检一员，正八品；散巡检一员，正九品，职掌州界盗贼公事。[3]

行政机构置废升降，是为大局服务的。金前期，安徽淮北各州县的级别普遍比较低，多为下、中州，仅亳为上州。宣宗迁都南京后，这一带成了近畿，所以档次普遍提高。割颍、亳、宿属县益寿、泗两州，则是因为寿、泗两州为宋金争夺的焦点，故而才这样做的。

二、恶劣的生产环境

自建炎兵乱到蒙古灭宋的150余年间，淮河流域干戈俶扰，战事连绵，人们的生产环境变得越来越恶劣。建炎二年冬，宋南京留守杜充决黄河入淮，是为中古以来黄河河道南迁之始。金大定八年，河决李固渡，分流入曹、单，会泗入淮。二十年，河决卫州，南侵至徐州，会泗入淮。黄河水夹杂着大量泥沙进入淮河下游，沉淀淤积，河床一天天增高，最后导致入海段被堵塞，渐以循邗沟入江为主。南宋端平元

---

① 子仙镇，《金史·地理志》作"千仙镇"，疑误。今据《宋会要辑稿》、《元丰九域志》、《建炎以来系年要录》改。

②··以上并见《金史》卷二五《地理志》。

③ 《金史》卷五七《百官志三》。

年,蒙古军决寸金淀(在今开封市北)黄河淹赵葵军,[1]"河水淫滥,自寿至汴,水深并腰,[2]自此,黄河水又开始大量经颍、涡进入淮河。黄河南趋陈、颍、亳、寿,而由泗入淮之流如故,安徽淮北成腹背受河之势。支流淤塞,干流由于河床抬高,上游来水宣泄不畅,动辄岸决堤毁。旧有的湖泊塘陂,不是夷为平地,即变小变浅,蓄水能力大减,就连著名的通济、惠民两大漕渠,也因淤积和年久失修而失去全线通航的能力。淮河水系严重混乱失调,淮北无雨则旱,雨大则涝,生产环境严重恶化。

三、伪齐对安徽淮北地区的短暂统治

建炎四年,金人在镇江折翼之后,自料难以迅速消灭南宋政权,于是以所侵占的河南地区立刘豫为齐帝,用作缓冲。齐初都大名,绍兴二年四月移都汴京。因为其系金人操纵的傀儡政权,故史又常称之曰伪齐。

金人南下侵宋之初,执行烧杀抢掠政策,当时"东及沂、密,西至曹、濮、兖、郓,南至陈、蔡、汝、颍,北至河朔,皆被其害。杀人如刈麻,臭闻数百里。淮泗之间,亦荡然矣"。[3] 被金兵击溃的宋军,从四面八方赶赴汴京勤王的义师,在败退途中,也多以剽掠为资。兵兴盗起,社会上的一些不逞之徒乘势结伙为盗。淮北的百姓纷纷筑寨自保,社会陷入严重的无政府状态。刘豫面对"荆榛千里"、"盗贼施虐"的残破混乱局面,采取招抚的办法,林立的山寨相继听命,"二十六伙盗贼"也先后归附,[4]社会秩序渐渐稳定下来。又惩北宋重敛之弊,务行优恤政策,立十一之法,规定:二税税额斟取一斗。淮北百姓始得息肩。可是实行了仅四年,即因"差遣繁重"、"吏因缘为暴"[5]而罢,阜昌六年

---

① 《中兴御侮录》、《三朝政要》俱谓宝庆元年金人决寸金淀以淹赵葵军。然考之《宋史》、《金史》、《续资治通鉴》诸书,宝庆元年,赵葵尚在庐州,端平元年六月,始有赵葵、全子才引兵入汴之举,而该年正月金已亡国,因知引淀水淹宋军事在端平元年六月,肇事者为蒙古军而非金人。

② 《三朝政要》。

③ 《建炎以来系年要录》卷四。

④ 《建炎以来系年要录》卷五九。

⑤ 《三朝北盟会编》卷一八一。

(1135)二月,改十一之法为五等税法,按照物力和丁口多寡而定税之多少为五等,财雄丁众者多交,反之则少交。为了广揽人才,繁荣经济,阜昌元年十一月于宿州置归受馆,[①]二年十二月,又于泗州置招受司,[②]以招纳南宋军民和士大夫。沿淮置榷场,"厚增其利",以通南北之货。史言当时"南北往来,商贾如织"。[③] 作为商品交换的手段,伪齐先是使用纸交子,[④]末年又铸金属币"阜昌元宝"、"阜昌重宝",[⑤]天会十五年(1137)十一月,金人废刘豫为蜀王,当时汴京尚存钱9870万缗、绢270余万疋、金120余万两、银1060余万两、米粮90余万斛,方州所存尚不在其数,国力尚相当强。刘豫的悲剧是其穷兵黩武政策造成的。刘豫军制仿金法,五家为保,双丁籍一丁为军,每调发一人出征打仗,同保四家备钱、粮、器、甲和衣服。[⑥] 他在位的九年里,屡次兴兵南侵,结果加重了人民群众的经济和徭役负担。"上自耆老,下至龆齿,微至倡优,无日不纳官钱"。[⑦] "诸路以税抵罪者凡千余人",齐废,金兀术"减旧(赋税)三分之一,民始苏息"。[⑧]

四、金前期的安徽淮北地区

金对今安徽淮北地区的统治,大体可以章宗为界,划分为前后两个阶段。前期,官田输租,以所产三分之一输官,三分之二归佃户所有。私田输两税,田分九等,上田夏税亩取谷3合,秋苗亩取谷5升,外加亩桔秆15斤,略低于宋朝官定税额。两税之外,根据田园、邸舍(不包括居宅)、车乘、牲畜、林木、藏镪之数,征钱有差,谓之物力钱。学田、墓田免收物力。凡有徭役,均科强户。叙使、品官免役,止出雇役钱。[⑨] 百姓食盐,规定亳、颍、宿、泗、单、寿等州食沧州盐,皆计口承

----

① 《建炎以来系年要录》卷三九。
② 《三朝北盟会编》卷一四三。
③ 《建炎以来系年要录》卷三九。
④ 《夷坚志·甲志》卷一《伪齐咎证》。
⑤ 《金史》卷四八《食货三》。
⑥ 《刘豫事迹》。
⑦ 《三朝北盟会编》卷一八一。
⑧ 《金史》卷一〇五《范拱传》。
⑨ 《金史》卷四七《食货二》。

课。手工业:萧县白土窑在金代中前期仍有较大发展,《中国陶瓷史》云,金代该窑主要烧制白瓷,器体有白瓷碗、白瓷枕、白瓷双耳罐、白瓷瓶、白瓷塑动物等,且都是用煤炭作燃料。[1] 周辉《清波杂记》卷五又说:"辉出疆时,见燕中所用定器色莹净可爱,近年所用,乃宿泗近处所出,非真也。"从这句话可以看出,金代淮北白瓷产地已由北宋的萧县扩大到宿、泗等处,三地产品不仅行销于金境,而且流入南宋。

榷场为宋金互市场所,南北货物流通主要在此进行,其置废兴衰视形势而定,大体来说战起则废,战息则设。皇统元年(1141)宋金和议成,二年,应南宋之请,首先于寿州置榷场,此后,颍、宿、泗等沿淮州郡也相继设立。正隆四年(1159),除泗州外皆罢。六年,南征,泗州榷场亦罢。大定四年,南北和议成,复置寿、颍、宿、泗等榷场。商税金银百分取一,诸物百分取三。此外,商人至榷场行商,还要先向场官交纳一定数量的分例钱。这项额外支出,影响了商人的积极性,大定十七年,下令寿州榷场禁收分例钱。榷场给政府带来巨大收益,大定年间,仅泗州榷场每年就获利53467贯。承安元年(1196),增至107893贯653文。钱贯外,泗州榷场每年还向金朝供进新茶千胯、荔枝500斤、圆眼500斤、金橘6000斤、橄榄500斤、芭蕉干300个、苏木1000斤、温柑7000个、橘子8000个、沙糖300斤、生姜600斤、栀子90称,而犀角、象牙、丹砂之类尚不在其数。[2] 官场之外,私贩猖獗,尤其茶叶和香料,被大量贩运至金界,金银源源流向南宋。为了禁绝此类情况的发生,大定十六年立香茶罪赏格。永安三年后,又规定七品以上官员才准饮茶,其他人一律用桑叶代替茶叶为饮料。

关于户口,《金史·地理志》有记载,[3]云寿州下蔡、蒙城两县户8677,平均每县4335.8户;亳州谯、鹿邑、城父、卫真、酂、永城6县户60535,平均每县10089户;颍州汝阴、颍上、泰和、沈丘4县户16714,平均每县4178.5户;宿州符离、临涣、灵璧、蕲4县户55058,平均每县

---

① 《中国陶瓷史》,文物出版社1982年版,第208、328页。
② 《金史》卷五〇《食货五》。
③ 《金史·地理志》仅载各州户数,但未注明系何年之数。参互《地理志》亳州"户六万五百三十五"与《食货一》"亳州户旧六万,自南迁以来"云云,基本可以断定所载为宣宗南迁前数。

13764.5 户。泗州虹等 4 县户 8092,平均每县 2043 户;单州的砀山等 4 县户 65545,平均每县 16386 户;徐州的萧等 3 县户 44689,平均每县 14896.3 户。人口密度砀山最高,其下依次为萧县、宿州及亳州各县,每县都在万户以上。寿州与颍州持平,泗州最低,每县仅 2000 余户。这可能与寿、泗两州濒淮,为宋金争夺的焦点有关。与宋元丰年间相比,元丰亳州主客户相加,平均每县 17268.4 户,至此减少了 7000 户。宿州每县 26469.5 户,至此减少了万余户。寿州平均每县 24553.6 户,至此,减少了 2 万余户。颍州每县 22852 户,至此减少了万八千余户。减幅最大的为颍、寿两州,最小的为亳州。但较南宋统治下的江淮之间尚好得多。南宋乾道五年(1169),楼钥在其使金日记中写道:"灵璧两岸人家皆瓦屋,亦有小城……三日,车行六十里,静安镇早顿。又六十里至宿州……,州城新筑,雉楼甚整……,城中人物颇繁庶,曲每斤二百一十,粟谷每斗一百二十,陌以六十。"[①]谷斗值 120 文,曲斤 210 文,在当时算是比较低的。"人物繁庶",也是宋金对峙时的淮河流域很少见的。总的来说,金前期安徽淮北地区尚比南宋统治下的淮南略好一些。

五、金后期的安徽淮北地区

金自章宗袭位之后,秕政日多,民力浸竭,国力开始由盛转衰。卫绍王完颜永济统治时期,兵败于外,政乱于内,困惫益甚。宣宗南迁汴京,内有红袄军,外与南宋、蒙古、西夏连兵,加上自然灾害频发,亡征已现。哀宗在宋、蒙夹击下,尽失故地,从汴京逃到归德府,天兴三年(1234)正月,城破,自杀,金亡。在从章宗到国亡的 44 年里,淮北干戈俶扰,乱象环生,徭役、重敛,就像两块巨石压在百姓头上。徭役有兵役和力役两种,兵役方面,金实行签军制,"每有征伐及边衅,辄下令签军"。金前期规定每户二丁籍一丁,后期"民家丁男,若皆强壮,或尽取无遗"。签军所需钱粮、器械、衣甲,政府不供给,全由同保其他四家

---

① 《攻媿集》卷——《北行日记》。

分担。故每一丁签军,"泣动乎邻里,嗟怨于道路"。[①]力役主要是輓运军需物资,淮北的寿、泗为宋金争夺的焦点,大量宿兵。亳、颍、宿、徐、邳州则是重要军储地,每年都要征调当地大量农民把储备的粮草衣物輓运至位于战争前沿的寿、泗两州,"民甚苦之"。[②]重敛问题,《金史》多处提到,卷一○四《温迪罕达传》说,亳州"自南迁以来,不胜调发","今调发数倍于旧"。卷一○二《蒙古纲传》谓:"宿州连年饥馑,加之重敛。"那么重到什么程度呢? 下边仍以亳州为例,《金史》卷四六《食货一》云,亳州旧户 6 万,南迁之后,"所存者曾无十一",也就是说已经不到 6000 户了。而兴定四年(1220),亳州大水,令"免租 30 万石"。仅仅免交,平均每户即高达 50 石,若遇正常年景,不令免交一部分的话,还不知要交多少呢! 百姓不堪重负,或逃,或参加红袄军,或愤起报复。如兴定六年,宿州"民众不胜其酷,皆怀报复之心。近日高羊哥等苦其佃户,佃户愤起执羊哥等投之井中";砀山"贼"作乱,结红袄军为援,攻打永城。[③]逃亡的事更是随处可见,如《金史》卷一○六《术虎高琪传》曰:"自唐、邓至寿、泗沿边居民逃亡殆尽……人烟绝少。"同书卷四六《食货一》说:砀山、下邑"野无居民"。卷一○八《侯挚传》谓:"陈、颍去京不及四百里,居民稀少,农事半废。"荒残程度不亚于南宋统治下的淮南地区。

第二节　南宋统治下的安徽江淮之间地区

一、行政建置

南宋地方仍实行路、府州军、县军监管理体制,在江淮间设淮南东路和淮南西路。淮南东路帅府治扬州,在今安徽境内设滁州和天长、

---

① 《金史》卷四四《兵志》。
② 《金史》卷四七《食货二》。
③ 《金史》卷一○二《蒙古纲传》。

招信、五河3县。

滁州，治清流，领清流、全椒、来安3县。清流，旧县。全椒，旧县。来安，旧县，绍兴五年闰月废为镇，隶清流。十八年八月，复为县。乾道九年闰月，又废县为镇，仍隶清流。淳熙二年，再升为县。

招信县，旧属泗州，建炎四年八月割隶濠州；绍兴四年，复还隶泗州。① 绍兴十一年，改隶天长军；十二年，隶盱眙军。

天长县，旧隶扬州，建炎元年升天长军，秩比上县。四年九月，废军为县，仍隶扬州。② 绍兴十二年正月，复升为天长军，以盱眙、招信2县隶之，秩比下州。同年四月，又废军为县，隶盱眙军。

五河县，咸淳七年置，治今五河县治南浍河南岸，同年升为安淮军，秩比上县。③

淮南西路帅府治庐州，在今安徽境内设寿春、安庆2府，庐、和、濠3州，无为、六安、安丰、怀远、镇巢5军。

寿春府，旧治下蔡，南宋初，被金人占领。绍兴九年，收复寿春府所属淮南各县，重置寿春府，寄治安丰县，为与金之寿州区别，亦曰南寿春府。十二年，升安丰县为安丰军，废寿春府，并以所属六安、霍邱、寿春3县隶之，与下州同级。三十二年，复置寿春府，降安丰军为上县级军，隶寿春府，府、军皆治安丰县。乾道三年，罢寿春府复为安丰军，移治所于寿春县，领县与府同。六安军，治六安县，北宋置，与上县同级。南宋绍兴十二年，④废军为县，隶安丰军。嘉定五年，复升为六安

---

① 此据《宋史·地理志》，《宋会要辑稿·方域五》作二年，稍异。考《建炎以来系年要录》，绍兴二年还属泗州者乃招信军，即盱眙县，特《宋会要辑稿》误招信军为招信县耳，故不从其说。

② 按《建炎以来系年要录》及《宋会要辑稿·方域五》，并云建炎四年九月天长军依旧为县，今从之。《宋史·地理志》云"绍兴元年为县"，恐误，因不取其说。

③ 《宋史·地理志四》五河军号作淮安，但同书卷《楚州·山阳》又云："山阳县，绍定元年升淮安军，改县为淮安县。"淮南东路同时置两淮安军，以理推之，似不太可能。考《宋史》卷四六《度宗纪》咸淳七年六月云："己未，两淮五河筑城具完，赐名安淮军。"同书卷四七《瀛国公纪》德祐元年（1275）七月又有加"知安淮军高福阁门祗候"语，另，《南畿志》卷八、毕沅《续资治通鉴》卷一七九及《宋会要辑稿》，并作安淮军。因疑"淮安军"者，乃安淮之倒文。

④ 此据《宋史·地理志》，《宋会要辑稿·方域》，《宋史·地理志》与之稍异，俟考。

军,端平元年又为县,景定三年十月再升为军。[①] 安丰军,绍兴十二年置,治安丰县,统安丰、寿春、霍邱、六安4县,与下州同级。三十二年,降为上县级军,领安丰1县,隶寿春府。隆兴二年,安丰军使兼知安丰县事。乾道三年,罢寿春府复为安丰军,移治寿春县,领县与府同,秩比下州。

庐州,治合肥,领合肥、舒城、梁3县。建炎二年,兼本路安抚使。绍兴初,寄治巢县。乾道二年,置司和州,五年,复旧。舒城,旧县。梁县,原名慎县,绍兴三十二年,避孝宗讳改今名,仍治今肥东梁园镇。

和州,治历阳,统历阳、乌江、含山3县和2监。乌江,绍兴五年废入历阳,七年复置。含山,旧县。和州钱监,乾道四年置,铸铁钱供江淮之间州县使用。和州马监,开禧元年(1205)十月置。

濠州,旧治钟离,建炎乱起,或移治藕塘,或移治横涧山寨,或移治定远,嘉定四年,始复治钟离。初领钟离、定远2县,建炎四年,招信来属,领3县。绍兴四年,招信复还隶泗州,仍领2县。宝祐五年(1257),增领荆山县、怀远军。钟离,旧县。定远,旧县。怀远军,宝祐五年置。六年,置荆山县,治今怀远县南。怀远军秩比上县,军使兼知县事。

无为军,旧领无为、庐江、巢3县和昆山场,治无为县。绍兴五年,废巢县为镇,六年,复。十一年,以巢县隶庐州;十二年,复还隶无为军。景定元年六月,升巢县为镇巢军,[②]与上县同级。

安庆府,旧舒州德庆军节度,绍兴十七年,改名安庆军节度。庆元元年(1195),舒州升为安庆府。旧治怀宁,即今潜山县,嘉定十年迁皖口,即今怀宁县山口镇,后复还旧治。端平三年,移治罗刹洲,旋又迁杨槎洲。景定元年迁宜城,即今安庆市。辖5县4监:怀宁,旧县,治

---

① 《宋史·地理志四》云:"六安军,政和八年升县为军,绍兴十三年废为县,景定五年(1264)复为军,端平元年又为县,后复为军。"议者或以为"端平"年号在前,"景定"年号在后,《地理志》时序颠倒,因改其文为"端平元年复升为军,景定五年降为县,后复为军"。其实二者皆误。据《宋史·宁宗纪》,景定三年十月诏"六安县升为六安军使"文,知景定中乃升县为军,非降军为县,又时在三年,亦非五年,因疑《地理志》景定五年为"嘉定五年"之误。

② 此据《宋史·理宗纪》《三朝政要》。《宋史·地理志四》云:"景定三年,升巢县为镇巢军",年月与《理宗纪》稍异,姑存疑备考。

今潜山,南宋随府辗转皖口、罗刹洲、杨槎洲,景定初,定治宜城。桐城,旧县,南宋曾先后移治枞阳镇、李阳河等地,元初始还旧治。宿松,旧县,绍兴五年废入望江,同年复。太湖,旧县,绍兴五年废入怀宁,同年复。望江,旧县,南宋末移治香口镇。同安监,在今潜山县东,旧铸铜钱,南宋改铸铁钱。宿松监,在今宿松境内,南宋置,铸铁钱。山口监,在今怀宁山口镇,旧监,后废,南宋复置,铸铁钱。舒州监,在怀宁县治,南宋置,铸铁钱。因为南宋战乱频仍,4监时置时废,变动较大。

南宋在今安徽江淮之间的行政设置,概括起来有四个特点:一、置废靡常;二、州县治所移来移去;三、隶属关系变化频繁;四、军的设置增加,尤其在沿淮一带。这些都与该地区面临的复杂局势有密切关系。

二、生产力惨遭破坏

金人南侵之初,执行烧杀抢掠政策,常常是"杀人如刈麻,臭闻数百里"。[①] 所到之处,大肆掳掠丁壮男女,或分拨给王公贵族当奴隶,或带往云中立卖之,或用与西夏、鞑靼换马匹。建炎四年十二月,一次就从寿州掠去丁壮450人。[②] 绍兴三十一年十一月,李显忠收复和州,夺回被掳百姓5000余人。[③] 宋末名将、濠州人姜才,就是被金人掳往北方,后来逃回从军的。加上死于饥寒者,转徙流亡者,殁于"盗贼、官兵以至居民更互相食"[④]者,所以文献中经常出现千里无人烟、荆榛千里、存者百无一二的记载。即使是靠近长江的无为县,"曩户二千,今绝江而往者什九"。[⑤] 北宋崇宁初,无为军3县户总60138,平均每县20046,与南宋正常年份"户二千"相比,后者仅是前者的十分之一。若再去掉"绝江而去者",当时无为实有户数骤降至崇宁间的百分之一。当然,上述讲的都是战时情况,不具备统计意义。为确切反映南宋正

---

① 《建炎以来系年要录》卷一四。
② 《建炎以来系年要录》卷四〇。
③ 《三朝北盟会编》卷二四八。
④ 庄绰:《鸡肋编》卷中。
⑤ 《永乐大典》卷七五一四《濡须志》引王苋《新建平籴仓记》。

常年份安徽江淮之间户口状况,现据《宋史·地理志》、《宋会要辑稿·食货六九》之七〇、《元史·世祖本纪》提供的数据,列表如下:

表7—1　南宋安徽江淮地区户口状况表

户口　　　路名 年份	淮南西路		淮南东路	
	户数	丁口数	户数	丁口数
北宋崇宁初	709916	1584126	664257	1341973
南宋绍兴三十二年		.	110897	278954
南宋隆兴元年	96169	244611	101548	269318
南宋乾道元年	106638	203468	104468	281989
南宋乾道七年	126269	315619	107005	261638
南宋嘉定十六年	218250	779612	127369	404261
南宋德祐元年	513827	1021349	542624	1083217
备注	一、绍兴三十二年,淮西路因新经战火,免供帐,故缺。 二、北宋淮西路辖33县,南宋略同。三、北宋淮东路辖38县,南宋亳州7县、宿州5县入金,只领26县。			

据上表,一、北宋崇宁初,淮西路平均每县在籍户21512.7、口48003.8;隆兴初,平均每县在籍户2914、口7412。隆兴去大规模战争已20余年,户才及崇宁初的六点五分之一、口才约及崇宁初的七分之一,建炎、绍兴间生产力破坏程度之严重,更可想而知。即便是到了嘉定十六年,淮西路平均每县也才6614户、口23625,仅占崇宁户口的30.7%和49.2%,又可见恢复速度之缓慢。二、北宋崇宁初,淮东路平均每县户17480.4、口35355;隆兴元年,平均每县户3905.7、口10358.4,分别占崇宁户口的22.4%和29.3%。到了嘉定十六年,淮东路平均每县户口占到崇宁初的29%和44%。三、德祐元年,淮西路平均每县户15570.5、口30949.9,淮东路户20870.9、口41662.2。很明显,嘉定以后,淮东路户口增长较快,到德祐元年,户、口皆已超过北宋崇宁之数。而淮西增速却非常缓慢,到德祐元年,户比崇宁尚少20万,丁口少56万。这与金、蒙南侵的重点在中、西线有很大关系。

以牛马驴为主的畜力,不是被金兵掠走,就是被官军、盗贼、饥民

宰杀吃掉。叶梦得《石林奏议》卷六《奏缴王才受招安状》讲到,贼王才据濠州横涧山,掠牛千余头以备资粮。《宋会要辑稿·食货六五》云,乾道元年十月,杨由义在滁州措置营田,"营田70顷,见有耕牛二头,佃农27户"。所以每当战争间隙官府动员百姓恢复生产时,各地农民都普遍因为缺少牛具而叫苦连天。

三、农林业状况

南宋对金采取消极防御战略,固守长江,角力江淮,故常称寿、濠、泗为沿边或极边郡,庐、滁为边或次边郡,舒、和、无为军为近边郡。三边面临的共同矛盾是土地大量荒闲,但人口少、畜力少、耕具少,无力垦殖。政府解决的办法大同小异,极边三郡基本上是地方官自理,募民佃种,次边和近边诸郡于募民佃种之外,朝廷又广泛推行屯田和营田。经济上的重视程度与管理之粗细是有明显区别的。

建炎兵兴,百姓纷纷渡江南徙,江淮间满目荒榛,"遗民百无一、二",为了解决军食,政府于金人北撤后,开始立淮南营田司,措置营田。《宋史》卷二七《高宗本纪四》说,绍兴二年三月,淮南营田副使王𡎊括到闲田3万顷,分拨给6军耕种。内中仅天长县就有未种水田16969亩、旱田13566亩。这种组织军队耕种田地的形式,起初称营田,绍兴六年改名屯田。军屯每50顷立作一庄,或曰一屯,置主管将领1员、监辖5员,负责管理工作;士兵251人,负担耕种劳作。开耕之费由政府支给,收获除留足种子(稻亩一斗五升,麦亩一斗二升)外,第一年全部给力耕官兵;第二年除留种外,以十分为率,官收二分;第三年官收三分;第四年官收四分,以后年份并止于四分,其余全部给力耕者。像这样的军屯,次边和近边诸郡都有,和州最多,达50000余亩。屯田官兵"假官势力,因缘为弊,如夺民农具、伐民桑柘、占据蓄水之利、强耕百姓之田,民若争理,则营田之人群起攻之,反以为盗",[1]成了地方一害。所以到了绍兴十一年宋金和议成功后,相继抽军回营,田地改由民营,或租佃给个人耕种。

---

① 《建炎以来系年要录》卷一〇三。

孝宗隆兴北伐，江淮间烽烟再起，百姓逃离，复兴军屯。乾道元年十一月，朝廷专门命令龙大渊措置两淮屯田。① 但经营不善，反映屯田问题的奏折不断传到朝中。乾道三年六月，提领淮西营田的叶衡上奏说："本所有营田五军庄，计田 207 顷 65 亩，岁收夏粮大麦 4100 硕、小麦 1300 硕，秋收禾稻 18100 硕，以时估计其可值钱二万贯省。而所差使臣、军人各 584 掌管，岁请钱 47700 贯、米 6500 硕、绢 2200 匹、绵 3400 两，纽约用钱 75000 余贯，所得不能偿所费之半。"②20765 亩田地，二熟合计收稻麦 23500 硕，平均亩产才 1.13 硕，仅相当金河南路一熟的亩产量，③不及承平年代的二分之一。《宋会要辑稿·食货六》又云，乾道六年七月，"知庐州赵善俊言：朝廷分兵屯田，诚为至计……以庐州合肥一县言之，五军七庄，共 15000 人，正军岁支钱 145400 余贯、米 139000 余硕，岁下稻麦种仅千余硕，所收才得 5000 硕之数，若计其支遣，所收只可充两月请给之费"。因为入不敷出，相继废罢。乾道五年正月，诏淮东屯田官兵归军教阅，召募客户抵替。同年十二月，权发遣和州胡昉缴纳屯田军兵图册。八年七月，再次下诏罢淮西屯田官兵，募归正人耕佃。④ 淳熙十年起，又开始在江淮之间兴起屯田，十二年，先于和州 8 家圩西得分散水地 2979 亩，拨屯田官兵开耕。十五年，又遣兵 2000 人修筑无和军城南及青岗山、元浦三圩，开耕荒地。绍熙元年十二月，和州屯田耕兵达到 1500 余人，垦田 507 顷，每 5 人授水田 1 顷、陆田 23 顷，每获 1 石，官收 3 斗 3 升，余归士兵。⑤ 开禧北伐，中辍，后复命"经理两淮屯田"。⑥ 然从《宋会要辑稿·食货六》"嘉定二年，和州乞以军庄退下屯田通计 400 余顷，召人耕种"这段文字看，大概也是行之不久旋复废罢。在劳动力极端缺乏的情况下，抽调部分官兵去种地，虽然效果不很理想，但有总胜于无。

营田，"以户颁屋，以丁颁田"，借民力耕种，在营田耕种的人称庄

---

① 《宋史》卷三三《孝宗本纪一》。
② 《宋会要辑稿·食货三》。
③ 《金史》卷四七《食货二》云，河南路上田可收 1 石 2 斗，中田 1 石，下田 8 斗。
④ 《宋史》卷三四《孝宗本纪二》。
⑤ 《宋会要辑稿·食货六三》之六四。
⑥ 《宋史》卷三九《宁宗纪三》。

客、客户，收获除留足种子外，四六分成，官得四，庄客得六。开始称屯田，绍兴六年以后，为与军屯相区别，改称营田。议起建炎四年十二月翰林学士汪藻的奏折。绍兴二年，淮南营田司募民耕荒，顷收 15 斛。因为官租太重，结果归业者甚少。于是命损三分之一，三年后再起征，并贷民 50000 贯钱，作牛种之费。① 绍兴五年，又诏放免税役 10 年。绍兴六年，张浚行边，"将官田、逃田并行拘籍，依民间例召庄客承佃。五顷为一庄，客户五家相保共佃，一人为佃头。每庄给牛五具，种子、农器副之。每家别给菜园 10 亩，又贷本钱七千，分二年偿还，勿收息"。② 国家对营田很重视，除专门委员经理外，绍兴十七年又立淮西、淮东营田赏格。少数地区经营的还不错，如绍兴十五年八月，以舒州营田所收物斛殿最，诏知舒州张瑗与减磨勘一年，以示奖励。③ 绍兴三十年二月，"淮西运判张祁迁民于近江之和州、无为军，修补杨柳、嘉成 2 圩堤岸，浚治港渎，起盖屋宇，置办牛具，分田给种，使之就耕"，④也受到表扬。但多数办得不怎么样，合肥 36 官圩立 22 庄，有佃客 600 多户、1000 多丁，佃客不断改进圩田的修建技术，使生产得以提高。但在官府的苛重剥削下，"饱腹无粟菽，强扶南亩犁"，过着"无米无柴"、"面有菜色"的困苦生活。滁州"元管营田 70 顷，缘营田与屯田不同，屯田系使军兵耕种，营田系召募百姓耕种，逐年将收到子利依营田司元降指挥，除种子外，官中与佃客作四六分。官得四分，客得六分。本州近缘两遭北军侵犯，牛畜农具不存，营田庄客衣食不继，星散逃移，致所管营田多成荒废。……目今共有耕牛二头，佃客 27 户"。⑤总起来说，"江淮等路措置营田，数年之间皆无成效"。

除军屯、民营这些应急措施外，南宋政府还不断以优惠条件鼓励人们承佃荒田。建炎四年十二月，金大军刚退出淮南，朝廷即命令"听两淮避兵民耕种所在闲田"。⑥ 绍兴二十年正月，新知庐州吴逵言：

① 《建炎以来系年要录》卷五一。
② 《建炎以来系年要录》卷九八。
③ 《宋会要辑稿·食货三》。
④ 《建炎以来系年要录》卷八四。
⑤ 《宋会要辑稿·食货二》。
⑥ 《宋史》卷二七《高宗本纪四》。

"土豪大姓就耕淮南荒田者,欲除种子外,九分归佃户,一分归官。三岁后,岁加一分,至五分止。岁收二熟者勿输麦,每顷别给20亩为菜园,不在分收之限,仍免科借差役。从之"。① 同年四月,"募江、浙、福、建民耕两淮闲田"。② "江南转徙人户来淮甸者","东极温、台,南极福、建,西达赣、吉,往往有之"。③ 绍兴二十六年三月,又令州县多出榜文,鼓励人承佃荒田,不管什么人,并许踏逐指射请佃,承佃田亩不设限制,谁先投状就承佃给谁。租额依绍兴十七年十一月二十五日指挥送纳。自承佃日起,沿边州县放免 10 年,次边州县放免 5 年,及三年,与充己业,许行典卖。④ 又命召募四川民佃淮南闲田。⑤ 为避免佃而不耕,同年四月,又诏两淮占射官田逾二年未尽垦者,募人更佃。闰十月,令离军人愿归农者,人给江淮荒田百亩。⑥

　　绍兴三十年,朝廷再次下诏募人垦淮南荒田。⑦ 开禧初,韩侂胄欲开边,以厉仲方知安丰军,仲方劝种桑树数十万株,垦田数千顷。⑧ 为解决耕牛问题,政府也想了很多办法,绍兴五年六月,权发遣庐州仇恖乞支钱一万贯买牛与归业人,以广耕殖。⑨ 六年十二月,因为寿春府、濠州屡经兵火,民间耕牛被宰杀殆尽,应地方长吏之请,支拨寿春府牛300 头、濠州定远县牛 100 头。十年三月,又委托江南路和浙江路常平司拨钱收买耕牛,借给庐、濠、滁、和、舒州和无为军等无牛人户耕种。免纳租课,三年后还纳价钱而已。⑩ 缺种粮之家,亦与借贷。⑪ 又三番两次下令禁止宰杀耕牛,禁止两淮耕牛出境过淮,以保护农业生产力。到孝宗乾道年间,政策进一步放宽,规定免征苗税,⑫理宗进而规定收

① 《建炎以来系年要录》卷一六一。
② 《宋史》卷三〇《高宗本纪七》。
③ 薛季宣:《浪语集》卷一六《奉使淮西回上殿劄子》。
④ 《相山集》卷二二《乞将京西淮南逃绝田尽免租课劄子》。
⑤ 《宋史》卷三一《高宗本纪八》。
⑥ 《宋史》卷三一《高宗本纪八》。
⑦ 《宋史》卷三一《高宗本纪八》。
⑧ 叶适:《水心文集》卷二二《厉仲方墓志铭》。
⑨ 《宋会要辑稿·食货一》。
⑩ 《宋会要辑稿·食货一》。
⑪ 《宋会要辑稿·食货一》。
⑫ 《宋会要辑稿·食货六》。

获全部归佃户,官不分收。① 但江淮间仍有大量荒闲田地,乾道六年正月叶衡言:合肥濒湖有圩田 40 里,多为沃壤,久废垦辟。滁州系官荒田 15945 亩,在户荒田 23717 亩,合计 39662 亩。② 乾道七年,真、扬、通、泰、滁、和州及高邮、盱眙 2 军共 19 县,才种麦 288368 亩,平均每县只 15177 亩,不及常年的十分之一。③ 乾道八年,安丰、寿春 2 县有荒闲 18703 亩。产生这种现象的原因有三:一、课敛重。国家规定佃种两淮荒田每亩只收课子五升,而州县取于民者,"正数之外,每斛加六七斗,多者往往倍之"。④ 二、因为承佃荒田免征秋苗税,土著豪强之家与地方官因缘为弊,乘机包占,少则一两千亩,多至万亩,其实他们根本没有如此多的人力从事耕垦,遂致荒闲。而流移归正无田之人请佃不得,又致有力者无田可耕。⑤ 三、豪民与官方勾结,承佃荒田,方给凭据,马上又转手出卖,又复陈状请佃,荒田成了他们投机倒把的商品。⑥

南宋江淮间农业生产环境非常恶劣,沿江之民,为逃避战乱,多移居江南。农忙时回到江北的家乡,收种完毕后,又回到江南。⑦ 寿、庐、濠、泗滨淮诸郡,"依山水险要为堡坞","春夏散耕,秋冬入堡",⑧这种粗放型经营,产量不可能高,亩产大抵在 1 至 1.3 石之间。⑨

茶叶曾是北宋政府的重要财源,以六安场为例,每年官家可从中净获课利 10 万贯。建炎、绍兴持续的社会动荡,给江淮之间的茶叶生产带来毁灭性的打击。史载建炎二年八月,东南榷茶以斤计,江东路的宣、徽、饶、信、池、太平州及广德、南康军,计 375 万斤;淮西路 4 州 1 万斤;浙西 5 州 448 万斤;江西 11 州军 445 万斤;湖南 8 州 113 万斤;

---

① 《宋史》卷四三《理宗本纪三》。
② 《宋会要辑稿·食货一》。
③ 《建炎以来系年要录》卷一六三。
④ 《宋会要辑稿·食货六》。
⑤ 《宋会要辑稿·食货六》。
⑥ 《宋会要辑稿·食货六》。
⑦ 《永乐大典》卷七五一四《濡须志》引王苋(苋)《新建平籴仓记》。
⑧ 《宋史》卷四三四《叶适传》。
⑨ 上面提到,乾道三年淮西营田平均亩产 1.3 石。又,绍兴二十二年知滁州魏安行代还时讲,垦种水陆田 2300 余顷,每年收 30 余万斛,则平均每亩产 1.3 斛。据此,约在 1 至 1.3 石之间。

湖北 10 州 90 万斤；福建 5 州 98 万斤。① 绍兴三十二年，舒州所辖怀宁、太湖、宿松、桐城 4 县，榷茶 10339 斤；庐州 226 斤 8 两；寿春府 1560 斤。② 乾道、淳熙间，舒州 4 县榷茶 11805 斤 9 两，安丰军 1657 斤。③ 今霍山、金寨等地茶园，初被 13 家佃占，园户重受其困，生产积极性低落。淳熙以后，置六安茶场，许比附包占田土法，听园户与客商有引者直接交易，茶叶生产始稍振作。国家每岁可从茶场收到息钱 10 万贯。③ 与北宋无法比较，与南宋的皖南地区也无法相比。一句话，大衰退，大萧条。

四、水　利

战争使水利设施破坏严重，战争间隙，百姓又相继开始修复。和州城外有一条古河，源自含山，东经州城，流归大江。自经兵火，沙砾埋塞，舟楫不通，致每年起发上供及诸司纲运，陆行 25 里才能至江次，多有不便。绍兴十九年，知和州徐嘉问利用农闲浚治，既方便了交通，又灌溉了两岸农田。④ 淳熙四年，赵善俊知庐州，复芍陂、七门堰，农政用修。⑤ 知无为军丁仁，筑堰蓄水，以溉农田，民呼为丁公堰。⑥ 孝宗时，薛季宣巡边，"复合肥三十六圩"。⑦ 乾道二年，知和州胡昉，以民余力开千秋、姥下、石陂 3 河，又凿千秋涧引麻湖灌田。姥下河在州城南 30 里，由沥湖（俗称麻湖）经黄梁桥下入扬子江。⑧ 娄机调含山县主簿，铜陵 80 圩遭夏潦大坏，仅存其一，郡守委其治之，"役夫三千有奇，设庐以处之，优给佣直，时犒酒肉，器用材殖，一出于官，民乐劝趋，两旬告毕"。⑨ 知无为军王蘧，率百姓新筑 3 圩，又凿井 12 眼供人畜饮

---

① 《建炎以来系年要录》卷一七。
② 《宋会要辑稿·食货十七》。
③ 《永乐大典》卷七六五〇何澹《黄公（永存）墓志铭》。
④ 《宋会要辑稿·食货十七》。
⑤ 《宋史》卷二〇七《赵善俊传》。
⑥ 《楚纪》卷二五。
⑦ 《宋史》卷四三四《薛季宣传》。
⑧ 《于湖居士集》卷一四《三河记》、《南畿志》卷六三。
⑨ 《宋史》卷四一〇《娄机传》、《攻媿集》卷九七《娄机神道碑》。

用,筑北岭以捍来水,到了明代,人尚受其利。^① 淳熙二年,天长县修石梁高潮坝,以防江水倒灌。^② 十二年,和州守臣复于千秋涧置斗门,以防麻湖水洩入长江。^③ 孝宗时,周必正出知舒州,"复故堤城北,以御潜溪涨溢,民田数千亩复为膏腴"。均乌石陂、石塘陂水利,民感泣而歌曰:"乌石陂,石塘陂,流水溅溅有尽时,思公无尽时。"^④宁宗嘉定年间,黄干知安丰军,芍陂北旧有河道,引陂水通寿春县城南关,岁久失修,河道埋塞已百余年,黄氏奏准朝廷开挖浚治,既得灌溉之利,又可自芍陂放舟通寿春。^⑤ 上述水利工程多集中在合肥以南的沿江一带,濒淮州县甚少。又,多为小型的、修复性工程,新上马的大型水利工程甚少。这个特点与江淮之间动荡不安的社会局势有密切关系。

五、工矿和铸币业

绍兴二年十月,由于战乱的原因,除保留饶、信二州铜场,朝廷下令尽废诸路坑冶。绍兴十一年南北和议成,陆续恢复。《建炎以来系年要录》卷一四八载绍兴十三年南宋境内矿冶情况:"铜:潼川府、兴国军、饶、信、池、潭、连、韶、汀、建、南剑州,邵武军,凡14场,总260169斤9两,黄、胆二色。铁:洪、信、饶、池、徽、抚、吉、江、舒、潭、辰、处、建、韶、黄、惠、宾、郁林州,兴国军,凡38场,总280302斤13两。铅:舒、信、潭、衡、峡、衢、处……凡24场,总191249斤13两,皆不登租额。"租额:铜705万斤、铁216万斤、铅321万斤、锡76万斤,二者比较,则绍兴十三年的产量尚不到承平时期的十分之一。全国76场,今安徽5场,舒州贡铁10075斤、铅700斤。^⑥ 此外,随着战争的乌云渐渐散去,社会趋于正常,铸币、制造农具等,都需要大量的铁、铅,因此,除政府管辖,私营冶铁业在需求的刺激下,也迅速恢复和发展起来。根据《桯史》的记载,淳熙中,舒州宿松县民汪革,居家离县城30里的

---

① 《南畿志》卷三八。
② 《宋会要辑稿·食货十七》。
③ 《宋史》卷九七《河渠志》、《宋会要辑稿·食货六》之一二八。
④ 《陆放翁全集·渭南文集》卷三八《周必正墓志铭》。
⑤ 《勉斋先生黄文肃公文集》卷三〇《安丰申视开浚河道》。
⑥ 《建炎以来朝野杂记》卷一六《铜铁铅锡坑冶》。

麻地,他看到附近山上林木茂密,即招集流民 500 余人依山烧炭,就宅旁起炉炼起铁来。产业越做越大,不久,又在附近一个名叫荆桥的地方兴办起第二座冶铁作坊,让妍妇之夫钱秉德主持其务。汪革财大气粗,进而强讼仓步、白云两处的酤坊归为自己经营,经营所得十之一给官,十之九落入私囊。邻县望江有湖,广袤 70 余里,地饶鱼蒲,复强佃为永业,数百户渔民,都成了供他役使的奴仆。汪革本人,出入佩刀剑,武断乡曲,周围好几个县的官吏,稍不惬其意,辄文致而讼其罪。同书卷二《望江二翁》讲望江陈国瑞,亦以铁冶起家,曾以 300 缗买地葬母。这两个例子说明,南宋舒州地区私人冶铁相当普遍,并已达到相当的规模。另据《异闻总录》记载,宝祐年间,"高邮军阮子博夜行安庆府九曲岭,迷不知径,望火光见茅屋一间,二士人烧石炭对坐观书,令坐附火,言笑自若。"石炭,即今天所谓的煤,据此,似南宋末年舒州曾发现并开采过煤。无为军的矾矿,受战争影响,生产时续时断,很不正常。租额,北宋元丰六年定为 150 万斤,矾场收购矾户新矾,旧每斤 13 至 20 文不等,商人向矾场买矾,每斤 60 文。南宋初,改为每引(100 斤)纳钱 12 贯,加饶 20 斤,是每斤 100 文。商人把无为矾贩运到指定地区零售,每斤卖到 200 文。因为市场缩小、路险利薄,销售凝滞,出现大量积压。到绍兴八年六月,积压之数达到 10898000 斤。为了解决这个矛盾,一、将租额从 150 万斤降至 60 万斤;二、减少商人引钱六分之一,即按每斤 83 文的价格批发给商人。绍兴二十九年五月,昆山矾场上交朝廷年利 41585 贯,此后,朝廷即以 4 万贯为年租额。[①]

铁钱是两淮地区常用的金属货币,北宋已于淮西置监铸钱,建炎、绍兴间停铸,大约到孝宗乾道年间才开始陆续恢复,并随着用量的增加,又新设了一些钱监。见于《宋史》、《宋会要辑稿》、《建炎以来系年要录》和《两朝纲目备要》者,乾道四年二月,置和州监,铸铁钱。五年八月,命淮西路铸小铁钱。六年,置宿松监,复同安监和山口古监。是年夏,朝廷命有司往淮西措置铸夹锡铁钱,并定同安监岁额为 25 万缗。宿松监在宿松县境内。同安监在今潜山县东。山口又名皖口,在

---

① 以上系据《宋会要辑稿·食货十七》、《建炎以来系年要录》卷一二〇和卷一八一修入。

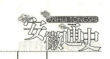
皖水入江处。另外,杜范《杜清献公集》卷一九《王蔺传》又提到"舒州铸铁钱,岁以 25 万缗为额。城中置监,去江百里,滩碛浅涩,铁岸不通,悉市于民,不堪其扰,乞与减额,无使重困"。则上 3 监外,舒州州城内也曾置铸铁监。淳熙二年正月,废同安监。五年十二月,复置。七年春,知舒州赵子蒙以超额完成定额而迁官;夏,诏舒、蕲 2 州铸铁钱岁以 45 万贯为额。八年,同安监减 10 万贯。十年五月,废宿松监。嘉泰三年(1203)七月,罢同安监。隔年,复。嘉定七年十二月罢同安监。官铸外,民间私铸猖獗,朝廷多次用会子、交子收购淮南私铸铁钱,仅绍熙二年七、十二两月,就从淮南收私铸铁钱 200 万缗。两淮钱监主要分布沿江的江北一带,尤以舒州最为集中,一州即置 4 个钱监,这在全国也是罕见的,对活跃两淮经济,无疑发挥了非常重要的作用。但受战乱影响,时置时废,运转并不正常。

六、商 业

南宋今安徽江淮之间的商业活动,大致有三种形式:"边境贸易、民间贸易、军民贸易。边境贸易指南宋与伪齐、金之间的贸易。史言伪齐时,南北往来,商贾如织。"[①]后来战起,一度中断。绍兴十二年正月,随着南北和议成功,宋廷正式下诏许于盱眙县置场。同年四月,寿州花靥镇亦设榷场。[②] 所谓的榷场,即官府设在边境的贸易场所,宋法:凡商人财在千贯以下者,10 人为保,留其货之半于场,发给渡淮木样,凭木样以其半赴淮北金人所设榷场博易。得北场物还南岸后,再携带另一半以往。财在千贯以上的大商人,其货悉拘之于场,俟北贾南来博易,不准过淮贸易。政府所需北货,也在榷场采买,因为他们不需要交税,故采购人员往往夹带私货,场官虽多次上书反映,但始终未能解决。场置监官,负责税收及其他事务,并派士兵守护。绍兴二十九年正月,金主完颜亮扬言南侵,宋下令废沿淮榷场,唯留盱眙一处。因事出突然,结果花靥等榷场商人纷纷丢弃货物逃跑,被不逞之徒抢

---

① 《建炎以来系年要录》卷三九。
② 《建炎以来系年要录》卷一四四至一四五。

掠一空。① 隆兴和议达成后，边境渐趋平静，乾道四年四月，令重新恢复花靥镇榷场，②接着，绍兴二十九年罢废的榷场也都陆续恢复。沿淮榷场向北方输出的商品，主要为茶叶、香料、苏木、沙糖、象牙、犀角和温热带水果。③ 南宋政府虽然屡申严禁私自渡淮与金人贸易之令，但从文献看，大概是令者自令，行者自行。如绍兴二十八年九月七日右正言王淮就曾说："臣伏睹去年勒书，累降指挥，禁止沿淮私渡博易物色。访闻两淮，尚多私相贸易之弊，如楚州之北神镇、杨家寨、淮阴县之磨盘，安丰军之水寨，霍邱之封家渡……及花靥，不可胜数。"④ 又，《宋史·五行志》亦载，乾道七年，淮南荐饥，金人运麦于淮北岸，易南岸铜钱，斗价 800 文。江西饥民流光、濠、安丰间，皆仿淮人与之籴。可见官榷外，私相贸易也相当普遍。

　　民间商品流通的是居民日常生产、生活必需品，如粮油、布帛、盐、酒、茶、陶瓷器、农具等。南宋今安徽江淮之间长期动荡不安，经商环境相当恶劣。经济残破，社会购买力和投入交换的物品都显著下降或减少。小城镇不是毁于兵火，就是业败人亡，因而城乡间的经济往来也大为减少，所以该地区这一时期的民间商业活动远不如北宋那么活跃，投入资本和经营规模也远不如北宋那么庞大。《夷坚志》卷三《独脚五通》讲徽州人吴十郎逃荒到舒州宿松县，靠编织草屦、卖食油起家，几年后"资业顿起，殆巨万"，可说是当时商业状况的缩影。加上南宋政府为弥补州县经费不足，又不断加大对商税的征管，如绍兴五年正月，战事甫停，朝廷就下令淮西要会州军并置市易务，阅月，濠、泗、庐、寿等州也相继设置。⑤ 后来收税的场务越来越多，而商贾每过一个场务，就要交一次税，增加了经营成本，对此非常不满。绍兴二十六年正月，政府在商人的压力下，作了一些让步，命诸州减少税务，以宽商贾。⑥ 此后虽然好了一些，但仍难走出低迷的阴影。

---

① 《建炎以来系年要录》卷一八一。
② 《宋会要辑稿·食货三八》。
③ 《金史》卷五〇《食货五》。
④ 《宋会要辑稿·食货三八》。
⑤ 《建炎以来系年要录》卷八五。
⑥ 《宋史》卷三一《高宗本纪八》。

军民贸易,系指驻军与当地百姓间的商业往来活动。南宋时期,江淮之间大量驻军,他们生活用品中有很大一部分要靠当地解决,于是附近的老百姓和头脑灵活的商人,便从四面八方赶来,把贩买来的商品或自己的多余产品卖给将士,从中谋利。所以当时流传一首民谣说:"欲得富,赶著行在卖酒醋。"①行在,本指皇帝临时驻扎地,引申其意,泛指人员集中地,当然也应包括驻军之地。

南宋禁止铜钱过江,今安徽江淮之间流通手段主要为铁钱、会子和交子。会子,初由商人发行,绍兴三十一年改由户部办理发行,用于纳税和一般交易,三年换发一次,并兑换现钱,称为一界。币面印有发行机关名称、界数、面额等。交子,始于北宋初年的四川地区,性质用途与存款收据相近,可兑现,也可流通,徽宗崇宁四年(1105)改为钱引。南宋时,淮南地区通行交子,故也习称"淮交"。铁钱为现金准备,起初一交兑铁钱一贯,自绍熙三年,改为一交兑720文。三年兑现一次,发新交子,称为一界。绍兴六年二月,朝廷应张澄之请,命依四川法造交子30万贯,用于两淮,与铁钱并行。绍兴三十一年七月,去交子,改行会子。行之不久,至乾道二年十月,复行交子。故一般经济史论著都只讲两淮用交子,而忽略一度用会子事。绍熙二年七月、十二月,朝廷两次用会子共200万收两淮私铸铁钱;明年八月,两淮地区复行铁钱和交子。反反复复,然总的说来行用铁钱和交子的时间比较长,用会子的时间比较短。

七、江淮最佳郡舒州

南宋安徽江淮之间长期处于战乱、战息乱平、又是战乱的恶性循环中,生产力遭破坏,文化教育受摧残,农、林、工、商惨淡经营,萎顿不振,经济文化始终未能恢复到北宋的水平。"官寺民庐,莫不残破"。②就连知州、知府那样的封疆大吏,也只能像荒山破寺里的老和尚,每天

---

① 庄绰:《鸡肋编》卷中。
② 陆游:《入蜀记》。

两餐稀粥一餐饭。① "沿边庐、濠、蒋（光）、安丰军民力凋弊，所入不能自给，既无认定本司钱物"，"全仰沿江诸郡，合起寘名以给支费"。② 而"沿江诸郡，亦自匮泛"，唯有舒州尚好一些，可说是南宋江北诸州军中的皎皎者。两淮五钱监，舒有其四。刻印书籍十余种，舒居十之九。他州学校时办时停，唯舒州讲业不辍，州治怀宁不仅有州学，还新建潜阳书院。淳熙纳粟补官，南宋治下二三百州军，应格者（纳二千石）仅十数人，而舒州一郡即有数人，致使孝宗怀疑是否真实。③ 所以楼钥讲："安庆于今为最佳郡"，"见从官拥麾而之焉者，辄企慕如登仙然"。④《勉斋先生黄文肃公文集》卷三二《辞依旧兼知安庆府申省》亦称其为"两淮佳郡，皆游宦名流之所欲得。"分析产生这一奇特现象的原因，盖与金兵南下未入舒州有关，举凡《桯史》、《黄文肃公文集》等书，皆有此说。《桯史》曰："龙舒在淮最殷富，虏自乱华，江、浙无所不至，独不入其境。说者谓其语忌，盖以舒之谐音为输也。"

第三节　南宋统治下的皖南地区

一、户　口

南宋时期的今皖南地区，除孝宗乾道二年八月升宣州为宁国府外，其他如政区名称、统属关系、治所、辖域，均与北宋同，故不再辟专题介绍。

户口情况，有些零星记载，如《新安文献志》卷一一汪龙溪《婺源清风堂记》云："土著之民且十万。"同书卷一八吴文肃《送陈守入觐

---

① 《山房随笔》："文本心典淮郡，萧条之甚，谢贾相（似道）启说：人家如破寺，十室九空；太守若头陀，两粥一饭。"
② 《建炎以来系年要录》卷一八一。
③ 《燕翼诒谋录》卷二。
④ 《攻媿集》卷五四《安庆府修学记》。

序》曰:徽州六县"二十万家"。孝宗淳熙十二年三月雷次山撰《休宁知县题名记》讲,休宁 11 乡,"户几二万"。互相出入很大,大概皆约略之数,尚不具备统计的意义。为准确反映南宋江南东路 43 县户口升降盈缩情况,现据《宋史·地理志》、《宋会要辑稿·食货六九》、《文献通考》卷八《户口》和《元史·世祖本纪》提供的户口数列表如下:

表7—1 南宋江南东路户口数量情况表

路总户口数 县平均户口数 年代	江东路总户口数		平均每县户口数	
	户数	口数	户数	口数
北宋崇宁初	901553	2029998	20866	47047
南宋绍兴三十二年	966425	1724139	22475	40096
隆兴元年	965035	1057690	22442	24597
乾道元年	947412	1861851	22033	43301
乾道七年	976356	1811064	22706	42118
嘉定十六年	1046273	2402038	24332	55861
德祐元年	831852	1919106	19342	44630

从户数看,南宋除德祐各年均比北宋崇宁初多,嘉定十六年达到高峰,较崇宁增加 144719 户,平均每县增 3466 户,与同期的江淮、淮北地区相差悬殊。丁口,嘉定十六年之前均低于崇宁,而隆兴元年最低,户数与口数大体持平,可能统计有问题。以上系就一路而言,但江东路辖 2 府、5 州、2 军、43 县,各府州军县容或有别。据罗愿《新安志》,徽州 6 县户数如下:

    北宋崇宁初　户总108316　　　平均每县14711
    南宋绍兴三十二年　户总97248　　平均每县16208
    南宋乾道八年　户总122014　　平均每县20336

户数稳步上升,但各年均低于江东路 43 县平均数。

二、农田水利

南宋半壁河山,要养活急速增长的人口,搞好农田水利建设,发展农业生产,是头等大事。早在绍兴元年九月,军贼张琪刚刚从宣州撤走,朝廷即下令宣州、太平州的官员修葺被其毁坏的两州圩田。[①] 南陵县主簿臧某也督役整修大农陂。[②] 洪兴祖知广德军,视水源为陂塘600余所,"民无旱扰"。[③] 绍兴二十三年夏,宣州大水,其流泛溢至太平州,太平州境内沿湖诸圩尽被冲决。十月,朝廷命钟世明前往措置,世明上言:宣州化成、惠民2圩,芜湖万春、陶新、政和、犹山、永兴、保成、咸实、保胜、保丰、衍惠10圩,当涂广济圩,每圩长者数10里,乞以常平钱米贷民修筑。朝廷从其请。世明采用知当涂县张津的提议,兴长堤,在诸圩之外建大圩180里。凡役夫万余人,用工数百万,历时半年多,至第二年七月始竣工,这即历史上著名的大官联圩。史言"人之死者甚众",许多民夫不仅为之流尽了汗水,还付出宝贵的生命。建平县桐汭、临湖2乡,地势低洼,有圩田76所,计56288亩,绍兴间圩岸被水圮,知县苏十能乞常平钱修复。苏氏又主持新筑阳赛圩,得田也在万亩以上。[④] 绍兴末,周葵"知太平州,水坏圩堤,凡百二十里,悉缮之。傍郡圩皆没,惟当涂岁熟。市河久堙,雨旸交病,葵下令城中家出一夫,官给之食,并力浚导,公私便之"。[⑤] 乾道初,林淳知泾县,修治古塘600余所。[⑥] 乾道六年,洪遵知太平州,"圩田坏,民失业,遂鸠民筑圩凡万数。方冬盛寒,遵躬履其间,载酒食,亲饷馌,恩意顷尽,人忘其劳。……圩遂成,合四百五十有六"。[⑦] 乾道八年,黄通景声宰当涂,"频湖圩田二百里遭水冲决,议者惮其役,公喜为民兴利,至则悉力经纪,日役畚锸五千人,两月讫事。植杨八万护其址,复许民占堤植桑

---

① 《建炎以来系年要录》卷四七。
② 《舆地纪胜》卷一九。
③ 《宋史》卷四三三《洪兴祖传》。
④ 《建炎以来系年要录》卷一六五、一六七。
⑤ 嘉庆《建平县志》卷一王遂《赡学圩田记》。
⑥ 《宋史》卷三八五《周葵传》。
⑦ 《南畿志》卷四九。

柘,又请勿起税,迄今蒙利"。① 乾道九年,"太平州诸圩凡四百里为水浸沫",政府出资整修,耗费"计米 21757 硕 5 斗,计钱 23570 贯 137 文省"。② 同年,宁国县新筑圩田周 9 里余。③ 淳熙十四年冬,南陵主簿徐挺之主持修大农、永丰 2 陂,明年夏讫事,溉田 8 万余亩,县赋三分之一出两陂。④ 绍熙中,王柟知绩溪县,"积钱买田,为新塘 68、堨 6,浚旧陂百顷,岁无旱扰"。⑤ 庆元间,鲁櫄知广德军,筑 3 堤以障洪涛,居民得免水患。⑥《宋史》卷四〇五《袁甫传》讲其知徽州政绩说:"兴修陂塘,创筑百(石)梁"。其中的石梁,是徽州历史上最大水利工程,钱时撰写的《新安建石梁记》有详细记载。略谓紫阳山麓水西流入番、江、余诸邑,东入浙,各 360。滩石林立,势如斗下,非常险绝。嘉定十七年,袁甫籍缗钱 15000 贯,特地从福建请来技术高超的石工,于绍定二年兴役。凿山石别为三品,直而方者曰眉石、狭而长者曰筭石、其磊块不可尺度者曰囊石。"眉算迭用,左右蓬卷,凡十有八层。而后周内固外,圆不斗于水,斗门东泻,不怒其流。阔三丈,高半之,横亘可二十倍,越四年九月竣事。⑦ 嘉定初,休宁人黄何致仕返乡,捐资修复清陂堨,溉田千余亩。⑧

皖南农田水利,概括起来讲可分为两类,一类是山地丘陵,建坝修塘;一类是濒湖洼地,筑堤围田。至孝宗乾道末年,皖南新旧圩田:芜湖、当涂 2 县共周 480 里,宁国 49 所,宣城 179 所,建平 77 所,池州 79 所。太平州官私圩合计约占全州耕地面积的十分之九。宣城官圩 17 万亩,私圩 58 万亩,约占全县耕地面积的二分之一。官圩置圩吏,私圩设圩长,分别负责官私圩田的养护工作。杨万里《诚斋集》卷三二《圩丁词十解序》"年年圩长集圩丁,不要招呼自要行;万杵一鸣千畚

---

① 《宋史》卷三七三《洪皓传》附。
② 《永乐大典》卷七六五〇何澹《黄遹墓志铭》。
③ 《宋史》卷一七三《食货上》。
④ 《康熙太平府志·艺文》。
⑤ 《南陵县志》卷四四谢谔《宋重修大农陂永丰陂记》。
⑥ 《水心文集》卷二三《王柟墓志铭》。
⑦ 《南畿志》卷五八。
⑧ 《新安文献志》卷一三钱融堂《新安建石梁记》。

土,大呼高歌总齐声",描写的即一年一度圩长率圩丁整修圩堤的场面。不间断地整治和日益完善的管理,为稳产高产创造了条件,使之成为当地农业的支柱和经济的基础。山地丘陵则建畬田。《秋崖小稿·农谣》曰:"江上见山农,畬田用火攻。鼓声为号令,竹援当畿封。生理猿猱似,年华豆粟供。无功随簿禄,愧汝若为容。"生动地记录下皖南山区人民焚烧杂草灌木,把荒坡改造成农田的过程。另外,见于文献记载的,南宋江东地区还有葑田、沙田。葑田也称架田,即在沼泽中用木桩作架,四周及底部以泥土或水生物填实而成的飘浮在水面的农田。沙田是江、海、河、湖沿岸泥沙淤积出来的新涨滩涂地,还有江中新生的小洲,经开垦成田。《宋史·高宗本纪》绍兴二十八年六月诏增江东、浙江沙田、芦场租课。同书《理宗本纪》开庆元年(1259)十二月蠲宁国府、广德军、太平和池州等处沙田租。《真文忠公文集》卷八载《申户部定断池州人户争佃沙田事状》,说明沙田在皖南分布很广,除徽州外,宣、池、太平和广德军都有。土地利用范围的扩大,为日益增长的人口提供了生产的空间。

南宋诸路垦田数,文献失载,无从比较。罗愿《新安志》记有徽州的情况,云经界前(绍兴十三年行经界法)为 1516300 亩,经界为 3000000 亩,今为(指淳熙年间)2919553 亩。内:歙县经界前 252984 亩,经界后 460000 亩,今 458156 亩;休宁经界前 187271 亩,今为 303964 亩;婺源经界前 679707 亩,经界为 79 万有奇,今为 795787 亩;绩溪经界前 104538 亩,经界为 296000 亩,今为 309566 亩;黟县经界前 92135 亩,经界为 334430 亩,今增 10 亩;祁门经界前 199563 亩,经界为 70 万有奇,今为 717636 亩。总的来说呈上升趋势,但经界前与经界数相差如此之大,如黟县,经界亩数是经界前的约 4 倍,祁门是约 3 倍多,是很不正常的,不能用农业开发来解释。

三、种植业

稻是皖南传统粮食作物,经过农民长期培育,品种日益优良繁多,仅罗愿《新安志》所列,当时徽州的稻就有籼、粳、糯三大类。籼又有大白归生、小白归生、红归生、冰水白、笔头白、早十日、中归生、晚归

生、占禾等10多个品种。粳有大栗黄、小栗黄、芦黄、珠子稻、乌须稻、婆青、叶里青、斧脑白、赤芒稻、九里香、马头红、万年陈、沙里白、寒青等14个品种。糯有青秆、羊脂、白矮、牛虱、早归生、交秋、秋田等7种。婆青是从两浙路的婺州传进的，占禾即占城稻，是北宋时期从占城，即今越南引进的。这些品种对季节、温度、水分、土壤肥瘠有不同的要求，这就为轮班换茬，尽可能地利用地力创造了条件。池州的农民还种上从高丽引进的黄粒稻，这种稻具有芒长和谷粒饱满的特点，是一种少见的优良品种。麦、粟、豆等北方旱地粮食作物，早在唐末五代，其种植区域已开始由北方向江南地区扩展。宋太宗淳化四年，政府曾下文劝诱荆湖、两浙、两江、福建、岭南农民试种麦、黍、粟、豆之类的作物。① 南宋初，北方人户大举南下，他们习惯吃面食，因而麦价激增，种麦之利远高于种稻，庄季裕《鸡肋编》卷上就曾讲到："绍兴初，麦斛至万二千钱，农获其利倍于种稻。而佃户输租，只有秋课，而种麦之利独归客户，于是竞种夏稼，极目不减淮北。"汪藻《徽州班春古岩寺呈诸僚友》说："陇麦已争秀，畦秧亦微萌。"叶梦得《石林燕语》卷一一《奏措置买牛租赁与民耕种利害状》讲：江东诸路，"二麦收刈后，合重行耕犁，再种晚禾"。陈造《江湖长翁文集》卷九《田家谣》曰："半月天晴一夜雨，前日麦地皆秧苗。"说明麦收后种稻，已成为皖南地区比较稳定的种植制度。麦的品种也日益多起来，至淳熙年间，大麦类即有早麦、中期麦、青光麦。又有高丽麦，亦名高头麦，挪之则粒出。有糯麦，宜为饭。小麦类有长穗麦，麸厚而面少。白麦，面亦少。赤殻麦，麸薄而面多。荞麦。粮食产量，《淳熙新安志》讲乾道九年，徽州上田岁亩产米2石5斗。《愧郯录》卷一五说，孝宗时，江东路每亩产米2石。稻谷出米率一般在70%上下，2石米约当3石谷，这个数字高于淮北许多，而略低于著名产粮区苏州和湖州。

皖南各府州军皆产茶，尤其山地丘陵一带，其在种植业中的地位，仅次于稻麦。产量，据建炎二年户部报账，该年宣、徽、池、饶、信、太平

---

① 邱浚:《大学衍义补》卷一二《制民之产》。

5 州及广德、南康军共 38 县,计榷茶 375 万斤,[①]平均每县 98684 斤。绍兴三十二年:宣州 6 县 1120652 斤,徽州 6 县 2102540 斤,池州所属贵池、青阳、石埭、建德 4 县 280489 斤,广德 2 县 69710 斤,太平州的繁昌县 200 斤,[②]合计 3473591 斤,平均每县 182820 斤。孝宗乾道末:宁国府所属宣城、宁国、旌德、泾、太平 5 县 778350 斤,徽州所属歙、祁门、婺源、休宁、黟 5 县 2286100 斤,池州 4 县 59720 斤,广德 2 县 26280 斤,合计 3149450 斤,平均每县 196840 斤。皖南 1 府 3 州 1 军,总量徽州最高,乾道末,占到 5 个统计单位总和的三分之二。太平州濒湖临江,宜稻宜麦,除繁昌局部地区外,他概不产茶,故总量最少。按照从高到低的顺序,依次为徽州、宣州、池州、广德军、太平州。从发展趋势看,各统计单位均稳步提高,但增速不一,唯有徽州呈快速增长态势。从产品质量看,徽、池 2 州质量好,名茶多,售价高,其他如宣州、广德军虽也有名茶,但与徽、池比,则逊色了许多。与淮南西路比,北宋熙宁十年,淮西榷茶总量是皖南的三倍,整个皖南仅相当于太湖场。入南宋后,从建炎二年、绍兴三十二年、乾道末 3 组数字看,淮南一直徘徊在皖南的三十分之一左右。这一升一降,反映了战乱对社会经济的影响之巨。南宋皖南人民利用不宜种植粮食作物的荒坡丘陵,创造了巨大的社会财富,对改善生活,促进社会繁荣,有非常重大的意义。

桑树种植,集中在宣、池、太平州和广德军,在长期实践的基础上,到了南宋,经验也越来越丰富。程珌曾说:"尝见太平州老农云:彼间之种桑者,每人一日只栽十株,务要锄掘深阔,则桑根易行。三年之后,则可采摘。"[③]程氏并把太平州人民种桑的经验推广到浙江富阳一带。

四、工矿业和商业

皖南传统矿产为铜和绿矾。两宋交替之际,因旧矿枯竭,新矿苗

---

① 《建炎以来系年要录》卷一〇。
② 《宋会要辑稿·食货十七》。
③ 《洺水集》卷一九《壬申富阳劝农文》。

尚未发现,铜矿暂时停止开采,作为铜的伴生矿绿矾,也随之住煎。另据《建炎以来系年要录》卷一四八记载,池、徽2州也产铁,但因语焉不详,其规模、产量现已无从得知。南陵县的工山有铁矿,内大涧炉初置于隆兴初,中断,至淳熙六年再置,一岁课利120贯。① 传统的铸币业,因原料紧缺,也走向衰微,著名的永丰监于绍兴二年八月并入饶州永平监。② 绍兴元年,刘光世曾在池州铸三色钱,以金银铜为原料,文曰"招纳信宝",背有刘光世押字,③但仅作为招降的信物,并未进入商品流通领域,且旋即停铸。此后,再也未见到过官方在皖南铸钱的记载。只有民间的私铸仍非常活跃,《夷坚志·甲志》卷九说:"黄池镇隶太平州,其东即为宣城县境。十里间有聚落,皆亡赖恶子及不逞宗室啸聚,日屠牛杀狗、酿私酒、铸私钱、造楮币,凡违禁害人之事,靡所不有。"甚者还把船开至江心,夜间在船上铸钱。上引郭莪《申免工山坑冶劄子》又讲到,南陵工山创兴铁冶,自隆兴、淳熙后,"私铸钱遍境内,市井交易、官务酒税、细民输税,皆铁钱矣。"

　　手工业方面,除传统的陶瓷器、农具、文房四宝等日常生产、生活和文化用品外,军器制造可谓异军突起。叶适《水心文集》卷二二《厉领卫(仲方)墓志铭》说,仲方知安丰军,造九牛弩,曾射杀金骁将于城下;又用所造战车败敌于清水镇。池州、采石、无为军都承担制造战船的任务。④ 绍兴二年七月,知无为军王彦恢"所制飞虎战舰,傍设四轮,每轮八楫,四人旋幹,日行千里。又造神武战车,下安四轮,略同飞虎,顶帐布帷,以避矢石,傍斜冲出,其用如神。又有拒马车,一人之力可以转用,比之蒙冲、偏箱、鹿角,此尤至要"。⑤ 淳熙十五年,池州曾因所造战船27只皆打造精致,特给主持其事的官员转官一级。嘉泰三年(1201),池州所造新样铁壁、铧嘴、平面、海鹘四种型号的战船,委是快便,朝廷又下诏各地造船厂,一律取池州式样建造。⑥ 徽州造的灯深受

　　① 民国《南陵县志》卷四〇郭莪《申免工山坑冶劄子》。
　　② 《建炎以来系年要录》卷五七。
　　③ 《三朝北盟会编》卷一四五。
　　④ 叶梦得:《石林奏议》卷一〇《奏乞参酌古制造战船状》。
　　⑤ 《宋史全文》卷一八上王彦恢《措置淮甸事奏》。
　　⑥ 《宋会要辑稿·食货五〇》。

时人称赞,《武林旧事》卷二《灯品》说:"灯品至多,苏、福为冠。新安晚出,精妙绝伦。"酿酒业较北宋有较大发展,以徽州为例,北宋熙宁十年,该州6县酒税收入总计为22477贯837文。南宋绍兴二十年,仅歙县城即收入酒税30828贯187文,较熙宁全州之数尚高出许多,若加上所属岩寺镇的6636贯261文,则歙县年收入达37464贯448文。祁门,绍兴九年收入11831贯647文,休宁18274贯560文,婺源17055贯704文。绩溪,绍兴十三年收入7193贯630文。黟县,绍兴二年收入9675贯336文。[①] 6县累计101795贯325文,几乎是熙宁的三倍,这与北人大量移居此地,而北人又嗜酒可能有关。

南宋皖南地区投入商品流通的,除日常生产、生活和文化用品外,大宗商品为茶、木材、布帛、米粮,一般来说,山区丘陵以木材茶叶为主,沿江平原以米粮和布帛为主。《淳熙新安志》卷二《木果》说:"岁联为栌以下浙河,大抵松樗为尤多,而其外纸、漆、茶茗以为货。"楼钥《攻媿集》卷八五《先兄严州行状》讲:"木筏出于歙郡,由城(严州州城)下以趋钱塘,郡帑赖此以济。……三阅月而钱入大农者逾十万缗,曾不倍征也。"三月10万,岁则40万贯矣。另据《宋史》卷一八六《食货下·八》,宋代商品过税十分征二,以此推算,徽州岁销临安木材价当200余万贯,而销往他处者尚不在其内,木材贸易量之大,可想而知。茶叶是徽州仅次于木材的又一大宗商品,《南畿志》讲婺源人王德中,业茶致富,有田百顷。就其表现看,皖南商业大体经历了绍兴恢复期和孝宗以后发展期两个阶段。国家商税收入是表现商业兴衰的晴雨表,因为南宋宣、池、太平州和广德军的商税收入情况诸书皆失载,现仅以《宋会要辑稿》和《淳熙新安志》所载徽州绍兴中前期商税收入与北宋嘉祐年间、熙宁十年作一比较,或能从中窥见皖南之一斑。嘉祐间歙州商税收入13537贯、熙宁十年25956贯555文、绍兴中前期24284贯130文。绍兴中前期高于嘉祐万余贯,少于熙宁十年千余贯。若考虑到南宋建都临安、沿江大量驻军,一般居民消费外,又添了两个大的新兴市场,在其强劲拉动下,孝宗以后,皖南商税收入达到或

---

① 淳熙《新安志》卷二至五。

超过熙宁十年,完全是可能的。南宋商业繁荣还表现在:一、小城镇迅速崛起,《永乐大典》卷二二六六董嗣果《送刘汉老过芜湖诗》说:"浙客量盐少,淮商贩药多。随灯游晚市,沽酒隔昏河。"说明当时的芜湖县城不仅居住着大量本地及邻近州县的商贾,还活跃着大批远道而来的浙商与淮商。而黄池、水阳等镇尤突出,至有"太平州不如芜湖,芜湖不如黄池"①之谚语。歙县的岩寺镇,绍兴五年上缴商税6300余贯,新馆2100余贯,②相当一般州的上缴数。一派人烟辐辏,兴旺繁荣景气。二、因商致富的人多起来,尤其是徽州地区。如大官僚休宁程卓家,"财殖产广,徽、衢、严郡皆有创置"。③ 绩溪张汝舟家,"田财甲于一方,其邸肆几有郡城之半,号半州"。④ 岩寺吕家,"邸肆生业,几有郡城之半,因号半州"。⑤ 但封建统治者的许多举措又制约和阻碍了商业进一步的发展,一、封建官吏强取豪夺,如太平州黄池镇官吏史文林等人,在镇强行编排行户,勒令供纳缣帛、香货、鱼肉、蔬果种种物品。借口科买,勒索百端。⑥ 二、政府急于敛钱,到处设立税务。如芜湖县城及所属采石镇已设有税务,又于和州的东采石设税务,"客旅往来,一日之间三过税务",交三次税,以至《宋会要辑稿·食货十八》也叹其"刻剥太甚"。"自池州至建康府止七百余里,为场务者六,曰雁汊、曰池口、曰施团、曰芜湖、曰采石、曰建康,其间相去有不满五六十里者又重以税。商旅挟家赀以求盈,而乃困于公家之征,岂不可怜!"知太平州吴柔胜也曾上疏朝廷说:"本州不出八十里间,凡三税务。"⑦税场密布,重复征收,加重了商人的运营成本,挫伤了商人的积极性。三、重税、空头税。南宋征收商税普遍实行买朴,即私人承包制。买朴者为了捞取更多的额外盈余,往往擅自提高税率或征收空头税,"其声势尤甚于官务"。池州的雁汊税场,专收大江过税,商旅畏之,称之为

---

① 《说郛》卷六四引周必大《南归录》。

② 《宋会要辑稿·方域十二》。

③ 程允腾:《富溪程氏本宗谱》卷四《程卓传》。

④ 《绩溪北门张氏宗谱》。

⑤ 《新安文献志》卷九一朱熹《记外大父祝公确遗事》。

⑥ 《真西山文集》卷七《申御史台并户部照会罢黄池镇行铺状》。

⑦ 《宋会要辑稿·食货十八》。

"法场",即杀人的地方。《宋会要辑稿·食货十八》对该场收税情况有详细记载,说:"一、舟船实无之物,立为名件,抑令纳税,谓之'虚唱'。二、一人拦头,妻女直入船内搜检,谓之'女拦头';所收商税,专责现钱,商旅无所从得,苟留日久,即以物货抵价准折,谓之'所纳'。巡拦之人,各持弓箭枪刀之属,将客商旅拦截弹射,或至格斗杀伤。税务依条自有纂命,拦头多用小船离税务十余里外邀截客旅搜检,小商物货为之一空。"既便是上贡官船,也不能幸免,《宋会要辑稿·食货十七》就曾讲到,"四川、二广、湖南北、江东西上供纲运经由,不问有无含税之物,唱税动以千计,监系纲梢等人勒令甘认"。自绍兴五年,雁汊务每年按额上交官课18万贯,"而为官吏所窃取者过半",落入买朴者腰包的尚不在其内。无怪乎"商旅患之",有识之士大声疾呼。而政府"既取其课利,虽欲为小民理直,有所不能",于是也就听之任之了。四、前途处处有艰险。《夷坚甲志》卷四《方客遇盗》讲:"方客者,婺源人,为盐商,至芜湖遇盗。先缚其仆,以刀割腹投江中,次及方⋯⋯"《昆陵集》卷三《乞措置丁家洲劄子》载:"丁家洲在池州下、太平州繁昌县上,长80余里。洲分二,江流其中,两旁洲上并无居民,去西岸,人家迹远,为从来盗贼盘结之地。⋯⋯往日白昼劫掠,每得一舟,必尽杀其人,取其财,沉舟水中,商船结甲而敢行。"尤其是肩挑手提的小商小贩,境况更加艰难,如徽州,山多田少,"此邦贩夫贩妇,举贷经生,以糊其口。贸易如意,得利仅如牛毛,而折阅者率大半。万一计较少利,瞒税而入,一或见逻,纵不到官,钱物已罄。倘吏不厌所求,械系送府,受刑追偿,不惟举室饥饿,又且逋偿督迫,实可怜悯"。[①] 商业运营的政策环境和社会环境,都远不如北宋。

---

① 舒璘:《舒文靖公类稿》卷三《上新安张守劄子》。

第四节　南宋土地占有和社会财富分配状况

一、土地高度集中

这种情况在北宋已然,到了南宋,变得更加厉害。"官户田占其半"、①"今天下之田已为豪民所私矣"、②安庆府"田地山林,大半皆属寺观"③之类的记载,俯拾皆是,不绝于书。这种现象的出现,一方面是宋代奉行土地买卖自由政策的必然结果,另一方面,战乱期间,百姓逃亡,战事稍息,"富家巨室不复问其如何,投牒本县,争相攘夺"。加之"契券不明,州县既无所凭,故一时金多位高者咸得肆其欲",冒占别人的田产。④ 这种状况,在安徽江淮之间表现得尤为突出,淮南州县"豪强土著之人虚占良田有及百顷者"。⑤ "有名田一亩,而占地五六顷者"。⑥ 孝宗时,"安丰守臣冒占民田,讼屡改而不决"。⑦ 乾道二年五月,臣僚上言:"两淮膏腴之田皆为品官及形势之家占佃。"⑧土地,特别是土质肥沃且水利条件较好的田地,多被官僚、形势户、地主、豪强及寺院霸占。皖南地区,婺源王德冲家有田万亩。⑨ 开禧北伐,池州富人章飞英出家赀四万贯,其子慈龙又出 4 万贯,以助军需。⑩ 淳熙时,绩溪胡元纲家有田 370095 亩。⑪ 婺源詹氏,能执兵上阵的佃客即

① 《建炎以来系年要录》卷五一。
② 陈亮:《龙川文集》卷二七《郎秀才墓志》。
③ 《勉斋先生黄文肃公文集》卷三二《申制置司行下安庆府摧包砌城壁事》。
④ 王之道:《相山集》卷二二《乞止取佃客剳子》。
⑤ 《建炎以来系年要录》卷一七二。
⑥ 《浪语集》卷一六《奉使淮西回上殿剳子》。
⑦ 《宋史》卷四〇〇《李祥传》。
⑧ 《宋会要辑稿·食货六》。
⑨ 《南畿志》卷五五。
⑩ 《宋会要辑稿·职官六二》之二八。
⑪ 胡晋文纂:《绩溪金紫胡氏家谱》。

有 120 余人。① 这些土地,有些通过买卖,也有些是强取巧夺来的,如《夷坚志·甲志》卷四就曾记载:"俞一公,字彦辅,徽州婺源人。使气陵铄乡里,小民畏法不敢与之竞者,必以术吞其赀,年益老,不悔改。"尤其是圩田,更是达官贵人、地主豪强、富商大贾兼并的对象。如横跨苏皖两省的永丰圩,旧管田 950 余顷,建炎兵火之后,尚有熟田 297顷,先赐蔡京,继赐韩世忠,后又赐给秦桧,50 年间转手权臣大将之家,桧死,始收隶江东总管所。池州、太平州濒江重湖,沃壤千里,风景如画,其地多为大官僚所据有。《夷坚志·甲志》卷七就曾讲到:"官吏在外,多于池州购田。"王安石家在宣城、芜湖等地置有大量田地,绍兴七年七日,提举修内司王鉴遣使臣储毅假托御前经庄户,市王氏田之在宣城、芜湖者,号曰御庄。②

为了逃避赋税,他们又大量隐瞒田产,淮西路有"一户之产,终日履行不遍,而其输纳不过斗斛"。③ 淳熙二年,知繁昌县魏尧臣家豪强不纳两税,④以致逼得朝廷不得不于绍兴十三年实行"经界法",以纠正有田不纳税、无田反纳税之弊。据罗愿《新安志》卷二《税则》载,徽州 6 县经界前在册田地仅有 151 万亩,经界为 300 余万亩,括出地主隐田 149 万余亩,由此也可想见土地兼并之厉害。

二、地 租

南宋地主对佃户除地租外,还有许多种剥削方式,如让佃户代地主交纳两税,即是其一。《庆元条法事类》曾明文规定,倘若地主违欠赋税,官府可以追索佃户补偿。嘉泰三年《南郊赦文》也说:"佃户租种田亩,而豪宗巨室逋负税赋,不肯以时供输,守令催科,纵容吏胥追逮耕田之人,使之代纳,农民重困。"说明这个现象相当普遍。官田租额,因时间、地点不同,剥削量稍有差别。大约战乱刚过,地旷人稀,政府急于招徕人户归农,租额定得一般都比较低。绍兴三年,朝廷规定

---

① 《新安文献志》卷六四胡定庵《詹氏忠勇世家》。
② 《建炎以来系年要录》卷一一三。
③ 《浪语集》卷一六《奉使淮西回上殿劄子》。
④ 《宋会要辑稿·食货七〇》。

江南东、西两路上田亩输米1斗5升、中田1斗、下田7升,并且三年免交两税。① 随着社会秩序日益趋于稳定,租额也渐增至上田亩输米2斗、中田1斗8升、下田1斗5升。② 按照江东路亩产米2石推算,剥削量在十分之一以下,仅是私田租额的五分之一。但官田都是整批出租,对于普通百姓来说,无异是水中之月,可望而不可即,根本无法承佃到官田。官吏、地主、豪强与政府狼狈为奸,互相勾结,绝大部分官田都被这伙人包占,举如大官僚何汝贤,一次就包佃芜湖县圩田1685亩。③ 他们租到整批的官田之后,当然不是自己去耕种,而是再以私田租额转租给无地个体农民,利用官、私田租之间的差额,作中间剥削。这种"二地主"在北宋还不多见,到了南宋,就大为盛行起来,史书为与一般佃户区别,往往称之为"田主"或"佃主"。方岳《轮对第二劄子》就曾指出:"今所谓没官田者,悉为强有力者佃之,某官、某邸、某府,率非能自耕者,而占田多至千百顷者,何也? 有利焉耳。"④这里所谓的"有利",就是指可以从中攫取官、私田租之间的差额。可见朝廷空有轻租之名,广大平民百姓却并未从中得到实惠。又,南宋初,朝廷曾在江南地区推广种麦,并规定不收麦租,只理稻一熟,可是过了没几年,麦租的名目就出现了。办法是:官府除留足种子外,收获物作十分,新开垦的田地年以九给佃户,一分归官。三年以后,岁加一分,官收至五分止。⑤

三、两　税

南宋农业税的最大特点是:一、税额有高有低,因地而异;二、正额之外,又别增附纳和三色杂钱。南宋初,两淮因受战乱影响,农业生产不能正常进行,一直免交两税,"每田一亩,止收课子五升",而州县取于民者,"正额之外每斛加征六七斗,多者往往倍之"。⑥ 绍兴七年,战

---

① 《宋史》卷一七三《食货志上》。
② 《宋会要辑稿·食货二》。
③ 《宋会要辑稿·崇儒二》。
④ 《方秋崖小稿》卷五。
⑤ 《宋会要辑稿·食货二》。
⑥ 《建炎以来系年要录》卷一六三。

争停止,八年秋,淮南西路共收稻谷和杂粮 31 万石,政府赋入 11 万石,①剥削量为 32% 。至绍兴二十一年,大规模的战争已经过去十年,朝廷才开始派遣使臣赴淮南清理垦田数,着手起征秋苗粮。此后年月大抵如此,兵兴免纳,战息起征。皖南的徽州,所辖 5 县夏税正额上田亩输钱 200 文,附纳绅 4 寸、绢 1 尺 3 寸、布 1 尺、绵 3 钱,三色杂钱:酒曲钱 50 文、丁盐钱 12 文、水脚钱 12 文;秋苗正额亩输米 2 斗 2 升,附纳耗米 4 升 4 合、丁盐钱 12 文。中田夏税正额亩输钱 150 文,附纳绅3 寸、绢 1 尺 3 寸 5 分、布 5 寸、绵 2 钱,三色杂钱:酒曲钱 43 文 7 分 5厘、丁盐钱 9 文、水脚钱 8 文;秋苗正额亩输米 1 斗 7 升 7 合,附纳耗米3 升 5 合、盐钱 12 文。下田夏税正额亩输钱 100 文,附纳绅 1 寸 2 分、绢 1 尺 5 寸、布 2 寸 5 分、绵 1 钱,三色杂钱:曲钱 27 文 7 分 5 厘、丁盐钱 6 文、水脚钱 6 文。② 池州青阳县上田亩输秋苗米 3 斗,③较徽州亩多收 8 升。太平州之芜湖县亩输秋苗米 1 石,另加耗米 6 斗。④ 广德军之广德县亩输秋苗米 1 石,贴纳 3 斗 7 升作水脚费。⑤ 嘉定九年,宁国府 6 县仅耗米一项,即征收米 274600 石。⑥ 加上每征收苗米 1 石,即加征水脚钱 200 文,⑦剥削量之重,盖可想而知。

附纳为宋代新创税种。三色杂钱起源于五代杨吴时,称丁盐钱者,杨氏据口给食盐而取其值;酒曲钱者,官给百姓酒曲,使得酿酒,而后还其值;水脚钱者,每输税 1 贯另纳钱 50 文,以备雇人解发至广,均是平等交换。南宋酒榷在官,政府不复给百姓酒曲,而仍要交曲钱;不再给百姓食盐,而却仍要交盐钱,则纯粹是强取豪夺了。

四、折　变

即将原定征收之钱物按一定比例改征其他名色。起于唐中叶,行

① 《建炎以来系年要录》卷一一八。
② 淳熙《新安志》卷二《税则》。
③ 《建炎以来系年要录》卷一六五。
④ 《南畿志》卷五五《张震传》。
⑤ 《宋会要辑稿·食货九》。
⑥ 《永乐大典》卷七五一二《续宣城志》。
⑦ 《建炎以来系年要录》卷一一六。

之北宋,泛滥于南宋,性质也从临时变通而成为一种新的剥削手段。《宋会要辑稿·食货六三》说:"绍兴二十六年八月二十四日上宣谕:以中折帛钱太重,绢一匹之直私下不及五千,而官估则取十千,他物之估,亦皆称是。"10贯只能抵5贯用。同书同卷又记载,乾道八年六月十二日,枢密副使王庶言:"两淮州县由于折变,一亩之地折纳物斛至有四五斗者",是常赋的二三倍。《新安志》卷二《杂钱》说:徽州三色钱年计5万余缗,经过折变,"数倍于5万缗之数"。乾道九年,户部尚书杨倓称,广德军折帛后,比原额增收绸绢11400余匹、钱73500余贯、绵1700余两,折钱10余万贯。广德军2县,仅此一项,每县即多交5万余贯。《新安文献志》卷七九方虚谷《吕公午家传》称:"徽素不产银,米、绢外,官赋纯用会子。户部忽以嘉熙九年(元年之误)分茶租折绵布改作银、会中半,时银一两值价会子十五贯,户部估三贯。郡守倪祖常窘甚。公奏曰:'新安山多土瘠,赋税之输,一钱科十。向增一文、二文,州人已困,三数年来,增至十五文、二十文,又增至三十文矣。民户以三十文纳一文之税,又以价五倍纳一两之银,追价既急,银价愈增,伏望下省部免银,仍用会子。'"折来变去,百姓"以三十文纳一文之税"。

五、和　买

此法实行之初,仅限于绸绢,按时价酬给用费,实为一惠民措施。北宋末,已有政府不支本钱而强令百姓输绢之事发生。南宋和买的范围扩大,《勉斋先生黄文肃公文集》卷一二《与林宗鲁司业书》讲:"今淮郡百姓被虏人之害小,被官司之害大。去岁和籴,不问有无,必欲及数;不问土俗,必欲促办。以至敷马草、敷巢县寨屋料、敷州团楼,并是不支本钱。郡抑之县,县抑之总保,总保抑之百姓。"《永乐大典》卷七六五〇何澹《黄永存墓志》:和州旧籴马料5万,官给3万本钱,州县以数不敷用,例科总首。知和州俞毕,以和籴为名,抑勒百姓科米3000余石,又预借本年税钱,并不支本钱。[1]《相山集·预买大军草劄子》说,淮西宣抚司科和州民买马草,时正值收稻种麦之际,农民惧怕军

---

① 《建炎以来系年要录》卷一八一。

法,丢掉手中的农活,尽起丁壮负草而行。在途辗转一个月,才于庐州交纳。"每草一束,合计水运亦不下 400 文,其负担者,往往至七倍",而政府既不给草钱,也不给运费,所以王之道哀叹"深可怜悯"。和买绢至南宋也变了味。《宋会要辑稿·食货七〇》云:"庆元四年十月二十八日,权和广德军赵善誉言:建康府科纳和买绢轻重倒置,或本色,或折钱,小民重罹其害,官司习以为常。绍兴间,每和买绢一匹,纽价钱 5 贯文省……近年以来,居民蕃庶,蚕桑寝广,绵帛颇多,绢每一匹只直二贯二百文足……而上户纳本色如初,下户折钱亦如初。"史称其为"折帛倒置",下户每年仅折帛钱、糜费钱、头子钱三项,就得输官 4 贯 450 文。再后来,按田亩均摊,附夏税一起交纳,变成一种新的折帛钱。乾道二年,徽州纳和买纳绢 16447 疋,全是横取于民。"和买折帛之类,民间至用一半以上输纳贪吏,展转折科,民穷极矣。"[1]

六、受纳之弊

是指百姓交纳赋税过程中,所受吏胥邀阻盘剥。最常见的有以下几种:一、只入不舍,合零就整。具体地说就是"至一寸一钱者,亦取一尺一两;米一勺一抄者,亦以一升之类合零就整"。[2] 二、重复交纳。绍兴二十一年五月十五日,前权知舒州李观民言:"初见民户纳苗税之类,惟凭朱钞为照。其间专典乡司等人作受纳之弊,有已纳钱物,不即时销簿,多端邀阻,改成挂欠,重迭追扰者"。[3] 三、呈样。收纳之前,税户要先送"样米"给税官,经检验质量合格始准交纳。据俞文豹《吹剑录外集》讲,江南东路苗米 6 万石,呈样米多达 1500 百石。四、暗加勺合,即用容量大于法定的量具收取赋税。《建炎以来系年要录》卷一六六云:"绍兴二十四年正月,知滁州蔡向还言,两淮州县吏收税暗加勺合,遂致刻剥。"高斯德《耻堂存稿》卷二《经筵进讲故事》说:"市斛之入,倍于文思,往往以文思之三,乃可纳市斛之一,是三倍取于民也。"《宋史·真德秀传》记载,嘉定七年,真氏出任江东转运副使,自

---

① 《宋元学案》卷五四《叶适传》。
② 《宋会要辑稿·食货六二》。
③ 《宋会要辑稿·食货九》。

领广德军和太平州事,"索毁太平州私创之大斛"。《永乐大典》卷七五一二仓字韵引《续宣城志·斛内刊记》详细记载了自嘉定九年至淳祐二年文思院标准斛斗和宁国府自制量具的具体尺寸,并附有图。内讲到:1. 宁国府收秋苗,每石加耗米 6 斗 5 升,正耗 2 升,归转运司;其余 6 斗 3 千曰府耗,被本府各级官员分赃。嘉定六年,宁国府正耗、府耗两项通计收米 20.9 万余石,是国家规定的 30 多倍。2. 自制量具有两种,一种是专供收纳苗米用的,每斛比文思院斛大 1 斗 4 升 8 合;一种是用作收纳耗米用的,每斛比文思院斛大 8 斗。当时宁国府的农民用"两石六斗之米方可输纳苗米一石","而执概之人高下其手者,又不与焉"。3. 耗米之外,又有暗点、押字、扫卓等米五斗四升。政府的巧取豪夺激起民众的愤怒,宣城县民王恧等联名将此事告到朝廷,审理此案的官员怕激起民变,始稍加约束。五、《吹剑录外集》又记有印纸钱、修仓钱、支僰钱。《宋会要辑稿·食货三五》讲:乾道四年十二月十五日[1]臣僚言:"人户输纳租赋,非买官印纸则州县不肯给钞,每纸一张六七十文或三二十文,而重者至一二百文,在处有之。"至于修理仓库、订僰税册也要税户掏钱,就滑稽可笑了。六、最后,"人户赍米到仓,不与及时交纳,至于暴露累日。关节未通,赂贿未足,即行打退,往来搬运,倍有消折。"

七、经总制钱

经制钱初行于西北,建炎三年十月开始在东南诸路实行。总制钱系绍兴五年孟庚所创,后与经制钱合称经总制钱。据《吹剑录外集》载,内容主要有以下几项:1. 牙契税。千钱收百,其中的 35 文入经制司,32.5 文入总制司,32.5 文留州使用。淳祐九年户部奏,诸州牙契钱,上州百万(文)、中州 80 万(文)、下州 40 万(文)。2. 头子钱。初行于唐,宋室南渡后,官吏请俸扣原俸 22‰、出纳官物收 56‰的缗钱,入经制司,曰头子钱。3. 常平司七分钱。4. 商铺旅店增收十分之三的房钱。5. 酒钱。

---

① 《宋会要辑稿·《食货四十》将此事系于隆兴四年十二月十五日,然考隆兴号止二年,三年正月朔改元乾道,是史无隆兴四年也,因不取其说。

经总制钱限月终起发赴州军,州军按季上交经总制司。董煟《救荒活命书》载,经总制钱全国定额 2000 万贯,实际可收到 1000 万贯。淳熙十六年二月,池州请减本季经制钱 7000 贯,宁国府请减经制钱 5000 贯、总制钱 2000 贯,广德军请减经制钱 2000 贯,徽州请减经制钱 3000 贯,和州请减总制钱 4000,舒州请减经制钱 8000 贯,无为军请减经制钱 4000 贯。七州军一个季度、或经或总一种钱,仅请减之数合计已有 33000 贯,一年四季合经、总两种钱上交数之大,盖可想而知。

八、月桩钱

或曰月椿钱,系南宋为筹措军饷而设的新税种。因系用于按月拨发军饷,故名。绍兴二年,韩世忠部驻建康,朝廷令江东漕司按月拨给韩部 10 万贯钱充饷,自此成为定制,于是南宋又出现一种新税种。漕司不敷支应,就向地方摊派,州县为塞责,于是巧立名目,常见的有:曲引钱,纳醋钱,卖纸钱,户长甲帖钱,保正牌限钱,折纳牛皮筋、角钱,赡剩钱以及打官司时令败诉方出罚钱、胜诉方出欢喜钱等。绍兴十七年九月,户部开列诸州军送纳月椿钱如下:信州 54000 贯、吉州 6700 贯、抚州 25400 贯、江州 11000 贯、建昌军 2300 贯、临江军 4600 贯、筠州 6090 贯、南安军 6600 贯、宣州 49700 贯、徽州 58700 贯,[1]徽、宣最重。赡剩钱取之寺观,“数目稍重,其间往往不能桩纳,以致僧道逃亡”。

九、额外科敛和临时摊派

常见的有:一、助军米。据《三朝北盟会编》卷二三七载,绍兴三十一年,仅芜湖县逸恭庄即上纳助军米 7000 石。二、军衫布。徽州 6 县每年输军衫布 3150 匹,[2]以一匹值 5 贯计,当 15750 贯钱。三、军衣钱。《永乐大典》卷七六五〇《黄遹墓志铭》云,当涂县月供郡军衣钱 200 贯,年则 2400 贯。四、赡军酒钱。为犒劳前方将士而设,绍兴二十九年,无为军 3 县上交赡军酒库息钱 8000 贯。[3] 五、宣州科蜂儿、庐州

---

① 《建炎以来系年要录》卷一五六。

② 淳熙《新安志》卷二《夏税物帛》。

③ 《建炎以来系年要录》卷一八一。

科箭,虽然数目不大,但蜂儿每斤价34贯,所以,李心传也将之列为"扰民"类。① 此外又有淮衣钱、赡学钱,名目繁多。

十、义　仓

或曰社仓,朱熹创置,初意甚好,实行起来却变了味。咸淳五年(1269),黄震为广德丞,亲见社仓"贷而给谷也,十仅得七八;而敛也,反倍之"。至有为之自缢或"破家荡产,子孙受害,只得逃移以避社仓之苦者"。②

十一、驻军敲诈勒索

这个现象在两淮地区常见,如张守《毘陵集》卷二《又论淮西科率劄子》就曾讲到:"寿春府霍丘县屯驻高武略人马,行文于寿春府,庐、光、濠州,每人户家业一千贯,逐人月纳钱一贯、米一石,前去霍丘送纳。其小帖子云:'如本县不即均敷,必定分拨高统人马于本县驻劄。虽至小县,亦令每月认定千缗、千石。'"一副泼皮无赖腔调,但为免遭奸淫烧杀,百姓最后还是不甘情愿地吞下这杯苦水。

十二、力役之征

经济掠夺,皖南及近边的舒州、和州、无为军所承受的,相比之下,要比江淮间其他州军沉重得多,如经制钱、月桩钱等两税外其他杂税,都仅限于皖南和江北近边3州军,淮南的其他州军均不开征。但劳役负担江淮间诸州军则明显比皖南地区重得多,除近江的池、太2州,间或涉及,皖南的宣、徽、广德3州军一般都比较轻微。

劳役负担最突出的有以下三种:一、南宋为增强城市的防御能力,不断修筑两淮州县城壁,庐、寿、濠、滁、和、舒州及天长县等,都有筑城的记录,而且是一修再修,多者前后修筑过四五次,所用钱财、物料和人工,大都要当地百姓承担。《毘陵集》卷二《又论淮西科率劄子》讲:"臣

---

① 《建炎以来系年要录》卷一七一。
② 《宋史》卷四三八《黄震传》。

近覩舒州太湖县税户程继亨等经御史台陈诉,称本县追唤劝谕出备人夫、钱粮、材植、砖瓦等赴州筑城……。内太湖一县,总计费钱 488000 余贯,今竭尽本县人户累世所积活业,仅能当上项所科之数。"二、修山水寨。山水寨原是地方土豪为躲避战乱而修建的临时住所,绍兴以后,朝廷许淮南清野,命地方官修山水寨,他们乘机勒索,于是变成百姓又一害。《建炎以来系年要录》卷一八八说:"淮西山水寨,动以二三十为名,百端科扰,人不聊生。"尤袤撰写的《淮民谣》,更以文学的笔触,生动具体地记述了官吏借修山水寨扰民的情景。曰:"东府买舟船,西府买器机。问侬欲何为,团结山水寨。寨长过我庐,意气甚雄粗。青衫两承局,暮夜连句呼。句呼且未已,椎剥到鸡豕。供应稍不如,向前受笞箠。驱东复驱西,弃却鉏与犁。无钱买刀剑,典尽浑家衣。"①三、修工事。如绍兴七年九月,宋军于合肥城北筑长堤以遏金兵,出动役夫 4000 余人,历数月始毕工,"劳民费财"。② 四、官庄附种,也属于劳役剥削。绍兴间,江淮之间出现大量荒闲田地,政府为了增加赋税收入,特立赏格,视垦田多寡对地方官吏进行相应的奖励或责罚。地方官趋利避罚,往往将荒闲的官田抑配给农户耕种,而农户自己的田地也需要耕种,当时人称前者曰"官佃",称后者为"附种"。结果"已业荒废"。③

十三、小 结

学术界研究证明,北宋取于民者是唐代的七倍,南宋又是北宋的数倍,结果导致:一、阶级矛盾激化,农民反抗斗争时有发生。早在绍兴十四年,泾县一个名叫俞一的农民就曾以秘密宗教为掩护,组织当地农民起事,被宣州守臣秦梓镇压下去了。④ 吴芾知太平州时,派到江北历阳县筑城的民夫,因役久溃归,声言欲趋郡境,以致吏民震恐,最后吴芾用好言和厚犒始得平息下去。⑤ 淳熙八年,宣州又发生"妖民"

① 《宋诗纪事》卷四七。
② 《建炎以来系年要录》卷一一四。
③ 《宋会要辑稿·食货二》。
④ 《建炎以来系年要录》卷一五一。
⑤ 《台州金石录》卷四《吴芾神道碑》。

胡木匠聚众反抗的事。① 此后,类似的反抗斗争此起彼伏,接连不断,只是因为一些复杂的原因,才未酿成大规模的农民起义。其中坚持最久的一次发生在绍定元年的舒州,领导人廖森,曾一度攻占怀宁县的集贤关和山口镇,坚持到第六年,始被镇压下去。② 二、百姓不堪重负,纷纷离乡背井,逃移他处,这类事情不绝于书。以绍兴二十六年为例,宣城县因人户逃亡通税物帛高达900余匹、米3000余石,广德县物帛1800余匹、米3000余石,建平县物帛1400匹、米2200余石,皆是额在民去。地方官为了塞上司之责,取办保正,许多保正因此"破产败家"。③ 这样的例子随处可见,如池州渍溪杜氏,原来是家地主,也因"递年粮差,赋役甚重,难以解纳",到了淳祐四年,叔侄议定将田地、山场、房基尽行出批给亲戚彭海兴,迁往太平县,另行入籍。④ 粮差、保长、总办、衙前等,一般都由中小地主充当,他们的纷纷破产,加速了贫富两极分化,社会财富更加集中到少数人手里。三、劳动人民用血汗创造的社会财富,一部分交到国库,还有相当部分被大官僚、大商人、大地主瓜分。史载广德军秋苗,郡守例可得米千石,其属吏按品秩高低也都人人有份。⑤ 同时,扬、宣、太平州较富庶的州军皆然。当涂县令调离有送旧费200贯,新官到任有迎新费200贯,⑥还有什么"压境费"(即宴会费),数额更大,动辄数千贯。他们用这些不义之财购置田地,兴建花园别墅,徽州地区,仅槐堂程氏即建有御书楼、勤政堂、清忠楼、秀野堂、止敬堂、环佩重来轩、状元楼、槐隐楼、棣华楼、孝友堂、复兴堂、三槐堂、崇节堂、寿乐堂、朝阳楼、拂云楼、来思堂、敦义堂等。山斗程氏建有报本堂、望云楼、观稼楼、翠屏楼、怀本堂、尚义堂、具庆堂、屏翠楼、承泽楼。⑦ 他们或临流垂钓,或倚栏观书,或携妻姜赏花宴饮,过着神仙般的日子,而院墙之外,就是啼饥号寒的穷人下户。

---

① 叶适:《水心文集》卷一四《徐德操墓志铭》。
② 《三朝政要》。
③ 《建炎以来系年要录》卷一七四。
④ 《渍溪杜氏宗谱·田产批单》,万历刊本。
⑤ 《宋史》卷四二一《常楙传》。
⑥ 《永乐大典》卷七六五〇《黄公景声墓志铭》。
⑦ 程鹤童:《新安程氏诸谱会通》,明抄本。

第八章

宋代安徽地区的文学与艺术

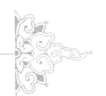

宋重文轻武,受此影响,安徽文人雅士喷涌而出。举如梅尧臣、李公麟、姚铉、阮阅、郭祥正、张耒、崔白、张孝祥、吕本中、胡仔、方岳等,或词采飞扬,以诗文名世;或技艺超群,以藻绘著称;或研精覃思,给作家的创作实践提供理论上的指导。他们从不同侧面为文学与艺术的繁荣发展作出贡献。但到了南宋,长江以北战事连绵,文艺人才集中于沿江江南,区域分布出现畸形。

第一节 新意迭出的文艺理论界

一、综 述

宋初文学承晚唐、五代浮靡余风,气弱格卑,片面追求声律的谐协和辞藻的华美。以杨亿、刘筠、钱惟演为代表的西昆体诗文,以晏殊、张先为代表的词,是这一文学风气的代表人物和代表流派。随着一批中小地主阶级的士子通过科举参加政权,他们对现实的认识和在文艺上的表现,与那些一味粉饰太平的御用文人发生分歧。正是在这样的背景下,柳开、王禹偁等人提出革新诗文的主张。安徽的一批文学家积极响应,姚铉的《唐文粹》作为"复古革弊"范本,对诗文革新起了先躯作用。稍后,梅尧臣作为诗文革新运动的主将登上文坛。

二、力主诗文革新的姚铉和梅尧臣

姚铉,多年任地方官,对当时的弊政看得比较清楚,因而积极主张革新,认为地方官应"强明莅事,惠爱及民","立教条,除烦扰"。与政治主张一致,在文学上,力图纠正晚唐、五代文风的偏弊,并身体力行,用了十年时间,编成《唐文粹》100卷。《唐文粹》成书于大中祥符四年,是一部宗旨鲜明、取录较为严格的选本。其序言自称此选"止以古雅为命,不以雕篆为工,故侈言蔓辞率皆不取"。同时还对唐代的诗文选集提出批评,说:"世传唐代之类集者,诗则有《唐诗类选》、《英灵》、《间气》、《极玄》、《又玄》等集,赋则有《甲赋》、《赋选》、《桂香》等集,率多声律,鲜及古道,盖资新进后生干名求试者之急用尔。岂唐贤之文,迹两汉,肩三代,而反无类次,以嗣于《文选》乎!"《唐文粹》基本上贯彻了这种精神,诗、文、赋都取古体,四六之文、五七言近体诗不录。在散文方面,大力提倡韩愈一派的古文,说韩愈"超绝群流,独高遂古","可继扬、孟"。故后来石介把它和韩愈《昌黎集》并举,称其"有

三代制度、两汉遗风,殊不类今之文"。① 然其书不选唐代有灿烂成就的五、七言近体诗,未免失之偏颇。《四库全书总目提要》评价这部书说:"盖诗文俪偶,皆莫盛于唐,盛极而衰,流为俗体,亦莫杂于唐。铉欲力挽其末流,故其体例如是。于欧、梅未出以前,毅然矫五代之弊,与穆修、柳开相应者,实自铉始。"

梅尧臣仕途失意,他的主要成就在诗学理论和诗歌创作方面。梅尧臣诗学理论的提出大约在庆历年间,如他在这期间创作的《答韩三子华、韩五持国、韩六玉如见赠述诗》说:

> 圣人于诗言,曾不专其中。
> 因事有所激,因物兴以通。
> 自下而磨上,是之谓《国风》。
> 《雅》章及《颂》篇,刺美亦道同。
> 不独识鸟兽,而为文字工。
> 屈原作《离骚》,自哀其志穷。
> 愤世嫉邪意,寄在草木虫。
> 迩来道颇丧,有作皆言空。
> 烟云写形象,葩卉咏青红。
> 人事极谀谄,引古称辩雄。
> 经营惟切偶,荣利因被蒙。
> 遂使世上人,只曰一艺充。

《答裴送序意》云:

> 我于诗言岂徒尔,因事激风成小篇。
> 辞虽浅陋颇穷苦,未到二《雅》未忍捐。
> 安取唐季二三子,区区物象磨穷年。

---

① 《徂徕集·上赵先生书》。

　　这两首诗是梅尧臣关于诗歌创作思想的重要论说。他认为诗是"因事有所激,因物兴以通"而产生的;《国风》是要使下情上达,《雅》、《颂》也须有所刺美。作诗不独在于识鸟兽之名、求文字的工丽,而必须继承和发扬《诗经》和《离骚》的这种主要传统。他愤慨当时"烟云写形象,葩卉咏青红"的浮艳诗风,使诗歌仅仅成为一种游戏的技艺。这在反对晚唐体、西昆体末流的诗歌革新运动中,起了积极的作用。

　　在诗的风格上,梅尧臣追求"平淡"的艺术风格。他曾说过:"因吟适性情,稍欲到平淡。"①"作诗无古今,惟造平淡难。"②欧阳修在《六一诗话》中说他"平生苦于吟咏,以闲远古淡为意,故其构思极艰"。《读邵不疑诗卷》最后说:"既观坐长叹,后想李杜韩,愿执戈与戟,生死事将坛。"表现了自己追慕李白、杜甫、韩愈而奋斗于诗坛的雄心壮志,又显示出其不平淡的意气。所以后世论诗者认为梅诗的平淡和人们经常称道的陶渊明的"平淡"不是一回事。"渊明诗平淡,出于自然"。③。朱自清说:"平淡有二种,韩诗云'艰穷怪变得,往往造平淡',梅平淡是此种。"④也就是说,是一种刻意锻炼出来的平淡。《后山诗话》记载:"闽士有好诗者,不用陈语常谈,写投梅圣俞,答书曰:'子诗诚工,但未能以故为新,以俗为雅尔。'"梅氏此文已佚,其"以故为新,以俗为雅"之说,盖属他力求达到"平淡"诗境手法之一,为后来苏轼、黄庭坚所继承,黄庭坚的"点铁成金"等语,即源于此。梅尧臣在诗歌的立意造语方面,既要求形象鲜明突出,也要求意境深远含蓄,说:"诗家虽主意,而造语亦难。若意新语工,得前人所未道者,斯为善也。必能状难写之景如在目前,含不尽之意见于言外,然后为至矣。"⑤这种力求风格平淡、状物鲜明、含意深远的诗风,不仅纠正了西昆派错彩镂金、浅薄无味的做法,也适当纠正了追踪韩愈的作者过分议论化、散文化的偏向。诗家奉之为圭臬,产生了深远而广泛的影响。

————————————

① 《宛陵集·依韵和晏相公》。
② 《宛陵集·读邵不疑诗卷》。
③ 《朱子语类》卷一四〇。
④ 《宋五百家诗抄》。
⑤ 《六一诗话》。

三、张耒的文学主张

张耒论文,以理为主。说:"自六经以下,至于诸子百氏、骚人辩士论述,大抵皆将以为寓理之具也。是故理胜者文不期工而工,理诎者巧为粉泽而隙间百出。……故学文之端,急于明理。"[①]但其揭橥的"明理",与一般古文家"明道"说不同。他认为"六经"之外,"诸家百氏,骚人辩士"的"论述"也都"寓"有其"理"。这里自然包括《老》、《庄》以及辞赋家、纵横家之作。张耒反对专在文字技巧上争奇斗胜,或刻意追求简奥,强调文章形式必须适合所表达内容的需要。他在《答李推官书》中又说:

> 江河淮海之水,理达之文也,不求奇而奇自至矣。激沟渎可求水之奇,此无见于理,而欲以言语句读为奇之文也。六经之文,莫奇于《易》,莫简于《春秋》,夫岂以奇与简为务哉?势自然耳。……自唐以来至今,文人好奇者不一,甚者或为缺句断章,使脉理不属,又取古书训诂希于见闻者,捃扯而牵合之,或得其字,不得其句,或得其句,不得其章,反复咀嚼,卒亦无有,此最文之陋也。

自唐到北宋初,不少文人继承韩愈、皇甫湜崇尚奇古、喜欢艰深的一面,形成怪僻、古奥的文风。王禹偁、欧阳修、苏轼诸人曾先后对此表示不满,而张耒的批评尤严厉。但他不是一般地、盲目地反对"奇",在同一篇文章中说:

> 夫决水于江河淮海也,水顺道而行,滔滔汩汩,日夜不止,冲砥柱,绝吕梁,放于江湖而纳之海。其舒为沦涟,鼓为波涛,激之为风飙,恕之为雷霆,蛟龙鱼鼋,喷薄出没,是水之奇变也。而水初岂如此哉?是顺道而决之,因其所适而变生焉。

---

① 《答李推官书》。

在张耒看来,所谓的"奇",必须是符合"自然"之势,适应需要而产生的,而不是故意造作出来的。因此,他崇尚自然通达、明白条畅的文风。在《贺方回乐府序》中,他进一步阐述自己的观点说:"文章之于人,有满心而发,肆口而成,不待思虑而工,不待雕琢而丽者,皆天理之自然,而性情之道也。"在《答汪信民书》中又说:"古之文章,虽制作之体不一端,大抵不过记事辨理而已。记事而可以垂世,辨理而足以开物,皆词达者也。……直者文简事核而明,虽使妇女童子听之而喻;曲者枝词游说,文繁而事晦,读之三反而不见其情,此无待而然也。"总之,张耒以水喻文,提倡自然,提倡辞达,反对文繁事晦和怪僻雕琢等主张,理论渊源都来自苏轼,可贵的是他在不少地方作了进一步的发挥。

四、江西诗派的理论代表吕本中

吕本中既是道学家,同时又是诗人、诗论家,成就是多方面的。作为诗论家,其见解主要反映在《江西诗社宗派图》、《童蒙诗训》和《紫微诗话》中。

《江西诗社宗派图》(下称《宗派图》)推黄庭坚为宗主,陈师道、潘大临等25人为法嗣。其《序》曰:

> 唐自李杜之出,焜耀一世,后之言诗者,皆莫能及。至韩、柳、孟郊、张籍诸人,激昂奋励,终不能与前作者并。元和以后至国朝,歌诗之作或传者,多依效旧文,未尽所趣。惟豫章始大出而力振之,抑扬反覆,尽兼众体。而后学者同作并和,虽体制或异,要皆所传者一,予故录其名字,以遗来者。

序文对李杜以后至北宋中前期诸诗人的贬抑,显然不恰当。将黄庭坚推崇为李杜以后振弊起衰的唯一大师,颂扬得也太高。25人的选择,亦颇多可商榷处,因此招来一片批评声。

不过据近人研究,《宗派图》作于崇宁元、二年间,时本中年甫19

或刚满20岁，①一个血气方刚的青年，认识不够全面，或近偏执，也在情理之中。可贵的是他超越流俗，大胆创言，率先提出江西诗社宗派之称，并为以后千百年来中国文学史所沿用。以往的诗论家，偏重于对诗人个体或诗歌技巧的研究，《宗派图》出来后，不管是赞成者还是反对者，都自觉不自觉地开始注意对诗人群体的研究，从宏观上把握诗歌的风格及流派的演进，从这个意义上讲，它对宋诗的发展，允称功大于过。特别值得一提的是，江西诗派至南宋一跃而发展成执掌诗坛牛耳的主流派，推助之功，更非他莫属。

随着时间的推移，吕本中的文学思想也在发展变化，他对于江西诗论的阐发也愈趋全面和成熟。比如作于北宋末年的《紫微诗话》，强调"从山谷学诗，要字字有来处"。《宗派图》称颂山谷"尽兼众体"。但到了南宋绍兴初，就自说自扫，转而批评"近世江西之学者，虽左规右矩，不遗余力，而往往不知出此，②故百尺竿头，不能更进一步"。③强调学黄要得其精神，不能亦步亦趋。其晚年作品《童蒙诗训》更大胆指斥"东坡诗有汗漫处，鲁直诗有大尖新、太巧处，皆不可不知"。胡仔曾为此批评吕本中前后"语背驰"，④殊不知正是因为吕本中具有这种知变化而求创新的精神，他始能迥出江西同仁，成为南宋江西诗坛的理论支柱。

在诗人修养方面，提倡在涵养志气上下工夫，他认为唯其如此，方能提高诗文的境界，壮阔诗文的气势和规模。

陆游"以气为主"，养文根柢；严羽"笔力雄壮，又气象雄浑"，均与吕本中的文气论有直接或间接的关系，也可见其影响之大。

为矫正江西诗人存在的种种弊病，本中又提出"活法"和"悟入"理论。所谓"活法"，就是指作诗的方法，他在《夏均父集序》中对"活

---

① 说详莫砺锋：《江西诗派研究》，齐鲁书社1988年版，第309页。又，范季随《陵阳先生室中语》曾谓《江西宗派图》"乃少时戏作耳"。曾季狸《艇斋诗话》也说："东莱作《江西宗派图》，本无诠次，后人妄以为有高下，非也。予尝见东莱自言少时率意而作，不知流传人间，甚悔其作也。"莫氏所言，与之吻合，大致可信。

② 指涵养志气。

③ 《苕溪渔隐丛话·前集》卷四八。

④ 《苕溪渔隐丛话·前集》卷四八。

法"作了详尽的阐述，说：

> 学诗当识活法。所谓活法者，规矩备具，而能出于规矩之外；变化不测，而亦不背于规矩也。是道也，盖有定法而无定法，无定法而有定法。知是者则可以与语活法矣。谢元晖有言，"好诗流转圆美如弹丸"，此真活法也。……然余区区浅末之论，皆汉魏以来有意于文者之法，而非无意于文者之法也。

文学创作是否有法可循，这是千百年来争论不休的课题。吕氏所称"无意于文者之法"，指的是天才人物的创作，其法难依，近于无法，所以不在讨论之列。他所探讨的是"有意于文者之法"，也就是历史上文人自觉创作所遵循的规矩法则。他认为诗歌创作既要有法、重法，但所谓的法不仅在举业敲门砖之类的诗格之中，更在于语言文字之外，因此又要能活用其法，根据各自不同的具体创作条件而巧加神明变化。吕本中的"活法"理论渊源于黄庭坚，同时又融合了苏轼的理论。苏轼论文，贵在"随物赋形"，"大略如行云流水，初无定质，但常行于所当行，常止于不可不止"，[1]其义甚高，近于天才之不拘成法。黄庭坚矜言法度，强调准绳，又偏于有定法。本中后出，融合二说，以构成他的"活法"理论基础。所谓"悟入"，则是理解和掌握这种方法的门径。吕本中认为"悟入"的门径有两条：一是"读书万卷"，领会古人创作精神和方法，这就是他说的"诗词高深要从学问中来"。[2] 二是必须从勤学苦练、长期艺术实践中来。诗人一旦有悟，触类旁通，就可达到艺术技巧的神妙境界。吕本中追求"流转圆美"的艺术效果，反对生硬枯涩、干燥乏味的诗风，被江西诗人广泛认同和乐道，这对推动南宋前期诗风的转变，无疑起了先导作用。

---

① 《苏东坡全集·后集》卷一四《答谢民师书》。
② 《童蒙诗训》。

五、理学家文论的集大成者朱熹

北宋以来,道学家一般都重道轻文,最极端的二程甚至提出"作文害道",吟诗作文会"玩物丧志",有类"俳优"。将"有高才,能文章"与"少年登高科"、"席父兄之势为美官"并列为人生之"三不幸"。[①] 朱熹作为宋代理学集大成者,也曾说过作文章"是枝叶,害著学问","诗笔杂文,不须理会",[②]似乎与程颐"文以害道"之说相仿。但朱熹工诗词,好文章,讲学之余,吟咏不辍,临终前三天还在抱病修改《楚辞辩证》,对文学的爱好,对文学批评的关注及创作成就,并不亚于专业作家。不过文学在他心目中只是性理之学的一部分,是"理"的派生物,并由此建立了"这文皆是从道中流出"的文学本体论,成为宋代理学家文论的集大成者。《朱子语类》卷一三九《论文上》说:

> 才卿问:"韩文李汉序头一句甚好。"曰:"公道好,某看来有病。"陈曰:"文者,贯道之器,且如《六经》之文,其中所道皆是这道理,如何有病?"曰:"不然。这文皆是从道中流出,岂有文反能贯道之理? 文是文,道是道,文只如吃饭时下饭耳。若以文贯道,却是把本为末,以末为本,可乎? 其后作文者皆是如此。"

自唐代古文运动开展以来,文道关系就成为人们论文的中心话题。李汉称"文者贯道之器",周敦颐称"文所以载道",就重视文章的内容而言,二者似无大异,仅行文语气稍不同。而朱熹则认为道为本,文为末,李汉是为了文章写得好而提倡道,把本末倒置了。李汉的观点和苏轼差不多,故朱熹又批评苏轼:

> 今东坡之言曰:"吾所谓文,必与道俱。"则是文自文而

---

① 《二程外书》卷一二《传闻杂记》。
② 《朱子语类》卷一三九。

道自道，待作文时，旋去讨个道来入放里面，此是他大病处。……说出他本根病痛所以然处，缘他都是因作文，却渐渐说上道理来，不是先理会得道理了，方作文，所以大本都差。

从上面两段引文看，朱熹批评李汉时肯定了"文是文，道是道"的看法，批评苏轼时指出其错"文自文而道自道"。"是"和"自"一字之差，正体现了朱熹对文道关系的辩证看法。"文是文，道是道"，说明文与道是两回事，不能以道代文，以至否定文的价值。批评苏轼"文自文而道自道"，是因为文不能离开道，不仅作文的目的是为了"载道"，而且道还是文的本源和根本出发点。根据这一观念，他严厉批评了自孟轲以后千百年"背本趋末"、重文轻道的现象，从战国时期的苏秦、张仪、范睢、蔡泽、列御寇、庄周、荀况、屈平，到秦汉时期的李斯、韩非、陆贾、贾谊、司马迁、刘向、班固、严安、徐乐、司马相如、王褒、扬雄，直至唐宋的韩愈、欧阳修、苏轼等，凡历史上文学成就比较高的人，几乎都被打入"唯其无本，而不能一出于道，是以君子犹或羞之"行列。并特别指出韩愈不懂得为文之道，为了要写好文章而"弊精神，靡岁月"，"只是要做得言语似《六经》，便以为传道。至其每日工夫，只是作诗博弈，酣饮取乐而已"。批评欧阳修晚年号六一居士，以诗书自娱。批评苏轼在海南作《过化峻灵王庙碑》引唐肃宗时一尼梦中升天事，斥其"似丧心人说话"，结果导致对大量文学现象的否定。众所周知，文学现象是极其丰富而复杂的，其内容之宏博远非理学家以封建伦理纲常为主体的"道"所能包蕴。这便造成在他的文论中时常出现龃龉不合，以至支离破碎现象，这是朱熹及其他理学家以道论文的根本局限。[①]

① 本节系参照王运熙、顾易生主编的《宋金元文学批评史》有关章节，并间附己意撰成。许多论断录自王、顾二先生书，仅为行文方便，始末一一注出，特在此一并说明。

第二节　异彩纷呈的创作园地

一、综　述

　　宋代安徽文学之士发扬蹈励,各极所能,在诗、词、文、赋、笔记小说、传奇故事等领域尽显风采,文学园地迎来异彩纷呈的春天。无论从作者人数看,抑或是从其取得的成就看,皆足以凌驾汉唐而睥睨元明。令人惋惜的是有些人如姚铉,《宋史》本传称他“文辞敏丽,善笔札”,《诗话总龟》记载:“淳化中,春日苑中赏花钓鱼小宴,宰相至三馆预坐,咸使赋诗,上览以第优劣。时姚铉赐白金百两,时辈荣之,以比夺袍赐花故事。”《金坡遗事》称张泊“文章清赡”。《后村大全集》卷一〇三《跋鲁肃简、包孝肃帖》称“鲁诗清丽”。吕夷简“赋与论意绪宏远,已有宰天下之气”。[①] 王珪是熙丰间公认的文章大家,朝廷鸿篇巨制多出其手。朱弁文慕陆贽,援据精博,曲尽事理;作诗仿李商隐,词气雍容,但不蹈其险怪奇涩。李公麟“文章则有建安风格”。[②] 朱翌不仅文章显重当世,诗歌亦颇负时名,被刘克庄列为“绍兴大家”数。[③] 他们的诗文或被其他成就所掩,或因传世作品较少,而渐渐被人淡忘。现举其荦荦卓立者,以其生活年代先后为序,介绍如下。

二、宋诗开山祖师梅尧臣

　　梅尧臣不仅以诗学理论著称,而且还被宋元诗坛誉为宋诗的“开山鼻师”。他的传世作品主要为诗歌,《宛陵先生文集》60卷,有59卷内容为诗作,累计2800余首。诗很出名,尤得欧阳修称赏,他们互相唱和,并以韩(愈)、孟(郊)自况。欧阳修认为梅尧臣的诗歌成就和他

---

　　① 度正:《性善堂稿》卷一五《吕文靖公程文跋》。
　　② 《宣和画谱》。
　　③ 《后村大全集》卷九七《中兴绝句续选序》。

的贫困生活与政治上的失意有密切关系,所谓"非诗之能穷人,殆穷者而后工也"。梅尧臣也曾自称"囊囊无嫌贫似旧,风骚有喜句新多"。官小家贫,使他更接近苦难的老百姓,看到广阔的现实,如《陶者》:

> 陶尽门前土,屋上无片瓦。
> 十指不沾泥,鳞鳞居大厦。

短短四句20字,把贫富悬殊和劳者不获、获者不劳的不合理状况鲜明地揭示出来。

《田家语》:

> 谁道田家乐,春税秋未足。
> 里胥扣我门,日夕苦煎促。
> 盛夏流潦多,白水高于屋。
> 水既害我菽,蝗又食我粟。
> 前月诏书来,生齿复板录。
> 三丁籍一壮,恶吏操弓韣。
> 州府令又严,老吏持鞭扑。
> 搜索稚与艾,唯存跛无目。
> 田间敢怨嗟,父子各悲哭。
> 南亩焉可事,买箭卖黄犊。
> 愁气变久雨,铛缶空无粥。
> 盲跛不能耕,死亡在迟速。

诗人对人民所遭受的赋税、徭役、天灾、人祸等迫害,发出悲愤的控诉。《小村》一诗则形象地写出了农村的荒凉景象和农民的困苦生活:

> 淮阔洲多忽有村,棘篱疏败谩为门,
> 寒鸡得食自呼伴,老叟无衣犹抱孙。

野艇乌翅唯断缆，枯桑水啮只危根。

嗟哉生计一如此，谬入王民版籍论。

其他如《田家》、《织女》、《逢牧》、《伤桑》、《观理稼》、《新茧》等，也都表现了对劳动人民的深切同情和对残暴官吏的愤慨。

梅尧臣生活的时代，宋王朝北面有来自辽国的威胁，西北的夏国经常制造事端，面对这些少数民族政权的威胁，梅尧臣在《闻尹师鲁赴泾州幕》、《故原战》等诗中，又时时流露出忧国情怀。

欧阳修评其诗："其初喜为清丽，间肆平淡，久则涵演深远，间亦出奇巧。"应该说，这个评价基本上是比较客观公正的，既称赞其追求"深远古淡"，也指出了其诗偏离唐诗丰神情韵、浑然天成的风格，时而出现枯涩奇巧的怪毛病。到了宋元之际，如陈振孙、刘克庄、陆游、龚啸等人，从纠正晚唐、五代、宋初西昆体之弊，及推动宋诗发展的角度衡量梅诗，评价尤高。刘克庄《后村诗话》说："欧公诗如昌黎，不当以诗论，本朝诗惟宛陵为开山鼻祖；宛陵出然后桑濮之哇淫稍熄，风雅之气脉复续，其功不在欧、尹下。"元人龚啸说：梅诗"去浮靡之习，超然于昆体极弊之际；存古淡之道，卓然于诸大家未起之先"，①均肯定了梅诗在宋诗发展过程中划时代的功绩。梅诗在不废"奇巧"外，还存在反映现实生活不够深广之憾。从诗的数量上看，多为应酬之作。在日常生活描写中，如"一杯独饮愁何有，孤榻无人膝自摇"；"擗色欲咀牙全动，举盏逢衰酒易酽"，虽琢句新颖，终觉似闲人语，浅薄乏味。

三、叩苏轼余韵的郭祥正、张耒

北宋后期，安徽文坛受苏轼影响较深。当时负有盛名的，在江南有郭祥正，在淮北有张耒。前者被誉为"太白后身"，后者则为苏门四学士之一。

郭祥正出生在太平州当涂县一个文化氛围非常浓厚的书香家庭

---

① 见《宛陵先生集·附录》

里，父维，叔经、绾，俱进士及第。① 兄聪正、从弟蒙正，亦进士及第。关于他的生卒年月，诸书均失载，仅嘉靖《太平府志》提到享年79岁。今考《青山集》卷二○《癸酉除夜呈邻舍刘秀才》有"六十明年是，今年此夜除"句。癸酉为元祐八年，明年改元绍圣，自绍圣初元（1094）逆推60年为景祐二年，即公元1035年。又，同书《赠子文修撰》讲"试问行年俱乙亥"，乙亥即景祐二年，是二说相同。自景祐二年顺推79年，乃政和三年，即公元1113年，由知其生于1035年，卒于1113年。著有《青山集》30卷，另有今人孔凡礼《辑佚》3卷，现存诗1400余首。

在郭祥正现存诗中，有许多反映政治腐败和人民生活疾苦的篇什，如《送黄老察院》：

> ……
> 用广财已乏，官冗人愈卑。
> 政宽法不举，将懦边无威。
> 家家侈声乐，淳源变浇漓。
> 土木绚金碧，佛仙竞新祠。
> 此乃心腹疾，岂止为疮痍。
> 言者曾未及，虽言多惠私。
> 苟非大奸邪，恶足求瑕疵。
> 举朝无完人，何以裨明时。

对当时内政不修、外患频仍、统治者穷奢极欲的社会现实揭露得针针见血、矢矢中的、相当深刻，并指出此已非疮痍之患，而是心腹大疾。拳拳忧国之心，充斥字里行间。

《前春雪》则表达了作者对农民的深切同情，说：

> 元冥夺春令，连旬雪塞屋。
> 嗷嗷何物声，云是饥民哭。

---

① 《临川集》卷九五《郭公（维）墓志铭》。

来请义仓米,奈何久空腹。

寒威如戈矛,命尽须臾速。

忆昨去年水,云涛卷中陆。

高村既无麦,低田又无谷。

民间已乏食,租税仍未足。

县令欲逃责,催科峻鞭扑。

其他如:

去年圩破官不救,阙食遗亡十八九。

——《治水谣》

十家九乏食,往往死路衢。

——《复雪》

也从不同侧面反映了作者对啼饥号寒农民的深切同情。

郭祥正的诗深得太白体,尤其是他的古风,颇有太白遗韵。如《金山行》:

金山杳在沧溟中,雪崖冰柱浮仙宫。

乾坤扶持自今古,日月仿佛悬西东。

我泛灵槎出尘世,搜索异境窥神功。

一朝登临重叹息,四时想象何其雄。

卷帘夜阁挂北斗,大鲸驾浪吹长空。

舟摧岸断何处数,往往霹雳槌蛟龙。

寒蟾八月荡瑶海,秋光上下磨青铜。

鸟飞不尽暮天碧,渔歌忽断芦花风。

蓬莱久闻未成往,壮观绝致遥应同。

潮生潮落夜还晓,物与数会谁能穷。

百年形影浪自苦,便欲此地安微躬。

白云南来入我望,又起归兴随征鸿。

大开大阖,气势磅礴,想象奇特,意境开阔,造语豪壮,音节高亢,把金山的雄奇壮丽表现得淋漓尽致。律诗如《追和李白登金陵凤凰台二首》之一:

> 高台不见凤凰游,浩浩长江入海流。
> 舞罢青娥同去国,战残白骨尚盈丘。
> 风摇落日催行桴,潮卷新沙换故洲。
> 结绮临春无觅处,年年荒草向人愁。

明人朱承爵认为郭祥正此诗"真得太白逸气"。而李诗"莫道浮云能蔽日,长安不见使人愁"尚只是表现个人的遭际,郭诗则是由离离荒草掩埋的历史陈迹,想到陈后主的悲剧一次次地重演,寄托着诗人对历史兴亡的感慨和对现实的隐忧。

郭祥正的一些写景小诗,也很有韵味。如:

> 远近皆僧刹,西村八九家。
> 得鱼无卖处,沽酒入芦花。
>
> ——《西村》

> 洗尽青春初变晴,晓光微散淡烟横。
> 谢家池上无多景,唯有黄鹂一两声。
>
> ——《金陵》

总体看来,郭祥正的诗清新疏朗、自然明快,风格近李白、苏轼。但前后变化不大,艺术上缺乏创新和突破。有一些诗虽偶见慧思,因欠锤炼,显得粗疏。

前人对郭祥正的评价,有两种截然不同的声音。北宋著名诗人如梅尧臣、王安石、郑獬、袁陟、章望之等,都对他的诗赞扬有加。欧阳修

去世后,才华横溢的年轻诗人李廌甚至呼吁郭氏继之主盟诗坛。① 南宋高宗时期,胡仔在其《苕溪渔隐丛话》中辟专章介绍有关郭祥正创作活动的资料,并高度评价他的作品。南宋末,著名文艺理论家黄昇认为郭氏的《山寺老僧》、《西村》、《西湖百咏》等诗,"深得太白体"。② 即使到了"文必秦汉,诗必盛唐"的明代,如杨慎的《升庵诗话》、胡应麟的《诗薮》,也都给予比较高的评价。

但奚落、讥刺、辱骂者也时而有之。《东轩笔录》卷六云:"王荆公当国,郭祥正知邵州武冈县,实封附递奏书,乞以天下之计专听王安石区画,凡议论有异于安石者,虽大吏亦当屏黜。表辞亦甚辨畅,上览而异之,一日问荆公曰:'卿识郭祥正否? 其才似可用。'荆公曰:'臣顷在江东尝识之,其为人才近纵横,言近捭阖,而薄于行,不知何人引荐,而圣聪闻知也。'上出其章以示荆公,荆公耻为小人所荐,因极口陈其不可用而止。"第一个借王安石之口骂祥正为"小人"。《东都事略》卷一一五、《宋史》卷四四四之《郭祥正传》,未经考证,轻信魏泰之说,把本属传闻的东西当成事实,载入正史,影响进一步扩大。到了清代,《四库全书总目提要》卷一五四《青山集》卷三十、《续集》卷七说:

　　……唯史称祥正以上书谀颂安石,反为安石所挤,坐是偃蹇以终。而《续集》内有熙宁口号五首,末云:"百姓命悬三尺法,千秋谁恤两端情。近闻崇尚刑名学,陛下之心乃好生"云云,殊不似推荐安石者。《青山集》有《奠王荆公坟》三首,云:"大手曾将元鼎调,龙沉鹤去事廖廖";又云:"平昔偏蒙爱小诗,如今吟就谁复知"云云,又不似见排于安石者。其是非自相矛盾,盖求知己之感,所以自明依附之因;刺新法之非,所以隐报摈斥之憾。小人褊躁,忽合忽离,往往如是,不必以前后异调疑也。……其人至不足道。

---

① 《济南集》卷三《题郭功甫诗》。
② 蔡正孙:《诗林广记·后集》卷八引黄昇语。

《提要》所说的史，即《东都事略》及《宋史》之《郭祥正传》，而两书主要依据是《东轩笔录》。这件事的真实性早在南宋已引起人们的怀疑，李焘《读资治通鉴长编》卷二四四熙宁六年四月壬辰《考异》引《东轩笔录》后说："此事当考。安石尝言郭逢原轻俊可使，何独于祥正乃尔，恐未必尔也。"考祥正自与王安石相识，一直崇敬在心，无半点虚伪造作之迹，安石对祥正，也一直很欣赏、爱护，只要仔细地读一遍《临川集》和《青山集》，便了然。如果真的如魏泰所言，祥正当恨之不暇，又何尊崇之有。《提要》提到的《续集》七卷，据近人考证，[①]是清初才出现的，乃郭祥正同时代人孔平仲的作品，收入《清江三孔集》之一的《朝散集》中。《提要》提到的"熙宁口号"就在《朝散集》第五卷中。《提要》将孔诗误作郭诗，然后大骂一通，这对郭祥正来说，真是天大的冤枉。

其次，关于郭祥正与李之仪的关系问题，根据《姑溪集》所载之仪给王铚的书信及王明清的《挥麈录·后录》记载，郭是地主，又比李年长十多岁，在这件事上郭的责任应该更大些。但事实是不是像《挥麈录》讲得那么严重，尚很难说。

又，郭绍虞《宋诗话辑佚》卷上《王直方诗话·郭功父诗》说：

> 秦少章尝云：郭功父过杭州，出诗一轴示东坡，先自吟诵，声振左右。既罢，谓坡曰："祥正此诗几分？"坡曰："十分诗也。"祥正惊喜问之。坡曰："七分来是读，三分来是诗，岂不是十分也。"东坡又云："郭祥正之徒但知有韵的是诗。"

借苏轼之口讥刺郭祥正不懂诗，也不会作诗。按祥正往杭州晤苏轼在元祐五年，时郭年56岁，苏54岁，郭诗成就虽不及苏高，然得名较早，时已久负盛名，何必再以诗求苏轼品题，藉而提高声价。再者，苏、郭友情甚笃，苏岂能如此随意讥笑年长于己而又卓有成就的老朋友。假如秦少章所言属实，则轼不过一轻薄文人，岂能领袖文坛。孔

---

①　孔凡礼：《郭祥正略考》，《文学遗产》增刊第18辑。

凡礼先生认为,此事盖因"祥正心目中不甚看重年青后辈,为彼等所嫉,故因二人之会,造作此语以泄其愤"。① 这个分析是有道理的。厌恶和尚,恨及袈裟,由于郭祥正的形象被严重扭曲,因此他在诗歌方面的卓越成就也被冷落,全国解放50余年来,很少看到研究郭祥正的论著,几乎没有一种宋诗选本选他的诗,这对郭祥正来说,是很不公平的,因此不惜笔墨略加说明。

张耒,诗文俱佳,而诗歌方面的成就尤高。张耒的诗具有白居易"合为事而作"的特点,多从日常生活及自然景物中直接汲取题材,因而有较多反映劳动人民生活的作品。如《北邻卖饼儿》描写一个卖饼儿,为衣食所迫,严冬凌晨沿街叫卖,"北风吹衣射我饼,不忧衣单忧饼冷"的悲苦生活。《劳歌》描写的则是一群"以力受金饱儿女"的苦力,在酷热的夏日长街负重。诗人慨叹"天公作民良久艰,谁知不如牛马福"!《一亩》中写一贫苦农家,男人外出佣工,死于车下,留下孤儿寡妇,无衣无食,"西风九月天已寒,饥肠不饱衣苦单"。《九月十二日入南山》写诗人进山遇雨,在一山民家炙衣,这户人家一辈子不知盐味,一家老幼只靠"脱粟寒蔬"苦熬岁月。《秋风》反映的是"二年薇蕨苦不饱"和"长安裘马多辉光"的贫富悬殊状况。在《籴官粟有感》中,诗人试图寻求造成这种不合理现象的原因,写道:

> 持钱籴官粟,日夕拥公门。
> 官价虽不高,官仓常苦贫。
> 兼并闭仓廪,一粒不肯分。
> 伺待官粟空,腾价邀吾民。
> 坐视既不可,禁之益纷纭。
> 扰扰田亩中,果腹才几人。
> 我欲究其源,宏阔未易陈。
> 哀哉天地间,生民常苦辛。

---

① 《郭祥正集·附录》。

在《送程德孺赴江西》中又说：

> 年来屡下宽大诏，赤子未免饥与寒。
> 恩如忧病政如药，知病无药何由治。
> 朝廷法度寄吏手，付授得所乃合宜。

这里诗人归结为三大问题：一、兼并之家囤积居奇，哄抬粮价；二、朝廷虽有"忧病"之心，但无有效药石；三、执法非人，贪官污吏坏了国家法度。应该承认，这大体说到了问题的症结。

《和晁应之悯农》云：

> 南风吹麦麦穗好，饥儿道上扶其老。
> 皇天雨露自有时，尔恨秋成早不早。
> 南山壮夫市兵弩，百金装剑黄金缕。
> 夜为盗贼朝受刑，甘心不悔知何数。
> 为盗操戈足衣食，力田竟岁犹无获。
> 饥寒刑戮死则同，攘夺犹能缓朝夕。
> 老农悲嗟泪沾臆，几见良田有荆棘。
> 壮夫为盗赢老耕，市人珠玉田家得。
> 吏兵操戈恐不锐，由来杀人伤正气。
> 人间万事莽悠悠，我歌此诗闻者愁。

这首诗反映了北宋后期官逼民反的现实，比之当时一些脱离现实，专在字句锻造上争胜的江西派诗人之作，表现了可贵的创作倾向。然而，作者"人间万事莽悠悠"既削弱了诗的现实意义，诗中老农的形象也远不及白居易《卖炭翁》、张籍《野老歌》里所描写的鲜明、饱满。

张耒的乐府诗学张籍，在北宋颇负盛名，周紫芝甚至说："本朝乐府，当以张文潜为第一。文潜乐府，刻意文昌，往往过之。"[1]如《读中

---

① 《竹坡诗话》。

兴碑》：

> 玉环妖血无人扫，渔阳马厌长安草。
>
> 潼关战骨高于山，万里君王蜀中老。
>
> 金戈铁马从西来，郭公凛凛英雄才。
>
> 举旗为风偃为雨，洒扫九庙无尘埃。
>
> 元功高名谁与记，风雅不继骚人死。
>
> 水部胸中星斗文，太师笔下蛟龙字。
>
> 天遣二子传将来，高山千丈磨苍崖。
>
> 谁将此碑入我室，使我一见昏眸开。
>
> 百年废兴增感慨，当时数子今安在？
>
> 君不见，荒凉涪水弃不收，时有游人打碑卖。

平易流畅而气象恢宏，不用事典而韵味悠长。结尾处，在思古幽情中透出诗人对国事日蹙的忧患意识。周紫芝称此诗"妙绝今古"，方回评说"不事雕琢，自然有味"，大体是中肯的。

张耒的近体诗写的也相当出色，《石林诗话》引晁补之语称张氏有些律、绝"气格不减老杜"。如：

> 微云淡月夜朦胧，幽草虫鸣树影中。
>
> 不待南城吹鼓角，桐声长报五更风。
>
> ——《秋夜》
>
> 庭户无人秋月明，夜霜欲落气先清。
>
> 梧桐真不甘衰谢，数叶迎风尚有声。
>
> ——《夜坐》
>
> 春水长流鸟自飞，偶然相值不相知。
>
> 请君试采中塘藕，苦道心空却有丝。
>
> ——《偶题二首》之二
>
> 已逢妩媚散花峡，不怕艰危道士矶。
>
> 啼鸟似逢人劝酒，好山如为我开眉。

风标公子鹭得意，跋扈将军风敛威。

到舍将何作归遣，江山收得一囊诗。

——《二十三日即事》

张诗受白居易、张籍、苏轼的影响，语言平易自然而优美。苏轼在评价门人诗歌成就时说："秦得吾工，张得吾易。"晁补之《题张文潜诗册后》云："君诗容易不著力，忽似春风开百花。"颇能道出张诗的特色。晚年学习杜甫，亦不乏沉郁凝重之作。他这种平顺晓畅、坦易自然、圆润清秀、不装腔作势的诗风，开南宋范成大、陆游清圆疏畅的先声。朱熹讲到张诗的缺失时，说他往往"一笔写去，重意重字皆不问"，①所以有的篇什显得粗疏草率，影响了诗的艺术价值。

张耒作文强调"理达"、"条畅"，注意感染力和生动性，善于用多重比喻阐述事理，所以他的文章一般都见解鲜明，语言畅达。苏轼尝赞其文"汪洋淡泊，有一唱三叹之声"。②

词为苏轼门人之能事，唯张耒独少。他自己也曾说过："倚声制曲"，往往"不能置一词"。就现存作品来说，的确非其所长。故不再赘述。

四、英英济济的南宋前期安徽文坛

南宋前期，安徽出现了一大批卓有成就的文学家，在诗、词、散文等创作领域，都做出卓越贡献。而领袖南宋初年诗坛的吕本中、爱国词人张孝祥、诗词俱佳的周紫芝、号称绍兴大家的朱翌，无疑又是其中的佼佼者。

吕本中诗歌的最重要特点是对现实的关注。在北宋后期激烈的党争中，一些江西诗人多以苏、黄受迫害为前车之鉴，采取洁身远祸的态度，不敢正视现实，在创作上局限于吟咏性情，抒发个人的喜怒哀乐。吕本中早年也曾受到这种倾向的影响，但随着国家和民族危机的

---

① 《朱子语类》卷一四〇。

② 《苏东坡全集》卷三〇《答张文潜书》。

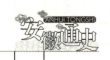

加深和生活阅历的丰富,逐步认识到这种思想对诗歌创作的危害性。所以在《夏均父集序》中,把兴、群、观、怨作为掌握"活法"的基本要求提出来,认为作诗而不能使人兴起向善之心,"则如勿作"。如他的早期作品:

眼看霍霍万钱食,便就匆匆五鼎烹。

——《访张鉴秀才兄弟》

高堂食肉人,两马方蹋啮。

何知缊袍底,犹有不安节。

——《秋夜示李十》

描写的是达官贵人们贪得无厌,已是日食万钱,还在急急忙忙谋求高官;争权夺利,犹如槽头争食的马一样互相撕咬。

吕本中不仅抨击官场的腐败,还把矛头指向骄奢淫逸的徽宗皇帝,如《高邮道中荷花极目平生所未见》诗就说:

绿净红深水不流,炎天烈日自然秋。

只供野父已无计,便与行人亦暗投。

明月不来江北岸,好山应在石头城。

何年得映潘妃步,更放君王作意游。

隐含对朝廷搜罗花石纲不满,把宋徽宗比作昏庸荒诞的南朝齐后主萧宝卷。另如《望金陵偶成两绝》之一:"台城南望入斜阳,尚想能诗玉树郎。乘兴风流莫相笑,眼看直北是雷塘。"《北齐》:"陈郎苑里朝朝树,齐主宫中步步莲。莫言河朔便粗鲁,原有琵琶膝上弦。"两首诗中提到的南齐后主、北齐后主、陈后主、隋炀帝,都是历史上有名的因骄奢淫逸而失国的君主,很显然也是暗喻宋徽宗的。其《学仙行》又说:

浮生涸浊那可言,和气乃为尘务煎。

坐看灵药置泥土,五味杂置成薰膻。

岂不闻齐天子，黄金丹成不肯仙。

且贪人间乐，不能从汝飞上天。

惜哉韦郎之妙语，一失毫厘千万年。

考南、北齐皇帝中并没有求仙学道者，此不过假"齐天子"之号，讽刺宋徽宗崇道教、慕神仙而又贪恋尘世间腐朽生活的怪诞行径而已。这些内容在其他江西诗人中是很少见的。

吕本中对饱受苦难的老百姓寄予深切同情，如：

泥龙蜥蜴困追求，旱遍淮南二十州。

寄语天公莫轻许，少留明月作中秋。

——《邮上祈雨》

农夫责催租，日夕困大杖。

那知清歌前，把酒有余香。

——《高邮遇大热作》

字里行间渗透着对农民的深切同情。

靖康之变，吕本中亲身经历金兵两次围城，三个月内写了 40 多首诗，抒发爱国忧时情怀。指出战争失败的原因是"国论多遗策，人情罢请缨"，"平世多忘战"。呼吁爱国志士为国献身，表示"欲逐范仔辈，同盟起义师"。① 此后，他自江左流落岭南，但仍时刻关注着时局的变化。建炎三年，听到金人渡江的消息，忧心忡忡地写道：

京路萧条信不通，胡尘尚欲竞南风。

三年避地身多病，万里携琴囊屡空。

天际每垂忧国泪，日边谁了济时功。

宣王自是中兴主，会见銮舆返故宫。

——《己酉冬江上警报》

---

① 自注：闻河北布衣范仔起义师。

建炎末,赵鼎罢官后隐居衢州,他赠诗说:

> 出佐明天子,意欲无强胡。
>
> 行当复中原,即日还旧都。
>
> 岂容思昔隐,更作深山居。

勉励朋友为恢复中原,还都旧京贡献力量。绍兴初,折彦质被召用,他又赠诗说"谢安肯为苍生起,早与吾君了中兴",表达了同样的意思。

吕本中一直积极主战。绍兴八年,正当秦桧主政的南宋小朝廷向金人乞和的关键时刻,恰逢左相赵鼎迁特进,本中在他草拟的赵鼎迁官制词中说:"合晋楚之成,不若尊王而贱霸;散牛李之党,未如明是而去非。惟尔一心,与予同德。"假皇帝之口,指斥秦桧的卖国行径,因而被罢官闲居。自此朝廷禁言兵事,按照他的话说是"转喉常触讳,对面却论心"。① 绍兴十年,主战派领袖李纲逝世,他在挽词中说:"如何事未济,此老下黄泉";"天乎乃如此,不使拯乾坤"。②

吕本中早年师法陈师道,刻意学黄庭坚,但他融化变通,后来逐渐形成自己的体格。陆游称他的诗文"汪洋闳肆,兼备众体,间出新义,愈奇而愈厚,震耀耳目,而不失高古"。③ 陈岩肖评其诗说:"浑厚平夷,时出雄伟,不见斧凿痕。"④是有别于江西派诗风者。然而又未能完全摆脱其积习,如喜用生僻事典,往往影响诗歌的艺术效果。身为道学家,又"溺于佛",故有些诗如道学家念讲义,有些诗如禅师说偈,缺少诗的韵味。

吕本中现存词27首,多为小令,主要写个人的离愁别恨,而其中每蕴结着怀念中原故国的真挚情怀,艺术上也很有特色。如《南歌子》:

---

① 《离行在即事三首》之三。
② 《李丞相挽词三首》。
③ 《渭南文集》卷一四《吕居仁集序》。
④ 《庚溪诗话》。

驿路侵斜月，溪桥渡晓霜。短篱残菊一枝黄。正是乱山深处，过重阳。

旅枕原无梦，寒更每自长。只言江左好风光，不道中原归思，转凄凉。

《采桑子》：

恨君不似江楼月，南北东西，南北东西，只有相随无别离。恨君却似江楼月，暂满还亏，待得团圆是几时？

周紫芝有《太仓稊米集》70 卷，内乐府诗 43 卷、文 27 卷；《竹坡词》3 卷；《竹坡诗话》1 卷。学问渊源元祐，早年曾向张耒、李之仪请教诗法，故虽崇敬黄庭坚、陈师道等人，但受江西诗派影响不深，少雕琢痕迹。其诗内容有较强的现实性，如《禽言》：

云穰穰，麦黄黄，婆饼欲焦新麦香。今年麦熟不敢尝，斗量车载倾囷仓，化作三军马上粮。

——焦婆饼

提壶芦，树头劝酒声相呼，劝人沽酒无处沽。太岁何年当在酉，敲门问浆还得酒。田中禾穗处处黄，瓮头新渌家家有。

——提壶芦

山花冥冥山欲雨，杜鹃声酸客无语。客欲去山边，贼营夜鸣鼓。谁言杜宇归去乐？归来处处无城郭。春日暖，春云薄，飞来日落还未落，春山相呼亦不恶。

——思归乐

田中水涓涓，布谷催种田。贼今在邑农在山，但愿今年贼去早，春田处处无荒草。农夫呼妇出山来，深种春秧答飞鸟。

——布谷

这四首诗,借一种鸟,言一件事,以"禽言"象征正常的秩序与愿望,使之与严酷的现实形成强烈的反差。如麦熟尝新是正常的,而现实是"化作三军马上粮",无麦可尝;年丰岁登,"瓮头新渌家家有"是正常的,而现实是严禁私酿,无酒可沽;背井离乡的人思归故里是正常的,而现实是"归来处处无城郭",无家可归;农事方兴,"布谷催种田"是正常的,而现实是"贼今在邑农在山",有田难种。这些不正常的现象是怎样造成的呢?作者并没有作出正面回答,让读者寻味。这组诗的语言特色很突出,句子长短相间,灵活多变,清新自然,具有很强的表现力。另外,周氏的近体诗,尤其是绝句,也很有特色。如《秋晚》:

月照寒林欲上时,露从秋后已沾衣。
微萤不自知时晚,犹抱余光照水飞。

月照寒林,秋露沾衣,从视觉和触觉两个方面把秋天夜晚的幽静、清冷表现出来。然而,小小的流萤既不理会皎月即将升起,也不理会自己即将走到生命的尽头,还抱着余光自管在水上飞来飞去。很有点像诗人晚景的自况。

周紫芝对于词的创作也十分着力,他早年学小晏(几道),追求典雅精巧、清丽流畅,在现存《竹坡词》156 首中,不乏可称道者。如《鹧鸪天》:

花褪残红绿满枝,嫩寒犹透薄罗衣。池塘雨细双鸳睡,杨柳风轻小燕飞。人别后,酒醒时。午窗残梦子规啼。樽前心事人谁问,花底闲愁春又归。
一点残红欲尽时,乍凉天气满屏帏。梧桐叶上三更雨,叶叶声声是别离。调宝瑟,拨金猊。那时同唱鹧鸪词。如今风雨西楼夜,不听清歌也泪垂。

前一首写女主人公在"花褪残红绿满枝"时对恋人的怀念,后一首写男主人公于秋雨梧桐夜对恋人的怀念。通过一系列的意象,曲折地表现主人公的情感变化,委婉、含蓄、细腻,颇有小晏词的特点。只是仍不脱佳人怀春、才子悲秋的俗套,风格上也缺少小晏词磊落疏狂气质。后来,周氏自己也不甚满意,"晚乃刊除秾艳,自为一格"。① 尤其南渡后,词中反映的社会生活面逐步广阔。如《水调歌头·丙午登白鹭亭作》:

> 岁晚念行役,江阔渺风烟。六朝文物何在?回首更凄然。倚尽危楼杰观,暗想琼枝碧月,罗袜步承莲。桃叶山前鹭,无语下寒滩。
>
> 潮寂寞,侵孤垒,涨平川。莫愁亭子何处,烟树杳无边。王谢堂前双燕,空绕乌衣门巷,斜日早连天。只有台城月,千古照婵娟。

金陵怀古,是历代诗人吟咏不衰的题材,刘禹锡的《金陵五题》,堪称绝唱。周氏这首词即用其意而有所出新。丙午,即靖康元年,当时正是北宋王朝岌岌可危之际,词人抚今思昔,触景生情,借六朝故事,叹今日国势之衰微。通篇所营造的气氛十分悲凉凄清。另如《朝中措》:

> 大江流处是庐峰。苍玉照晴空。何事浅鬟浓黛,却成烟雨溟蒙。
>
> 如今纵有,云涛万顷,翠嶂千重。传语云间五老,一尊须要君同。

又如《临江仙·送光州曾使君》:

> 记得武陵相见日,六年往事堪惊。回头双鬓已星星。谁

---

① 《四库全书总目提要》卷一九八《竹坡词三卷》。

知江山酒,还与故人倾。

　　铁马红旗寒日暮,使君犹寄边城。只愁飞诏下青冥,不应霜寒晚,横槊看诗成。

在清丽委婉中透出几分豪气,意境比早期作品要开阔些。

张孝祥,才情横溢,意气豪迈,善诗文,通治道,工书法,尚气节,念念不忘恢复,是南宋前期著名的忠义之士,是在许多领域都有突出表现的天才作家。谢尧仁《张于湖先生集序》评其散文说:"如大海之起波涛,泰山之腾云气,倏散倏聚,倏明倏暗,虽千变万化,未易诘其端而寻其所穷。"如上孝宗《论用才之路欲广札子》,全文四百余字,把广开用人之路的重要性、目下用人制度的弊端和解决的办法,都说得清清楚楚。文势条畅而有波澜,语言简洁而不呆滞。

张孝祥的诗也颇负盛名,刘克庄的《中兴绝句续选序》把他列为南渡后的"大家数"。如《次沈教授子寿赋雪三首》之一曰:

　　北风吹来燕山雪,十万王师方浴铁。
　　风缠熊虎灵旗静,冻合蛟龙宝刀折。
　　何人夜缚吴元济?我欲从之九原隔。
　　东南固自王气胜,西北那忧阵云结?
　　岂无祖逖去誓江,已有辛毗来仗节。

气势充沛,感情深沉,很有唐人边塞诗的气韵。

诗盛于唐,词极于宋,南宋安徽词人辈出,今其遗集尚存者,如周紫芝《竹坡词》、王之道《相山词》、方岳《秋崖词》、吴潜《履斋诗余》,俱在百阕上下,其中尤以张孝祥的《于湖词》最为著名。汤衡在《张紫微雅词序》中说:"衡尝获从公游,见公平昔为词,未尝著稿,初若不经意,反复究观,未有一字无来处。……所谓骏发踔厉,寓以诗人句法者也。"张词的主旋律是爱国,所以许多文学史著作都以"爱国词人张孝祥"标题。前期作品主要表现报国无门的悲愤,以恢复中原为己任和慷慨赴事的昂扬精神,风格沉雄悲壮;后期主要表现在理想和抱负破灭之后,追求与污秽现实相对立的理想境界,企求精神上的解脱,风格也转为清旷超逸。前者是词人矢志恢复中原在作品中的正面显现,后者则是理想与现实发生冲突在作品中的曲折反映。

绍兴三十一年秋,金人再次大举南侵,宋军望风披靡。十一月,金主完颜亮在和州刑马祭天,准备自采石渡江,一举灭宋,形势万分危急。奉命犒师的中书舍人虞允文毅然整顿散兵,击退金军,挫败完颜亮的计划。还在赋闲中的张孝祥闻讯,欢欣鼓舞,写下热情洋溢的《水调歌头·闻采石战胜》,表示自己也要乘风破浪,击楫中流,其词曰:

> 雪洗虏尘静,风约楚云留。何人为写悲壮,吹角古城楼?湖海平生豪气,关塞如今风景,剪烛看吴钩。剩喜燃犀处,骇浪与天浮。
>
> 忆当年,周与谢,富春秋。小乔初嫁,香囊未解,勋业故优游。赤壁矶头落照,淝水桥边衰草,渺渺唤人愁。我欲乘风去,击楫誓中流。

词的上片赞扬虞允文在采石矶之战中建树的功勋,下片表达自己为国立功的迫切愿望。在言事用典、怀古论今、立意造境上都笼罩着忠愤激烈、沉雄悲壮的气氛。笔力顿宕凌厉、层层迭进,蓄势饱满,结穴喷薄而出,给读者感觉出是发自全身心的声音。

采石战后,金军北归,两淮渐趋平静。金世宗完颜雍新立,内部不稳,遣使向宋示意休兵议好,这一下正中宋高宗下怀。他怕主战派阻碍议和,千方百计压制,并将当时最负人望的主战派领袖张浚赶出朝廷,派到建康做留守。此时正在建康的张孝祥听到这些消息后,感到忧心忡忡,一天,在幕府席上情不自禁地写下千古绝唱《六州歌头》,曰:

> 长淮望断,关塞莽然平。征尘暗,霜风劲,悄边声。黯销凝!追想当年事,殆天数,非人力,洙泗上,弦歌地,亦膻腥。隔水毡乡,落日牛羊下,区脱纵横。看名王宵猎,骑火一川

明。笳鼓悲鸣，遣人惊。

念腰间箭、匣中剑，空埃蠹，竟何成？时易失，心徒壮，岁将零。渺神京，干羽方怀远，静烽燧，且休兵。冠盖使，纷驰骛，若为情？闻道中原遗老，常南望，翠葆霓旌。使行人到此，忠愤气填膺，有泪如倾。

全词在急促的节拍中传达出奔进的激情，并通过关塞苍茫、名王宵猎、壮士抚剑悲慨、中原遗老南望等一幕幕鲜明的场景，反映出时代的特征。沉郁中见雄健，悲壮中见忠愤，具有强烈的艺术感染力。《朝野遗记》载，当时张浚正招集山东、两淮忠义之士于建康，上书反对议和，孝祥在留守席上赋此词，张浚为之感动罢席。

建康之行后，张孝祥重新被起用，所写的一些词，调子明快，充满慷慨赴事的激情。如《木兰花慢·送张魏公》："休遣沙场虏骑，尚余匹马空还"；《雨中花慢·一舸凌风》："欲吐平生孤愤，壮气横秋。浩荡锦囊诗卷，从容玉帐兵筹"；《水调歌头·送谢倅之临安》："好把文经武略，换取碧幢红旆，谈笑扫胡尘"；《青玉案·送频统辖行》："君王天纵资神武，要尺箠，平骄虏。思得英雄亲驾驭。将军行矣，九重虚伫，谈笑清寰宇。"都豪情满怀，对抗战恢复充满信心。清人陈廷焯说张孝祥的词"热肠郁思"、"慷慨激烈，发欲上指"，"淋漓痛快、笔饱墨酣，读之令人起舞"。冯煦说他的词"忠愤之气，随笔涌出，并足唤醒当时聋聩"。指的大概就是上述一类词。

隆兴二年五月，在主和派的猛烈攻击下，张浚罢相；十一月，孝祥罢官，"隆兴和议"成。张孝祥多年追求的理想，在刚刚看到希望之光的时候，突然破灭。此后辗转于湖湘、岭南，其词的风格，转以清旷超逸的风貌，表达更为深沉凝重的感情。如《水龙吟·过浯溪》：

平生只说浯溪，斜阳送我归船系。月华未吐，波光不动，新凉如水。长啸一声，山鸣谷应，栖禽惊起。问元、颜去后，水流花谢，当年事，凭谁记？

须信两翁不死，驾飞车，时游兹地。漫郎宅里，中兴碑

下,应留屐齿。酌我清尊,洗公孤愤,来同一醉。待相将把
袂,清都归路,骑鹤去,三千岁。

上片开头,极力描写浯溪的静谧清幽,"月华未吐,波光不动,新凉
如水"。作者此行正当六七月的炎天酷暑,陡然置身这尘嚣不到的清
凉世界,精神为之一振,似乎忘却尘世的烦恼。词人接着提出一个问
题,元(结)、颜(真卿)二公离开这里已经许多年,有谁还记得这里发
生过的事。下片词人自己作出回答:应该相信两位老先生并没有死,
驾着飞车,不时地到这里游玩。在这里特别点明中兴碑下留下他们的
足迹,意在说明这里留有他们解不开的眷怀君国的情结。紧接着才
有词人与"两翁"的对话:但愿能用我的美酒,洗掉您二位忠直不容
于世的孤愤,然后手携着手,驾着鹤,同登仙府,脱离这烦扰的尘世。
从字面看,此时的张孝祥似乎大彻大悟,不问世事了。其实不然,他
仰慕元、颜,留恋他们的遗迹,这本身就是不能忘怀的表现;他猜想
元、颜在中兴碑下有解不开的眷怀君国情结,也正是他自己也有这
种解不开的情结;他劝元、颜洗去内心的孤愤,恰恰是他自己内心的
孤愤难以排解。再如《水调歌头·泛湘江》,上片说他夜泛湘江,欣
赏到美丽的湘江夜景,真是老天爷莫大的恩赐,身历此境,飘飘欲
仙;下片忽然从神晤湘妃,听清商之音,而"唤起《九歌》忠愤",回到
现实,于是拂拭尘封了的三闾文字,使之重现光辉。《水调歌头·垂
虹亭》写他中秋舟行太湖,本想祭奠一下放舟五湖的范蠡、西施,但
又感到自己没有建树当年范蠡的功业,就退出政治舞台,不免愧对
古人。他总是处在这样的矛盾之中,一方面努力寻求解脱,一方面
又念念不忘君国,不忘建功立业。在《水龙吟·望九华山》中,他把
九华山描写成蓬莱仙境,想象"仙人拍手山头,笑我尘埃满面",邀他
去同游;他虽然十分向往,却下不了决心:"怅尘缘未了,匆匆又去,
空凝伫,烟霄里。"他眷怀君国的情结实在太深了。直到去世前一
年,他登上荆州城楼,北望中原,还满怀悲愤地写下《浣溪沙·荆州
约马奉先登城楼观》:

霜日明霄水蘸空,鸣鞘声里绣旗红,澹烟衰草有无中。

万里中原烽火北,一尊浊酒戍楼东,酒阑挥泪向悲风。

他就这样带着终身遗恨,离开了人世间。

孝祥词学苏轼,部分即景抒情的作品,意境与苏词更相近,如《念奴娇·过洞庭》:

洞庭青草,近中秋,更无一点风色。玉鉴琼田三万顷,着我扁舟一叶。素月分辉,明河共影,表里俱澄澈。悠然心会,妙处难与君说。

应念岭海经年,孤光自照,肝胆皆冰雪。短鬓萧骚襟袖冷,稳泛沧溟空阔。尽挹西江,细斟北斗,万象皆宾客。扣弦独啸,不知今夕何夕。

俨然就是一篇小型的《赤壁赋》,伤时愤世的情感,溢于言表。魏了翁评说:"张于湖英姿奇气,着之湖湘间,未为不遇。洞庭所赋在集中最为杰特。方其吸江酌斗,宾客万象时,讵知世间有紫微青琐哉!"清人王闿运甚至认为这首词"飘飘有凌云之气",相比之下,"觉东坡《水调》犹有尘心"。又如《西江月》:

问讯河边春色,重来又是三年。春风吹我过湖船,杨柳丝丝拂面。世路如今已惯,此心到处悠然,寒光亭下水连天,飞起沙鸥一片。

也是清疏飘逸的好作品。张孝祥的才华是多方面的,当民族危机紧迫、生存受到威胁时,他能唱出激昂慷慨振奋人心的壮歌;当形势趋于稳定,或对现实感到无能为力时,就转而在园林山水间寄托精神生活,词的风格也随之转向清旷超逸。另外,在感叹身世、友朋惜别、羁旅愁肠、男女恋情方面,也不乏佳作。

况周颐认为他的这类作品"绵丽蕃艳,直逼花间"。当然,在尚存的 220 多首词中,也有一些涉于庸滥的作品。

豪放词在苏轼身后的四五十年间,没有出现有影响的人,婉约词仍然占据词坛统治地位。宋室南渡之初,有些词人偶有感愤时事之作,也并非有意学苏。只有张孝祥,才真正刻意学习苏轼豪放词风,以其卓著的成就,在南宋前期的词坛独树一帜。他在词作中所表现出的把个人命运同国家、民族命运紧密联系在一起的爱国情怀,"欲扫开河洛之氛,荡涤泗之膻腥"的豪情壮志,以及身处逆境不与世俗同流合污的高尚意趣,都对此后的豪放词人产生了重要影响。

其他如朱翌、王炎、吴儆、华岳、朱熹等,因为各种原因,虽不如上述诸人声名藉藉,但如春兰秋菊,亦各占得一时之秀。朱翌,《四库全书总目提要》卷一五七《潜山集》称:"其所著作有元祐遗风。《集》中五七言古体皆极跌宕纵横,近体亦伟丽伉健。喜以成语属对,率帖自然。陈然《耆旧续闻》、刘克庄《后村诗话》、王应麟《困学纪闻》皆采其佳句,盛相推挹,盖其笔力排傲,实足睥睨一时,与南渡后平易啴缓之音,牵率潦倒之习,迥乎不同。周必大《序》以杜牧之拟之,非溢美也。"评价特高。

吴儆有《竹洲集》20 卷传世。程珌《序》称"其文峭直而纡徐,严洁而平淡,质而非俚,华而不雕"。大概因为乡人关系,评价未免失之过高。《四库全书总目提要》卷一五九《竹洲集》说,"今观其诗文,皆意境劖削,于陈师道为近,虽深不逮,而模范略同",则比较公允。

王炎著《双溪类稿》,今已无传,惟存赋乐府 1 卷、诗词 9 卷、文 17 卷,厘为《双溪集》27 卷。《四库全书总目提要》卷一六〇称"其诗文博雅精深,亦具有根柢","盖学有本原,则词无鄙诞,较以语录为诗文者,固有蹈空征实之别"。

华岳仕途蹇滞,一生大部分在流放中度过。文武双全,平生以救国安民为己任,"何当夜缚吴元济,去作中兴社稷臣"是他向往并为之奋斗的目标。因谋去丞相史弥远,事泄,被杖杀东市。为文以议论为主,特点是观点鲜明,切中时弊,语言侃直,气势夺人。诗歌和文章一样,直抒胸臆,少有拘束。明人王士禛评其诗曰"粗豪使气",大体是正确的。真率,坦白,无江西派和江湖派劣习,但艺术上稍欠锤炼。

朱熹以理学名家,不乐意别人称誉他"能诗",也曾发誓不再作诗,但"闲隙之时,感事触物,又有不能无言者,则亦未免以诗发之"。①其诗保存至今的尚有 1250 余首,是同时代人中诗歌较多的一位,可见他不仅能诗,而且是位多产作家。从现存的诗歌里,无论是关心国事民生,还是抒发个人襟怀,都有不少优秀作品。尤其是他的哲理诗,借自然景物阐明义理,意象纷呈,情趣盎然,没有一点道学味。如:

五月榴花照眼明,枝间时见子初成。
可怜此地无车马,颠倒苍苔落绛英。

——《题榴花》

胜日寻芳泗水滨,无边光景一时新。
等闲识得东风面,万紫千红总是春。

——《春日》

半亩方塘一鉴开,天光云影共徘徊。
问渠那得清如许,为有源头活水来。

昨夜江边春水生,蒙冲巨舰一毛轻。
向来枉费推移力,此日中流自在行。

——《观书有感二首》

都是只立象,不言理,让读者自己去体味领悟内中隐藏的理。既给人以美感,又启迪人的智慧,与白居易"野火烧不尽,春风吹又生"有异曲同工之妙,所以经常为人称引。

五、以方岳、吴潜为代表的南宋后期词人群体

南宋后期,安徽的皖南地区,由于封建经济的发展和社会环境相对平静,涌现出大批能文善诗的俊秀,如汪莘、程泌、吴渊、许月卿、程垓、程若楫等,都有文学作品传世。而其中的方岳、吴潜尤为著名。

---

① 《东归乱稿序》。

方岳功名事业一般，主要成就在文学方面。《四库全书总目提要》卷一六四《秋崖集》称他"才锋凌厉，洪焱祖作《秋崖先生传》，谓其'诗文四六不用古律，以意为之，语或天出'，可谓兼尽其得失。要其名言隽句，络绎奔赴，以骈体为尤工，可与刘克庄相为伯仲"。前期内容以表达爱国情怀、反映民生疾苦为主，后期则主要写他的隐居生活。如早年在故乡作的《次韵徐宰题岳王祠》云：

> 杀气犹缠岳字旗，秋风铁马已南归。和之一字误人国，今且百年遭祸机。白骨自荒公论在，青山良是物情非。羊膻犬秽长陵土，泪落囊封御笔依。

绍兴元年，岳飞提兵过祁门，题句城西东松庵壁，乡人因以为岳王祠。方岳在诗中感慨当年岳飞在郾城大捷后，朝廷以12道金牌迫令班师，失掉恢复中原的大好时机。一个和字，误国非浅，国家遭受百年祸患。岳飞被害，公论自在，虽青山依旧，然物情已非。祖宗的陵墓遭受敌人的践踏，孝宗矢志恢复，曾含着热泪批准为岳飞昭雪的奏章，但如今国事又如何呢？读者仿佛听到诗人的声声叹息。嘉熙元年，安丰捷报至，方岳闻讯鼓舞，作《十二月二十四日雪》，曰：

> 淝水风声欲破苻，文城雪意趁擒吴。诗简拟醉玉跳脱，捷羽已飞金仆姑。剡曲但能乘兴逸，灞桥仅不负诗癯。那知幕府文书外，便解飞琼打阵图。

宋军与蒙古军屡战屡败，这是第一次胜仗。喜悦之情，溢于字里行间。淳祐七年，宋蒙和议起，方岳坚决反对，他在《直汀晚望》中说：

> 沙头新雨没潮痕，独立苍茫欲断魂。如以长江限南北，何堪丑虏共乾坤。中年岁月疾飞鸟，旧隐文移惊夜猿。鸥鹭不能知许事，烟寒袖手与谁论。

方岳多次出任地方官,对农村生活和农民疾苦比较了解,诗中多有反映。如《山庄书事》:

> 晨兴抹两屦,为口见驱迫。课童督秋刈,野获夜彭迫。田翁适过予,褴褛黑而瘠。且言土力贫,年登苦难阨。一饭不自期,未议了租责。昨者耆长来,名复挂欠籍。截绢入官输,官怒边幅窄。抛掷下堂阶,退字印文赤。卖牛重买丝,篝灯不停息。明当扣东邻,假牛下年麦。久贫少人情,恐复不见惜。既去重感伤,行行犹叹息。我归不能眠,草根鸣蟋蟀。

作者通过一个衣不蔽体、形容枯槁的田翁之口,控诉官府残酷压榨农民的罪行。《三虎行》则是对当时尖锐阶级矛盾的揭露,说:

> 黄茅惨惨天欲雨,老乌查查路幽阻。田家止予且勿行,前有南山白额虎。一母三足其名彪,两子从之力俱武。西邻昨夜迟不归,欲觅残骸无处所。日未深黑深掩关,毛发为竖心悲酸。客子岂知行路难,打门声急谁氏子?束蕴乞火霜风寒,劝渠且宿不敢往,袒而示我催租瘢。呜呼,李广不生周处死,负子渡河何日是。

形象生动地展示一幅苛政猛于虎的画面。哀叹如今再也没有李广、周处那样的打虎英雄了,也没有仁化大行的刘昆,使得虎皆负子渡河不敢施虐了。在南宋诗坛,如此抨击社会的黑暗,还是很少见的。

方岳存诗中,绝大多数是表现隐居生活和描写自然风光的,有些还写得相当出色,如五律《泊歙浦》:

> 此地难为别,丹枫似去年。人行秋色里,雁落客愁边。霜月欹寒渚,江声惊夜船。孤城吹角处,独立渺风烟。

一句一景,景景含愁,是一幅多侧面、多色彩,富有立体感的秋江晚泊图,把诗人的羁旅愁肠表现得出神入化。

方岳为江西诗派最后的余火,因受杨万里、范成大影响,追求清新自然、疏朗淡远,又名列江湖派,并由他和刘辰翁两人,把这种诗风带到了元代。

方岳的词,现存70余首,风格颇受苏、辛影响,多悲凉慷慨之作。如《水调歌头·平山堂用东坡韵》:

> 秋雨一何碧,山色倚晴空。江南江北愁思,分付酒螺红。芦叶蓬舟千重,菰菜莼羹一梦,无语寄归鸿。醉眼渺河洛,遗恨夕阳中。
>
> 蘋洲外,山欲暝,敛眉峰。人间俯仰陈迹,叹息两仙翁。不见当时杨柳,只是从前烟雨,磨灭几英雄。天地一孤啸,匹马又西风。

这是早年在赵葵幕府时作。上片从登扬州平山堂所见景色写起,由秋雨、晴空、夕阳而引起乡愁。原想借醉消愁,然而"举杯消愁愁更愁",反而勾起对中原未复的悲愤。转头,由夕阳西斜而渐入薄暮,又引起词人对时光流逝的感慨。当年欧阳修、苏轼二公在此诗酒留连,俯仰之间,已为历史陈迹。这流逝的时光,磨灭多少英雄豪杰啊!结穴,回到现实,在匹马西风中,一个踽踽独行的孤啸者。怀古伤今,纵横驰骋,开阖自如,很有艺术感染力。

不仅长调,有些写景抒情的小令,写得也很好。如:

> 雁带新霜几多愁,和月落沧洲。桂花如许,菊花如许,怎不悲秋。
>
> 江山例合闲人管,也白几分头。去年曾此,今年曾此,烟雨孤舟。
>
> ——《眼儿媚·泊松洲》

> 谁剪轻琼做物华,春绕天涯,水绕天涯。园林晓树恁横斜。道是梅花,不是梅花。

宿鹭联拳倚断槎。昨夜寒些,今夜寒些。孤舟蓑笠钓烟沙。待不思家,怎不思家。

——《一剪梅·客中新雪》

方岳另有些词散文化、议论化的倾向比较突出,这些词虽然不无思想的火花,但终乏词的韵味。

吴潜原有集,已散佚,明末梅鼎祚辑有《履斋遗集》4卷,凡诗1卷,诗余1卷,杂文2卷。裔孙吴斗祥又辑有《许国公奏稿》。杂文所存虽不多,其中如与史弥远等人书,论辨明晰,犹想见其岳岳不挠之概。诗颇平衍,但求如《送何钖汝》五言律诗之通体浑成者,殆不可多见。在诸文体中,最受人推重的是词,《诗余》存词256首,为南宋词坛现存作品较多的词人之一。风格学辛弃疾,并"颇得其是处";①又与姜夔过从甚密,受姜词的影响也很深。《四库全书总目提要》卷一六五评其词说:"激昂凄劲,兼而有之,在南宋不失为佳手。"如《满江红·寄赵文仲、南仲领淮东帅宪》:

岳后湘灵,曾孕个、擎天人物。临古岘,纶巾羽扇,笑驱胡羯。护塞十年羊叔子,出师一表侪诸葛。有孤忠,分付与佳儿,真衣钵。

刘家骥,驰空阔。薛家凤,飞横绝。比君家兄弟,可能豪杰?草木声名如电扫,毡裘心胆闻风折。待安排,《江汉》一篇诗,归来说。

该词大约作于绍定间,时赵范(字文仲)知扬州、领淮东安抚使;赵葵(字南仲)为淮东提刑兼知滁州。词的上片赞扬二赵的父亲赵方的功绩,方,衡山人,故曰衡岳大帝与湘江神女孕育出一个顶天立地的英雄,他镇守襄阳,风流儒雅,从容不迫地却敌制胜,功勋超过西晋的羊祜(字叔子),公忠体国,能与诸葛亮比肩。如今,他把"衣钵"传给

---

① 薛砺若:《宋词通论》。

杰出的儿子。下片赞扬赵氏兄弟，先作铺垫，说刘正兄弟，人称"两骥"；薛收兄弟，时号"三凤"，他们怎比得上你们赵氏兄弟的英武杰出！你们威振边塞，使敌人闻风丧胆，只待时机成熟，一定能够北靖中原，消灭金人，高奏胜利的凯歌！《诗经·大雅·江汉》是赞扬周宣王时召虎平定淮夷的篇章，词人引此，是对二赵的期许，也是对胜利的前景充满信心。但因奸臣弄权，国事日非，故其作品又常表现出对朝廷苟且偷安的忧虑和赍志难申的悲愤。如《满江红·送李御带珙》：

> 红玉阶前，问何事，翩然引去。湖海上，一汀鸥鹭，半帆烟雨。报国无门空自怨，济时有策从谁吐。过垂虹亭下系扁舟，鲈堪煮。
>
> 拼一醉，留君住。歌一曲，送君路。遍江南江北，欲归何处。世事悠悠浑未了，年光冉冉今如许。试从头，一笑问青天，天无语。

上片对朋友李珙"翩然离去"表示同情、理解和宽慰。杨慎说："'报国无门空自怨，济时有策从谁吐'，亦自道也。"实则借他人酒杯，浇自己胸中块垒。本来是劝李珙学习张翰"人生贵得适意耳"，何必自苦，下片一转，又情不自禁地对年华老大，"悠悠世事浑未了"无限感慨。结穴处，刻画一个爱国志士报国无门而苦闷彷徨的形象。这个形象在他的词中反复出现，实际上是自我形象。如：

> 山之下，江水永。江之外，淮山暝。望中原何处，虎狼犹梗。句蠡规模非浅近，石苻事业真俄顷。
>
> 问古今，宇宙竟如何，无人省。
>
> ——《满江红·齐山绣春台》
>
> 凭栏久，问匈奴未灭，底事菟裘。……梦里光阴，眼前风景，一片今愁共古愁。人间事，尽悠悠且且，莫莫休休。
>
> ——《沁园春·多景楼》

表现出对恢复中原时不我待而又无可奈何的复杂心情。以至后来屡动退隐的念头,如《满江红·九日郊行》:

> 安得便如彭泽去,不妨且作山翁酩。尽古今,成败与兴亡,都休省。

宦海浮沉,心疲力竭,始终改变不了国事日非的危局,故转而追求精神上的解脱。但是又下不了决心,以至垂老投荒,身死异地。

潜兄渊亦能诗词,属豪放者流,惜所存无多,今录其《念奴娇》如下:

> 我来牛渚,聊登眺,客里襟怀如豁。谁着危亭当此处,占断古今愁绝。江势鲸奔,山形虎踞,天险非人设。向来舟舰,曾扫百万胡羯。
>
> 追念照水燃犀,男儿当似此,英雄豪杰。岁月匆匆留不住,鬓已星星堪镊。云暗江天,烟昏淮地,是断魂时节,栏干槌碎,酒狂忠愤俱发。

抒情达意,不亚吴潜。

六、传奇文与志怪小说

宋代传奇文作者,首推乐史,成就最高,影响最大。其次,则非秦醇莫属。秦氏生平事迹无考,据自署"谯川秦醇子复",知其讳醇,字子复,谯县人。所作今存《赵飞燕别传》、《骊山记》、《温泉记》、《谭意歌传》四篇,俱见北宋人刘斧所编《青琐高议前集》及《别集》,又知为北宋中前期人。前三篇叙汉唐宫闱旧事,与乐史《太真外传》同体。最后一篇,乃写当时男女恋爱故事,内容略似蒋防的《霍小玉传》,但以团圆作结,变悲为喜。鲁迅先生《唐宋传奇集·稗边小缀》评其作说：“其文芜杂，亦间有俊语。”①盖去唐人声貌尚甚远。

宋代话本小说创作非常活跃，并有新的突破，可惜迄今尚未发现属籍安徽的作家。志怪小说，如郭彖的《睽车志》，王明清的《投辖录》《摭青杂说》等，俱属此类。无论内容或文体，多沿袭旧风，颇少新创。大旨在阐明因果，以资劝戒，勉人为善。虽有缘饰附会，而多有乖事实，与史传迥为二事。

第三节　诗歌资料搜集与整理

一、综　述

诗歌创作，至唐已达颠峰，宋人要想百尺竿头更进一步，必须开辟新的蹊径，因此研究诗歌流变历史、品评作品得失、总结前人创作经验的诗话，便应运而生，并逐步繁荣起来。宋代诗话的发展，大体经历了北宋中叶的创始诞生期、两宋之际的过渡转化期、南宋中晚期的成熟期三个阶段。从现存文献看，安徽几部有影响的诗话，举如阮阅《诗话总龟》、胡仔《苕溪渔隐丛话》、吕本中《童蒙诗训》和《紫微诗话》、吴开《优古堂诗话》、朱弁《风月堂诗话》、周紫芝《竹坡诗话》，皆两宋之际产。

二、《诗话总龟》与《苕溪渔隐丛话》

阮阅代表作为《诗话总龟》，初名《诗总》。成书于宣和五年。作者《自序》说：

> 余平昔与士大夫游，闻古今诗句，脍炙人口，多未见全本及谁氏所作也。宣和癸卯春，来官郴江，因取所藏诸家小史、

---

① 《鲁迅全集》第10册。

别传、杂记、野录读之,遂尽见前所未见者。至癸卯秋,得一千四百余事,共两千四百余诗,分四十六门而类之。……名曰"诗总"。宣和五年十一月朔,舒城阮阅序。

原《诗总》10卷,已佚,南宋绍兴间福建刊本增修为百卷巨著,并改今名。传说长寿之龟千年五聚,问无不知,故称。今存唯明代两种传抄本,一为宗室月窗道人据以刊刻的98卷本,一为明抄100卷本。以阮阅生活年代和所采辑的书籍看,前集50卷当为阮阅原撰,后集50卷系作者及书贾陆续增补。

《诗话总龟》是一部大型的综合性质的诗歌总集,它一改前人诗话仅凭直觉体验、随意生发、论诗及事无中心议题的旧模式,分门别类纂辑前人成果,注明出处,不加议论,仅在编选安排中隐约透漏作者的意见。主要特色和贡献约有以下数端:一、区分门类,给读者带来查索观赏之便。二、引书多达200余种,许多散佚的资料赖以保存流传下来,《天禄琳琅书目》称它"在诗话中荟萃最为繁富"。三、因古今诗话,附以诸家小说,按照性质相近或相反的原则分门别类汇辑,不仅提高了资料效益,扩大了其理论影响,令人对该书的丰富内容一目了然,而且促进了纵向与横向比较研究方法的发展。如卷五评论门引《鉴戒录》说:"刘梦得有《望洞庭诗》、雍陶有《咏君山诗》,语异意同。刘诗曰:'湖光秋月两相和,潭面无风鉴似磨。遥望洞庭山水色,白银盘里一青螺。'雍诗曰:'烟波不动影沉沉,碧色全无翠色深。疑是水仙梳洗罢,一螺情髻鉴中心。'……李绅、郑云叟《伤农》诗意亦同。李诗曰:'锄禾日当午,汗滴禾下土。谁知盘中餐,粒粒皆辛苦。'郑诗曰:'一粒红稻饭,几滴牛额血。珊瑚枝下人,衔杯吐不歇。'"所谓"意同",就是主题思想相似;所谓"语异",则是艺术表达方式不同。这就启发作者,只要善于思考,就可以在深厚的现实生活土壤中,运用千变万化的艺术手段,去发掘或加深同一主题的深刻意义,创作出风格各异的好作品来。

　　胡仔，休官后隐居吴兴①苕溪，因号苕溪渔隐。绍兴十八年撰成《丛话》前集 60 卷，以字号为名，曰《苕溪渔隐丛话》。后起用，官闽中。再次休官后，于乾道三年完成《丛话》后集 40 卷。《丛话》是在《诗总》的影响下编撰的，其前集《自序》说："绍兴丙辰，余侍亲赴官岭右，道过湘中，闻舒城阮阅昔为郴江守，尝编《诗总》，颇为详备。行役匆匆，不暇从知识间借观。后十三年，余居苕水，友生洪庆远从宗子彦章获传此集。余取读之，盖阮因《古今诗话》，附以诸家小说，分门增广，独元祐以来诸公诗话不载焉。考编此《诗总》，乃宣和癸卯，是时元祐文章禁而弗用，故阮因以略之。余今遂取元祐以来诸公诗话及史传小说所载事实，可以发明诗句及增益见闻者，纂为一集。凡《诗总》所有，此不复纂集，庶免重复。一诗而二三其说者，则类次为之，间为折衷之。又因以余旧所闻见，为说以附益之。……余今但以年代、人物之先后，次第纂集，则古今诗话，不待检寻，已粲然毕陈于前，顾不佳哉！"

　　北宋以前众多的诗话及诗论、随笔，通过《诗话总龟》和《苕溪渔隐丛话》的汇辑，其基本资料，已大致搜罗完备。故《四库全书总目提要》卷一九五《苕溪渔隐丛话》评曰："二书相辅而行，北宋以前之诗话，大抵略备矣。"后世辑佚宋代诗话之作，多得力于上述二书。除诗话外，二书还保存了大量唐宋诗人散佚的诗句，有些小家无集者，实赖二书以传。但两书相较，《丛话》后来居上，似更胜一筹。一、在编排体例上，《总龟》以事类分数 10 门，过于繁琐，不便检索，且有些事难以界定。《丛话》按时代先后，以人为纲，知人论事，同时又增加长短句、借对、的对等门类，编排较为科学，大纲细目，极便检索。二、对于诗人、诗作，《丛话》既以较多篇幅突出重点，但同时又不忽略一般诗人的成就，视野还是比较开阔的。《总龟》写于北宋末，时党禁正严，苏轼、黄庭坚皆在其列，阮书不载苏、黄诗话，虽事出有因，但终成缺憾。胡仔撰《丛话》时，党禁已除，苏、黄诗风大炽，补充苏、黄诸元祐党人的诗话，亦形势使然。三、《诗总》"惟摭旧文，无所考证"，而《丛话》

---

　　① 今浙江湖州市。

239

"多附辨证之语,尤足以资参订",这也是二者有别且后者胜于前者之处。四、资料取舍方面,《诗总》"多录杂事,颇近小说",《丛话》"则论文考义者居多,去取较为严谨"。五、理论眼光方面,与《总龟》不同,《丛话》于称引材料之外,还能略加评说,以显示其理论倾向。六、他在后集《自序》中曾说:"诗道迩来几熄,时所罕尚,余独拳拳于此者,惜其将坠,欲以扶持其万一也。"坦示他编撰此书的目的是为了拯救诗歌危机,因此其对作者作品的评说,都不乏真知灼见。

今存宋人诗话计达 139 种之多,最重要有三,曰阮阅《诗话总龟》、曰胡仔《苕溪渔隐丛话》、曰魏庆之《诗人玉屑》,即文学史界常说的宋三大诗话。三中有二出自安徽人之手,安徽先贤在诗歌资料搜集和整理方面作出的贡献,可谓非常突出。

三、朱、周、吴等人的诗话

两宋之际的诗话,有两个特色,一是诗话总汇性质的著作成批出现,如《诗话总龟》、《苕溪渔隐丛话》及计有功的《唐诗纪事》,均属此类。二是理论专注的目光逐渐加强,多围绕业已形成的宋诗道路及江西派的诗论展开争辨,上面提到的吕本中《童蒙诗训》和《紫微诗话》、朱弁《风月堂诗话》、周紫芝《竹坡诗话》、吴开《优古堂诗话》,大体上属于后一种类型。关于吕本中的诗论,本章第二节业已辟专题讲过,故不再赘述,现对其余三人分别加以介绍。

朱弁《风月堂诗话》成稿于"庚申闰月戊子",即南宋绍兴十年。弁于建炎元年使金,至绍兴十三年始得归,《风月堂诗话》则是羁留金国时所作。《宋史·艺文志》著录为 3 卷,今存 2 卷,有《宝颜堂秘笈》本、《四库全书》本和《安徽古籍丛书》本。《风月堂诗话》评诗论事,都带有明显的反江西派诗风倾向。如:

> 诗人胜语,咸得于自然,非资博古。若"思君如流水"、"高台多悲风"、"清晨登陇首"、"明月照积雪"之类,皆一时所见,发于言辞,不必出于经史。故钟嵘评之云:"吟咏性情,亦何贵乎用事?"……大抵句无虚辞,必假故实;语无空字,必

究所从;拘挛补缀而露斧凿痕迹者,不可与论自然之妙也。

客或谓予曰:"篇章以故实相夸,起于何时?"予曰:"江左自颜、谢以来乃始有之。可以表学问而非诗之至也。观古今胜语,皆自肺腑中流出,初无缀缉工夫。"客又曰:"仆见世之爱老杜者,尝谓人曰:'此老出语绝人,无一字无来处。'审如此言,则词必有据,字必援古,所由来远,有不可已者。"论事当考源流,今言诗不究其源而蹑其末流以为标准,不知《国风》《雅》《颂》祖述何人? 此老句法妙处浑然天成,如虫蚀木,不待刻雕自成文理。其鼓铸熔泻,殆不用世间橐籥,近古以还,无出其右,真诗人之冠冕也。如近体格俯同今作,则词不遗奇,杂以事实,掇英撷华,妥帖平稳,殆以文为滑稽,特诗中之一事耳,岂见其大全者耶? 余每窃有所恨,故乐以嵘之言告人。吾子诚嗜诗,试以嵘言于爱杜者求之则得矣。

作者反复引用钟嵘的话,强调诗乃"吟咏性情",应得于"自然","自肺腑中流出",不能把工夫用在"缀缉"上。那种"假故实"、"究所从"、"拘挛补缀"的做法,是写不出好作品的。江西诗派不惜曲解杜甫,为他们的主张找根据,说杜诗"无一字无来处"。作者反驳说:"不知《国风》《雅》《颂》祖述何人?"杜诗的妙处,不在于"无一字无来处",而在于"浑然天成","不待刻雕自成文理";杜诗用事、用典,不在于"点铁成金",而在"其鼓铸熔泻,殆不用世间橐籥",而达到"妥帖平稳"的工夫。都切中江西诗派的弊端。《风月堂诗》记载的一些文事活动,对文学史研究和诗歌辑佚,均有重要资料价值。如庆历四年的竹轩诗会、欧阳修知颍州时的聚星堂诗会,影响很大,《诗话》均作了详细记述,苏舜钦、杜衍的诗,也赖此以存。

周紫芝《竹坡诗话》一卷,存唯80条,多是对故实、词语出处的考证,显然是受江西诗派"无一字无来历"的影响。对作品的品评,亦采用江西诗派的"点化"说。因拘泥于江西诗论,品评虽亦有一些值得重视的议论,终不免失之凿枘。考证虽不乏"特见"、"颇多可采",而也间有失误或近于恶浑。

吴开《优古堂诗话》一卷,凡 154 条。内容兼论杂文,不专诗话。诗话部分皆论诗家用字炼句、相承变化之由,脱胎换骨,翻案出奇,深染江西诗派之病。《四库全书总目提要》卷一九五批评说,"作者非必尽无所本,实则无心暗合,亦多有之。必一句一字求其源出某某,未免于求剑刻舟"、"强为科配"。同时又指出:"然互相参考,可以观古今人运意之异同,与遣词之巧拙,使读者因端生悟,触类引申,要亦不为无益也。"

第四节　书法艺术

一、综　述

北宋太祖朝,丰碑巨制皆出袁正己、孙崇望,其次则张仁愿。太宗践祚,留心翰墨,派人购摹古名贤墨迹,命王著临拓,刻于枣木,厘为 10 卷,藏之禁中,号《淳化阁法帖》。10 卷之中,二王①居其半,故宋初之书尚王氏。受朝廷《阁帖》影响,其后帖学大盛,有以地名者,如《汝州帖》、《潭帖》、《彭州帖》等;有以堂号名者,如《玉麟堂帖》、《赐书堂帖》、《群玉堂帖》等;有以帝王年号名者,如《大观帖》等,不可胜数。涉及安徽的有知无为军米芾手摹的《宝晋斋帖》。帖学盛行,对书法的普及无疑起了很大推动作用,文人能书,蔚为风气。逮至南宋,高宗、孝宗都爱好书道,禁中翰墨风气甚盛。帝王倡于上,臣民效于下,书艺受到社会的广泛推崇,虽然国运衰颓,翰墨不复北宋之盛,但仍能承其余波,在书史上占一席之地。安徽的书法人才就是在这样的历史环境里成长并脱颖而出。

但宋代书家,除苏(轼)、黄(庭坚)、米(芾)、蔡(襄)四大家尚能上法六朝,不守唐人寠臼,雄视一代,其余芸芸,仅能称雄当时,远不能

---

① 王羲之、王献之。

与二王、虞世南、颜真卿、柳公权、欧阳询、褚遂良等比肩。造成这种状况的原因有三：一、阁帖盛行，"世不知有北朝书法矣"，[①]因此书学扫地无余。二、科举之兴，多趋干禄之途，力求匀整，以悦考官目，不复能特立独行，天才遂为所没。三、不讲古法，惟趋时贵，米芾《书史》曾说："李宗谔主文既久，士子殆皆学其书，肥扁朴拙，是时不誊录，以投其好，用取科第，自此唯趋时贵书矣。宋宣献公绶作参政，倾朝学之，号曰朝体；韩忠献公琦好颜书，士俗皆学颜；及蔡襄贵，士庶又皆学之；王文公安石作相，士俗亦皆学其体。自此古法不讲。"

宋代今安徽地区能书者不乏其人，仅文献有记载的即不下数十人，如：查道，《书史会要》云："道始习篆，患其体势弱，有教以拨镫法，仍双钩用笔，经半年始习熟，而篆体劲直。"包拯，刘克庄《后村大全集》卷一○三《跋鲁肃简包孝肃帖》称："包笔法端劲，翰墨间风流酝籍，则未有知之者。"书名被政声所掩，故一般人但知包拯是个大清官，而不知他还是一个书法艺术家。文勋，能书善画，尤长篆隶，深得苏轼、黄庭坚赞许。黄孝绰，刘挚《潜山黄先生（孝绰）墓志铭》称其"善书，法二王、颜、柳"。钟离景伯，字公序，《书史会要》称"公序善书"；周必大《题跋》云："景伯，中原以书名者。"孔武仲《观钟离草书帖诗》说："儿童不识草书法，但见满纸鳞蛇结。安知笔法追古初，晚视众体称雄杰。"评价颇高。李公麟，世但知其为名画家，而不知书法也极精。《宣和书谱》称其书直通魏晋。《东坡事类》卷二一引《洞天清录集》云："龙眠书于规矩中特飘逸，绰有晋人风度。""朝中名贤书，惟蔡甫阳、苏许公易简、苏东坡、黄山谷、苏子美、秦淮海、李龙眠、米南宫、吴练塘、傅朋、王逸老，皆比肩。"陈眉公《书画史》说："龙眠书法极精，山谷谓其画之美钮透入书中。"张耒，《书史会要》称其草书飘逸可观。张澂，字如莹，李公麟外甥，周必大《跋张如莹归去来辞》说："素以墨翰驰声，位望既崇，益自珍贵，人欲尺牍不可得。"李瑜，李公麟孙，周必大《题李龙眠山庄图》讲其"能传祖笔法"。李冲元，工书翰，追踪钟、王。徐林、徐兢、徐琛兄弟俱能书，《书史会要》说："兢兄林，弟琛，皆

---

① 阮元:《揅经堂集》。

以篆名家。"《文献通考》说："徐铉,铉之后,善篆书,自题保大骑省世家。"《翰墨志》说："篆法惟信州徐铉。"朱熹,习魏武帝曹操体,也是南宋能书者。《书史会要》称他："继续道统,优入圣域,于翰墨亦加之功,善行草,尤善大字。下笔既沈著典雅,虽片缣寸楮,人争珍秘,不啻璠玙圭璧。"《铁纲珊瑚》转载其《议书》云:"余少时喜学曹孟德书,时刘贡父方学颜真卿书,余以字书古今诮之,贡父正色谓余曰:'我所学者,唐之忠臣,公所学者,汉之篡贼耳。'余默然无以应。是知取法不可不端也。"又,北宋歙县人张秉、休宁人曹汝弼、青阳人夏希道,南宋太平人祝次仲等,或善草,或工篆,亦皆擅长书艺。

二、享誉南宋书坛的张孝祥和张即之

张孝祥不仅文采风流,书法也颇负盛名。叶绍翁《四朝闻见录》乙集载:"高宗酷嗜翰墨,于湖张氏孝祥廷对,顷,宿酲犹未解,濡毫答圣问,立就万言,未尝加点。上讶一卷纸高轴大,试取阅之,读其卷首,大加称奖,而又字画遒劲,卓然颜鲁,上疑其为谪仙,亲擢首选。……遂谒秦桧,桧语之曰:'上不惟喜状元策,且又喜状元诗与文,可谓三绝。'又叩以诗何所本,字何所法。张正色以对:'本杜诗,法颜字。'桧笑曰:'天下好事,君家都占断!'"《宋史》本传说:"孝祥俊逸,文章过人,尤工翰墨,尝亲书奏劄,高宗见之,曰:'必将名世。'"高宗是一位精熟书艺的皇帝,疑其为谪仙,许以必将名世,可见张孝祥青年时代书法已崭露光芒。《四朝闻见录》乙集又记载:"今南山慈云岭下,地名方家峪,有刘婕好寺,泉自凤山而下,注为方塘,味甚甘美,上揭'凤凰泉'三字,乃于湖张紫微孝祥书。夏执中为后兄,俗呼为夏国舅,偶至寺中,谓于湖所书未工,遂以己俸刊自书三字易之。孝宗已尝幸寺中,识孝祥所书矣,心实敬之。及驾再幸,见于湖之匾已去,所易乃夏执中所书,上不复他语,但诏左右以斧劈为薪。幸寺僧藏于湖字故在,诏仍用孝祥书。"沈嘉辙《南宋杂事诗》卷七也有关于此事的记述,并作诗赞曰:"婕好寺水注方塘,高揭银钩写凤凰。羞写易书供斧劈,松门仍接状元郎。"

两朝皇帝都如此重视他的书法,士大夫之间就更不用说了,所到

之处,人们竞相请他题字,故虽英年早逝,而留下的书迹却很多。匾额有:芜湖吴波亭书额、芜湖雄观亭书额,均见《芜湖县志》卷三六。杭州凤凰泉书匾,见叶绍翁《四朝闻见录》甲集;鄞县天童寺揖壤亭书匾,见《天童寺志》卷二。溧阳三塔寺寒光亭书词寺柱,见岳珂《玉楮集》卷七;镇江多景楼书匾,见《癸辛杂识》续集一、《京口三山志》卷二。鄱阳易芝山五老亭书匾,见《梅溪集·后集》卷九;临江清江台题榜,见《范石湖集》卷一三。黄州涵辉楼书匾,见《弘治黄州府志》卷四;岳州观楚亭篆额,见《隆庆岳州志》卷七。融州老君洞书榜,见《方舆胜览》卷三八《静江府》;柳州南楼书榜,同上书卷《柳州》。建宁一枝堂书匾,见《嘉靖建宁府志》卷二〇。潭州城南书院题匾,潭州湘山观题匾,潭州定王台书匾,俱见《方舆胜览》卷二二《潭州》;潭州落星寺书壁,见董更《皇宋书录》卷下。湖泉二州贡院题额,见《梅溪集》卷二七。

刻石方面:书宝塔二字,在今安徽含山县北 15 里之褒祥山褒山寺,见《嘉靖和州志》卷二。书陆游《水调歌头》,在镇江甘露寺多景楼,见《嘉定镇江志》卷二一、《京口三山志》卷四;书苏轼诗,在镇江金山,见《于湖集》卷二八《题苏翰林诗后》;书妙高台三字,在镇江金山,见朱绪曾《开有益斋金石文字记》。书《疏广戒子弟语》,在吴县府学;书《卢坦传》,在吴县府学,上两刻均见孙星衍《寰宇访碑录》。书《宏智禅师妙光塔铭》,贺允中篆额,孝祥正书,绍兴二十九年立石,在鄞县,见《天童寺志》卷七;书四十二章经刻石,在今杭州六和塔,经文已佚,书人孝祥名刊第一七,见《金石萃编》。书玉渊二字,在庐山栖贤寺门外,见《方舆胜览》及《六艺之一录》卷九七。书裴坦对杜黄裳语,正书,在衡阳,见孙星衍《寰宇访碑录》。书朝阳亭记、书朝阳亭诗三首并序,行草,二磨崖刻石均在桂林象鼻山水月洞;书刘仲远画象赞并附记,真书,在桂林临桂县南溪山刘仙岩;还珠洞题名,行楷,在临桂县伏波山还珠洞;五岊岩题名,行楷,在临桂县南溪山五岊岩;清秀山题名,真书,在临桂县清秀山;千山观题匾,真书,制抚李曾伯上石,刘克庄《千山观》诗曰"于湖数字题华栋,阳朔千山献画屏",所述即此,今磨崖尚完好;张孝祥《登七星山赋呈提刑仲钦览》诗、张维《次韵同经

略舍人登七星山》诗,两诗磨崖俱在临桂县普陀山,行书,毁于1938年;《初得爱岩》诗并记,草书,在临桂县屏风山程公岩,已毁。按:乾道元年,孝祥以集英殿修撰知静江府、广南西路经略安抚使,七月抵桂林,明年六月秩满归,上述刻石俱书于此间,分别见《广西通志》卷二二二《金石八》、《桂胜》卷二、《临桂县志》卷五和卷一〇。除桂林,外县亦有两件:一、书三清三洞四字,真书,现尚完好,在兴安县乳洞;二、书天下第一真仙之岩,真书,在柳州府融县东,毁于抗日战争时期,见《六艺之一录》卷九七。从上述资料看,孝祥书迹遍布江、浙、皖、赣、闽、湖、湘、黔等省。沈约之在《挽诗》中称他"翰墨风流四海传",可谓名副其实。时至今日,这些刻石题榜,或传或佚,能保存下来的已成为珍贵历史文物。特别是桂林刻石,更为这处中外驰名的山水胜地增添了文采风流。

书帖方面,据王十朋《梅溪集》记载,石似之曾刊其湖泉二州贡院题字及答王十朋书,时距孝祥辞世还不到一年。又,汤衡《张紫微雅词序》也曾讲到建安人刘温父于孝祥翰墨"尤所爱重,片言只字,莫不珍藏,既哀次为法帖"。可惜俱已失传。残存的宋人法帖《荔枝楼帖》和《凤墅帖》,目录列孝祥名,而书迹也亡佚。今天人们尚能看到的有以下六种:《静安府帖》,又作《休祥帖》,行书,见《三希堂石渠宝笈法帖》;《临存帖》,又作《与应辰提干书》,行书,见《宝岩集中帖》卷五;《关彻帖》,行书,见《宋人法书》及《石渠宝笈续编》;《泾川帖》,又作《泾川官居帖》,行书,见《停云馆帖》、《宋贤六十五种》;《紫沟帖》,行书,见《松菊集·南宋张孝祥行书二帖》及1984年上海书店版《黄庭坚书伏波神祠诗卷》。

孝祥学书,不专一家,廷试时,他自称"法颜字",《四朝闻见录》也称"卓然颜鲁"。但现在我们看到的孝祥墨迹,多属行楷,其笔势显非出自一家,可能还学过王羲之的《黄庭》、《禊帖》,智永的《千字文》。其行草学过米芾,可能也学过李邕。《六艺之一录》卷二八六引陈槱《负暄野录》卷上说:"余尝评近世诸体书法,……行草则有蒋宣卿、吴傅朋、王逸老、单炳文、姜尧章、张于湖、范石湖。……于湖、石湖悉习宝晋,而各自变体。"宝晋,斋名,米芾建,芾有《宝晋英光集》、《宝晋帖》，故人或称米芾曰宝晋。孝祥对米芾的书艺十分景仰，推崇备至，在《题蔡济忠所摹御府米帖》和《赋衡山张氏米帖》诗中，称芾为千载难得一遇的人物，"笔墨精妙"，独得天授。其书帖如照耀湘江、光华四射的月虹，让人"对此惝怳心若失，口哕汗下屡太息，十日把玩不得食"。最后甚至幻想"作笺天公"，请老天也能赐给他一双像米芾那样的巧手，那时他将痛饮百斛，以如江的墨池，如帚的笔，"一扫万字不停肘"，爱米字简直爱到了发狂的程度。因此可以说，孝祥中年学过米。又，杨万里《诚斋诗话》有一段关于张孝祥向刘岑学书的记载，曰："刘侍郎岑，字季高，居建康。中书舍人张孝祥字安国，时为帅，还往甚密。一日，安国忽具衣冠谒季高，季高惊异未出，先令人问盛服而来何故。安国曰：'欲北面书法。'季高不辞让，著道服而出。安国则令人扶季高，纳拜者再，季高亦不辞让。安国请曰云云，季高答曰云云，大意令安国学李邕书。"由上引资料推测，孝祥又可能远绍李邕。孝祥学习、继承前人书艺，但并不一味模仿。所谓"各自变体"、[①]"作字多得古人笔意"，[②]就是说他能在领会和参透古人精神的基础上自成创格。

孝祥书法，前人评之者甚多，综而言之可用八个字概括：飘逸自放、清劲雄奇。

孝祥书法盛行于南宋前期，陆游《渭南文集》卷二八《跋张安国家问》说："紫微张舍人书帖为时所贵重，锦囊玉轴，无家无之。"陈宓《跋于湖书凯歌》说："于湖词翰为乾道、淳熙间绝唱，人得其残篇断稿，往往如珠玉，而后生晚辈多效颦。"蔡戡《定斋集》卷一六《送张安国》诗说："挥毫落纸盘龙纠，残篇醉墨人争收。"可惜享年不永，中道而逝。若上苍稍假岁月，其书艺可能达到更加辉煌的境界。[③]

张即之，董更《书录》卷下说："字温夫，安国之后，甚能传其家学。"《天童寺志》卷二亦云："昔人评即之书初学伯父，晚失其法。"文徵明《文待诏题跋》卷下《题张即之书（进学解）》对此论述得最清楚，

① 见上引《负暄野录》。
② 朱熹：《晦庵集》卷八四《跋张安国帖》。
③ 孝祥书艺，系参据黄佩玉《张孝祥研究》修入。

说:"于湖先生,孝伯之兄,即之伯父也。其书师颜鲁公,尝为高宗所称。即之稍变而刻急,遂自名家。……此书(指进学解)无岁月可考,而老笔健劲,大类安国所书庐坦河南尉碑,实所谓传其家学者耶!"均肯定即之在于湖书艺基础上,予以变化创新。即之继承孝祥衣钵,学颜、学米,并参用欧阳询、褚遂良的体势笔法,《丰坊书诀》谓其学米元章,而变以奇劲,有春花秋水之势。王文治《快雨堂题跋》云:"人知张师海岳①而不知其出入欧、褚。"在广泛汲取前人精华的基础上,自成一体,表现出南宋中晚期的风格。

即之书艺的特色是结构严谨,以力见长。对其评价,历来存在褒、贬两种不同的声音。《延祐四明志》卷四讲其"晚益颠狂,故其书不复行"。《墨林快事》说:"樗寮书昔人斥为恶札,今评其笔意,亦非有心为怪,惟象其胸怀,元与俗情相违逆,不知有匀圆之可喜,峭挺之可骇耳。"但总起来说是褒者众,贬者少。如董其昌就认为即之书法不沿袭前人,贵能独创,将禅家之说,自其胸中流出,诚盖天盖地之作,南宋书家,以即之为第一。可谓推崇备至。全祖望《鲒琦亭集》卷三八《跋张樗寮书逸老堂碑》亦给予很高评价,并驳斥了世人对其所加贬抑之词,说:"其书法冠于晚宋,而清容②以为书法之坏,自樗寮始,谓其晚年人益奇,书亦益放。今观是碑,何放之有?余所见樗寮墨迹甚多,并不见其如清容所云者。"都肯定即之为晚宋第一书法大家。

即之书艺影响大而广,《宋史》卷四四五《张即之传》说:"即之以能书闻天下,金人尤宝其翰墨。"翁方纲《苏斋题跋》说:"温夫以书著名南宋之末,而金人亦极重其事。"宋元之际,日本僧人来我国者,亦多携即之书归,所以今存日本的即之书迹很多。当时能扬名敌国、流播海外的书家凤毛麟角,由此看来,即之是当之无愧的晚宋书法大家。

① 米芾号。
② 元人袁桷之字。

第五节　绘画艺术

一、综　述

宋代安徽人在绘画领域也有绝佳表现，如宣城包氏，以画虎出名，而鼎之画尤居最，其子孙虽犹以画虎为业，但作商品出卖，故不得其祖仿佛。[①] 释惠崇工画鹅鸭、大雁、鹭鸶等禽鸟，尤喜写小景。《画史会要》称其"善为寒汀远渚，潇洒之象，人所难到"。王安石题诗称誉其画："画史纷纷何足数，惠崇晚出吾最许。"倪涛，善画虫草，一日访友，戏画三蝇于壁间，自题"何人刻猕猴，老眼觑荆棘"云云。池州佚名匠人所作《秋浦九华图》，笔亦粗有情趣。虞仲文，字质夫，定远人，工人物、鞍马、墨竹，以墨竹画成就最高。陈广，宣城人，以画鱼闻名。毛政，庐江人，工山水、神、佛。刘世武，舒州人，工山水、人物。赵大亨，字通叟，出身微贱，工山水。祝次友，太平州人，工山水。张鉴，滁州人，工山水。然其中最为著名的，还要数舒城李公麟和濠梁崔白兄弟祖孙及丁贶。

二、有宋第一画家李公麟

公麟履历行实，有些不同的说法，以致一般读者常感到无所适从，因此略加说明。一、关于他的籍贯问题。《东都事略》卷一一六《李公麟传》及《图画见闻志》、《画继》、《箓史》、《宣和画谱》等书俱云舒城人。《宋史》本传说他舒州人。周必大《平园续稿》卷三八在为公麟孙李琥撰写的《墓碣》中，讲家舒城。《箓史》卷上载李公麟自作《洗玉池记》说："元祐惟五年庚午，正月初吉，舒城李公麟伯时曰：'友善陈散侯惠我泗滨乐石，□敬怀义德，不敢辞……'"自言舒城人。固当以舒

---

① 《归田录》卷二李鹰《德隅堂画品·乳虎》。

城为是，"舒州"云云，恐是"舒城"之误。二、关于李公麟登第年月。约有熙宁三年、元祐三年两说。张澂《画录广遗》云："伯时中熙宁丙科，即隐龙眠山，十年不求仕。"澂为李氏外甥，所记当可信。邓椿《画继》说"公麟熙宁三年登第"，进一步具体化。所谓元祐三年登第，我意可能是误读周必大《题鞫城铭》所致，《题鞫城铭》说："伯时堂弟窠，字德素，南唐李先主昇四世孙，并登科，隐舒城龙眠山。里人李冲元，字元中，少年迈往，善论人物书画，共为山泽之游，号龙眠三友，元祐三年亦登科。"而寻绎上文，登元祐三年第者乃冲元，并不包括伯时与窠。又，《东坡题跋》卷三载："元祐三年二月二十一日，（轼）领贡举事，辟李伯时为考校官。"既为考官，按理不应再充考生，因知元祐三年者非。

伯时工书画，被推为有宋第一画家，仅《宣和画谱》一书，就收录他的作品达107件之多。就其形式而言，他作画多用澄心堂纸，很少用绢素；大多为白描，仅少数作品傅色；小件占多数，长幅巨制较少；创意之作多，也有一定数量的写真和临摹。题材广泛，而以山水、鞍马、佛像、人物类居多，也最出名。

古人常说，画山水者必须师法自然，然后才能成为名家，而不为他人之奴隶。伯时生长在湖山环汇的舒城县，自幼与好山好水结下不解之缘，即使入仕后，仍眷眷不能忘情。《宣和画谱》讲他："仕宦居京师十年，不游权贵门，得休沐，遇佳时，则载酒出城，拉同志二三人，访名园荫林，坐石临水，悠然终日。……从仕三十年，未尝一日忘山林，故所画皆其胸中所蕴。"所作《龙眠山庄图》，时人比之王维《辋川图》，据周必大引张达明《雁峰谈》讲，此图正本为梁师成取去，世间辗转流传者，仍草本。图的结构见苏辙《栾城集》卷一六，自西而东16景，即建德馆、墨禅堂、华岩堂、云芽阁、发真坞、芗茅馆、璎珞岩、楼云室、祕全庵、延华洞、澄元谷、雨花岩、冷冷谷、玉龙峡、观音岩、垂云沜；南方4景为胜金岩、宝华岩、陈彭、鹊源。据吴升《大观记》讲，图本二十幅，绢素，设色，东坡为作记，每幅用宋月白斜纹绫隔水，苏辙于每幅对题诗二行，末缀跋语，下有"宣和中祕"印辖，赠尾王行俭长题。元时割坡记与图之半，厘为上下二卷。《东坡文集》卷三八《书李伯时山庄图后》对其备极赞美，认为"其神与万物交，其智与百工通，虽然，有道有艺"。意思是说,伯时不独在精神上与大自然及其周遭合而为一,并且在技巧上又能把它具体真实地描绘出来。《佩文斋书画谱》卷八三引赵孟𫖯说:"兰亭叙草为古今法书所宗,⋯⋯此龙眠山庄图草全用其法,而行笔细润,洒有超越之意,古人翻案法,正当于此求之。"董其昌《容台集》说:"余尝见李龙眠山庄图,用墨妍秀,设色精工,真入摩诘之室。"文嘉钤《山堂书画记》卷下讲其图"笔墨清润,神采焕发,公麟得意笔也"。《山阴图》,据《清河书画舫》未集引米芾《山阴图跋尾》讲,是乃伯时依米芾所说,想象而作的山水画。周辉《清波杂志》讲:"辉顷于池阳一士大夫处见纸上横卷《山阴图》,乃叶石林家本,人物止三寸许,已再三临摹,神韵尚尔不凡,况龙眠真笔耶!前有序赞各八句,词翰皆出石林。⋯⋯画许元度、王逸少、谢安石、支道林四人像,作《山阴图》。元度超然万物之表,见于眉睫;逸少藏手袖间,徐行若有所观;安石肤腴秀泽,著屐返首,与道林语;道林羸然出其后,引手出相酬酢,皆得其意。俯仰步趣之间,笔墨简远,妙绝一时。"可惜今下落不明。《潇湘卧游图》,《西清劄记》卷三说:"纸本,水墨画,峰峦离合,云烟空濛,笔墨脱尽恒径。款题'潇湘卧游,伯时为云谷老禅隐图'。"真本现藏日本国。蜀川二图,一为纸本,一为绢本,前者藏日本,后者藏美国。有图有文,颇类古代图经,非纯粹山水画。《江村书画目》誉之为"真迹无上神品"。临摹山水画,据《宣和画谱》,有《李将军海岸图》、《庐鸿草堂图》等。《画品》认为"伯时山水似李思训",《天都阁藏画杂评》说伯时"山水出入王(维)李(思训),似于董(源)李(成)所未及也"。

伯时尤好画马。根据现存著录,其临摹马画,主要有二家,一为韩干,一为韦偃。《宣和画谱》说:"公麟初喜画马,大率学韩干略有增损。"又,《古今画鉴》说:伯时"画马师韩干,不为着色,独用澄心堂纸为之。唯临摹古画,用绢素作色"。这里所谓的"略有增损",说明伯时虽师法韩干,但不是一意模仿,而是在保存韩马基本面目的基础上揉入自己的匠心和意裁。所临韩干《三马图》,《古今画鉴》称:"神骏突出缣素,今在杭州人家。使韩干复生,亦恐不能尽过也。"《苏诗集注》卷二七《次韵子由诗李伯时所藏临韩干马》云:"干唯画肉不画骨,

而况失实空余皮。烦君巧说腹中事,妙语欲遣黄泉知。"同书卷二五《次韵吴传正枯木歌》又云:"龙眠居士本诗人,能使龙池飞霹雳。……龙眠胸中有千驷,不独画肉兼画骨。"临韩干《师子骢图卷》,据《西清劄记》卷四云:"绢本,设色画,骢马饰鞶缨,不施鞍辔。奚奴帊首,朱衣白袴,靯而行。款识'右奚人习马,见李主煜《阁中集》尔雅两目白如鱼,杜子美《赞》备道之。顷杨直讲家藏干马样 18 匹,此第二名师子骢,公麟传宝。自先人于皇祐间得之乡人马忠肃亮家,在江南时,已无四足,今谬补之,虽亏电雹之资,而一日天□,固不害于胸臆,凝神赏之,当能知之。元祐五年北岸鱼乐轩题'。"可惜此画也下落不明。伯时临韦偃马,孙承泽《庚子销夏记》卷三著录说:"伯时临韦偃《放牧图》,乃奉旨临。唐人极重马政,各苑俱以百千万计,偃盖写当年苑中放牧之景。而公麟以妙笔临之,遂觉吞牛汗血之奇备尽。卷中马至万余,牧者千余,而林木坡陀沮洳不与焉,真奇观也!"现藏北京故宫博物院。周芜在其所著《李公麟》一书中述曰:"李公麟所临的韦偃《放牧图》,是国内唯一的真迹。这幅摹本是画在绢地上的。着色极淡,右上角有小篆书款字两行,写道:'臣李公麟奉勅摹韦偃《放牧图》。'全图有马一千多匹,牧者亦有数百人,结构极其宏伟。马的顾盼俯仰,吃草饮水,嬉戏行乐及其动静配置,散聚疏密,大小安排,均有所照应。山丘起伏变化,湖沼隐现穿插,树木参差错落,在广阔的原野,洋溢着生活的欢乐,使画面构图产生了无穷的变化,在变化中又为反映放牧者的生活景象所统一。"伯时又曾临摹过韦偃的《六马图》,《山谷外集》卷一五在对韦、李二人画作比较时说:"韦侯常喜作群马,杜陵诗中如见画。忽开短卷六马图,想见诗老醉骑驴。龙眠作马晚更妙,至今似觉韦偃少。一洗万古凡马空,句法如此今谁上。"肯定了李胜于韦。

伯时对前代画马名迹,虽认真临摹,而更重要的是实地精心观察,熟悉马的生活动态和变态,然后再行下笔。《石林避暑录》卷下曾记载:太仆"寺有廨舍,国马皆在其中,伯时每遇之,必终日纵观,有不暇与客语者。"鲁骏《宋元以来画人姓氏录》卷二三引《鹤山集》说:"伯时留意画马,每欲画,必观群马,以尽变态。"有些书甚至夸张地说他的画能夺马之精魄,放笔而马殂。《宣和画谱》就曾讲,伯时"尝写骐骥院御马,如西域、于阗所贡好头赤、锦膊骢之类,写貌至多。至圉人恳请,恐并为神物取去"。《铁纲珊瑚》卷一八引《曾纡跋》说:"元祐庚午岁,鲁直谓予曰:'异哉伯时,貌天厩满川花,放笔而马殂矣!盖神骏精魄,皆为伯时笔摄之而去。实古今异事,当作数语记之。'"陈继儒《珍珠船》卷一有类似记载:"李伯时至骐骥院,见外国所进六马,乃画图之,未几,六马继死。人以为李画入神,夺其精魄。"三书所记,实为一事。所谓"放笔而殂"、"六马继死",可能是一种偶然的巧合,疑神疑鬼,无非证明伯时马画微妙逼真。

伯时创作的马画名迹共三十六件,见于著录的主要有《天闲五马图》和《飞骑习射图》。《天闲五马图》,或简称《五马图》、《矢马图》,现藏日本国。《三马图》系五马内三马之复本,《清河书画舫》未集引(宋)王震《题识》云:"右龙眠居士李伯时画三马图,东坡先生赞之。伯时画妙绝一时,画马尤工,与唐江都王争优劣。马固神骏,非伯时意匠之巧,未易能写真传远也。"(宋)张丑题诗曰:"龙眠三马图,笔随意自足,冥契玉局翁,题品光南服。我今购得之,爱护同荆玉。宝气看上腾,压倒千横轴。"可惜此画也下落不明,存亡未卜。《飞骑习射图》是根据腹稿追写的马画,《宋文宪公(濂)全集》卷二二《芝园前集》说:"濂尝见李伯时《飞骑习射图》,其描写位置如一,所画锦袍乘马者四人。前一人捷而驰,反首左顾,右手拽绣毬于马后,箭中毬上。次一人弯弧斫�,作放箭势,手扰高举未下。楼大防诗所谓'前骑长缨拖绣毬,后骑射中如星流'者是也。次一人左执弓,右持三矢,其马如飞,似欲追射毬者。最后植青杨枝于平沙,系以绛绡,一人跃马,向前斜睨而射之。章良能诗所谓'红绡低系柳枝碧,满满开弓斫鬒射'者是也。盖伯时应奉廷试时,所见卫士班中飞骑射,拖毬杨枝之戏,故追图如此。其精神流动,全用篆籀笔写成,固不俟赞美。惜乎此卷但存第二骑,余皆失之,终不得其全璧。"可惜仅存的第二骑,而今也不知下落了。

伯时爱好画马,何以转而画佛,对于这个问题,《宣和画谱》、《鹤山集》、《画继》、《石林避暑录》、《冷斋夜话》、《江村销夏录》等均有记载,文字或详或略,大致是说接受禅林朋友圆通(号昙秀,俗称秀铁面)劝诚,怕死后坠入马胎,始改画菩萨,并以此作礼佛之资。

伯时画佛主要师承顾、陆、张、吴,《宣和画谱》讲他"始画,学顾、陆与张、吴及前世名手佳本"。《清河书画舫》未集引东坡《与李端叔书》说:"辱书,并示伯时所画地藏,某本无此学,安能知其为轶妙而超神,能于道子之外,探顾、陆古意耳。"董其昌《题龙眠演教图》说:"宋李公麟《演教图》精工之极,盖学陆探微,平视闫右相(立本)者。"《书画鉴影》卷二引董其昌《题龙眠十六应真图》以为:"临支道元,杂之六朝名手,殆不可辨,真神品也。"陈眉公《书画史》称伯时《西岳降灵图》"学张僧繇也"。由此可见,伯时画佛,在临摹方面,确实下了一番工夫。但《宣和画谱》著录伯时佛像作品40余件,而其中标明临摹者仅6件,这又说明,伯时画佛,虽不无临摹,而更多的是出自意造。如所画《华严相》,《东坡集》卷二三《书李伯时山庄图后》评之曰:"吾尝见居士作华严相,皆以意造,而与佛合。佛,菩萨言之,居士画之,若出一人。"《画继》卷七评所作《长带观音》、《卧观音》曰:"其佛像每务出奇立异,使世俗惊惑,而不失其胜绝处。尝作《长带观音》,其绅甚长,过一身又半。又为吕吉甫作《石上卧观音》,跏趺合爪,而具自在之相。……乃知高人达士,纵施横施,无施而不可者。"《祕殿珠林》卷九引袁桷《跋龙眠十八罗汉渡海谒大士图》说:"图罗汉履怒浪惊涛如平地,而诸凡水陆神怪精妖之类,莫不皈命驯服。是正佛家所谓圆通广大,遍满法界,似幻非幻,似真非真,不可以色相形容者。"《清河书画舫》引《画系》评伯时《五百应真图》说:"龙眠山人之图五百应真也,布景不凡,落笔尤异,前后树色川光、松针石脈、烟云风日、奇纵桥梁、殿宇胜概,大非平日可比。即其经禅枯坐外,或为棲岩渡海,或为伏虎降龙,或为乘马驾车,或为坐狮骑象,以至麋鹿衔花、猿猴献果、诸夷顶礼、龙王请斋,舞鹤观莲之容、净发挑耳之相,种种不离宗门本色。唯是中间分写琴棋书画四段,殆是书生习气未除耶!"《墨缘汇观·名画卷上》介绍其《醉僧图》说:"人物稍加赭色,渲晕,余用白描法,其中一人坐石于古松之下,面貌奇特,微含醉态,执笔作书,左手按膝,一童伸纸于前。松干悬一壶,石上旁陈砚墨。卷前二人作相顾状,一人双手擎酒瓶,前行一人左手提瓶随后,描写'人人送酒'之意。神情生动,超然绝俗,更兼树石苍劲,衣褶妙若游丝,真龙眠之佳作。"叶恭绰《遐庵清秘录》卷二引王鸿绪《题李公麟蕃王礼佛图卷》说："画共三十二人，佛之慈容，蕃王之严事，从者三十人，或惊、或喜、或慕、或敬、或沉思、或相顾动色，皆点情入妙，各具意态，奕奕动人，要非伯时不能办。"《丹霞访庞居士图》，轴，澄心堂纸本，高十二又四分之一寸，阔十五又四分之一寸，五彩白描画。庞居士斜坐在一异兽背上，兽毛细如丝发。丹霞西向立，居士、异兽皆目视丹霞，而不稍动。其神情似丹霞正在质疑中，而居士正在凝神静听。居士慈祥之态，在无言中跃然于纸上。画之左边，伯时以铁线篆自题'大宋元符三年龙眠居士李公麟制'。此画为其因病致仕之年作，更将视为绝笔，弥足珍贵。《宣和画谱》、《石渠宝笈初编》、《佩文斋书画谱》等书均曾著录。此外，据近人滕固所著《唐宋绘画史》讲，伯时佛画，在日本还藏有若干种：东京美术学校藏有他的《罗汉像》，日本侯爵黑田长成藏有他的《维摩像》。伯时佛画最大的特点是在很大程度上保留了士大夫的面目和习气。道教人物画有《三清图》、《老子新沐图》、《莲社图》和《醉道士图》等。

　　非宗教人物画，临摹前人的作品有临顾恺之《女史箴图》、临阎立本《春秋战国贞女图》。创作画很多，大致可分为写真、写高风、写故实、写史事、写文学、写经典、写圣贤七类。写真画如：《定林萧散图》、《王荆公骑驴图》，两画均为王安石所写像。为黄庭坚写真，见《山谷外集诗注》卷八，云："《同安志》云：'石牛洞在三祖山山谷寺之西北，其石状若伏牛，因以为名。初李伯时画鲁直坐石牛上，因此号山谷道人，题诗石上，所谓青牛驾我山谷路也。'"为赵抃写相，见《苏诗集注》卷二七《题李伯时画赵景仁琴鹤图二首》。为王诜写《剔耳图》，见《东坡题跋》卷五、《泥古录》卷一。又曾为李之仪画像，《东坡后集》卷九《李伯时画李端叔[①]真赞》说："须发之拳丝，眉宇之渊然，披胸腹之掀然。以为可得而见欤？则漠乎其无言。以为不可得而见欤？则已见画于龙眠矣。呜呼！将为既琢之玉，以役其天乎？将为不雨之云，以抱其全乎？抑将游戏此世，而时出于两者之间也。"伯时与苏轼生同时，官同朝，志趣爱好亦相同，是文字上及艺术上的好朋友，故曾多次

---

① 之仪字。

为东坡写像。集体写真,最负盛名的就要算《西园雅集》了。米芾《宝晋英光集补遗》记《西园雅记图》共写16位人物:"其乌帽黄道服,捉笔而书者,为东坡先生。仙桃巾,紫裘而坐观者,为王晋卿。幅巾青衣,据方机而凝神者,为丹阳蔡天启。捉椅而视者,为李端叔。坐于右盘旁,道帽紫衣,右手倚石,左手执卷而观者,为苏子由。团巾茧衣,手秉蕉箑而熟视者,为黄鲁直。幅巾野褐,据横卷,画渊明归去来者,为李伯时。披巾青服,抚肩而立者,为晁无咎。跪而捉石观画者,为张文潜。道巾素衣,按襟而俯视者,为郑清老。二人坐于盘根古桧下,幅巾青衣,袖手侧听者,为秦少游;琴尾冠,紫道服,摘阮者,为陈碧虚。唐巾深衣,昂首而题石者,为米元章。幅巾袖手而仰观者,为王仲至。着袈裟坐蒲团而说无生论者,为圆通大师;旁有褐衣而谛听者,为刘巨济,二人并坐于怪石之上。下有激湍漈流于大溪之中,水石潺湲,风竹相吞,炉烟方袅,草木自馨。人间清旷之乐,不过于此。"据董其昌《画禅室随笔》卷二讲:"李伯时《西园雅集图》有两本,一作于元丰间王晋卿(诜说)都尉之第,一作于元祐初安定郡王赵德麟之邸。"自南宋以至元、明、清,"西园雅集"这个题材,成为士大夫乐于创作的传统题材。伯时这幅画,辗转流传,几经临摹,也成为历史上有名的佳构。

伯时写古人高风亮节的画,主要有《王维看云图》、《王羲之书扇图》、①陶渊明《归去来辞图》和《靖节高风图》。《归去来辞图》有两本,许多书上都有著录。《清河书画舫》未集引周邦彦题识说:"龙眠居士尝以陶靖节归去来辞形之图画,家室户传,人人想见其风采。二疏以知足去位,元亮以违己弃官,皆不为声利所泊,世外人也。龙眠用意至到,依辞造设,若亲见其事云。"其二,王十朋编《苏东坡诗集注》卷二七录有《东坡书林次中所得李伯时归去来阳关二图后》二首,其第二首云:"两本新图墨宝香,尊前独唱小秦王。为君翻作归来引,不学阳关空断肠。"这说明东坡曾亲见此图。《靖节高风图》,《书画鉴影》卷一一讲:"纸本,共六开,每开高一尺一寸八分,阔称之。墨笔白描,细于毫发,而笔力清劲拔俗。""第一幅,渊明执巾漉酒,童子执下

---

①　一作戴山老妪捉扇图。

倾";"第二幅,渊明与客对坐";"第三幅,渊明执卷,童子侍立";"第四幅,渊明坐席上,右手执笔就砚,左手携纸,旁有书画卷及酒";"第五幅,渊明坐篮舆,二人负之而行";"第六幅,渊明趺坐抚琴"。另本,全图共分 15 段,凡 16 页,澄心堂纸本,大体依昭明太子萧统所撰《陶渊明传》之秩序而排列之,另附题诗及跋四页。内容依次为《造饮图》、《著文自娱图》、《送力给子图》、《携幼图》。第五图,依《渊明传》记载,此图乃写渊明与故人庞通及江州刺史王宏饮酒事。六为《篮舆图》,七为《度展图》,八为《渊明与颜延之情款图》,九为《送钱酒家图》,十为《东篱图》,十一为《抚无弦琴图》,十二为《醉休图》,十三《葛巾漉酒图》,十四《北牖高卧图》,十五《麾肉图》。题诗者为明诚意伯刘基,①作题跋者为白钺、张逊业、王煌。此外,伯时陶渊明画还有:《高士图》,见《庚子销夏记》卷三;《松下渊明图》,见《山谷外集》卷一六;与东坡合作《渊明濯足图》,见陈邦彦校《历代题画诗类》卷三七。

　　写史画有《免胄图》②和《李密迎秦王图》等。《免胄图》描绘的是唐朝大将郭子仪为挽救时局,不顾个人安危,脱去甲胄,单骑出见回纥首领,劝说其与唐和好,共击吐蕃的故事。伯时把故事中的两位主要人物郭子仪和回纥首领安排在两军之间,即画卷的中部,写郭子仪只包头巾,十分安详,十分从容,既无惧色,也无傲态,微微低首,以左手抚慰俯伏在地的回纥首领,似在示意请他起来说话。双方随从的动态和视线都集中在中间主体人物身上。跪在首领后面的小回纥全身匍匐,但仍不时偷偷抬头注视郭氏,像是他早已风闻郭氏的威名,今番相见,情不自禁地要趁机一睹其风采的样子。其他随从均面带出乎意料的惊讶和喜悦。回纥一方的远处,借扬天飞尘,暗示尚有大军在后,和不忘战;唐军一方的后面,远处的城楼上树满军旗和矛戈,显然也是以备不测。虽然双方都有和好的希望,但暗中也都做好了坏的打算。有主有次,有虚有实,有陪衬有点缀,错综交叉,最终形成一个协调优美的整体。此画虽取材历史,却寄托着作者对解决酝酿已久的民族矛盾的

---

① 见《诚意伯刘文成公文集》卷一三,四部丛刊本。
② 一作《单骑降虏图》。

希望,可惜,他的希望落空了。写故实画有《袁安卧雪图》、《慈孝图》、《君臣故事图》等。袁安,东汉细阳人,寓居洛阳,一年大雪,县令出按行,见人家皆除雪。至安门,无形迹,疑安已死。命人除雪叩门,见安僵卧,问他:何以不出? 答:大雪,人冻饿,不宜出。令贤之,举为孝廉,这便是史话传说的"袁安卧雪"故事。伯时依据这个故事绘成图画,便是《袁安卧雪图》。画中叩门者既举手敲门,又侧耳细听,表现了对袁安的倾注。为时既久,理应使屋里的袁安有所惊动,孰知袁氏安于饥寒,不论门外如何喧闹,仍高卧不起。县令随从三人,欲返且止,且行且顾,描写了无知下人的不耐烦心情。而于袁安的描写,则突出一个"静"字。这正是运用了"实者虚之"、"动静反映"的艺术表现手法,加意刻画门外四人,更显得袁安的清高。至于故事里县令发现袁安僵卧及举其为孝廉一段,一笔不着,更可想见伯时取材之深意。《庚子销夏记》卷三评曰:"余见惊叹欲绝。高山突兀,长林一围,境深雪积,暑月对之,令人挟裘。一人拥衾而卧,一人叩扉,一人骑马,一人前引,一人张盖。卧者静,扣者手击耳听,其三人欲返且止,且行且顾,神情曲妙无伦。自龙眠而后,未有其匹,恐前此顾(恺之)陆(探微)诸人亦所未及也。"

写文学的画有《缚鸡图》、《九歌图》、《阳关图》等。《缚鸡图》是根据杜甫的诗歌《缚鸡行》创作的,《宣和画谱》说他"深得杜甫作诗体制而移于画",并举出他画杜甫的《缚鸡行》"不在鸡虫之得失,乃在于注目寒江倚山阁",他把画中的人物作出凭倚山阁、注目寒江的茫然神态,正表达了对面临的诸多社会矛盾的无可奈何情绪。《九歌图》是根据屈赋《九歌》创作的,朱彝尊《曝书亭集》卷五四说:"李伯时《九歌图》用澄心堂纸作,每图书三闾大夫辞于后,笔法绢妙,匪特画居绝品也。"《阳关图》是根据唐诗人王维的《阳关曲》创作的,原诗曰:"渭城朝雨浥轻尘,客舍青青柳色新;劝君更尽一杯酒,西出阳关无故人。"因为该诗很出名,后来人们就把它作为送别时唱的歌,演为《阳关三叠》。而伯时在移诗入画时,却设钓者于水滨,忘形块坐,哀乐不关其意,这一似乎与送别主题无关的布设,给览者留下无穷的想象空间。东坡赞之曰:"龙眠独识殷勤处,画出阳关意外声。"这"意外声",我想恐即指此。另外,黄庭坚、苏辙等也有题咏,《山谷外集诗注》卷一五说:"断肠声里无形影,画出无声亦断肠。想得阳关更西路,北风低草见牛羊。"第二首:"人事好乖当语离,龙眠貌出断肠诗。渭城柳色关何事,自是离人作许悲。"《栾城集》卷一六说:"百年摩诘阳关语,三叠嘉荣意外声。谁遣伯时开缣素,萧条边思坐中生。"从这些赞美中,更可想象伯时《阳关图》的诗情和画意。

写经画有《孝经图》、《春秋列国女贞图》等,《云烟过眼录》载:"李伯时画女孝经,并自书经文,惜不全。"《青霞馆论画绝句一百首》说:"李龙眠孝经图卷,绢色微黄黑,人物古厚,神采绝佳。每章自书经文,其第九章董文敏刻入戏鸿堂帖。"关于龙眠的花鸟画,虽见于《宣和画谱》及其他一二著录,如《折枝花》、《二杏花》、《白鹇图》等,并被称之为"苍秀绝伦"的花鸟作,但数量毕竟很少,且迄今尚未发现他的画迹,故不再繁举。

龙眠画作受到自北宋以来历代人们的高度评价和倾心赞扬,《画继》称其"画鞍马超过韩干,佛像追踪吴道玄,山水酷似李思训,人物比美韩滉"。《佩文斋书画谱·画部》卷八说:"公麟集顾(恺之)、陆(探微)、张(僧繇)、吴(道子)诸家之长,为宋画第一。"《宣和画谱》云:"当时富贵人家欲得其笔迹者,往往执礼愿交。"以至到了"千金易得,一画难求"。直到八百年以后的今天,他的作品仍旧为举世各国所珍重。人们不禁会问,他的画到底有哪些艺术特色,而如此受人酷爱?综合前人论述,我想大概有四个方面的问题值得一提:一、画中有诗。黄庭坚赞曰:"李侯有句不肯吐,淡墨写成无声诗。"周必大《平园集》说:"昌黎公诗中有画,李伯时画中有诗。"这就是说,他的画不仅与自然美和谐地融合在一起,而且涵有他个人内在的灵性与雅致,所以能够吸引住一切爱美人的感情。二、惟妙惟肖。《宣和画谱》说:龙眠"能分别状貌,使人望而知其廓庙、馆阁、山林、草野、闾闾、臧获、台舆、皂隶。至于动作态度,颦伸俯仰,小大美恶,与夫东西南北之人,才分点画,尊卑贵贱,咸有区别。非若世俗画工混为一律,贵贱妍丑,止以肥红瘦黑分之。大抵公麟以立意为先,布置缘饰为次"。还各色人物以本来的面目和神情,使每个人物的社会地位、个性人品、神韵气象,不用文字说明而跃然纸上,览之如临其景,如见其人。三、气韵高雅。

龙眠的画一如他的人格,清秀超轶中透出盎然古趣。米芾《宝晋英光集补遗·西园雅集图记》说:"人物秀发,各肖其形,自有林下风味,无一丝尘垢气,不为凡笔也。"《江村销夏录》卷三引王穉登语曰:"有天人相,细入微茫,而高古超越,非尘凡面目。……真神采之笔,视后世丹青手,直土苴耳。"这"无尘垢气"、"非尘凡面目",所指的便是六法中所谓的"气韵",因而特别为士大夫群体所倾倒。四、风骨特立,自成一格。龙眠不仅吸取了历代名家的创作经验和技法,并成功地加以运用,而且还进行了创造性的开拓,"扫去粉黛,淡毫轻墨","不施丹青而光采动人"的白描画法,便是这一创作活动的结晶。在此之前,白描只作起稿用,犹如西洋画的素描,尚不是正式创作。而李氏以白描始,以白描终,白描成为绘画创作的最后形式,在画史上明确地成为一格,这是一个了不起的贡献。他在白描时所用的线条,简明精细,洁净无尘,在急徐轻重、浓淡虚实、刚柔曲直与回环往复之间,富有音乐性的节奏,不借重颜色,便把人物的性情和形态非常优美逼真地表达出来。笔触遒劲有力、雄浑含蓄、气韵深沉、趣味古雅,直到今天,也还没有人能够超过他。

李公麟在绘画方面的惊人成就,不是容易取得的,既是他主观努力的结果,也有客观的因素。史载他的父亲李虚一尝举贤良方正科,做过大理寺丞一类的官,喜欢收藏法书名画和古器物,公麟自幼生活在一个文化氛围非常浓厚的家庭里,耳濡目染,故早在少年时代便对艺术发生浓厚的兴趣,并领悟到古人用笔之意。在诗文、古文字、古器物学方面的造诣,又为他日后的艺术创作打下坚实的基础。由于古文篆籀笔意醇古,他将其透入白描画中,就使画中的每一根线条都如行云流水、精细古雅、遒劲骨立,而无半点尘垢气。由于他具有较高的文学修养,所以感情丰富、头脑细致、立意精密、造型巧妙,并进而达到超逸绝尘的艺术境界。其次,勤奋好学是他的一贯作风,《宣和画谱》讲他"凡古今名画,得之则必临摹"。《过庭录》记载:"忠宣①旧藏一江都王马,往年自庆州赴阙,李伯时自京前路延见求观。忠宣曰:'某非耆,

---

① 指范纯仁。

但道路难为检寻,俟至阙未晚。'李日夕恳之甚力,寻出,李见之,称叹失措,借归累日,用意模写。"在学习前人、集众之长的同时,又勤于写作,《佩文斋书画谱·画部》卷八三引李廌《德隅斋画品》说:"伯时放情荡意,遇物则画,初不计其妍蚩得失,至其成功,则无遗恨毫发。"还有前边已经提到的关于他画马的故事,都说明他很重视观察生活,实地写真,用实际经验和刻苦训练来建立和充实自我的作风。龙眠一生,作画几乎无一日间断,他把绘画当成了自己的终生事业。元符三年,左手得风湿症,据《宣和画谱》讲,养病期间,躺在床上一边呻吟,一面还仰手画被,作落笔姿势。家人劝止时,他笑着说:"余习未除,不觉至此。"最后,龙眠作画目的纯正,志趣高雅,用他自己的话说就是:"吾为画,如骚人赋诗,吟咏性情而已。"不屈于权势,不惑于声利,富豪权贵向他求画,"靳固不答,至名人胜士,则虽昧平生,……乘兴落笔,了无难色"。这也是龙眠艺日进,而宣城包鼎后世技益穷,以至最后泯然无闻的原因之一。

龙眠书法的继承,在宋代有赵广、梵隆、乔仲常、孙玠、丁晞韩、贾师古、范正夫、周纯,元代有钱选、赵孟頫、张渥,明代有仇英、丁云鹏、陈洪绶,清代有肖云从、范景似、姚文燮等,不计其数的画家都直接或间接地受到他的影响。陆游《老学庵笔记》卷二载:"赵广,合肥人,本李伯时家小史。伯时作画,每使侍左右,久之遂善画,尤工作马,凡能乱真。"孙玠,舒城人,受笔法于龙眠,工释道人物,由梁师成引入画院,后为忌者鸩死。又,公麟弟公庚,字亮工,受伯时影响,亦工画。

三、崔白兄弟祖孙

崔白字子西,北宋仁宗、神宗之际著名画家。熙宁初,受命与艾宣、丁贶、葛守昌画垂拱殿《夹竹海棠鹤图》屏风,崔画深受神宗赏识,补图画院艺学。宋代图画院录用画家,都经过严格选择,有时应募者数千,入选者才百余。画院画家的职位,由低至高为学正、艺学、祗候、待诏。崔氏能入选画院,并骤至艺学,足见他的画艺是极高的。然而,他自以性情疏阔,恐不能执事,固辞。为此,神宗特免其雷同差遣,非御前有旨毋召,可谓是恩出常格。崔画最大特征是强调主题精神,捕

捉对象刹那间的特征,注意动态表现,体制精赡,作法疏通,笔迹劲利。他的这种画法,不只是与浓丽细密的黄筌父子不同,而且突破了在画院里保持了将近一个世纪的"黄氏体制",开创出迥异于前的一种新格式、新境界。

《画史》称他工人物、山林、佛道、鬼神,尤长于花竹翎毛。作品内容丰富,流传也极夥,仅《宣和画谱》著录,即达241件之多。

此外,《中兴馆阁储藏》又补录其画迹43件,总数仅次于黄居采。台湾故宫博物院藏有:《芦花羲爱图》、《芦汀宿雁图》、《芦雁图》、《竹鸥图》、《枇杷孔雀图》、《秋浦蓉宾图》、《双喜图》等轴,《四瑞图》、《柳阴戏鹅》、《和风金凤》、《竹雀》、《桃溪鹦鸽》、《翠羽绯桃》等册页。北京故宫博物院藏有《寒雀图》等。对这些留存下来的画迹,哪些是真,哪些为赝,尚有不同看法,一般认为《寒雀图》、《双喜图》、《竹鸥图》可靠性较大些。《双喜图》,今人又题作《双鸟戏兔图》。根据画的中部树干上有"嘉祐辛丑崔白笔"八字,知为崔画,作于仁宗嘉祐六年。绢本,着色,描写深秋时园林所见。有双鸟飞来,其中一鸟于枝上对着树下一只野兔叫呼,兔子蹲在地上,回首作逗趣状。坡岸的枯枝、小竹和衰草,被西风吹动,似瑟瑟作响。所画一笔不苟,颇有生意。《寒雀图》写枯枝上的九只麻雀,各具姿态,用笔奔放。清高士奇《跋陈仲美溪凫图》引洛川斋主人语曰:"白画雀,无黄家习气,自有骨法,胜于浓艳重彩。"对崔白画的评价,一般都比较高,王安石赞扬他"莫道今人不如古",黄庭坚看了他的《风竹鹏鸽图》,题辞赞赏,以为"崔生丹墨,盗造物机,后有识者,恨不同时。"也有非议的,米芾在《画史》就曾说,张挂崔白作品"皆能污壁",而且以为"不入吾曹议论"。崔白画风对后世影响很大,《铁围山丛谈》讲,吴元瑜学画于崔白,宋徽宗又尝学画于元瑜,则徽宗实崔白再传弟子。

第九章

宋代安徽学术园地生机勃勃

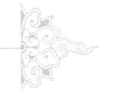

宋代思想文化政策总的来说比较宽松自由,安徽学人发扬蹈励,著作繁彩,流派迭兴,在儒学、史地学、佛学及文献整理等方面,都做出令人瞩目的成就,并涌现出一大批知名学者。

第一节　儒　学

一、综　述

宋初胡瑗、孙复、石介三先生的学术活动,为理学的诞生铺平了道路。庆历前后,疑古思潮的出现,给儒学的革新,即理学的产生创造了条件。熙丰间,关学树立了学用结合的典范,洛阳二程奠定了理学的基础。南宋乾淳以后,其学分而为以朱熹、陆九渊、吕祖谦为代表的三派,朱、吕二氏均系安徽人的后裔,因作专题介绍于后。

二、理学集大成者朱熹

朱熹祖籍徽州婺源,生于南剑州尤溪县,长眠于建宁府建阳县,一生到过徽州三次,前后数阅月而已。在他所写的序跋中,自署籍贯有婺源、新安、紫阳、吴郡、丹阳、平陵、邹邑等不下八九处之多。他这样做的目的不过是为了说明其所倡导的理学同发源于邹鲁的道统之间有着血缘关系。昧于此理者,据之争论他的籍贯,似无异于胶柱鼓瑟。

朱熹出身在一个衰落下来的官僚地主家庭里,十四岁丧父,依靠父友刘子羽生活。幼颖悟,甫能言,父指天示之曰:此天也。熹反问:天之上为何物? 尝从群儿戏沙上,别的孩子嬉笑打闹,他却独坐用手指画沙,视之,八卦也。强烈的好奇心和求知欲,使他从年轻时就游心于知识的海洋,泛滥辞章,出入佛老,“自经史著述外,凡夫诸子、佛老、天文、地理之学,无不涉猎而讲究也”。[①] 尤留意释典,他曾对刘彦冲说:自己十五六岁时,“也理会得个昭昭灵灵底禅”。[②] 绍兴十八年,举进士第;二十一年,授迪功郎,同安主簿;二十六年,任满,差监南岳庙。

---

① 《宋元学案·晦庵学案》。
② 《朱子语录》卷一〇四。

在同安县的五年间,他办了两件事,一镇压饥民暴动,二建经史阁、立学宫。三十年,正式受学于二程再传弟子罗从彦的学生李侗,从此专心儒学。"一日复一日,觉得圣贤言语渐渐有味,却回头看释氏之说,渐渐破绽罅漏百出",以至感到"佛学无是处",①完成了逃禅归儒过程。乾道元年任武学博士,以与宰相议论不合,辞归崇安。五年秋,访张栻于长沙,居留两月,讨论了关于"太极"、"中"、"和"等问题。而这些问题正是朱熹理学中的重要范畴,他把这次会晤称之为"己丑中和之悟",将这之前的观点称为"中和旧说",之后的观点称为"中和新说",可见这次会晤对他思想的转变起很大作用。淳熙二年,吕祖谦来访,商讨共同编辑《近思录》的事宜,当送吕氏回婺州途经上饶时,吕为弥合朱、陆学术分歧,邀陆九渊、陆九龄兄弟与朱氏会于县之鹅湖村。朱主"即物穷理",陆主"发明本心",结果不欢而散,自此人称朱学为"理学",陆学为"心学"。四年,撰成《论语集注》、《孟子集注》、《周易本义》、《诗集传》,前两书的撰成,标志其客观唯心主义体系确立。六年,出知南康军。在任期间办赈济、减赋税、筑江堤、重建白鹿洞书院,书院培养出一批学生,遂以此为基础,形成自己的学派。八年,提举浙东常平盐茶公事,访民隐、劾贪官、惩治不法豪右,颇得民心。然涉嫌拷掠无辜营妓严蕊,却招来一片非议。十四年,调任江西路提刑。光宗即位,知漳州,蠲减经总制钱,重新版籍,力行经界,以纠正田税不均。结果引起大官僚、大地主的强烈不满,最后以自劾收场。绍熙四年,迁湖南路安抚使、知潭州,建岳麓书院,创办社仓,镇压少数民族起义,编练地主武装。五年,光宗内禅,朱熹得到赵汝愚将召己任经筵官的密报后,抢在宁宗登基大赦令到达潭州之前,匆匆忙忙杀掉18位农民起义重要成员。② 八月,入为焕章阁待制兼侍讲,借进讲之际劝皇帝不可主威下移,遂为韩侂胄所恶。闰十月,宁宗以其干预朝廷事务,免去侍讲,提举南京鸿庆宫。十一月,回建阳考亭。庆元元年(1195),沈继祖劾其侵占故友田产、引诱尼姑为妾、冢妇夫亡而孕、虐

① 《朱子语录》卷一〇四。
② 《四朝闻见录》丁集、《长沙县志·拾遗》。

待老母等十罪。因为他的言论与行动常常互相背戾,遂被敌对方斥之为伪学。后来,伪学进而又成了伪党。

朱熹历事高宗、孝宗、光宗、宁宗四朝,一生在官约 10 年,立于朝者 46 日,任于外者九考,讲学和著述 40 多年。[①] 政治上,认为政治就治理老百姓,不使发生祸乱。治理的途径有二,"号令"和"刑罚"。治国之道如棋道,"国手下棋一著,便见得数十著以后之著"[②]。安定是国家政治中"大"且"先"的问题,"政如无大利害,不必议更张",以致造成"纷扰"。用"天理君权"代替先儒的"君权神授",认为皇帝的任务就是扶持"天理"。关于集权与分权的关系,主张二者并行,既主张中央集权,又主张给地方以实权,是个骑墙派。与集权与分权相联系,又有"封建"和"郡县"之争。朱熹歌颂三代的封建制,攻击秦代实行郡县制,但又认为"若使秦能宽刑薄赋,与民休息,而以郡县治之,虽与三代比隆,可也",[③]"封建实是不可行"。[④] 最后,他提出恢复西汉初"犬牙相错"、郡国并治的设想,把"封建"杂进郡县,显然是泥古守旧的迂腐之见,毫无进步意义。战与和的争论,是一个几乎与南宋王朝相终始的热门话题,开始,朱熹不言恢复,只讲"为自治之计"。孝宗即位,贬退秦桧党人,起用抗战代表人物张浚,在一派主战的声浪中,也转而主张抗金复仇,请孝宗"修政事,攘夷狄"。提出"金虏于我有不共戴天之仇,则其不可和也","讲和者有百害无一利,何苦而为之"。[⑤] 隆兴元年十一月六日,朱熹受诏言事,连上三札,内容都是"以战复仇","亟罢讲和之议",甚至认为讲和是叛逆"天理"。[⑥] 隆兴和议订立后,朱氏马上又改口,以"力未足以报"转而强调战守结合,"先安内而后攘外",反对盲目用兵,复仇的锐气和急迫感减弱了。

自北宋熙宁以来,儒家经典解释学的主流派是荆公新学。南宋立国后,新学受到冷落,作为非主流的理学乘势而起,纷纷投身于儒家经

---

① 《黄文肃先生勉斋文集》卷三六《朱熹行状》。
② 《朱子语录》卷一〇九。
③ 《朱文公文集》卷七二《古史余论》。
④ 《朱子语录》卷一〇八。
⑤ 《朱文公文集》卷一一《壬午应诏封事》。
⑥ 《朱文公文集》卷二四《答魏元启》。

典的注疏。在这支浩浩荡荡的队伍里，朱熹无疑是成就最高的一位，比较有名的如《周易本义》、《周易参同契考异》、四书章句集注（包括《大学章句》、《中庸章句》、《论语集注》、《孟子集注》）、《书集传》、《诗集传》、《太极图说解》、《通书解》、《正蒙解》、《西铭解》等。《易经》本为 12 篇，郑玄、王肃合《彖辞》于经，已非本来面目，朱氏的《周易本义》将其剔出，恢复《周易》的原貌，是有贡献的，得到经学家的普遍肯定。但他将陈抟的《河图》、《洛书》并入《易经》，引道入儒，则显然不合适了。《书集传》怀疑伪古文《尚书》，开后人考据之端绪，但同时又怀疑《书序》也是伪托，这就错了。所以章太炎说他在这个问题上功过相当。①《诗集传》有初稿、刊印稿两个本子，初稿全宗《小序》，因为吕祖谦解诗全宗《小序》，朱氏欲自立异，刊出时，遂尽变前说，改从郑樵。② 后来，坊间将两个本子并刻，其孙朱鉴又意为增损，以致世间传本颇多舛讹。清代学者花了很大工夫，才算重新清理出个眉目。《大学》古为一篇，朱氏颠倒其正文，补缀其阙文，别为经、传两个部分。《中庸》亦不从郑玄注分节，故均谓之章句。《论语》、《孟子》融会诸家之说，故曰集注。《四库全书总目提要》卷三五说：“朱子平生精力殚于四书，其剖析疑似，辨别毫厘，实远在《易本义》、《诗集传》上。”《杂学辨》一卷，专为宋代诸儒之杂于佛老者而作，凡苏轼《易传》19 条、苏辙《老子解》14 条、张九成《中庸解》52 条、吕希哲《大学解》4 条，皆摘录原文，然后驳正于下。总起来说，朱熹治经多凭臆测，虽有创获，也颇多过失，章太炎概之曰“是非功过相参，功不能掩过”，③反映了学术界多数人的意见，应该说是比较公允的。

哲学上，以理或天、天理为最高范畴，把二程偏重于社会人伦的天理扩展到整个宇宙，认为理不但是人际关系的主宰，而且是宇宙的根本。“合天地万物而言，只是一个理”；“未有天地之先，毕竟也只是理，有此理便有此天地。若无此理，便亦无天地，无人，无物”。④ 同时

① 章太炎：《国学述闻》。
② 杨慎：《丹铅录》。
③ 《国学述闻》。
④ 《朱子语类》卷一。

又认为理是一个有层次的范畴，一物有一物之理，这是具体的理；一类事物有同一之理，这是共同之理；包括天地万物之理，即太极。说："太极只是一个理字"，①"总天地万物之理便是太极"。② 理是无形的，但又是实际存在的，"吾儒虽心虚，而现实"，"以理言之则不可谓之有，以物言之不可谓之无"，③这样就和张载的气本论及佛老强调的"无"区别开来了。那么无生无灭、无始无终的理是如何生成有生有灭、有始有终的物呢？至此，朱熹又引入气的范畴。认为宇宙有理也有气，二者相互依存，不能分离，"天下未有无理之气，亦未有无气之理"，④理借气而存在，依气而展开。理、气的区别在于："理也者，形而上之道也，生物之本也；气也者，形而下之器也，生物之具也。"⑤"先有此理，而后有此气"，⑥"理为气之先"。⑦ 也就是说，理是事物的形成因，气是事物的质料因。气具有"流行发育"、"凝聚"、"造作"等特性，由于气的"动静"、"变化"、"一分为二"，⑧而造出世界万物。气派生万物时，理也随气进入物中，从而形成：理—气—物—理的逻辑结构，发展了二程的理气关系学说。物形态各异，而理只有一个，为了解决一个理随气入万物的矛盾，朱熹又继承其师李侗"理一分殊"的说法，并借用佛教"月印万川"的比喻，论证封建社会"尊卑大小"的等级制度是"各得其宜"，承认统一理所体现的物各有差异，彼此关联。朱熹继承张载的"一物两体"说，指出"凡事无不相反相成"，并对《周易》"化而裁之谓之变"的命题作了新的发挥。认为事物运动形式有"化"和"变"两种，"化"指渐渐消化的量变，"变"指"顿断有可见之处"。⑨ 解释"化而裁之"的"裁"即裁衣服的裁，"化而裁之存于变，只在那化中裁取便是变"。⑩ 事物变化的根本原因"只是一分二，节节如此，以至于无穷，皆

① 《朱子语类》卷一。
② 《朱子语类》卷一四。
③ 《朱子语类》卷一二六。
④ 《朱子语类》卷一。
⑤ 《朱文公文集》卷五八《答黄道夫》。
⑥ 《朱子语类》卷九五。
⑦⑧ 《朱子语类》卷六七。
⑨ 《朱子语类》卷七五。
⑩ 《朱子语类》卷七四。

是一生两尔"。① 事物阴阳对立,处于一个统一体中,"如寒,则暑便在其中;昼,则夜在其中;便有'一'寓焉"。② 这一观点,是对古代辩证法思想的一个大贡献。知行关系方面,强调知先行后,"论先后,知为先";③但又认为"知行相须"。"论轻重,行为重","方其知之,而行未及之,则知尚浅。亲历其域,则知之益明,非前日之意味"。④ 这里,朱熹已注意到"行"在认识过程中的重要性。关于人性方面,朱熹认为"必兼论天命之性(道心)"和"气质之性(人心)"。人禀气而生,所禀之气有清有浊,故人亦有圣贤愚不肖之分。在"理"与"欲"问题上,提出"人欲中自有天理",⑤"然天理人欲同行异情",⑥认为道德意识与物质欲望联结而不可分割。但超越封建道德原则的人欲,则与"天理"对立,⑦人只有通过"居敬穷理",才能达到"革尽人欲,复明天理",恢复人原有的纯善本性。美学方面,以"中和"为审美的理想,认为人心在"寂然不动"的含蓄状态时才符合于"理"或"性"。"情之未发者,性也,是乃谓中也,天下之大本也。性之已发者,情也,其皆中节,则所谓和也"。⑧ 人心为外物所惑便产生"情",然而"情"必须严格限制在道德观念范围之内。这种美学思想,对后世影响很大。逻辑上,注意到"类"的分析,认为"天下有不同之理",分类的标准是"就其异处以致其用"。⑨ 提出做学问有两种方法,一种是"自下面做上去",注意"以类而推",因为"凡物有四隅,举一隅则三隅可推"。⑩ 一种是"因其所已知而及其所未知,因其所已达而及其所未达"。前者是归纳法,后者即演绎法。对排中律也有所认识,认为不同观点的文字"最可观",因为两者之中"必有一真"。⑪ 对于佛老,取其哲理部分,去其有悖于封建伦理的观念。对自然科学知识表示了一定的尊重,称其为"小道",

---

① 《朱子语类》卷六七。
② 《朱子语类》卷九七。
③④ 《朱子语类》卷九。
⑤⑥ 《朱子语类》卷一三。
⑦ 《朱子语类》卷四〇。
⑧ 《朱文公文集·答张钦夫》。
⑨ 《朱子语类》卷七〇。
⑩ 《朱子语类》卷三四。
⑪ 《朱子语类》卷一〇。

但不是异端。小道亦有道理在，只是小，"如农圃、医人、百工之类，却有道理在"。① 吸取北宋以来的自然科学成果，用日、月、地球三者位置变动，解释月蚀产生的原因，认为月蚀"乃是地形倒去，遮了他光耳"。② 虹是"薄雨为日所照成影"。③ 像沈括一样，用高山残留有螺蚌壳，论证海陆变迁。但在鬼神观上，却从先儒那里后退了许多。孔子"不语怪力乱神"，二程"不说鬼神"，并有一些破除鬼神迷信的壮举。朱熹开始回避这个问题，学生问他这方面的事，他总不作正面回答，或说一些模棱两可的话，然而他越是闪烁其词，学生们越是追问不舍，要他有个明确态度，最后终于表示："说鬼神，举明道有无之说，因断之曰：有。若是无时，古人不如是求……鬼神是本有底事物。"④并列述灵魂是存在的，鬼怪神异是正常现象，风雨雷电等天气变化是鬼神之迹。在这个问题上，他的看法与乡野庸夫没有什么两样。

朱熹的学术涉及经学、史学、佛学、道学、文学、乐律以及自然科学诸多领域，沿用了许多前人已提出的哲学范畴和学术命题，并作出了比前人更加精密的论证，或演绎出全新的诠释，对自然现象和社会现象的观察也往往比前人更深入，由此，构筑起比其他宋儒更为严密、更为丰富、更加庞大的客观唯心主义理论体系。影响很大，至元、明、清三代，被提高到儒学正宗地位，支配中国思想界600余年。尤其是安徽的徽州地区，家传户习，无非朱子之学，稍及其他，就会被视为异端，鸣鼓而攻之。

在朱熹创立的庞大理学体系里，既包含许多精辟论断、合理内核，但也夹杂不少陈腐说教、荒谬见解，以及不能自圆其说的矛盾。诸如理本体与气本体的矛盾、理本体与心本体的矛盾、知先行后与知行并进互发的矛盾等。这些矛盾既显示了其理论的不彻底，又是此后王阳明、罗钦顺、王夫之、戴震等学说兴起的推动力。

---

① 《朱子语类》卷四九。
②③ 《朱子语类》卷一。
④ 《朱子语类》卷三《鬼神》。

三、吕祖谦的理学思想

吕祖谦,望出东莱,祖籍寿州,南渡后居婺州,与朱熹、张栻"鼎立为世师",人称"东南三贤"。经学方面,著有《吕氏家塾读诗记》32卷、《书记》35卷、《古周易》1卷及《左传类编》、《左传博议》、《左传说》、《左传续说》等。古《易》本12篇,分为上下经及十翼,自郑玄后,多有移缀,古《易》遂不复存,宋儒考验旧文,亦互有出入。吕氏之书晚出,较前书似更有据。《吕氏家塾读诗记》全宗毛、郑之说,陈振孙称之"博采诸家,存其名氏,先列训诂,后陈文义,剪裁贯穿,如出一手。有所发明,则别出之,诗学之详正,未有逾于此书者"。[①] 章太炎在《国学述闻》中说,吕氏治《毛诗》很当,但名气不如朱熹大,"却不为时人所重"。《左传类编》辑纂《左传》旧文,学术价值不大。《左传博议》随事立义,评其得失。《左传说》及《续说》与《左传博议》体例略同,但推阐更为详尽。陈振孙称其于左氏书多所发明。[②] 朱熹亦赞扬其详博,不过笔锋太颖利,凡所摘皆刻露不留余地。《左传续说》成于晚年,体例亦随文解义,议论虽不如前说阔大,但阐发传文底蕴,并抉摘疵,却颇中其失。《四库全书总目提要》说:"祖谦邃于史事,知空谈不可以说经,故研究传文,穷始末以核得失,而不倡废传之高论,视孙复诸人,其学为有据多矣。"

政治上主张抗金和改革弊政,认为当时"实百弊俱极之时","国仇未雪","邦本未宁",必须进行社会政治改革。

学术思想素以"杂博"而著称,相对于朱熹的理学和陆九渊的心学,表现出鲜明的折中调和色彩,兼取朱、陆之长,又接受永嘉学派经世治用的思想。宇宙观上既确认理为世界的本原,又提升了"心"范畴,并使之与天理并列,认为"心之为道,岂有彼此之可待乎。心外有道非心也,道外有心非道也",又说"通天下无非己也"。[③] 这样处理,就消除了理(道)的外在性或超越性,被纯粹还原为切己的存在了。

---

① 《直斋书录解题》。
② 《直斋书录解题》。
③ 《左传博议》卷三。

认识论上，汲取朱熹以"穷理"为本的"格物致知"说，但又提倡永嘉学派的务实作风。主张研究问题"不可有成心"，强调"参合审订"、"再三商榷"。重视群众实践经验，认为"闻街谈巷语，句句皆有可听；见舆台皂隶，人人皆有可取"。[①] 认识是没有穷尽的，人们必须不断地发现和提出疑难问题，才能逐步加深对事物的认识。"小疑必小进，大疑必大进，盖疑者不安故而进于新者也"。[②] 赞同胡宏的"天理人欲同行异情"说，认为"天理在人欲中，未尝须臾离也"。接受"以礼节欲"的儒家传统观点。在教育思想方面，提出"讲实理，育实才，而求实用也"。[③] 认为"大抵力学，不可令虚声多，实事少"，"本心不实，学问已无本矣"。[④]

吕祖谦继承家学传统，兼容并蓄，不主一说，博通史传，躬行体用，受到士大夫的普遍尊重，岿然为渡江后大宗，开启了浙东学派之先声。

四、程大昌的理学思想

程大昌，休宁人，仕历高宗、孝宗、光宗三朝，为官长达 40 余年，是南宋著名的经世大臣。另外，又是一位于经学、史地、名物掌故以及自然问题皆有论列的学术大家。史地成就本书有关部分已详述，经学方面的成就主要反映在所著《易原》、《诗论》两书中。《易原》成书于淳熙十二年，《自序》称"苦思力索，四年而成"。久无传本，明程敏政编纂《新安文献志》，录其三篇。清乾隆间开四库馆，馆臣又从《永乐大典》辑出百余篇，最后厘定为 8 卷。陈振孙《直斋书录解题》云："首论五十有五之数，参以《（河）图》、《（洛）书》、《大衍》，为《易》之源。而卦变揲法皆有图论，往往断以己见，出先儒之外。"《四库全书总目提要》称：程氏"虽排斥先儒，务申己说，不能脱南宋之气。然参互折衷，皆能根据《大传》，于《易》义亦有所阐明，与所作《诗论》欲并国风之名而废之者，固有别矣"。在宋人易学著作中，岿然自成一家。《诗论》本载《考古编》中，故《宋史·艺文志》不列其名。清朱彝尊《经义考》

---

① ② 《东莱文集·杂说》。

③ 《东莱文集·大学策问》。

④ 《东莱文集·杂说》。

始别立标题,谓之《诗议》。曹溶《学海类编》作《诗论》,清初修《江南通志》又作《毛诗辩证》。《诗论》不分卷,共 17 篇,一篇论述一个问题,如:论古有二南而无国风之名;南、雅、颂为乐诗,诸国为徒诗;国风之名出于《左传》、《荀子》;逸诗有《豳雅》、《豳颂》而无《豳风》,风不得抗雅;周"道关"与"关雎"为一语;《诗序》不出于子夏,《小序》缀诗出于卫宏等。反复推阐,大旨谓诗有南、雅、颂,国风之名出于汉儒附会。说极辨博,但因程氏意在求胜于汉儒,故对文献的解释往往带有很大的主观随意性,忽视与经义之合否。《左传》季札观乐,合于己说,则以《传》文为可信;《传》言风有采蘩采蘋,不合己所主张的无国风之说,则以《传》文不可信,甚或指左丘明为秦人。《礼记·乐记》屡引国风,大昌避而不谈。故其言虽辨,终不免遭致毛奇龄等人的驳诘。

大昌思想归宗理学。他对《老子》"道生一、一生二、二生三、三生万物"的宇宙生成模式,作出全新的解释,直言"一生二、二生三、三生万物",避而不谈老子哲学的最高范畴"道"。认为"一"并不是实实在在的本数,乃是圣人"借数寓名"耳。那么"一"到底是什么呢?程氏认为即"太极也",[①]从而跳出老子的命题,将之转化为理学范畴。他又进一步解释说,"一"不在"有形有体之域","一""随在随有","一""无间乎幽明大小,而皆能与之为祖",[②]这样就完全陷入唯心主义泥潭。

程大昌在徽州理学发展史上占有重要地位,《新安学系录》将其与朱熹并列,赵吉士《寄园寄所寄》列举新安理学先哲 15 人姓名,程大昌名随朱熹之后。

五、古音韵学家吴棫

吴棫,字才老,南宋著名儒学家,尤精于音韵,朱熹讲:近代训释之学惟才老及洪庆善为优。[③] 关于他的籍贯,王明清《挥麈三录》说是舒州人,李心传《建炎以来系年要录》从之。吴棫在其所著《韵补》中自署"武夷吴棫";徐蒇《韵补序》称:"吴才老棫,与蒇为同里有连,其祖

---

① 《易原·论一》。

② 《易原·太极生两仪论》。

③ 道光《福建通志》卷一八七《儒林传》。

后家同安。"考《宣和奉使高丽图经》附《徐兢墓志》,兢祖师仁,建州建安县人,四子,幼子闳中徙和州历阳,生林、兢,林生葳,知徐葳祖籍建安。武夷,山名,当闽、赣界上,建安位于武夷山区。是徐葳《韵补序》、吴棫自署籍贯、《徐兢墓志》所云辞虽异,而实同,两氏先世皆家建安。道光《福建通志》谓棫建安人,或即本此。但葳《序》又称"其祖后家同安"。同安,郡名,改州时曰舒州,故《元丰九域志》、《宋史·地理志》俱两名并举,曰"舒州同安郡"。由是可知,所谓建安、舒州云云,不过一指祖籍,一称吴棫本人里贯而已。若《四库全书总目提要》"疑明清误",直是读书不细,只记得"与葳为同里",而忘掉"其祖后家同安"了。著有《尚书裨传》、《毛诗叶韵补音》、《楚辞释音》、《韵补》、《论语考异》、《论语续解》、《论语说例》(一作《论语指掌》),除《韵补》之外,他皆失传。《尚书裨传》,陈振孙《直斋书录解题》称其"考据详博"。关于《论语》的三部著作,讲"其所援引百家诸史传,出入详洽"。《毛诗叶韵补音》10 卷,道光《福建通志》卷七六《经籍类略》载吴氏《自序》曰:"诗音旧有九家,唐陆德明以己见定为一家之学,《释文》是也。所补之音,皆陆氏未叶者,已叶者悉从陆氏。"陈振孙云:"其说以为诗韵无不叶音,如来之为厘,庆之为羌,马之为姥之类。诗音旧有九家,唐陆德明始定为《释文》,'燕燕以南'韵心,沈重读南作尼心切,德明则谓古人韵缓,不烦改字。'扬之水'以沃韵乐,徐邈读沃郁缚切,德明亦所不载。颜氏纠谬正俗,以傅毅《郊祀赋》禳作而成切,张衡《东京赋》激作吉跃切。今之所作,大略仿此。援引精博,信而有征,朱晦庵注《楚辞》亦用棫例,皆叶其韵。"上文提到的"叶音",起于六朝,时人不知古今音有同异,遇到古诗中以时音读之不合者都归之于叶音或协韵。(晋)徐邈作《毛诗音》,首开改韵取协之例,(梁)沈重作《毛诗集注》也有改音协句的说法,唐宋人读古代韵文也常常讲"合韵"或"叶音"。然而他们都是随文论音的,直到吴棫著此书,才第一次将《毛诗》的叶音作了一番系统的整理。

　　《韵补》5 卷,盖吴氏有感于古人用韵甚宽,与韵书相去稍远的部分,在古代诗文中往往通用,因取《周易》、《毛诗》、《尚书》以下至欧阳修、苏轼等人文集,凡书 50 种,以考查古人用韵与韵书分韵不同的地

方。凡《集韵》所未载者,悉分条列出,并归纳出一个粗疏的类别。举平声为例:

> 东　冬（古通东）　钟（古通东）　江（古通阳或转入东）
> 支　脂（古通支）　之（古通支）　微（古通支）
> 　　齐（古通支）　佳（古转声通支）　皆（古转声通支）
> 　　灰（古通支）　咍（古转声通支）
> 鱼　虞（古通鱼）　模（古通鱼）
> 真　谆（古通真）　臻（古通真）　文（古转声通真）
> 　　殷（古转声通真）　痕（古通真）　元（古转声通真）
> 　　魂（古通真）　青（古通真）　蒸（古通真）
> 　　登（古通真）　侵（古通真）　庚（古通真或转入阳）
> 　　耕（古通真或转入阳）　清（古通真或转入阳）
> 先　仙（古通先）　严（古通先）　盐（古通先）
> 萧　宵（古通萧）　肴（古通萧）　豪（古通萧）
> 歌　戈（古通歌）　麻（古转声通歌）
> 尤　侯（古通尤）　幽（古通尤）
> 覃　谈（古通覃）
> 盐　沾（古通盐）
> 删　咸（古通删）　衔（古通删）
> 严　凡（古通严）

据周祖谟研究,①上所谓"古通某",有时仅仅一部分字如此,或偶见一二,吴氏统称为通用,未免与实不合。所谓的"古转声通某",情形虽与上同,但吴氏认为今音两类相去稍远,故冠以"转声通某",以佳、皆、咍与支相通,麻与歌、戈相通,并称转声即是。此书为《毛诗叶韵补音》之羽翼,它的价值是荟萃了许多材料以寻求古音的现象,开启了明清古音韵研究的先声。《韵补》所定字之古音,有不少被段玉裁、

---

① 本节涉及音韵部分的论述,系据周氏《方言校笺及通检》修入。

江有诰采用,如裘音渠之切、牛音鱼其切、家音攻乎切、渊音一均切、仪音牛何切、庆音墟羊切等皆是。这一开创之功是应该充分肯定的。尤其宋人专门讨论古音的书流传下来的甚少,这部书也就弥足珍贵了。但因为缺乏严谨的整理方法,不划分时代先后,漫无友纪,结果遭致清四库馆臣的大肆攻击。

第二节　史学和地理学

一、综　述

宋代史学和地理学成就,皆非常突出,并具有鲜明的时代特色。记述史事,宁失之繁,毋失之略;不尚褒贬,不加论断,求同存异,而是非自见;师法刘知幾《史通》之意,热衷从事当代史著述;承《资治通鉴》义例,多为编年史体;创纪事本末体;笔记体史书和地理著作林林总总,空前繁荣。具体到今安徽地区,虽较唐五代大有起色,如罗愿的《新安志》被学术界公认为有宋最好的一部地方志书;《挥麈录》、《演繁露》、《曲洧旧闻》等,是几可与《容斋随笔》、《梦溪笔谈》比翼颉颃的笔记体史著,确值得骄傲。但反观影响较大的纪传体史书如新旧《五代史》、新旧《唐书》、《九国志》、《隆平集》、《东都事略》和编年体史书如《资治通鉴》、《续资治通鉴长编》、《建炎以来系年要录》,以及宋四大地理书《元丰九域志》、《太平寰宇记》、《舆地纪胜》、《舆地广记》,却无一部出吾皖人之手,又不无遗憾。

二、三世史学汝阴王氏

史学世家汝阴王氏,这是南宋人经常提到的。这个家族出自开封府酸枣县王昭素,王明清称其为五世祖。[①] 至明清祖父王萃(或作

①　《挥麈录》卷一。

莘），始居汝阴。莘初字子野，王陶（字乐道）以己字见赠，遂改字乐道。① 受过良好教育，王铚《四六话序》说："学文于欧阳文忠，而授经于王荆公（安石）、王深父（回）、常夷甫（秩）。既仕，又从滕元发、郑毅夫论作赋与四六。"早岁登科，初任安州应城尉，"县有村民为人所杀，往验其尸，而未得贼。先祖注观之次，有弓手持盖于后，先祖即令缚之。云此人两日前出差是处，面有爪痕，而尸手爪有血，以是验之为尔，讯治，果然"。② 此后"从滕章敏（讳元发）幕府逾十年……章敏死，先祖为作行状，东坡公取以为铭诗"。③ 据《续资治通鉴长编》，元祐元年正月，滕氏自知苏州改扬州；闰二月，自扬州改知郓州；十一月，自郓州改知瀛州。二年，自瀛州改知成德军。四年三月，自成德军改太原府。五年五月，自太原府改知扬州；十月，自扬州改知青州，卒。以"逾十年"推之，王莘当于元丰三或四年入滕氏幕。入朝为田曹郎，大观初，又出知江州，《挥麈三录》卷二两次讲到此事，曰："先大父大观初从郎曹得守九江。"又曰："大观丁亥，家祖守九江。"丁亥，即大观元年，两说相同。自九江回朝后，为兵部员外郎。《挥麈后录》卷六记载："曾文肃（讳布）为相，明清祖兵部作郎，一日文肃曰：'主上令荐台谏，当以公应诏。'先祖辞曰：'某辱知非常，一旦使君居言路，倘庙堂有所不当，言之则有负恩地，不言则是辜任使，愿受始终之赐，幸甚。'"考曾布自知枢密院事拜右相在元符三年十月。崇宁元年闰六月罢相，出知润州，而以蔡京代之，于是党禁起。《宋会要辑稿·职官六八》之二五云："政和二年九月贬官，送吏部与监当差遣。后谪官湖外，乃于安陆卜筑，为久居计"。④ 曾布与王莘为儿女亲家，莘幼子铚娶于布子纡（字空青）女，故铚子明清于《挥麈录》中屡屡提到外祖空青、舅父宏父（纡子悙字）。莘兄弟三人。长曰得臣，字彦辅，号凤台子，家安陆，有《麈史》行世。《四库全书总目提要》卷一二〇《麈史》条力诋陈振孙《直斋书录解题》王得臣为王铚伯父之非，并举《麈史·神受

① 《玉照新志》卷四。
② 《挥麈录》卷七。
③ 《挥麈录》卷六。
④ 《挥麈后录》卷一。

门》第 7 条"王乐道幼子铚性之尝为予言"、《谗谤门》第 3 条"王萃乐道"为证。今按：王萃于得臣为弟，铚于得臣为侄，伯兄直呼弟侄名，系常有之事，不能以此证其非同族。《挥麈后录》卷八第 148 条明言："伯祖名得臣，自号凤台子，有《注和杜少陵诗》、《麈史》行于世。"又有"伯祖彦辅，以文学政事扬历中外甚久"，固当以明清所言为是。又据《建炎以来系年要录》卷三五建炎四年七月文，萃有弟名衣，家济南，卒于绍兴五年。然兄弟三人中，只有王得臣有史学著作行世，世所谓王氏三世史学者，或指得臣、铚、明清廉清兄弟。

《麈史》3 卷，所记凡 284 事，分为 44 门。四库馆臣推测成书于绍圣之后，时绍述之说方盛，而书中于他人皆称官、称字、称谥号，惟王安石书名。论诗亦无攻苏（轼）黄（庭坚）语，故《四库全书总目提要》赞其为"耿介特立之士"。评介这部书说："凡朝廷掌故，耆旧遗闻，耳目所及，咸登编录。其间参稽经典，辨别异同，亦深资考证，非他家说部惟载琐事者比……而于当时制度及考究古迹，特为精核。朱子《语录》亦称王彦辅《麈史》载幞头之说甚详云。"

王铚字性之，号雪溪，萃幼子。陆游《老学庵笔记》讲他："记问该洽，尤长于国朝故事，莫不能记，对客指画诵说，动数百言。退而质之，无一语缪。予自少至老，惟见一人。"根据《宋会要辑稿》、《建炎以来系年要录》等书的记载，曾编撰有《国朝史述》、《七朝国史》、《祖宗兵制》（书成，皇帝赐名《枢廷备检》）、《哲宗皇帝元祐八年补录》、《祖宗八朝圣学记》、《国老谈苑》及反映其哲学见解的《太玄经义解》。很明显，如果没有对北宋政治、经济、军事、文化等方面的深刻研究和对内典的熟悉，要编撰数量这样多、份量这样大的著作是断然不可能的。可惜的是这些书都没保存下来，现在我们能够看到的仅有《四六话》、《雪溪集》和《默记》三种了。《雪溪集》5 卷专录其诗作，《四六话》皆评论宋人表启之文，只有《默记》3 卷是一部笔记体史学著作。《默记》主要记载北宋朝野遗闻，《四库全书总目提要》称"所言可据者居多"，这个评价基本上是恰当的。举如秦王（应称太宗）赐南唐后主牵机药、太祖以周世宗幼子赐潘美为子等事，皆世所罕言，足可补史之阙如。但也有不少记述或涉语怪，或近小说，如王朴引周世宗夜至五丈

河旁见火轮小儿而知宋将代周、唐玄宗脑骨变成玉之类语怪的东西，不时可见，这不能不说是一个很大的缺憾。又如赵匡胤征南唐遇赵学究普于淮南村塾及生擒皇甫晖之事，虽在北宋流传甚广，然详考史事则属无稽之谈。《宋史》卷二五六《赵普传》说："周显德初，永兴军（治雍州）节度刘词辟为从事，词卒，遗表荐于朝，世宗用兵淮南，太祖拔滁州，宰相范质奏为军事判官。"据《资治通鉴》、《旧五代史》，刘词卒于显德二年（955）十二月，三年二月拔滁州擒皇甫晖。是显德二三年之际，赵普尚在雍州刘词幕中。另，显德五年淮南始归后周所有，因此，赵普绝不可能于显德二三年之际在淮南主西席。故《通鉴》、《五代史》均无赵学究云云。生擒皇甫晖者，据《白延遇碑》，乃延遇也，钱大昕已在《潜研堂金石文字跋尾》一书中辨之甚详，此不赘。王廉清、王明清兄弟为第三世。廉清字仲信，有《京都岁时记》、《广古今同姓名录》；洞晓天文，又作《新乾曜真形图》；留心内典，作《补定水陆章句》。明清字仲言，著有《玉照新志》、《投辖录》、《避难录》、《摭青杂说》、《清林诗话》及《挥麈录》。其中《挥麈录》、《投辖录》及《玉照新志》同属笔记体史书。《玉照新志》6 卷，书中多神怪及琐事，亦间及朝野遗闻，如王尧臣《谏取燕云疏》、冯燕《广汴都赋》、姚仲平《劫寨破敌露布》，皆全文登录，足资参证。又如曾布、冯燕《水调歌头》排遍 7 章，因为《词谱》失载，可从中窥知宋代大曲之式。《四库全书总目提要》评价该书说，"明清博物洽闻，兼娴掌故，故随笔记录，皆有裨见闻"，并非虚誉。《投辖录》一卷，"所记皆奇闻异事"，"掇拾丛碎，随笔登载"，[1]固不若《挥麈录》援据赅洽，有资考证。《挥麈录》是明清三部笔记体史书中最为世人引重的一部，共 20 卷，包括《挥麈前录》4 卷、《挥麈后录》11 卷、《挥麈三录》3 卷、《挥麈余话》2 卷，现有多种版本行世。《前录》撰于乾道二年奉亲会稽时，《后录》为绍熙五年武林官舍中所记，前后两录"多载国史中未见事"。[2]《三录》作于庆元初请外时，于高宗南逃事独详。《余话》兼及诗文碑铭，补前三录所未备。前

---

① 《四库全书总目提要》卷一四一《投辖录》。
② 毛晋：《挥麈前录跋》。

后历时 30 余年。赵不谦《余话跋》称："挥麈所录，尤仲言平日用功深者。"王明清本人对这部书也很自信，在《三录自跋》中曾自诩"无一事一字无所从来"。淳熙十五年和庆元元年，国史院曾两次下牒索取此书，作为编修《高宗实录》的资料。当时史书如《续资治通鉴长编》、《建炎以来系年要录》等，亦均曾大量征引该书，其史学价值是不言而喻的。但也存在不少疏误或评价欠当的地方，赵彦卫《云麓漫钞》卷一〇尝讥其张耆宴侍从诸臣两昼夜不彻席为不近事理。王士禛《夫子亭杂录》讥其载岁祀黄巢墓为不经之谈。《四库全书总目提要》卷一四一《挥麈录》讲："是录于（曾）布多溢美，其记王安石没，有神人幢盖来迎，而于米芾极其丑诋，尤不免轩轾之词。"李心传《旧闻证误》卷三则指《余话》对王仲嶷守会稽的记述为非。今按，《三录》卷二载朱弁上高宗表文，曰："节上之旌尽落，口中之舌徒存。叹马角之未生，魂飞雪窖；攀龙髯而莫逮，泪洒冰天。"而据朱熹撰《朱弁行状》，此乃弁祭《徽考大行》文，明清云云，亦误。《三录》第 43 条记采石却敌，归功王权及其部下，讲虞允文无尺寸之功，不过是居他人之功为己有而已。是非颠倒，或被人蒙骗所致。

但总的说来，其父子祖孙皆力求持正论，详故实，态度严肃，而不失史法，虽偶有疏误，而较一般笔记体史书，仍不失为上乘之作。

三、朱熹的义理史学

朱熹为构筑庞大的理学体系，想尽法子把包括史学在内的各个学术门类都纳入到这个体系中去。他的史学思想和在史学方面所做的工作，归结起来就是使史学"回归理学之纯粹"，[①]让史学变成理学的附庸。从此出发，他认定"天理"是历史变化的支配者，历史的兴衰、国家的存亡，甚至具体到一次战役的胜负，都是由天理是否流行、纲常名分是否得到严格遵守决定的。天理和封建纲常是权衡历史事件、历史人物的标准。有没有贯彻理学原则，是评判历史著作的尺子。根据这个逻辑，他将中国历史分为两截，尧、舜、禹三代天理流行，是盛世；

---

① 《资治通鉴纲目·李方子后序》。

汉、唐人欲横流,是衰世。刘锜指挥的顺昌大捷,是"天命眷顾宗庙社稷之灵"的结果。"《左传》有甚道理,纵有,能几何!""左氏见识甚卑。""(司马)迁、(班)固之史,大概只是计较利害,范晔更低,只是主张做贼底。""迁之学,也说仁义,好说诈力,好用权谋,好用功利,然其本意却只在权谋功利。"①对《资治通鉴》也很不满意,认为许多地方都写的不合正名分、守纲常的要求。② 中国的史学名著,几乎没有一部能让他看得上眼。对如何读史和写史,朱熹提出两条:先经后史、经细史粗。

朱熹的历史观是唯心、倒退的,对具体历史现象的认识也基本上是错误、有些甚至是非常荒唐的。

朱熹的史学著作有《伊洛渊源录》、《五朝名臣言行录》。《伊洛渊源录》记周敦颐以下及二程门弟子生平事迹、著作内容及交游言行,汇集了不少资料,是研究北宋以来理学发展史的重要文献。其编纂方式对后世影响也很大,明清以后各种学案的陆续出现,此书实有筚路蓝缕之功。《名臣言行录》以记载北宋王公大臣言行为主,资料也相当丰富,这是应当肯定的一面。但错误和欠当的地方也不少,当时,吕祖谦就很不客气地指出:"近建宁刻一书,名《五朝名臣言行录》,云是朱元晦所编,其间当考订处颇多。"③而《四库全书总目提要》则斥其"编次无法,事多谬误"。《资治通鉴纲目》为朱熹弟子赵师渊所作,章太炎《国学述闻》称"朱付之弟子而自居其名耳,其所褒贬颇欲与《通鉴》立异"。无啥学术价值,不过是一部假史之名宣传其理学思想的教科书罢了,故《四库全书》不仅正编未登录,《存目》也未列其名。

四、吕祖谦的蓄德致用史学

吕祖谦与朱熹同为南宋理学之大宗,在史观方面,均认为天理支配历史运动。吕氏与朱氏不同的是更加重视人事的作用,偏重于从历史运动自身寻求社会兴衰国家存亡的原因。在经与史的关系上,朱氏主张先经后史、经细史粗,置史学于理学的从属地位。而吕氏重经也

---

① 《朱子语类》卷一二一。
② 《朱文公文集》卷二二贴黄。
③ 《吕东莱集·与汪尚书书》。

重史,而且更加强调史的重要性,认为"言性命者,必究于史"。朱熹主张读史先读《论语》、《孟子》、《中庸》、《大学》,而吕氏则教人"观史先自《书》始,然后次及《左氏》、《通鉴》"。① 朱熹讲史是为构筑他的理学体系,用他的固定思维重新塑造历史,吕氏研究历史的目的是从历史现象中发现社会兴衰的规律,躬行体用,也就所谓的"蓄德致用"。② 南宋诸儒大抵重性命之学而轻视史学,吕祖谦的史学思想迥出其上,表现出独特的风格和独有的光泽。

吕祖谦的史学著作有《大事记》12 卷、《大事记通释》3 卷、《大事记解题》12 卷、《历代制度详说》、《十七史详节》、《通鉴详节》等。《大事记》是一部编年体史书,始周敬王三十九年(公元前481),迄汉武帝征和三年(90),编年系月,记春秋以后事。每条下各注从某书修入,具载出典,颇具体例。《资治通鉴通释》为诸儒论史文字,皆录经典中的要义格言。《大事记解题》则如经之有传,略具本末而附以己见,凡《汉书》、《史记》异同及《资治通鉴通鉴》得失,皆缕析而详辨之。又于名物象数异见侧出者,推阐贯通,作夹注于句下。三书互为经纬,把史事,史考、史论综为一体,朱熹每讥祖谦学杂,独叹服该书精密贯通。《历代制度详说》12 卷,凡分 13 门:一科目、二学校、三考课、四赋役、五漕运、六盐法、七酒禁、八钱币、九荒政、十田制、十一屯田、十二兵制、十三马政,皆前列制度,后为详说,叙述简赅,议论明切。目的是从古今制度的源流、异同、得失中"求其所以然",以为治国理政的借鉴。应该说,吕祖谦治史的路数,代表了史学发展的正确方向。

五、程大昌的史、地学成就

其史学成就主要反映在所著《考古编》和《演繁露》两书中,《考古编》10 卷,杂论经义异同及史传谬误,多所订正。如《正朔论》谓周人虽建子,而占星算命、修词举事仍用夏时。《象刑论》谓是刑官取其法悬之象魏,而不取画衣冠异章服之说。持论虽多与前人异,而旁引曲

---

① 《东莱文集》卷三《与张荆州书》。
② 《大事记解题》卷一。

证,皆有所依据。又如以白居易乐府诗正韦述《唐六典》不曾行用之误;以在张掖者为"鲜水",正章怀太子《后汉书·段颎传》注作"令鲜水"之非是;以《荀子》所称子弓即仲弓,非骄臂子弓;以琅邪台碑证秦以前已尝刻石等,也皆典确明晰。故《四库全书总目提要》评价该书说:"虽亚于《容斋随笔》,要胜于郑樵辈之横议也。"《演繁露》16卷、《续演繁露》6卷,前编不分章,后编分制度、文类、诗事、谈助4门。盖绍兴中董仲舒《春秋繁露》久佚初出,残缺不全,大昌证以《通典》所引"剑之在左"诸条、《太平御览》所引"禾实于野"诸条,辨其为伪。认为董仲舒原书必句用一物以发己意,乃仿其体而作是编,名之曰《演繁露》。后来复得董书原本,诸书所引俱在,大昌之说不攻自破。大昌所演,虽非董氏本意,然名物典故,考证鲜明,实有资于小学。《四库全书总目提要》对该书评价甚高,称"其偶疏者,不过一二条,其他实多精深明确,足为典据"。

大昌喜谈地理之学,他在这方面的著作有《禹贡论》5卷、《禹贡后论》1卷、《禹贡山川地理图》2卷、《雍录》10卷、《北边备对》6卷、《函潼关要志》,"尤致意于险要"地形的研究。[①]《禹贡》三书援引厘正,非常博洽,后世注《禹贡》者常引其说。《四库全书总目提要》援引周密《癸亥杂识》指斥程大昌给皇帝讲《尚书》,"不举唐虞三代之法,而徒炫博奥,此诚不解事理",显然是错怪了程大昌。考大昌所著地理书,皆深有寄意,其进讲《尚书》单举《禹贡》九洲,与"莫把杭城当汴京"寓意正同,都是提醒皇帝别忘了恢复中原旧疆。《雍录》以《三辅黄图》、《唐六典》、宋敏求《长安志》、吕大防《长安图经》诸书相互考校,杂记关中周、秦、汉、隋、唐、五代城苑、宫殿、山水、郡县、陵庙、寺观及汉唐用兵攻取守备地和职官、军制的变迁,有图有说,《四库全书总目提要》称"在舆记之中,固为最善之本"。然体制稍为丛杂,内容仅凭图籍而失考金石文字,故未免于疏漏。大昌生当南宋,时关中已为金有,越江表而为邻国著书,粗看起来殊无谓,原其微衷,盖隐含经略西北之意。程大昌的学术风格:一、推崇汉儒崇实的治学态度,博览群书,擅长考据;二、坚持经世致用的治学方向,尤其是他的舆地著作,体现得

---

① 周中孚:《郑堂读书记》卷一七《补逸》。

非常突出；三、博大精深，涉及面广，凡经学、史学、舆地学及自然科学，皆有论说。

六、徐兢的《宣和奉使高丽图经》

简称《高丽图经》，成书于宣和六年，《直斋书录解题》、《遂初堂书目》、《文献通考·经籍考》等公私书目皆有著录。书中原有很多插图，靖康兵火后散失，所以乾道间刊出时，已是只有经没有图了。《高丽图经》是徐兢出使高丽时在王都开城的见闻，凡分建国、世次、城邑、民庶、海道等 28 门 40 卷。记述了高丽的政治、经济、军事、地理、礼仪、教育、宗教、人物、艺文、风俗，是研究 12 世纪高丽历史不可多得的第一手资料。其中《海道》6 卷，详细记载了使团组织、所乘"神舟""客舟"的构造装备、航海技术、航海路线及日程，是研究中国造船史和航海史的珍贵资料。

七、林林总总的方志著作

方志是记载某一特定区域自然、社会、历史和现状的资料性文献，目录学书籍将之列入史部地理类。究其滥觞之始，一般都追溯到战国。此后踵事增华，到了宋代，开始进入一个划时代阶段。突出表现在内容丰富，体例完备，功能多样，数量繁多。宋代方志体裁非一，其流别大要有方志、图经、某地记、某地集等，北宋盛行图经、记、集，至南宋，渐被方志代替。

图经有路图经和州军县图经之分，据《通志·艺文略》，涉及安徽州县的路图经有四部：

《京东路图经》98 卷，涉及今安徽的萧、砀 2 县。

《京西路图经》46 卷，涉及今安徽的阜阳地区。

《江南路图经》114 卷，涉及今安徽的皖南地区。

《淮南路图经》90 卷，涉及今安徽江淮之间地区及淮北亳州地区、宿州地区。

另据张国淦《中国古方志考》，安徽州军图经有书名可查的共 17 部，经过考证，大体可以断为北宋时期修纂的有 11 部：《广德军图经》、

《无为军图经》、祥符《歙州图经》、祥符《宣州图经》、余从周《和州旧图经》、刘攽《庐州图经》、《寿州图经》、《歙州新图经》、《太平州图经》、《滁州图经》、《和州图经》。

标名某地记、某地集，而类属方志书的有：

《池阳前集》1卷，又称《池阳记》，政和八年范致明编。见《舆地纪胜》卷二二引、《宋史·艺文三》著录。

《池阳后记》11卷，建炎四年张古修。见《舆地纪胜》卷二二，《宋史·艺文三》作《池阳志》。

《池阳续集》，崇宁中毕渐修。见《舆地碑记目》卷一。

《九华总志》18卷，邑人程太古撰。见《直斋书录解题》卷八。

《池阳新录》，滕天章宗谅撰。见《直斋书录解题》卷八《九华拾遗》刘放自序。

《九华总录》，郡守沈某撰。见《直斋书录解题》卷八《九华拾遗》刘放自序。

《九华拾遗》，至和二年山居刘放撰。见《直斋书录解题》卷八。

《滁阳庆历集》10卷，曾肇撰。见《直斋书录解题》卷八。

《滁阳后集》10卷，断自庆历以来，朝散郎、滁人徐徽仲元集。见《直斋书录解题》卷八。

《濠梁摭遗》1卷，刘拯撰。见《宋史·艺文三》。

以方志为名的有：

《合肥志》4卷，淳熙十五年，郡守郑兴裔命合肥县主簿唐锜撰。见《直斋书录解题》卷八、《舆地碑记目》卷二。

《庐州志》10卷，练文撰。见《宋史·艺文三》。

《合肥志》10卷，嘉定中，刘浩然撰，淮西帅李大东修。见《郡斋读书志·附志》、《宋史·艺文三》、《南宋制抚年表》卷上。《舆地纪胜》作《合肥新志》。

《合肥志》10卷，王知新撰。见《宋史·艺文志》。

《濠梁志》3卷，嘉泰初元，郡守永嘉张季犓撰。见《直斋书录解题》卷八。

《永阳志》35卷，淳熙中、滁守三山林嶪命法曹龚维藩撰。见《直斋书录解题》卷八、《宋史·艺文三》、《宋诗纪事》卷五九。

《永阳郡县图志》4卷,曾旼撰,见《宋史·艺文三》。《文渊阁书目》著为八册。

《永阳新志》,见《舆地纪胜》引。

《永阳续志》,见《永乐大典》引。

《滁州志》,撰者佚名,见《舆地纪胜》、《永乐大典》引。

《无为志》3卷,教授宋宜之纂,郡守柴瑾序。见《直斋书录解题》卷八、《宋史·艺文三》。

《宝祐濡须志》10册,见《文渊阁书目》卷一九、《永乐大典》引。

《历阳志》10卷,庆元元年,郡守九华程九万、教授天台黄宜撰。见《直斋书录解题》、《宋史·艺文三》。

《历阳志补遗》10卷,赵兴清撰。见《宋史·艺文三》。

《同安志》10卷,毗陵钱绅撰,稿成于宣和五年,绍兴十三年太守张彦声取而刻之。见《直斋书录解题》卷八、《宋史·艺文三》。

《同安后志》10卷,见《宋史·艺文三》。

《同安续志》1卷,蔡时编,见《宋史·艺文三》。

《宣城志》,邑人李兼撰,郡守赵希远序。见《舆地碑记目》卷1、《永乐大典》引、《文渊阁书目》卷一九。

《宣城续志》,见《永乐大典》卷七五一二引。

《泾川志》13卷,知县濡须王梾叔永撰,有嘉定癸酉赵南塘序。见《直斋书录解题》卷八。

《旌川志》13卷,绍熙三年,知县历阳李瞻伯山撰,见《直斋书录解题》卷八。

《春谷志》3卷,淳熙间知南陵县郭峣纂,黄裳序。见《遂初堂书目》、顺治《南陵县志》。

《姑熟志》5卷,淳熙五年,教授长乐林桷子长撰,太守杨愿修。见《直斋书录解题》卷八、《舆地碑记目》卷一、《宋史·艺文三》。

《芜湖图志》10卷,王招撰。见《郡斋读书志·附志》,《宋史·艺文三》作9卷。

《广德军志》,见《永乐大典》卷七二三六引。

《桐汭新志》20 卷,绍熙五年,教授钱塘赵子直撰。见《直斋书录解题》卷八。《文献通考·经籍考》引陈振孙《直斋书录解题》作"绍定五年",疑误。

《秋浦志》8 卷,乾道八年,太守胡兆撰。见《直斋书录解题》卷八、《宋史·艺文三》。

《秋浦新志》16 卷,端平丙申,三山王伯大幼学以前志缺陋重修。见《直斋书录解题》卷八。

《新安志》10 卷,淳熙二年罗愿撰,太守赵不悔修,现有多种版本行世。

《新安续志》,嘉定间修,有州学教授奉化李以申景厚序,见《宋元学案补遗》卷七六。

其中以"图经"标名的有 15 种、以"记""集"标名的有 10、以"志"标名的有 30 种,合计 55 种。产地集中在江淮之间和皖南。北宋盛行图经和地记,南宋多名某某志。近年出版的《安徽文化史》及方志史著作谓两宋安徽共修志 78 部,包括图经 22 部、地记 3 部、志书 52 部。涉嫌滥收。为防以误传误,现稍费笔墨,略事说明。①霍篪《都梁志》、郑昉《都梁志》、耿义《都梁续志》、何季羽《都梁志》。考都梁乃今盱眙县之别称,历史上虽曾一度属安徽,但早已划归江苏,似不应再作安徽方志收入。②孙昭先《淮南通川志》、马景修《通川志》。考宋代安徽淮河以南州县无带"通"字者,《舆地纪胜》卷四一《通州》多次引用《通川志》,此"通川"显然指通州(治今江苏南通市)。将之计入安徽,亦误。③《西和州志》19 卷。考宋有两和州,一治今安徽和县,一般直称和州,或曰东和州。一治今甘肃之西和县,置于绍兴元年,公私文字胥曰西和州。此显然是将甘肃的志书误作安徽的志书了。④《宁川志》,说者引张国淦《中国古方志考》云,嘉定《赤城县志》三三《人物门》有所征引,以《旌川志》、《泾川志》互证,此《宁川志》当是《宁国县志》。然遍检《元丰九域志》、《太平寰宇记》、《舆地广记》、《舆地纪胜》、《宋史·地理志》,宋无赤城县,当然也就不会有《赤城县志》了。中华书局《宋元方志丛刊》收有陈耆卿撰《嘉定赤城志》40 卷,此"县"恐怕是衍文。赤城为浙江台州之别称,因李白"天姥连天向天横,势拔五岳掩赤城"诗得名,下辖天台、黄岩、临海、仙居、宁海5县。《嘉定赤城志》卷三三《人物》曰:"周弁,宁海人,字君仪,终宣教郎知青阳县,后赠少师,见《宁川志》云。"或张国淦所本。然此宁川当是宁海之别称。若宁国县,与宁海南辕北辙,了不相及,又何来征引之谓。张国淦作宁国误,说者从之,复误。⑤《南平军图经》,说者著为安徽方志,讲开宝八年至太平兴国二年之间修,《舆地纪胜》曾引用。考开宝八年五月宋废南唐当涂雄远军新置之军曰"平南军",非"南平军"。又检覆《舆地纪胜·太平州》,也未见有《南平军图经》字样。《舆地纪胜》卷一八〇《夔州路》下南平军,熙宁七年置,治南川,辖南川、隆化2县,曾多次引用《南平军图经》。因知此所谓的《南平军图经》乃产自四川,与安徽风马牛不相及。⑥说者具列安徽州县图经15种,并云其中的"10部较为明确是宋代所修",言下之意内有5部系宋代以前或以后修。但统计时,把5部不属于宋代的也加进去了,这样就得出4部路图经加3部军图经,再加15部州县图经,合为22部之数。把如此多的不属于安徽、或虽属于安徽但不是宋代的图、志拉进来,数目当然就比实际溢出了许多。另外,说者认为钱绅《同安志》10卷"是北宋唯一一部以志为名的方志,其余皆是南宋作品",也有问题。如所举曾旼《永阳郡县图志》,《宋诗纪事》卷二五、《宋元学案补遗别附》卷二都有曾旼的小传,谓字彦和,龙溪人,熙宁六年进士,历监润州仓曹。二书将其所著列为南宋人的作品,当然也是错误的。

　　宋代,尤其是南宋,包括安徽淮河以南地区在内的东南6道涌现大量方志著作。这一方面反映了该地区经济、文化有了长足的发展,同时,也不失为传统的史学在空谈"性理"的极端唯心主义绝境中,为寻求自我发展而开辟的一条新蹊径。可惜的是这些志书大都已湮没无存,在安徽55部志书中,至今惟有罗愿《新安志》尚流布人间。

　　《新安志》10卷,系郡守赵不悔俾邑人罗愿撰成,淳熙二年杀青,故又名《淳熙新安志》。其书第1卷叙沿革、分野、道里、风俗、境土、城社、户口、族姓、祠庙等。第2卷为物产、贡赋。第3至5卷依次为歙、休宁、祁门、黟、绩溪、婺源6县情况。6、7两卷为先达。第8卷为进士题名,凡贤良、明经、赐策、献策、特奏名、武举皆附之,义民、仙释亦并在是卷。

第9卷为牧守。第10卷杂录人事、神异、文房四宝等。《四库全书总目提要》于宋代方志中最推崇此书,称赞其:"叙述简括,引据亦极典核。于先达皆书其官,别于史传,较为有体。其物产一门,乃愿专门之学,征引尤为该备。其所志贡物,如乾葴药、腊芽菜、细布之类,皆史志所未载。所列先达小传,具有始末,如汪藻为符宝郎之类,亦多史传所遗。"当然,与史还是有区别的,举如《汪丞相(伯彦)传》、《汪枢密(勃)传》、《胡待制(舜陟)传》及其父罗汝楫传等,即多溢美回护之词,这说明他尚未能免俗,跳出方志书"有美无刺"、"有褒无贬"的通例。

第三节　佛　学

一、出儒入佛的王日休

宋代安徽对佛学贡献比较大的有两人,一是出儒入佛的王日休,另一是临济宗高僧宗杲。日休字虚中,龙舒人。据张孝祥《龙舒净土文序》"行年六十,绍兴辛巳秋遇家君于宣城"①推算,其生当在元符三年(1100)。《宋元学案补遗》卷四《王日休小传》作崇宁四年(1105),不知所据为何书。又,聂允迪《龙舒净土文跋》谓:"乾道癸巳正月,居士立化于庐陵郡。"②癸巳为乾道九年,即公元1173年。进士出身,涉猎广泛,博通儒、道、释、地理诸科。著作繁彩,《宋元学案补遗》云其著有《易解》、《春秋解》、《春秋名义》、《养贤录》,周葵《龙舒净土文序》又举其《论语解》、《孟子解》、《老子解》、《庄子解》4 种。《宋史·艺文志一》著录《易解》1 卷、《春秋名义》1 卷、《春秋孙复解辨失》1 卷、《春秋左传辨失》1 卷、《春秋公羊辨失》1 卷、《春秋穀梁辨失》1 卷。《艺文志三》有《养贤录》32 卷、《九丘总要》340 卷。《艺文志四》

---

① 《于湖集》卷一五《龙舒净土文序》。
② 《龙舒增广净土文》卷一一聂允迪《龙舒净土文跋》,日本大正新修《大藏经》卷四七。

有《金刚经解》43卷、《净土文》11卷。另有《金刚经》六译本校正、《大阿弥陀经校补》2卷。剔除重复，也有十数种之多。周葵讲他："学力至深，所解六经、《语》、《孟》、《老》、《庄》，要为不蹈袭前人一言一字，其用志勤矣。"①

对佛学的贡献主要表现在以下几个方面：一、校正六译本《金刚经》（或著录为《金刚经解》）。《金刚经》传入中国后，有很多译本，最著名的有（魏）三藏菩提留支译本、（后秦）鸠摩罗什译本、（陈）三藏真谛译本、（隋）三藏笈多译本、（唐）三藏玄奘译本、（唐）僧义净译本，合称六译本。后人评价："日休所译，虽不足以发能仁之旨，然其校正，不可废也。"②二、校补《大阿弥陀经》。《大阿弥陀经》是净土宗的经典，自东汉迄宋凡十二译。这些译本之间，或互相差舛，而致内涵模糊；或失之繁冗，而使人厌观；或失之过严，而丧其本真。日休发愿订补，自绍兴三十年兴工，以康僧铠译《无量寿经》为底本，取当时尚存的异译经校证删补，积三年之力，至孝宗隆兴元年藏事，成《大阿弥陀经》2卷。日休整理出的本子，条理清晰，经旨详明，深受信众欢迎。晚明莲池大师赞扬其："较之五译简明，流通今世，利益甚大。"晚清印光大师称曰："文义详悉，举世流畅。"普及程度超过其他各个译本，遂成为该经定本。三、撰《净土文》11卷。净土宗亦称莲宗，因专修死后往生阿弥陀西方净土（即极乐世界）的法门而得名。相传东晋慧远在庐山邀集僧俗18人成立"白莲社"，发愿往生西方净土，故被称为初祖。唐初善导，被认为正式创立净土宗。主要依据《无量寿经》、《阿弥陀经》、《往生论》。佛教中靠自力解脱的教义为"难行道"，而主张"乘佛愿力（他力）"往生净土的名"易行道"，后一种修行方法因简单易行，深受一般僧俗欢迎。加之王日休《净土文》写得浅显易懂、善用比喻、辞意恳切，"若父兄之教子弟然"，因而其说广为流行，上自王公士大夫，下至屠夫乞丐、童仆皂隶，以及优人娼妓，皆竞趋奉，"其文盛行天下，修净土业者莫不览之"。③形成一个庞大驳杂的信仰群体，以至坐化之

① 《龙舒净土文》卷一〇周葵《龙舒净土文跋》，《续藏经》第2编第12套第4册。
② 王炎：《双溪类稿》卷二四《金刚经序》。
③ 释宗晓：《乐邦文类》卷三《大宋龙舒居士王虚中传》。

后,"郡人皆绘像以事之"①。

二、临济宗高僧宗杲

宗杲俗姓奚,宁国县人。12岁出家(一说17岁出家宁国东山慧云院),17岁受具足戒。初参曹洞诸名僧,后因对其门庭设施不满,离去。大观三年,投宝峰山(在今江西靖安县境内)临济宗黄龙派湛堂文准禅师,前后依止六年,文准重视禅的现世性品格,主张禅理与儒家伦理结合,对后来宗杲提出"忠义之说"有直接影响。政和六年,文准圆寂,受同门委托,前去荆南请张商英撰塔铭。张开始拒绝,继而提出,你如能回答我提出的问题,即为汝师撰塔铭。张问:"文准火化时,眼睛不坏是否?"宗杲答:"是。"张说:"我不问这个眼睛,问金刚眼睛。"宗杲答:"若是金刚眼睛,在相公笔头上。"张商英十分欣赏宗杲的机锋和禅趣,不仅很快写好了塔铭,而且赠宗杲字昙晦、号妙喜。宣和七年,宗杲遵先师遗嘱,来到开封天宁寺,拜杨岐派高僧圆悟克勤为师。克勤授之己著《临济正宗记》,并令掌记室,分座训徒,从此名声大震,京师"贤士大夫往往争与之游"。靖康元年,赐紫衣和佛日大师称号。建炎初,随师南渡,辗转镇江金山龙游寺、建昌军云居山真如寺,一直任首座。四年,克勤返蜀。绍兴二年,宗杲住云门庵(在今江西永修县境内),创"新庵说法"。四年,携弟子作七闽之行,先至长乐广因寺,后结茅洋屿。期间,投其门下学法者有53人,内得法者13人。这时丛林间盛行摄心以"休歇"的"默照禅",宗杲著《辨正邪说》驳斥之。② 五年春,住莆田天宫庵,转小溪云门庵,追随其学禅者增至200余人,一时名士如参政李炳,给事中江常,郎中蔡枢、储彦能、李文会、蔡春卿等,成为宗杲在闽传法的外护。七年,应张浚招住持径山能仁寺,弟子达2000余人,"由此宗风大振,号临济再兴"。十一年,受张九成案牵连,被勒令还俗,编管衡州。期间,集先师克勤语录公案为《正法眼藏》6卷。二十五年,秦桧死,

---

① 《龙舒增广净土文》卷——聂允迪《龙舒净土文跋》。
② 祖咏:《大慧普觉禅师年谱》。

恢复僧籍。二十七年,住持明州阿育王山光孝寺,"裹粮问道者万二千指"。二十八年,奉旨再住径山,因此又称径山宗杲。三十二年,孝宗赐号大慧禅师。隆兴元年,以 75 岁高龄坐化,谥普觉禅师。门人辑其法语、书疏、颂偈、铭赞为《大慧普觉禅师语录》30 卷。《蜀文辑存》卷四五录有张浚撰《大慧普觉禅师塔铭》,南宋僧祖咏编有《大慧普觉禅师年谱》,《五灯会元》卷一九、《续传灯录》卷二七、《明高僧传》卷五均有其传记。

宗杲所处的时代,除禅宗还有一定活力外,就整体而言,佛教已明显呈现衰微迹象。宗杲为佛教的起衰振溺,推进其进一步世俗化,表现出极大的热忱。一、大力提倡融通儒、释、道三教。佛教传入中国后,不仅受到儒家的攻击,也受到道家的排斥。特别是儒学,作为封建正统思想,与政治权力紧紧结合在一起,据有不可动摇的优越位置。道家产自本土,也具有广泛的社会基础。佛教要在夹缝中生存发展,取得传播教义的合法地位,就必须适应中国本土文化,吸取儒道中的部分思想资料。到了宋代,这种变化的趋势已表现得日益明显、突出。当时一些有影响的禅宗高僧如明教契嵩、永明延寿、大兴怀琏、佛印了元、圆悟克勤等,都曾经试图把儒家最为核心的忠义思想引进佛教,推进佛法与世法的整合,而明确提出三教"同归一致"的却是宗杲。《大慧普觉禅师语录》卷二二《示张太尉》说:"寂兮寥兮,宽兮廓兮,上则有君,下则有臣,父子亲其居,尊卑异其位。以是观之,吾佛之教,密密助扬至尊圣化者亦多矣,又何曾只谈空寂而已。如俗谓李老君说长生之术,正如硬差排佛谈空寂之法无异。老子之书元不曾说留形住世,亦以清净无为为自然归宿之处。自是不学佛老者以好恶心相诬谤耳,不可不察也。愚谓三教圣人立教虽异,而其道同归一致,此万古不易之义。"《语录》卷二四说:"三教圣人所说之法,无非劝善惩恶,正人心术。心术不正,则奸邪唯利是趋;心术正,则忠义唯义是从。""殊不知,在儒教则以正心术为先,心术既正,则造次颠沛,无不与此道相契,前所谓为学为道一之义也。在吾教则曰,若能转物,即同如来。在老氏则曰慈曰俭,曰不敢为天下先。能如是学,不须求与此道合,自然默默与之相投矣。""不疑佛、不疑孔子、不疑老君,然后借老君、孔子、佛

鼻孔,要自出气,真勇猛精进胜丈夫所为也。"①总之,"菩提心则忠义心也,名异而体同"。② 宗杲不仅这样说,也是这样做的,他曾说:"予虽学佛者,然爱君忧国之心与忠义士大夫等,但力所不能而年运往矣。喜正恶邪之志,与生俱生,永嘉所谓铁轮顶上旋,定慧圆明终不失,予虽不敏,敢直信不疑。"③《从林宝训》卷四《幻庵记闻》又讲他:"平生以道德节义勇敢为先,可亲不可疏,可近不可迫,可杀不可辱。居处不淫,饮食不溽,临生死祸福视之如无,正所谓干将镆邪难与争锋,但虞伤阙耳。"宗杲的这些主张和行事,无疑迎合了世俗政治和社会的需要,不仅受到僧众和士大夫的爱戴,而且对中国佛教爱国主义传统的形成,产生了十分深远的影响。二、反对文字禅和默照禅,创参话禅。北宋时,佛学界流行两种参禅悟道的方法,一曰文字禅,二曰默照禅。文字禅热衷于编语录、公案,写颂偈、评唱,以供僧徒研习、诵读、传唱,从中寻找悟道法门。代表人物为惠洪,宗杲的老师克勤亦主是说,并在对云门宗雪窦重显禅师《颂古百则》诠解发微的基础上,撰成《碧岩集》10卷。所谓的默照禅,就是修禅者只需静静打坐,默照内观,去掉一切妄念,彻见诸法本源,便能达到廓然忘象、皎然莹明的境界。倡导者为曹洞禅师真歇和弘智。宗杲对这两种禅法均不以为然,他说:"今时学道人,不问僧俗,皆有二种大病。一种多学言句,于言句中作奇特想。一种不能见月亡指,于言句悟入,而闻说佛法禅道不在言句上,便尽拨弃,一向闭眉合眼,做死模样,谓之静坐观心默照,更以此邪见诱引无识庸流,曰静得一日,便是一日工夫,苦哉!殊不知,尽是鬼家活计。"④他甚至毁掉《碧岩集》刻板,绍兴六年,克勤在蜀圆寂,消息传来,宗杲一面焚香,一面指着克勤的画像说:"这个老和尚,一生多口,搅扰丛林,近闻已在蜀中迁化了也,且喜天下太平。"⑤在批判文字禅和默照禅的同时,创立了独具特色的参悟方式——看话禅,又称看话头禅。简言之,就是从公案中精选出禅师答话中某个简单词语,即"话

---

① 《大慧普觉禅师语录》卷二一。

②③《大慧普觉禅师语录》卷二八。

④ 《大慧普觉禅师语录》卷二〇《示真如道人》。

⑤ 祖咏《大慧普觉禅师年谱》。

头”，以之为题目，让学禅者进行不断参究，以求得突然开悟。详言之，操作过程可划分为起疑、参话头、悟、证、修行五个阶段，牢牢掌握四个要点：一是抓住一个话头，要在一切时间、一切场合，连续不断地参究；二是对所参的话头，不能从原来的含义上去理解、回答和思考，也不要理会原来的问话，或试图作出解释，参究过程应该像口衔没有滋味的铁橛子一样；三是参究过程，不需看经、礼佛和诵咒；四是如果达到"一念相应"、"有个欢喜处"，便意味着入悟，"便能于一毛端现宝王刹，从微尘里转大法轮"。宗杲把参究者通过转变发生心灵和思维方式，而进入般若思维和心理状态的过程，叫做"自识本性"的过程。他和默照禅最大的区别在于一倾向先定后慧，[①]一主张先慧后定，宗杲曾说："他人先定后慧，某则先慧后定，盖话头疑破，所谓休去歇去，不期然而然矣。"三、孜孜于佛法的世俗化。佛法与世法，一为出世法，一为入世法，要想让更多的世俗之人皈依佛门，参禅悟道，就必须先克服二者之间的障碍，消融二者之间的矛盾。克勤"佛法即是世法，世法即是佛法"[②]之说，将世间的法与佛门的法合而为一，从禅理上解决了俗人学禅所面临的出世障碍。宗杲不仅秉承师遗训，且有所发展，他认为学禅不应着意摆脱世俗干扰，比如汪藻，爱子病卒，不胜悲痛，写信问宗杲这样是否有碍于学禅，宗杲答书说："父子天性一而已。若子丧而父不烦恼、不思量，如父丧而子不烦恼、不思量，还得也无？若硬止遏，哭时不敢哭，思量时又不敢思量，是特欲逆天理、灭人性、扬声止响、投油止火耳。"所以，"要思量但思量，要哭但哭。哭来哭去，思量来思量去，抖擞得藏识中许多恩爱习气尽时，自然如水归水，还我个本来无烦恼、无思量、无忧、无喜底去耳。入得世间、出世间无余，世间法则佛法，佛法则世间法也"。[③]儒家的伦理原则与禅学的心性论获得统一，人伦之情与真如佛性等同，为世间即出世间提供了心性论的基础。宗杲还认为，参禅悟道的目的在于自利利他，以救世间苦厄，故不得"坏

---

① 定慧二字为佛家用语。"定"指专注一境而不散乱的精神状态，"慧"指通达事理、决断疑念、取得决断性认识的那种精神状态。

② 《圆悟佛果禅师语录》。

③ 《大慧普觉禅师语录》卷二七《答汪内翰》。

世间相而谈实相"，说："昔李文和都尉，在富贵丛中参得禅，大彻大悟；杨文公参禅时，身居翰苑；张无尽参得禅时，作江西转运使。只这三大老，便是个不坏世间相而谈实相的样子也。又曾须去妻孥、休官罢职、咬菜根、苦形劳志、避喧求静，然后入枯禅鬼窟里作妄想方得悟道来。"①如何是不坏世间相而谈实相呢？宗杲说："奉待尊长，承顺颜色，子弟之职当作者，不得避忌，然后随缘放旷，任性逍遥；日用四威仪内，常自检察；更以无常迅速，生死事大，时时提撕。无事亦须读圣人书，资益性识。苟能如是，世、出世间俱无患矣。"②

在宗杲的全力推动下，看话禅影响日益扩大，在他周围逐渐形成一个庞大的居士群体。追随他学禅的僧俗不计其数，经过他的接引得到"契证"的名人即有：参政李炳、侍郎曾开、侍郎张九成、吏部郎中蔡枢、给事中江常、提刑吴伟明、给事中冯楫、中书舍人吕本中、参政刘大中、直宝文阁刘子羽、中书舍人唐文若、御带黄彦节、兵部郎中孙大雅、编修黄文昌、居士郑昂、秦国夫人计氏、幻住道人智常、超宗道人普觉等。服膺其"法言"的有内翰汪藻、参政李光、枢密富直柔、侍郎刘岑、侍郎曾机、侍郎徐林、枢密楼炤、尚书汪应辰、左丞相汤思退、侍郎方滋、提举李深、侍郎荣薿、尚书韩仲通、内都使董仲永、团练使李成约、安庆军承宣使张去为、保信军节度使曹勋、中书舍人张孝祥、宁远军节度使黄仲威、无住居士袁祖岩等。其余"空而往，实而归"者更多。度门弟子84人、嗣法弟子110多人，形成当时禅林所谓的"大慧"派。这个派别薪火相传，一直到明清以后。

① 《大慧普觉禅师语录》卷二七《答汪内翰》。
② 《大慧普觉禅师语录·示曾机宜》。

第十章

宋代安徽地域文化异彩纷呈

本章所讲文化,主要是指刻书、藏书、宗教信仰、园林和名人题记、民风民俗、文化娱乐等,即所谓的狭义文化。文化作为一种意识形态,除了阶级性之外,还具有鲜明的时代性和地域性特点。多变的时代内容,使地域文化推陈出新,经过选择、融合,稳定在一定的地域,形成该地域文化内容。人类创造文化的实践活动是在特定的自然环境和社会环境中进行的,受环境的制约和影响,遂形成不同于其他地区的区域文化形态、文化传统。安徽地貌类型多样,南北差异极大,因而文化形态也呈多元并存格局。

第一节 方兴未艾的雕版印刷业

一、概 述

安徽雕版印刷,起于晚唐,滥觞于北宋,至南宋,迎来其繁荣期。唐大和五年(831),已出现淮南道"版印历日鬻于市"①的记载。王谠《唐语林》卷七又说:"僖宗入蜀,太史历本不及江东,而市有印售者,每差互朔晦,货者各征节候,因争执。"到了五代十国,刻印内容已不止历书,《旧五代史·晋高祖纪》有亳州太清宫道士张荐明奉高祖诏令"以道德二经雕上印板,命学士和凝别撰新序,冠于卷首,俾颁行天下"文。陈振孙《直斋书录解题》著《金刚经》1卷,题伪唐保大五年(947)寿春板,皆是明证。

二、北宋雕板印书情况

因为文献记载较少,现已难得其详。据1983年无为县出土《胡府君(士宗)曹夫人墓志铭》,元丰间,胡士宗曾私刻《金刚经》,崇宁元年又刻《法华经》《度人经》,印数分别为3000部、5000部。又,《宋会要辑稿·刑法二》之四六载,大观二年七月,徽宗批准权发遣提举淮西路学事苏棫的奏札,命令对私刻和没经过国家相关机关批准的坊间出版物加以禁断。这件事,一方面反映了安徽出版业和图书市场日益繁荣;另一方面也告诉我们,北宋经营出版业要得到政府批准。

三、南宋雕板印书情况

南宋是个战乱频仍的年代,但安徽的出版业,尤其沿江江南,却呈现一派繁荣景象。现以府、州、军为单位,分别作一介绍。

---

① 《全唐文》卷六二四冯宿《禁版印时宪书奏》。

庐州：

《太平圣惠方》，刻书之半，见《夷坚志·丙志》卷一二《舒州刻工》。

《包孝肃奏议集》10 卷，绍兴二十七年镂板于郡学，见《皕宋楼藏书志》卷二五吴袛若《跋》；淳熙元年郡守赵蟠老重刻，见《爱日精庐藏书志》卷一二赵蟠老《跋》。

《李文昌表笺集》，淮西帅李大东镍梓于合肥，见《洺水集》卷一二《李文昌表笺集序》。

滁州：

《汉隽》10 卷，林铖辑，刻于滁阳郡斋，见国家图书馆藏本。

和州：

《三老奏议》，傅尧俞、范纯仁、刘挚撰，刻于和州。

《张文昌乐府》，唐张籍撰，历阳刻，见《清波杂志》卷四。

无为军：

《无为集》，杨杰著，绍兴癸亥知无为军赵士䜍刊于无为军，见《四库全书总目提要》卷一五三、《皕宋楼藏书志》卷七五赵士䜍《序》。

舒州安庆府：

《太平圣惠方》100 卷之半，绍兴十六年刻，见《夷坚志·丙志》卷一二《舒州刻工》。

《金石录》30 卷，赵明诚辑，淳熙三年刻之公使库，国图有藏本。

《王文公文集》100 卷，王安石著，绍兴年间刻之龙舒，见《铁琴铜剑楼藏书目》卷二二绍兴辛未提举浙西茶盐公事王珏《序》。

《容斋四笔》64 卷，洪迈著，淳熙三年刻之公使库，国图有藏本。

《大易粹言》10 卷、《总论》3 卷，方闻一撰，初刻之淳熙三年，后以摹印漫漶，嘉定癸酉张嗣古又补刻，见《四库全书总目提要》卷三。又据叶德辉《书林清话》卷六载，书的扉页刻有《牒文》一道，详细记录了该书用料、经费和定价情况，是我国最完整的一份宋代图书发行文献。

《礼记释文》4 卷、《春秋经集解》30 卷、《礼记郑注》20 卷，洪迈撰，淳熙三年刻之公使库，国图有藏本。

《补汉兵志》1 卷，钱文子撰，嘉定乙亥镍板潜廨，见《宋会要辑稿·职官七七》。

《东园丛说》3 卷,李如篪撰,绍熙五年刊于桐城,见《皕宋楼藏书志》卷四周庭筠《序》和李如篪《序》,现存。

《叶氏录验方》,淳熙丙午,由寿春刘良弼、三山许尧臣二医士校正,镂板于龙舒郡斋,见《中国医籍考》卷四八叶大廉《跋》。

《齐民要术》10 卷,后魏贾思勰撰,绍兴甲子郡守张辚据天圣崇文院本镂板于郡斋,见《齐民要术》卷末葛祐之《后序》。

《信斋百中经》1 卷,《直斋书录解题》曰有安庆府本。

《同安志》10 卷,钱坤纂,稿成于宣和五年,绍兴十三年镂板于郡斋,见《宋史·艺文三》、《直斋书录解题》卷八。

《同安续志》10 卷,蔡时纂,绍兴十三年刻于郡斋,见《宋史·艺文三》。

《楚辞辨证》,朱熹撰,嘉定四年刊于同安郡斋,见傅增湘《藏园群书经眼录》卷一二杨楫《跋》。

《伤寒捄俗方》1 卷,刻于桐城,见《文献通考》卷二二二《经籍四九》。

《独断》2 卷,东汉蔡邕撰,淳熙七年舒州学宫刊。

《增广注释音辨唐柳先生集》40 卷、《别集》2 卷、《外集》2 卷、《附录》1 卷,乾道三年刻于郡斋。

宁国府:

《宛陵集》60 卷、《附录》1 卷,梅尧臣著,绍兴十年镂板于郡学。见《皕宋楼藏书志》卷七五汪伯彦《宛陵集后序》。嘉定十六年,宁国府教授刘寅重刊,日人野五郎家藏其残本 30 卷。

《谢宣城集》10 卷,谢朓撰,绍兴二十七年,楼炤刻其中的 5 卷(诗赋部分)于郡斋,见《文献通考》卷二三○《经籍五七》。景定十三年,再刻其余 5 卷,见《谢宣城集》卷首洪伋《再刻谢宣城集跋》。

《李长吉诗集》4 卷,唐李贺撰,收诗 242 首,见薛季宣《浪语集》卷三○《李长吉诗集序》。

《宣城总集》28 卷,李兼编,见吴潜《履斋遗稿》卷三《宣城总集序》。

《致堂读史管见》13卷,胡寅著,南宋末刻于宣城郡斋。见台北故宫博物院藏本。

《燕喜词》,曹冠撰,淳熙十四年刊。

《大学章句》1卷、《中庸章句》1卷、《论语集注》10卷、《孟子集注》14卷,朱熹撰,南宋宣城刊,见丛书集成新编第2册《经籍跋文目录·宋本四书跋》。

广德军:

《史记》103卷,司马迁撰,淳熙三年,知军张杆据蜀小字本用中字书刊于郡斋(删褚少孙所续部分),八年,复补刻少孙所续部分,国图藏63卷。见《皕宋楼藏书志》卷一八张杆《序》、耿秉《淳熙刊史记跋》。

《二十四箴》,汉扬雄撰,见《文献通考》卷二三〇《经籍五七》。

《春秋经》1卷,见《文献通考》卷一八二《经籍九》。

《历代地理指掌图》,淳熙十二年镂板于广德军,见毗陵陈奎刊本赵善夫《序》。

太平州:

《洪氏集验方》5卷,乾道六年刻于郡斋,见士礼居丛书本《洪氏集验方》卷末洪遵《序》。

《伤寒要旨》1卷、《药方》1卷,李柽撰,乾道七年知州洪遵刻于当涂郡斋,国图有藏本。

《两汉博闻》12卷,杨侃撰,乾道八年胡元质刊于郡斋,国图有藏本。

《左氏摘奇》12卷,胡元质撰,乾道九年锓木于当涂道院,见宛委别藏本《左氏摘奇》卷一二胡元质《后记》。

《姑溪前集》50卷、《后集》20卷,李之仪撰,乾道三年吴芾刻于郡学,见《湖山集》卷一〇《姑溪集序》。

《青山集》30卷,郭祥正撰,南宋初刻于当涂,见1990年书目文献出版社影印本,又见吴芾《姑溪集序》。

《李侗文集》,李侗撰,王耕道刻于当涂郡斋,见嘉庆《南平县志》卷二五赵师夏《序》。

《李太白诗集》，咸淳乙巳刻于当涂，见《渭南文集》卷三一《跋》，又见上海古籍本《李太白集校注·附录三》江万里《李翰林集序》。

《治痈疽内托散方》，先刻之当涂，又刻之新安，见《夷坚志·丙志》卷一六《异人痈疽方》。

《杨氏（存中）家藏方》、淳熙五年刻于当涂，见《中国医籍考》卷四八杨倓（存中子）《序》。

《胡氏验方》，淳熙十二年刻于当涂郡斋，见《宋以前医籍考》第1092页。

《中庸章句》1卷、《大字章句》1卷，淳祐十二年，知州马光祖刻之郡斋。

《论语集注》10卷、《序说》1卷，《孟子集注》14卷、《序说》1卷，朱熹撰，嘉定十年吴正肃刊于当涂郡斋，见国图藏本。

《弹冠必用集》1卷，周渭撰，绍熙五年刻于当涂郡斋。

《徐氏家传方》，淳熙五年刻于当涂，见国图藏本。

池州：

《山海经》18卷，晋郭璞著，淳熙七年尤袤刻于郡斋，见国图藏本。

李善《文选注》60卷，《考异》1卷，尤袤校雠，刻于郡斋，版置郡学，见《梁谿遗稿》附尤袤《序》，又见台北故宫博物院藏本。

《文选双字类要》3卷，苏易简撰，淳熙八年镂板于郡斋，见《东塘集》卷一九袁说友《题文选双字》。

《昭明文集》5卷，淳熙八年刊。见《东塘集》卷一九袁说友《题文选双字》。

《华阳集》40卷，张纲撰，绍熙元年知州张釜（纲孙）刊于池州郡斋，见《皕宋楼藏书志》卷八一洪迈《序》。

《晋书》130卷，唐房玄龄撰，嘉泰四年至开禧元年知州陈谟刻于秋浦郡斋，见国图藏本。

《晦庵先生文公语录》43卷，李道传编辑，嘉定九年刊，见国图藏本，又见《朱子语类》卷首蔡杭《饶州刊朱子语录后序》。

《别本韩文考异》40卷、《外集》10卷、《遗文》1卷，宝庆三年郡守王伯大自编自刻于池阳郡斋。

《昌黎先生集考异》10 卷，朱熹撰，绍定二年张洽刻，见《万卷精华楼藏书记》卷一〇六张洽《韩集考异跋》。

《秋浦新志》16 卷，端平丙申池州刻。

《隶释续》21 卷，淳熙丁酉后三年，锡山尤延之刻二卷于江东仓台，而辇其板归之越，见《盘洲文集》卷六三洪适《池州隶续跋》。

《禅宗颂古联珠通集》，池州报恩光孝寺僧法远集，池阳信士袁金刻板，日本宫内厅书陵部藏 40 卷。

《省心杂言》，李邦献撰，板行于蜀，刊于池阳、于新安，见影印文渊阁四库全书本《省心杂言》卷末李如罔《跋》。

《澹庵先生文集》70 卷，胡铨撰，庆元五年刻于郡学，见《诚斋集》卷八二《澹庵先生文集序》。

《朱子语类》33 家，李道传编，称初刻于池州，见《宋元学案补遗》卷四九吕午《朱子语类序》。

《重校南阳活人书》，池州公使库刊，见《中国医籍考》。

《丁梅岩集》，嘉熙四年梅岩子梅策刻，见嘉庆《太平县志》卷一六戴复古《跋》。

徽州：

《云麓漫抄》15 卷，赵彦卫撰，开禧二年刻于徽州郡斋，见《皕宋楼藏书志》卷五六赵彦卫《序》。

《黄山图经》，初刻于元符三年，又刻于绍兴二十六年，再刻于嘉定改元之清明节，见安徽丛书本《黄山志定本》卷三张介《黄山图经序》、胡彦国《黄山重刻图经跋》。

《朱子语类》71 家，池州初刻粹 33 家，蜀本黄士毅编《语类》增多池本 38 家，淳祐十二年洪勋合二家刻于紫阳书院。见《宋元学案补遗》卷四九吕午《朱子语类序》。

《忘筌书》2 卷，潘淳撰，刻于新安，见《文献通考》卷二一四《经籍四一》。

《苏辙诗》36 篇，刻石于绩溪苏公祠。见《南涧甲乙稿》卷一九《苏文定公祠碑》。

《治痈疽内托散方》，见《夷坚志·丙志》卷一六《异人痈疽方》。

《皇朝文鉴》150 卷、《目录》3 卷，吕祖谦辑，嘉泰四年沈有开刻于新安郡斋。嘉定十五年、端平元年又曾两次重修、补刻。

《梁溪遗稿》50 卷，尤袤撰，尤藻刊于新安，见《增订四库简明目录标注》第 735 页。

《鄂州小集》6 卷、《附录》2 卷，罗愿撰，乾道二年郑玉子美刊于新安，见《增订四库简明目录标注》734 页。

《李度诗》，李度撰，石印本，见《续资治通鉴长编》卷二八雍熙四年三月。

《鄱阳集》10 卷，洪皓撰，绍兴二十四年刻于新安，见《盘洲文集》卷六三《跋先忠宣公鄱阳集》。

《方壶存稿》8 卷，汪莘撰，咸淳元年刊于新安，见《增订四库简明目录标注》。

《尔雅翼》32 卷，罗愿撰，咸淳六年刻于郡斋，见《四库全书总目提要》卷四〇。

《文房四谱》5 卷，附《歙砚谱》1 卷、《歙砚说》1 卷、《辨歙砚石》1 卷，参知政事苏公（易简）所集，洪适刻之新安四宝堂，见《盘洲文集》卷六三《跋文房四谱》。

《松漠纪闻补遗》，洪皓撰，洪适镂板于歙越，见《皕宋楼藏书志》卷二四洪遵《松漠纪闻补遗跋》。

《诗余》30 篇，汪莘自撰自刻，见《方壶先生集》卷三《诗余序》。

《十七家易集义》64 卷，魏了翁撰，其仲子静斋刊于紫阳书院，见《增订四库简明目录标注》18 页。

《仪礼要义》50 卷、《周易要义》10 卷、《礼记要义》33 卷，魏了翁撰，淳祐十二年，其子克愚刻，国图有藏本。

《曾子子思子全书》，汪晫编辑，咸淳十年刻于新安，印造二部四册，见乾隆《绩溪县志》卷二汪梦斗《曾子子思子全书进表》。

《春秋经解》13 卷，孙觉撰，嘉定丙子汪纲刊于新安，见《增订四库简明目录标注》106 页，又见钱曾《读书敏求记》卷一。

《省心杂言》，李邦献撰，板行于蜀，刊于池阳、于新安，见影印文渊阁四库全书本《省心杂言》卷末李耆冈《跋》。

《竹洲集》，吴安抚（儆）撰，端平乙未子垌梓。

《国朝登科记》21卷，刻于新安郡舍盖堂，见《盘洲文集》卷三四《大宋登科记序》。

《中庸集解》，婺源宰张某刻之县学，见《新安文献志》卷二二朱熹《书徽州婺源县中庸集解版本后》。

《晦庵先生真迹》30纸，滕溪斋（璘）刻之博雅堂，见《新安文献志》卷二二吴文肃《题晦庵先生真迹后》。

《遗教经》，王国瑞撰，刊于徽州料院，见《新安文献志》卷二三程端明（珌）《书王国瑞料院所刊遗教经》。

《秋崖新稿》31卷，方岳撰，宝祐五年刊于竹溪书院，见《四库全书总目提要》卷一六四《秋崖集》。

《演繁露》、《演繁露续编》，程大昌撰，嘉定十三年程氏家塾刻印，见《演繁露续集》卷六程覃《演繁露续集跋》。

《周易本义》，朱熹撰，咸淳间刊于朱子故里，见《丛书集成新编》第2册《经籍跋文目录》引《宋咸淳本周易本义跋》。

《知言》，胡宏五峰撰，汪伯虞锓木，见《新安文献志》卷二二吴文肃《题五峰先生知言卷末》。

因资料所限以上仅罗列百余部，而实际上肯定还会更多。从存世的安徽宋版书看，字大而行疏，版面肃穆而不呆板，书写艺术和刻印技巧均臻成熟，读起来非常省力舒服。舒州郡斋本《金石录》、《王文公文集》，池州郡斋本《山海经》、《别本韩文考异》，太平州本《四书章句》，徽州本《礼记要义》等，都是我国著名的南宋刻本。

刻书单位有郡斋、公使库、州学、县衙、书院、寺庙以及个人。私人刻书最有名气的当推徽州汪纲，他曾被《天禄琳琅书目·茶宴诗》列为有宋七大刻书家之一。地点集中在合肥以南的沿江江南地区，其中又以徽州为最发达。之所以会出现如此大的变化，似与当时的经济和教育发展水平有关。南宋淮河流域经济残破、教育落后，对书籍的需求减少，另外亦无余资投入刻印图书事业。沿江江南社会相对稳定，经济发展,教育繁荣,"家能著书,人知挟册",①读书、著书蔚成风气,从而推动印刷业蓬勃向前。

宋代安徽刻印书籍内容丰富多样,品类繁多,基本适应了广大士民的需求。尤其是大量医学方书的行世,对移风易俗,提高广大人民的身体健康水平,发挥了很好的作用。

第二节　藏　书

一、综　述

赵宋之前,关于安徽地区藏书的记载尚很少。进入宋代,伴随文化普及速度的加快和印刷业的蓬勃兴起,收藏图书渐渐成为一种时尚,私人藏书遍及全省各地,以学校、御书阁、寺院等为主的单位藏书也破土而生。

二、单位藏书

御书阁藏书　御书阁,或称勅书楼,是自太宗朝开始陆续兴建起来的,多建在府、州治地,专供收贮皇帝诏勅和朝廷下达给州县政令文书用。建在庐州合肥的名圣文秘奉阁,为刘筠知庐州时兴建。② 滁州的曰御书阁,在琅琊山开化寺,太平兴国中赐额。③ 宁国府的曰勅书楼,在府治西。④ 芜湖县也有御书阁,在能仁院,淳祐初建。⑤ 繁昌御书阁,嘉祐三年竣工,总用钱130万,积工2580,役历148天,凡36楹,⑥在已知的单位藏书建筑中,是规模最大的一处。

---

①　叶适:《水心文集》卷九《汉阳军新修学记》。
②　《南畿志》卷三七。
③　《南畿志》卷五九。
④　《南畿志》卷四八。
⑤　《南畿志》卷四五。
⑥　《郭祥正集·辑佚》卷三《繁昌建御书阁记》。

　　寺庙藏书　徽州城阳院,在歙县南,乾道九年建五轮藏室,用钱300 万,藏佛教典籍逾5000 卷。①

　　学校藏书　宁国府府学,"藏书有阁,印书有库,澡浴有室,粟粮有廪,缮饎有厨,设施齐全"。② 绩溪县学,隆兴中,知县叶楠"购书2700卷以丰藏书"。③ 当涂天门书院也建有专门的藏书库。婺源县学,有藏书阁,而未有以藏,至莆田林虑出任知县,"始出其所宝《太帝神笔石经》若干卷以填之,而又益广市书凡千四百余卷,列庋其上,俾肄业者得以讲教而诵习焉"。④

　　崇宁三年,襄阳米芾以太常博士出知无为军。明年,以所得晋王羲之《王略帖》、王献之《十二月帖》、谢安《八月五日帖》摹刻上石,并在州治襄信堂东筑室藏之,名"宝晋斋",南宋张孝祥书其匾。中更兵烬,石有残损,经葛祐翻刻,与残石同置官舍。至曹之格为无为军通判,又重行摹刻,并增入家藏晋帖及米芾书翰多种,咸淳四年刻成,始标题为"宝晋斋法帖"。名闻遐迩,为后世书学者所宝。

　　上述之外,还有一些特殊类型的藏书机构,如知太平州张伯玉在当涂建六经阁,专门收藏儒家经典和诸子百家。⑤

三、私人藏书

　　私人藏书家更多,收藏万卷左右的有:濠州郭延泽,据《宋史》卷二七一本传及《舆地纪胜》载,延泽字德润,咸平中以虞部员外郎致仕,归居濠州城南,聚图书万余卷,皆手自刊校。景德初卒,朝廷派使臣取其三馆所缺书3000 余卷。全椒张洎,字偕仁,南唐清辉殿学士,深得后主李煜宠信,尝赐书万余卷。入宋,官至参知政事,与寇准同列,皇帝褒其为"翰长老儒臣"。⑥ 合肥姚铉,字宝之,官至两浙转运使,天禧四年卒。文辞敏丽,尤善笔札,藏书至多,颇有异本。宦游南

① 《鄂州小集》卷三《徽州城阳院五轮藏记》。
② 汪伯彦:《宣州重建学记》,《国朝二百家名贤文粹》卷一一九。
③ 周必大:《省斋文稿》卷三五《叶楠墓志铭》。
④ 朱熹:《婺源县学藏书记》,《新安文献志》卷一二。
⑤ 《舆地纪胜》卷一八《太平州》。
⑥ 《宋史》卷二六七《张洎传》。

北,所至以抄书为务,在杭州时,曾因命属吏写书,被薛映弹劾贬官。①
无为宋(一作李)景仙,于州城天庆观西建万卷楼藏书,多秘阁所无
者,曾以所藏之半进贡于朝廷。② 濡须秦氏,筑澹先堂藏书,有《秦氏书
目》1卷。元祐二年,其族有官金部员外郎者,曾上书朝廷,请求不许
子孙分割宅舍和书籍。③ 婺源王汝舟,熙宁名臣,"手所刊校书万余
卷"。④ 芜湖韦许,少从李之仪学,不事科举,筑室"独乐"以藏书。建
炎二年七月,以向朝廷献书赐进士出身,授迪功郎。⑤ 历阳陆世良,藏
书至万卷,筑堂曰"介清"贮之。⑥ 宣城侍其伟,《宋史翼》卷一九《侍其
伟传》讲他不以仕进淹晚为怀,性嗜学喜聚书。泾县包整,筑室"万卷
堂"贮书。⑦ 宁国杨秉,乾道间于南屏山与琴山间筑万卷堂藏书,又有
御书案、石砚阁。⑧ 历阳龚敦颐(原名颐正),曾祖原,昔为泰陵实录院
官,故其家亦多图书。⑨ 婺源胡霖,以赀雄乡里,筑馆溪山之间,藏书万
卷,以课子弟。⑩ 滕璘,官四川制置司干官,得官书数千卷,载与东归,
又益求平生所未见者,即溪东为堂贮之,命曰"博雅"。⑪ 歙县吴豫,为
堂曰"延芳",储书万余卷,图画称是,"许比闾俊彦观摩丽习于兹"。⑫
隶属金国宿州的宁知微,《归潜志》讲他"积书万卷"。《金史·宇文虚
中传》云蒙城高士谈,藏书也甚丰。

　　宋代安徽最大、最著名的私人藏书家为谯郡祁氏、历阳沈氏、汝阴
王氏。祁氏家谯县,主人讳元振,太常少卿祁革之子。以父任授试衔,
不就,特除守校书郎致仕,又辞。廉静寡欲,聚书万卷,以博览为乐。

① 《宋史》卷四四一《姚铉传》。
② 《南畿志》卷三六。
③ 《文献通考》卷二〇七《经籍三四》、《直斋书录解题》卷八。
④ 淳熙《新安志》卷七《王汝舟传》。
⑤ 《建炎以来系年要录》卷五六、《南畿志》卷四六。
⑥ 《南畿志》卷四六。
⑦ 《宋元学案补遗别附》卷二。
⑧ 《南畿志》卷四七。
⑨ 洪迈:《奏荐龚颐正、王称劄子》。
⑩ 汪藻:《浮溪集》卷二七《胡霖墓志铭》。
⑪ 真德秀:《滕公璘墓志铭》,《新安文献志》卷六九。
⑫ 方回:《吴公豫墓志铭》,《新安文献志》卷九二。

治平三年，以74岁高龄卒。① 号称外府，即可与朝廷三馆媲美的藏书者，《墨庄漫录》卷五、《懒真子》卷四都曾提及，《文献通考》卷一七四《经籍一》言其藏书四万余卷。历阳沈立，天圣进士，著名水利学家，历官两浙转运使、江淮发运使、知宣州，其父沈平去世时，已藏书二万余卷，②立卒时，增至三万卷。③《宋史·艺文志》著录《沈氏万卷堂书目》二卷。《沈立神道碑》说："藏书埒于内府，累降中旨，就其第传录，以补官书之阙。"为王明清所言宋五大藏书家之一。④ 特点是内容驳杂。汝阴王氏，祖孙三代喜欢藏书，王莘自幼留心典籍，经过几十年的经营收拾，逮至数万卷，皆手自刊校，贮之乡里汝阴，附近士人经常来此抄、阅。元祐党禁兴，谪官湖外，乃于安陆购田卜筑，为久居计，并将家藏之半辇至安陆。靖康乱起，安陆所藏被时任知州的陈规占为己有。绍兴九年正月，宋金和议成，金许还河南、陕西地，陈规被命为知顺昌府，治汝阴，结果留在汝阴的部分复入陈规之手。南渡后，莘子铚新置加旧藏，尚"藏书数百箧"。⑤ 铚卒，奸相秦桧之子秦熺写信给地方官，提出用官帽子换取王氏藏书，铚子廉清大哭，说："愿守书以死，不愿官也。"铚与子明清、廉清利用家藏图书，撰写大量学术著作，号称汝阴王氏。

这些藏书家多出身官僚，也有少许家庭富足不事科举的士人。目的各样，有些贮书课子弟，有些用以著书立说，有些则出于癖好。北宋时期以长江以北地区居多，只有王汝舟一位属籍皖南的徽州。南宋则相反，集中在沿江江南，淮河以北只有蒙城高氏和宿州宁氏两家。他们不仅为本地知识传播、文化普及和积累做出重要贡献，同时还向国家提供了大量稀世珍藏，无愧为宋代安徽文化园地绽放出的一朵新蕾。

① 《续资治通鉴长编》卷二○七。
② 《蔡襄集》卷四○《沈平墓志》。
③ 杨杰：《无为集》卷一二《沈立神道碑》。
④ 《挥麈前录》卷一。
⑤ 《宋史翼》卷二七《王铚传》。

第三节　亭台园林建筑和名人题记

一、综　述

北宋结束了长达近一个世纪的分裂混乱局面,社会安定,农业、工商业繁荣。金兵入侵,虽然淮河流域受到重创,但安徽的皖南地区仍相当发达,于是滥觞于魏晋南北朝时期的园林建筑,至此也进入一个鼎盛阶段。并因宋朝的文人雅士皆热衷于将感悟到的优美胜景行诸文字,进而使单纯的土木泉石融入人文思想的深邃内涵,形成一种自然美与精神美相结合的特殊文化景观。

二、亭台楼阁建筑和文人题记

仅见于《舆地纪胜》、《方舆胜览》、《南畿志》三书,并确为宋代修建的,即无虑百数十处。曰亭、曰台、曰楼、曰阁、曰堂、曰斋、曰榭、曰舫,名色不一,形态各异,遍布城镇乡村、山林水次,而又以颍州汝阴、滁州琅琊山和皖南的宣、池、太平州居多。面向社会,听游人登临燕憩,大大丰富了广大人民群众的文化生活。

在这些楼台亭阁上,书写或刊刻有形式、风格、意境各异的名人诗词、序记、匾额,传统文化的风雅融合自然景致,在陶冶性情、彰显人杰地灵、山川毓秀,以及区域文化积累中,发挥了重要作用。寿州西园,在下蔡县城西,景祐三年郡守王子野筑。表300弓,析为八区,高处建亭,奥幽为堂,亭堂相望,"州人骇观,叹美一辞",石曼卿有《记》。庆历元年,宋祁出知是邦,重修,并于熙熙亭、白莲堂、春晖亭、式燕亭、秋香亭、狎鸥亭、齐云亭、望仙亭、清涟亭、美阴亭各题诗一首。[1] 俨然就是一座现代城市公园。汝阴的西湖,丝丝垂柳、潋潋波光、婷婷荷花间

---

① 《宋景文集》卷五《寿州十咏》。

楼台亭阁错落,加上晏殊、欧阳修、苏轼等人的风流韵事,给后人留下无穷的遐想。滁州醉翁亭,在琅琊山醴泉上,庆历中寺僧智迁建,欧阳修有《醉翁亭记》,建炎中毁于兵火,绍兴庚午重建。茶仙亭,在琅琊寺中,绍圣中僧永起建,郡守曾肇有《记》。会峰亭,在琅琊寺,郡守葛宫建。丰乐亭,在函谷寺,庆历中欧阳修"疏泉凿石辟地以为亭,并作《记》,而与滁人往游其间"。园会亭,在龙蟠山,元符中僧昙广建。醒心亭,在丰乐亭东,曾南丰《记》云:"欧公与宾客游,必即丰乐以饮,或醉且劳矣,则必即醒心亭而望,以见夫群山相环,云烟相滋,其心洒然而醒,更欲久而忘归也。"《西清诗话》讲,欧阳公作醉翁、醒心两亭于琅琊山,命幕客谢某者杂植花卉,谢以状问名品,公作诗曰:"浅深红白宜相间,先后仍须次第栽。我欲四时携酒去,莫教一日不花开。"渐入佳境亭,在醉翁亭北,宣和中郡守唐恪建,初名同醉,嘉泰间林嶧改今名。兰堂,在州廨东南,元祐五年法曹罗畸建。乾道间辛弃疾出守是邦,又建奠枕楼,见周孚《记》。特别是醉翁亭,因为欧阳氏写的那篇《醉翁亭记》文太美了,以致形成一股醉翁热。苏轼伐石 6 碣,用大字书写,树于亭中,锦上添花,富弼、王安石、韩绛等,皆曾赋《醉翁吟》以和之。大常博士、东阳沈遵读后,不远千里来游,援琴听泉,写其声为醉翁三叠,又名《醉翁操》。① 孙觌《鸿庆居士文集》卷二二《醉翁亭记》讲其曲"节奏疏宕而音指华畅,知琴者以为绝伦,然有声而无其辞"。于是欧阳氏又于嘉祐元年作醉翁吟以赠沈遵。但与琴声不合,欧阳又依楚辞作醉翁引,好事者亦倚其词以制曲,虽粗合均度,而终非天成。欧阳修卒后,有庐山道士名崔闲者,特妙于琴,恨沈遵曲无词,乃谱其声而请于苏轼以补之,苏轼为作《醉翁操》。② 至此,醉翁亭不仅有欧阳修的记、引,还有苏轼的书、操,沈遵的琴曲,堪称五绝,形成独特的醉翁文化现象。声名远播,吸引来千千万万游客,后世过滁者,无不前往游览凭吊一番。

---

① 《欧阳全集》卷一五《醉翁吟并序》。

② 《苏东坡全集》卷八《醉翁操并序》。

三、私家园林建筑和名人题记

宋代安徽私家园林比较著名的有4座:无为吴氏园,是其中之一,《永乐大典》卷六二四载方惟深《过无为吴氏园池诗》曰:"傍水寻幽径,青林尽掩扉,杨花入竹静,鸟影渡塘稀。石好频移坐,波清任濯衣。沙鸥如有意,一一近人飞。"铜陵陈氏园,在县治东,主人姓陈名涉,苏东坡、林和靖、黄庭坚都曾题诗赞美。苏氏《题铜陵陈公园双池诗》云:"铜陵来势远,幽处更依山;一片湖景内,千家市井间。"①黄庭坚《题铜陵陈公园池诗》曰:"春池水暖鱼自乐,萃岭竹静鸟知还;莫嫌叠石小风景,卷帘看尽铜官山。"能得到这些著名文人的赞美并留题其间,可见这座园林建设之美。无为陈氏园,据《睽车志》卷五讲,在郡治西南,主人绰号陈狝猴,"家赀累百巨万",园建得"颇华壮",绍兴元年,毁于盗匪焚劫。灵壁张氏园,又名兰皋园,位于灵壁县城汴河之阳,是北宋我国最著名的私家园林之一。欧阳修、张参、苏东坡、蒋子奇、吴师礼、李之仪等都曾游过此园,他们或作记序,或题诗咏,或泼墨挥洒,给这座建筑物注入丰厚的文化内涵。据苏轼《灵壁张氏园亭记》,园主兄弟二人,始家灵壁,作此园以养其双亲。其后出仕,一官殿中丞,一官通判,又推其余力,不断增治之。《记》作于元丰二年三月二十七日,以《记》文"于今五十余年矣"推断,其肇建当在仁宗天圣年间。官殿中丞之张,名损之,与欧阳修是好朋友,欧阳氏所撰《于役志》中多次出现他的名字,景祐三年五月,欧阳修被贬夷陵,损之送别,依依两日,与欧阳修会饮盘旋。六月初,欧阳修自京师泛舟顺汴河东南行,至灵壁,"独游损之园"。并作《题张损之学士兰皋亭诗》,曰:"碕岸接云蹊,琴觞此自怡。林花朝落砌,山月夜临池。雨积蛙鸣乱,春归鸟哢移。惟应乘兴客,不待主人知。"②《居士集》卷三九《泗州先春亭记》又有"景祐二年秋,清河张侯以殿中丞来守泗上"语,参合前后引文,可知损之望出清河,景祐二年曾以殿中丞出守泗州,明年还

---

① 《永乐大典》卷一〇五六。
② 欧阳修:《居士外集》卷六。

朝,加学士衔。元丰间,苏轼游兰皋园时,接待他的是损之侄张硕,并应硕之请写下著名的《灵壁张氏园亭记》。《记》说:张氏园外围"修竹森然以高,乔木蓊然以深。其中,因汴之余浸以为陂池,取山之怪石以为岩阜。蒲苇莲茨,有江湖之思;椅桐桧柏,有山林之气;奇花美草,有京洛之态;华堂厦屋,有吴蜀之巧"。并因之勾起诗人置田泗滨,终老灵壁之念。苏轼不仅《记》写得漂亮,字亦入神,杨元发、李之仪等书法名家曾著专文加以评说。李之仪在《姑溪居士文集》卷三八《跋东坡兰皋园记》中将之与王羲之《兰亭帖》相比,说:"世《兰亭》,纵横运用,皆非人意所到,故于右军书中为第一。然而能至此者,特心手两忘,初未尝经意。是以僚之于丸,秋之于奕,轮扁斫轮,庖丁解牛,直以神遇而不以力致也。自非出于一时乘兴淋漓醉笑间,亦不复能尔……东坡此字,其亦得之于是欤!"今以斯文、斯字刊石于斯园,自然景观与人文景观交相辉映,可谓绝配。另外,张氏园中耸立一奇石,一称小蓬莱,又名兰皋石,据张邦基《墨庄漫录》卷一讲,苏轼非常珍爱此石,题其上曰"东坡居士醉中观此,洒然而醒"。原东坡之意,盖取唐李德裕平泉山庄有醒醉石,醉踞之而醒。蒋子奇过见之,复题云"荆溪居士暑中观此,爽然而凉"。吴师礼知宿州,题其后云"紫溪翁大暑醉中读二题,一笑而去"。张氏皆刻之,其后石归禁中。

另外还有许多山水记和摩崖石刻,举其彰彰有名者如欧阳修的《浮槎山水记》、王安石的《游褒禅山记》、潜山和齐云山、浮山石刻,也属于自然美与人文美结合类型。

第四节　宗教信仰

一、综　述

宋代安徽民间宗教主要有佛教、道教和秘密宗教。一个地方信仰哪种宗教及信仰程度,反映了当地人民的精神状态和价值取向,是地域文化特色之一。

二、佛　教

佛教是宋代安徽第一大教,佛寺和信徒,自北而南,遍布各州军。宿州有"大寺数所",皆北宋时建。[①]　虹县北有寺院颇壮丽,并有米芾书。[②]临涣县的柳子镇有佛寺70余间。[③]　但相比沿江江南来说,则明显少了许多。《郭祥正集》卷六《送黄吉老察院》讲池州"土木绚金碧,佛仙竞新祠",同书卷二五《西村》又说"远近皆僧舍,西村八九家",僧舍超过了民户。这是北宋的情况,南宋依然,员兴宗讲:"池多名山,陂陁连延,深密粹秀,浮屠从而宫者半之。"[④]舒州自唐就是佛老麇集的地方,南宋时,"安庆府寺观最多,田地山林大半皆属寺观"[⑤]。南宋淳熙初,徽州有寺院140余所。[⑥]　临济宗高僧慧觉主持滁州琅琊寺,建舍利宝塔49座,集僧众800余名。信奉佛教的善男善女南方也远比北方多,举如有文字记载的:吕夷简,仁宗朝宰相,素信佛,政事之暇诵经,与志言等禅师往来频繁。夷简孙希哲,初学于焦千之,已而又学于胡瑗、孙复、王安石及邵雍,晚年学佛。马亮,信向佛法,尤喜净土宗,守杭州时,曾向遵式法师问道,式为述注《往生净土》、《决疑行愿》二门,亮受之,终身诵念。杨杰,宿好禅法,遍接诸宿,叩求心要。从天衣怀禅师游,终得其法。又参庞公机语,心有契悟。熙宁十年以母忧归,闲居阅藏经,遂归心净土。元祐中,预知大限将至,说偈而逝。撰有《天台净土十疑论》,又有《辅道集》,宣扬佛法。朱寿昌,幼时父休其母,及长,每念生母,弃官刺血写《金刚经》行四方访求之。熙宁初,得母于同州,欲报佛恩,并度众生之苦,乃将梁武帝所著《忏法》改成韵语,以便于人们歌咏赞叹。高士则,蒙城人,琼后,号无功居士,崇信佛法,初参芙蓉楷禅师,求指心要,楷公令去其所重,叩己而参,一日终造微

①② 楼钥:《攻媿集》卷一一一《北行日记》。
③　光绪《宿州志》。
④　《九华集》卷一九《池州改建南泉承恩禅寺记》。
⑤　《勉斋先生黄文肃公文集》卷三二《申制置司行下安庆府催包砌城壁事状》。
⑥　淳熙《新安志》卷三《僧寺》。

密,呈偈:"悬崖撒手任纵横,大地虚白空坦平。照壑辉岩不借月,庵头别有一帘明。"李公麟,擅画佛像,退隐龙眠山庄,时召高僧讲论佛法。王日休,弃儒入佛,归心净土。吴潜,在循州贬所,每与寺僧说法,自号履斋居士。朱熹年轻佞佛,后虽弃佛向儒,而其思想仍参杂不少佛学因子。张孝祥,与佛门人物颇多交往,为著名高僧宗杲的外护。上举10人,除高士则,均为淮河以南人,是知不仅南方佛寺比北方多,信众也是南方多北方少。

《毗陵集》卷一二《詹扞墓志铭》说:"山东朴鲁,非江浙比,俗不为僧道。"淮北佛寺较少,可能与地接山东而风俗相近有关。

佛教分为律宗和禅宗两大宗派,安徽北部地区的佛教徒和信士多信律宗,以研习及传持戒律为主,通过内省自律而达于佛境,即人所称的"留于名相,囿于因果"。沿江江南地区则盛行禅法,即通过参禅悟道以求解脱。

三、道 教

道教虽是土生土长的本土宗教,但信奉道教的人远不如信奉佛教的人多,宋代安徽信仰道教者集中分布在亳州和徽州。亳州是道教始祖老子的诞生地,留下许多道家名迹,建有好几座规模宏大的宫观,藏有丰富的道教典籍,加之唐玄宗、宋真宗的临幸,所以自古以来俗尚道教,玄风浓厚。徽州"佳山水,又有前世许(宣平)、聂(师道)遗风,以故人多好仙"。[①] 如天圣进士黟县人丘濬、英宗时人婺源程惟象、制墨高手潘谷,皆道家者流。甚至连一些做官的也深受道教影响,如谢泌,官至谏议大夫,"然好方外之学,疾革,服道士服,端坐死"。[②] 道教注重养生,修炼的目的是能成为神仙,从这一角度讲,他们天然地厌弃尘世的繁嚣,于是便有了洞天福地之说。参互《云笈七签》卷二七和《道藏》第 11 册《洞天福地岳渎名山记》,宋时共有十大洞天、36 小洞天、72 福地,其中在今我国境内的有 117 个。浙江 32,最多,其下依次为

---

① 淳熙《新安志》卷八《叙仙释》。
② 《宋史》卷三〇六《谢泌传》。

江西 17、湖南 13、四川 9、陕西和湖北各 7、福建 6。安徽仅 3 个，即舒州潜山洞，为第 14 小洞天；无为军金庭山，为第 18 福地；和州鸡笼山，为第 43 福地。总体说来，安徽属于偏少省份，这个状况，从一个侧面反映宋代道教在安徽的传播和影响不是很大。

四、秘密宗教

宋代安徽的秘密宗教，活跃于淮南的称二桧子，沿江江南的曰四果教，宣歙山区的名牟尼教，官方统称为魔教或吃菜事魔教、妖教，因为他们都是秘密活动，故我们称之为秘密宗教。北宋中前期情况不详，到了徽宗朝，有关记载才慢慢开始多起来。周紫芝《太仓稊米集》卷七〇《冯君墓志铭》讲："宣和间，江淮会党夜聚为妖，课之四果，其所事神曰张公，旁近民往往从之。"牟尼教先自福建流至温州，后遂及二浙及毗邻的宣歙山区，并延及安徽江北个别地方。方勺《泊宅编》卷五云："庐州慎县黄山连接无为军、寿州六安界，盖贼巢穴也。"其法：断荤酒、不事神佛祖先、不会宾客、但拜日月。死则裸葬，倡言信之者可以致富。其说经如"是法平等，无有高下"。初入其教有甚贫者，教友则出财相助，至小康而止。"凡出入经过，虽不识，党人皆馆谷焉。人物用之无间，谓为一家，故有无碍破之说"。[①] 因为这些主张符合孤立无援、贫苦万状的下层人民的需求和期盼，故纷纷加入。方腊起义失败后，幸存的教民转入地下，潜伏宣歙山中，伺机再起。绍兴十四年，泾县人俞一起义，《宋史·高宗纪七》称之为"妖贼"，即吃菜事魔教。据张守《毗陵集》卷七《措置魔贼劄子》讲，"吃菜事魔皆师授"，俞一的师傅是饶州张大翁。行动"诡秘难察"，至"昏夜，聚首素食，名曰夜斋"。淳熙八年，"宣州妖民胡木匠居麻姑山，诱聚数千人，守适罢去，而通判争摄事不协，事莫理，盗乘间将犯城，缚巡检一人，贯其耳以徇，人情恐惧"，[②]或即其余波。

秘密宗教是政治黑暗、社会不良和贫富悬殊造成的，历史上有很

---

① 庄绰：《鸡肋编》卷上。
② 叶适：《水心文集》卷一四《徐德操墓志铭》。

多农民反抗斗争都是在其掩护下发展壮大，并最后走上大规模起义的，从这个角度讲，具有打击残暴、扫荡腐败的进步意义。但也有不少恶劣的副作用，严重时会成为社会的祸害，从这个角度讲，它属于"火花与黑暗并存"①的特殊民间文化。

第五节　民间神祠文化

一、综　述

除佛教、道教和秘密宗教外，人们还狂热地信奉着千千万万、形形色色的神祇。这些神祇，有的属于对自然、灵魂和图腾的崇拜，有的是表示对乡贤、名宦以及为保一方平安而壮烈牺牲的志士仁人的表彰与纪念。其物质标志或是美轮美奂的大庙，或是极其简陋的小屋，或仅设偶像、牌位、神龛。这些神祇遍布全省各个角落，是安徽传统文化的基础部分。

二、乡贤名宦祠

亳州魏武帝庙，在亳县东，祠曹操，久历年所，北宋真宗皇帝有事亳州太清宫之岁，曾令人增新之。《河南穆公集》卷三《亳州魏武帝帐庙记》云："武帝庙享于此土久矣，庇于尔民厚矣。水旱灾害，尔民祈焉；疾病疫疠，尔民祷焉。"天静宫，祠老子，东汉建，北宋天禧元年重修，②在今涡阳。宿州陈胜庙，祠秦末农民起义领导人陈胜，绍兴十年赐额"英显王庙"。③ 濠州有石韩将军庙，据《漫塘文集》卷二一《濠州新建石韩将军庙记》，石氏讳俁，濠州人，开禧中出家财募兵抵抗金人入侵，战殁，民立庙祀之。安丰忠节庙，祠智原，据《履斋遗稿》卷三

---

① 张其凡：《宋代史》上册，第590页。
② 《续资治通鉴长编》卷八九《天禧元年》。
③ 《宋会要辑稿·祠典》。

《忠节庙记》,智原安丰人,宝祐六年与入侵之蒙古军战殁。孙叔敖祠,亦在安丰,为纪念他修安丰塘有功于民建,久历年所,至宋仍香火不断,许多书上都有记载,兹不备举。合肥有包马二公祠,包指包拯,马指马亮,都是北宋名臣,合肥人,祠立于学宫,始建于治平三年,后又陆续修缮,详张环和韩元吉《记》。又有姚公庙、杨公庙。姚公名兴,与金人血战尉子桥,阵殁。杨公指杨椿,曾率乡民收复被金人占领的庐州城。蒙城庄子祠,县令王兢建,《苏东坡全集·前集》卷三二有《记》。舒城七门庙,祠汉刘信,以其修七门堰溉田二万顷,民感其惠,立庙祠之,《彭城集》卷三二《记》言之甚详。永阳思贤堂,祠王禹偁和欧阳修,张商英、尤袤均有《记》。滁州汉高祖庙,《老学庵笔记》卷七引唐意《滁州汉高帝庙碑》云:"滁之西曰丰山,有汉高帝庙,或云汉诸将追项羽道经此山,至今土俗以 5 月 17 日为高帝生日,远近毕集,荐殽觞焉。某尝从太守侍郎曾祷雨于庙。"桐城祠朱邑,邑,桐乡人,西汉著名循吏,见《太平环寰记》卷一二五。望江有麴信陵祠,麴氏为唐著名循吏,民感其惠立,《太平寰宇记》卷一二五云:"至今道其名,男女涕皆垂。"全椒有丁姑祠,丁姑不堪婆母虐待,于 9 月 7 日自经死,百姓怜之,当地妇女咸以 9 月 7 日为假,《太平寰宇记》卷一二八有记载。广德先贤祠,祠曾在广德为官并有仁政者 10 人:范仲淹、孙觉、朱寿昌、钱公辅、孙谔、陈次升、常安民、洪兴祖、董槐、康植,见黄震《黄氏日钞》卷八七《广德先贤祠记》。采石虞忠肃公祠,嘉定九年立,祠虞允文,民为其却敌功建,见《退庵遗稿》卷下《记》。婺源县学祠二程三先生及朱熹,见民国《重修婺县志》卷六七胡升《记》。泾县祠魏杞,以其宰泾有惠政立,见嘉庆《泾县志》卷九李域《魏公祠堂记》。绩溪苏文定公祠,原为翠眉亭,邑人即亭为祠,中更党籍禁锢,绍兴中好事者重立,改名景苏,刻公在绩溪所作诗 36 篇于石,摩公之像于亭,见《南涧甲乙稿》卷一九《祠碑》。滁州端命殿,王明清《挥麈后录》卷一言之甚详,皇祐五年十月建,奉安太祖御容,每月朔望,州官朝拜,知州酌献。又,池州昭明太子祠、当涂李白祠,皆建自前朝。庆历敕书许文武大臣立家庙,于是又有家祠,不赘。

　　上述祠庙的主人,都是值得当地骄傲的乡贤或有恩惠于民的外地

官吏,是民众崇敬和朝廷赞赏的道德典范。为了表彰和纪念他们,给百姓树立学习的楷模,由官府或民间出资建庙立祠,使之享受香火供奉,体现了我国传统的惩恶扬善价值观。从另一方面讲,又对民众具有很强的道德约束力,《嘉定赤城志》卷五尤袤《永阳二贤堂记》曾讲到:"滁人见其(指王禹偁、欧阳修)像则恭顺爱敬油然而生,鄙暴之心无自而作,庸有奸其上之令乎。"就是对其教化功能的最好说明。

三、人物神祠

颍上昭灵侯庙,欧阳修《集古录跋尾》卷一〇《张龙公碑》、苏轼《东坡全集·后集》卷一五《昭灵侯庙碑》、王明清《挥麈后录》卷六《昭灵侯行状首末》均有记载。侯姓张名路斯,唐初颍上县百社村人,年十六中明经第,景龙中为宣城令,生九子。自宣城罢归后,常钓于焦陂之阴,一天,顾见钓处有宫室楼殿,遂入居之。自是夜出晨归,归则体寒而湿,夫人石氏问其故,曰:我龙也,蓼(今霍丘境内)人郑祥远亦龙也,与我争此居,明日当战,让儿子来助我。结果张路斯战胜,九子也化为龙。颍上人神之,于钓处立祠祭祀之。唐昭宗乾宁中,刺史王敬尧大其庙。北宋初,陈、蔡、汝、颍及淮南地区亦皆奔走奉祠。熙宁中诏封昭灵侯、石氏为柔应夫人。元祐六年,苏轼益治其庙。百姓旱则向之祈雨,涝则向之祈晴,是淮北地区最大的人物神祠。巢湖太姥庙,祠一老巫婆,许多书上都有记载,大略曰巫能预知未来,讲县门外石龟口若出血,此地当陷为湖。一天乡邑祭祀,有人以猪血置石龟口中,巫见而疾呼南走,回顾其地,已陷为湖。后人建庙祠之,是江淮之间最大的人物神祠。灵济王庙,在广德县西五里祠山(原名横山),年代久远。有关文献资料相当丰富,不仅散见于方志、碑刻、文集、笔记,南宋人周秉还编著一部专载灵济王的书,名曰《祠山事要指掌集》。神主姓张,洪兴祖说是西汉名臣张安世,天宝中封为灵济王。《能改斋漫录》卷一八云:"名渤,姓张,本前汉吴兴郡乌程县横山人。始于本郡长兴县顺灵乡发迹,役阴兵导通流欲抵广德县,故东自长兴荆溪疏凿河渎。先时与夫人李氏密议为期,每饷至,鸣鼓三声,而王即自至,不令夫人至开河之所。厥后因夫人遗殍于鼓,乃为鸟啄,王以为鸣鼓而饷至。泊王诣鼓所,乃知为鸟所误。逡巡夫人至,鸣其鼓,王以为前所误而不至。夫人遂诣兴工之所,见王为大猪,驱役阴兵,开凿河渎。王见夫人,变形未及,从此耻之,遂不与夫人相见,河渎之功遂息。遁于广德县西四五里横山之顶,居民思之,立庙于山西南隅……由是西汉五代以至本朝,水旱灾沴,祷之无不应。郡人以王故,呼猪而曰乌羊。"祠庙不断增新,封号也越来越高,据《指掌集》卷九姚舜谐《重修灵济王庙记》云,康定初,朝廷具册礼,奉珪币,真封灵济王。同书卷二《世系》又云,绍兴五年,加封为正顺忠祐灵济昭烈王,即所谓的八字王。绍熙二年八月复加褒崇,易"灵济"为"威德",最后又改封为"真君"。自绍兴九年起,朝廷开始遣官往广德祠山祈雨,据《宋会要辑稿·祠典》记载,从淳熙十三年至嘉定十三年,共派遣了8次,在地方神祠中,待遇最高,也最受重视。张王信仰开始还仅限于广德、湖州地方,后来信众越来越多,传播越来越广,到了南宋末年,已形成以广德为中心,遍及两浙、江西、福建、湖南及沿江江南之苏皖地区的庞大信仰系统。"江浙荆淮之民奔走徼福者,数千里间关不辞",[1]"其牲皆用牛",[2]"民岁祠神杀牛数千"。[3]

四、自然神祠

是历史最为悠久、影响最为深远、数量也最多的一种神祠,凡天、地、山、川、树木、虫鸟等自然万象,皆在崇祠范围之列。淮河以北,民众多祠泰山,《夷坚支甲》卷九《从四妻袁氏》载:"符离人从四,居濉上,家素肥饶……,里人春月朝岱宗,从欲荐拔厥妻,持供具往献,既至泰山,三日未登庙。"江淮之间,合肥蜀山久在祠典,北宋景德二年新之,据刘攽《彭城集》卷三二《重修庐州蜀山庙记》云:"自舒肥之民,方数百里,咸奔走望祀之。"霍山县的天柱山,自西汉武帝南巡登礼之后,便成为我国五岳之一,虽然隋改祠湘南衡山,而此山仍奉祭不断,《续资治通鉴长编》卷七二就有朝廷派员往霍山县祠南岳天柱山的记载。

---

①　《黄氏日钞》卷八七《广德军沧河浮桥记》。
②　《宋史》卷四三八《黄震传》。
③　《宋史》卷三〇二《范师道传》。

这是安徽享受香火供奉年代最为久远的一座山。水神祠,《夷坚支丁》卷七讲芜湖江岸有龙王庙。同书《支癸》卷四说泾县有琴高先生庙,祠琴高鱼。《夷坚支乙》卷五《南陵蜂王》云:"宣州南陵县旧有蜂王祠,未知其所起,巫祝因以鼓众,谓为至灵,里俗奉事甚谨。既立庙,又崇饰龛堂贮之,遇时节嬉游,必迎以出。"后被县宰钱说焚之。狐狸祠,北方很多,淮河以南,据我所知,仅乌江县一处,见《夷坚支丁》卷六《乌江魏宰》。城隍、土地庙各州县都有,不赘。

五、淫　祠

指官方不认可,非正统的民间神祠。以其品类繁多、无处不有,故又称丛祠或淫祠。神主怪异,祭祀方式荒诞野蛮,主要分布在沿江江南,徽州尤甚。其中影响最大的是五通,或曰"木下三郎"、"木客",一只足者又曰"独脚五通"。《夷坚支戊》卷三《池州白衣男子》云,"李妙者,池州娼女也。淳熙六年,有白衣男子诣其家,饮酒讬宿,相得甚欢。逾三月久,妙以母之旨从之求物",白衣男走,妙母令其仆雍随以往,"迤逦出郭西门,至木下三郎庙前,谓雍曰:'可回头,有亲家叫汝。'雍反顾,则无人焉。复前视之,但见大白蛇,望茅冈疾趋"。《夷坚支癸》卷三《独脚五通》载:"吴十郎者,新安人。淳熙初,避荒挈家渡江,居于舒州宿松县。初以织草屦自给,渐至卖油,才数岁,资业顿起,殆且巨万。"信奉独脚五通,创祠于家,"值时节及月朔,必盛具奠祭,杀双羊、双猪、双犬,并毛血肠胃,悉陈列于前。以三更行礼,不设灯烛。率家人拜祷讫,不论男女长幼,皆裸身暗坐,错杂无别,逾时而退。常夕不闭门,恐神人往来妨碍。妇女率有感接,或产鬼胎……至今奉事如初"。婺源又有五显神祠,或以为所祠系"五行真气",或以为即五通。[①] 每岁四月二十八日建上善无碍太斋,四方并海外来者辐辏,斋宿极严。王炎《双溪集》卷三《五显灵应集序》也说:"阖境之人旦夕必祝之,岁时必俎豆之惟谨","达于淮甸、闽、浙,无不信向"。以致徽州人出门,都要先带片纸入庙祈祝一番才敢动身,读书的士人路过五通庙

---

① 胡定庵:《题五显事实》,《新安文献志》卷二三。

时,以门生身份拜谒,居民"朝夕如在鬼窟"里。① 有的淫祠以人为牺牲,杀人祭祀,《夷坚志甲》卷一四《建德妖魔》就记载:祁门县汪氏子自番阳如池州建德县,迷失道路,被一群人捉住,"行十里许,至深山古庙中,将其反缚于柱。数人皆焚香酌酒,拜神像前,祷曰'请大王自取',乃扃庙门而去。汪始知其杀人祭鬼,悲惧不自胜。"广德县有类似情况,《宋会要辑稿·刑法二》之一三二载:"臣近祷雨祠山,访之道路,颇言广德愚民杀人之风渐入吴兴。"

洪迈讲:"大江以南地多山,而俗讥鬼。"②指出多山是"俗讥鬼"的自然原因。山区峰回路转、云雾缭绕、野兽出没,给人以变幻莫测、神密险恶之感,因而人们渴求有一种超自然的力量保佑他们。另一个因素,偏僻山区,交通不便,比较封闭,官府统治鞭长莫及,容易出现一些邪恶势力,缺乏正义和正常的社会秩序。人们找不到出路,看不到光明,便步入歧途。正像张载讲的,"如深山之人多信巫祝,盖山僻罕所及,多为强有力者所制,其人屈而不伸,必咒诅于神"。③

第六节　形式多样的民间文化娱乐活动

一、综　述

娱乐活动是民间文化的一个组成部分。宋代安徽民间娱乐活动在继承、总结前代民间文化的基础上,多有发展和创新,丰富多彩,生机勃勃,俚俗味浓郁,反映出一代新的精神风貌,并对后世产生了深远影响。

---

① 《朱子语类》卷三。
② 《夷坚志丁》卷一九《江南木客》。
③ 《张载集·理学理窟·周礼》。

二、歌　舞

唱歌跳舞是淮南人的传统爱好，《仇池笔记》卷下《鸡唱》讲淮西路的"光、黄人，二、三月群聚讴歌，不中音律，宛转如鸡鸣耳。与宫人唱漏微相似，但极鄙野"。当地人称作山歌。滁州人也喜欢群聚唱山歌，真宗时王禹偁出知滁州，曾耳闻目睹，并专门写了一首题为《唱山歌》的诗记述其盛况，说：

　　滁民带楚俗，下里同巴音。岁稔时又安，春来恣歌吟。
接臂转若环，聚首如丛林。男女互相调，其词事奢淫。修教
不易俗，吾亦弗之禁。夜阑尚未阕，其乐何湛湛。①

民间歌舞，是农民庆祝丰收、追求爱情的美好形式，这种延续到深夜的欢乐场面，不但丰富了人们的精神生活，也有助于增强生活信心和乡民的团结。

三、听唱词，看杂技和影戏

是乡民农闲时又一项重要文化娱乐活动，《默记》卷下就曾讲到，颍州有来"献杂手艺者，作踏索之伎。已而掷索向空，索植立，遂缘索而上，快若风雨，遂飞空而去，不知所在"。观众都惊骇莫测。赵牲之《中兴遗史》还有一段因为看影戏、听唱词而引发震动朝野大案的记载，说北宋末砀山县染户宋从往南京（今商邱地区）界贩枣，得一小男孩名刘遇僧，稍长，命学雕花板。或言遇僧长得酷似宋少帝，遇僧闻之，心中暗喜，从此，每天看影戏听唱词时，特别留意宫廷内事。绍兴十年初，金人以所侵占的淮河以北地区还宋，宋廷令访宗室，遇僧自称为少帝第二子，发遣临安途径来安时，题诗兴国寺，曰："三千里地孤寒客，十七年前富贵家。泛海玉龙惊雪浪，权藏头角混泥沙。"颇以天子

---

① 《小畜集》卷五。

后裔自负,结果被发配琼州牢城。①

四、体育活动

据《宋史》卷四一七《赵葵传》、孔平仲《谈宛》卷三《柬文后验事》、刘克庄《杜庶墓志铭》,宋代合肥、符离、招信等县,都建有球场,附近将士和官员经常聚在一块"为击球戏"。

第七节　人情风俗

一、综　述

风俗习惯的形成,有自然环境的原因、社会环境的原因、时代环境的原因,其内容有一致的方面,如期盼风调雨顺、五谷丰登,是人们的普遍愿望,而更多的则是因地而异,即俗话说的"十里不同风,百里不同俗"。《夷坚志三》乙卷《肖县陶匠》记载:肖县土俗"多以上巳②节群集郊野,倾油于溪水不流之处,用占一岁休咎,目曰油花卜。"颍州立春日举行祭牛活动,皖南州县普遍举行颁春仪式,如宣城有颁春亭,③汪藻有《岩寺班春诗》,大约都是祈求有个好收成。

二、淮河以北风俗

靠近徐州一带,"土风淳陋","俗喜剽劫,轻命抵死"。④ 萧县"浑厚多智,务农生财","众不乐学,(学校)虽存而犹废"。⑤ 颍州"土风备

---

①　《三朝北盟会编》卷一九九。
②　古时以阴历三月上旬巳日为"上巳"。
③　《南畿志》卷四八。
④　孙觉:《秀楚堂记》,《国朝二百家名贤文粹》卷三七。
⑤　晁端中:《萧县儒学碑记》,《嘉庆萧县志》卷一五。

于南北"，①"民淳讼简"，②"淮人本醇质，士子亦皆重厚"。③气质大体与北方人相同。

三、江淮之间

自然风貌与淮北迥异。苏轼《过高邮寄孙君孚》诗说："过淮风气清，一洗尘埃容。水木渐幽茂，菰蒲杂游龙。"④"人性轻扬，善商贾。"⑤霍邱，"其民矜豪，其俗淫狡，饮酒呼博，椎牛掘冢，剽攻贼杀，则固其常事"。⑥寿州，"性躁气果"，"俗侈怃剽轻，砦惰相夸，农与贾参，迭为并兼，少师儒，不甚官学"。⑦濠州"宾客集而著书，流风所被，文词并兴，非南北二边比"。⑧庐州，北宋时，"吏治简易，民俗富乐。有女不肯以嫁官人，云恐其往他州县，难相见也。嫁娶者，宗族竞为饮宴以相贺，四十日而止"。⑨刘筠爱其俗，晚年落叶合肥。但"自兵火后，江、浙之民实居之，流徙多于土著，于是淳朴之风不如古而嚣讼好争"。⑩汪藻《浮溪集》卷二五《苏携墓志铭》亦云："合肥俗喜告讦，为慝名书。"舒州安庆府"习俗质朴而深厚"，但也沾染不少江南习俗，如"俗不举子"、人死后兴火葬。⑪总之，土俗兼备南北，具有明显的过渡性特点。

四、皖　南

"其人便捷而多能，轻清而好奇"，⑫即头脑灵活多巧思、富于进取心和好奇心。"轻险易变"、"性悍而急"，⑬即性子急，勇于变革。好

---

① 《苏东坡全集·后集》卷一二《颍州谢到任表》。
② 《欧阳修全集·居士集》卷四四《思颍诗后序》。
③ 《名公书判清明集·附录》二《太学生刘机罪恕》。
④ 《苏东坡全集·后集》卷四。
⑤ 《宋史·地理志》。
⑥ 毕仲游：《西台集》卷七《上欧阳文忠公书》。
⑦ 宋祁：《景文集》卷四六《寿州风俗记》。
⑧ 祝穆：《方舆胜览》卷四四。
⑨ 司马光：《涑水记闻》卷三。
⑩ 《方舆胜览》卷四八引《郡志》。
⑪ 《勉斋先生黄文肃公文集》卷一七《安庆府新建庙学记》。
⑫ 晁补之：《鸡肋集》卷五一《上苏公书》。
⑬ 《童蒙训》卷中。

学,多修举子业。相信巫卜,土俗中非礼法成分很大。以上是皖南人气质和风俗的共同特点。具体到各州县:宣州"习俗未深于教化","遗俗尚疑于大信"。① 泾县"儒风最盛,独先诸邑"。② 太平县"农鲜服勤,侯占筮而佞鬼神,弃耕桑而从纲罟,是以民无土著,家无积储"。③ 广德县有"自婴桎梏,自拷掠以徼福"④之俗。"桐州(川之误。桐川为古代广德县之别称)祠山、新安云岚,皆有埋藏会",⑤"为坎于庭,深广皆五尺,以所祭牛及器皿数百纳其中,覆以牛革"。⑥ 金陵池阳间"多用火葬,相率成风"。⑦ "男多则杀其子,女多则杀其女,习俗相传,谓之薅子。即其土风,宣歙为甚,江宁次之,饶信又次之"。⑧ 除上述外,徽州嚣于讼和大姓豪强干预地方政治也是全国出了名的。沈括《长兴集》卷二五《张牧墓志》讲:"休宁大邑,其俗阴害,败狱自喜,自吏不能治。"欧阳修《居士外集》卷一一《欧阳颖墓志》云:"歙州民习律令,性喜讼,家家自为簿书,凡闻人之阴私,毫发、坐起、语言、日时,皆记之。有讼,则取以为证。其视入狴牢就桎梏犹冠带偃簣,恬如也。"简直是人自为战,如在敌营。银铛入狱就像家常便饭,习以为常。以致"县人翰林汪公藻、吏部朱公松,用文章行谊表表独立,不忍视乡曲蒙恶,顾而之他邦"。⑨ 豪族大姓横行,休宁县民"有汪姓者豪横,县不能制,岁租赋常不入,适以讼逮捕,不肯出。(知县)顺之曰:'令不行何以为政。'命积薪环而焚之,豪大骇,少长趋出,叩头伏辜"。⑩ 孝宗时,徐谊知徽州,"欲清税,令民自实其税,婺源大豪不喜,谤于朝,移他职"。⑪ 庆历中,鲜于侁"调黟令,摄治婺源,奸民汪氏富而狠,横里中,因事抵

① 《咸平集》卷三〇《司法参军张玄珪考词》。
② 嘉庆《泾县志》卷六王梂《重修泾学记》。
③ 田锡《咸平集》卷三〇《太平令贾昭伟考词》。
④ 《宋史》卷四三八《黄震传》。
⑤ 周密:《癸辛杂识·别集》上《埋藏会》。
⑥ 《宋史》卷四三八《黄震传》。
⑦ 曹彦约:《昌谷集》卷二〇《梅坡先生彭公墓志》。
⑧ 《宋会要辑稿·刑法》二之五八吕堂《乞禁杀婴上书》。
⑨ 弘治《徽州府志》卷一二洪迈《婺源新学记》。
⑩ 此据《宋史》卷三〇三《胡顺之传》,司马光《涑水记闻》卷六将此事系之浮梁臧有金,稍异。
⑪ 叶适:《水心文集》《徐谊墓志》。

第十章 宋代安徽地域文化异彩纷呈

法,群吏拜曰'汪族败前令不少,今不舍,后当贻患'"。① 《新安文献志》卷一一一汪藻《婺源县清风堂记》说:"吏宰婺源者,往往畏避隐去。"袁燮《絜斋集》卷一八《通判泉州石君墓志》讲婺源"令以罪去者踵相接,无敢向尔者"。

五、宋代安徽地域文化特点

概括起来讲有四点:1. 地域文化发展格局发生根本性转变。北宋时全省平衡发展,到了南宋,沿江江南一跃而成为安徽学术文化中心,结束了延续几千年北部先进南部落后的旧局面,而且这个状况一直到现在都未能改变。2. 多姿多彩,各地文化面貌迥异。如果以沿淮淮北作为"北方"、沿江江南作"南方"的话,北方人体魄健壮、淳质重厚、武勇好斗、性格内敛,但"失之滞固",缺乏灵活性,故常出豪杰、恶霸。南方人生性柔弱、便捷多能、轻清易变、行事张扬,喜欢读书和以口舌争曲直,"士风好为奇论,耻与人同,每以立异求胜",②故多生才子和时代弄潮儿。北方人勤于稼穑,节俭持家;南方人善于商贾,不厌口福。世风民俗方面,北方礼法味道比较浓厚,南方非礼法成分比较多。3. 文化交流和融合步伐加快。如汉人见面时兴抱拳为礼,但淮北为金有后,其地渐改以折帽为礼。③ 木匠周亮在安丰场做边贸生意,从金人那里得到一种名为"十四弦"的胡琴,"江南旧无之",传入南宋后,"遂盛行"。④再如上文提到的合肥风俗的变化,都反映了文化的交流和融合。4. 文明程度在提高。以前吏民迎送上级官员例行跪拜礼,而据楼钥《攻媿集》卷八五《陈居仁行状》讲,居仁治徽州有善政,改任10余年后取道郡中,吏民犹"聚彩揭旗,填拥道路"。用举着彩色旗帜夹道欢迎代替跪拜,这不能不说是一个很大的进步。洛阳牡丹花天下闻名,和州、黟县都有自洛阳移栽牡丹的记载,⑤说明人们的生活情趣日益高雅。

---

① 《宋史》卷三四四《鲜于侁传》。
② 《朱子语类》卷一二四。
③ 楼钥:《攻媿集》卷一一一《北行日记》。
④ 《宋人创作小说选》,上海中央书店1935年版。
⑤ 《能改斋漫录》卷一五《方物》、《舆地纪胜》卷二〇。

第十一章

宋金时期安徽地区的教育与科技

宋代是安徽教育与科技事业的黄金时代。教育普及的步伐加快,世家大族垄断教育的局面最终被彻底打破,一批中小地主、商人,甚至富裕起来的农民也开始有了受教育的机会。科学技术也有了长足的进步。但随着国家政局的演变,教育事业经历了跌宕起伏、前后迥异、南北有别的复杂变化过程。北宋安徽各地的教育科技水平大体处于平衡状态,到了南宋,形势急转,地区差距拉大,江南及沿江地区开始超越淮河流域,成为新的领跑者。

第一节　跌宕起伏的教育事业

一、综　述

宋代安徽教育状况错综复杂、道路曲折坎坷，很难用一两句话概括。大体说来，自北宋仁宗开始，渐趋繁荣，各地呈均衡发展的良好态势。进入南宋以后，因为各地受战争的破坏有轻有重，时间有长有短，教育也开始两极分化。受战争破坏较小的皖南地区在北宋的基础上继续向前，步入黄金时期。深罹战争祸害的广大淮河流域，则明显出现倒退。

二、州县官学

我国自春秋以来就存在官学、私学之分，这个局面，到宋代仍没改变。宋代地方官学，北宋孔夫子庙与学建在一起，故又称庙学。南宋绍兴中，开始分离，庙为庙，学为学。就其形式而言，主要有州、府、军学和县学，书院绝大多数系私人创办，仅有少数为官学。宋代官学大体经历了以下几个阶段：北宋前期，最高统治当局忙于统一国家，削平偏霸，巩固政权，还无暇顾及兴学设教，对教育基本上采取了不管不问听其自然的态度。甚至害怕读书人聚集在一块会议论朝政，密谋不轨，所以南唐灭国不久，太宗皇帝就下令没收庐山国学的田产，逼使这个曾经培养出大批人才并享誉全国的官办学府停废。[①] 官学因之痿顿不振者长达五十多年。

仁宗天圣七年（1029），吕夷简入相，首发州郡建学之议，[②]才开始有所兴作。据《续资治通鉴长编》记载，天圣八年十二月，诏赐江宁府

---

① 《续资治通鉴长编》卷二一太平兴国五年。
② 魏了翁：《鹤山集》卷六二《跋吕文靖公试卷真迹》。

学田10顷;九年三月,赐青州学九经。明道元年三月,许寿州立学,并赐九经;二年五月,许大名府立学,赐九经。景祐元年正月,许京兆府立学,赐九经;二月,赐陈、扬二州学田各5顷;六月,赐杭州学田5顷;十一月,赐舒州学田5顷。二年三月,赐亳、秀、濮、郑四州学田各5顷,赐楚州学九经;十一月,诏以应天书院为府学,赐田10顷;十二月,许孟州立学,赐田5顷。三年正月,许洪、密二州立学,各赐田5顷;三月,许潞、常二州立学,各赐田5顷;八月,许并州立学;十月,许合州立学;十一月,许滁、江州立学。① 四年四月,赐宣州学田5顷,许衡、许二州立学;五月,许润、真二州立学;六月,许越、阶、博、郢四州和真定府立学,各赐田5顷;八月,许华、福二州立学。气象为之焕然一新。这年十二月,不知什么原因,皇帝忽然下诏说:"自今须藩镇乃许立学,他州勿听。"②刚刚兴起的办学热一下子脱春温而入寒冬。宝元元年,应知州蔡齐之请,许颍州立学,除藩镇外,开始准许大州立学。事隔四年,到了庆历四年,时北宋建国已八十余年,政权日益巩固,经济渐趋繁富,又在范仲淹、欧阳修、宋祁等一批大臣的陈请下,始解兴学之禁,允许天下州郡皆可建学,生徒在二百人以上者,许更置县学,③史言"于是州郡不立学者鲜矣"。④ 安徽尚未建学的州郡,也陆续成立。这里顺便指出一点,汗牛充栋的教育史论著在言及宋代学校之兴时,皆溯源庆历,专美范、宋、欧阳二三子,对吕夷简首发州郡建学之议及天圣、明道、景祐年间掀起的办学热,只字不提,是欠妥当的。

熙宁、元丰年间,推行新法,为了给富国强兵和变法运动提供人才支持,采取了一系列新措施,以加强对官学的扶持力度,令未建学的州郡继续建学,学田从原来的5至10顷一律增加到10顷,不及者补足,超过者听如故。⑤徽宗崇宁初,蔡京在绍述的旗号下,进一步强化熙、丰兴学措施,规定"天下州县并置学,路设主管学官,州置教授二员,县

① 景祐三年十一月滁州建学之事,系据《安徽通志稿·金石古物考》所载《滁州学碑》修入。
② 《续资治通鉴长编》卷一二〇。
③ 《续资治通鉴长编》卷一四七。
④ 《宋会要辑稿·崇儒二》。
⑤ 《续资治通鉴长编》卷二二一。

亦置小学"。并将三舍法推广到州县学，"县学生选考升诸州学，州学生每三年贡太学。至则附试，别立号。考分三等，入上等补上舍，入中等补下舍，入下等补内舍，余居外舍"。① 崇宁三年，又定县学人数，大县以 50 人为额，中县 40，小县 30。实际上，北宋安徽大部分县学在校生都超过了上述名额。靖康祸起，金骑的铁蹄打断了琅琅读书声。建炎二年五月，朝廷下令"籍东南诸州神霄宫及赡学钱以助国用"，②不久，学田也收归国有。学校失去经济支撑，大多停办。

随着战局渐趋稳定，绍兴九年八月，诏复淮南诸州儒学官；③十三年九月，又命诸州将赡学钱粮拨还学校养士。④ 但因淮北、江淮之间和皖南地区的遭遇大不一样，结果也迥异，淮河以北沦为金境，"举不知有全书"，塾师只能"以其所忆记授诸生"。⑤ 刺史州禁止办州学，节度州只能招收 15 名学生，防御州额止 10 名。⑥ 加上金国统治者不准南方汉人参加科举考试，学生失去奋斗的目标，积极性也自然大减。江淮之间，自建炎终南宋之世，战乱频仍，小战几乎年年都有，大战间隔最长时也不过四五十年，长期笼罩在战争的阴云下，学校或作或辍，自然无法与社会承平、民户安堵的北宋相比。作为例外，惟有濒江的舒州稍好一点。嘉定五年，知安庆府张某扩建州学，"规模之壮，东南诸郡莫能过也"。⑦ 皖南地区，除建炎间曾一度被金兵攻占外，其后一直在南宋政府的有效统治下，情况最好。大约到了南宋中期，由于经费长期不能正常供给，加之官学本身所固有的局限性渐渐显露，并不断受到学界名流的抨击，原先的光辉才开始慢慢暗淡下来，当时池州州学因为钱粮短缺，不能多养士，只剩下"五七人，或不十余人"。⑧ 随着官学的衰落，代之而起的则是以书院为代表的名目繁多的私立学校。

① 《宋史》卷一五七《选举志三》。
② 《建炎以来系年要录》卷一五。
③ 《建炎以来系年要录》卷一三一。
④ 《建炎以来系年要录》卷一五〇。
⑤ 《遂昌杂录》。
⑥ 《金史》卷五七《选举一》。
⑦ 《勉斋先生黄文肃公文集》卷一七《安庆府新建庙学记》。
⑧ 周南：《山房集》卷四《同舍小录序》。

州县学由本道使者选属部官吏为教授或学官,负责日常教学和管理工作。不足时,取乡里宿学有道业者充。而有资望的州郡长官,皆兼提举学事,他们于政事之余,也常常到学讲论经史。如(宋)佚名撰《异闻总录》卷二就曾讲到:"陈伯修为宣城守,临政之暇,多在颐白堂讲《易》,宾客来听者常十数。"《宋史》卷四三〇《黄干传》也有干"知安庆府,晚入书院讲论经史"的记载。学校建筑,一般有宿舍、讲堂、厨房、储藏室、藏书阁、孔庙,条件好一点的如宣、徽、池、太平、舒州州学,还备有浴室、刻书库等。晨兴,师生先去孔庙祭拜先师,之后再到教室讲诵。学生食宿由校方免费供给,政府拨给的赡学田、赡学钱和社会上热心公益事业人士的捐助,是学校的主要经济来源。教育内容以儒家经典为主,兼习诗赋与时文。熙宁以前,通常采用汉唐旧注。王安石《三经新义》出来后,除元祐短暂几年外,从中央太学到地方州县学,均改用王学。直到南宋中后期,随着学术流派的迭兴,才开始打破王学一统天下的局面,或讲程朱理学,或讲陆九渊的心学,或讲吕祖谦的中原文献学,或讲叶适、陈亮的事功学,呈现各种学说并辔竞驰景象。朱熹祖籍婺源,因乡谊关系,皖南地区大抵以程朱之学为大宗。

纵观宋代安徽官学的前前后后、方方面面,可以说有以下几点是比较突出的:一、地方官吏比较重视。宋重文轻武,知州、知县等地方官员均由书生出任,这些学养很高的儒雅人士一般都比较重视教育,他们每到一地,最先属意的就是农与教两件事。"仁宗时,赵宗道知宣州,下车首兴学校,招广师生,起市屋桥,取资以充其用,选良师以讲劝之。"[1]南宋初,陈垲知太平州,时淮西难民大量涌入江南,垲"作浮淮书堂以处淮西之民而教之"。[2] 隆兴中,知绩溪县叶楠购书 2700 卷,以为县学藏书。淳熙中,知婺源县事林虑献出自家珍藏的《太帝神笔石经》外,又购书 1400 余卷,以丰富学校藏书。[3] 绍熙二年,知旌德县事李瞻捐俸钱 30 万助学。嘉泰三年,知太平州汤某捐私钱 30 万增新校舍。开禧中,知旌德县事李延忠创置学田 80 余亩,又捐地税 9000 缗

① 《北京图书馆馆藏拓本汇编》第 39 册韩琦《赵宗道墓志》。
② 《宋史》卷四二五《陈垲传》。
③ 朱熹:《婺源县学藏书阁记》,《新安文献志》卷一二。

给学校。嘉定中，知旌德县事方俌收回被灵源寺侵占的学田 300 余亩。① 嘉熙四年，广德军增拨圩田 500 亩，以为生徒缮食之资。总之，安徽许多地方官员在延师聘教、增葺学舍、筹措钱粮、丰富教育资源等方面都作出努力。二、社会人士慷慨捐助。治平四年，太平州"大姓相劝出钱"建学校，"为屋百间，为防环之，以待水患。为田 20 顷，以食学者"。② 砀山县学，肇于唐，毁于五代，北宋元祐年间，富民王惠出资重建。③ 萧县县学，原在县城西北偏远处，绍圣五年，富民窦沔出资，百姓出力，移置于县城南。④ 建中靖国元年，万寿县民集资买田 12 顷给学校。⑤ 绍兴七年秋，休宁县学被水毁，县民集资重建，"为厦屋五十楹，殿居中间，问答有堂，退息有舍，门庑庖湢，榱桷井井，口体百须，无器不具。又庋其盈，买书千余卷"。⑥ 这种官办民助的例子还很多，对保持官学运转、改善办学条件，发挥了重要作用。三、沿淮尚武，年轻人喜欢舞刀弄枪，当兵吃粮，立功建业，"少师儒，不甚官学"。⑦ 而沿江江南士民向学，自唐代后期已蔚成风气。南唐李氏父子皆留心文教，受其影响，浸淫益广。《续资治通鉴长编》卷三八九元祐元年十月曾讲到："南方上等人户，其子弟多修学为举人。"熙宁中，刘定知婺源县事，"从学者率常百余人"。⑧ 绍兴七年，陈之茂尉休宁，"凡邑秀民争北面讲席，户内人满，率坐户外，后至或以无地。邑故应乡书士不半百，自是常过八百人，拔第于庭者踵相蹑。休宁之人益以乡校为先务，早夜弦诵，洋洋秩秩，有洙泗之风"。⑨ "宣大郡，民业于儒十五"。⑩ "于兵火抢攘之际，而学者讲诵不辍"。⑪ 而泾县"儒风最盛，独先诸

---

① 《嘉庆重修大清一统志》卷八一《安徽部·宁国府二》。
② 王安石:《临川先生文集》卷八二《太平州新学记》。
③ 《南畿志》卷六一《学校》。
④ 晁端中:《萧县儒学碑记》,嘉庆《萧县志》卷一五。
⑤ 张耒:《柯山集》卷五〇《万寿县学记》。
⑥ 洪适:《盘洲文集》卷三三《休宁县校官碑》。
⑦ 《宋景文集》卷四六《寿州风俗记》。
⑧ 淳熙《新安志》卷五《婺源县庙学》。
⑨ 吴儆:《竹洲集》卷一一《休宁县修学记》。
⑩ 张孝祥:《于湖集》卷一三《宣州新建御书阁记》。
⑪ 吕本中:《宣州新学记》,光绪《宣城县志》卷三一。

邑”。[1] 士民读书热情非常高，是沿江江南地区教育事业快速发展，以致后来居上的原因之一。四、宋代安徽由州县学中高科、登仕版者联踵接武，英英济济，不胜枚举。如庐州州学就曾培养出像包拯、马亮、姚铉、凌策等一批在我国历史上很有影响的杰出人物。旌德县学造就出吕镗、汪澥。北宋末，祁门令王本筑英材馆，延汪伯彦为西席，秦桧及其弟皆曾学于此。[2] 还有程大昌学于歙州州学、丁黼及其父泰亨学于池州州学。宋代官学尽管有这样那样的局限，但成绩是不容低估的。五、宋代安徽州县学不仅是官办教育机构，而且还具有藏书、刻书、印书功能，实际上已成为当地文化学术中心。六、北宋安徽各地教育大体保持均衡发展，而进入南宋以后，一进一退，差距拉大，沿江江南迅速超越淮河流域，这是宋代安徽教育最大的特点。

为帮助大家对宋金安徽州县学有个全面了解，现将其建置沿革情况表示如下：

表 11—1　宋金时期安徽地区州县学一览表

学校名称	建置始末	资料来源
砀山县学	唐置，北宋元祐年间富民王惠出资迁建于县治东一里。金大定三年水圮，县令杜之美重葺。	《南畿志》卷六一
萧县县学	旧在县治西北隅，绍圣五年富民窦沔出资移置于县城南。	《嘉庆萧县志》卷一五《萧县儒学碑记》
濠州州学	北宋中期已有，始建年代不详。	《舆地纪胜》卷五〇《濠州修学记》
定远县学	始建年代不详，南宋淳熙七年改建于县东南。	《定远县志》卷一一朱丙《立儒学碑记》
颍州州学	北宋宝元元年应知州蔡齐请建，明年竣工。	《续资治通鉴长编》卷一二二
汝阴县学	北宋景祐年间建。	《南畿志》卷九
沈丘县学	元祐二年，县令张柔建，为屋40楹。	《苏门六君子文粹》卷六八晁补之《沈丘县学记》

① 王柲：《重修泾学记》，嘉庆《泾县志》卷六。
② 熊克：《中兴小纪》卷二六。

学校名称	建置始末	资料来源
万寿县学	元丰三年动议,建中靖国元年县令皇甫氏成之,邑人买田12项以献。	张耒《柯山集》卷五〇《万寿县学记》
亳州州学	北宋景祐二年建。	《续资治通鉴长编》卷一一六
寿州州学	明道元年置,元丰三年郡守韩晋卿迁建,为屋110楹,孔子庙居其中,师堂、生舍列其两旁。	刘挚《忠肃集》卷九《寿州学记》
六安县学	始建年代不详,南宋绍兴中重建。绍熙五年,县令陆子虞增葺,日取卖酒钱1000文馔诸生。	叶适《水心文集》卷九《六安县新学记》
庐州州学	肇建于唐会昌,盛于北宋咸平,毁于建炎兵乱。乾道以后,帅守赵蟠老、翟朝宗、杜庶曾先后重新修缮。	《南畿志》卷三七 光绪《续修庐州府志》卷一七赵蟠老《庐州府新学碑》 周必大《平园续稿》卷二四《赵善俊神道碑》
梁县县学	始建年代不详,南宋绍定元年县令王迈之鼎新之。	刘宰《漫塘集》卷二二《梁县学记》
合肥县学	旧在县治东南,南宋淳熙中郭振移置于三贤祠。	《南畿志》卷三七
宿州州学	始建年代不详,北宋中期已有。	《宋会要辑稿·崇儒三》载元祐元年(1086)十月十二日诏,令宿州置州学教授一员
无为军军学	北宋皇祐年间始建于锦绣溪北,崇宁初移置漕台东,寻又复故。	《南畿志》卷三七
巢县县学	南宋绍熙中县令赵登善兴建,庆元元年竣工。	光绪《庐州府志》卷一七焦抑《巢县学记》
滁州州学	北宋景祐三年置。	《安徽通志稿·金石古物考》录《景祐建学碑》
全椒县学	始建年代不详,北宋崇宁初自县南移置于县北。	《南畿志》卷五九
来安县学	北宋崇宁初建。	《南畿志》卷五九
和州州学	始建年代不详,南宋开禧中安抚使耿与之尝葺新之。	《南畿志》卷六三
含山县学	始建于北宋崇宁年间,毁于建炎兵火,南宋绍兴二十四年重建。	《南畿志》卷六三 孙觌《鸿庆居士文集》卷二二《和州含山县学记》

学校名称	建置始末	资料来源
舒州州学	唐建,南唐重修,址在今潜山县。宋初停废,景祐初复。建炎兵乱毁于兵火,绍兴八年重建。嘉泰二年,郡守詹某增葺。嘉定五年,郡守张嗣大又曾扩建,自此"规模之壮,东南诸郡莫能过也"。	楼钥《攻愧集》卷五四《安庆府修学记》《勉斋先生黄文肃公文集》卷一七《安庆府新建庙学记》《渭南文集》卷三八《周必正墓志》
桐城县学	北宋仁宗时建,梅尧臣有记。	《国朝二百家名贤文粹》卷一一六梅尧臣《桐城县学记》
太平州学	宋初就潘阆故宅置,治平、建炎、绍兴间凡三迁,而后定于州治西。乾道元年、嘉泰三年又相继增新之。	《临川先生文集》卷八二《太平州新学记》《于湖居士文集》卷一三《太平州学记》《安徽通志稿·金石古物考》卷四郑仲熊《太平州绍兴迁州学记》
芜湖县学	北宋元符三年(100)知县蔡观创置,新于崇宁,毁于建炎,绍兴八年县令杨绶因旧基重建。庆元、嘉定相继扩而新之	《南畿志》卷四五《重修安徽通志》卷八九张商英《芜湖建学颂》黄裳《演山集》卷一八《太平州芜湖县学记》
繁昌县学	北宋庆历间肇建,始址县治南,建炎毁于兵火,绍兴九年重建于东北隅。	《临川先生文集》卷八二《繁昌县学记》《南畿志》卷四五
宣州州学	唐建,宋初废,景祐四年复,崇宁二年移置城东。建炎间毁于兵火,绍兴六年重建,藏书有阁,印书有库,澡浴有室,粟粮有廪,缮馔有厨,设施齐全。	《北京图书馆馆藏拓本汇编》第39册韩琦《赵宗道墓志》《光绪宣城县志》卷三一吕本中《宣城新学记》《国朝二百家名贤文粹》卷一一九汪伯彦《宣州重建学记》
泾县县学	肇建于唐,南唐保大四年(1124)重葺,入宋,又曾多次迁徙重建。	《南畿志》卷四八《嘉庆泾县志》卷六王栐《重修泾学记》

学校名称	建置始末	资料来源
南陵县学	宋初置，绍兴中由县治南迁建于县治东，重修于嘉熙二年。	《南畿志》卷四八 《南陵县志》卷四四王遂《宋修儒学记》
太平县学	始建年代不详，北宋嘉祐中县令孙觉移置于县治东南。	《安徽金石略》卷一〇王遂《宋赡学圩田记》
旌德县学	宋初县令练瑟建。南宋绍兴中，因校舍逼近县厩，县令某移置于县治东北。绍熙二年，县令李瞻葺而新之，并资以官私钱各30万，米百石。	《南畿志》卷四八 《至元嘉禾志》卷一五徐锐《旌德县修学记》
池州州学	开宝初，南唐所署郡守叶昂始建于州城西北。至和中，吴仲复移置于城南。其后，郡守孙楠、周应龙、叶凯、王伯大不断修缮。	《南畿志》卷五一
青阳县学	始建年代不详，南宋隆兴二年，县令杨元徙置于县治东。	《南畿志》卷五一
铜陵县学	始建年代不详，北宋县令林楠移置县城东。	《南畿志》卷五一
建德县学	始建年代不详，南宋嘉定中移置于县治西。	《南畿志》卷五一
广德军学	北宋治平初知广德军钱公辅创建，南宋绍兴初洪兴祖新之。中更兵火，淳熙四年，郡守赵希仁撤而新之。	《南畿志》卷五八钱公辅《学谕》、梅应发《祭四先生祠堂记》 光绪《广德州志》卷五四杜炎《大成殿记》
建平县学	北宋置，毁于建炎兵火，绍兴间郡守洪兴祖重建。淳熙间县尉赵善兴、宝庆间知县章一璧相继修葺。	《南畿志》卷五七
歙（徽）州州学	唐及宋初皆在城东北隅。几经迁徙，绍圣二年复故址。方腊起义，毁于兵火，南宋绍兴十一年知州汪藻重建。德祐兵乱，废为军营。	《弘治徽州府志》卷五黄诰《歙州新学记》 《南畿志》卷五四 《淳熙新安志》卷一《庙学》 《弘治徽州府志》卷一二罗颂《徽州修州学大成殿记》
歙县县学	南唐置，宋初附于州学。熙宁中，知县王荐重建，购书千卷以丰藏书。南宋淳熙六年，改为紫阳书院；十年，郡守谢堂建于县左，时同城有州学、县学、书院，教育之盛，他郡莫比。	《南畿志》卷五四 《淳熙新安志》卷三《城社》

续表

学校名称	建置始末	资料来源
婺源县学	北宋庆历四年建,熙宁四年,由县治东移置县治西,为屋120楹,学生率常百余人。	《淳熙新安志》卷五《庙学》 光绪《重修安徽通志》卷八八洪迈《婺源新学记》 《南畿志》卷五四 民国《重修婺源县志》卷六五孙觉《婺源县建学记》
休宁县学	北宋庆历四年建,宣和中毁于兵火。南宋绍兴五年,县尉陈之茂重建。程珌致政返乡,扩而新之。	《新安文献志》卷一三方秋崖《休宁县修学记》 吴儆《竹洲集》卷一一《休宁修学记》 洪适《盘洲文集》卷三三《休宁县校官碑》
祁门县学	北宋端拱元年知县张式建,建炎间毁于兵火,绍兴十四年重建,二十四年葺缮之。	熊克《中兴小纪》卷二六 《南畿志》卷五四
黟县县学	北宋庆历四年建,后毁于兵火,南宋淳熙十六年重建。	
绩溪县学	始建年代不详,南宋绍兴二十五年滕膺扩建。隆兴中知县叶楠葺新之,并购书2700卷以丰藏书。	《淳熙新安志》卷五《城社》 周必大《省斋文稿》卷三五《叶楠墓志铭》

三、私　学

　　私学是民办教育机构,形式多样,名目繁多,举如乡校、村学、族学、堂馆、义学等,皆属此类。其共同点是由个人或集体出资兴建,自由聘请教师,不受政府管辖。不同点是有的向学生收束修,有的不收。一般来说,家塾、义学不收,村学收,族学或收或否。《宋史翼》卷二六《王令传》云:令,扬州人,北宋中期著名学者,年青时教授生徒于天长。曹筠,当涂人,北宋政和末在当涂农村为人训子弟。[1] 王之道《相山集》卷二八《劝学文》讲到同乡杨某,"诗赋宗匠,绍兴中于胡避山东

----

　　① 《建炎以来系年要录》卷一五六。

筑屋数楹为学,召天下英才而教育之"。周必大《杂著》卷五《泛舟游山录》载:"梅根港市屋,有梁逵,字通卿,教授村童。"程珌《洺水集》卷一一《朱惠州行状》讲:休宁朱权,淳熙十四年进士,历官知惠州,致仕后,回乡开馆授徒,"学者来从,不远千里,率百余人,随材诱掖,后多知名之士"。上述多属乡校村塾性质的教育机构。

《新安文献志》卷九一《胡君(咸)墓志铭》讲:熙、丰间胡咸游太学归,"招诸子出其书授之,不数年,其子舜陟、舜举踵相蹑取高第"。婺源滕洙,因屡举不第,"即弃去不复为,独教诸子为学"。① 歙县的方回,及其兄弟、堂兄弟,皆就学于叔父方琭。② 程洵《尊德性斋小集》卷二《许氏步云楼记》:婺源许思忠兄弟建,"延师儒,聚六经百氏之书于其间,使其子弟悉舍他日之习而肄业焉"。《新安文献志》卷一二吴儆《竹洲记》:"东西二室为洞牖,使子弟之未胜耕读者读书其中。"同书卷七四傅伯成《程卓行状》讲:卓曾祖父士彦"倜傥有志气,富而仁。延礼名儒训迪子弟,士有来就学皆馆粲无倦,由其家塾以成名者甚众"。又,王安时微时,曾在铜陵县顺安镇之大名寺教授胡舜元兄弟。以上这些则属族学或家塾,由家长或延师设馆以课子弟。这种教育形式虽然全省各地都有,但在地主经济发达、大姓豪族多的皖南,特别是徽州地区,尤为普遍。

义学始于北宋范仲淹,《同治赣州府志》卷二六(宋)黄霖《义学记》,有"衡阳侯氏、建昌洪氏、婺源王氏、莆田林氏"。《新安文献志》卷八七《畈上丈人汪君绍传》说:绍"尝于其居之南辟义学,教授乡里子弟,曰'四友堂'。捐田三百亩以膳师生,学者无裹粮束修之费,四方闻风踵至。婺源县簿吕广问,值靖康之变不能还,留为师"。后来绍子存辞官归,亦讲学其间,一时名士若金安节、胡伸辈,皆出其门。由知安徽也是我国义学历史悠久省份之一。

私学多为面向儿童的初等教育,但从"召天下英才而教之"、"四方闻风踵至"、"学者来从,不远千里"语看,又知并不尽然,其中也有

---

① 朱熹:《滕君希尹(洙)墓志铭》,《新安文献志》卷九一。
② 方回:《桐江集》卷四《叔父八府君墓志铭》。

不少属于以成年人为对象的中、高级教育组织。塾师多是文战失利或不乐仕进的宿学硕儒,也有一些关心教育的返乡官员,他们的学养并不比官学教师差,所以取得成绩也颇骄人。但地区分布不平衡,尤其是南渡以后,多集中在沿江江南地区。

四、书　院

书院是我国封建社会特有的一种教育组织,得名于唐,形成于北宋初,盛于南宋理宗朝。有关论著多如鸿毛,但因当时风气,私家堂馆或仅有三五学童的村塾族学,也往往讬名书院。由于文献记载过于简略,往往难以界定,致使所记互有参差。为便于读者对宋代安徽书院有个全面了解,现据《续文献通考》、《大清一统志》、盛朗西《中国书院制度》、吴景贤《安徽书院志》、张海鹏《安徽文化史》等书记载列表如下:

表 11—2　宋代安徽书院一览表

书院名称	地址	建置	资料来源
西湖书院	汝阴	皇祐元年守臣欧阳修建于县之西湖畔。	《中国书院制度》《安徽书院志》《安徽文化史》
龙眠书院	舒城	在县东飞霞岭上,李公麟读书处。	《安徽文化史》
龙山书院	六安	在县东50里龙穴山,汪立信读书处。	《中国书院制度》《安徽书院志》《安徽文化史》
武陟书院	六安	在县西30里武陟山,焦氏兄弟读书处。	《中国书院制度》《安徽书院志》《安徽文化史》
林泉书院	无为	王之道读书处。	《中国书院制度》《安徽书院志》《安徽文化史》
芝山书院	无为	宋建于县之紫芝山。	《安徽书院志》《安徽文化史》
古和书院	和县	哲宗元祐年间建。	《安徽文化史》

书院名称	地址	建置	资料来源
天门书院	当涂	淳祐六年州守陈垲建于县之大信镇。九年吴渊扩建,并请理宗赐额。	《续文献通考》《安徽书院志》《中国书院制度》《安徽文化史》
丹阳书院	当涂	景定五年(1164)刘贡士建于县之黄池镇,理宗赐额。	《安徽书院志》《安徽文化史》
齐山书院	贵池	在县南五里寿字岩下,宋建,入元犹存。	《安徽书院志》《安徽文化史》
八桂书院	贵池	淳祐八年提举周必正建,以庭植八桂,故名。嘉定间改为贡院。	《安徽书院志》《安徽文化史》
峨岱书院	泾县	文澄源、文洪源兄弟建,寻废。	《安徽书院志》《安徽文化史》
黉堂书院	南陵	熙宁中邑人徐绩元功建。	《大清一统志·安徽部·宁国府》
紫阳书院	歙县	淳祐六年州守韩璞建,理宗赐额。	《续文献通考》《安徽书院志》《安徽文化史》
西畴书院	歙县	宋末鲍寿孙讲学处,在县之棠樾。	《安徽书院志》《安徽文化史》
秘阁书院	歙县	《安徽书院志》曰:"无建置年代。"《安徽文化史》云:"宋直秘阁汪叔詹、汪若海建。"	《安徽书院志》《安徽文化史》
灵山精舍	歙县	在县之山泉,约理宗时建。	《安徽文化史》
江东道院	歙县	在古郡学遗址,宋建。	《安徽文化史》
友山藏书楼	歙县	宋处士许友山建,在县之许村。	《安徽文化史》
柳溪书院	休宁	宋汪莘讲学处。	《中国书院制度》《安徽书院志》《安徽文化史》
西山书院	休宁	程大昌建,在会里。	《中国书院制度》《安徽书院志》《安徽文化史》
竹洲书院	休宁	吴儆建,在商山。	《安徽文化史》

343

续表

书院名称	地址	建置	资料来源
秀山书院	休宁	汪若榉建。	《安徽书院志》《安徽文化史》
万山书院	婺源	宋程传宸建,在金竺。	《安徽书院志》《安徽文化史》
醉经堂	婺源	宋饶州助教程忠建,在金竺。	《安徽文化史》
心远书院	婺源	宋乡贤俞皋讲学处,在龙井。	《安徽文化史》
山屋书院	婺源	宋儒许月卿藏书、读书处,在许村。	《安徽文化史》
龙川书院	婺源	天禧间张舜臣建,与胡炳文等著述于此。	《安徽文化史》
四友堂	婺源	北宋西京文学汪存讲学处,在大畈。	《安徽文化史》
桂枝书院	绩溪	景德四年胡忠建。	《安徽文化史》
乐山书院	绩溪	政和间许润建。	《安徽文化史》
槐溪书院	绩溪	淳熙间戴季仁建。	《中国书院制度》《安徽书院志》《安徽文化史》
云庄书堂	绩溪	淳熙间汪龟从建,在狮子岭。	《安徽文化史》
东麓书院	绩溪	胡舜陟建,在华阳镇。	《安徽文化史》

另,《宋史》卷四三○《黄干传》云:干"知安庆府,晚入书院讲论经史。"《天柱山志·摩崖石刻》有谢庾等山谷泉岩壁题名,曰:"绍定戊子,龙舒谢庾梦符、侯械君能、谈克已复之、陈化龙元善、王禹珪尧锡、奚炻炳卿、朱霆辉子成、朱霆君择、程度公选、张琳君宝、赵时璋明叔,肄省业于潜麓书院,冬至前一日同过此。羽客吴时举偕行。"绍定戊子,即理宗绍定元年,两文互证,又确知南宋安庆府怀宁县亦曾建书院,额曰"潜麓"。《永乐大典》卷七二三五《新安续志》:"宋丞相江万里尝读书黟县石鼓书院中,僧扁其堂曰相儒。"合表列的34座,见于诸书者安徽宋时已有36座书院。

而实际上在这36座所谓的书院中,有许多根本算不上是书院,有些虽是书院,但不建于宋代。

之所以造成讹误,首先是因为对书院这个概念界定不清,缺乏统一标准造成的。如《安徽文化史》之江东道院，实系地方长吏休闲、待客、宴集、吟咏之所，当时在安徽这类道院尚有很多，举如无为军淮西道院、当涂江东道院、休宁新安道院等皆是。王之道、朱熹等人曾有详细记载，《新安文献志》卷一二朱熹《休宁新安道院记》云：休宁令"喜于政成之无事"，"更葺厅事之东，参采宾佐属咏之什，而榜之以新安道院"。醉经堂，《新安文献志》卷一三王炎《醉经堂记》说：程忠彦信"储书于堂，榜文曰'醉经'，属余记之，以识其意"。所谓友山藏书楼，与之同类，均系私人藏书处，既无书院之名，亦无书院之实，二者了不相涉。四友堂，系义学，说见本节"私学"引《新安文献志》卷八七《畈上丈人汪君绍传》。竹洲书院，乃家塾，无书院云云，说见本节"私学"引《新安文献志》卷一二吴儆《竹洲记》。又灵山精舍、云庄书堂，既无书院之名，其用途也不清楚，漫以书院著之，也涉嫌滥收。

其次，因为读书不细造成的错误也不少。如西湖书院，《安徽书院志》、《中国书院制度》、《安徽文化史》俱谓皇祐元年欧阳修建，然据《欧阳修文集》、《年谱》及其他时人记载，欧阳氏于皇祐元年二月丙子至颍州，明年七月丙戌移任他地，在颍一年半，曾建聚星堂，用于宾佐僚属吟哦宴乐，无建书院之说。所谓西湖书院云云，纯属后人附会，因此，比较严肃的书籍如《宋史》、《续资治通鉴长编》、《宋会要辑稿》、《文献通考》、《续文献通考》等皆不著录。龙眠书院，旧名龙眠山庄，李公麟颐养之所。南宋毁于兵火，元初并入东禅寺，天历二年，知舒城县溥理燮化收回故地，并在山庄废基上建书院，以遥天南望龙眠山，故名龙眠书院。元人揭傒斯所作《龙眠书院记》言之凿凿，固可征信。《安徽书院志》著为元建书院，可谓得实。而《安徽文化史》谓北宋书院，则未免失之柸凿。八桂书院，《安徽书院志》云淳祐八年，提举周必正建，以庭植八桂，故名。嘉定间改为贡院。《安徽文化史》从之。考淳祐八年为公元1248年，嘉定号自1208至1224年，岂有建书院在后，改书院为贡院反在前之理，显然逻辑上说不通。而据陆游《渭南文集》卷三六《周必正墓志铭》载，必正卒于开禧元年（1205），也没有死后四十三年再来池州建书院的道理。必正孝宗时提举江东常平盐茶公事，兼领郡事，所建乃贡院，非书院；"名其门曰擢桂"，亦非八桂。

《安徽书院志》纯属捕风捉影之说。古和书院,《安徽书院志》云:"宋时建有清风楼,元祐中改为连云观,明知州王某改建为峨眉书院,为生儒讲学之所。"而《安徽文化史》与《安徽教育史》却异口同声地说,"古和书院,宋哲宗元祐间建",并注明引自《安徽书院志》,显然是误读了《安徽书院志》。天门书院,《续文献通考》、《南畿志》、《中国书院制度》、《安徽书院志》俱谓在太平州当涂县之大信镇,无宣州太平县置天门书院之说。《安徽文化史》于太平州当涂县之天门书院外,又有宣州太平县天门书院云云,亦建于理宗时。百里之内同时两天门书院并立,似不可能,疑是将太平州误为太平县了。齐山书院,《南畿志》卷五一《学校》云:"在府城南5里寿字崖下平坞中,元设山长职,教授贡师泰尝掌之。国初(明初)状元黄观有翠微精舍,正德乙亥(10年)郡守何绍正创书院数十间,集六邑英俊为文会,详见汪御珊记。"《续文献通考》作元书院,以"设山长",书院规制已粗具,尚可理解。而《安徽书院志》和《安徽文化史》著为宋书院,则显与汪氏《齐山书院记》不协,不知更出何书。龙川书院,《安徽文化史》引民国《婺源县志》云:"天禧间张舜臣建,与胡炳文等著述于此。"考天禧乃北宋真宗年号,值公元1017至1021年间。而胡炳文乃元季婺源大儒,两者前后相距三百余年,怎能强行科配,把他们拉扯在一起呢?"天禧"疑为元"天顺"或"天历"传写之误。心远书院,据文献记载,乃俞皋入元不仕讲学之所,以其字心远,故名。《安徽文化史》著为宋书院,也与史实不符。

除上述,仅余21座,在全国排名第八,[1]大体处于中等偏上水平。这21座书院中,官办的有紫阳、天门、丹阳、潜麓,他为私人创置。建于北宋的有簧堂、桂枝、乐山,余为南渡以后建。地处淮河流域的为龙山、武陟,其余19座均分布在文化荟萃的沿江江南,地区教育资源的配置严重不平衡。书院规模有大有小,制度或规整或简陋,参差不齐,大约以紫阳、天门两书院知名度较高。旧志载,淳祐六年天门书院初

---

① 宋代安徽书院的数目及在全国的名次,因甄录标准不同,稍有歧异,此据陈谷嘉《中国书院制度研究》统计宋建书院:江西224、浙江156、福建85、湖南70、广东39、四川31、江苏29、安徽以21屈居第八位。

创,九年吴渊又增拨学田,进行扩建。后来马光祖、牟子才、江万里等继续修葺,并置濂溪、明道、伊川、横渠、晦庵、南轩、东莱七贤祠,储粟有仓,藏书有库,供祭有祠,经费充裕,规制愈整。书院管理,设山长、堂差、堂长、直学、司计各一员,四斋长、谕各一员,生员以 50 人为额,也颇具条理。其他一些书院,因记载荒缺,暂难判其优劣。书院自由择师,自由收徒,自由讲学。各书院聘请的主讲人,大多是学术造诣很高的名宿硕儒,如程大昌主讲西山书院、汪莘主讲槐溪书院、许月卿主讲山屋书院、文澄源主讲峨岱书院、陈文蔚主讲龙山书院等。学养较高的地方官员,于政事余暇也常到书院讲学,如前边提到的知安庆府黄干就经常于晚间到潜麓书院给生徒讲论经史。主讲人常常把所讲内容编为讲义,学生听课时也将老师的一言一语认真记录下来,至今尚保存有陈文蔚于端平元年在龙山书院的讲义。近代大学教师的讲义和学生的听课笔记,即由此因袭而来。名师主讲,质量好,声誉高,以致有些官学的优秀生改换门庭,转学书院。事实说明,书院在弥补官学不足,发展地方教育,传播学术文化及开发民智方面,起到了很好的作用。

五、以朱熹为代表的教育家群体

随着教育事业的兴旺发达,安徽涌现出一大批在实践和理论方面都卓有成就的教育家。

焦千之,欧阳修高足。吕公著通判颖州,于欧阳氏门人独敬千之,延之馆,教其子希哲、希纯、希绩等。耿介不苟,终日危坐,未尝妄言笑。学生迟到,面责不稍贷。《宋元学案·庐陵学案·焦千之传》讲,希哲兄弟所以有所成就,"内则正献(公著谥号)及夫人课督甚严,外则先生之力"。

吕希哲,崇宁初遭党祸罢祠,居符离、真、扬间十余年,以教授为生,汪革、汪莘、黎確、饶节、谢逸、谢迈、颜岐等,不远千里至符离从之学,正是这些人,成为南宋江西学术文化的中坚。

吕本中,不仅诗学理论很出名,也是一位很有影响的教育家,所到之处,士子争投门下。曾季狸、曾季直、曾发、范顾言、晁公庆等从学于

临川,林之奇、李楠、李樗从学于福州,汪应辰、王时敏、王师愈、章宪、章悊等从学于泰州,方畴、方丰之等从学于信州,桃李遍闽赣。吕祖谦南渡后居金华,主讲丽泽书院,叶邦、楼昉、葛洪、乔行简、赵焯、朱塾、刘爚、辅广、吴必大、刘炳、王遇、沈有开、潘友端、宋牲、陈孔硕、章用中、倪千里、舒璘、袁燮、石斗文、石宗昭、陈刚、詹希亮等,并为其弟子,中原文献之学在南方地区的传承,实肇于此。《宋元学案》于寿州吕氏独立吕希哲荥阳学案、吕本中紫微学案、吕祖谦丽泽学案,故其《序录》称:"宋之公相家讲学以永其世者,莫如吕氏。"

吴儆,与兄"授徒棣华旁,近数州之士从游者岁数百","分斋肆业,如安定湖学之法以为教"。

程若庸,淳祐间应聘为湖州安定书院山长。冯去疾创临汝书院于抚州,复聘其为山长。咸淳间,授武夷书院山长,"累主师席,其从游者最盛"。①

程大昌,曾任国子监司业、祭酒,弟子遍天下,被誉为"士之指南"。周必大称他"一时文柄举属公,其成就人才不可计,凡今老师宿儒,多公门生也"。② 晚年致仕返乡,建西山书院,著名学者黄何、程卓,皆其造就。

汪深,字主静,休宁人,学出象山,年未二十游真、扬,讲学平山堂。景定三年,为湖州教授,每月朔升堂讲学,因人多位少,诸生环立听讲,时人为之语曰:"前有安定后主静。"与北宋教育家胡瑗相提并论。

当然,最著名的还要算朱熹。

朱熹一生在官约十年,讲学和著述四十余年。无论居官还是在野,所到之处皆以讲学、兴学为先务。淳熙六年,出知南康军,三月到任,十月即令军学教授杨大法和星子县令王仲杰兴复、重建白鹿洞书院。聘请堂长以掌教务,置庄田以赡师生膳食,在赠送珍藏的《汉书》外,又请皇帝赐书、赐额,以充实书院的藏书。订立《白鹿洞书院揭示》,也称《白鹿洞书院教条》、《白鹿洞书院学规》,确立培养目标和办

① 《宋元学案》卷八三《双峰学案》。
② 《文忠集》卷六二《程公大昌神道碑》。

院方针。绍熙五年,改湖南安抚使、知潭州,又兴复、扩建停废已久的岳麓书院,置学田 50 顷,学生尝达千余人。晚年,又创建武夷精舍、沧州精舍。白鹿洞和岳麓两大书院的相继兴复,不仅有力地推动了当时书院的勃兴,各地争相效法,还影响到官学和元、明、清的书院建设。《宋元学案》载,叶武子任郴州官学教授,"一以白鹿洞学规为诸生准绳"。元、明、清三代书院,大体也都遵循了白鹿洞确定的教学规章,其功绩在中国教育史上是值得称道的。朱熹四处讲学,为国家培育了大批人才,《宋元学案·晦翁学案》列举其门人有百余名,像著名学者蔡元定、黄干、叶味道、蔡沈、王瀚、李大同、吕齐年、傅梦泉、孙应时、包约等,皆其高足。安徽受业其门的有婺源程洵、滕璘、滕珙、李季,绩溪汪晫,歙县吴昶、祝穆,休宁程先、程永奇、许文蔚,祁门谢琎,宣城孙自修、孙自新兄弟等。他们的成长,为日后皖南地区理学的传播奠定了基础。通过长期实践,朱熹积累了丰富的教学经验,并逐步完善了儒家传统教育思想,认为教育就是通过格物、致知、明理,进而达到修身、齐家、治国、平天下的目的。"为学之要,莫先于穷理;穷理之要,必在于读书;读书之法,莫贵于循序而致精;而致精之本,则在于居敬而持志。"这些主张对纠正当时官学"务记览"的流弊,削弱佛教的社会影响,是有积极意义的。

第二节　光辉灿烂的科技成就

一、概　述

宋代是安徽传统科学技术发展的鼎盛时期,医学、建筑学、水利学、林学、光学等许多专门学科几乎都走到了自身发展的最高峰。不仅取得了划时代的成就,而且在理论和思想方面也闪耀着灿烂的光辉。

二、医　学

宋代从中央到州县,各级统治者都比较重视百姓的身体健康和医学知识的普及问题。据《续资治通鉴长编》记载,淳化三年,朝廷"诏命医官集《太平圣惠方》100卷,以印本颁天下。每州择明医术者一人补医学博士,令掌之,听民传写"。雍熙四年,又颁《神医普救方》;皇祐二年,再颁《简要济众方》,以救民疾。嘉祐中,赵宗道出知宣州,针对宣民素尚巫鬼,病者不医的陋俗,"为择方书之验者刻石示之,复出公帑为药剂,以时拯救,民脱横夭,因变其俗"。① 治平二年,罗适为桐城尉,亦"石刻方书以示之",捐钱买药给民。②

在政府重医政策的鼓励和诱导下,宋代安徽医学较隋唐有了明显进步,这主要表现在:

1. 名医辈出。如许希,下蔡人(一曰开封人),以医为业。景祐元年,仁宗病重,群医束手,人心惶恐,魏国大长公主推荐许希,结果针到病愈。因授翰林医官,著有《神应针经要诀》。③ 宿州乳医陈妪,年八十,切脉即知其生早晚,月则知日,日则知时。④ 陈吉老,淮人,业医,名动京师。开封富人子忽然见物皆歪斜,诸医皆不知所患何病,无所措手。人以吉老为言,主人遂携子往。吉老让主人先回而留其子在家中,设宴招待。声乐美酒,酣醉方罢。使人置其轿中,让轿夫故意东倒西歪,高一脚低一脚地乱跑,折腾了半宿,方将其扶上床。一觉天明,使归,至家,已如常人一样。主人问系何病,吉老告诉他说:令嗣无他病,醉中尝闪倒,有肝一叶搭在肺上,不能下。今复令饮之醉,则肺胀,辗转之,则肝亦垂下,目视自然也就和往常一样了。绍兴中,名顷浙右。⑤ 无为军章迪,字吉老,得针刺术于《素问》、《内经》之间,以其道救人,莫不视肤透膜,针到病除。米芾说他"华、俞不能过也"。迪以

---

① 韩琦:《赵宗道墓志》,《历代石刻拓本汇编》第39册。

② 舒亶:《舒嬾堂诗文存》卷三《罗公(适)墓志铭》。

③ 《续资治通鉴长编》卷一一五《景祐元年》。

④ 《后山谈丛》卷二。

⑤ 《云麓漫钞》卷五。

其术传子济,济又传其子权。① 张扩,字子充,歙县人。少从蕲州庞安时学,同学 60 余人,安时独喜扩。后闻蜀人王朴善脉,又能以《太素》知人贵贱祸福,乃入蜀从王朴学。尽得其术而归,许多疑难杂症,经手而愈,为北宋后期著名医家,著有《伤寒切要》《医流论》。扩以其术授弟挥,挥字子发,复传子彦仁。彦仁子杲,字季明,继承家学,尝撰《医说》10 卷,②《四库全书总目提要》卷一〇三称其书“取材既富,奇疾险症,颇足以资触发,而古之专门禁方,亦往往在焉。盖三世之医,渊源有自,固与道听途说者殊矣”。许翁,亳州人,善针灸。乾道间来临安,适逢丞相史弥远苦脾气痛,多方医治无效,闻许氏名,招使治之,一针而病愈。自是名震京师。③ 陈文中,字文秀,符离人,自金亡归宋,先居涟水,淳祐中南来,任职太医局。精儿科,著有《小儿痘疹方论》和《小儿病源方论》,1958 年商务印书馆将二书点校再版,标名《陈氏小儿痘疹、病源方论》。内容简要,重点突出,先论后方,对临床颇具参考价值。根据痘疹将出未出和已出未愈不同阶段,辨证施治,将出未出之间,或泻渴,或腹胀,是为里虚,拟用十一味木香散;已出未愈时,不光泽,不起发,不红活,是为表虚,拟用十二味异功散。反对用泻药、凉药,主张热药温补。思想自成一家,颇为后人推崇。对小儿疾病的预防,主张小儿饮食宜热不宜冷,宜稀软不宜干硬,宜小量不宜过量,反对初生儿使用朱砂、轻粉(粗制的氯化亚汞晶体)等毒性药物。特别是以小儿食指桡侧皮下静脉的形色变化和面部呈现出的青赤黄白黑色判断病症的诊断方法,大大丰富了儿科诊断学的内容。何大任,濠州人,嘉定间官至特差判太医局,在收集和整理古代医学典籍方面,做出了很大贡献。④ 据《安徽科学技术史稿》说,两宋安徽诸如以上的

---

① 说见《嘉庆庐州府志》卷五米芾《无为军章吉老墓表》。又,《邵氏闻见后录》卷二九云:“无为军张济,善用针,得诀于异人。云能解人而视其经络,则无不精。因岁饥疾,人相食,凡视 170 人,以行针,无不立验。如孕妇,因仆地而腹偏左,针右手指而正;久患脱肛,针顶心而愈;伤寒翻胃,呕逆累日,食不下,针眠眦,立能食,皆古今方书不著。”《宋史翼》卷三八《张济传》同。章济事出欧文,当可征信。岂张济别为一人,抑或因事迹相近,章与张音同,又都出无为军,而误以“章济”为“张济”耶? 待考。

② 淳熙《新安志》卷八、《宋史翼》卷三八。

③ 《云麓漫钞》卷一。

④ 《中国医籍考》卷一七、七四。

名医有 70 余人。

2. 著作繁彩。如除上面已经提到的外，又如当涂李桎著有《伤寒要旨》、《小儿保生方》，颍州王实著有《伤寒证话》，亳州张末著有《治风方》，休宁徐真著有《徐氏方书》，贵池陈承著有《重广补神农本草并图记》，广德魏岘著有《魏氏家藏方》等。

3. 分科越来越细。仅上举诸例，即涉及妇产科、小儿科、针灸科、内科、本草和方剂科。另外还有在本节"光学"部分将要讲到的法医。

4. 南宋时期，安徽的沿江州县还刊印了不少外省人士编撰的医学著作，如：乾道六年当涂刊印洪遵《洪氏集验方》，淳熙十二年刊印《杨氏家藏方》、《胡氏经验》。《杨氏家藏方跋》称："今江淮间士大夫与医家多用此三书，对证以治病，无不取效。"①淳熙六年，舒州郡斋刊印《叶氏录验方》。② 对疾病防治和医学知识的普及，无疑也起了积极作用。

三、光　学

《梦溪笔谈》卷一一记载："大常博士李处厚知庐州慎县，尝有殴人死者，处厚往验尸，以糟毹灰汤之类薄之，都无伤迹。有一老父曰：'……验伤不见其迹，此易辨也。以新赤油纸伞日中覆之，以水沃其尸，其迹必见。'处厚如其言，伤迹宛然。自此江淮之间官司往往用此法。"用新红油纸伞在日光下滤取红色波段光，犹如现在的滤光器，能提高尸体皮下淤血青紫部位与周围组织的反衬度，用肉眼就可以很容易辨认出伤迹来。近年专家模拟实验证明，这是一种"很合乎科学道理的验尸方法"。③ 可惜的是，这位慎县老人的姓名已无可考。南宋以后，运用红光验尸的方法被广泛采纳，郑克《折狱龟鉴》、桂万荣《棠荫比事》、宋慈《洗冤集录》都曾提及这一方法，并在此基础上有所发展。《棠荫比事》传入日本、朝鲜，开两国刑侦著作之先声。《洗冤集录》被译成英、法、德、俄、日、朝、荷兰等国文字，影响进一步扩大。

---

① 《宋代以前医籍考》，第 1092 页。
② 《中国医籍考》卷四八。
③ 王锦光、洪震寰：《中国光学史》，湖南教育出版社 1986 年版，第 93－94 页。

我国古代对日食的观测，起初都是肉眼对着太阳直接观察，西汉学者京房始创造水盆照映法，但效果不佳。到了南宋，休宁人程大昌发明油盆照映法，能够观察出食分不到十分之一的日食，[①]无疑是一大进步。

另外，关于白光色散现象，早在南北朝时已有人注意到，如北周庾信诗中就有"雪花开六出，冰珠映九光"[②]句，此后唐宋文学作品中也屡次提到。但首先对这一现象作出科学解释的，则是程大昌。其《演繁露》卷九曾说："《杨文公谈苑》曰：'嘉州峨眉山有菩萨石，人多收之，色莹如玉，如佛顶圆光。'文公之说信矣，然谓峨嵋有佛，故此石能见此光，则恐未然也。凡雨初霁或露之未晞，其余点缀于草木枝叶之末，欲坠不坠，则皆聚为圆点，光莹可喜。日光入之，五色具足，闪烁不定，是乃日之光品著色于水，而非雨露有此五色也。峨嵋山佛能现此异，则不得而知，此之五色，无日则不能自见，则非因峨嵋有佛所致也。"

王锦光《中国光学史》认为程氏这段论述表明了：1. 发现了日光通过一个液滴也能化为多种色光，即色散现象；2. 把日光通过液滴的色散现象同日光通过自然晶体（菩萨石、水晶）的色散现象联系起来，认为二者同出一理；3. 明确提出五色光的生成是"日之光品著色于水"，"无日则不能自见"，阐明了五色光彩来源于日光，接触到色散现象的本质；4. 批判了对于色散现象的神秘传说，表现了科学的态度和精神。

所有这些，不仅在色散认识史上有重要意义，而且对于虹的色散本质的认识也有推动作用。

四、建　筑

今去宋已逾千祀，许多建筑物早已荡然无存，参合文献与考古，现唯古塔与桥梁建筑尚能得其仿佛。据《安徽科学技术史稿》调查结

---

①　《演繁露》卷一。
②　庾信：《郊行值雪》，《全汉三国晋南北朝诗·北周诗》卷三。

果,安徽现存宋代古塔有蒙城万佛塔、宣城广教寺双塔、无为黄金塔、歙县新洲塔、泾县大观塔和小方塔、当涂黄金塔、宁国仙人塔、青阳塔内塔等共12座,分布在我省各地。青阳塔内塔是在宋塔地宫中挖掘出来的一座金制小塔,样式极为特殊,张驭寰的《中国古塔》列其为全国名塔之一。万佛塔建于北宋崇宁间,平面八角形,高13层38米,工艺精湛,结构富有创造性,为唐代"空筒式"和宋代"壁内折上式"的混合体。内外壁贴钳佛像砖8000多块,是宋塔中贴佛最多的一座古塔,对明塔影响很大。

著名桥梁建筑有二,一为采石长江浮桥,因为本书第二章已经讲到,不赘;二即宿州汴河虹桥。据《宋史》卷二九八《陈希亮》记载,汴河旧有浮桥,以通南北,但"水与桥争,常坏舟"。庆历中,希亮知宿州,"始作飞桥,无柱,以便往来。诏赐缣以褒之,仍下其法,自畿邑至于泗州,皆为飞桥"。这里所讲的"飞桥",有的书上也作虹桥,即现在我们常说的拱形桥。这种桥虽然早在隋唐时期我国北方地区已有,如赵州桥,但在安徽尚属首见。从皇帝亲自下诏命在沿汴千里航线上推广,盖可想见其非同一般。

五、林学专著《桐谱》

泡桐产于温带地区,是我国栽培历史最久的用材树种之一,《禹贡》、《淮南子》等古代文献中已有关于它的记载。铜陵人陈翥在总结前人认识的基础上,"访山叟"、"问场师",结合自己的实践经验,于北宋皇祐元年撰成我国历史上唯一详细叙述泡桐的学术专著《桐谱》,在林学方面留下一份宝贵遗产。《桐谱》全文约万六千字,分为叙源、类属、种植、所宜、所出、采砍、器用、杂说、记志、诗赋十目,包括了泡桐种类、地区分布、生物学特性、育苗造林方法、材质、利用及药用价值等内容。主要贡献有:

1. 桐树分类方面,指出桐树(泡桐)、梧桐(青桐)和油桐三者之间的差别,并根据桐树的叶形、花色、果实和材质,将白花桐(白花泡桐)、紫花桐(绒毛泡桐)归属为一类,其准确性相当于现代植物分类学上的玄参科泡桐属,突破了此前把桐树归属梧桐的旧框框,消除了历史上桐树名实混乱的状况,是桐树分类史上的一次飞跃。

2. 此前有关这方面的记载,都认为泡桐主要分布在黄河流域,《桐谱》指出,泡桐不仅在四川长得很好,而且"江南之地尤多"。

3. 育种造林方面,《桐谱》指出泡桐具有喜光、爱暖、宜肥沃疏松土质、不耐庇荫、尤怕积水的特性,完全符合现代造林实践。种植方法,《齐民要术》只有取根分蘖移栽一种,《桐谱》研究出人工播种、压条育苗、留根育苗和分根移栽四种,对推广桐树人工繁育和营造大面积人工林,无疑是一大贡献。

4. 管理方面,除强调松土、施肥、锄草、保护幼苗、勿使树皮受伤外,还第一次提出通过平茬、抹芽、修枝等措施以培养高干林的方法。

5. 在材质和利用方面,《桐谱》指出泡桐具有"采伐不时,而不蛀蚀;渍湿所加,而不腐败;风吹日晒,而不坼裂;雨溅泥淤,而不枯苏;干濡相兼,而真质不变"等优点。不但可作琴瑟、炊具,还"可以为栋梁、桁柱,木莫不固"。

《桐谱》问世后,受到历代学者推崇,《直斋书录解题》、《宋史·艺文志》、《安徽通志》、《池州府志》、《铜陵县志》均予著录。王象晋《群芳谱》、李时珍《本草纲目》、方以智《通雅》、吴其浚《植物名实图考长编》等,或引述其说,或捃录其文。辗转传刻,流布甚广,常见的有《说郛》本、《唐宋丛书》本、《适园丛说》本、《丛书集成》本及全国解放后新出之各种版本。国外研究泡桐的学者对这部书也很重视,美国《经济植物》杂志1961年第1期刊登的《经济植物·泡桐》,在论及泡桐起源、分类、价值及引入欧美过程时,都曾引述过该书的说法。

六、罗愿《尔雅翼》的生物学知识

《尔雅》是我国最早的解释词义专著,由汉初学者缀缉先秦旧文,后递相增益而成。今本19篇,前12篇为各种名词的解释,后7篇著录了大量动植物,因而又被称作博物之书。唐编《四库书目》置小学之首,至宋始与诸经并列为十三经。《尔雅》对后世影响很大,罗愿之前,已有多人考论过其中的草木鱼虫鸟兽,然"先师之说,义多不鲜","罗子疾之",因撰《尔雅翼》32卷,以羽翼之。洪焱祖《尔雅翼跋》称:

《释草》8 卷，凡 120 名；《释木》4 卷，凡 60 名；《释鸟》5 卷，凡 58 名；《释兽》6 卷，凡 74（今本 85）名；《释虫》4 卷，凡 40 名；《释鱼》5 卷，凡 55 名。就其体裁体例看，颇类《尔雅》。就其内容看，实为一部生物学著作。

《尔雅翼》内容丰富，体例严谨，考据精博，在许多方面超过了前人。

首先，分类更科学。《尔雅》将动植物分为《释草》、《释木》、《释虫》、《释鱼》、《释鸟》、《释畜》、《释兽》7 类，陆佃《埤雅》改《释畜》曰《释马》。《尔雅翼》去《释马》，7 类减为 6 类，将家养鸡并入《释鸟》，牛、马、驴等并入《释兽》，显然比《尔雅》和《埤雅》分类更科学。类下又立科，科下设目，将属类相近的动植物名称排列在一块，如黍、稷、稻、粱、麦归为禾本科，鹰、隼、雕归为隼形目等。并纠正了不少前人归类方面存在的错误，如鼺，《尔雅》"以其有翼"而归入《释鸟》，《尔雅翼》则据其"既飞走且乳"置于《释兽》中。对 418 种动植物，基本做到了"同类相收，异类区分"。

其次，内容更加丰富翔实。如蜣螂，《尔雅》曰："蜣，蜣螂。"仅三字。《尔雅翼》释曰："蜣，黑甲虫，能以土包粪转而成丸，园正无斜角。《庄子》曰：'蜣之智，在于转丸。'陶宏景云：'取粪丸而推之。'今按：其类似有雌雄，以足拨取粪，顷之成丸，相与迁之。其一前行，以后两足曳之，其一自后而推致焉。乃掘地为坎，纳丸其中，覆之而去。不数日而丸中若有动者。又一二日则有蜣螂自其中出尔飞去。盖是孚乳气其中，以其覆裹之，藉之以生。《抱朴子》曰：'玄蝉緊机，不羡蜣螂秽饱。'然世或言蜣螂能化为蝉，所以转丸者，藉以变化也。未知孰是。崔豹《古今注》曰：'一名弄丸，一名转丸，其鼻高目深者名胡蜣螂。'"近三百字，"名原其始，物征其族，肖其形色象貌，极其性情功用"，丰富翔实程度远非《尔雅》能比。又如对菜白蝶生活史的描述，曰："今菜中青虫，当春时，行缘屋壁或木上，以丝自固，一夕视之，有圭角，六七日其背罅裂，蜕为蝶出矣。其大蝶散卵于甘桔上，为虫青绿，既久则去为大蝶。"

第三，正误补阙，使尔雅学迈上一个新台阶。如《诗经·秦风》

"山有苞栎,隰有六驳",毛亨直以为兽之六驳。罗氏根据上下文意,并引陆机、崔豹之言以证其非,指出此"六驳"不是马名而是木名,"其皮青白蛟茧,远而望之似六驳之善,因以为名,其木则梓榆也"。《尔雅·释草》有"唐蒙,女罗;女罗,兔丝。"郭璞认为是一物四名,罗氏考证结果"女罗、兔丝",实为二物。《吴都赋》"双则比目,片则王余",刘渊林以为"王余"为"比目之半"。郭璞认为比目鱼与王余为一物。罗氏指出比目鱼和王余为二物,"今浙中皆有之,绝不相类。比目乃只一目,生近海处,土人谓之鞋底鱼"。而"王余长五六寸,身圆如筋,洁白而无鳞,若已鲙之鱼,但目两点黑耳"。"今犹呼鲙残鱼,又名银鱼……,自是一种,非比目之半"。此说为清人郝懿行《尔雅义疏》所采纳。芍药,陆机谓其"无香气",孔颖达称"未审今何草"。罗氏指出"芍药无香气""非是也"。"古者有芍药之酱",而"酱方但用其根,陆机不识其华,故云无香气"。古人对兰与蕙往往连用不分,故郑樵《昆虫草木略》有"初不识蕙与兰"之叹。罗愿说:"予生江南,自幼所见兰蕙甚熟,兰之叶如莎,首春则着其芽,长五六寸,其杪作一花,花甚芳香,大抵生深林之中……,故称幽兰。与蕙甚相类,其一干一花而香有余者兰,一干五六花而香不足者蕙。"陆龟蒙称江南捕凫"不能弋罗,常药而得之"。罗氏反斥说:"然闻江南大陂湖中,其取凫者,亦皆以网,植两表于水,相去甚远,中缀网焉。以舟自前驱而逐之,率一获千百辈。"《尔雅》"莎鸡"条,崔豹《古今注》说:"莎鸡一名促织,一名络纬,一名蟋蟀。促织,谓鸣声如急织也;络纬,谓其鸣声如纺纬也。"罗氏据《诗经》"六月莎鸡振羽"、"十月蟋蟀入我床下",断言"蟋蟀与促织是一物,莎鸡与络纬是一物,不当合而言之"。这样的例子还很多,王应麟《尔雅翼后序》称其"即物精思,体同相涵,本末靡遗"。方回《尔雅翼跋语》谓其"考论经传草木鸟兽虫鱼,则许慎、陆机、张辑、曹宽、邢昺、陆佃不如《翼》之为详"。都穆《尔雅翼序》说:"是书之出,后于陆氏,而考核名物,援引百家,所谓'其涵如海,其员如山'者,诚非虚语。若其博,视陆氏殆又过之,学者得此,不待旁求讯问,而坐收格物之功。"《四库全书总目提要》评"其书考据精博,而体例谨严,在陆佃《埤雅》之上"。今人邹树文《中国昆虫鱼史》也认为《埤雅》"实不

及后起之罗愿《尔雅翼》远甚",自是公论,殆非溢美。虽然由于时代局限和囿于个人所见,偶有牵强附会,甚或失误之处,但仍不失为尔雅学上乘之作。

七、火器的发明和应用

我国是世界上最早发明火药和使用火药的国家。南宋绍兴三十一年宋金采石之战,宋军使用了一种名叫霹雳炮的武器,这是在今安徽地区首次出现关于火器的记载。杨万里《诚斋集》卷四四《海𬶍赋后序》述说:"绍兴辛巳,逆亮到江北,斥民船,指挥其众济,我舟伏于七宝山后……,舟中忽发一霹雳炮,盖以纸为之,而实之以石灰、硫磺。炮自空而下落入水中,硫磺得水而火作,自水跳出,其声如雷。纸裂而石灰尘散为烟雾,眯其人马之目,人物不相见。吾舟驰之压贼舟,人马皆溺,遂大败云。"这段史料,近代由外国汉学家和传教士译成英、德、法、日等多种文字。但由于记载过于简略,对霹雳炮究竟是什么武器,却众说纷纭,尚待进一步研究。

另据《宋史·兵志》记载:"开庆元年,寿春……又造突火枪,以巨竹为筒,内安子窠。如烧放,焰绝,然后子窠发出如炮,声闻百五十余步。"突火枪的发明是武器史上的一大飞跃,近代的枪炮就是由这种管形火器一步步发展起来的。后传到阿拉伯和欧洲,产生了广泛影响。

八、水　利

宋代安徽在水利方面的突出成就有二,一是筑圩技术臻于成熟;二是《河防通议》问世。

安徽围圩造田的历史非常悠久,在长期的实践活动中积累了丰富的经验。到了宋代,这项技术已日益完善,趋于成熟,具体表现在:1.圩堤有大小内外两层,外围大堤一般都比小堤更加高大坚固,如北宋嘉祐年间修复的万春圩,周长80里,大堤宽六丈,高一丈二尺,夹堤植桑,叶可养蚕,根可固堤,防洪能力很强,从而保障堤内圩田免受水灾。① 熙宁江南大水,周边诸圩皆破,独万春圩岿然不动。2. 沿堤置涵闸斗门,如化成、惠民二圩,共置闸门 24 所。闸门改用石块砌成,异常坚固。② 根据需要,随时启闭,旱则开闸引外水入圩,涝则闭闸以防外水入圩,以调节圩内水位。3. 圩内分区,一般以一顷为一区,"方顷而沟之,四沟汇为一区",沟渠相通,视外河和区内水位,利用水戽,或排或灌,确保了圩田旱涝无虞。4. 圩与圩相联接,各圩之间水道相通,形成完整的灌溉和交通体系。

《河防通议》,沈立撰。庆历八年,河决澶渊,朝廷命沈立督役防塞,立采摭大河事迹,考揆前志,询择时论,著为八议,名曰《河防通议》。原书久已失传,现存二卷本系元人赡思(清改译其名曰沙克什)根据沈立原著(即所谓的汴本)和建炎二年周俊《河事集》以及金都水监编的另一《河防通议》加以整理改编而成,以《重订河防通议》为书名,故亦称重订本。重订本于各条目下皆标注资料来源,明确属于取自沈立汴本的至少有十三条,即"古今河患"、"堤埽利病"、"释十二月水名"、"开河"、"闭河"、"定平"、"修砌石岸"、"卷埽"、"修砌石岸每步两缝合用物料"、"安置坝闸一座物料"、"卷埽器具"、"卷埽物色"、"河事集序"。从汴本的这些条目看,沈立不但总结了古今河患及其防治的经验教训及黄河一年十二个月的水信规律,而且对开河、闭河、制造水平仪、修筑石岸、卷埽、筑堤方法和标准,以及物料与器具的种类规格等都有明确规定,一改前人某些治河著作"仅载治河之道,不言其方"的疏罅,为治河实践提供了宝贵的经验。

例如修砌石岸的施工方法,"先开挖槛子嵌坑,若用阔二尺,深二丈,开与地平,顺河先铺线道板一片,次立签椿八条,各长八丈,内打钉五尺入地"以固堤基。砌石时,"先用整石修砌,修及一丈,后用荒石再砌一丈"。程序很严密。又如堵口,其书《闭河》篇说:合龙前,先要检视龙口的深阔、水流和土质情况,随后在龙口两岸插上标杆、架设浮桥,以便役夫通行和同时抛掷物料。为了减弱水势,先于龙口上游打

---

① 沈括:《长兴集》卷九《万春圩图记》。
② 《宋会要辑稿·食货》。

359

星桩,然后在星桩间抛大木巨石以压狂澜,接着从两岸各进草占三道、土占两道,并从上面抛下土石包压占。闭口时同时急速抛下土包土袋,鸣锣助威。闭口后于占前卷拦头埽压于占上,再修筑压口堤,并堵塞占眼漏水,最后于迎水处加埽护岸。方法和程序具体,可操作性强,直到今天仍有借鉴作用。

第十二章

元灭宋及其对安徽地区的统治

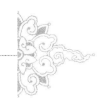

元朝是我国历史上第一个由少数民族蒙古族贵族入主中原,并从军政合一的奴隶制国家管理体制逐步过渡到统一的多民族封建国家管理体制的王朝。其政策倾向充满对南人的不信任,所以自北而南控制越来越严密。其管理体制,既沿袭了宋、金、辽的一些做法,又在很多地方留有本民族的原始胎记,因此在很长一段时间内,军政缠绕交织,机构骤置忽废,统属关系复杂。这一状况大约到了英宗时才渐趋好转。

第一节　灭宋、安徽全境入元

　　景定元年(1260)三月,忽必烈继承汗位,在平定三齐,①稳定了内部局势后,又开始把兵锋指向了南宋。咸淳元年八月,蒙古元帅阿术(或译作阿珠)率大军攻庐州,趋安庆,宋将范胜、张林、高兴、高迪等迎战,皆殁于阵。三年十一月,南宋叛将刘整向忽必烈献计中路突破,先取襄阳,自汉水渡江,然后并兵东下灭宋。忽必烈可其议,命阿术与刘整经略襄阳。十二月,宋命吕文焕知襄阳府兼京西安抚副使。四年,阿术围襄阳。七年,蒙古改号大元国,以张弘范守鹿门,断襄、樊粮道。八年,元军又断郢、邓援襄阳之路。九年正月,樊城破,守将范天顺、牛富自杀死。二月,襄阳城破,吕文焕降元。

　　襄、樊失守后,南宋岌岌可危,而奸相、权臣贾似道杜绝一切救亡建议和计策,倒行逆施,一意孤行,坐以待毙。十年六月,忽必烈下诏水陆并进,大举南下。元军20万,由左丞相伯颜统领,分两道进军:伯颜、阿术一路由襄阳入汉水过长江,以吕文焕为先锋;一路由右丞相合答统领,自东路取扬州,以刘整为先锋。德祐元年(1275)正月,吕文焕招降宋沿江诸州县,沿江守将多是吕氏戚属旧部,又见南宋灭亡已成定局,于是皆望风而降,元军兵不血刃入安庆府。刘整攻无为军,久不克,闻吕文焕入鄂州,以功不出己,遂发愤成疾,至是卒于无为城下。贾似道在舆论的压力下,被迫督师江上,以后军屯鲁港(即今芜湖市西南鲁港镇),命孙虎臣统兵7万、夏贵率战舰2500艘横列江上,阻遏元兵东下。二月,元兵入池州,夹江岸而东,十九日庚申,孙虎臣与元军战于丁家洲(在今铜陵市东北长江中),大败,奔鲁港。夏贵不战而归庐州。贾似道与孙虎臣单舸奔扬州,江上诸军溃,南宋水陆主力全部

---

　　①　秦汉之际,项羽以齐国故地封田都为齐王、田市为胶东王、田安为济北王,合称三齐,相当于今山东大部地区。

瓦解。知宁国府赵与可、知和州王喜、知无为军刘权、知太平州孟之潜,或举城降元,或弃城逃跑。三月,知滁州王应龙、知广德军令狐概降元。安徽广大军民奋起抵抗,并严惩叛变投敌分子,十四日己丑,滁州的老百姓把投降元朝的王应龙捉住,送交官府,杀之。二十一日丙申,宋将顾顺攻广德,复取之。四月,洪福复镇巢军。四日乙巳,元兵复攻广德县,知县王汝翼与寓居在这里的赵时晦率义兵战斗山,败。七月,宁国吏杨义忠率义兵出战,死。二年正月,伯颜军抵临安城北,宋奉表投降。二月,夏贵降元。至此,涉及今安徽州县全部入元。

第二节 平息动乱、恢复社会秩序

在忽必烈统治时期,由于民族隔阂、猜测,安徽地区不时爆发人民反抗元朝暴政的斗争。至元前期,在灭宋过程中,南下的元军在安徽地区许多地方大肆屠杀和掳掠,激起了所在地人民的反抗。至元中叶以后,由于吏治不清、封建压迫沉重、对外战争引发兵役徭役异常繁重等原因,安徽地区也相继发生了多起农民起义。

至元十三年(1283)二月,南宋淮西制置使安丰人夏贵以淮西诸郡降元。夏贵的家僮、原镇巢军统制洪福归降后,又率领其部众起兵反元,杀死元戍军将领阿塔赤、也烈拔都儿及所统军士多人。这次反元起义主要是由于戍守镇巢军的元朝阿速军残忍凶暴,使当地人民不堪忍受而引发的。元军统帅伯颜遣大将昂吉儿率兵镇压,并遣洪福的上司夏贵前往招降。夏贵先遣使招降,洪福杀其来使。夏贵亲至城下,假称愿单骑入城与洪福商议。洪福轻信夏贵之言,开城门迎纳,昂吉儿军乘机攻拔其城,擒杀洪福及董统制、谭正将,起义失败。[①] 同年五月,在徽州境内也发生了反元起义,"兵变盗起,屠戮惨甚,公(按,即

① 《元史》卷九《世祖纪六》、卷一三二《昂吉儿传》。

歙县人汪仪凤）之族毙于寇者十一人。公言有司,罪人皆得"。① 起义被镇压。

至元十四年,乘元军主力北撤防御西北叛王的有利时机,江南各地人民纷纷掀起抗元斗争。五月,舒州（治今安徽潜山县）人张德兴杀太湖县丞张德颙,与六安野人原民刘源起兵响应文天祥抗元,袭破兴国、德安诸郡,势力波及湖北,并打死镇压起义的叛将郑鼎。后起义军回据蕲州（治今湖北蕲春县）司空山。九月,元朝政府派遣淮西宣慰使昂吉儿率军前往镇压,元军攻破司空山寨,张德兴牺牲,其三子被执,起义失败。②

至元十八年,徽州祁门县境内爆发了王万十、王信二领导的反元起义。这支反元队伍一度"啸聚二千余人",起义时间较短,后被镇压。③

至元十九年冬,宣城、徽州、南陵等地发生了反元起义,"宣、徽尤甚,皆僭号署官,掠郡县,烧府库,杀县长吏","应者日众"。起义势力曾一度到达浙江昌化县一带。进攻徽州的起义队伍曾击败元两万户军;进攻宣城的起义队伍曾屡败元军;南陵的起义军首领自称天王,率军攻打宣城,使元军不能支撑。江浙行省不得不从建康调管军万户张珪所统精锐部队前来镇压。在战斗中,张珪所部"士卒数为贼所败",后终因寡不敌众,起义被镇压。④

至元二十一年,因元朝政府造船"勾唤丁夫"、"离家远役"、"官司又加棰楚",宁国路旌德县民余社等因而作哄,掀起反元斗争。起义寻遭镇压。⑤

至元二十四年,徽州路绩溪、歙县民柯三八、汪千十等,因岁饥发动起义。江浙行省右丞教化派兵前往镇压,相拒七月,未果。后因徽

① 方回:《江东抚幹通直郎致仕汪公仪凤墓志铭》,《新安文献志》卷九五（上）,黄山书社 2004 年版,第 2394 页。
② 《元史》卷九《世祖纪六》、卷一三二《昂吉儿传》。
③ 汪克宽:《环谷集》卷八《陈君墓碣铭》。
④ 虞集:《道园学古录》卷一八《蔡国张公墓志铭》;《元史》卷一七五《张珪传》。
⑤ 程钜夫:《雪楼集》卷一〇《民间利病》。

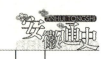

州路总管许楫招抚而归降,起义失败。①

至元二十七年三月,宁国路太平县民叶大五发动起义,集众百余人进攻宁国,被官军镇压。② 三月,徽州路歙县潜口、松源等处有凌六乙等领导的农民起义。这次起义规模较大,杀伤力较强,"盗贼并起,居民骇散",四都巨室数十家被焚,徽州路监郡马思忽总兵来讨,剿抚并举,终将起义镇压。③ 五月,徽州路绩溪县民胡发、饶必成起义失败,被杀。④ 七月,太平路芜湖县民徐汝安、孙惟俊等起义失败,被杀。⑤

值得注意的是,至元年间,安徽宁国、徽州一带的农民起义具有较为广泛的群众基础,曾一度得到当地土著武装的支持,如至元二十七年十一月,江淮行省平章不怜吉带建言:"其宁国、徽,初用土兵,后皆与贼通,今以高邮、泰两万户汉军易地而戍。"⑥

上述反元斗争和社会动乱被元政府次第平定,安徽地区的社会秩序也逐渐得到恢复。

第三节　行政设置及统属关系

元朝在统治全国的过程中,改革蒙古旧有的统治方式和制度,积极借鉴、推行汉法,并有所创新。在地方行政管理和统治方面,设立行省制度即是元代的一大创造。行省,秩从一品,"掌国庶务,统郡县,镇边鄙,与都省为表里"。⑦ 今安徽地区除砀山县隶属中书省济宁路外,江北地区属河南江北行省管辖,江南地区属江浙行省管辖。

①　《元史》卷一九一《良吏传一》。

②　《元史》卷一六《世祖纪十三》。

③　赵若恖:《处士黄公孝则行状》,《新安文献志》卷八九,黄山书社 2004 年版第 2191 - 2192 页;方回:《江东抚干通直郎致仕汪公仪凤墓志铭》,卷九五(上)第 2394 页。

④　又据《元史》卷一五一《邸顺传》记载:至元后期,徽州路绩溪县境内曾发生过反抗元朝暴政的起义,后被蒙古汉军万户邸泽镇压下去。

⑤　《元史》卷一六《世祖纪十三》。

⑥　《元史》卷一六《世祖纪十三》。

⑦　《元史》卷九一《百官志七》。

一、中书省

在今安徽仅涉砀山 1 县。砀山,旧县,金末属永州,金亡入宋,旋又入蒙古,改属单州。蒙哥汗七年(1257),移县治于故县城(今砀山一中处),属东平路。至元二年,以户口稀少,撤并入单父县。三年复置,改属济州。十六年,济宁升路,属济宁路。

二、河南江北行中书省

在今安徽境计设 37 县,涉及 2 府、5 路、10 州。

归德府,治睢阳(今河南商丘市),在今安徽设 4 个县,涉及 3 个州。徐州下,在今安徽境内设萧县下。宿州中,初不领县,至元十七年,灵璧下自泗州来属,始领 1 县。亳州下,领县 3,在今安徽境设谯下、城父下 2 县。

汝宁府,治汝阳(今河南汝南县),在今安徽境内设颍州。颍州下,领县 3:太和县下,原名泰和,至元二年撤,大德八年(1304)复,改泰和曰太和,移治今太和县城关镇,改旧治曰旧县集;沈丘县下,至元二年撤,后复,元末废;颍上县下,至元二年撤,后复,还旧治,即今颍上县城。

庐州路上,至元十四年置淮西总管万户府。十五年升路,置总管府。领 1 个录事司,3 个直属县,和、六安、无为 3 州 8 县。直属 3 县为:合肥上、梁中、舒城中。无为州中,南宋无为军,至元十四年升为无为路,二十八年降为州,领无为上、庐江中、巢下 3 县。巢县,南宋置镇巢军,至元十四年升镇巢府,二十三年复降为巢州,二十八年废州为县,属无为州。和州中,至元十三年置镇宋万户府,十四年改立安抚司,十五年升和州路,二十八年降为和州,领历阳上、含山中、乌江中 3 县。六安州下,南宋六安军,至元二十八年降为六安县,后升为六安州,领县 3,在今安徽境内仅设六安中 1 县。

安丰路下,南宋安丰军,至元十四年升安丰路,置总管府。十五年,改为寿春府(散府),领寿春、安丰、霍邱 3 县。十八年,改名安丰府。二十八年,复升为安丰路。至正十二年,置安丰元帅府,计领 1 个

录事司,寿春中、安丰下、霍邱下、下蔡下、蒙城下5个直属县,及濠州所属3县。濠州下,入元,置濠州安抚司,属江淮行省。至元十五年,升为临濠府,属淮南宣慰司。二十八年,复降为濠州,改属安丰路。辖县3:钟离下、定远下、怀远下。怀远县,本南宋荆山县怀远军,至元十三年入元,属寿春府。二十八年,废怀远军,改荆山县曰怀远县,改属安丰路濠州。

安庆路下,南宋安庆府,入元,立安抚司。至元十四年,升安庆路,置总管府,领怀宁中、宿松中、望江下、太湖中、桐城中、潜山6县。潜山,至治三年,析怀宁之玉照、清朝二乡置,初治野人原寨,后迁原怀宁县治梅城镇。

扬州路上,治江都(今江苏扬州市),在今安徽境内设滁州。滁州下,南宋隶淮东路,至元十五年升州为路,置总管府。二十年,复降为州,改属扬州路。辖清流中、来安下、全椒中3县。

淮安路上,治山阳(今江苏淮安),在今安徽境内置3县,涉及1个州。泗州下,治临淮县(今已没入洪泽湖),领5县,在今安徽境内有虹下、天长中、五河下3县。

三、江浙行省

在今安徽境内设宁国、徽州、池州、太平、广德5个路、22个县。

宁国路上,至元十四年升路,置总管府,治宣城,领1个录事司,宣城上、南陵中、宁国中、泾中、旌德中、太平中6个直属县。

徽州路上,至元十四年升路,置总管府,治歙县,领1个录事司。先辖6县,元贞元年(1295)升婺源县为婺源州下后,改领歙上、休宁中、祁门中、黟下、绩溪中5县和1个州。

太平路下,南宋太平州,至元十四年升州为路,领1个录事司和当涂中、芜湖中、繁昌下3个县。

池州路下,南宋池州,至元十四年升州为路,领1个录事司和贵池下、青阳下、建德下、铜陵下、石埭中、东流下6个县。

广德路下,南宋广德军,至元十四年升为广德路,治广德,领广德中、建平中2县。原设1个录事司,二十八年废司,立江淮行枢密院。

在元代,路有上、下之分。至元二十年规定:10 万户以上者为上路,10 万户以下者为下路。地当冲要者,虽不及 10 万户亦为上路。

府有二种,或隶属于路,或隶于行省。有的府统州、县,有的府则不统州、县。在元代,安徽地区府一级行政机构相对较少,且存在时间较短,属于行政区划的一种过渡性设置。

州或隶属于路,或直属行省;或统县,或不统县。至元三年规定:1.5 万户以上者为上州,6000 户以上者为中州,6000 户以下者为下州。平定江南后,至元二十年又定 5 万户以上者为上州,3 万户以上者为中州,不及 3 万户者为下州。

县隶于府、州,少数隶属路。依照户数多寡分为上、中、下三等,江北诸县,至元三年规定:6000 户以上者为上县,2000 户以上者为中县,不及 2000 户者为下县。江南诸县分等推迟到至元二十年,规定:3 万户以上者为上县,1 万户以上者为中县,1 万户以下者为下县。故同为上、中、下,而籍户相差悬殊。

县下农村设乡、都、社,城市为隅、坊。其中,社是一种旨在劝农的基层行政编制。至元七年二月,元朝政府颁布劝农立社法令 15 款,对村社的设置及其作用作出具体规定。其具体做法是,县邑所属村疃,凡 50 家立为一社,一村 50 家以上者,只为一社;增至百家者,则增设社长一员;不及 50 家者,与近村合为一社;地远人稀、不能相合者,许各村自为一社。[1]

第四节　设官分职

行省设丞相、平章、右丞、左丞、参知政事、郎中、员外郎、都事等官职。

路置总管府,下设长官、正官、首领官。达鲁花赤、总管为长官;同

---

[1] 《元史》卷九三《食货志一·农桑》。

知、治中、判官、推官为正官;经历、知事、照磨等总领六曹、职掌案牍的为首领官。首领官无定额,一般视政务之繁简而定。

府设达鲁花赤、知府或府尹、同知、判官、推官、知事等官职。

州设达鲁花赤、州尹或知州、同知、判官等官职。

县设达鲁花赤、县尹、县丞、主簿、县尉、典史等官职,根据规模大小,属吏有差别。上县多,下县少。

乡设里正,都设主首,负责催办差税和维持地方治安。一般由上户充当,实行任期制。充当里正、主首,一方面给一些富户大族提供了把持地方、鱼肉乡里的机会。但由于官府摊派日重,有时不仅无利可图,甚至还要赔补,因此不少富户并不愿充当里正、主首,常常设法规避,致使元朝政府不得不屡加申饬,以确保基层社会的正常运转。

社设社长,择高年晓农事者担任。社长是一种职役,多由地方官吏或当地有势人家指派有资产而又乐于为官府和势家效力的户家充任。① 职责劝农、教化、互助、治安、征办科差等。社制的实行,有助于加强政府对基层社会的统治。

隅、坊一般设在城市中,隅设隅正,坊设坊正,协助差税催办和治安维持。②

第五节　中央和行省的派出机构

枢密院,元朝中央主管军事的机构,其地方分设机构为行枢密院,简称行院,是专为征伐而设置。蒙元南下攻宋时曾设立过不少行院,此后或废或归并于行省。如至元十年,立淮西行院,设官二员,掌调度军马之事。二十一年,设立沿江行院。二十八年二月,设立江淮行院,

---

① 参见陈高华、史卫民:《中国经济通史·元代经济卷》,经济日报出版社 2000 年版,第 97 页。

② 城市中的行政区划,有的在录事司下设隅、坊两级,有的仅有隅一级。隅设隅正,坊设坊正,"凡官府排办造作、祗应杂务、羁管罪人、递运官物、闭纳酒课、催办地钱"等等,都由隅正、坊正负责。参见陈高华、史卫民:《中国经济通史·元代经济卷》,第 93 – 94 页。

治广德。五月,徙治建康。其后行院悉并归行省。

军事方面,元朝政府于中枢及各路均设万户府,或归行院节制,或归行省管辖。万户府以统兵多少分为上、中、下三等,统兵 7000 以上者为上万户府,5000 以上者为中万户府,3000 以下者为下万户府,其正官为万户。万户府以下为千户所、百户所。至元十二年三月,庐州置总管万户府,以中书右丞、河南等路宣慰使合剌合孙、襄阳管军万户邸浃并行府事。① 灭宋后,曾置河南淮北蒙古军都万户府,以负责征集管理伐宋以来散处南北各地的诸蒙古军,秩正三品。② 至元二十二年二月,将江淮、江西两行省境内的蒙古、汉军、新附军重新编制成上、中、下三万户府,诸军相参作 37 翼。其中,在安徽地区,宿州编上万户府 1 翼,颖州、庐州、亳州、安庆、寿春、安丰编下万户府 6 翼。每翼设达鲁花赤、万户、副万户各 1 员,隶所在行院。③ 中统二年(1261),置管领种田打捕鹰房民匠等户万户府,秩正三品,具体掌管归德、亳州、宿州等 20 余城各蒙古、汉军种田户差税。初隶塔察儿王位下,后改属中宫,是负责中宫财赋征收的机构。④ 此外,还有屯田万户府的设置。如蒙元政权曾设寿州屯田万户府、颖州屯田万户府、芍陂屯田万户府,负责当地的军屯。⑤ 元末,为镇压农民起义,元朝政府于至正十四年二月下诏河南、淮南两省并立义兵万户府。十五年十二月,元朝政府又于宿州置忠义万户府。

除万户府之外,右、左阿速卫亲军都指挥使司,也归枢密院调遣节制。右阿速卫亲军都指挥使司,秩正三品,掌宿卫城禁,兼营潮河、苏沽两川屯田,供给军储。至元九年,初立阿速拔都达鲁花赤,置属官。二十三年,遂名阿速之军。其属五,其中,在安徽境内庐江县设置达鲁

---

① 《元史》卷八《世祖纪五》。

② 《元史》卷八六《百官志二》。

③ 《元史》卷一三《世祖纪十》。

④ 《元史》卷八八《百官志四》。

⑤ 据《元史》卷一二一《抄思传》记载,中统四年十一月,忽必烈以别的因为寿、颖 2 州屯田府达鲁花赤,主持当地屯田。又据光绪《寿州志》卷一三《职官志·文职表》载,至元二十三年,成立芍陂屯田万户府。元赵州宁晋人陈夔曾任芍陂屯田万户,其子陈思鲁袭其职;朵罗台唐兀氏曾任芍陂屯田千户所达鲁花赤。

花赤1员、主簿1员。左阿速卫亲军都指挥使司,品秩、职掌同右阿速卫。其属四,其中,在安徽境内镇巢县设置达鲁花赤2员、主簿1员。①

御史台,元朝中央主管监察的机构,其地方分设机构为行御史台,简称行台。至元十四年,元朝政府始置江南行台于扬州,寻徙杭州,又徙江州;二十三年,迁于建康,以监临东南诸省,统制各道宪司,而总诸内台。初置大夫、中丞、侍御史、治书侍御史各1员,统淮东、淮西、湖北、浙东、浙西、江东、江西、湖南8道提刑按察司。二十三年,以淮东、淮西、山南3道,拨隶内台。大德元年,定为江南诸道行御史台,设官9员,以监江浙、江西、湖广3省,统江东、江西、浙东、浙西、湖南、湖北、广东、广西、福建、海南10道。行台下辖各道肃政廉访司。元朝建国前后曾设立提刑按察司,至元十三年,以省并衙门罢司。十四年复置,增立江北淮东道、淮西江北道、江东建康道等8道。二十八年,改按察司曰肃政廉访。直属中央御史台者为内道8,河南行省被包括在内。其中,淮西江北道肃政廉访司置司于庐州路,江北淮东道肃政廉访司置司于扬州路,安徽境内江北地区属于其监察范围。隶江南行台者为江南10道,江浙行省被包括在内。其中,江东建康道肃政廉访司置司于宁国路,安徽境内江南地区属于其监察范围。②

宣徽院,掌供元朝宫廷饮食的机构,与安徽有关的下属机构有:安丰怀远等处稻田提领所,秩从九品,置提领2员,掌管稻田布种,岁收子粒,转输醴源仓。③淮东淮西屯田打捕总管府,秩正三品,掌献田岁入,以供内府,及湖泊山场渔猎,以供内膳。置达鲁花赤、总管、同知、府判、经历、知事、提控案牍各1员,及司吏6人。至元十四年,始立。二十五年,以两淮新附手号军千户所隶属本府,并分置两淮屯田打捕提举司、安丰庐州等处打捕提举司、镇巢等处打捕提举司、④招泗屯田打捕提举司等机构。其中,手号军人打捕千户所,秩从四品,管军人打捕野物皮货,至元二十五年始置。设达鲁花赤、上千户、上副千户、弹

---

① ② 《元史》卷八六《百官志二》。

③ 《元史》卷八七《百官志三》。

④ 据《元史》卷一〇一《兵志四》记载,淮东淮西屯田打捕总管府所属打捕衙门有提举司10处、千户所1处,总14302户。其中,镇巢提举司所辖人户最多,为2540户,招泗提举司所辖为465户。

压各 1 员。下辖钟离县、定远县、真扬州、安庆、安丰、招泗、和州等上百户 7 所,每百户所置百户 2 员;涟海、怀远军等下百户 2 所,每百户所置百户 1 员。两淮、安丰、镇巢、招泗等处屯田打捕提举司,秩从五品,每司设达鲁花赤、提举、同提举、副提举 1 员,及吏目 2 人。[①]

太禧宗禋院,掌管元朝神御殿朔望岁时讳忌日辰禋享礼典的机构,秩从一品。凡钱粮之出纳、营缮之作辍,悉统之。其下辖机构有会福总管府等。在会福总管府之下,又设立有江淮等处营田提举司,秩从五品。至元二十七年始置。设达鲁花赤、提举、同提举、副提举各 1 员。[②]

中政院,掌管元朝中宫财赋营造供给并番卫之士、汤沐之邑的机构,秩正二品。其下辖机构有翊正司等。在翊正司之下,又设有管领归德亳州等处管民提领所,秩从七品。大德二年始置。设提领、同提领、副提领、典史各 1 员,及司吏 1 人。[③]

储政院,备左右辅翼皇太子之任的机构,秩正二品。其下辖机构有汴梁等路管民总管府、江淮等处财赋都总管府等。汴梁等路管民总管府,秩正三品。国初,设立息州总管府,领归附 6300 余户。元贞元年,又并寿、颍 2 州归附民户 2400 余户,改设汴梁等路管民总管府,掌各屯佃户差发子粒,隶属于徽政院。泰定元年(1324),改隶詹事院,后隶储政院。设达鲁花赤、总管、同知、府判各 1 员,经历、知事、提控案牍各 1 员。江淮等处财赋都总管府,秩正三品,掌东宫田赋。涉及安徽的有扬州等处财赋提举司、池州等处河泊所、黄池织染局等机构。[④]

除上述机构外,元朝政府在地方上还设立宣慰司、两淮都转盐使司、榷茶都转运司、淘金提举司、税课提举司、淮东西两道劝农营田司、录事司、巡检司等机构。

宣慰司,元朝政府在远离行省中心的地区置司,为行省与府州县之间的承转机构,掌军民之务。元末,为了镇压农民起义,至正十二年二月,曾于安丰置分元帅府;至正十五年二月,又于天长县置淮东等处

①② 《元史》卷八七《百官志三》。

③ 《元史》卷八八《百官志四》。

④ 《元史》卷八九《百官志五》。

宣慰使司都元帅府,统率濠泗义兵万户府并洪泽等处义兵。①

两淮都转运盐使司,秩正三品,专掌盐课之事。至元十四年,始于扬州置司。三十年,悉罢所辖盐司,以其属置场官。大德四年,复置批验所于真州、采石等处。两淮都转运盐使司下有盐场29所,每场置司令、司丞、管勾各1员。其中,安徽境内许多地方所设盐场,归其管辖。②

榷茶都转运司,至元十四年,置江淮榷茶都转运使司。十七年,置榷茶都转运司于江州,总管江淮、荆湖、福、广茶税事宜。③ 在都转运司之下设有宁国路榷茶提举司、庐州路榷茶提举司,以总理当地茶政。大德八年三月,罢庐州路榷茶提举司。④

淘金提举司,至元初,设立淮南淘金司以管理当地洞冶开采。二十年七月被撤除,所属淘金户改还民籍。⑤ 二十四年,在建康路设淘金提举司,管理建康、徽州、池州等路金场及淘金户。后因建康路境内无金可淘,革提举司,罢淘金户。徽、池两路金课改归地方官府管理。⑥

税课提举司,为负责征收商税的机构,其下设若干处税务。

淮东西两道劝农营田司,至元年间设立,主要负责推进当地的屯田事宜。⑦

录事司,秩正八品,元朝政府在各路府治所在的都市设置,以掌管城中民户之事。⑧ 作为一级行政机构,录事司与州、县并统于路。中统二年,诏验民户,定2000户以上,设录事、司候、判官各1员;2000户以下,省判官不置。至元二十年,置达鲁花赤1员,省司候,以判官兼捕盗之事,典史1员。若城市民少,则不置司,归之倚郭县。蒙元建置城市录事司始于中统元年,此时录事司多集中在北方统治区内的一些城

---

① 《元史》卷九二《百官志八》。
② 《元史》卷九一《百官志七》。
③ 《元史》卷九四《食货志二·茶法》。
④ 《元史》卷二一《成宗纪四》。
⑤ 《元史》卷一二《世祖纪九》。
⑥ 《元史》卷九四《食货志二》。
⑦ 《元史》卷一五《世祖纪十二》。
⑧ 《元史》卷九一《百官志七》。

市中,如中统初曾在颍州置司,至元二年省入州。自至元十二年至十六年灭宋最后阶段,是元朝设置录事司相对较为集中的时期。至元十四年,属于安徽地区的庐州、安丰、安庆、宁国、徽州、太平、池州、广德等 8 路的路治所在地皆设立了录事司。

巡检司,为唐宋旧制,在远离县治的偏僻险要之乡、交通冲要之地设置,负责当地的治安捕盗事宜。

第六节　元政权对安徽地区的控制

一、推行民族杂处

元朝统一全国,先前的畛域被打破,为各族人民之间的交流与融合提供了有利的条件,许多少数民族人士徙居安徽。元代庐州路境内便有唐兀人的一个聚居区。唐兀,是蒙古人对西夏人的称谓,自蒙夏开战到夏国亡,有不少西夏人或避战乱,或受派遣,陆续迁到安徽。屯戍庐州的唐兀军,以后大多成了当地居民。[①] 余阙、余阗兄弟,就是因为父官庐州而落叶合肥的。[②] 在安徽的王姓居民中,也有西夏后裔。[③]

其他移居安徽的少数民族,如察罕帖木儿,畏兀儿人,先世出自北庭,曾祖阔随蒙古军南下,定居颍州沈丘。察罕帖木儿之妹嫁给沈丘王姓汉人,生保保,察罕无子,养保保为子,保保遂改名扩廓帖木儿。察罕帖木儿部将貊高,亦定居颍州太和县。又如,王大有,本女真完颜氏,自濮阳徙宣城。[④] 仇自坚,祖大都,又名悬犹太不花,自称达兼善,

---

① 余阙:《青阳集》卷六《送归彦温赴河西廉使序》。
② 参见王德毅、李荣村、潘柏澄编:《元人传记资料索引》,台湾新文丰出版公司 1982 年版,第 1 册,第 354－357 页。
③ 详见马明达:《也谈安徽的西夏后裔》,《宁夏社会科学》1984 年第 4 期。
④ 参见万历《庐州府志》卷八。据《金华黄先生文集》卷三五记载,其父王思孝,字移忠,至元二十七年卒,年 68。

官徽州路总管府达鲁花赤,有惠政,因居歙。① 沙都刺,至正间授武毅将军,守濡城,遂家焉,到了清代,发展成为当地有名的望族。②

王翰,其先灵武人,元初从下江淮,授领兵千户,镇庐州,家焉。王翰的继母孙氏为合肥人。③ 少数民族留居安徽后,娶当地汉人妇女为妻,直接促进了不同民族之间的融合。

二、推行民族歧视政策

元统一全国后,将人划分为四等:第一等为蒙古人,这是元朝的"国族";第二等为色目人,包括西北各民族、西域以及欧洲人;第三等为汉人,概指原金朝境内的各族人,包括汉族、女真、契丹、渤海及高丽人;第四等为南人,概指原南宋境内的各族人。四等人在法律、仕进、科举、赋役等方面,享有不平等的待遇,其中蒙古人和色目人受优待并享有特权。如在法律方面,元朝政府规定:诸蒙古人与汉人争,殴汉人,汉人勿还报,许诉于有司。如有违犯之人,严行断罪。④ 又如,至顺二年二月,燕铁木儿曾进言:安庆万户锁住,坐令家人杀人系狱,久未款伏,宜若无罪,乞释之。得到皇帝的允准。⑤ 用人方面,规定内外官必以蒙古人为长,以汉人、南人为贰,色目人则与汉人、南人处于相互牵制的地位。如中书省、枢密院、御史台的正长,除少数例外,基本上都不让汉人担任。中书宰执中,自忽必烈至元后期,汉人最高只能充任右丞、左丞、参知政事等职。至元五年,罢诸路女真、契丹、汉人为达鲁花赤者。大德元年,规定各道廉访司须以蒙古人为使;若阙,则以色目世臣子孙为之,其次参以色目、汉人。忽必烈以后,南人不得职居台省成为惯例。元末农民大起义爆发后,政府为了收买江南人心,始于至正十二年定省、台、院兼用南人之例,宣城人贡师泰才被任命为监察

---

① 《新安文献志·先贤事略上·本郡·元》,第39页。
② 嘉庆《无为州志》卷二一《人物志·侨寓》。
③ 吴海:《闻过斋集》卷三《故王将军夫人孙氏墓志铭》。
④ 《元史》卷一〇五《刑法志四·斗殴》;《通制条格》卷二八《蒙古人殴汉人》;《永乐大典》卷一九四一八《经世大典·站赤三》。
⑤ 《元史》卷三五《文宗纪四》。

御史。① 故明人叶子奇说："元朝自混一以来,大抵皆内北国而外中国,内北人而外南人,以至深闭固拒,曲为防护,自以为得亲疏之道。是以王泽之施,少及于南,渗漉之恩,悉归于北。"②

三、防范与怀柔并用

为了防范汉人与南人的反抗,元朝政府严禁汉人、南人持有兵器。至元二十三年二月,元朝政府规定:凡汉民持铁尺、手挝及杖之藏刃者,悉输于官。③ 二十六年四月,严禁江南人民挟带弓矢,犯者籍而为兵。④ 类似上述禁令不胜枚举,几乎与元朝统治相始终。

在严密防范汉人与南人的同时,元朝统治者还对一些汉人与南人特别是其中的士大夫知识分子极尽怀柔拉拢之能事。比如对于众多南宋文人来说,元朝统治者尤其是地方官看重他们的才学风范,纷纷举荐或强起之为新朝服务。如:歙人方回,宋景定三年进士,元初改授建德路总管兼府尹。歙人鲍寿孙,宋咸淳三年江东漕解第一,入元起用为徽州路学教授,移教宝庆路。歙人汪维祺,宋末举进士,入元官杭州路学教授,迁权青阳县尹。休宁人曹泾,宋咸淳四年进士,元至元十四年,朝廷强起之任紫阳书院山长,招致生徒,创辟学宫。休宁人汪一龙,宋咸淳四年进士,元至元十五年,江东按察使强起为紫阳书院山长,与曹泾竭力重建紫阳书院,使人知朱子之学。休宁人陈宜孙,宋开庆元年(1259)进士,元初之乱,授知休宁县事,有安辑功,历通州判官。休宁人程逢午,宋宝祐、咸淳中两举进士不第,遂绝意仕禄,以诗书讲授乡里。元贞二年,荐授徽州紫阳书院山长。婺源人程龙,宋咸淳元年进士,元初改授永嘉县尹,累官以同知徽州路总管府事致仕。婺源人江雷,宋咸淳七年进士,入元任晦庵书院山长,累迁兰溪主簿。婺源人吴觉,宋淳祐元年进士,入元授晦庵书院山长。祁门人方贡孙,宋景

---

① 参见周良霄、顾菊英:《元代史》,上海人民出版社 1993 年版,第 379 - 381 页。据《元史》卷一八七《贡师泰传》记载:"自世祖以后,省台之职,南人斥不用。及是始复旧制,于是南士复得居省台,自师泰始。"

② 叶子奇:《草木子》卷三《克谨篇》。

③ 《元史》卷一四《世祖纪十一》。

④ 《元史》卷一五《世祖纪十二》。

定三年进士,入元迁抚州路府判,历兴国、建德二路。祁门人胡镇孙,宋咸淳元年进士,元初乡里扰攘,郡委摄祁门县事。绩溪人汪梦斗,仕宋历江东制司干官、承务郎、史馆编校。元至元十六年,因尚书谢昌言等荐,授徽州路学教授。实践证明,元朝统治者大量拉拢旧朝士大夫知识分子为新朝服务,在一定程度上扩大了新政权的统治基础。

四、宗王出镇江淮

为了防范和镇压安徽境内人民的反抗,元朝政府对这一地区实行极为严密的政治军事控制。其中,派遣蒙古宗王出镇江淮即是重要体现。

元代镇戍江淮之地的蒙古诸王,主要包括元世祖忽必烈庶子镇南王脱欢及其子孙威顺王宽彻普化、宣让王帖木儿不花等。

脱欢系忽必烈第 11 子。至元二十一年六月,受封为镇南王,赐涂金银印,驻鄂州(治今湖北武汉市)。两征交趾失败后被贬,其镇戍辖区有所调整,由湖广行省移往淮南江北之地,镇所也由鄂州迁汴梁,再迁扬州。安徽江淮之地归其镇守。脱欢死后,子老章袭封。老章殁,弟脱不花袭封。脱不花殁,子孛罗不花年幼,弟帖木儿不花嗣为镇南王。文宗天历二年(1329),孛罗不花已渐长大,帖木儿不花请让位于侄。至顺三年(1332),朝廷为奖其廉让,改封其为宣让王,赐金印,移镇于庐州。① 淮西江北道所属的庐州、安庆、安丰 3 路为其镇戍区。

镇戍江淮的蒙古诸王的直属军队有怯薛宿卫、探马赤军、汉军等。军需由朝廷提供,江淮民税及盐课也是镇南王军需的重要来源之一。

江淮蒙古诸王是元对安徽进行统治的中坚力量。② 元中期以后,镇南王、宣让王经常调拨或亲自率领怯薛军队参与讨伐当地的农民起义军。至正十二年(1352),庐州境内发生农民起义,淮西廉访使陈思谦曾向宣让王帖木儿不花进言曰:"王以帝室之胄,镇抚淮甸,岂宜坐

---

① 康熙《庐州府志》卷——《封系》。
② 参见李治安:《关于元代镇戍江淮的蒙古诸王》,《安徽史学》1990 年第 1 期;《元代政治制度研究》,人民出版社 2003 年版,第 481 – 493 页。

视,且府中官属及怯薛丹人等,数甚多,必有可使摧锋陷阵者,惟王图之。"①帖木儿不花深感责任重大,即命以所部兵及诸王乞塔歹等分道进攻起义军,一度平定了庐州境内的农民起义。至正十六年,刘福通领导的汝颍农民军南渡淮河,帖木儿不花调动芍陂屯军加以抵御。此外,宣让王帖木儿不花还曾以令旨遣万户丑厮镇戍安庆。江淮蒙古诸王参与平息境内民众起义的所作所为,在一定程度上延长了元朝在江淮地区的统治。

_____

① 《元史》卷一一七《帖木儿不花传》。

第十三章

元代安徽地区的经济

元承宋金凋残之余,颁布了一系列旨在恢复生产、发展经济的政策和法令,并根据当时各地千差万别的实际情况,采取了一些有针对性的措施,从而促进了社会经济向好的方面发展。可惜好景不长,元代中期即已出现衰退迹象。此后,随着江淮地区大规模农民战争的爆发,安徽人民重罹兵燹之苦,经济再度陷入萎顿状态。

第一节 农　业

一、农业生态环境的恶化

旷日持久的战争、频发的自然灾害等对农业生产环境造成了严重破坏，元代安徽地区农业生态环境长期处于恶化之中。

1. 战争破坏

在蒙元统一中国的过程中，蒙元与金朝、南宋政权之间在安徽地区展开了长期的争夺。在战争中，蒙古贵族采取野蛮残酷的掳掠和屠杀政策，给当地社会经济特别是农业生产造成严重破坏。南宋军队端平入洛时，路经寿、亳等州，"沿途茂草长林，白骨相望，虻蝇扑面，杳无人迹"，①所见一派残破萧条的景象。经过蒙金战争浩劫后，城乡人口锐减，土地荒芜，"城无居民，野皆榛莽"，"荒城残堡，蔓草颓垣，狐独啸聚其间"。② 亳州在金代居民最多时有 6 万户，经战争摧残后，"不胜调发，（民）相继逃去，所存者曾无十一"。③ 砀山境内，"野无居民"，④因户口稀少，至元二年该县曾被并入单父县。⑤ 颍州境内则"地多荒芜"。⑥ 此外，抗元诗人汪元量在随宋幼帝、金太后等北上时，沿途所见也是"淮南兵后人烟绝"的凄凉景象。

金亡之后，蒙元与南宋之间又在安徽境内进行了长期的对峙和战争。战争给当地社会经济特别是农业生产造成的破坏相当严重。太宗六年，蒙古军南下长驱直入舒州、合肥等地，肆意杀掠，许多城市和村庄遭到焚毁，农田水利受到破坏。至元十一年，蒙古军沿江东下，安

---

① 周密：《齐东野语》卷五《端平入洛》。
② 陆文圭：《墙东类稿》卷一二《故武德将军吴侯墓志铭》。
③ 《金史》卷四六《食货一·户口》。
④ 《金史》卷一〇四《温迪罕达传》。
⑤ 《元史》卷五八《地理志一》。
⑥ 《元史》卷一二一《抄思传》。

庆、池州、太平、和州、无为等沿江地区横遭劫掠。至元十三年三月,祁门"邑南有乾讨虏突入,所过残灭,逼及城郭,民不堪命"。七月,黟县"强梁煽乱,焚戮劫掠","生灵鱼肉,室庐煨烬"。①

旷日持久的战争,使安徽地区饱经战乱摧残,人力、畜力大量死亡流失,水利设施遭受严重破坏,土地荒芜,生产凋敝,农业生产受到严重破坏,在一些地方甚至出现严重倒退。

2. 自然灾害频发

元朝自建立至灭亡,安徽地区几乎无年不灾,许多地方甚至连年受灾。各类自然灾害频繁发生,破坏性极强,有时造成庄稼大面积绝收,饥民流民载道,人口大量流徙或死亡。如至元二十五年三月,灵璧、虹县雨雹,如鸡卵,害麦。② 至元二十七年夏四月,芍陂屯田以霖雨河溢,害稼22480亩有奇,免其租。③ 至元二十九年六月,扬州、宁国、太平3郡大水。闰六月,太平、宁国等路民艰食,发粟赈之。④ 至大元年(1308)正月,绍兴、台州、庆元、广德、建康、镇江6路饥,死者甚众,饥户46万有奇。⑤ 天历二年(1329),池州、广德、宁国、太平、建康、镇江、常州、湖州、庆元诸路及江阴州受灾饥民达到60余万户。⑥ 至正四年(1344),河南北大饥,明年又疫,民之死者半。民罹此大困,田莱尽荒,蒿藜没人,狐兔之迹满道。⑦ 在自然灾害频发的同时,元代安徽各地抗灾减灾能力十分脆弱,加重了农业生态环境恶化的程度。

二、恢复发展农业的政策与措施

战乱给安徽农业经济造成了巨大破坏,为了统治的需要,元世祖忽必烈及其继任者,多能认识到"国以民为本,民以衣食为本,衣食以

---

① 黄应旂:《竹溪方公贡孙宰乡邑记》,《新安文献志》卷八五,第2082页。
② 《元史》卷五〇《五行志一》、卷一五《世祖纪十二》。
③ 《元史》卷五〇《五行志一》、卷一六《世祖纪十三》。
④ 《元史》卷五〇《五行志一》、卷一七《世祖纪十四》。
⑤ 《元史》卷二二《武宗纪一》。
⑥ 《元史》卷三三《文宗纪二》。
⑦ 余阙:《青阳集》卷五《书合鲁易之作〈颍川老翁歌〉后》。

农桑为本"①的重要性,积极推行重农政策和措施,极大地推动了包括安徽在内全国各地经济的恢复和发展。

1. 设立劝农机构,加强组织领导

为了加强对农业生产的督促与管理,元朝政府先后在中央和地方设立劝农司、司农司、行大司农司、营田司、各道肃政廉访司、锄社等劝农机构,专掌农桑水利等事务,并且经常派遣劝农官员及通晓农事水利者巡行各地,督察农业生产。与此同时,元朝政府还逐步建立起考绩地方官吏的制度,其中以户口增、田野辟作为考核地方官员政绩并对其实施迁赏罢黜的一条重要标准。在元朝政府的督促下,元代安徽地区各级地方官员多能以劝农为要务,以督励农桑为己任。如:至元十二年出任宿州监郡的马思忽,认为"农桑,民之衣食,莫此为急","作图家喻户晓,使知栽种之时、耕耘之节"。② 至元十三年,塔出领淮西行中书省事。时沿淮诸州新附,塔出禁侵掠,抚疮痍,境内帖然。③ 至元二十年出任徽州路总管的康天锡,"劝农桑,兴学校,解民倒悬,如古循良"。④ 至元年间,颍上县荆山一带,"有野豕时出害民禾稼,民莫能制"。至元三十一年,寿、颍二州屯田府达鲁花赤别的因调任池州路达鲁花赤,途经当地,"以狼牙箭射之,豕走数里"⑤。元初,六安知州朱子范,"时兵革频仍,民困死徙,范蠲减税粮,作劝农文以谕之"。⑥ 元初,婺源县境内"兵火之余,人多逃徙",知县汪元圭"悉心抚字,咸复其业。申请免买屯田牛,折征夏税丝绵轻赍,凡可以便民者,必力为之"。⑦ 祁门县尹方贡孙积极致力于战后经济恢复,"至于劝课农桑,则田野加辟,俾得以桑麻春郊、鸡豚秋社者,皆公之赐也。凡事有不便于民者,必亲告于上。勤勤恳恳,不惮其劳,求以便民而后已"。⑧ 大德

---

① 《元史》卷九三《食货志一》。
② 黄德善:《宿州监郡马思忽公去思记》,弘治《宿州志》卷下。
③ 《元史》卷一三五《塔出传》。
④ 弘治《徽州府志》卷四《职制·名宦》。
⑤ 《元史》卷一二一《别的因传》。
⑥ 康熙《六安州志》卷二四《名宦三》。
⑦ 洪焱祖:《徽州路治中汪公元龙传》,《新安文献志》卷八五,第2073页。
⑧ 黄应旆:《竹溪方公贡孙宰乡邑记》,《新安文献志》卷八五,第2083页。

十一年出任砀山县尹的杨泰，"振兴学校，劝课农桑，政教兼举，民怀其德"。① 大德年间，歙县尹宋节"首务劝农兴学，农有游惰者，从社长供申，籍充夫役，俟改悔除名"。② 延祐元年（1314）出任太和县达鲁花赤的教化迪，"莅事以诚，均徭平讼，劝课农桑"。③ 安丰路达鲁花赤鲁明善，在任上"亲劝耕稼"；④延祐二年调任太平路达鲁花赤，"作兴学校，劝课农桑"。⑤ 延祐三年，江东廉访司佥事苗好谦，因"善课民农桑"，受到朝廷"赐衣一袭"的奖赏。⑥ 泰定年间（1324），和州乌江县监叠卜泰，"为治以教先法，春行劝课，自裹粮以从"。⑦ 后至元三年出任宿州监郡的大黑奴，"捐己俸刊《农桑辑要》"。⑧ 至正元年出任六安知州的王大有，"课农桑，兴学校，有逐蛙之异"。⑨ 此外，元代，徽州路总管郝思义将《农桑辑要》一书"颁之社长，俾专劝课"。⑩ 亳州城父县达鲁花赤伯颜，在任上致力于"劝农桑"。⑪ 霍邱县达鲁花赤怯列，在任上"劝课农桑，修举废坠"。⑫ 舒城县丞秦天祐，在任上"劝农恤孤，不事鞭扑，人皆敬畏"。⑬ 这些都有力地促进了当地农业生产的恢复和发展。

2. 实行抑牧保农，限制抑良为奴

蒙元统治者认识到以农为本、农业立国的重要性，实行保护农田、禁止将农田占为牧场的开明务实政策。金元之际，蒙古军将所到之处，广占农田，当时大军经过的官路，一里之内都作为营盘牧地，提供军马刍牧。忽必烈即位后，禁止军队占用民田，将被攘夺为牧场的农田，按籍"悉归于民"或"听民耕垦"。至元十六年三月，忽必烈"诏禁

---

① 乾隆《砀山县志》卷七《职官志·名宦》。
② 弘治《徽州府志》卷四《职制·名宦》。
③ 民国《太和县志》卷七《秩官志·名宦》。
④ 虞集：《道园类稿》卷四三《靖州路达鲁花赤鲁公神道碑》。
⑤ 乾隆《太平府志》卷二二《名宦志》。
⑥ 《元史》卷二五《仁宗纪二》。
⑦ 嘉靖《和州志》卷一一《名宦志》。
⑧ 黄德善：《宿州监郡公大黑奴遗爱碑》，弘治《宿州志》卷下。
⑨ 乾隆《六安州志》卷一〇《名宦》。
⑩ 弘治《徽州府志》卷四《职制·名宦》。
⑪ 乾隆《颍州府志》卷六《名宦志》。
⑫ 嘉靖《寿州志》卷五《官守》。
⑬ 康熙《庐州府志》卷二六《人物二》。

归德、亳、寿、临淮等处田猎"。① 十九年三月，"禁益都、东平、沿淮诸郡军民官捕猎"。② 这些政策措施对蒙元时期安徽地区占农为牧、以牧伤农起到了一定的抑制作用。

蒙古统治之下，使用奴隶成为一种较为普遍的现象。元代奴隶来源，主要有家生、籍没、俘虏、抑掠、拘收、自卖等途径。③ 如刘整进攻沿江诸郡时，俘人口 8 万；塔出攻安丰、庐、寿等州，俘生口万余；和州乌江县达鲁花赤所献私户曾多达万数。奴隶的大量存在，既影响了国家税收，又浪费了农业劳动力资源。为了增加农业劳动力，蒙元统治者对抑良为奴的行为曾多次予以禁止，对由奴改良的行为则予以鼓励。早在宪宗九年（1259），蒙哥即曾下令悉纵所俘淮民，释放了大批奴隶。至元八年颁布的《户口条画》，则将诸王贵族、权豪势要之家非法占为奴隶的人口按籍追出，编籍为民。许多地方官员也积极贯彻朝廷限制抑良为奴的政策。如延祐年间，芜湖县境内"豪右不法，虐其驱奴"，县尹欧阳玄断之从良。④ 除了官府组织释放奴隶之外，还有赎放等途径。赎放，可分为官钱、私钱二种。其以私钱赎者，或由奴隶之亲姻故旧，如至元年间庐江人羊仁赎其母与兄弟：至元初，元将阿术兵南下，羊仁家被掳掠，父亲被杀，母亲及兄弟均为掳去，后来转卖他乡为奴，家人失散。羊仁时年 7 岁，卖给汴梁李子安家，充当奴婢 20 余年，后子安怜之，将其释放从良。此后，羊仁四处寻亲，得母于颍州蒙古军塔海家、兄于睢州蒙古军岳纳家、弟于邯郸连大家。于是遍恳亲朋故旧，贷得钞百锭，前往各家取赎，"经营百计，更六年乃得遂。大小二十余口，复聚居为良"。⑤ 或由奴隶之自力购赎者，如颍州朱熹被俘于兵而后自赎。⑥ 上述限制抑良为奴、鼓励释奴从良措施，增加了劳动人手，有利于当地农业生产的恢复和发展。

---

① 《元史》卷一〇《世祖纪七》。
② 《元史》卷一二《世祖纪九》。
③ 蒙思明：《元代社会阶级制度》，中华书局 1980 年版，第 157 页。
④ 《元史》卷一八二《欧阳玄传》。
⑤ 《元史》卷一九七《羊仁传》。
⑥ 《元史》卷一五一《王忱传》。

3. 招集逃亡,鼓励垦荒

为了恢复和发展农业生产,元朝政府多次颁布奖励垦荒的诏令,在赋税征收、杂役承充、生产工具和生产资料提供、所有权归属等方面实行较为优惠灵活的政策和措施。如早在中统二年,蒙古政权规定:"凡有开荒作熟地土,限五年验地科差";对于逃户复业者,有权收回原有产业,"合着差税"第一年全免,次年减半,然后"依例验等"科征。①元朝建立后,继续实行这项政策。在两淮地区,至元十七年,以淮西多荒闲地土,"募民愿耕者种之,且免其租三年";②二十一年,以江淮间多荒田,"募人开垦,免其六年租税并一切杂役";二十三年,"听民自实两淮荒地,免税三年"。③在江南地区,至元二十五年,"募民能耕江南旷土及公田者,免其差役三年,其输租免三分之一";④二十八年,招募百姓开垦江南旷土,每户限5顷,官府发给田券,三年后征租。⑤至元元年(1335)、十三年、十六年又多次下令拨给牛具种子。并承认农民对新开垦荒地的所有权。上述举措,促进了安徽地区垦荒事业的发展和农业生产力的提高。

4. 减免租税

除前述外,元朝统治者还出台了减免租税政策。至元十三年十二月南宋投降、元朝占领江南地区后,诏谕浙东西、江东西、淮东西、湖南北各府州军县官吏军民:"其田租商税、茶盐酒醋、金银铁冶、竹货湖泊课程,从实办之。凡故宋繁冗科差、圣节上供、经总制钱等百有余件,悉除免之。"⑥此后,元朝政府曾多次下令减免安徽境内的租税。至元二十年,下令江淮百姓合征租税,以十分为率,减免二分。⑦二十四年闰二月,下令罢除江南竹木柴薪及岸例鱼牙诸课。⑧二十八年正月,下

① 《元典章》卷一九《户部五·田宅·荒田》。
② 《元史》卷一一《世祖纪八》。
③ 《元史》卷一三《世祖纪十》。
④ 《元史》卷一五《世祖纪十二》。
⑤ 《元史》卷一五《世祖纪十二》。
⑥ 《元史》卷九《世祖纪六》。
⑦ 《元典章》卷二《复租赋》。
⑧ 《元史》卷一四《世祖纪十一》。

令免除江淮贫民至元十二年至二十五年所逋田租 297.6 万余石,及二十六年未输田租 13 万石、钞 1150 锭、丝 5400 斤、绵 1430 余斤。[1] 三十一年,下令减免该年江淮以南夏税,已纳官者准充下年数目。[2] 大德三年规定,江北、两淮等处荒闲之地,第三年始输。四年,又以地广人稀更优一年,令第四年纳税。凡官田,夏税皆不科。[3] 九年六月,下令该年江淮以南诸处佃种官田租税均免二分。至大二年二月,下令蠲免该年江淮夏税。四年正月,下令该年江南夏税减免三分。[4] 延祐二年十一月,下令延祐三年江淮夏税减免三分。四年闰正月,下令该年江淮夏税普免三分。七年三月,下令该年江淮夏税减免三分。元初大幅度废除南宋时期的苛捐杂税及此后屡次减免租税、杂税的种种举措,对减轻人民负担、调动生产积极性、尽快恢复及进一步发展安徽地区的农业,都是有益的。

5. 大力兴修水利,改善农业生产条件

兴修水利是传统农业社会发展农业生产的保障性措施。元朝政府十分重视水利建设。至元二十八年,在中央设都水监,在地方置河渠司。有时还根据需要设行都水监、都水庸田司等临时水利管理机构。元朝政府曾多次下诏"诸路开浚水利",[5]并要求"凡河渠之利,委本处正官一员,以时浚治,或民力不足者,提举河渠官相其轻重,官为导之"。[6] 在政府的重视下,元代全国各地兴修了大量水利灌溉工程。见于安徽地区者,至元二十四年,千户刘济率兵士屯田芍陂,筑堤 320 里,建水门、水闸 20 余所,以备蓄泄;凿大渠自南塘抵正阳,凡 40 余里,以通转输。[7] 在宿州境内,木撒飞于至顺三年(1332)"来监宿郡",次年秋"河决东镇,由睢而下,经郡北境,势甚泛溢,时晚禾蔽野,民大

① 《元史》卷一六《世祖纪十三》。
② 《元典章》卷二《复租赋》。
③ 《元史》卷九三《食货志一·税粮》。
④ 《元典章》卷二《复租赋》。
⑤ 《元史》卷七《世祖纪四》。
⑥ 《元史》卷六四《河渠志一》。
⑦ 虞集:《道园学古录》卷一三《福州总管刘侯墓碑》。

忧惧,公乃巡行岸口,昼夜督吏卒塞之,水不至溢"。① 大黑奴于后至元三年(1337)"来监是郡","郡之北境,睢水东下,漂庐舍,没麦禾,大为民害,公率民补河缺,塞漢港,水行故道,遂有所获"。太湖县有溪水坏民田,至正五年,知县翟居仁"筑堤以障之,而民田获稼。当时太湖人德公之功,遂谓之翟公堤"。② "青阳旧有荒田一千四百顷,民均输其租,(知县徐)泰亨募人垦辟,教以修坊置闸,于是田赋归实,无均输之累。至它民田之阻山濒江者,因地势为蓄泄,以备旱涝。"③至治元年(1321),当涂县"市淮河,南起姑溪,北抵襄城,袤延千有九丈",由于长期未得到浚治,堙塞成平壤。延祐七年,陈昌"来司郡狱,因摄当涂县事",得知情况后,积极组织疏浚,"于是程土物,议远迩,规财费,商工力,捐己帑,登殽具醴,以倡以率,官吏军民,儒医僧道,均乐效力。凡募夫五千余名,经始于至正(治)元年八月,明年夏闰五月完。南至天井闸、太平闸,北至襄城闸,启闭以时,不愆于度"。可"溉田数百顷,民获其利"。④ 延祐年间,泾县尹苏济"尝为民疏沟渠",⑤"潺水疏渠,劝农以预,如泉北下萧陂可溉千顷,首抑强者而复其规,中陂元隶宝胜寺,必令民以复常住"。⑥ 绩溪县尹张恬,"葺旧起新,于东溪上游穿渠溉郭东田千亩"。⑦ 休宁县西二都有东干塌,元贞年间县尹陈发开渠灌田千顷;该县和睦乡临溪有方干塌,可灌田 600 余亩,元贞元年(1295)县尹陈发重修。⑧ 此外,民间力量和民间资本也多积极参与到

---

① 弘治《宿州志》卷下高元忠《宿州监郡木撤飞德政记》。

② 嘉靖《安庆府志》卷一八《名宦传》。关于翟公堤的具体位置,方志记载不一。嘉靖《安庆府志》卷一三《沟洫志》记曰:"在县依郭西南 40 里。嘉靖《安庆府志》卷一八《名宦传》记曰:"县北有溪水坏民田,居仁筑堤以障之,而民田获稼。当时太湖人德公之功,遂谓之翟公堤。"光绪《重修安徽通志》卷六五《河渠志·水利一·安庆府》记曰:"太湖县翟公堤在县西南(县志作县东),元至正间县尹翟居仁筑。"民国《太湖县志》卷一六《职官志·名宦》记曰:"县东多水,民田尽汙莱,居仁筑堤障之,田大稔,遂名翟公堤。"

③ 乾隆《池州府志》卷三八《名宦传下》。

④ 徐抗翁:《市淮河记》,乾隆《太平府志》卷三四。

⑤ 嘉靖《宁国府志》卷八《人文纪上》。

⑥ 梅震:《泾县尹承务苏公政绩记》,嘉庆《宁国府志》卷二一。

⑦ 嘉庆《绩溪县志》卷一〇《人物志·宦业》。

⑧ 弘治《徽州府志》卷二《食货一·水利》。另同书卷四《职制·名宦》记载:元贞元年,陈发出任休宁县尹,"单骑至邑,勤政爱民。于十都劝率开方塌渠,溉田数顷。于二都监督东干塌渠,远近均利,亦数千顷,岁以大稔"。稍异,待考。

各地水利兴修中来:歙县沙溪人汪俊德,"尝割己田易便地为莘墟竭渠,乡人德之,勒石祀于社"。其子汪积善"捐赀甃小母竭,又言于官,开塘三所以益灌溉。盖能世其家者"。① 歙县西有黄潭竭,又名莘墟竭,"处士黄子庸捐巨赀修筑,并买田开渠溉田几二千数,乡民勒碑以昭其德"。② 元末,休宁人吴玉林,"里中土宜稼,而常以旱为忧,出其私财,凿山引水为渠,既成,而旱不为之灾,民咸利之"。③ 据方志记载,徽州路歙县:延祐五年取勘塘 1245 处、竭 208 处;休宁县:延祐经理塘379 处、竭 225 处;祁门县:元代有塘 273 所、竭 975 所;黟县:元代有塘6 所、竭 165 所;绩溪县:元代有塘 64 处、竭 106 处。④ 水利兴修,为当地农业的恢复和发展创造了有利条件。

6. 兴办屯田,发展农业生产⑤

自西汉赵充国河湟屯田以来,几乎每个朝代都兴起过屯田或营田,但不同的是,元代屯田自始至终,而其他朝代历时短暂,这是元代屯田的最大特点。屯田,是指由封建政府直接组织军队和农民从事农业生产的一种形式。元代安徽境内的屯田,集中分布在两淮地区,影响较大的有芍陂屯田,以及寿州、颍州、宿州、亳州、庐州、安庆等路州境内的屯田。上述各处屯田的开展,有效地促进了当地荒闲土地的开垦,使元代安徽地区可耕地面积得到了大幅度增加。

(1)芍陂屯田

芍陂,即安徽寿县南 30 公里之安丰塘,是中国历史上最悠久的大型蓄水灌溉工程。芍陂屯田是元代安徽境内屯垦规模最大、收效最著、存在时间最久的一处屯田。至元十二年,元朝政府籍南宋盐徒6000 人于芍陂开展屯田,但不久即废弛。二十一年二月,江淮行省官员昂吉儿等献言称:"国家经费,粮储为急,今屯田之利,无过两淮,况

① 弘治《徽州府志》卷九《人物三·隐逸》。
② 弘治《徽州府志》卷二《食货一·水利》。
③ 解缙:《吴处士伯冈墓志铭》,《新安文献志》卷九二下,第 2297 页。
④ 弘治《徽州府志》卷二《食货一·水利》。
⑤ 本目在撰写过程中参考了周继中:《元代河南江北行省的屯田》,《安徽史学》1984 年第 5 期;王鑫义主编:《淮河流域经济开发史》,黄山书社 2001 年版,第 596 - 600 页;陈高华、史卫民:《中国经济通史·元代经济卷》,第 189 - 205 页。

芍陂、洪泽皆汉唐旧营立屯之地,若令江淮新附军屯田,可岁得粮一百五十余万石。"①并称:"安丰之芍陂,可溉田万余顷,乞置三万人立屯。"中书省提出建议:"发军士二千人,姑试行之。"②元世祖忽必烈采纳了上述建议,派兵2000名试种,布种2000石,岁获粳糯2.5万余石。在试屯的基础上,至元二十三年七月正式成立芍陂屯田万户府。屯兵增至5000人。二十四年,刘济又领兵2000人屯田芍陂,收谷20余万。③ 三十年,芍陂屯军增至14808名,屯田万余顷。

成宗时,芍陂军屯曾两停两复。元贞二年十一月,政府调洪泽、芍陂屯田军万人修大都城,停种一年。大德元年十二月,复立。五年,命"除洪泽、芍陂屯外,余令发还原翼"。从九年五月再次立洪泽、芍陂屯田,并令河南行省平章阿散领其事的记载看,此间可能又因故停种了三年。十月,成宗下诏芍陂、洪泽等处屯田为豪右占据者,悉令收租,承认被侵占的屯田为豪右私有。

除军屯之外,芍陂一带还有大量民屯。至元二十五年,尚书省命河南行尚书省作长远规划,"务要屯田事早为成就,将已拨军人户计,更为召募江淮等处人户,愿入屯者,常加存恤,仍免一切杂役,务农其间,诸人毋得阻坏"。④ 到至元三十年三月,芍陂、洪泽两处共立民屯20处。⑤大德六年十二月,湖南衡州人袁舜一等率众起义,后起义遭镇压,湖南宣慰司将参与起义的农民2000余人发配到洪泽、芍陂屯田。

芍陂屯田存在的时间较长,一直延续至元末顺帝年间。如至元元年,河南行省发生旱灾,曾赈恤芍陂屯军粮二月。直到至正十六年,芍陂屯田仍见于史籍记载。不过,元末芍陂屯田受到严重干扰,为了镇压各地农民起义,元朝将领经常擅自调动芍陂屯军以抗拒农民起义军。至正十一年,淮西廉访使陈思谦以颍州刘福通起义军东进,准备

① 《元史》卷一三二《昂吉儿传》。
② 《元史》卷一〇〇《兵志三》。
③ 虞集:《道园学古录》卷一三《刘济墓碑》。
④ 《元典章》卷一七《屯田户计》。
⑤ 《元史》卷一七《世祖纪十四》。

南渡淮河,亟调芍陂屯卒加以阻截。同一年,山东道董搏霄因军少不足以分讨,调芍陂屯田军士助攻,重新夺回被起义军占据的朱皋镇。至正十六年,刘福通所部起义军再次抢渡淮河,宣让王帖木儿不花便宜行事,调芍陂屯军予以抵拒。

（2）芍陂之外的两淮屯田

除了芍陂屯田之外,颖州、亳州、寿州、宿州等地的屯田也开展得较早。蒙哥汗元年,蒙古为加紧灭宋战争作准备,命忽必烈总管漠南汉地军国庶事。忽必烈采纳了姚枢设置屯田以图南宋的建议,派遣杨惟中、史天泽等为经略使,在亳州、颖州等地开展屯田。

世祖即位之初,寿、颖 2 州地多荒芜,世祖任命别的因为寿、颖 2 州屯田府达鲁花赤,负责当地的屯田事务。二年,张弘略总率宣德、河南等路军屯戍亳州,且耕且战,在亳州境内开展大规模屯田。四年,宿州万户张晋亨以"汴堤南北,沃壤闲旷,宜屯田以资军食",分兵列营,以时种艺,选千夫长督导之。张晋亨在以宿州为中心的淮北地区所开展的屯田,"期年皆获其利"。① 直到至元年间,上述地区的屯田仍在进行,且已具有一定规模。如至元二十五年,灵璧县境内的屯田曾遭受雨雹等自然灾害的侵袭;二十七年,政府曾放寿、颖屯田军 1959 户为民。

至元十四年,淮西宣慰使昂吉儿以庐州一带"军马多年征进,百姓每撇下的空闲田地多有",规定:"圣旨到日,田地的主人限半年出来,经由官司,若委实是他田地,无争差呵,分付主人,教依旧种者。若限次里头不来呵,不拣什么人,自愿种的教种者。更军民根底,斟酌与牛具、农器、种子,教做屯田者。种了的后头,主人出来道是俺的田地来麽道,休争要者。"②对于那些无主荒田,任民垦种,并适当给予牛具、农器、种子等生产工具和生产资料。

至元十七年十二月,昂吉儿又向朝廷奏请以军士屯田。十八年十月,昂吉儿募民淮西屯田。二十年十月,中书省臣言:"押亦迷失尝请

---

① 《元史》卷一五二《张晋亨传》。
② 《元典章》卷一九《户部五·荒田·荒闲田土无主的做屯田》。

谕江南诸郡,募人种淮南田。今乃往各郡转收民户,行省官阔阔你敦言其非便,宜令其于治所召募,不可强民。"①二十二年,燕公楠置两淮屯田,"劝导有方,田日以垦"。二十五年正月,政府又调拨平江盐兵屯田于淮东、西。同年,淮西道宣慰司同知罗璧,请求将两淮荒闲之田分给贫民耕垦,三年后量收其入。二十六年,政府将淮东西屯田打捕总管府所属19所提举司,省并为两淮、安丰、镇巢等12所,后来又并省为8所,共有屯户11743余户,屯田15193余顷。大德二年,政府再次颁诏以两淮闲田给蒙古军屯种。元末,为解决军饷不给问题,曾于安庆等地新立屯田。至正十二年,驻扎于安庆的淮西宣慰副使余阙,为防徐寿辉所部农民起义军攻城,"集有司诸将议屯田战守策,选精甲外捍,而耕稼于中"。② 安庆一带的军屯存在时间较短,不久即因战乱而停废。

自忽必烈称帝到成宗大德初年30余年中,安徽境内的许多路府州县新立了屯田,开垦了大量荒闲田地,这对解决进攻南宋的粮饷供应,恢复发展淮北及江淮地区的农业生产,发挥了积极的作用。元代中前期安徽地区屯田之所以能够取得积极的成效,主要是这一时期在屯田管理方面采取了一些得力的措施。

第一,制定屯田法。至元二十一年十一月,命司农司立屯田法,使屯田有章可循,在制度上有了可靠保证。

第二,设立专业屯田军。这是元代军屯不同于前代的一大创新。在灭宋之前,安徽境内的军屯一般是且耕且战,灭宋后,为保证军屯有充足的劳动力,熟练地掌握农业生产技术,包括芍陂在内的大量屯军,都成为隶属于兵籍从事屯垦的专业屯田军。专业屯田军不承担戍守、出征打仗的任务,不随意调遣,确保了屯田劳动力的有效供给。

第三,官给牛种农具。忽必烈称帝前,颍州、亳州境内的屯田,即采用官给耕牛的办法。称帝后,凡新立屯田,仍继续官给耕牛的政策。在官给耕牛之外,政府还提供农具种粮。这些辅助性配套措施,对保

---

① 《元史》卷一二《世祖纪九》。
② 《元史纪事本末》卷二六《东南丧乱》。

证屯田顺利开展,也有重要作用。

第四,免除徭役,从轻征收田租,遭灾免租。至元二十一年所立的屯田法规定,凡募民垦荒屯种的,免其六年租税并一切杂役;还规定听民自实两淮荒地,免租三年。至元二十五年规定,将两淮闲田交给贫民屯种,三年后根据实际收成征收田租。元代屯田的租率一般是每亩军屯6斗,民屯3斗左右,比租种地主田地所交租税轻许多。遇到自然灾害,政府则减免赋税并给以赈济。至元二十六年,两淮屯田雨雹害稼,当年田租得到蠲免。二十七年四月,芍陂屯田以霖雨河溢,损害庄稼22480余亩,免其田租。英宗至治元年(1321),芍陂屯田发生旱蝗灾害,次年免其田租。至治三年三月,安丰芍陂屯田女直户发生饥荒,朝廷下令赈粮一月。泰定帝至治三年,芍陂屯田旱,受到官府赈济。至顺元年,芍陂屯田军士饥,赈粮三月。后至元元年,河南行省境内发生旱灾,朝廷赈恤芍陂屯田军粮两月。这些措施激发了屯兵的劳动热情。

第五,健全屯田管理机构,加强对屯务的领导。元代安徽地区的屯田主要集中于河南江北行省境内,为了加强对河南江北行省境内屯田的有效管理,至元十五年,元朝政府将行省境内原来由四路管领的屯田,改由行省直接管理,并由朝廷任命一名左丞或右丞掌管全省屯田事宜。在行省之下,有屯田的各路府州县,军屯设立屯田万户府,置达鲁花赤、万户、同知等屯田官吏;民屯则设立屯田总管府,置达鲁花赤、总管、同知等屯官。军屯官吏是世袭的,如世祖时陈夒为芍陂屯田万户,其子陈思鲁袭其职。[①] 民屯官吏,一般选择知晓农事及屯田地利者充任,从组织领导上提供保障。

元代安徽淮河流域的屯田一直持续到元末,中间几起几落。其原因主要有:①屯田官吏欺压剥削屯户。②地方势家豪右侵占、兼并屯田。如芍陂军屯便经常被当地豪右占据。大德十年十月,政府诏令芍陂等处屯田为豪右占据者,悉令输租。事实上承认了豪右对屯田的占有。③屯田劳动力常被挪作他用。如至元五年,元朝政府曾将亳州、

———————————

① 光绪《寿州志》卷一三《职官志·文职表》。

颍州等处屯田户充军。元贞二年,元朝政府曾调芍陂、洪泽屯田军万人修大都城。打乱了正常秩序,屯务屡受干扰和影响。④政府括占屯田。如成宗大德年间,罗璧曾奉命征括两淮屯田,直接导致了两淮屯田的大幅度减少。⑤用人不当、管理不善、自然灾害的肆虐、社会动乱的干扰也是屯田由盛转衰并最终停废的原因。

元代安徽地区屯田的实行,扩大了耕地面积,收获了大量粮食,推动了当地农业生产的恢复和发展。

三、土地经理①

农业是元代安徽境内最重要的生产部门,而土地则是农业的基本生产资料。为了使征发赋税有确实可靠的依据,元朝统治者重视在包括安徽地区在内的全国各地进行土地调查登记工作。上述土地调查核实、登记工作,在元代被称作"经理":"经界废而后有经理,鲁之履亩,汉之核田,皆其制也。夫民之强者田多而税少,弱者产去而税存,非经理固无以去其害。"②

金元之际,因受战争摧残,包括安徽淮河流域部分地区在内的北方广大农业区内人口锐减,土地荒芜。根据当时农业破败、土地荒废的实际情况,蒙古政权在包括安徽淮河流域部分地区在内的北方农业区内,主要以丁或户为计算单位来征收赋税,土地登记只属于户口登记的一个项目,没有单独进行过。世祖中统五年下诏:"仰中书省将人户验事产多寡,以三等九甲为差,品答高下,类攒鼠尾文簿。"③鼠尾簿的全称是丁口产业鼠尾簿,作为农户产业组成部分的土地,被登记在鼠尾簿上。在鼠尾簿之外,没有设立专门的土地籍册。此时,鼠尾簿中的土田登记较为混乱。

至元十七年正月,元朝政府"又定诸路差税课程,增益者即上报,隐漏者罪之,不须履亩增税,以摇百姓"。④ 此处所谓"履亩增税"就是

---

① 本目在撰写过程中参考了陈高华、史卫民:《中国经济通史·元代经济卷》,第221 – 239页。

② 《元史》卷九三《食货志一·经理》。

③ 《通制条格》卷一七《赋役·地税》。

④ 《元史》卷——《世祖纪八》。

核实登记田亩,并按登记数增加赋税。于此可见,元朝政府此时是禁止包括安徽全境在内的占领区内各地方政府对土地进行调查登记的。在江淮以南地区,当时元朝政府的通行做法是,在原则上继续沿用南宋政权原来的土地登记数字;也有一些地方,因战乱造成各种籍册毁损,于是便由地方职事人员进行申报。然而,经过长期战乱的冲击,江淮以南地区土地占有状况发生了很大变化,继续沿用南宋籍册已不合时宜;同时,籍册数失听凭地方职事人员申报,随意性较大,也造成了很大混乱。上述情形为各地权豪势家侵占土地、隐匿租税提供了极大方便,不利于元朝政府的赋税征发。

鉴于江淮以南税粮按地亩征收,地亩不实必然造成税粮减少的客观事实,元朝政府决定在江淮以南广大地区进行重新核实土地数字即所谓土地经理的工作。至元二十六年二月,元朝政府下诏籍江南户口。① 除户口外,这次籍户的一项重要内容,是对包括土地在内的"事产"进行登记。史料表明,当时庐州路、宁国路旌德县、徽州路祁门县境内曾进行过籍户和土地经理工作。在庐州路境内,路同知马煦"令其民家以纸疏丁口、产业之实,揭门外。为之期,遣吏行取之,即日成书"。② 这种做法被称作"自实",即让居民自行申报丁口、产业。在旌德县境内,"元至元二十六年行挨究法,括其实亩,著为定额,遂得官民田土 599712 亩 55 步"。③ 在徽州路祁门县境内,"至元间官行括勘法,奸吏虚增民田土数"。④

至元三十年三月,元朝政府重立行大司农司,主管农田水利事宜,但实际上主要是为了追寻豪右之家隐藏田地,从事官田的搜括。大德年间,这一工作曾在池州路境内开展过。大德元年,柘城人陈思济出任池州路总管,"时又有括田之令,公令有田互相根括,增田三千顷以应命,而反复苛横之苦,视他而少息矣"。⑤ 此处"括田之令",实即是

---

① 《元史》卷一五《世祖纪十二》。
② 虞集:《道园学古录》卷一五《户部尚书马公神道碑》。
③ 嘉庆《宁国府志》卷一六《食货志·田赋上》;嘉庆《旌德县志》卷五《食货·田土》。
④ 同治《祁门县志》卷二一《职官志·名宦》。
⑤ 虞集:《道园学古录》卷四二《通议大夫陈公神道碑》;乾隆《池州府志》卷三七《名宦传上·陈思济传》。

行大司农司重立后的措施;所谓"有田互相根括",应是命田多之家互相检举。

元朝政府真正大规模的土地经理,是在仁宗延祐年间进行的。及至延祐年间,全国许多地方的田籍已十分混乱。元朝政府企图通过核实土地占有状况来甄别隐占,考较田粮,以达到解决田籍混乱、均平赋税的目的。此次经理在延祐元年发起,但真正施行则在次年。经理的具体办法是:"先期揭榜示民,限四十日,以其家所有田,自实于官。或以熟为荒,以田为荡,或隐占逃亡之产,或盗官田为民田,指民田为官田,及僧道以田作弊者,并许诸人首告。十亩以下,其田主及管干佃户皆杖七十七;二十亩以下,加一等;一百亩以下,一百七;以上,流窜北边,所隐田没官。郡县正官不为查勘,致有脱漏者,量事论罪,重者除名。"①除民间的土地外,诸王、驸马、学校、寺观所占有的土地也是经理的对象。② 元朝政府企图通过严刑峻法在短期内实现对土地的清查。这次经理,局限于江浙、江西、河南三行省范围之内,安徽是当时经理的重点地区之一。经理所得田亩,皆登记入册,称为经理册。在经理册中,对土地总属(田、地、山、塘、杂产)、官民、荒熟等多种项目,都进行了相当细致的登记。例如:徽州路境内,延祐二年,5县1州通过自实与履亩相结合的办法,共经理自实到官民田土33592顷78亩5分2厘1毫,除系官公占出赁房地6顷4亩8分9厘,并神坛社庙救田塘堨等地15顷98亩2分9厘外,有田土33570顷75亩4分5厘3毫;数内粮额成熟官民田土总计33486顷54亩3分5厘5毫,田14327顷55亩3分8厘6毫,地3721顷62亩5分9厘5毫,山15215顷28亩1分5厘5毫,塘222顷8亩2分1厘9毫。除僧道宋时旧有常住淘金马站急递铺兵等户,并赡学贡士庄、官员职田等不纳粮田土外,有粮额成熟田土29045顷53亩2分4厘3毫。

歙县:经理自实田土4754顷76亩8分6厘9毫,除系官公占基地2顷68亩3分6厘7毫,并神坛社庙基灌田塘堨等地15顷98亩2分

---

① 《元史》卷九三《食货志一·经理》。
② 《元史》卷二〇五《铁木迭儿传》。

9 厘外,有田土 4736 顷 11 亩 2 分 9 厘 3 毫;数内粮额成熟官民田土 4669 顷 74 亩 2 分 7 厘 6 毫,田 2877 顷 68 亩 5 分 2 厘 5 毫,地 799 顷 60 亩 2 分 5 厘 5 毫,山 909 顷 19 亩 4 毫,塘 83 顷 26 亩 4 分 2 毫。

休宁县:经理自实田土 4644 顷 25 亩 5 分 2 厘 2 毫,内除系官公占等地 49 亩 3 分 3 厘外,有田土 4643 顷 76 亩 1 分 9 厘 2 毫;数内有粮额成熟官民田土 4637 顷 11 亩 4 分 1 毫,田 3172 顷 99 亩 8 分 5 厘 4 毫,地 659 顷 93 亩 1 分 4 毫,山 716 顷 51 亩 1 分 5 厘 9 毫,塘 87 顷 67 亩 2 分 8 厘 4 毫。

婺源州:经理自实田土 10080 顷 64 亩 4 分 9 厘,除系官公占基地 73 亩 9 分 9 厘 4 毫外,有田土 10079 顷 90 亩 4 分 1 厘 5 毫;内有粮额成熟官民田土 10076 顷 15 亩 9 分 2 厘 5 毫,田 4096 顷 99 亩 7 分 2 毫,地 1044 顷 43 亩 6 分 2 厘 2 毫,山 4409 顷 77 亩 3 分 3 厘 1 毫,塘 24 顷 95 亩 2 分 5 厘。

祁门县:经理自实田土 7298 顷 90 亩 8 分 8 厘 3 毫,除系官公占基地 1 顷 53 亩 1 分 7 毫外,有成熟官民田土 7297 顷 37 亩 7 分 7 厘 6 毫;数内有粮额田土 7294 顷 50 亩 6 分 1 厘 1 毫,田 1711 顷 96 亩 1 分 7 厘 3 毫,地 529 顷 69 亩 9 厘 7 毫,山 5062 顷 85 亩 3 分 4 厘 1 毫。[1]

黟县:经理自实田土 3588 顷 86 亩 8 厘 5 毫,内除系官公占基地 19 亩 4 分外,有成熟官民田土 3588 顷 66 亩 6 分 6 厘 5 毫;数内有粮额官民田土 3588 顷 24 亩 1 厘 5 毫,田 1236 顷 13 亩 6 分 7 厘 7 毫,地 369 顷 87 亩 7 厘 9 毫,山 1980 顷 81 亩 8 分 4 毫,塘 1 顷 41 亩 5 分 1 厘 6 毫。

绩溪县:经理自实田土 3225 顷 34 亩 7 分 5 厘 2 毫,除系官公占田地 40 亩 6 分 6 厘 1 毫外,有成熟官民田土 3224 顷 94 亩 9 厘 2 毫;数内有粮额成熟官民田土 3220 顷 78 亩 1 分 2 厘 7 毫,田 1231 顷 77 亩 5 分 3 厘 6 毫,地 328 顷 9 亩 4 分 1 厘 8 毫,山 1636 顷 13 亩 4 分 6 厘,塘 24 顷 77 亩 7 分 6 厘 7 毫。[2]

---

① 按,此处缺少对塘的数字的记载。
② 弘治《徽州府志》卷二《食货一·田地》。

399

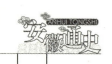
　　总的来说,延祐二年徽州路境内的土地经理工作进行得较认真,这可从当时祁门县尹薛居信主持土地经理工作的事例中窥其一斑。薛居信,山西河东人,皇庆间出任祁门县尹。"初,至元间官行括勘法,奸吏虚增民田土数,至延祐时经理田粮,居信身至垅亩综核之,插标定图,见其数与括勘者远不相及,叹曰:昔虚增而民未病者以税赋仍旧耳,今将计田定赋,民何以堪? 即趋省垣力陈奸弊,词气激直,得请而还。凡除虚增田44178亩,地36631亩。"①于此可见,祁门县尹薛居信对当地的土地经理工作态度认真,并做到身体力行,因而能取得一定成效也在情理之中。

　　在两淮地区,延祐年间,丞相铁木迭儿"遣使括勘两淮、河南田土,重并科粮;又以两淮、荆襄沙碛作熟收征,徽名兴利,农民流徙"。② 于此可见,在朝廷使臣的严密监督和直接经办之下,延祐年间安徽江北广大地区曾实行过土地经理,并且受到较为严苛的搜刮,导致农民纷纷流徙避祸。

　　由于当时许多地方吏治腐败,"期限猝迫,贪刻用事,富民黠吏,并缘为奸,以无为有,虚具于籍者,往往有之",③经理考核多失其实。在一些地方,自实土田演变为括田暴政,导致民不聊生,盗贼并起。尽管如此,元朝政府还是通过延祐经理虚增了大量田亩,实现了其通过经理以增加赋税的目的。

　　延祐经理之后,由于各地势家豪强与官吏相互勾结,"为郡者于民间徭役,不尽校田亩以为则,吏得并缘高下其手,富民或优有余力,而贫弱不能胜者,多至破产失业"。④ 重新出现了土地严重不实及剧烈的贫富两极分化,导致赋役分摊严重不均,既加剧了社会矛盾,同时也给赋役征收带来诸多困难。因此,元代后期安徽境内不少地方官员,为了均平赋役,曾在所辖范围内进行田亩核实工作。如在太平路当涂县境内,泰定三年,乌程人倪渊出任当涂主簿。"先是,经理田土,考核失

　　① 同治《祁门县志》卷二一《职官志·名宦》。
　　② 《元史》卷一七五《张珪传》。
　　③ 《元史》卷九三《食货志一·经理》。
　　④ 《元史》卷一九二《白景亮传》。

实,赋敛不均,会长官以事免,渊署篆,分画编次,为图籍,出隐匿,去增加二税,如期而集。"①在徽州路休宁县境内,"时承平久,为政者习于贪鄙,且税又不均,诡名应户杂其间"。② 至正五年春,吴兴人唐棣出任休宁县尹,"君始至官,召父老问民不便者,皆以赋役不均告"。③ 唐棣"谓胥吏贪墨,遴选闾里良民觥于庭,俾家至户喻,察恒产有无,聿新税籍,削逃徒,并诡异,秋毫底实,逮三月告成"。④ 在宁国路泾县境内,元代县尹王相和主簿杜继良曾主持核田均赋的工作:王相,吉州庐陵人,"由翰林编修出为泾尹,首核民田,以见业为准,禁兼并,均赋役,民甚德之";⑤"时主簿杜继良称勤干,核田均赋,与有绩焉"。⑥ 通过核田之举对赋役予以重新分摊。

四、土地占有情况⑦

元代安徽境内的土地,从占有形式上看,分为官田和民田两类。官田是指以皇帝为代表的封建国家直接占有的土地,即国有土地,包括屯田、职田、草场、牧地以及封建皇帝赐给贵族、官僚、寺院的大批赐田;民田则是指官僚地主、一般富户地主、自耕农民、寺院等占有的土地,即民间私有土地。在经营方式上,官田一般采取租佃形式;民田或由所有者自己经营,或采用租佃形式。在地租形态方面,无论官、民田,地租均以实物租为主,也存在货币租,但不普遍。

1. 官　　田

元代安徽地区官田的来源主要有:金、南宋两朝延续下来的官田,没官田,利用各种借口强行检括的民田,以及直接购自民间的田土,等等。如,蒙金战争、蒙(元)宋战争造成这一时期两淮等安徽境内许多

---

① 乾隆《太平府志》卷二二《名宦志》。
② 弘治《徽州府志》卷四《职制·名宦》。
③ 危素:《危太朴文集》卷二《休宁县尹唐君核田记》。
④ 汪克宽:《环谷集》卷四《唐县尹改正税籍诗卷序》。
⑤ 嘉靖《宁国府志》卷八《人文纪上》。
⑥ 嘉庆《泾县志》卷一六《名宦》。
⑦ 本目在撰写过程中参考了陈高华、史卫民:《中国经济通史·元代经济卷》,第 241 – 291 页;韩儒林主编:《元朝史》,人民出版社 1986 年版,第 359 – 374 页。

地区田土荒芜,这些荒芜的田土,有不少原来即是官田,因战乱而成为无主之物。元朝统一后,大力推行垦荒,其垦荒政策规定:原来是官田的,仍归国家所有,原来是民田的,半年之内无人前来认领,也归国家所有,成为系官荒田。① 又如,元朝政府对南宋权贵和犯有重罪的人采取没收财产的惩罚措施,其中,常常籍没其土地为官田。

关于元代安徽地区官田的用途,元朝政府主要将其用作赐田、职田、屯田,也有一部分由政府自行管理。其中,职田是元朝政府分拨给官员作为俸禄之用。有关元代安徽地区职田的具体情形不详,此处不作讨论。至于元代安徽地区屯田的经营管理,已见于前,此处不赘。这里着重讨论元代安徽地区赐田的有关情况。

赐田是指皇帝赐给贵族官僚、寺院道观等的田土。所拨赐的田土的所有权属于国家,也就是官田。蒙古族原本从事游牧,对农业很不了解,不懂得土地的价值。在元初及以前,蒙古大汗向贵族、功臣颁发的赏赐,主要是赐给他们民户以及银、钞、缎等,而不是土地。如:杭忽思的长子阿塔赤,至元六年从攻安庆府,战有功;七年,从下五河口;十一年,从下沿江诸郡,戍镇巢,民不堪命,南宋守将洪福以计乘醉而杀之。世祖悯其死,赐其家白金 500 两、钞 3500 贯,并镇巢降民 1539 户。② 玉哇失,袭父职,为阿速军千户,从丞相伯颜平宋,赐巢县 2052 户。③ 至元十八年七月,赏赐贵赤合八儿秃所招和、真、滁等户 2820,俾自领之。④ 至元二十一年,赏赐贵赤和州历阳县 4000 户、钞 160 锭。⑤ 同年,赏赐阿速拔都庐州等处 3409 户、钞 136 锭。⑥ 元初,世祖既取宋,命籍建康、庐州、饶州租户 1000 为哈剌赤户,益以俘获 1700 户赐土土哈。⑦ 此外,元初至元年间,安丰、安庆、庐州等路有未附籍户 1436,世祖命以其岁欠赋赏赐给床兀儿。后既附籍,所输岁赋皆入官,

① 《元典章》卷一九《户部五·田宅·开荒展限收税》。
② 《元史》卷一三二《杭忽思传》。
③ 《元史》卷一三二《玉哇失传》。
④ 《元史》卷一一《世祖纪八》。
⑤⑥ 《元史》卷九五《食货志三》。
⑦ 《元史》卷一二八《土土哈传》。

别令万亿库岁给钞 200 锭。① 在这一时期,赏赐田土的例子较少,只有太宗八年将砀山赏赐给贵族弘吉剌氏为分邑,以及宪宗将亳州地 1000 余顷赐给不怜吉带 2 例。② 到了忽必烈时代及以后,上述赏赐方式有了明显变化。这一时期,随着农业生产日益受到重视,元朝统治集团中愈来愈多的人认识到土地的价值,知道通过土地可以榨取更多的财富。元朝皇帝将赐予土地视为对臣下的一种恩宠,而贵族、权臣也千方百计通过受赐的方式来获得土地。如:皇庆元年(1312)三月,仁宗敕令亳州,将宪宗所赐不怜吉带地 1073 顷还其子孙。③ 致和元年(1328)九月,封燕铁木儿为太平王,以太平路地 500 顷为食邑。④ 元统元年(1333)十月,封撒敦为荣王,食邑庐州。⑤ 后至元元年十二月,拨庐州、饶州牧地 100 顷,赐宣让王帖木儿不花。⑤ 后至元二年四月,诏以太平路为郑王彻彻秃食邑。⑥ 至正四年五月,封脱脱为郑王,食邑安丰。⑦ 在土地之外,元朝皇帝还赐给臣下一些民户以及钞等,但次数较少,只有以下数例:至顺元年十一月,将床兀儿所领安丰、安庆、庐州等路 1436 户还赐给其子燕铁木儿。⑧ 后至元二年四月,诏以集庆、庐州、饶州秃秃哈民户赏赐给伯颜,仍于句容县设长官所领之。⑨ 至正十二年四月,因也先帖木儿讨和州有功,赏赐金系腰带并钞 1000 锭。⑩

元代安徽地区官田的经营多采用租佃制,即出租给佃户,收取地租。如在徽州路绩溪县境内,大德年间,"有官山硗确不可值[植],佃者贫莫输辄逃",县尹张毅"遂以佃官田者并佃之,流逋悉归"⑪。当地

① 《元史》卷三四《文宗纪三》。
② 《元史》卷一一八《特薛禅传》、卷二一《成宗纪四》。
③ 《元史》卷二四《仁宗纪一》。
④ 《元史》卷三二《文宗纪一》、卷九五《食货志三》。
⑤⑤ 《元史》卷三八《顺帝纪一》。
⑥ 《元史》卷三九《顺帝纪二》。
⑦ 《元史》卷四一《顺帝纪四》。
⑧ 《元史》卷三四《文宗纪三》。
⑨ 《元史》卷三九《顺帝纪二》。
⑩ 光绪《直隶和州志》卷一〇《武备志·兵事》。
⑪ 弘治《徽州府志》卷四《职制·名宦》。

的官田、官山均采用租佃制的经营方式。

2. 民　田

民田是指地主或自耕农等占有的土地,可以自由买卖。民田所有者要向封建国家交纳税粮,民田税粮比官田税粮要轻得多。民田的占有情况很不均衡,总的来说,可分为地主和自耕农两类。各类地主占有的土地多少不等,既有占地数量较大的富豪地主,如元末休宁人程维宗拥有田产4000余亩、田庄5所、佃仆370余家,[①]休宁人程良臣拥有"田产至千亩",[②]也有占地数量较少的中小地主。元初,安徽境内不少地方已存在着占有大量土地的富豪地主,如至元二十三年中书省在一份奏疏中提到:"淮西、福州、庐州那里有主的田地里,有气力富豪人家占着的也有。"[③]这一时期,安徽地区不少富豪地主开始通过各种手段以逃避地租赋税,如在江淮一带,至元二十八年三月,"江淮豪家多行贿权贵,为府县卒史,容庇门户,遇有差赋,惟及贫民,诏江淮行省严禁之"。[④]当地豪家地主普遍通过行贿权贵、谋取充当官府职役的方式,庇护自家门户,以逃避差徭赋税。元代,安徽境内许多富豪地主通过掠夺屯田、强占民田、侵占学田或购买等途径来扩大自己的土地占有。大德年间,包括芍陂屯田在内的两淮地区的土地,多被当地豪右侵占。大德九年十月,元朝政府下诏:"芍陂、洪泽等屯田为豪右占据者,悉令输租。"[⑤]通过征收租赋的方式,正式承认地方豪右对所占据土地的所有权。至正初年,亳州境内"有豪民强占民田为己业",[⑥]通过兼并民田来扩大自己的土地占有。元末,池州路"郡学有田七百亩为豪民所占",[⑦]当地富豪地主通过蚕食学田来扩大自己的土地占有。此外,一些富民地主则通过开辟湖荡河滩、围湖造田等途径来扩大自己

①　《休宁率东程氏家谱》卷三,明刻本,藏上海图书馆谱牒研究中心。
②　万历《程典》列传六卷之第二卷《本宗列传上》,明万历刻本,藏安徽省图书馆古籍部。
③　《元典章》卷一九《户部五·田宅·荒田》。
④　《元史》卷一六《世祖纪十三》。
⑤　《元史》卷二一《成宗纪四》。
⑥　《元史》卷一八五《盖苗传》。
⑦　《元史》卷一九〇《儒学二·吴师道传》。

的土地,如元代虹县(今泗县)境内的东朗湖即被"淮东富民涸泽为田"。① 除了掠夺、侵占等积聚土地的方式之外,一些富豪地主的发家则是通过购置土地的方式来扩大自己的地产,如乃蛮人别的因,"平生节俭务本,俸禄给衣食之余,尽以买田园、马牛、农具,大名、安丰、陈、颖之田几二万亩,家僮几二百人"。② 另一值得注意的现象是,一些境外的贵族官僚,利用各种手段在安徽地区兼并土地。如元初,起家海盗、降元后以海运发迹的朱清、张瑄,"势倾朝野,江淮之间,田园屋宅鬻者必售于二家"。③

就全国而言,当时北方的自耕农,每户耕田百亩左右;南方的自耕农,一般占有土地三五十亩。④ 元代安徽地区的自耕农,一般占有少量的土地,供自己耕种。如至元二十三年徽州路总管许楫在报告中说:"所领郡无百金之家,无千石之粟,田翁梯山焚畲,无平畴及顷者。稔岁犹采蕨、糜、葛,不粒食。"⑤说明元代以徽州路为代表的今皖南山区,自耕农占有土地的数量极少。

在元代安徽地区,特别是徽州路境内,民田的另一种表现形式是族田。唐宋以降,徽州成为宗族制度盛行、宗族统治强固的地区。为了巩固宗族统治的基础和实现宗族的既定目标,元代徽州宗族纷纷设置族田。元代徽州族田主要有祭田、墓田、义田、学田等类型。如,后至元六年,婺源茶院朱氏族人朱伯亮、朱樵隐、朱桂芳等捐输众存祖坟山地计4亩2角30步作为宗族墓田。⑥ 元代,休宁陪郭程氏族人程岘、程文贵曾"置膳茔之田,定合族之约,俾后人世守之"。⑦ 元代,休宁泰塘程氏曾设置墓田80余亩。⑧ 徽州宗族通过设置墓田以确保族内墓祭的顺利进行。又如,至正十一年,黟县四都黄村人黄真元,"念

① 赵汸:《东山存稿》卷七《李君生墓志铭》。
② 黄溍:《金华黄先生文集》卷二八《答禄乃蛮氏先茔碑》。
③ 长谷真逸:《农田余话》卷下。
④ 参见陈高华、史卫民:《中国经济通史·元代经济卷》,第281页。
⑤ 道光《徽州府志》卷八《职官志·名宦·许楫传》。
⑥ 《婺源茶院朱氏家谱·文翰录·批田入祠记》,转引自赵华富:《徽州宗族研究》,安徽大学出版社2004年版,第284-285、291页。
⑦ 朱升:《永思亭记》,《新安文献志》卷一五,第395页。
⑧ 万历《程典》图四卷之第三卷《茔兆图》,明万历刻本。

祖宗先泽不忍没,效范公法买田六百三十余亩,立庄建祠,祀其先人。自始祖而下,冢木荟郁,祭膰膻芬,族众百余口,日食岁帛、婚嫁丧祭,给支有等。延致硕师训其子弟,规式凡目,具有条理"。① 该族的族田收入主要用于宗族内部祭祀、婚丧嫁娶、族人生活补助、宗族教育等方面。黄村黄氏宗族教育以族内义学集成书院为中心,其经费开支来源于族田中的学田的收入。②

元代安徽地区民田的经营方式,大致分为两类:一类是自己经营,如占地数量较少的自耕农或小地主等;一类是租佃经营,如占地数量较多、自己无法完成耕种的中等地主、大地主等。在一些地方,租佃关系较为发达,租佃经营十分盛行。

元代安徽地区民田地租的征收以实物地租为主,也存在货币地租。实物地租有分成租、定额租两种形式。分成租的征收,如元末黟县境内,因屡经战争摧残,"里无居人,田皆荒秽不治",县尹周君儒为了恢复生产,"下令远近之民有能耕吾废田者,比秋成十分其入,耕者取其六,田主收其四"。③ 在秋收时,田主和佃户实行四六分成。定额租是在分成租基础上形成的,就是事先确定固定的租额。定额租使地租数额固定化,有助于刺激佃户生产积极性和提高单位面积产量。定额租在元代安徽地区较为流行,是租佃关系发展中的进步现象。元代徽州路一带常以租计田,这是定额租在民田中得到发展的反映。这方面的事例较多,如:至正六年八月三日,徽州胡德玄因无钞支用,"情愿将合得夏田一亩二十六步半,计租一十八秤,尽数立契出卖与十五都郑廷芳名下为主"。④ 元代,祁门十五都黄龙源人郑立郎因无钞支用,将"共合得……山一十二步夏山一十五步,共计租两秤","尽数立契出卖与同分山(人)郑廷芳名下为主"。⑤ 元代,休宁人汪士龙抚养妻

---

① 嘉庆《黟县志》卷七《人物志·尚义》;道光《徽州府志》卷一二之五《人物志·义行二》。
② 嘉庆《黟县志》卷一〇《政事志·书院义学》。
③ 赵汸:《东山存稿》卷三《黟令周侯政绩记》。
④ 《至正六年胡德玄等卖田赤契》,转引自中国社会科学院历史研究所徽州文契整理组编:《明清徽州社会经济资料丛编》,中国社会科学出版社 1990 年版,第 2 集,第 11 页。
⑤ 《元代祁门郑立郎卖山赤契》,转引自中国社会科学院历史研究所徽州文契整理组编:《明清徽州社会经济资料丛编》第 2 集,第 12 页。

佥成立,"界之田以租计百有五十"。① 此外,元代中期,政府在江南地区推行助役法,让富民出田为助役田,祁门县尹钟友谅重修儒学,奖劝邑民助田 31 亩 1 角 1 步半,岁入租 351 秤半,这也是徽州路民田征收定额租的具体事例之一。② 在元代徽州路境内,有些地方的族田,在实物地租征收方面,佃户除交纳租谷外,还要交纳信鸡等实物,这是当地较为常见的一种额外的附加剥削。如元代,休宁陪郭程氏宗族规定:"每年租谷田信鸡并系当首之家收贮,于内先支纳官税粮,余者收贮,不可另用。"③

元代安徽地区民田租税征收货币地租的情况在徽州路境内较为流行。至元十五年,徽州路总管府确定该路各州县夏税征收数额时,特别规定了民田地租的交纳标准:歙县明德乡上田,每亩税钱 180 文,凡 5 亩 2 角为钱一贯;婺源州上晚田,每亩税钱 42 文 5 分 5 厘,凡 23 亩 2 角为钱一贯;休宁县忠孝乡上田,每亩税钱 120 文,凡 8 亩 1 角为钱一贯;祁门县上田,每亩税钱 75 文,凡 13 亩 1 角为钱一贯;绩溪县仁慈乡上田,每亩税钱 222 文 5 分 1 厘,凡 4 亩 2 角为钱一贯;黟县会昌乡上田,每亩税钱 198 文,凡 5 亩有奇为钱一贯。延祐二年,徽州路经理自实田土后,确定了延祐三年该路夏税地租征收数额,计拨定合征夏税茶租、地租中统钞 363 锭 15 两 6 钱 6 分 9 厘;其中,歙县有粮额成熟田土夏税茶租、地租中统钞 93 锭 38 两 3 钱 5 分 5 厘。④

3. 学　田

元代学田情况较为复杂,既有官田,又包括民田,不能一概而论。⑤

元代安徽境内路、州、县学、官办书院等各级地方官学大都设置有学田,学田收入主要用于孔庙祭祀、师生廪膳、接济贫病儒生、修理庙宇等。这些官学所拥有的学田,属于官田性质。官学学田的数量多少

---

① 陈栎:《定宇集》卷九《怨斋居士汪公墓志铭》。
② 参见桂栖鹏:《元代江南地区封建租佃关系的进一步发展》,《南京大学学报》1995 年第 4 期。
③ 弘治《休宁陪郭程氏本宗谱》附录《休宁陪郭程氏赡茔首末》,明弘治十年刻本,藏安徽省图书馆古籍部。
④ 弘治《徽州府志》卷三《食货二·财赋》。
⑤ 参见陈高华、史卫民:《中国经济通史·元代经济卷》,第 282 页。

不等,少的数十亩,多的上百亩。如元代,歙县紫阳书院有学田 30
亩;①太平路采石书院有学田 96 亩;②舒城龙眠书院有学田 200 亩;③太
平路儒学田有 414 亩;④太平路丹阳书院有学田 600 亩;⑤池州路学有
学田 700 亩。⑥

　　元代安徽地区官学学田主要来源于:(1)前代旧有学田,即南宋
时官学的田产。元代,旌德县学学田中即有一部分来源于南宋地方官
设置的县学田产:"嘉定中,县令方俌没灵源浮屠田三百余亩,归学为
诸生廪饩。元至正中,达鲁花赤亦怜真征方令所没田及地侵于豪右,
核实增租至二十石有奇。"⑦太平路黄池镇境内的丹阳书院,为南宋景
定五年贡士刘某所建,郡守朱公在得到朝廷赐额后,拨僧寺没官田 2
顷给其食,这笔田产在元初一度得到继承。⑧(2)地方官府拨给的官
田。前述太平路黄池镇境内的丹阳书院,宋末初创时,地方官曾拨僧
寺没官田 2 顷给其食,后因儒柔僧犷,僧寺又将田产夺回,结果使得书
院 30 多年没有学田,至大年间,地方官"割天门书院之有余以补不
足","俾天门书院归田于丹阳,以亩计者凡四百"。⑨(3)民间捐献。
元贞元年,黟县县尹刘德重建县学两庑,邑人则"增置侧近学田";至
正元年,县尹陈真孙则劝民助田养士。⑩ 在旌德县境内,至正年间,儒
士程昌右、程宗德向县学施田 200 笏。⑪ (4)购置民田。后至元三年,
歙县紫阳书院学田出现不足,"郡守嘉议公忽先慨然自任,命天台杨
某、直学吴国英节缩浮费,为市田图,岁会其赢,得钱以贯计若干。既
而教谕蒋某摄书院事,与直学贡某积贮益加,又得钱以贯计若干,买田

① 唐元:《筠轩文稿》卷一〇《紫阳书院增置学田记》。
② 张允:《太平路采石书院增修置田记》,民国《安徽通志稿·金石古物考》卷五。
③ 揭傒斯:《文安集》卷一〇《舒城县龙眠书院记》。
④ 民国《安徽通志稿·金石古物考》卷五《太平路儒学归田记碑阴》。
⑤ 吴澄:《吴文正公集》卷二〇《丹阳书院养士记》。
⑥ 《元史》卷一九〇《儒学二·吴师道传》;乾隆《池州府志》卷三八《名宦传下》。
⑦ 乾隆《旌德县志》卷三《学校志·学田》。
⑧ 吴澄:《吴文正公集》卷二〇《丹阳书院养士记》。
⑨ 吴澄:《吴文正公集》卷二〇《丹阳书院养士记》。
⑩ 嘉庆《黟县志》卷一〇《政事志·学校》。
⑪ 乾隆《旌德县志》卷三《学校志·学田》。

三十亩有奇,为养士之助"。① 太平路境内的采石书院,因长期没有学田,造成校官不至、生徒废业的停废局面。元末至正年间,地方官"出钞万缗,买冯村田,为亩六十有五,咸上腴焉"。②

元代安徽境内许多地方的官学学田受到寺庙僧侣、地方豪强等各种势力的侵蚀,一些地方官在任上积极从事恢复学田的工作。元初至元年间,太平路儒学因受战乱冲击,"圣殿堂庑祭器载籍俱废",路学产业损失殆尽。至元二十八年,钱塘人白珽出任太平路儒学正,"尽心修葺,复侵地十余亩修建天门、采石二书院"。③ 延祐年间,泾县县学学田多被当地寺庙所占,延祐五年,县尹苏济上任后,即"复浮屠氏侵田以廪诸生"。④ 延祐年间,无为州学学田多被侵占,州同知王硕上任后,"尝承监司檄清理学田诸项,夙夜究心,搜隐抉漏,凡得田一百十九顷有奇,米数视原额增倍"。使州学教育重新出现廪有余粟、帑有余财、士得所养的可喜局面。⑤ 泰定至顺年间,舒城县龙眠书院基址"为僧侣所并",该县达鲁花赤燮理溥化"复之,新其庙"。⑥ 后至元年间,池州路地方豪右侵占路学学田达 700 亩,池州路调所属建德县尹吴师道"究治之",师道"即为按其图籍,悉归于学"。⑦ 元末,旌德县学田产、土地多"侵于豪右",至正年间,达鲁花赤亦怜真予以收复,核实增租至 20 余石。"凡山荒水损,悉为推究,以新庙貌,以试赏格,霸学削迹,多士激劝。"⑧元代,休宁县学"田亩间为豪家占据,学不得而理者兹有年矣",县尹丁敬上任后,"首以学校为己任,与僚佐主簿柴奎,县尉帖灭赤彭普达世理,典史张元嘉、叶松,宾序汪昂,耆儒朱宓日讲其事,弊者新之,失者复之";"复其县之南乡土名王公坑等处水田若干亩,又虑其久而无所考,遂详记于石,为之久远"。⑨ 将恢复县学学田作为施

---

① 唐元:《筠轩文稿》卷一○《紫阳书院增置学田记》。
② 民国《安徽通志稿·金石古物考》卷五张允《太平路采石书院增修置田记》。
③ 乾隆《太平府志》卷二二《名宦志》。
④ 嘉靖《宁国府志》卷八《人文纪上》
⑤ 乾隆《无为州志》卷一四《名宦》。
⑥ 康熙《庐州府志》卷二四《名宦三》。
⑦ 《元史》卷一九○《儒学二·吴师道传》;乾隆《池州府志》卷三八《名宦传下》。
⑧ 乾隆《旌德县志》卷三《学校志·学田》。
⑨ 道光《休宁县志》卷二一《艺文·纪述》,阿思兰《复学田记》。

政的重点内容之一。①此外,元代太平路学学田"沦于豪民富僧者积有年矣",①长期受到地方豪强和寺庙僧侣的侵夺。

元代安徽地区官学学田的经营多采取租佃制经营方式,地租形态有定额租、分成租、货币地租等类型。如元代滁州学田中,水田、陆地纳一定数额的米、麦,而柴山、鱼潭、白地(指盖房屋用的土地)均纳钞,②这是典型的货币地租。值得注意的是,包佃制在一些地方学田经营中已得到广泛流行。如太平路儒学田414亩为秦钰承佃,③其承佃学田的规模远非一家人所能耕种,显然为包佃无疑。

除了官办书院之外,元代安徽地区还存在大量的民办书院,这些民办书院也依靠学田收入来维持正常的运转。就目前掌握的资料看,元代安徽地区民办书院主要集中分布于徽州路境内,且多由当地宗族或族人创办,各书院所拥有的学田的规模多少不等。如元代,婺源中山祝氏创办的中山书塾有学田200亩,为族人祝寿朋所捐。休宁商山书院有学田250亩,为婺源人汪同创办。④婺源程氏遗安义学有学田300亩,为族人程本中所捐。婺源考川明经胡氏创办的明经书院有学田400亩,为族人胡淀、胡澄所捐;⑤该族学田收入主要用于祭祀、教师俸禄、开办小学:"田三之二为春秋丁祭、山长俸给,三之一开义塾。"⑥黟县黄村黄氏集成书院有学田600亩,为族人黄真元所捐。⑦上述民办书院的学田,属于民田。

五、土地买卖

根据元朝政府的规定,官田不得买卖,民田可以自由买卖。元代,安徽地区民田土地买卖活动十分活跃。这一时期,安徽地区的地方官

① 民国《安徽通志稿·金石古物考》卷五《太平路儒学复田记》。
② 民国《安徽通志稿·金石古物考》卷五《滁州学田记》。
③ 民国《安徽通志稿·金石古物考》卷五《太平路儒学归田记碑阴》。
④ 赵汸:《东山存稿》卷四《商山书院学田记》。
⑤ 胡炳文:《云峰胡先生文集》卷九附录上,李惟诚、余元起《明经书院赡学田碑》。另,元人吴澄所作《明经书院记》作350亩。
⑥ 胡炳文:《云峰胡先生文集》卷一《与草庐吴先生书》。
⑦ 嘉庆《黟县志》卷一四汪泽民《黄氏厚本庄记》。同书卷一〇作630余亩。

府、势豪之家、商人、宗族等,都想方设法扩大自己的土地占有,其手法多种多样,但运用自身拥有的财富购买土地则是常见的手法之一。

为了维持管辖区内官办书院的正常运转,元代安徽境内的地方官府常常通过购置民田的方式以增加这些官办书院的产业。后至元三年,徽州路地方官通过节缩浮费等途径积赀买田 30 余亩,作为官办紫阳书院的学田。① 元末至正年间,太平路地方官出钞万缗,买冯村上腴田 65 亩,作为官办采石书院的学田。②

元代安徽境内的地方势豪之家通过运用资金购买民田的方式积累了大量地产。大德年间,官办的芍陂屯田以及两淮一带大片土地,多被当地势家豪右兼并,后来政府让他们交纳租赋,被迫承认其对兼并土地的所有权。③ 地方豪强地主竟然敢于兼并官办屯田,除了或凭借权势强取豪夺,或勾结屯田官吏损公肥私之外,说明他们还在一定程度上运用了资金购买等官方承认的合法手段。至于两淮一带大片民田被势家豪右兼并,通过资金购买则应当是其实现的主要途径之一。值得注意的是,元代安徽境内许多地方官在任上从事禁止兼并、均平赋役的活动,这既充分说明了当地土地占有的严重不均,也在一定程度上反映了当地土地买卖活动的频繁和活跃。如在泾县境内,元代县尹王相"首核民田,以见业为准,禁兼并,均赋役,民甚德之"。④ 说明这一时期泾县境内势豪之家通过购买民田等方式兼并土地的情况已经十分严重,地方官不得不将抑制土地兼并作为自己施政的重点内容之一。

元代,有一些徽州商人运用自身经商所得财富从事土地积累活动。如休宁率东程氏族人程维宗,在元末因经商发家,资本十分雄厚,成为远近闻名的大商人。他曾在休宁、歙县境内增置田产 4000 余亩、佃仆 370 余家;并置有宅积庄、高远庄、知报庄、嘉礼庄、尚义庄等田庄

① 唐元:《筠轩文稿》卷一〇《紫阳书院增置学田记》。
② 张允:《太平路采石书院增修置田记》,民国《安徽通志稿·金石古物考》卷五。
③ 《元史》卷二一《成宗纪四》。
④ 嘉靖《宁国府志》卷八《人文纪上》。

5 所,以供宗族内部祭祀、输税、军役、婚嫁、凶年赈济之用。①

元代,徽州路境内不少宗族通过购买土地作为族产或社产,以增强宗族统治的经济基础。如在歙县潭渡孝里黄氏宗族社区内,以黄氏宗族为主体成立的礼堂社,于后至元四年用价银 30 两买到余后秀空字 435 号 20 步,当作 2 角 23 步,坐落社前,见开成田;至正九年三月,用价钱 11 锭买到黄智空字 428 号沙田 30 步、沙地 1 亩 1 角,坐落社基上,以及空字 741 号下田 1 亩 2 角。②

元代安徽境外的一些官僚、大地主也用自己的财富在安徽地区购买土地。如元初,降元后以海运发迹的官僚大地主朱清、张瑄,"江淮之间,田园屋宅鬻者必售于二家"。③ 他们在江淮一带广占地产的行为,加速了这一地区的土地交易活动。又如,乃蛮人别的因,"平生节俭务本,俸禄给衣食之余,尽以买田园、马牛、农具,大名、安丰、陈、颍之田几二万亩"。④ 在安丰路、颍州等淮河流域一带通过购买方式创置了大量地产。

除上述地方官府、势家之豪、大商人以及境外的官僚、大地主等在安徽地区从事土地购买活动之外,普通民众也运用自己辛勤积累起来的财富从事购置土地的活动,这在遗存至今的大量元代徽州文书中有较多的体现。⑤

以上说的是元代安徽地区土地买卖活动中买的一方的有关情况。此处以徽州路为例来说明元代安徽地区土地买卖活动中卖的一方的有关情况。(1)出卖土地的原因。元代徽州民田土地所有者出卖土地的原因主要有"无钞开修田亩"、"无钞支用"、"无钱支用"等,说明缺乏使用资金或贫困是土地所有者出卖土地的主要原因之一。(2)

---

① 《休宁率东程氏家谱》卷三,明刻本。

② 雍正《歙县潭渡孝里黄氏族谱》卷六《元至正己丑长至社众公立礼堂旧社产土碑记》,清雍正九年刻本,藏安徽省图书馆古籍部。

③ 长谷真逸:《农田余话》卷下。

④ 黄溍:《金华黄先生文集》卷二八《答禄乃蛮氏先茔碑》。

⑤ 详见中国社会科学院历史研究所徽州文契整理组编:《明清徽州社会经济资料丛编》第 2 集,中国社会科学出版社 1990 年版,第 7 – 15 页,其中特别是该书第 14 – 15 页《元代土地买卖文契总表》有详细介绍。

出卖土地的种类。元代徽州路境内所出卖土地的种类主要有山、地、田以及地内杉苗、杉木、果木等附属物,此外,宗族所拥有的墓林山地有时也是出卖的对象。(3)所出卖土地的来源。元代徽州路境内所出卖土地的来源有一部分是"承父"、"承祖"土地,其他多数对土地来源则未作交代。"承父"、"承祖",表明土地属于家族遗产。(4)买卖双方的关系。元代徽州路境内土地买卖双方多属于同一都之内,有的则属于同一宗族之内,有的还是同一块地产的同分人。这是以山多地少为主要特征的徽州路境内的情况。此外值得注意的是,许多土地购买者是境外之人,如前述休宁大商人程维宗曾前往邻近的歙县购置地产,朱清、张瑄、别的因等境外官僚、大地主前来安徽地区购买土地。

元代安徽地区的土地买卖,一般要经过陈告给据、立账批问、立契纳税等步骤才能实现土地所有权的永久转移。元朝政府则通过印发契尾和契本征收土地交易税。①

第二节　种植业、畜养业和渔业

一、种植业

在传统的水稻、麦、粟等粮食作物广泛种植基础上,棉花、桑、茶、芝麻等经济作物得到大面积推广。安徽成为全国重要的粮食与经济作物供应基地之一。

1. 水　稻

元代安徽境内南北各地皆有水稻种植。两淮是水稻种植的传统地区。芍陂屯田,水稻种植面积很大,至元二十一年,收获"粳、糯二万五千石有奇";②二十四年,"取谷二十余万"。③ 为了加强对两淮一带

---

① 陈高华:《元代土地典卖的过程和文契》,《中国史研究》1988 年第 4 期。
② 《元史》卷一三《世祖纪十》。
③ 虞集:《道园学古录》卷一三《福州总管刘侯墓碑》。

水稻生产种植的管理和征税的需要,光禄寺下属专门设有安丰、怀远等处稻田提领所,"掌稻田布种,岁收子粒,转输醴源仓"。① 至元二十二年四月,元朝政府为备征日本而"以征日本船运粮江淮";十一月,"敕漕江淮米百万石,泛海贮于高丽之合浦,仍令东京及高丽各贮米十万石,备征日本"。② 说明元初江淮地区水稻种植已经较为普遍,且种植面积较大。又据王祯《农书》记载,元代江淮一带的百姓多利用当地的沙田从事水稻生产:"南方江淮间沙淤之田也,或滨大江,或峙中洲,四围芦苇骈密,以护堤岸,其地常润泽,可保丰熟。昔为塍埂,可种稻秫,间为聚落,可艺桑麻。或中贯潮沟,旱则频溉,或旁绕大港,涝则泄水,所以无水旱之忧,故胜他田也。""今国家平定江南,以江淮旧为用兵之地,最加优恤,租税甚轻,至于沙田,听民耕垦自便,今为乐土。"③由于地利及国家惠农政策的实行,元代江淮地区沙田水稻生产获得了较好的收成,成为当地农民丰收的乐土。

安徽沿江江南以种植水稻为主,是水稻种植的集中区。如青阳县境内水稻种植十分普遍,元代邑人陈岩在诗中曾写道:"平田千亩万山中,水脉高低处处通。黄石一溪三十里,暖风吹动稻花丛。"④对水稻种植的盛况予以描绘。宁国、池州、太平等路是元朝廷重要的粮食供应基地。自元初始,上述地区即为朝廷依重的漕粮征收地,这些地方供应的稻米被称为"上江粮米"。⑤

2. 麦

元代安徽境内南北各地皆有麦的种植。总体而言,淮河以北粮食作物以种麦为主,沿江江南则以种稻为主,江淮之间杂种稻麦及五谷。元代人迺贤在《颍州老翁歌》一诗中描述的颍州老翁,原本是颍州城东的"大户",拥有"腴田十顷桑阴围",但由于连年旱灾,造成"赤地千里黄尘飞,麦禾槁死粟不熟"⑥的生产境况。至正五年夏秋间,亳州曾

① 《元史》卷八七《百官志三》。
② 《元史》卷一三《世祖纪十》。
③ 王祯:《农书》卷二《农器图谱集一·田制》。
④ 嘉靖《池州府志》卷一《舆地篇·水利》。
⑤ 《元史》卷九三《食货志一》。
⑥ 迺贤:《金台集》卷一《颍州老翁歌》。

因"久雨害稼"导致"二麦禾豆俱不登"①的生产灾害。至顺元年五月，亳州所属谯县发生"雾伤麦"②的情况。元代宿州境内也有麦的广泛种植。后至元三年，大黑奴"来监是郡"，在任期间，"郡之北境，睢水东下，漂庐舍，没麦禾，大为民害，公率民补河缺，塞汉港，水行故道，遂有所获"。③洪水淹没了当地大片麦苗，使许多百姓受害。宿州所属灵璧县，至元二十五年三月，因"雨雹，如鸡卵，害麦"。④ 泗州虹县，至元二十五年三月，因发生雹灾而使麦苗受到损害。⑤延祐七年四月，安丰、庐州路一带因淮水泛溢，损禾麦 1 万顷。⑥

元代安徽沿江江南地区的粮食作物，以稻米为主，但麦也占有一定的比重。如旌德县尹王祯曾教导当地百姓种麦："凡麻苎禾黍牟麦之类，所以莳艺芟获，皆授之以方。"⑦

3. 粟

在元代粮食作物中，粟的地位仅次于稻、麦。粟主要适宜在北方地区种植。其种植面积和产量仅次于麦。粟在南方也有种植，但在江南粮食作物中的地位，远在稻米、麦之后。⑧ 元代安徽淮河流域一带粟的种植较为普遍。至元年间，元朝政府在淮河流域的芍陂、洪泽进行屯田，"岁得粟米数十万斛"。⑨ 又如，前述元人迺贤《颍州老翁歌》一诗曾描述颍州境内"赤地千里黄尘飞，麦禾槁死粟不熟"⑩的生产灾害情况，可见粟是颍州当地的主要粮食作物之一。元代安徽江淮地区也有粟的种植，如至正四年，河南北大饥，次年又发生大疫，"民之死者半。朝廷尝议鬻爵以赈之，江淮富民应命者甚众，凡得钞十余万锭，粟称是"。⑪ 响应朝廷卖官鬻爵的召唤，许多江淮富民将自家的粟拿出来赈灾。

---

① 《元史》卷五一《五行志二》。

② 《元史》卷三四《文宗纪三》。

③ 黄德善：《宿州监郡公大黑奴遗爱碑》，弘治《宿州志》卷下。

④⑤⑥ 《元史》卷五〇《五行志一》。

⑦ 戴表元：《剡源文集》卷七《王伯善农书序》。

⑧ 参见陈高华、史卫民：《中国经济通史·元代经济卷》，第 116－119 页。

⑨ 《元史》卷一三二《昂吉儿传》。

⑩ 迺贤：《金台集》卷一《颍州老翁歌》。

⑪ 余阙：《青阳集》卷五《书合鲁易之作〈颍川老翁歌〉后》。

4. 棉 花

棉花在北宋时期种于西域和两广地区,南宋时传入福建,尚不及江东、江淮地区,而北方在金元之际由西北传入广陕。元朝统一全国后,棉花种植得到迅速推广,从江东到江淮都有棉花种植。马祖常《淮南田歌》云:"江东木绵树,移向淮南去。秋生紫蕚花,结绵暖如絮。"①王祯在《农书》中记载:"其(指木棉)种本南海诸国所产,后福建诸县皆有,近江东、陕右亦多种,滋茂繁盛,与本土无异。""夫木棉产自海南,诸种艺制作之法,骎骎北来,江淮川蜀,既获其利。至南北混一之后,商贩于北,服被渐广,名曰吉布,又曰棉布。"②又如,绩溪人舒頔在《缲丝叹》一诗中写道:"东家缲丝如蜡黄,西家缲丝白如霜。黄白丝,出蚕口,长短缲,出妇手。大姑停车愁解官,小姑剥茧愁冬寒。向来苦留二月卖,去年宿债今未还。手足皲瘃事亦小,官府鞭笞何日了。吏胥夜打门,稚矗生烦恼。君不见江南人家种麻胜种田,腊月忍冻衣无边,却过庐州换木绵。"③江南种麻农户过着腊月无衣忍冻的悲惨生活,在无法抵御寒冬的情况下,只好前往庐州购买木绵。说明当时庐州已成为元代棉花种植及交易的重要地区之一。此外,元贞、大德年间,王祯在任旌德县尹时,曾"躬率家僮于县圃,别为谷垄稻区,环植桑枣木棉",亲自带领并示范当地百姓种植木棉。④

元代安徽地区棉花的广泛种植,还可通过木棉提举司的设立反映出来。按照元朝惯例,凡设提举司一类机构,通常都是管辖若干人户,从事某种农业或手工业生产,以所获之物上交政府或宫廷。至元二十六年四月,元朝政府曾设江东木棉提举司,责令当地百姓岁输木棉。⑤元代江东道所辖范围较大,包括宁国、徽州、太平、池州、广德、饶州、集庆、信州8路及铅山州。江东木棉提举司的设立,说明元代安徽皖南地区棉花种植十分普遍,并已达到一定的水平。元贞二年,元朝政府

---

① 马祖常:《石田文集》卷五"淮南田歌十首"之九。
② 王祯:《农书》卷二一《农器图谱十七·木棉序》。
③ 参见顾嗣立编:《元诗选》二集下《贞素先生舒頔》,中华书局1987年版。
④ 乾隆《旌德县志》卷六《职官志·政迹》。
⑤ 《元史》卷一五《世祖纪十二》。

规定江南夏税征收木棉布等实物。① 木棉布被正式作为江南税粮的一种,反映了包括安徽皖南一带在内的江南广大地区棉花种植面积已经在原有基础上得到扩大。

5. 桑

为了给纺织业提供充足的原材料,元代安徽境内南北各地皆有桑树栽种。如宿州,元统元年春,当地曾发生"有虫食桑,害于蚕事"②的自然灾害;后至元三年三月,大黑奴出任宿州监郡,在任期间,"野有荆榛,自昔茂密,公谆谆劝谕开辟,尽为禾黍,编户十万余,课以树桑数百万株,诸树不可胜纪,俱有成效"。③ 数百万株桑树的栽种,说明宿州境内桑树栽种较为普遍。在颍州境内,桑树栽种也很普遍,如颍州城东一老翁,家中有"胰田十顷桑阴围"。④

在沿江江南一带,自宋代桑树栽种已非常普遍,只有徽州,因地瘠土薄,不宜植桑,故很少有关于该地区种桑的记载。到了元代,在安徽省博物馆发现关于桑园的地契三通,⑤说明徽州路的祁门县已开始种桑。

6. 茶

茶是安徽传统经济作物,徽州、宁国、广德、池州、庐州、安庆等路境内是当时全国茶树种植和茶叶生产的重要地区。如庐州路所属六安州出产的六安茶,即是当时全国名茶之一。⑥ 元代对茶叶生产和销售的管理,承袭唐宋旧制,通过榷茶制度对各地茶叶的生产运销实行严密控制。至元十四年,元朝政府置江淮榷茶都转运使司。十七年,置榷茶都转运司于江州(今九江市),总管江淮、荆湖、福、广茶税事宜。⑦ 在都转运司之下设有宁国路榷茶提举司、庐州路榷茶提举司,⑧

---

① 《元史》卷九三《食货志一·税粮》。
② 高元忠:《宿州监郡木撒飞德政记》,弘治《宿州志》卷下。
③ 黄德善:《宿州监郡公大黑奴遗爱碑》,弘治《宿州志》卷下。
④ 迺贤:《金台集》卷一《颍州老翁歌》。
⑤ 安徽省博物馆藏:《(祁门)郑氏誊契簿》。
⑥ 《饮食须知》卷五《味类》。
⑦ 《元史》卷九四《食货志二·茶法》。
⑧ 《元史》卷二一《成宗纪四》载,大德八年三月,元朝政府罢庐州路榷茶提举司。

以总理当地茶政。

7. 芝　麻

又作脂麻，是一种油料作物。据王祯《农书》记载，"今汉沔淮颍上率多创开荒地，当年多种脂麻等种，有收至盈溢仓箱速富者"①。说明元代安徽淮河流域一带多利用新开垦的荒地种植芝麻，有些人因此而致富。又如，元末萧县人李二，有芝麻一仓，荒年用来赈济贫民，因号"芝麻李"，后来成为农民起义的领袖。

二、畜养业

畜牧业是蒙古族赖以生存的传统产业。伴随着蒙古贵族统一全国的进程，其畜牧业也逐渐向内地渗透。蒙元时期畜牧业的发展主要被用于统治集团的奢侈性消费、军事供给、驿站配备牲畜、屯田所需耕牛、赐予或赈济等方面。元代安徽地区的畜牧业也有一定的发展。为了加强对江淮地区的控制，元朝政府曾派遣镇南王出镇江淮、宣让王出镇庐州，这些宗王在辖地内皆置有一定规模的牧地，江淮地区拘刷到的马匹按例要交给他们。元朝政府在江北沿淮一带建有草地，②其中庐州境内的官营牧马草场是元廷直属的全国14个著名"牧马之地"之一，庐州成为当时全国重要的养马基地之一。此外，安丰、安庆等地也是马等畜产品生产的重要基地。

三、渔　业

元代安徽地区江河湖泊众多，一些地方的淡水鱼等水产品养殖较为发达。为了增加农民收入，元朝政府鼓励百姓养鱼作为副业。至元七年颁布的《劝农立社事理条画》中说："近水之家许凿池养鱼并鹅鸭之类，及栽种莲藕、鸡头、菱角、蒲苇等，以助衣食。"③至元二十二年正

---

① 王祯：《农书》卷二《农桑通诀二·垦耕篇》。
② 据《元史》卷一七四《郭贯传》记载，至元二十七年，保定人郭贯拜监察御史，"承诏分江北沿淮草地，劾淮西宣慰使昂吉儿父子专权，久不迁调，蠹政害民"。
③ 《通制条格》卷一六《田令》。

月,元朝政府下令弛江淮以南江河鱼利之禁。① 在官府的提倡和鼓励下,元代安徽地区许多农家纷纷从事淡水鱼养殖。在许多地方,百姓自家建有鱼塘,鱼塘及塘鱼养殖成为这些农户的主要产业之一。如元代皖南山区徽州路祁门县人郑秀即拥有鱼塘产业。② 在某些地方,塘鱼养殖还成为当地的一种生产习俗。如元代徽州路休宁县陪郭程氏宗族内部每年都要进行塘鱼养殖,并事先在上一年预留下购买鱼苗的经费:"每年放塘鱼,于内先存下鱼朴钱十五两,付下次预买鱼朴供养,下年使用。"对于购买到的鱼苗,该族规定"冬月放在下园塘内,令守坟人看"。即让宗族内部守坟人等佃仆照看、养殖鱼苗。③

元代安徽沿江一带的安庆、池州等地也是淡水鱼等水产品养殖的重要地区。在池州路境内,许多养鱼民户相互之间还因养鱼而发生民事纠纷,如徐泰亨于至顺二年知青阳县,在任上,"邻县铜陵人争鱼池,三十年不决,就谳于泰亨,泰亨以数语决之,咸感服"。④ 普通百姓争夺鱼池等民事纠纷的不断发生,说明元代当地淡水鱼养殖已经普遍化。

元代江河湖泊皆归国家所有,政府在一些较大的江河湖泊设有官员和专门机构,进行管理。凡是在这些江河湖泊打鱼的人户,都要交纳课税,有的交纳实物,有的则交钱钞。元代税收中有河泊课一项,而打鱼人户交纳的鱼货抽分则是河泊课的主要部分。元代掌管东宫田赋的江淮等处财赋都总管府之下,设有安庆、池州等处河泊所,设提领、大使、副使各一员。沿江地区安庆、池州等地的鱼课即归上述河泊所征收。安庆、池州等处河泊所的设立,从一个侧面反映了元代安徽沿江地区淡水鱼养殖已经达到了一定的规模。

鱼等水产品除少量供农户自己消费外,多数是为了在市场上出售。在元代安徽境内,为了适应鱼等水产品销售的需要而诞生了一些规模较大的鱼产品销售市场。如据至元十六年一件文书说,"据寿春府申,转运司巡盐官郭德呈,近有归德、邓州等处客旅,俱系黄河间采

① 《元史》卷一三《世祖纪十》。
② 安徽省博物馆藏:《(祁门)郑氏誊契簿》。
③ 弘治《休宁陪郭程氏本宗谱》附录《休宁陪郭程氏赡茔首末》,明弘治十年刻本。
④ 乾隆《池州府志》卷三八《名宦传下》。

捕收买鱼货,止用清沧滨乐盐腌干鱼,搬贩直至江南诸州军等处货卖,侵衬官课,仰行下禁治。奉此,今据涡河渡拿到官人冀秀等买到滨盐腌造干鱼二万斤,装载前来犯界。取到冀秀状称,将亳州滨盐腌造干鱼,载于陵州,通过于长芦仓,盐司刘提控等为秀犯界,勒讫钞七十八两二钱。告到枢密院,呈奉都堂钧旨,送户部拟得,客旅兴贩干鱼,难同私盐断没。……除将干鱼分付各人以便发卖。省府准呈,合下仰依上施行"。① 从上述文书记载看,元代安徽淮河流域亳州、安丰等地是盐腌鱼制品贩运和销售的重要地区之一。其中,亳州已发展成为全国鱼产品特别是腌鱼制品销售的一个中转站和规模较大的腌鱼制品销售市场。

第三节　矿冶与手工业

一、矿冶业

在元代安徽境内,金、银、铁、矾等矿产资源皆有分布,其中,金矿资源主要分布在徽州、池州 2 路境内,如池州路所属石台县境内便分布有金矿;②银矿资源主要分布在安丰、池州 2 路境内,如安丰路所属霍邱县、池州路所属铜陵县③境内便分布有银矿;铁矿资源主要分布在徽州、宁国 2 路以及颍州境内,如徽州路所属婺源州境内即分布有铁矿;④矾矿资源主要分布在庐州路境内,如该路所属无为州境内矾矿资源极为丰富。⑤

对于元代安徽地区矿产资源的开采和冶炼,元朝政府主要采用官

---

① 《元典章》卷二二《户部八·盐课·盐干鱼难同私盐》。
② 据乾隆《池州府志》卷三八《名宦传下》记载,蒙古人忻都,大德四年知石台县,"首革金弊,放场分定,权衡以平市交易,民便之"。
③ 《元史》卷三九《顺帝纪二》。
④ 弘治《徽州府志》卷二《食货一·土产·货物》。
⑤ 《元史》卷九四《食货志二》。

府经营的形式,这种由官府经营的手工业即所谓官府手工业。为了加强对矿产资源开采及其税课征收的管理,元朝政府设立有提举司等专门的管理机构。在金矿、铁矿开采和金课、铁课征收方面,徽州路在元代安徽地区颇具代表性。

徽州路金矿资源较少,有的地方甚至根本不产金,但元朝政府为了增加自己的财政收入,却在金矿开采和金课征收方面不顾实际地予以横征暴敛。据文献记载,元世祖至元十八年,徽州路有宣课提举司[①]于婺源县[②]募人淘金,每户岁金 1 钱,凡 240 户,共金 24 两。元代徽州路课金始于此。十九年,元朝政府于建康路置淘金总管府,差拨徽州金夫 625 户,每户纳金不等,共 2 锭 25 两 7 钱 2 分。二十年,罢建康路淘金总管府,并属徽州路。二十四年,元朝政府更立建康等处淘金提举司,[③]增金 3 锭 49 两 2 钱 8 分。二十五年,淘金提举别都鲁丁等踏视金场。二十六年,省府行下,于苗米 5 石以下、3 石以上户内签拨金户 1500,办金 12 锭。二十七年,运使马合谋等增每户金 1 钱 5 分,凡增 7 锭 4 两 7 钱 5 分。二十八年,罢建康等处淘金提举司,仍隶徽州路。二十九年,建康路金户发生逃移,于是在徽州路补拨金户 500,每户以苗米 5 石为则,岁金 5 钱 5 分,共 5 锭 25 两。上述淘金户名曰原签金户,夏、秋两税一并免征。成宗元贞二年二月,元朝政府置江浙金银铜冶转运司,增拨金户 1650,每户以苗米 4 石为则,岁金 5 钱 5 分,共 18 锭 7 两 5 钱,谓之续签金户,免秋粮,不免夏税。自前至后,徽州路 5 县 1 州通拨讫金户 4515,岁课金 49 锭 32 两 2 钱 5 分。成宗大德二年五月,元朝政府罢江浙金银铜冶转运司,仍隶徽州路。仁宗延祐经理之后,徽州路境内的金课按年征办,不复以户数拘。其中按照规定,歙县岁缴金课 16 锭 27 两 5 钱 4 分 8 厘,休宁县岁缴金课 11 锭 37 两 9 钱 5 分,婺源州岁缴金课 12 锭 20 两 5 钱,祁门县岁缴金课 4 锭

---

① 据《元史》卷一二《世祖纪九》记载,至元初元朝政府曾设立淮南淘金司,其存在时间较短,至元二十年七月,朝廷下令将其撤除,并将所属淘金户改还民籍。

② 据《元史》卷六二《地理志五》记载:"婺源州,下。本休宁县之回玉乡,唐析之置婺源县。元元贞元年,升州。"

③ 徽州、池州等路境内的金场及淘金夫归其管理,后因建康路境内无金可淘,提举司被革除,徽州、池州等路境内的金课改归地方官府管理。参见《元史》卷九四《食货志二》。

35 两 9 钱 5 分，黟县岁缴金课 27 两 5 钱，绩溪县岁缴金课 3 锭 32 两 8 钱 2 厘。在金矿开采方面，元代徽州路境内的淘金户生产、工作环境极为恶劣，所得甚微："凿井取沙，箕运山积，斢以金斗，漾以金床，赤体沾濡，手足皲龟。罢其日力，幸而有得，不过星粟之微。或并溪连凿数井，且不见金；或闭气从潭底求之，腰石而入，畚沙以出，往往脑鼻流血，得不偿劳。盖其难且险如此。"为了应付官府的税课征缴，在徽州路许多地方出现了"人户率于他州买纳，输纳之际又有弊焉"①的奇特情形，即不产金的地方的老百姓不得不通过买纳来完成课税任务。②

在铁矿开采和铁课征收方面，婺源州是徽州路境内的大户。婺源州铁矿主要产于浇岭，其山与浮梁县界连接。元代，在婺源州四十六、四十七都境内的朱村、蟠坑、双桥、鱼坑、大塘地方共立有铁炉 5 座。据文献记载，元代以前当地已进行铁矿开采和冶炼，主要是鄱阳民众来此起炉冶炼，课税输缴饶州都大司。元初仍于饶州路输纳。至元十七年，徽州路以置宣课提举司，取勘炉数，拘收前项铁课。十九年，罢宣课提举司，并属本路。在税收方面，上述 5 炉岁课 14400 斤，③又抱纳起脚税钱中统钞 2 锭。其中，朱村、蟠坑、双桥 3 炉，由于岁久矿脉耗竭，无可煽炼，工人纷纷逃居原籍。自至元二十四年以后，官府勒令平民买纳，有司屡以为言，宪司核实申奉。延祐二年，省府明降准除，不久，鱼坑、大塘 2 炉也停废。元代徽州路铁的主要用途之一是为官

---

① 据弘治《徽州府志》卷二《食货一 · 土产 · 货物》记载："惟《元史》载徽州路产金，故有金课，实民间买纳，非土产也。"

② 弘治《徽州府志》卷三《食货二 · 财赋》。对于元代徽州路金课负担沉重的情形，时人郑玉有所记述："徽素不产金，至元间山民淘涧谷得金如糠粃，校所取不酬劳事，寻已献，利者罔上病民，遂得令，令岁入金以锭计五十有二。郡既不产金，民无从得金，猾吏豪右贸他郡，待民急而售之，又从索费与贾，雠至倍，号揽户。事觉，则以其倍计赃论罪。如法，官中每月以民间所用平其直，递申所司，谓之时估。揽户惧事之觉也，则请托吏高其估以待觉逭罪。长令署纸尾申达府若省，漫不省以为常。至正五年，市中金买两以钞计才五锭有奇，至增以为十，适中原饥，议者请以金折收钞为救荒计，歙县丞叶君以他事在省，知折收与金贾争县状，曰：是岂可重困吾民乎？亟以牍闻府。会郡守合剌公、别驾王公，皆贤而爱民，惊问故，求贾于市，卒改从实估，民以不害。"参见郑玉《颂叶县丞平金课时估诗序》，《新安文献志》卷二〇，第 459－460 页。由于金课不易征办，徽州当地往往将征办金课而不扰民作为地方官施政的主要政绩之一，如据弘治《徽州府志》卷四《职制 · 名宦》记载：东昌人徐忽都不花，至顺间为祁门县达鲁花赤。在其任上，"提调金课，催租董赋，给军粮饷，皆不扰而事集，民戴之如父母"。

③ 另据弘治《徽州府志》卷三《食货二 · 财赋》记载："婺源州岁纳铁 5200 斤，脚税中统钞 40 贯。"两相比较，出入较大。

府制造军器。当时,为官府制造军器一年所用毛铁 2754 斤,造手刀 365 口,枪头 175 个,分上、下半年起解。①

在官府经营的同时,元代安徽地区矿产资源的开采和冶炼也有一些民间资本参与其中,这种由民间从事生产的手工业即所谓民间手工业。元朝政府对民间手工业开采和冶炼所出产品,采取抽分制的形式征收岁课。如至元二十四年,元朝政府曾在无为路设立矾课所,对民间从事矾矿开采者征收税课,规定每矾一引重 30 斤,价钞 5 两。延祐四年,李珪等承包经营霍邱县豹子崖银洞,则按照其所得矿的 30% 输官,缴纳银课 30 锭。② 此外,一些功臣贵族的私人资本也参与到矿业的开采、经营中来。如后至元三年正月,豫王阿剌忒纳失里买得池州铜陵产银地一所,请用私财煅炼,输纳官课,得到朝廷的允准。③

元代安徽地区矿产资源的生产及加工制造已经达到较高的水平,主要体现为:

1. 一些部门如民间冶铁业中开始出现使用雇佣劳动的现象。如江西人刘宗海,"尤善生殖,尝业铁炉于金牛(在今庐江县西北)大冶,煽役者常千人,由是高资厚积"。④ 刘宗海雇佣劳动者的人数经常维持在上千人的规模,并因使用雇佣劳动而发财致富。

2. 一些部门如官营冶铁业的生产颇具规模,分工极其细致。如早在元朝正式建立前的中统四年,礼部尚书马月合乃受命在颍州主持冶铁。史称,马月合乃领已括户 3000,兴煽铁冶,岁输铁 103.7 万斤,铸造农器 20 万件,易粟 4 万石输官。⑤ 由官府主持经营的颍州冶铁业,生产规模较大,收效也极其显著。此外,元代徽州路婺源州境内的铁矿开采和冶炼也有一套较为成熟的程序和办法,并也具有一定的生产规模:"凡取矿先认地脉,租赁他人之山,穿山入穴,深数丈,远或至一里,矿尽,又穿他穴。凡入穴必祈祷于神,不幸而覆压者有之;既得

---

① 弘治《徽州府志》卷三《食货二·财赋》。
② 《元史》卷九四《食货志二》。
③ 《元史》卷三九《顺帝纪二》。
④ 王礼:《麟原集》前集卷三《刘宗海行状》。
⑤ 《元史》卷五《世祖纪二》。

矿,必先烹炼,然后入炉,煽者、看者、上矿者、炼者、取钩砂者、炼生者,而各有其任,昼夜番换,约四五十人。若取矿之夫、造炭之夫又不止是,故一炉之起,厥费亦重。或炉既起而风路不通,不可镕冶;或风路虽通而镕冶不成,未免重起;亦或有一再而成者。凡此皆得不补费。"① 由上可见,有所谓煽者、看者、上矿者、炼者、取钩砂者、炼生者,以及取矿之夫、造炭之夫等较为细致的人员分工,这些人一共约四五十人,他们"各有其任,昼夜番换",即在生产过程中各有分工,职责明确,实行轮班制。不过有时因生产成本较大,甚至出现了"得不补费"、无利可图的情况。

3. 一些地方金银器的加工制造已经达到较高的工艺水平。在古代,金银器属于贵重用品,制作成本高、工艺精,是衡量一个时代手工业技术发展水平的重要标志之一。1955 年,文物考古工作者在合肥市境内发现了一所元代文宗至顺四年庐州工匠章仲英制作的金银器窖藏,共出土了 102 件金银器。其中,金器 10 件,为杯、碟两种,重 46 市两;银器 91 件,为杯、碟、果盒、壶、碗、筷、匜、勺等,重 645 市两。这批金银器是采用捶打、线刻、模铸等工艺技法制作而成,器体表面刻有各种折枝花卉,刻工健劲匀细,造型精致优美,构图和谐紧凑,形象生动逼真。这一考古发现充分证明了元代庐州路一带金银器生产制作的高超技艺。②

然而值得注意的是,由于元朝政府剥削残酷,税课日益加重,使得元代安徽地区许多地方矿产资源的开采无法维持下去,丰富的矿产资源非但不能给当地人民带来财富,反而变成加在他们身上的沉重负担。大德元年十二月,中书省臣和河南平章孛罗欢等在进言中提到:无为矾课,起初征缴税课钞 106 锭,后不断增加,顶峰时期甚至达到 2400 锭,足足增加了近 22 倍。因凭借正常途径无法完税,官吏们只好通过敛富民、刻吏俸、停灶户工本的方式来凑足数额。③ 另外,在一些

① 弘治《徽州府志》卷三《食货二·财赋》。

② 参见《文物参考资料》1956 年第 6 期;《安徽文化史》编纂工作委员会编:《安徽文化史》,南京大学出版社 2000 年版,上册,第 893 – 894 页。

③ 《元史》卷一九《成宗纪二》。

矿产资源极度缺乏的地区,元朝政府却不顾实际地强迫当地人民交纳税课,无端加重了人民的负担。如至元二十九年十二月,中书省臣在向忽必烈进言中曾提及:宁国路民 600 户凿山冶银,岁额 2400 两,由于当地并无银矿可采,老百姓被迫市银以输官。后终因无利可图及担心过分扰民而罢之。① 这种情形在徽州路也存在。除了前述徽州路金课无端盲目征收之外,元朝政府还在徽州路境内超额征收银课,最终因无利可图和人民的极力反对,于元贞元年闰四月下令罢徽州路银场。②

二、纺织业

元代安徽地区的纺织业,主要包括丝织业、棉织业等生产门类。

1. 丝织业

元代安徽境内广大地区,种桑养蚕相当发达,为丝织业的发展、兴旺提供了有利条件。元代安徽地区丝织业生产的品种较多,主要有丝、绸、绵等。

由于元代统治阶级对丝织品的需求量较大,元朝政府往往在其直属手工业部门内部设立织染局以掌管丝织品的织染岁造事宜,如元朝中央储政院,其下辖的江淮等处财赋都总管府之下便设立有黄池织染局等机构。③ 在元朝政府直属手工业部门之外,还有各路属织染局等地方手工业部门,如元代徽州、宁国等路皆设立有路属织染局。上述织染局一般均生产丝织品,且为数甚多。

各路属织染局主要是为了缴纳上级部门科差而设,如元代徽州路新安织染局设置于城内北隅旧酒务基,④该局设置局使、副使各 1 员。⑤

① 《元史》卷一七《世祖纪十四》。又据嘉庆《宁国府志》卷一六《食货志·土贡》记载:"南陵工山向有二冶,一曰大涧冶,一曰新兴冶。绍兴初,因产苗甚微,且集游手亡命之徒因缘盗铸,为地方之害,已议罢。至元时并罢其输官之额。"说明南陵县境内的矿产资源开采已有较长的历史,直到元初,当地矿产开采及缴纳税课仍在继续。

② 《元史》卷一八《成宗纪一》。

③ 据《元史》卷八九《百官志五》记载,黄池织染局内设大使、副使、相副官各一员。

④ 弘治《徽州府志》卷五《公署·郡邑公署》。

⑤ 弘治《徽州府志》卷四《职制·郡邑官属》。

元代徽州路新安织染局与打线场分置两地,至元二十一年,由宁国路织染局拨来生帛机50张,签拨人匠862户,自当年正月为始,立局岁造生帛三色,共1601段;二十四年,改造同样数额的熟帛丝绸,共六色,每季上纳。[①] 在宁国路织染局提供机械和工匠等实际帮助下,徽州路织染局初建时已经达到一定的规模,于此也可推测,元代宁国路织染局的生产规模当比徽州路织染局更大。由上可见,元代徽州路、宁国路上供的主要是生帛、熟帛丝绸等丝织品,品种也较多,如生帛丝绸有三色,熟帛丝绸有六色。

元代安徽地区生产的丝、绵、绢等丝织品多被作为夏税征收。据方志记载,元代徽州路夏税征收有田亩税钱、茶租钱、丝、绵等项目,除了田亩税钱、茶租钱外,丝、绵为实物。而夏税征收丝、绵等实物是根据土地等级来进行摊派的。至元十五年,徽州路总管府根据南宋时的夏税征收数目,并依照当时各县的实际情况,制定了元初1州5县夏税征收标准。其中具体征收丝、绵税的情形为:歙县明德乡上田,每亩税钱180文,凡5亩2角为钱一贯,科夏税丝6两3钱1分4厘,绵1两4钱1分7厘;婺源州上晚田,每亩税钱42文5分5厘,凡23亩2角为钱一贯,科夏税丝11两7钱6分8厘;休宁县忠孝乡上田,每亩税钱120文,凡8亩1角为钱一贯,科夏税丝6两4钱2分4厘,绵1两2钱1厘;祁门县上田,每亩税钱75文,凡13亩1角为钱一贯,科夏税丝3两2钱2分4厘,绵8钱9分1厘;绩溪县仁慈乡上田,每亩税钱222文5分1厘,凡4亩2角为钱一贯,科夏税丝6两8钱9分1厘,绵1两6钱8分3厘;黟县会昌乡上田,每亩税钱198文,凡5亩有奇为钱一贯,科夏税丝8两6钱3分5厘,绵1两5钱3分8厘。仁宗延祐二年徽州路经理自实田土后,重新制定了一州五县的税则,并预算出延祐三年徽州路合征夏税的数目,其中,丝税为39619斤5两8钱3分4厘,具体到一州五县的情形则为:歙县:丝12082斤11两9钱5厘;休宁县:丝8110斤1两6钱4分9厘;婺源州:丝9461斤5两2钱6分7厘;祁门县:丝1283斤9两1钱6分6厘;黟县:丝3864斤5

---

① 《永乐大典》卷一九七八一引《新安志·织染局》;弘治《徽州府志》卷二《食货一·土贡》。

两 8 钱 5 分 7 厘;绩溪县:丝 4817 斤 3 两 9 钱 9 分。绵税为 6358 斤 4 两 1 钱 3 分 4 厘,具体到一州五县的情形为:歙县:绵 2685 斤 3 两 3 钱 8 分 6 厘;休宁县:绵 1446 斤 2 两 8 钱 4 厘;婺源州:不详;祁门县:绵 366 斤 12 两 1 钱 9 分 9 厘;黟县:绵 686 斤 9 两;绩溪县:绵 1173 斤 8 两 7 钱 4 分 5 厘。① 然而,由于丝织品不是徽州路的强项,元代该路的丝税多以折纳钱钞的方式缴纳。在很多情况下,徽州路"常课段疋合用丝货于宁国路关拨织造"。②

在元代宁国路境内,夏税征收也有丝、绵、绢等项目。其中,宣城县:丝 7300 斤有奇,绵 2200 斤有奇;宁国县:绢 2737 疋 3 丈 7 尺 2 寸 1 分,绵 5531 两 8 钱 8 分;泾县:绢 6822 疋 2 尺 9 寸 9 分 3 厘零,淮丝 4264 斤 2 两 2 钱 4 分 8 厘零,绵 1304 斤 6 两 2 钱 1 分 3 厘;旌德县:绢 4434 疋 3 丈 7 尺 2 寸,绵 6635 两 8 钱。③

在丝织品制造方面,有些时候各路属织染局相互之间还进行一定的生产协作,如至元二十八年,徽州路织染局曾添造宁国路丝绸 150 段。④

除了徽州路、宁国路生产上供丝织品外,元代池州路也有生产上供丝织品的任务。至元、大德年间,中书省曾行文各地"造绮段",由于经费紧张,当时池州路总管陈思济⑤通过"借来年夏税购丝召工"的办法,筹集到所需丝料,"召匠户并工成之,逾月而就",完成了生产上供任务。⑥

2. 棉织业

元朝统一全国后,棉花种植得到进一步推广,从江东至江淮都有棉花种植,这为棉织业的发展奠定了坚实的物质基础。元代安徽地区

① 弘治《徽州府志》卷三《食货二·财赋》。
② 弘治《徽州府志》卷三《食货二·财赋》。
③ 嘉庆《宁国府志》卷一六《食货志·田赋上》。
④ 《永乐大典》卷一九七八一引《新安志·织染局》;弘治《徽州府志》卷二《食货一·土贡》。
⑤ 据乾隆《池州府志》卷三七《名宦传上》记载:"陈思济,字济民,柘城人。幼事世祖。大德元年守池州,以恤民理学为先务。……又省檄下列郡造绮段,不给直,列郡率取诸民以应,思济借来年夏税购丝召工,逾月成之,民不知役。"
⑥ 虞集:《道园学古录》卷四二《陈公神道碑》;乾隆《池州府志》卷三七《名宦传上》。

棉织业的发展,可通过木棉提举司的设立反映出来。木棉提举司是元朝政府设立的用于专门征集棉布的机构。按照元朝惯例,凡设提举司一类机构,通常都是管辖若干人户,从事某种农业或手工业生产,以所获之物上交政府或宫廷。至元二十六年四月,元朝政府"置浙东、江东、江西、湖广、福建木棉提举司,责民岁输木棉十万匹,以都提举司总之"。① 元代的江东道所辖范围较大,包括宁国路、徽州路、太平路、池州路、广德路、饶州路、集庆路、信州路及铅山州,安徽皖南地区属于当时的江东道。江东木棉提举司的设立,说明元代安徽皖南地区棉布纺织业已经达到一定的水平。元朝政府后来以和买方式大量征收棉布。成宗元贞二年,规定江南夏税征收木棉布、绢、丝、绵等实物。② 木棉布正式作为江南税粮的一种,在一定程度上反映了包括安徽皖南一带在内的江南广大地区棉织业的发展。

此外,棉织业的发展还可通过织棉工具反映出来。及至元代中期,江淮一带织棉工具已粗具规模,王祯在记载木棉卷筳时曾说:"淮民用蜀黍稍茎,取其长而滑,今他处多用无节竹条代之。"卷筳的主要功能在于能够将弹就的棉花卷为筒,使"牵纺易而匀细"。③ 元代中期江淮一带织棉工具的发展,从一个侧面反映出当地棉织业已达到一定的水平。

三、造船业

元朝政府为了确保大都粮食供应,连贯国内交通,以及发展与海外的联系,重视造船业的发展。如为了解决大都的粮食问题,开辟从南方到北方的海运,需要大量海船;为了贯通内河航运,需要大量内河船只。元代的造船业,可分为官府与民间两类。官府造船,主要是通过摊派的形式,强行在民间征发工匠和征集物资进行建造。这种摊派常常采用和雇、和买的名义,实质上是强制性的。元世祖至元二十二年十月,元朝政府曾"括佣江淮民船,备征日本"。十二月,"江淮行省

---

① 《元史》卷一五《世祖纪十二》。
② 《元史》卷九三《食货志一·税粮》。
③ 周良霄、顾菊英:《元代史》,第503页。

以战船千艘习水战江中"。① 此外，为了远征日本，至元年间，江东道所属广德路、宁国路等地还有造船的任务。关于当时江南官府造船业的情况，程钜夫在一份上书中曾指出：

> 自至元十八年至今，打造海船、粮船、哨船，行省文字并不问某处有板木，某处无板木；某处近河，采伐利便，又有船匠，某处在深山，采伐不便，又无船匠。但概验各道户计，敷派船数，遍行合属宣慰司。宣慰司仍前遍行合属总管府。以江东一道言之。溧阳、广德等路亦就建康打造，信州、铅山等处亦就饶州打造。勾唤丁夫，远者五六百里，近者三二百里，离家远役，辛苦万状，冻死病死，不知其几。又兼木植或在深山穷谷，去水甚远，用人扛抬，过三五十里山岭，不能到河。官司又加箠楚，所以至元二十一年宁国路旌德县民余社等因而作哄，亦可鉴也。又所用木植、铁、炭、麻布、桐油等物，官司只是椿配民户，民户窘急，直一钱物一两买纳，处处一例，不问有无。其造成船只，并系仓卒应办，元不牢固，随手破坏，或致误事。宜令今后凡是海船，止于沿海州郡如建德、富阳等处打造，粮船、哨船止于江西、湖南、湖北等处打造。仍乞照故宋时打造官船体例，差官领钱与河海船匠议价打造，每人领造若干船只，领若干钱，写立文书，须管十分坚牢，如有违约，追罚价钱，依法治罪。所委官在彼守待了毕，交领回远。则民户无远役之费，匠户无差役之苦，官吏无催督之劳，……公私两便，而所造船只亦可为长久之用。②

由上可见，元初广德路、宁国路等地曾有打造海船、粮船、哨船的任务，其中，广德、宁国等路"离家远役"就建康路打造，过分扰民、困民加重了当地百姓的负担，以至于在至元二十一年发生了宁国路旌德

① 《元史》卷一三《世祖纪十》。
② 程钜夫：《雪楼集》卷一〇《民间利病》。

429

县民余社等因而作哄的民变事件。元代广德、宁国等路的官府造船，实行摊派椿配的方法，和宋代官府与船匠双方订立合同、议价打造不同。两相比较，元代上述地方官府造船的方式是一种较为明显的退步。

四、酒醋酿造业

酿酒业是历史上安徽地区重要的传统手工业部门之一。元代的徽州路、宁国路以及江淮、淮北一带是白酒生产的重要区域。元代徽州路所产白酒较为闻名，且当地的酿酒业已经达到了一定的技术水平。歙县县城一带所酿制出产的沙溪酒，白酒无灰，绵软醇香，为一时之冠。宋末元初歙县人方回曾说："天下酒无不用灰，吾州白酒无灰，城沙溪酒最佳。"①元末休宁人吴讷有诗云："沙溪春酒甜如蜜，醉卧花阴听鸟啼。"②而元代黟县境内所产白酒也以"腊酿冽而无灰"③著称于世。至于元代婺源州盛产白酒的情形，在诗人的笔下也有所反映："酾绿醅分劳农耕野，剔青灯分听子读书。"④从上述文学作品的记载中可反映出，白酒的生产酿制在元代徽州路较为流行。⑤ 为达到降低醪液酸度，防止酒压榨后容易酸败，以及加速酒液澄清的作用，古代酿酒工艺的习惯做法是，在酿酒时一般会加上适量的石灰。而根据上述记载，元代徽州路所产白酒无灰，则说明当地白酒酿造达到了较高的技术水平，同时也说明当地酿制白酒时所选用的水质上佳。元代徽州路酿酒业的发达还可从当地交纳的酒课中窥其一斑。元朝平定江南后，包括徽州路在内的江南地区酒课征收屡有变化。先是行"榷沽"即专卖之法，继之以酒课"均摊各乡都"，即强行摊派；然后又将城乡分开，城中仍行"榷沽"，农村则"自酿办课"。具体到徽州路境内，至元七年，徽州路置宣课提举司，行榷酤法；至元十九年八月罢，以酒课均摊

① 方回：《桐江集》卷一《送紫阳山长刘仲鼎序》。
② 吴讷：《战昱岭关》，陈衍：《元诗纪事》卷二六，上海古籍出版社 1987 年版。
③ 方回：《桐江集》卷一《志隐堂诗序》。
④ 方回：《桐江续集》卷三《丰山亭记》。
⑤ 杨印民：《元代江浙行省的酒业和酒课》，《中国经济史研究》2007 年第 4 期。

各乡都；至元二十年，乡村人户自酿办课，在城再立务榷酤，每石除米曲工本外，取见钞 6 贯；至元二十三年正月罢，仍令民户散办，公私便之。方志对元代徽州路的酒课征收有所记载：至元十五年①，徽州路共应征收酒课中统钞 4624 锭 49 两 600 文。其中，歙县岁额酒课中统钞 1281 锭 27 两 6 钱、休宁县岁额酒课中统钞 920 锭 13 两 5 钱 6 分 8 厘、婺源州岁额酒课中统钞 1203 锭 32 两 4 钱、祁门县岁额酒课中统钞 535 锭 35 两 6 钱 6 分 2 厘、黟县岁额酒课中统钞 249 锭 22 两 3 分 2 厘、绩溪县岁额酒课中统钞 434 锭 18 两 3 钱 8 分。② 于此可见，元代徽州路年交纳酒课的数量已达到较大规模。不过，繁重的酒课在很大程度上加重了当地百姓的经济负担，如至延祐年间，程钜夫曾条言："江南茶盐酒醋等税，近来节次添增，比初时十倍。"③针对百姓所承受的经济负担过重，有不少地方官便在任内将减免酒课作为自己施政的重点内容之一。如元代徽州路总管郝思义，因在任期内"革去泛役，蠲除酒课"等德政而受到人们的拥戴。④

元代，宁国路境内也有白酒酿造，如据方志记载，"元初，以门摊法验各户苗米多寡，旌邑钞 727 锭 27 两 9 钱 3 分 2 厘，内酒课 529 锭 31 两 3 钱 1 分 2 厘"。⑤ 宁国路所属旌德县年交纳的酒课已达到一定的规模。

江淮、淮北一带也是安徽境内白酒生产的传统地区之一。元武宗至大元年，元朝政府曾派人对大护国仁王寺的财产加以统计，其中的一项财产为江淮酒馆 140 家。⑥ 酒馆林立，在一定程度上反映了江淮一带酿酒业及白酒消费业的兴盛。此外，由于白酒生产需要粮食作原料，对粮食的消耗极大，在当时农业生产力水平之下，白酒的生产经常

---

① 据康熙《婺源县志》卷七《食货志·杂税》记载："元至元十五年，酒课中统钞 1202（此处，弘治《徽州府志》卷三《食货二·财赋》作 1203）锭 32 两 4 钱。"由此似可推测，弘治《徽州府志》卷三《食货二·财赋》所载元代徽州路酒课征收的具体数字当为至元十五年交纳的酒课数。

② 弘治《徽州府志》卷三《食货二·财赋》。

③ 姚桐寿：《乐郊私语》，转引自吴晗：《元帝国之崩溃与明之建国》，《清华学报》第 11 卷，第 2 期，1936 年 4 月。

④ 弘治《徽州府志》卷四《职制·名宦》。

⑤ 嘉庆《旌德县志》卷五《食货·杂税》。

⑥ 程钜夫：《雪楼集》卷九《大护国仁王寺恒产之碑》。

受到粮食产量的制约。淮河流域是元代自然灾害频发的地区,经常出现粮食歉收甚至饥荒的局面,官府为维护正常的统治秩序,常在该区域实行酒禁政策。如元英宗至治二年(1322)三月,河南、两淮一带发生饥荒,朝廷便下达禁止当地酿酒的诏令。经常性禁酒措施的实行,在确保民生的同时,却使淮河流域酿酒业受到一定的干扰。近年来的考古发掘也有力地证明了淮河流域酿酒业及白酒消费的兴盛。在淮北柳孜运河遗址以及萧县一带出土的元代生产的四系瓶,据学者考证,就是当时酒肆、馆驿中常用的酒具。在元代,不少酒肆、馆驿在定购四系瓶时,将自己的招牌名号烧写在这种酒具上,如淮北柳孜大运河遗址出土的四系瓶,其中一件的肩部就带有"仁和馆"铭文。作为酒具,"仁和馆"四系瓶上的这种与酒肆有关的名号,反映了当时酒肆繁荣昌盛的现实。① 四系瓶这一类酒具在淮河流域的大量出现,反映了当地酿酒业及白酒消费业的高度发达。

元代徽州路、宁国路境内的酿醋业也有一定的发展,这可从当地交纳的醋课中见其大概。如元初至元十五年②,徽州路年交纳醋课为中统钞 104 锭 35 两 800 文 4 分,其中,歙县岁额醋课钞 43 锭 28 两、休宁县岁额醋课钞 13 锭 49 两、婺源州岁额醋课钞 14 锭 42 两 8 钱、祁门县岁额醋课钞 11 锭 17 两、黟县岁额醋课钞 8 锭 10 两 8 钱、绩溪县岁额醋课钞 12 锭 33 两 9 钱 6 分。③ 元代宁国路境内的酿醋业也似有所发展,如该路所属旌德县于元初某年有醋课 5 锭 9 两 3 钱 6 分的上纳任务。④

五、文具制造业

笔、墨、纸、砚合称"文房四宝",是徽州的传统工艺,享誉海内外。

---

① 参见安徽省文物考古研究所、安徽省淮北市博物馆编:《淮北柳孜运河遗址发掘报告》,科学出版社 2002 年版,第 60 – 61 页;彭善国:《柳孜运河遗址出土"仁和馆"铭四系瓶及相关问题》,《中原文物》2004 年第 6 期。

② 此处所确定的具体年份,系根据弘治《徽州府志》卷三《食货二·财赋》、康熙《婺源县志》卷七《食货志·杂税》所载内容推测而得。

③ 弘治《徽州府志》卷三《食货二·财赋》。

④ 嘉庆《旌德县志》卷五《食货·杂税》。

徽州纸、砚、墨的制造及其工艺在元代也有一定的发展。

1. 造纸业

自南唐始,徽州即以造纸闻名,当地造纸工艺发达,所产纸张精致,质量极高,多被充作贡品。至元代,徽州造纸工艺继续得到传承,并有所发展。元代徽州路造纸业及所产纸张在全国占有极其重要的地位。歙县、休宁、绩溪 3 县是元代徽州路造纸最为集中的地区。其中,歙县造纸之地有四、五、十七、三十、三十一、三十二、三十三、三十四、三十六都;休宁造纸之地有水南及虞芮乡、和睦乡、良安乡;绩溪县造纸之地有十、十一都;上述各地皆有槽户。

元代徽州路造纸业十分发达,是当时全国重要的贡纸来源地之一。元代徽州路的上供纸,常岁供官有赴北纸、行台纸、本道廉访司纸三种。其纸有三色,曰夹纸、线纸、检纸。皇庆二年(1313),朝廷规定了徽州路上供纸具体的原料质地、重量、式样等要求。在原料质地及重量方面要求:赴北夹纸每千张重 50 斤,用白净楮 150 斤;线纸每千张重 32 斤 8 两,用白净楮 90 斤 3 两 4 钱 8 分;检纸每千张重 20 斤,用净楮 55 斤 4 两 1 钱。在式样方面则要求:夹纸每张长 2 尺 4 寸,阔 2 尺;线纸每张长 2 尺 2 寸,阔 1 尺 8 寸;检纸每张长 2 尺,阔 1 尺 6 寸半。

元代徽州路上供纸的数量十分可观,其中赴北夹纸每岁上供 300 万张,行台纸、廉访司纸,每岁上供 20 万张。除赴北纸、行台纸、廉访司纸之外,还有诸衙门和买纸、常课日纸、和买经文纸等名目,其上供数量"动以百万计,不在常数"。元代徽州路贡纸任务极重,加重了当地人民的负担,许多造纸槽户纷纷逃移:"当时有司和买数多,惟务立办,令甫下而追呼沓至,并缘渔猎。先是,宋之季年,因四川破,上供纸外,撩造关子纸,尝于城南置局,然所造关子方之四川,辄破烂不可用久。至于元时,槽户不堪,逃移者众。"在对造纸业的管理及纸张税收方面,至大三年以前隶杂造局,其后改属有司,最后买楮悉依实估,稍革前弊。皇庆二年,曾于人户夏税内折纳赴北纸。延祐六年,总管朱霁言于江浙行省,请求将赴北纸在歙县、绩溪、休宁 3 个产楮县中夏税轻赍上户内折收。其横造纸,札令停塌人户依直和买,移准都省。江

浙行省回咨认为：若止于 3 县上户内折收，恐人力不均，久而靠损，要求在徽州路所辖州县上户内斟酌折收。

元代徽州路的造纸方法已经十分先进、成熟："造纸之法：荒黑楮皮率十分割粗得六分，净溪沤灰盦暴之沃之，以白为度。瀹灰大镬中，煮至糜烂，复入浅水沤一日，拣去乌丁黄眼，又从而盦之，捣极细熟，盛以布囊。又于深溪用辘轳推荡，洁净入槽。乃取羊桃藤捣细，别用水桶浸揉，名曰滑水。倾槽间与白皮相和，搅打匀细，用帘抄成张，榨经宿，干于焙壁，张张摊刷，然后截沓解官。其为之不易盖如此。"①利用羊桃藤汁作纸药，极大地提高了所造纸张的质量。② 此外，元代徽州路贡纸的生产比前代更加专业化，如行台纸、廉访司纸等纸张的名称已明确表示出贡使的单位，表明当时的造纸技术不仅分支更多，而且更加专业化。③ 元代徽州纸以其卓越的工艺受到社会的普遍好评，如元末著名文学家顾瑛有《谢静远惠纸》一首七律："蜀郡金花新著样，剡溪玉版旧齐名。荷君寄我黟川雪，犹带涟漪泻月声。"④对徽州路黟县所产纸予以极高的评价。又如，元代奎章阁广成局副杨元成去徽州征纸时，诗人傅若金作诗一首为其送行。诗中写道："新安江水清见底，水边作纸明于水。兔白霜残晓月空，鲛宫练出秋风起。五云高阁染宸章，最忆吴笺照墨光。元朝笺使江南去，诏许千番贡玉堂。"⑤对徽州路所产纸评价也较高。

在徽州路之外，元代还是皖南泾县宣纸生产的重要时期之一。据 1872 年继善堂梓《泾川小岭曹氏宗谱》记载，大约始于宋末元初，族人曹大三从南陵迁至泾县西乡小岭，见遍山长满青檀，清泉四季长流，遂在此地以造纸为业，世代相传。⑥

2. 歙砚制造业

作为文房四宝之一的歙砚，并不产于歙县，而是出产于婺源境内

---

① 弘治《徽州府志》卷二《食货一·土贡》。
② 张秉伦：《安徽科学技术史稿》，安徽科学技术出版社 1990 年版，第 111 页。
③ 张秉伦、胡化凯：《徽州科技》，安徽人民出版社 2005 年版，第 269 页。
④ 转引自穆孝天、李明回：《中国安徽文房四宝》，安徽科学技术出版社 1983 年版，第 24 页。
⑤ 转引自穆孝天、李明回：《中国安徽文房四宝》，第 25 页。
⑥ 田建平：《元代出版史》，河北人民出版社 2003 年版，第 312－313 页。

的龙尾山。唐代开元年间,猎人叶氏得砚石于龙尾山,因以为砚,自是歙砚名闻天下。龙尾山所产砚石主要集中于紧足坑、罗纹坑、庄基坑、眉子坑一带,各处所产砚石石品不同,各具特色。而在罗纹坑元代称之为旧坑一带,所产砚石又有泥浆、枣心、丝石等品种。其中,旧坑丝纹石品质上乘,被元代人视为"砚宝"。

声名远扬的歙砚还受到朝廷达官贵人的青睐。元至元十四年,朝廷达官贵人向婺源县尹汪月山求砚,汪月山征发当地数都人力寻找砚石,在寻找砚石过程中发生了"石尽山颓,压死数人"的惨剧。当时,婺源龙尾山一带品质上乘的旧坑砚石已经所剩无几,难以求得:"今之所得皆异时椎凿之余,随湍流出数里之外者,每梅涝初退,工人沿流掇拾残珪断璧,能满五寸者盖寡。世之求砚者,率求端方中尺度,非是不取,工人患之,乃采他山顽黝滑枯粗燥而有丝纹之石,炫于旧坑之下,或反得高价,而真石卒不售。三衢丝石,黑而顽;南路丝石,暗而黝;绵潭丝石,浮而滑;夹路丝石,红而枯;水池山丝石,枯而燥。俱不宜笔墨,得之者反宝之。"[①]为了满足求砚者"率求端方中尺度,非是不取"的消费心态,当地工人纷纷采他山顽黝滑枯粗燥而有丝纹之石冒充旧坑砚石,反而能售得高价。在旧坑砚石所剩无几的同时,唯独紧足坑一带仍有大的砚石。及至元末,紧足石也厮凿已尽。元代婺源龙尾山一带砚石的大规模开采和利用,在一定程度上反映出当时歙砚制造业的兴盛。

3. 徽墨制造业

墨是地道的徽州特产之一。徽墨的兴盛期,前期主要集中于南唐、两宋,后期则集中于明清时代。而在处于前后兴盛期之间的元代,徽墨作为徽州一种富有特色的工艺并没有中断,制墨工艺继续得到传承,甚至还出现了一些大制墨家,如歙县人制墨名家陶得和,专制桐油烟墨,受到当时名公巨卿的赏识,著名画家倪瓒对他也极为推崇。此外,元代徽州路制墨名手还有狄仁遂、高庆和、戴颜衡、吴滋、胡智等

---

① 江宾旸:《送侄济舟售砚序》,《新安文献志》卷一九,第 454 - 455 页。

人。① 但因受官府重视不够、税收沉重、社会动荡等不利因素的影响，元代徽州墨业一直维持着"今不如昔"的状况。②

六、刻书业③

元代安徽境内徽州、太平、宁国、池州等路官刻与私刻都很兴盛。据学者统计，元代安徽地区刻书活动共有 57 起，刻书 51 种。按刻资渠道分，官刻 25 起，刻书 20 种，私刻 32 起，刻书 31 种。按地区分，以徽州路为最多，刻书 33 起 32 种，其中官刻 8 起，刻书 8 种，私刻 25 起，刻书 24 种。④

1. 官府刻书

元代安徽地区的官刻图书，以大德年间太平、宁国、池州、广德 4 路儒学参与江东九路、州儒学刻印十七史（实际刻印十史）最为著名。元大德年间，江东建康道肃政廉访司⑤下辖宁国、徽州、饶州、集庆、太平、池州、信州、广德等 8 路及铅山 1 州儒学刻十七史这样一项大的学术文化工程，是元代地方较为罕见的重大的官方联合出版活动。大德九年，江东建康道肃政廉访司以十七史书难得善本，从太平路儒学学官之请，遍牒 9 路、州，令太平路儒学以《西汉书》率先，俾诸路咸取而式之。置刻书局于尊经阁内，刻工来自杭州。刻书领导班子及具体刻校人员的分工为：中顺大夫、江东建康道肃政廉访副使伯都任提调，承务郎、太平路总管府判官刘遵为督工，三复对读者为耆儒姚和中等 15 人，重校修订者为学正蔡泰亨。太平路儒学共刻《汉书》100 卷，用板 2775 面，所需费用概由本路赡学田款支出。大德九年仲夏六日开工，

---

① 田建平：《元代出版史》，第 314 页。

② 鲍义来：《徽州工艺》，安徽人民出版社 2005 年版，第 104 页。

③ 本目在撰写过程中参考了徐学林：《徽州刻书》，安徽人民出版社 2005 年版，第 18－28 页；刘尚恒：《安徽古代出版史述要》，《安徽出版资料选辑》，黄山书社 1987 年版，第 1 辑，第 163－166 页；张秉伦、胡化凯：《徽州科技》，第 277－278 页。

④ 徐学林：《源远流长的安徽古代出版业》，《东南文化》1991 年第 2 期。

⑤ 元代全国分 22 道，江东建康道即其中之一，治所设在宁国路治（今宣城）。肃政廉访司是在元中书省与路府之间设置的地方监察机构。江东建康道肃政廉访司下辖宁国路、徽州路、饶州路、集庆路、太平路、池州路、信州路、广德路及铅山州等 8 路 1 州，即所谓的"九路"。

同年十二月廿四日竣工。① 以太平路儒学刻《汉书》为榜样,随后,宁国路儒学刻《后汉书》120卷,池州路儒学刻《三国志》65卷,广德路儒学刻《南史》80卷。关于宁国路儒学分刻《后汉书》的具体情形,史料记载不多。在宁国路儒学分刻的《后汉书》中有牌记云:"大德九年十一月望日宁国路儒学云教授任内刊。"每卷后或题"张栗、伯颖校正",或题"张栗同李善继校正",或题"宁国路学正王师道校正",或题"张栗、王鳌叟校正",或题"张栗同胡大用、程绍庆校正"等,对具体刻校人员有所记载。上述太平路儒学刻《汉书》、宁国路儒学刻《后汉书》、池州路儒学刻《三国志》等三种图书,均为10行,行22字,注双行22字,四周双栏,版心上记字数,下记刻工姓名。上述各路儒学刻书重在流布,不以赢利为目的,质量较好。

此外,大德二年,旌德县尹王祯主持刻印自纂的《旌德县志》;大德年间,旌德县校官刘安重刻宋胡寅撰《致堂读史管见》30卷;泰定元年,宁国路儒学刊刻《新安旌城汪氏家录》7卷;泰定二年,宁国路儒学刻宋洪适撰《隶释》27卷、《隶续》1卷;后至元年间,旌德县尹刘性等重刊《韦斋集》12卷。延祐七年,徽州郡守朱霁刻《尔雅翼》32卷;至顺元年,紫阳书院教授王子宜刻《历代蒙求》1卷;元末刻《续新安志》10卷等。

2. 私家刻书

元代安徽地区私家刻书活动较为活跃,其中尤以徽州路境内的私家刻书最为著名。在元代徽州路境内,歙县私家刻书活动主要有:大德三年,学者方回的虚谷书院刻元释园至撰《筠溪牧潜集》7卷;元贞年间,虚谷书院刻《天原发微》5卷。至正三年,名儒倪士毅刊刻《四书辑释大成》36卷。至正二十二年,郑氏丛桂堂刻元陈桱撰《通鉴续编》24卷。至正年间,名儒郑玉的师山书院刻自撰的《春秋经传阙疑》45卷、《师山先生文集》11卷及宋罗愿撰《鄂州小集》6卷、《附录》2卷。此外,元代歙县木版画刻工黄叔安,于至治年间与同邑吴俊甫合刻有

① 转引自王重民:《中国善本书提要》,上海古籍出版社1983年版,第78页;又见《天禄琳琅书目》卷五。

《全相平话五种》。休宁县私家刻书活动主要有：名儒朱升先后刻自辑《小四书》4 种 5 卷，《四书》、《五经》旁注 9 种，及《地理五行书》、《墨庄率意录》等。婺源人汪同在休宁浯田创办的商山书院也是该县境内私家刻书活动的一个中心。该书院曾于至正二十年至二十四年主持刊刻本院山长赵汸撰《春秋属辞》15 卷、《春秋师说》3 卷及《附录》1 卷、《春秋左氏传补注》10 卷。此外，程景山曾辑刻《洺水集》60卷。绩溪县私家刻书活动主要有：至正九年，汪梦斗刻《西园康范诗集》等 4 种 4 卷。

在徽州路之外，至正元年，望江王幼学刻《资治通鉴纲目集览》59卷。至正十八年，宣城贡师泰刻《石屏诗集》10 卷。元末，宣城汪泽民与宁国张师愚辑刊《宛陵群英传》28 卷。

第四节　交通运输业

一、陆路交通

元代，沟通各行省省治并直达大都的驿道，是国内最主要的交通干线。以各行省省治所在城市为枢纽建立的驿道，构成了省内路、府、州、县之间的交通系统，并进而与邻省的驿道相连接，互通往来。[①] 元代河南江北行省和江浙行省境内的驿道，大多是利用原有的交通路线，并根据需要增加了一些通路，改建或新设了驿站。元代驿站的主要功能在于为官方来往人员提供交通工具、休息场所和饮食服务。驿站是实现国家治理和统治的重要交通设施之一。元代安徽地区的陆路交通运输以驿道、驿站交通为主要特征，或沿用旧有驿站，或设立新的驿站，以为贯彻朝廷政令及保证交通运输畅通服务。如北宋政和二年，黟县县令张瑜于县北建临黟驿，元代继续加以沿用，并移至县厅

---

① 陈高华、史卫民：《中国经济通史·元代经济卷》，第 373 页。

后,直到元末至正十二年毁于兵。① 南宋绍熙年间,旌德县令李瞻在县南建有栖真驿,元代也一直加以沿用。② 至元十年九月,元朝政府设立正阳等驿站。③ 至元十六年,朝廷曾赐给和州驿站站户羊马钞,④说明此时和州境内已设有驿站。此外,元代曾于清流县设立仁义驿,该驿是当时滁州境内 21 急递铺之一。⑤ 元代陆路驿站中一般配备有马、牛、驴、车、轿等交通工具,在驿站服役的人户称为站户。为确保元代安徽地区陆路交通运输的畅通,各处站户要承担饲养马等交通工具、迎送往来使臣等许多站役,负担相对较重。如延祐二年出任太平路达鲁花赤的鲁明善,在任上曾"定驿马,正里甲,以苏徭困,民多感之"。⑥

除了各种驿道之外,元代安徽地区比较有名的陆路交通运输还有淮河流域一带张柔修筑的甬道。这条甬道在元朝正式建立前即由张柔修筑完成,后来一直得到沿用。

宪宗初年,蒙古政权的大将张柔由杞县(今属河南)移镇亳州,由于当时军需转运不便,加上南宋军队又常以水路来攻,张柔在修筑亳州城墙的同时修筑了以亳州为中心通往汴堤、百丈口等地的甬道。史载,"环亳皆水,非舟楫不达,柔甃城壁属桥梁于汴堤,以通商贾之利";⑦"柔又以涡水北隘浅不可舟,军既病涉,曹、濮、魏、博粟皆不至,乃筑甬道自亳至汴堤百二十里,流深而不能筑,复为桥十五,或广八十尺,横以二堡戍之"。⑧ 张柔通过修筑甬道将亳州与汴堤连接了起来。百丈口在亳州东南 50 余里,为百尺河流入涡水的入口处,张柔"以百丈口为宋往来之道,可容万艘,遂筑甬路,自亳而南六十余里,中为横江堡"。甬路筑成后,又以该甬路东 60 里皆水,可致宋舟,"乃立栅水中,惟密置侦逻于所达之路。由是鹿邑、宁陵、考、柘、楚丘、南顿无宋

① 嘉庆《黟县志》卷九《政事志·驿传》。
② 乾隆《旌德县志》卷二《建置志》。
③ 《元史》卷八《世祖纪五》。
④ 光绪《直隶和州志》卷七《食货志·蠲赈》。
⑤ 光绪《滁州志》卷五之二《兵卫志二·邮政·铺递》。
⑥ 乾隆《太平府志》卷二二《名宦志》。
⑦ 《元史》卷一四七《张柔传》。
⑧ 《元史》卷三《宪宗纪》。

患,陈、蔡、颍、息皆通矣"。① 甬道的筑成,使亳州成为当时蒙古军南征的重要后勤补给基地。②

二、水路交通

元代安徽境内河流众多,淮河、长江、新安江三大江河由西向东横贯全境,内河水上交通运输较为发达。淮河、长江、新安江三大水系各水道,或在战时发挥作为战争通道的功能,或在战时和承平时期发挥作为国内重要商业运输通道的功能。

淮河自西向东贯穿元代安徽北部广大地区,淮河支流汝水、颍水、淝水、涡水、泗水等平行分布,使水运成为淮河流域一带交通的重要特色。金元之际及蒙宋对峙时期,两淮地区战争不断,淮河支流各水道成为行军的主要通道。涣、涡、颍、汝诸水自西北向东南流入淮河,蒙、宋双方都利用这些水道作为行军路线。当时,蒙方将亳、颍、宿等这些水道上的州县作为驻军的重点,常利用这些水道调兵运粮,顺流而下,然后渡淮南进。南宋则一面加强在安丰、泗州等沿淮重镇的布防,一面重点防御淮北各水支流入淮河口地区。颍口(今颍上县南)、涡口(今怀远)、五河口、清口是当时蒙宋双方交战的主要战场,争夺较为激烈。南宋军队也经常利用这些水道北进。史载,"宋兵恃舟楫之利,驻亳、泗,犯汴、洛,以扰河南"。③ 南宋端平入洛之师即是在庐州知州全子才的率领下沿涡水北上,途经蒙城、城父(今亳州南)、亳州等地,抵达开封,以图收复洛阳、开封、归德三京的。而蒙古军则"分兵屯大河之上,以遏宋兵",汉军多分布在淮北诸州,并伺机南下。乃马真后元年(1242),察罕、张柔率领蒙古军乘船由涡水、颍水入淮,虽然在濠州、五河口受阻,但一支偏师则渡过淮河攻略扬州、和州、滁州等地。④三年,另有一支蒙古军沿颍水南下,并在颍口击败南宋军队,围攻寿

---

① 《元史》卷三《宪宗纪》。
② 参见王鑫义主编:《淮河流域经济开发史》,黄山书社 2001 年版,第 586 – 587 页。
③ 《元史》卷一四七《张柔传》。
④ 《元史》卷三《宪宗纪》。

春,后被南宋援军孟珙、吕文德部打败。① 除了战时所发挥的战争通道的功能外,淮河支流各水道还是元朝统一全国后国内较为重要的商业运输通道之一。元代已有不少徽州商人在两淮一带经商,如歙县岩镇人汪德兴曾"治鹾于淮",在淮河流域从事盐业经营。② 便利通畅的淮河流域各水道成为各处商人经常穿越的黄金水道。

长江自西向东流经安徽境内广大地区,是安徽境内的重要水运通道。元代安徽境内的长江水道是蒙宋双方行军的主要道路和军事斗争的重要战场。至元十一年六月,元世祖忽必烈下诏攻宋,以伯颜为帅。伯颜兵分两路,其中一路由他亲自率领,沿汉水入长江,并顺江而下,直趋南宋都城临安。在安庆、池州、丁家洲、芜湖、太平、采石等安徽沿江一带,蒙宋双方征战激烈,元军所向披靡,取得节节胜利,并最终灭亡南宋。元朝统一全国后,元代安徽境内的长江水道又成为各地商贾经常往来的重要水上通道,许多商人特别是徽州商人利用地利之便,沿长江上下或经由长江水路前往江汉、四川、鄱阳、九江、两淮等地从事商业活动。如元代婺源苻村里人汪会,"壮尝买舟与商人出鄱阳,过九江,望荆湖之墟"。③

新安江自西向东横贯徽州全境,是元代安徽境内又一重要的水路通道。元代大批徽州商人通过新安江及其支流将大量徽州当地的土特产品、商业物资运往境外牟利。如这一时期许多婺源州及祁门县的竹商、木商通过新安江及其支流将竹木运往鄱江及淮东真州等处贩卖。④ 此外,新安江流域一些交通冲要之地还成为元朝政府设立税务机构以征收商税的重要处所,如位于歙县境内新安江与率水交汇之处的浦口即是当时运输竹木等过往桴筏的聚集场所,元朝政府曾在此置场征税。⑤ 与大量徽州土特产品、商业物资被运往境外相反,元代不少徽州米商在灾荒年代纷纷通过新安江及其支流各水道向徽州本土贩

---

① 参见王鑫义主编:《淮河流域经济开发史》,第 584 – 586 页。
② 《新安名族志》前卷《汪》,黄山书社 2004 年版,第 185 页。
③ 程文:《伯会先生汪君会行述》,《新安文献志》卷八九,第 2187 页。
④ 弘治《徽州府志》卷三《食货二·财赋》。
⑤ 弘治《徽州府志》卷三《食货二·财赋》。

运粮食以解家乡民众的燃眉之急。如天历年间,祁门县境内发生严重饥荒,祁门县达鲁花赤张蒙完得,招谕商旅从境外贩运粮食予以救济,"不旬日,稻米踵艘连舳而至。溪岸隘塞,虽遇荒歉而民无菜色"。[①]新安江及其支流各水道因此也成了灾荒岁月中元代徽州人救命的通道。

第五节　商　业

一、蒙宋时期的颍州互市

蒙古统一中国之前,与南宋之间长期发生战争和冲突,形成对峙的局面,战火时断时续。但与此同时,出于各自的需要,蒙、宋在双方边界上又设立榷场,允许南北之间进行互市贸易。中统元年七月,忽必烈在即位三个月后便下令于颍州、涟水、光化军立榷场开展南北互市。[②]当时蒙宋边境互市的经营方式为:由商人运货到场,场官收购之后,再和南方贸易,商人自己是不能直接和南方场官或商人发生联系的。南北互市是一种官府垄断的商业贸易行为,它对不在榷场内进行贸易的私商活动予以严禁。如中统二年八月,南宋私商75人进入宿州境内,被有司议置于法,后忽必烈下诏予以宽宥,并"还其货,听榷场贸易"。[③]出于对蒙宋双边互市的重视,中统四年,忽必烈以礼部尚书马月合乃兼领颍州、光化互市。[④]当时马月合乃曾建言颍州、光化等处立榷场,岁可得铁103.7万余斤,铸农器20万事,用易粟4万石输官,不仅官民两便,而且还可藉以镇服南方。[⑤]于此可见,铁是当时蒙宋双

---

①　弘治《徽州府志》卷四《职制·名宦》。
②　《元史》卷四《世祖纪一》。
③　《元史》卷四《世祖纪一》。
④　《元史》卷五《世祖纪二》。
⑤　《元史》卷五《世祖纪二》、卷一三四《月合乃传》。

方榷场贸易的重要商品之一。不久,因双边关系恶化,至元元年正月,忽必烈下令罢除颍州等处南北互市,并申严越境私商之禁。① 至元二年三月,重申罢除南北互市,征括民间南货,"官给其直"。② 至元九年十二月,将南宋派来商讨互市的使者遣归。③ 由于此时忽必烈已下定灭亡南宋的决心,所以南宋派遣使者提出互市的要求不可能被接受。南北互市的中断,给蒙宋双方经济都带来了一定的消极影响。

除了颍州互市等官方设定的商业行为之外,为了筹集军粮等服务于征服南宋的实际军事需要,蒙宋对峙时期,一些蒙古将领还在自己的辖区内实行发展商业的措施。如亳州万户张柔曾在淮河流域一带修筑汴堤以通商贾之利,在一定程度上促进了亳州、宿州以及曹、濮、魏、博等地粮食贸易等商业活动的活跃。④

二、全国统一后安徽地区的商业

元朝统一全国后,随着这一时期安徽地区社会秩序的日渐稳定,农业、手工业生产的不断恢复,这一地区的商品交换逐渐复苏,商业活动日渐活跃。元代安徽地区商业的发展主要体现在以下方面:

首先,这一时期安徽地区不少地方的商业街市在宋代基础上有了新的发展。如元代徽州路治所在地街市的规模便在宋代基础上有了一定扩展:"市:宋绍定中,郡守刘炳整甃,自西门至三庙门孝义坊,至兴贤坊、州学前。明年春,又于郡治前重甃,共二百六十余丈。历元至今,时加修治,康庄坦然,市肆辏集。"⑤于此可见,元代徽州路治所在地街市的道路已似康庄坦然,商业铺面也较前代更为密集,商业活动已很活跃。元代徽州路婺源州的街市也达到了一定的规模:"市:五代时南唐检校司空刘津建东、西两市,宋元及国朝因之。街阔一丈七寸,东西三百六十丈,转入庙巷四十丈。"⑥元代徽州路祁门县的街市也得到

---

① 《元史》卷五《世祖纪二》。
② 《元史》卷六《世祖纪三》。
③ 《元史》卷八《世祖纪五》。
④ 乾隆《颍州府志》卷六《名宦志》。
⑤ 弘治《徽州府志》卷一《地理一·坊市》。
⑥ 弘治《徽州府志》卷一《地理一·坊市》。

拓展:"市:唐置县时街分田字,历五代宋元及国朝因之,时加修治,平坦如旧。"①

其次,这一时期安徽地区许多地方的商税征收管理机构不断设立,政府加强了对商税的征收和管理。设立专门的税收机构以征税是维持元代国家机器正常运转的重要基础。元朝政府往往在一些重要城镇及交通冲要之地设立专门的税务机构以向商人征收商税。以徽州路为例,元代在歙县境内共设立岩寺务、松源务、王村务、蛇坑务、牌头务、潜口务等税务机构6处,在休宁县境内共设立在城务、蓝渡务、五城务、江潭务、临溪务等税务机构5处,在婺源州境内共设立在城务、高沙务、中平务等税务机构3处,在祁门县境内共设立在城务、石门务等税务机构2处,在绩溪县境内共设立在城务、大谷务、坑口务等税务机构3处,其中,征收境内行商坐贾的商税是上述各税务机构的主要职能之一。② 如岩寺镇是元代歙县境内的重要市镇。岩寺立镇始于宋绍兴年间,当时商旅每旬以三八日会集贸易,朝廷在此创设税务,以征收商税。归附元朝后,元朝政府重新在此设立岩寺务征收商税,由于课额浸重,造成商旅日稀的局面。至大元年,在岩寺镇共计征收商税中统钞528锭9两1钱5分,其税收来源主要取办于漆器等商铺,由于离朝廷规定的税额相差很远,务官往往以亏课遁去。至大二年,经过徽州路向江浙行省的申请,获准减免中统钞52锭28两,这笔税收改由"他务稍轻处增入"。此外,一些交通冲要之地也是元朝政府设立税务机构以征收商税的重要处所。如歙县南15里处的浦口,为新安江与率水交汇之地,也是竹商、木商过往桴筏聚集场所。元至元十五年九月,徽州路于此置场,征收过往商人的竹木税,其具体做法是"依商税则,以十分抽一变卖作钞解纳"。③ 至元二十一年,在浦口一处共抽分变卖到中统钞51锭20两5分,自该年起,定作课额征办,不再抽分本色。

---

① 弘治《徽州府志》卷一《地理一·坊市》。

② 关于元代黟县境内税务机构的设置,文献记载不详。据弘治《徽州府志》卷三《食货二·财赋》记载,至元间,黟县征收商税中统钞240锭46两5钱。

③ 弘治《徽州府志》卷三《食货二·财赋》。

　　复次,这一时期,安徽境内许多地方通过庙会等形式举行定期集市贸易,促进了广大农村地区的商品流通。如元代徽州路婺源州境内的民间庙会十分兴盛,当地流行有五显神的民间信仰,"岁四月八日,四方民诣五显神,为佛会,天下商贾辏集",①在举行庙会期间,各地商贾纷纷前来,商业活动颇为活跃。

　　最后,这一时期,许许多多的徽州人外出从事商业活动,历史上颇为著名的徽商在这一时期已初露头角。② 大量史料表明,元代是徽商发展壮大的一个重要阶段,无论其活动地域、经营行业、商业资本、经营方式等都十分引人注目。就活动地域而言,元代徽州商人既有在徽州境内从事商业活动的,但更多的人则选择在徽州境外从事商业活动。在徽州境内从事商业活动的,如元代歙县棠樾人鲍昌孙"迁居岩镇,货肆经营"。③ 在徽州境外从事商业活动的地域主要有江汉、杭州、两淮、四川、鄱阳、九江、真州、京师、秦陕等地,即长江流域及两淮地区是当时徽州商人活动的重点地域。如元代歙县棠樾人鲍叶,"尝挟赀游江汉,继于所居开市,理财有法";④元代歙县棠樾人鲍饶,"尝客游杭州,交结贤达,以米商起家并立产业,年五十余卒于杭州";元代歙县岩镇人汪德兴,"治韰于淮,好结多士";⑤元代休宁和镇人戴亨,"商游蜀地,值元末兵交,弗克还";⑥元代婺源苻村里人汪会,"壮尝买舟与商人出鄱阳,过九江,望荆湖之墟"。⑦ 元代许多婺源州及祁门县商人曾将竹木运往鄱江及淮东真州等处贩卖。⑧ 元代歙县人蒋宗元,"从兄熹甫入京师,懋迁为业"。⑨ 元末,休宁率东程氏大商人程维宗的原配草市孙氏"外家父母垂老,其子商游秦陕忘归,公(指程维宗——引者

---

① 方回:《饶州路治中汪公元圭墓志铭》,《新安文献志》卷八五,第2076页。
② 参见王裕明:《明代前期的徽州商人》,《安徽史学》2007年第4期。
③ 乾隆《重编棠樾鲍氏三族宗谱》卷一六四。
④ 乾隆《重编棠樾鲍氏三族宗谱》卷一二七。
⑤ 《新安名族志》前卷《汪》,第185页。
⑥ 《新安名族志》后卷《戴》,第467页。
⑦ 程文:《伯会先生汪君会行述》,《新安文献志》卷八九,第2187页。
⑧ 弘治《徽州府志》卷三《食货二·财赋》。
⑨ 程文:《蒋市监宗元传》,《新安文献志》卷八八,第2174页。

注）为之经纪,其家未尝失所"。①

就经营行业而言,这一时期,徽州商人主要经营粮食、食盐、竹木等行业。元代的徽州路是一个粮食极为短缺的地区,在灾荒年代,徽商中的米商纷纷从外地购买稻米以解家乡燃眉之急。如天历年间祁门县发生严重饥荒,时任祁门县达鲁花赤张蒙完得,招谕商旅从外郡贩运粮食进行救济,并"明示榜文,不许扰害商旅,不旬日稻米踵艘连舳而至。溪岸隘塞,虽遇荒歉而民无菜色"。② 除了向徽州本土贩运粮食外,元代还有不少徽商在徽州境外从事粮食贸易,如歙县棠樾人鲍饶在杭州从事粮食经营,"以米商起家"。经营盐业的,如元代歙县岩镇人汪德兴,"治蹸于淮"。③ 从事木材贸易的,如许多婺源州及祁门县商人曾将徽州本地所产竹木运往鄱江及淮东真州等处贩卖,所过之地,依则向官府缴纳商税。④

就商业资本而言,这一时期,不少徽州商人通过从事商业活动而发财致富,有的甚至成为巨富,商业资本极其雄厚。如:元代歙县棠樾人鲍饶"尝客游杭州,交结贤达,以米商起家并立产业"。元代歙县人蒋宗元,跟随其兄在京师经商,"时年尚少,心计颖敏,能辨物精粗,相时利便,贱入贵辄出,中机会,往往大获,虽老于市者莫能与之校"。⑤元代歙县澄塘人吴尚老,"远商,积富巨万"。⑥ 元代休宁断石村人韩庆七,"世为巨商"。⑦ 元代休宁率东程氏族人程观保,"既冠,商游江湖"。⑧ 其子程维宗于元末"从事商贾,货利之获多出望外,以一获十者常有之,若有神助,不知所以然者,由是家业大兴"。其资本十分雄厚,曾在休宁、歙县境内增置田产 4000 余亩,佃仆 370 余家。并置有田庄 5 所:宅积庄,则供伏腊;高远庄,则输二税;知报庄,以备军役之

① 《休宁率东程氏家谱》卷三,明刻本。
② 弘治《徽州府志》卷四《职制·名宦》。
③ 《新安名族志》前卷《汪》,第 185 页。
④ 弘治《徽州府志》卷三《食货二·财赋》。
⑤ 程文:《蒋市监宗元传》,《新安文献志》卷八八,第 2174 页。
⑥ 《新安名族志》后卷《吴》,第 375 页。
⑦ 《新安名族志》后卷《韩》,第 681 页。
⑧ 《休宁率东程氏家谱》卷二,明刻本。

用;嘉礼庄,以备婚嫁;尚义庄,以备凶年。又于屯溪造店房 4 所,共屋 47 间,以居商贾之货。① 又如,至元末朱元璋所部起义军入徽,曾得到歙县商人江元一次 10 万两饷银的资助,于此可见其商业资本已非同一般。②

就经营方式而言,值得注意的是,在长期的经商过程中,元代一些徽州家族的族人,如歙县棠樾鲍氏族人鲍昌孙、鲍叶、鲍饶等在同一时期大量外出经商,子孙相继,世代相传,有形成商人家族的趋势。又如,经商获得成功的歙县商人蒋宗元,"与诸昆弟族人同财,无纤毫私,以是益见信重。……宗元次于诸族人亲戚为长,顾左右皆其从子孙,行受约束,严惮莫敢自纵,治货殖,率以宗元为师"。③ 于此可见,及至元末,该家族有多人从事商业经营活动,并形成名副其实的商人家族。

---

① 《休宁率东程氏家谱》卷三,明刻本。
② 张海鹏、张海瀛主编:《中国十大商帮》,黄山书社 1993 年版,第 444 页。
③ 程文:《蒋市监宗元传》,《新安文献志》卷八八,第 2174 – 2175 页。

第十四章

元代安徽地区的文化、教育和科技事业

元代安徽地区的学术文化成就主要体现在文学艺术、史学、哲学等领域。在文学艺术方面,杂剧、诗词等文学创作繁荣,绘画艺术有所发展;在史学方面,元代安徽籍人士积极从事正史、方志、谱牒等各类史志的编纂活动;在哲学方面,新安理学进一步发展,和会朱陆思想有所抬头,当涂人杜道坚的道学思想颇具影响。元代安徽地区的教育有所发展,地方官学教育和民办学校教育并举,书院教育繁荣并成为教育亮点。在科技方面,元代三部著名农书的编纂均与安徽有涉,活字印刷技术在安徽地区率先取得重大突破,医学继续发展,民间数学、天文、历法领域诞生了一些学者。

第一节　文学艺术

一、杂剧创作

杂剧是在我国历代歌舞、说唱艺术长期发展的基础上,特别是吸收宋金以来的诸宫调,从而结合形成的一种新的戏剧艺术形式,是元代文学艺术的杰出代表。元代安徽籍人士从事杂剧创作或表演见诸记载的,主要有亳州孟汉卿、凤阳杨景辉二人。

孟汉卿,亳州人,元前期杂剧作家。与关汉卿同时代。长期活动在戏曲创作和演出兴盛的燕赵、大都一带,是元大都著名文人创作团体玉京书会中的重要成员,作品有《魔合罗》。

《魔合罗》全称《张鼎智勘魔合罗》,其故事发生在河南府。剧本描述河南府恶少李文道谋杀堂兄小商贩李德昌,霸占堂嫂刘玉娘及堂兄家产,并贿赂官府、制造冤案,后被良吏六案都孔目张鼎智勘案情,案情真相大白,真凶得到惩治。这是一出通过谋财害命的事件,揭露封建家庭内部矛盾和元代政治黑暗、官府腐败的公案戏,有着较为强烈的现实意义和批判精神。该剧构思缜密,结构精当,情节波澜起伏、张弛有致,人物刻画生动,曲词运用颇见功力,在思想上和艺术上皆颇有可取之处。元末明初戏曲作家贾仲明增补本《录鬼簿续编》对该剧作了较高的评价:"己斋老叟播声名,表字相同亦汉卿。《魔合罗》一段提张鼎,运节意脉精。有黄钟、商调新声。喧燕赵,响玉京,广做多行。"可见,孟汉卿及其杂剧作品在以大都为中心的北方广大地区颇有名声。此外,明代戏曲理论家、剧作家朱权的《太和正音谱》也对该剧评价极高,将其列为杰作。该剧在当时影响很大,并受到后人的推崇,一直流传至今。

杨景辉,凤阳人,元代杂剧演唱家。明代朱权《太和正音谱》将其列为元代"知音善歌者"之一。现存小令一首。

二、诗词创作

元代安徽地区诗词创作繁荣,其中,歙县方回,宣城贡奎、贡师泰、贡性之等贡氏家族成员,绩溪舒頔、舒远、舒逊三兄弟在诗词创作方面成就较为突出。此外,徽州、宁国、池州、太平、庐州等安徽沿江江南一带诗词作家群出,江淮以北则相对较少。

1. 方回诗论及诗歌创作成就

方回(1227—1307),字万里、渊甫,号虚谷、紫阳山人,歙县人。是继吕本中之后江西诗派的又一位重要的诗论家,也是江西诗派的最后一位诗论家。方回在诗歌理论上最重要的建树是,以杜甫为一祖,黄庭坚、陈师道、陈与义为三宗,倡言"一祖三宗"之说;标榜江西诗派,企图以推崇江西诗派来矫正宋末永嘉四灵诗派和江湖诗派的弊病。

针对宋末四灵和江湖诗派存在的毛病,在诗歌创作上,方回对感时伤世、恢张悲壮的诗歌较为推崇,强调诗歌创作要关注现实,要因真情实感而发。在风格论上,方回强调诗的格调,注重"格高",提倡格律整峭。他认为:"诗先看格高,而意又到、语又工,为上;意到语工而格不高,次之;无格无意又无语,下矣。"在重视格高的同时,极力推崇黄庭坚等人的廋硬诗风,强调"绣与画之迹俱泯"。方回诗论的弱点在于,他过于紧步江西诗派之后尘,大讲句法、字眼,甚至有些议论近于酸腐。因此,他的诗歌理论并未导致江西诗派的复兴,只能算作是江西诗论的余火。

就其诗歌具体内容而言,具有一定的人民性和现实意义。如《路傍草》云:

野火燎荒原,霜雪日皠皠。
牛羊无可嘬,众绿就枯槁。
天地心不泯,根芽蛰深杳。
春风一披拂,颜色还媚好。
如何被兵地,黎庶不自保。
高门先破碎,大屋例倾倒。

间或遇茅舍,呻吟遗稚老。

常恐马蹄响,无罪被擒讨。

逃奔深谷中,又惧虎狼咬。

一朝稍苏息,追胥复纷扰。

微言告者谁,劝我宿须早。

人生值艰难,不如路傍草。

《题苦竹港寓壁》云:

三十年前此路行,来车去马唱歌声。

旗亭沽酒家家好,驿舍开花处处明。

白羽宵驰四川道,青楼春接九江城。

如今何事无人住,移向深山说避兵。

《虚谷志归》云:

闻我解征鞍,相看喜复叹。

主贫奴仆傲,兵起道途艰。

药许求钟乳,花先问牡丹。

亲朋聊共醉,老幼幸俱安。

《残春感事二首》云:

登高高处望,万嶂一溪横。

不满千家市,今休十载兵。

训狐号永夜,猛虎迫荒城。

此亦关人事,忧端未易平。

在上述诗篇中,方回对宋元之际残酷的战争给社会经济造成的破坏以及战争和官府胥吏给人民造成的干扰和疾苦多有反映。

2. 宣城贡氏家族的诗歌创作

元代,宣城贡氏家族显赫一时,其成员多为达官显宦,在诗词创作方面,贡奎、贡师泰、贡性之等取得了一定的成就。

贡奎(1269—1329),字仲章,宣城人。诗格为元人巨擘,其为文,闳放俊傀,不狃卑近。与元复初、袁伯长、邓善之、马伯庸、王继学、虞伯生辈相唱和,皆一时豪俊声名之士。其诗作如《敬亭山》、《采石矶》、《舟宿荻港》、《望池州山》、《过广德》等,对故乡宣城及安徽境内名胜风物多有描述。《避暑》对酷吏压迫人民的恶行予以揭露,反映了普通下层民众的生活疾苦,具有一定的现实性。此外,如《舟中偶成》、《题陈氏所藏着色山水图》等诗篇,通过写景抒情,恬淡自然,深静有致,具有一定的艺术价值。因其长期为官,不少诗篇属于酬赠应答、抒发个人情怀之作。

贡师泰(1298—1362),字泰甫,号玩斋,宣城人。奎子。杨廉夫为《玩斋集》所作序云:"盖仲章(指贡奎)雍容馆阁,翱翔于延祐诸公之间;而泰甫(指贡师泰)当师旅倥偬,独擅文名于元统、至元之后。有元之文,其季弥盛,于宛陵父子间见之矣。"对贡师泰父子的文学成就给予较高的评价。

师泰的诗作对广大人民的生活疾苦有一定的反映。如《河决》云:

去年黄河决,高陆为平川。今年黄河决,长堤没深渊。……人哭菰蒲里,舟行桑柘颠。岂惟屋庐毁,所伤坟墓穿。丁男望北走,老稚向南迁。县官出巡访,小吏争弄权。社长夜打门,里正朝率钱。鸠工具畚锸,排户加答鞭。分程杵登登,会聚鼓阗阗。虽云免覆溺,谁复解倒悬。弥漫势稍降,膏血日已腴。流离望安集,荒原走疲瘝。孤还尚零丁,旅至才属联。园池非故态,邻里多可怜。贫家租旧地,富室买新田。颓垣吠黄犬,破屋鸣乌鸢。秋耕且未得,夏麦何由全……昨闻山东饥,斗米直十钱。即今江南旱,骨肉皆弃捐……

对黄河决堤及官府压迫造成的人民苦难有所揭示,在某种程度上反映了他对下层民众生活疾苦的深切同情。

此外,如《采菱女》诗云:

> 落日照淮甸,中流荡回光。
> 窈窕谁家女,采菱在横塘。
> 风吹荷叶低,忽见红粉妆。
> 红妆背人去,惊起双鸳鸯。
> 鸳鸯去复来,烟水空茫茫。

对两淮一带采菱女的劳动生活有较为生动的描写,勾勒出一幅幅精美的农家生活画卷。又如《送人归庐州》云:"淮水春深绿似苔,故人天上恰归来。扁舟系在门前树,犹纪行时手自栽。"对淮河流域的自然景观作了精彩的描绘。

贡性之,生卒不详,字友初,号南湖先生,宣城人。师泰从子。与王冕齐名,在元末杭州一带颇负盛名。王冕善画梅花,时人争求其画,凡得王画者,又必请性之题诗,不如此则不贵重。因而,在其诗集中多有咏梅之作。如《题梅》诗云:

> 平生心事许谁知,不是梅花不赋诗。
> 莫向西湖踏残雪,东风多在向阳枝。

诗中寓有自甘贫寒之意,见出高士之气。此外,所作诗篇如《湖上春归》、《吴山游女》、《送戴伯贞还广西》等,叙事委屈而感慨系之,并多有杰出之句,出于诸作之上,是元代诗歌作品中的传诵之篇。钱唐田汝成评价其诗云:"友初诗才清丽,但纤浓乏骨。"

3. 绩溪舒氏三兄弟的诗词创作

元代,绩溪舒氏舒頔、舒远、舒逊三兄弟在诗词创作方面取得了一定的成绩,其中,兄舒頔以诗文名家,弟舒远、舒逊皆从之游,得其源流。一时唱和,花萼相辉。

舒頔(1304—1377),字道原,号贞素道人,绩溪人。生活于元末社

会大动荡的年代,其诗词创作较多地反映了当时的社会现实生活,具有一定的现实意义。如《缲丝叹》、《缲丝行》等诗篇,反映了蚕农等普通下层民众的生活疾苦。《缲丝叹》云:"东家缲丝如蜡黄,西家缲丝白如霜。黄白丝,出蚕口,长短缲,出妇手。大姑停车愁解官,小姑剥茧愁冬寒。向来苦留二月卖,去年宿债今未还。手足皲瘃事亦小,官府鞭笞何日了。吏胥夜打门,稚蠢生烦恼。君不见江南人家种麻胜种田,腊月忍冻衣无边,却过庐州换木绵。"对元代社会政治生活的阴暗面有所揭示。在词的创作方面,舒頔词风沉郁婉转,词作内容充实,如《水龙吟》、《满江红·天也多情》、《沁园春·多少闲情》、《水调歌头·时杨溪避兵》等,从不同角度反映了元代末年兵祸频仍、民生困苦的社会现实。

舒远,字仲修,号北庄,绩溪人。有诗作《庄居述怀二绝》、《早行和弟可庵二首》、《幽事》、《秋日郊行》等。

舒逊,字士谦,号可庵,绩溪人。有诗作《和许知县织妇吟二首》、《李谪仙》等。

4. 余阙的诗歌创作

余阙(1303—1358),字廷心,一字天心,自号青阳先生,合肥人。擅诗歌创作。《元史》本传称其"诗体尚江左,高视鲍、谢,徐、庾以下不论也"。明人胡应麟《诗薮》则称其"古诗近体,咸规仿六朝,清新明丽,颇自足赏"。观其留存诗作,大抵诗风素淡,以五言见长。其诗以汉魏为宗,优柔沈涵,于元人中别为一格。有《青阳集》4卷。

5. 潘纯的诗歌创作

潘纯,一说庐江人,工诗赋。晚流寓江南,与杭州士子以诗歌相唱和。作诗喜为今乐府,歌诗清郁秀丽,有温李之风。尤以《岳王墓》、《钱塘怀古》等篇什闻名于世,其中有"江左长城真自坏,邺中明镜为谁歌;空余满地苌弘血,芳草年深碧更多",为时人传诵。有《子素集》。

三、绘 画

元代安徽地区涌现出了一批在全国画坛上较为有名的画家以及一些地方画坛高手。与两宋相比,元代绘画总体处于衰落状态。

1. 人物画

张渥(？—1356)，字叔厚，号贞期生、江海客，淮南人。寓居杭州。博学明经，屡试不第，遂致力于诗画。其画作以白描人物闻著于世，师法北宋李公麟，有"李龙眠后一人"之誉。笔法细劲流利，洒脱自如，线描浓淡、粗细、疏密变化自然，形象生动有神。作品珍稀，"虽时贵亦罕能得之"。明清以降，其线描技法被奉为"铁线描"的典范。其画作多取材于文学题材、历史故事以及释道人物。存世作品有《雪夜访戴图》、《九歌图卷》、《白描乘鸾仙》、《白描麻姑像》、《乘鸾月仙》等。其中，《雪夜访戴图》记述王徽之雪夜访戴逵造门不前而返的事。作品对封建文人士大夫那种卓荦不羁的情态作了惟妙惟肖的刻画，布局简洁，用笔爽利，寓意深远，是元代人物画中颇为难得的神品。《九歌图卷》用白描法绘成，笔墨苍劲古雅，师法李龙眠，名噪当时。还曾为陶渊明、李白、孟浩然、太乙真人等画像，惜已亡佚。在元代人物画总体呈衰势的情况下，张渥的人物画所表现出的水平却依然较高，在画史上占有一定的地位。

杨鉴泉，绩溪人。善写真，尤工山水。其画作精致惟肖，画技高超。一日，过乳溪之上，写李将军(克用)惟肖，其精致非时流所及。

2. 山水画

元代安徽地区山水画较为发达，派系众多，出现了金汝霖、朱璟、邵孜、束遂庵、庄麟、陈君佐、李升等一批较为有名的山水画家。

金汝霖，自号藤溪钓叟，歙县人。平生薄声名而慕闲旷，从容山水，游戏翰墨。以善画墨竹名于世。其山水、梅花自成一家，兼善画龙。

朱璟(1298—1330)，字景玉、爱梅，别署玉峰，歙县人。画宗米元晖、高彦敬二家之法，自成一家。徽州江氏曾藏有朱璟绢本雪景，笔致疏朗，林木秀劲。黄宾虹对其山水竹石画评价极高，认为"笔墨挥洒，洵得宋人矩矱而超出其樊篱"。[1]

邵孜，字思善、青门，休宁人。师从休宁县尹唐棣，于丹青有所得。

---

[1] 参见《黄宾虹文集·书画编》，上海书画出版社 1999 年版，下册，第 228 页。

善画山水。曾远游四方以广其见，收揽山川形势，为胸中丘壑。孜弟谊，字思宜，号瓜圃锄云、青门生。工山水，尤精红梅墨菊。曾以休宁境内的松萝山为对象作《逻上人索画松萝眠云图》。画作亦受唐棣影响。黄宾虹将其兄弟二人归为"唐棣传人"。

束遂庵，合肥人。善画山水，兼擅人物。代表作《君山酹月图》，为一时名作。

庄麟，字文昭，淮南人。善画山水，笔墨清润可爱。代表作《翠雨轩图》，名于当时。

陈君佐，宿州人，居扬州。善画山水，画法得马远、夏珪之益。另擅长花鸟、水墨，墨戏师宋徽宗。

李升，字子云，号紫篔生，濠梁（今凤阳）人。善画墨竹，平远小景尤佳。后至元六年作《冲真澉湖送别图卷》。

3. 花鸟画

郑以进，字成德，号爱竹，歙县人。善绘墨竹，著有《爱竹画稿》。

程政，字逊之，绩溪人。善画山水、人物，兼花草、翎毛，尤以花鸟闻名。为徽州境内最早学习元四家的画家。其画山水，水墨纸本，圆笔攒点，墨气浑厚，与元四家之一的吴镇画风颇为近似。

边鲁，字至愚，号鲁生，宣城人。能诗善画，尤擅画花鸟、水墨，笔墨沉厚，气韵秀逸。所作《梨花双燕图》，名重当时。另有画迹《群鸦话寒图》、《水墨牡丹图》录于《绘事备考》。传世作品《起居平安图》，纸本墨笔，画绘奇石耸立溪边，一雉鸡俯身凝视，形神兼备，灌木修竹，溪水流动。图中远景以空白为水，近景突出主体，视野开阔，层次分明。

贡性之，字友初，宣城人。善绘梅竹，有《翠竹红梅图》传世。

4. 马、龙画

戴仲德，绩溪人。善画马、山水、人物、花竹木石，能将书法艺术与绘画相结合。其画法深受赵孟頫影响。曾绘骏马于驿旁古祠壁，马见之皆避易。汪克宽称其"博洽书史，而画马尤工，几夺造化。"黄宾虹称："徽郡之人以画著名，当自仲德始。"①

---

① 参见《黄宾虹文集·书画编》下册，第227页。

王元庆，一名安节，字元成，元末婺源人。善画马。

张羽材，字国梁，号薇山、广微子，宿州人。道士。善画龙，变化莫测，每绘则了无粉本。兼善画竹。

其他画家 汪罕，字仲罕，休宁人。工书画，所作醉墨淋漓，人争取之，以为奇玩。石隐，黟县人。入元，出家为僧。善诗画。

第二节 史 学

一、正史及专史编纂

辽、金、宋三史是二十四史重要组成部分，至正三年设局，右丞相脱脱为都总裁，下设三史总裁官。同年四月，三史同时开始修撰。四年三月，完成《辽史》；十一月，完成《金史》。五年十月，完成《宋史》。在元代这一浩大的修史工程中，有不少皖人参与其中，有的人还为修史作出了较大的贡献。如：汪泽民（1274—1356），字叔志，宣城人。至正三年，应召赴阙，主分修《兵志》及《宋理宗本纪》。[1] 贡师泰（1298—1362），字泰甫，宣城人，"预修后妃、功臣列传"。[2] 贡师道，字道甫，宣城人，与修辽、金、宋三史。总史事脱脱，欲以辽、金为正统，师道奋笔疾呼：昔苻坚已据中原，不忘东晋，凡以成正统也。本朝得上承中国帝王之统绪，堪与唐、虞、三代、汉、唐齐称媲美，宋承汉、唐之绪，正统在宋而不在辽、金。[3] 虽未被当道采纳，而三史成书，师道编撰之功为多。[4] 另外，合肥人余阙、怀宁人冯三奇，亦参与编纂辽、金、宋三史。

---

① 宋濂：《宋文宪公全集》卷五《元故嘉议大夫礼部尚书致仕赠资善大夫江浙等处行中书省左丞上护军追封谯郡公谥文节汪先生泽民神道碑》；《元史》卷一八五《汪泽民传》。

② 《元史》卷一八七《贡师泰传》。

③ 在辽、金、宋三史的编纂过程中，关于辽、金、宋三朝谁是"正统"的问题一直争论未决，后由脱脱裁定"三国各与正统，各系其年号"，确定了辽、金、宋三史以平等看待的基本原则。参见韩儒林主编：《元朝史》下册，第315页。

④ 万历《宁国府志》卷一七；嘉庆《宁国府志》卷二九《人物志·文苑》。

在辽、金、宋三史之外，还有许多皖人参与实录和元典制等书的编纂。如：宣城人贡奎，预修《成宗实录》、《武宗实录》。① 砀山人曹伯启，预修《大元通制》。② 婺源人程文，与修《经世大典》。③

对前代史补编、校补、训释方面，皖人也做了不少工作。如：婺源人胡一桂，著有《十七史纂》、《古今通要》、《历代编年》。④ 当涂人姚和中，校补《汉书》。⑤ 望江人王幼学，于延祐五年撰成《资治通鉴纲目集览》59 卷。⑥

专史编纂方面，青阳人杨少愚，曾著《九华外史》。⑦ 休宁人倪士毅，著有《历代帝王传授图说》。⑧ 婺源人汪斌，著有《壬辰稿》，专记元季离乱间事。⑨

二、方志编纂

据学者统计，今安徽地区有名可查的元代方志有 10 部。它们是歙县人洪焱祖的《新安后续志》10 卷、祁门人汪元相的《祁阊志》10 卷，以及《旌德县志》、《庐州志》、《宿州志》、《青阳志》、《六安志》、《太平路图志》、《无为图策》、《泗州图册》。⑩ 而实际上尚不止此。据笔者管见，元末婺源人俞元膺、汪幼凤曾参与方志编纂，其中，俞元膺于至正二年纂《婺源县志》，汪幼凤则著有《星源续志》。⑪

就地域分布看，比较均匀，元代安徽淮北、江淮之间、江南各有方志，不像南宋集中在合肥以南的沿江江南地区。因年代久远，这些元

---

① 马祖常：《石田集》卷——《集贤直学士贡文靖公神道碑铭》；《元史》卷一八七《贡师泰传》。
② 《元史》卷一七六《曹伯启传》。
③ 郑玉：《师山集》卷五《黄竹岭巡检司记》；弘治《徽州府志》卷七《人物一·文苑》。
④ 《元史》卷一八九《儒学一·胡一桂》。
⑤ 嘉靖《重修太平府志》卷六。
⑥ 李贤等：《大明一统志》卷一四。
⑦ 李贤等：《大明一统志》卷一六。
⑧ 赵汸：《东山存稿》卷七《倪仲弘先生改葬志》；弘治《徽州府志》卷七《人物一·儒硕》。
⑨ 弘治《徽州府志》卷九《人物三·义勇》。
⑩ 参见宫为之：《皖志史稿》，安徽人民出版社 1997 年版，第 194 - 205 页。
⑪ 关于俞元膺的事迹，康熙《婺源县志》卷九《人物志·名贤》有记载："俞元膺，字元应，城南人。治春秋，至正癸巳科第四名，授翰林学士。尝编邑志。"关于汪幼凤的事迹，《新安文献志·先贤事略上·本郡·元》有记载："汪路教幼凤，婺源符村人。伯会先生之子。至元年乡贡进士，授衢州学正，转采石长，仕终州照磨。著《星源续志》。"

修方志皆已不存,仅存洪焱祖《新安后续志序》、汪元相《祁阊志序》两篇序文,这是目前我们研究元代安徽方志特别是徽州方志的重要资料。

三、谱牒编纂

至治年间,休宁人汪松寿纂修《(徽州)汪氏渊源录》10卷。[1] 婺源人程龙,曾"会宗谱,远而河南、江西、湖、湘,近而休、歙、饶、信、开化、金华,博采文籍,考索备至,名《龙陂程氏世谱》"。[2] 婺源人汪德馨,"读书好古,隐居不仕,尝同宗人礼部尚书泽民纂修族谱"。[3] 婺源人王俣,"考明谱系,作《敦叙图》"。[4] 婺源程可绍,与伯父名儒程复心一同"编辑《世谱》,勘订经传"。[5] 祁门人郑宏道,"一生勤谨,汇谱牒而维孝思"。[6] 休宁人程岘,"以本宗出梁将军忠壮公后,且与伊川先生南渡子孙通谱互继,而谱未之续也。会宗人歙西教授傅岩、闵川宣使檠斋及会里孝隐翁天经、汉口处士可大,参考订定,为《程氏世谱》三十卷,又约为《程谱提要》二十篇"。[7] 歙县人方时,"元大德二年,以材能授七品散官,著有家谱"。[8] 歙县人方宏中,"笃学励行,与郑师山友善,著有家谱五卷"。[9] 歙县人王胜一,"续修本宗谱,内翰临川危公素序,厥子后求少宗伯郡人朱公大同跋"。[10] 歙县人胡蓬,"元致和中重续宗图"。[11] 婺源香山人程宗任,"尝与之光同修家谱"。[12]

元代徽州大族汪氏族人还曾编有以下族谱:汪炤编纂《新安旌城

---

① 《新安文献志·先贤事略上·本郡·元》,第35页。
② 程枢:《元中顺大夫同知徽州路总管府事致仕赠中宪大夫上骑都尉追封新安郡伯程公龙家传》,《新安文献志》卷九五上,第2406页。
③ 弘治《徽州府志》卷九《人物三·隐逸》。
④ 汪幼凤:《王伯武先生传》,《新安文献志》卷七一,第1757页。
⑤ 赵汸:《孝则居士程君可绍墓表》,《新安文献志》卷八九,第2213页。
⑥ 同治《祁门县志》卷三〇《人物志·义行补遗》。
⑦ 管瑾:《见山居士程君岘墓志铭》,《新安文献志》卷八八,第2179—2180页。
⑧ 《新安名族志》前卷《方》,第111页。
⑨ 《新安名族志》前卷《方》,第120页。
⑩ 《新安名族志》后卷《王》,第569页。
⑪ 《新安名族志》前卷《胡》,第291页。
⑫ 《新安名族志》前卷《程》,第71页。

汪氏家录》7卷；天历元年,汪尧编纂《新安汪氏庆源宗谱》；至正八年,汪德麟编纂《(婺源)回岭汪氏宗谱》9卷；汪云龙编纂《新安汪氏族谱》；佚名编纂《新安汪氏族谱》。

此外,元代詹晟等编纂《(婺源)庆源詹氏族谱》；陈栎编纂《(休宁)陈氏谱略》；佚名编纂《新安胡氏历代报功图》1卷。[①]

除了各宗族编纂自家的族谱外,元代徽州当地的一些文人大儒还积极从事于郡谱的编修,如理学名儒休宁人陈栎曾编纂《新安大族志》2卷。[②]

就全国而言,目前留存下来的元代族谱,以徽州地区为最多,由于徽州族谱大多为当时宗族的在职官僚、致仕官僚和学者文人等知识精英所编纂,因而,体例严谨、资料翔实、学术价值较大成为其主要的特点。可以说,族谱编纂是元代安徽地区史学发展的一个极具地方文化特色的重要方面。

第三节　儒　学

一、理　学[③]

元代,朱熹的理学思想对祖籍地徽州境内的学术思想文化等产生了巨大而深远的影响,徽州境内的理学家坚持以朱子为宗,继续发明朱子之学的本旨,有力地推动了新安理学的进一步发展。

①　参见赵华富:《徽州宗族研究》,第218页;《元代世家大族谱牒之最——徽州汪氏谱牒》,《安大史学》第2辑,安徽大学出版社2006年版,第81页。

②　陈栎:《新安大族志序》,《休宁名族志》,黄山书社2007年版,第4-5页。

③　本目在撰写过程中参考了周晓光:《新安理学》,安徽人民出版社2005年版,第79-161页;《元代新安理学的发展》,《安徽文化史》编纂工作委员会编,《安徽文化史》上册,第672-688页;《新安理学源流考》,《中国文化研究》1997年夏之卷。

1. 新安理学代表人物

吴霞举（1257—1306），字孟阳，号默室，歙县人。高祖吴昶为朱熹及门弟子，霞举世其家学，学出朱子一脉。对朱子《家礼》颇有研究，著成《文公丧礼考异》。该书本之《仪礼》《礼记》，注疏则主要参考朱子《家礼》，附以自己心得体会，发明朱子礼学思想。曹泾称之为文公忠臣，当与张正甫《仪礼识误》并行。又通易学，著成《易管见》60卷、《筮易》7卷、《太玄潜虚图说》10卷，皆盛行于世。

汪逢辰，字虞卿，号古学，歙县人。不喜科举，致力于性理之学。著有《七经要义》等。

鲍元康（1309—1352），字仲安，歙县人。从学于名儒郑玉。勤于读书，自经籍外，诸子诸史以及山经地志、岐黄医书、孙吴兵法与夫佛氏经典、神仙家延年长生之说，无不研究，而尤以修饬行义为先。日从事于《五经》《四书》，而尤尽心于《易》，日读一卦，周而复始，玩索有得，辄取笔记之。

鲍云龙（1226—1296），字景翔，号鲁斋，歙县人。博通经史，潜心理学，尤精于《易》。

黄智孙（1226—?），字常甫，号草窗，休宁人。师从婺源名儒滕和叔、文叔。二滕先人滕璘、滕珙为朱子高足。经二滕点拨，智孙慨然痛革故习，专以求道修身为务。宋亡，结庐于深山穷谷中，日与弟子门人讲明理学，不复有入世之志。其治学重视躬行实践，能守卫朱子之传而不失。新安理学大家陈栎等曾拜师于其门下。于阐扬朱子之学、光大新安理学学派贡献尤著。著有《四书讲义》200篇、《易经要旨》10卷、《春秋三传会要》30卷。

吴浩，字养夫、孟和，号直轩，休宁人。理学家吴锡畴子。幼承家学，专务性理之学。宋亡，隐居不仕，以讲学著述为业。其治学坚守以朱学为本。著有《大学口义》等。

金若洙，字子方，号东园，休宁人。受业于同邑程若庸，得朱子之学。宋亡不仕，归筑东园，隐读其间。所著有《性理字训集文》等。

程逢午（1237—1303），字信叔，一作伸叔，休宁人。与族父程若庸交往甚深，常竟日讲明朱子正学。其为学，以治《中庸》为长，著有《中

庸讲义》3 卷。该书以阐发朱子之学本旨为己任,辑录朱子语录,引朱子之语疏证朱子学说,益畅朱子之旨。理学名儒赵汸称赞该书对后来学者多有启发。

曹泾(1234—1315),字清甫,号弘斋,休宁人。研究经学,尤精于朱氏之书。循理笃行,士林宗之,与方回齐名。著有《五经讲义》等。

程荣秀(1263—1333),字孟敷,休宁人。从婺源名儒许月卿受《周易》,学成而归,专以讲学为事,非程朱之书,盖不之好也。程氏家传朱子学说,代有理学大家出现。荣秀学术本于朱子,而一以治心为主,所至必揭《四箴》及《敬斋箴》于壁以自警。认为学者当学程朱之书,并以阐发朱学为己任。曾以《家礼》出于朱子,朱子没后,中多缺漏与未定之论,遂取朱子平日言行之有涉于礼者,编为《翼礼》以传,旨在阐扬朱子的礼学思想。

陈栎(1252—1334),字寿翁,号东阜,休宁人。七岁通进士业,师乡先生黄常甫。常甫出于婺源滕氏,私淑朱子,为时硕儒。故其学有源委,本于朱子。宋亡,致力于圣人之学,以为有功圣门莫若朱子之学,谓朱子没未久而诸家之说已乱朱学本真,乃著《四书发明》、《书传纂疏》、《礼记集义》、《读易编》、《读诗记》、《六典撮要》、《三传节注》、《增读通略》等书。凡诸儒之说有畔于朱氏者刊而去之,其微词隐义则引而伸之,其所未备者复为说以补其阙,于是朱子之说大明于世。其治学,不为空言,凡著书要必有补于治道,故能"远尾濂洛而近肩紫阳"。名儒临川吴澄亟称其有功于朱子之学,凡江东之士就学于澄者,悉遣而归栎。

倪士毅(1303—1348),字仲弘,号道川,休宁人。师乡名儒朱敬舆、陈栎,学益以充。学本朱子,凡仁义道德性理之说,非经朱子论定者,不以教人。尝叹朱子《四书集注》既行,儒者诠解者不下数十家,而义理未为明备,乃合其师陈栎所撰《四书发明》与名儒胡炳文所作《四书通》,并加删正,著成《四书辑释》36 卷。该书内容包括专门纠正诸儒异说的辩词和阐明朱学本旨的训释两部分,是一部反映元代新安理学家的学术风格及理学思想的重要著述,对明代理学界产生过重要影响。

许月卿(1217—1286),字太空、宋士,号山屋先生,婺源人。从学于朱子门人程端蒙高足董梦程,因得朱学嫡传。至元十九年,元军下钱塘,月卿深居一室,但书"范粲寝所乘车"数字,五年不言而卒。以文章气节名世,新安之学自山屋一变而为风节。其受学有繇,学道有得,治学以订正时人偏误为重,重视疏证朱子之学原委,对朱学中诸多命题,多能发先儒未发之蕴。

胡斗元(1224—1295),字声远,号勉斋,婺源人。父师夔,曾登朱子之门,通五经,尤精于《易》,撰《易传史纂》。斗元少孤,师朱子从孙洪范,受《书》和《易》学,尤潜心于《易》。传学术于其子炳文,炳文后成为新安理学一代名儒。

程龙(1242—1322),初名渊,字舜俞,号荀轩、不不翁,婺源人。学术源于朱子,后人称其"所学最有源委",以治《尚书》成名。著有《尚书毛诗二传释疑》、《礼记春秋辨证》、《三分易图》等。

胡炳文(1250—1333),字仲虎,号云峰,婺源人。斗元子。既长,笃志朱子之学,上溯伊洛,以接洙泗渊源。凡诸子百氏、阴阳、医卜、星历、术数,靡不推究。以易学名家,东南学者宗之。曾集诸说参正作《易本义通释》。于四书诸经会集众说,参考以求其通。余干饶鲁之学本出朱子,而其为说多与朱子抵牾,炳文深正其非,作《四书通》,凡辞异而理同者合而一之,辞同而旨异者析而辨之,往往发其未尽之蕴。其功在于析明朱学本旨,不使他说乱真。海陵储瓘称其"羽翼晦庵之说,会同辨异,卓然成一家言"。①

汪炎昶(1261—1338),字懋远,自号古逸民,婺源人。其学渊源六经,得程朱性理之要于言意之表,取朱子《论语》、《孟子》、《大学》、《中庸》四书,采择群书,发挥微旨。每有所得则疏之,积成卷帙,名曰《四书集疏》。其学一以朱子为宗,其议论风旨,皆足以师表后来。

程复心(1257—1340),字子见,号林隐,婺源人。从朱子从孙洪范问学,又与理学名儒胡炳文为学友,由此登朱学堂奥。其学本于朱子,而以治《四书》见长。曾取朱子《四书集注》,会黄氏、辅氏众说而折衷

---

① 《新安学系录》,黄山书社 2006 年版,卷一二,第 233 页。

之,分章为图,间附己意,历三十年之功,著成《四书章图》。该书功在发明朱子微言,阐扬朱子学说未尽之处,被视为一部有功于后学的理学名著。又取朱子《纂疏》、《语录》诸书,辨证同异,增损详略,著《纂释》20卷。

胡一桂(1247—?),字庭芳,号双湖居士,婺源人。从父方平习朱子之学,以治《易》见长。所著《易本义附录纂疏》,以朱子《易本义》为宗,取朱子语录、文集中论及《易》者附之,谓之附录;又取诸儒易说与朱子《易本义》相合者纂之,谓之纂疏。该书以朱子之论作为取舍诸家学说之标准,旨在进一步阐扬朱子的易学思想。其另一易学著作《易学启蒙翼传》,与父方平《易学启蒙通释》相表里,前者重在辨异学,后者则重在明本旨。其易学著作,疏证朱子言论,阐发朱子易学思想,匡正时人对朱子学说之曲解,被视为"朱子功臣"。

张学龙,字云从,婺源人。及弱冠,慨然慕朱熹之学,肆力躬行。续明正学,大有功于朱熹之门。著有《诗经训释》等。

汪华,字荣夫,号东山,祁门人。与族兄汪相同受业于饶鲁门下,得朱子正传。两人问难叩击,悉得其蕴奥。祁门理学之盛,自二人发之。

汪克宽(1304—1372),字德辅、仲裕,号环谷,祁门人。十岁习饶鲁之书,入理学之门。取朱子《四书》,自定句读,昼夜诵读,知为学之要。以理学名世,于六经皆有钻研,尤以《春秋》为著,是新安理学家中治《春秋》的名师。所著《春秋胡传附录纂疏》30卷,以胡安国传为主,博考诸说异同,荟萃而成。《春秋》之外,克宽于《礼》研治较深。所著《经礼补逸》9卷,取《仪礼》大小戴记、《春秋》三传及诸经之文中有涉于礼者,按吉、凶、军、宾、嘉五礼次序编著而成。该书发明《礼》意,匡正谬说,是一部重要的礼学名著。另著有《易传音义考》、《诗传音义会通》、《四书音证考异》等。

汪泰初,字希贤,黟县人。家世以儒学相传。泰初承家学,闻休宁名儒倪士毅之贤,筑室里中,礼请为诸子师,且请士毅奉二亲挈家居焉。日与诸子讲明朱子之学。

2. 新安理学主要特点

在朱熹之后，由于各自在学识、经历等方面存在的差异，朱学传人往往各执一端，导致曲解、扰乱朱子之学本旨的异论层出不穷。在元代，以固守朱子学说为宗旨的新安理学，它的一个极为显著的特点，即是以排斥异论、阐发朱学本旨、捍卫朱学的纯洁性为学术研究的重点。总的来看，这一时期的新安理学家主要做了以下两方面的工作：首先，对诸儒之说有背于朱子之学者，或纠正其偏误，或刊而去之。程显道、程复心、胡炳文、陈栎等理学家是这方面的代表人物。他们通过对诸儒异论予以抨击，甚至掀起围攻的浪潮，以此达到维护朱子学说纯洁性的目的。其次，对朱子学说中的微词隐义引而伸之，其所未备者则补而益之。程逢午、程复心、汪炎昶、胡炳文、程荣秀、陈栎等理学家是这方面的代表人物。他们力求通过对朱子之学的正确阐发，使各家异论不攻自破，从而在另一翼达到维护朱子学说纯洁性的目的。总之，元代新安理学家既重视对曲解、扰乱朱子学说的异论的排斥，又重视对朱学本旨的探求与发明，而其最终目的则是要固守和维护朱子之学的纯洁性，可谓朱子步亦步，朱子趋亦趋，不敢越雷池半步。

此外值得注意的是，元代安徽理学发展很不平衡，有影响、有地位、知名的理学家，主要集中在徽州，而徽州又以休宁、婺源、祁门、歙县为多，黟县、绩溪理学家则相对较少。

二、郑玉、赵汸、贡师泰的和会朱陆思想

朱、陆两位大师相继去世后，其门弟子囿于门户之见，各执一端，逐渐陷于极端片面的境地，朱学更加支离，陆学愈益禅化，二家的长短利弊暴露无遗。及至元代，主张打破门户之见，兼取各家之长，在朱、陆之间进行取长补短，渐成为诸多有识之士的共识，或由陆入朱，或由朱入陆，或出入二者之间，混合朱陆、和会朱陆成为当时学术思想界中一种颇为盛行的思潮。歙县郑玉、休宁赵汸、宣城贡师泰是元代安徽地区和会朱陆、提倡朱陆调和论的代表人物，他们的和会朱陆思想有的在全国也具有一定的地位和影响。

1. 郑玉的和会朱陆思想

郑玉(1298—1358),字子美,号师山,歙县人。其和会朱陆思想的主要特点是从朱学出发,折衷朱、陆,采取兼容并蓄的态度。郑玉指出陆学、朱学都有优长和不足:

> 方二先生(指朱熹、陆九渊——引者)相望而起也,以倡明道学为己任。陆氏之称朱氏曰江东之学,朱氏之称陆氏曰江西之学。两家学者各尊所闻,各行所知,今二百余年,卒未能有同之者。以予观之,陆子之质高明,故好简易;朱子之质笃实,故好邃密。盖各因其质之所近而为学,故所入之途有不同尔。及其至也,三纲五常,仁义道德,岂有不同者哉。况同是尧舜,同非桀纣,同尊周孔,同排释老,同以天理为公,同以人欲为私,大本达道,无有不同者乎。后之学者不求其所以同,惟求其所以异。江东之指江西,则曰此怪诞之行也;江西之指江东,则曰此支离之说也。而其异益甚矣,此岂善学圣贤者哉。
>
> 朱子之说,教人为学之常也;陆子之说,高才独得之妙也。二家之学,亦各不能无弊焉。陆氏之学其流弊也,如释子之谈空说妙,至于卤莽灭裂,而不能尽夫致知之功;朱氏之学其流弊也,如俗儒之寻行数墨,至于颓惰委靡,而无以收其力行之效。然岂二先生立言垂教之罪哉? 盖后之学者之流弊云尔。[①]

在郑玉看来,朱、陆两家在政治上都旨在维护封建伦理纲常,都主张存天理、灭人欲,从根本上说,两家没有区别,是一致的。然而,朱学笃实邃密,但缺点是支离泛滥,不能收力行之效;陆学高明简易,但缺点是谈空说妙,没有致知之功,又有所不同。由于朱、陆两家各有长短利弊,那么,较为明智的做法则应该是打破门户之见,在二家之间求同

---

① 郑玉:《送葛子熙之武昌学录序》,《新安文献志》卷二〇,第458－459页。

存异,取长补短,而不应拘泥于"不求其所同,惟求其所异"这种偏执一端的做法。与吴澄等前辈学者相比,郑玉调和朱、陆二家的思想和论说,更合乎情理,对当时及后世影响较大。清代学者全祖望曾说:"继草庐而和会朱陆之学者,郑师山也。草庐多右陆,而师山则右朱,斯其所以不同。"①"其为学,大概本朱子。"②也就是说,在郑玉学说中,相较于陆学而言,朱学的成分更多一些。因此,《宋明理学史》一书的作者将他归为"由陆入朱的人物"。③

2. 赵汸的和会朱陆思想

赵汸(1319—1370),字子常,号东山,休宁人。是元代后期调和朱、陆二家学说的代表人物之一,他的和会朱陆思想曾受到虞集、吴澄等人的影响。赵汸和会朱陆的主张,集中反映在其《对问江右六君子策》中。该策系赵汸初游虞集之门时,对虞集所提"朱陆二氏立教所以异同"问题的回答。赵汸在策问中认为:第一,朱、陆二家学说的"入德之门"的确存在差异。朱熹之学出于周敦颐、程颐,而周、程之学又出于颜子之学;而陆九渊之学以孟子为师,得孟子立心之要。由于颜子、孟子在为学和入德上的差异,最终导致了朱、陆二家学说"入德之门"的不同。第二,朱、陆二家学说"始异而终同",最后"合并于暮岁"。在承认朱、陆二家学说"入德之门"存在差异的基础上,赵汸通过辨析认为朱、陆二人晚年各自进行自我反省,均觉察到自己学问的不足之处,并以期修正。晚年的朱熹曾说过:"自子思以来,教人之法,惟以尊德性、道问学为用力之要。陆子静所说专是尊德性,而熹平日所论,却是道问学上多了。今当反身用力,去短集长,庶不堕于一偏也。"陆九渊晚年也曾说过:"追惟曩昔,粗心浮气,徒致参辰,岂足酬义。"赵汸据此为证,认为朱、陆二人晚年均有"去短集长"的愿望,已"合并于暮岁"。赵汸关于朱、陆"始异而终同",最后"合并于暮岁"的主张,彻底打破了两家的门户之见,有利于后人真正和会朱陆二家学说。

---

① 《宋元学案》卷九四《师山学案》,中华书局 1986 年版。
② 汪克宽:《师山郑先生玉行状》,《新安文献志》卷六六,第 1624 页。
③ 侯外庐:《宋明理学史》,人民出版社 1997 年版,上册,第 756 页。

3. 贡师泰的和会朱陆思想

贡师泰(1298—1362),字泰甫,号玩斋,宣城人。他对朱、陆二家学说的看法深受吴澄、虞集等人的影响。他认为:"先生(指陆九渊)之道高明而广大,先生之学简易而精微,虽其所入者与徽国文公(指朱熹)小异,要其终,未始不各极于至当之归也。门人弟子因鹅湖太极之辩,一时互相论议,遂使后学者不能无惑焉。呜呼!彼亦安知先生之所以然哉?"①在贡师泰看来,陆九渊的学说高明而广大、简易而精微,与朱熹学说相比较,两者之间的差异并不像人们想象的那么大,只是"小异";而两者的根本归宿则是一致的,因此,在朱、陆异同方面不应存有太大的疑惑。于此可见,贡师泰在朱、陆二家学说之间实际上是采取一种折衷调和的立场,是一个和会朱陆的学者。

第四节　宗　教

元代,道教因朝廷大力提倡,安徽地区蕴育出了像当涂人杜道坚那样的高士。

杜道坚(1237—1318),字处逸,号南谷子,当涂人。宋元之际著名道士。天性颖敏,年十四,即嗜老氏学,辞母去俗,著道士服。年十七,学道于本郡天庆观,师从葛蒙庵。淳祐十二年,成为南宋理宗的御前道士。继而前往茅山,阅读《道藏》,宗师蒋玉海非常器重他,授以大洞经法,成为道教茅山宗嫡传弟子。后远游各地,景定三年,南宋初名将杨存中的五世孙杨颖祖延请他主持吴兴计筹山升元报德观。于是"兴玄学,饬规范",数年之间,"百废具举,徒众悦服"。咸淳中,以承宣使邓惟善引荐,度宗赐号辅教大师,赐紫衣。道坚心存救国壮志,但面对已经病入膏肓、无可救药的南宋腐败政局,又深感无能为力,只好在升元观附近建了个披云庵,准备在这里逸老终生。景炎元年

---

① 贡师泰:《玩斋集》卷七《象山樵舍集》。

（1276），元兵大举南下，他考虑到在残酷的战争过程中，不免玉石俱焚，普通百姓会沦于涂炭，于是"慨然冒矢而出"，叩军门求见元军主帅伯颜，以不杀无辜百姓相请。伯颜久闻其名，交谈甚欢，遂禁士卒劫掠。这场战争灾难，终于在他的劝说下有了可喜的转变。元朝平定江南后，随伯颜入觐元世祖，疏陈求贤、养贤、用贤之道，帝嘉纳之，命住持杭州宗阳宫。元至元十七年，元世祖亲授玺书，命他提点杭州路道教，住持宗阳宫。大德七年，成宗复授杭州路道录、教门高士，仍主持宗阳宫，兼领升玄报德观事。皇庆元年（1312），仁宗赐号隆道冲真崇正真人，依旧主持杭州宗阳宫、湖州升玄报德观、白石通玄宫。延祐五年卒。

杜道坚交游广泛，与道教师友如葛师中、邓牧、蒋玉海、马臻、邓惟善等，官场人物如方回、赵孟頫、伯颜、张伯淳、柯谦等，文化界名流如牟巘、戴表元、胡长孺、倪瓒、顾瑛等，均有过从。乐善好施，经常救济贫困。又善作诗，还工书翰，因而《古今图书集成》把他列入"字学典"之"书家部"。而其主要事业功绩还在于促进道教事业的发展。他一生主持修建了许多道教宫观，广度信徒，培养出如薛志亨、林德芳、姚志恭、李拱端、岳榆、赵嗣祺等一大批在道教界颇有影响的门徒。著书立说，撰写了许多颇有新意的道学著作，现在尚传世的有《道教玄经原旨》4卷、《玄经原旨发挥》2卷、《通玄真经缵义》（四库全书本作《文子缵义》）12卷、《关令阐玄》3卷，均被收录进明正统年间编辑的《道藏》中。在这些著作中，最能代表本人思想的要数《文子缵义》。《文子缵义》内容依次为道原、精诚、九守、符意、道德、上德、微明、自然、下德、上仁、上义、上礼12篇，一篇一卷，计12卷。每卷又细分为若干条，12卷共269条。

杜道坚的道学思想主要有两个方面的内容，一是对道家思想的继承发展，二是对儒家思想的吸收融合，而强调儒道融合则是其道学思想的显著特征。

在对道家思想的继承方面，杜道坚强调他是根据老子之道来阐发其关于道的学说的。他继承老子的思想，认为道是先天地而生的宇宙万物的本原；道具有物质的特性和发展的特性，具有普遍性和无限性；

道是有规律的,道制约着万事万物,万事万物在其发展过程中无不遵循道的规律,人们应该按照道的原则和规律去认识处理问题。杜道坚对道家思想的发展,主要体现在他对道和德的关系的认识方面。他认为:"道尊德贵,异名同出;生之畜之,不无不有。"①"天地之道,以德为主,而道为之命,物各自正,自然而已。"②"天性即道,性善即德。"③道与德二者密不可分,是表与里、体与用、整体与部分的关系。上述观点超越了老子关于道与德的关系的论述。

在对儒家思想的吸收融合方面,杜道坚根据形势的发展和需要,将儒家思想中有用的东西吸收进来,对道家思想的某些命题作出新的解释。在老子眼中,儒家的仁、义、礼的地位极为低下,甚至居于被排斥之列。与老子不同,杜道坚则较为重视儒家仁、义、礼的作用。他认为,"有圣贤者起,持以道德,辅以仁义",便可"混天下为一家"。④在他看来,儒家的仁义是辅佐道德的准绳,不仅不需要排斥,而且还要积极拿来为己所用。关于礼的作用,他认为:"礼者,检身之式,防邪之具,天下之通道。"重视礼的功用。此外,他还对宋代理学家大加宣扬的"理"发表自己的见解。他说:"天下通行之谓道,万古不易之谓理,故道理最大。自古有国家者,得道则昌,失理则亡。"⑤认为事物之理具有原则、规律的意思,强调人们必须按照理的原则处理事务。他又说:"道心人心,天理人欲之分也。理胜则所为皆天,欲胜则所为皆人。"⑥将理与天联系在一起,称为天理,他关于天理人欲论的阐述是对宋代理学家的相关思想的积极借鉴。⑦

① 杜道坚:《通玄真经缵义》卷二《精诚》,第2条。
② 杜道坚:《通玄真经缵义》卷八《自然》,第4条。
③ 杜道坚:《通玄真经缵义》卷五《道德》,第1条。
④ 杜道坚:《通玄真经缵义》卷一二《上礼》,第13条。
⑤ 杜道坚:《通玄真经缵义》卷一〇《上仁》,第14条。
⑥ 杜道坚:《通玄真经缵义》卷四《符意》,第15条。
⑦ 本目主要根据赵孟頫《雪松斋文集》卷九《杜公神道碑》、朱右《白云稿》卷三《杜南谷真人传》,并参考杨国宜《杜道坚考》(《古籍研究》1997年第3期)、《杜道坚及其〈文子缵义〉》(《安徽文化史》编纂工作委员会编:《安徽文化史》上册,第696-705页)写成。

第五节　教　育

元代学校教育有官学和私学之分。官学有路学、府学、州学、县学及蒙古字学、医学、阴阳学、官办书院、小学、社学等。① 宗族或个人捐资兴办学校为私学。书院，既有官办书院，又有民办书院。

一、官学教育

1. 恢复和发展的影响因素

在蒙元政权与宋、金政权交战期间，因受战争的摧残和干扰，原属宋、金后归蒙元政权统治下的安徽地区许多地方，经济凋敝，人口锐减，不少地方的学校，或为战火所焚毁，或为军队所占据，师生大量失业、逃亡，文化教育事业濒临绝境。如在徽州路境内，"自乙亥（宋德祐元年，元至元十二年）兵兴，堂堂学宫，以驻戍卒，四壁倾颓，蹂为圃溷，几不可以庇身立足"。② 宋元之际的战乱，造成了安徽地区许多地方学校沦为废墟、师生逃难流亡、城乡废学的教育萧条局面。

蒙元时期教育形势的逐渐好转，特别是地方官学的正式恢复和设立，是在忽必烈即汗位之后。中统二年，忽必烈效仿汉法，"特诏立诸路提举学校官"，③积极致力于恢复和兴办学校教育。在中统二年兴学诏旨颁布后，包括安徽北部地区在内的北方各地的官学逐渐得到恢复。在南方，至元十六年，元灭南宋。在元与南宋战争过程中，安徽南部地区一些地方的学校，不同程度地受到战火的焚毁，但仍有一些被保存了下来，有不少学校的教学活动得以延续，而被毁学校也处在陆续修复之中。与此同时，元朝政府则在各地普遍设立学官，以加强对教育的管理。如在路学中，一般设立教授、学正、学录等学官；在州、县

① 陈高华：《元代的地方官学》，《元史论丛》第5辑，中国社会科学出版社1993年版。
② 曹泾：《从仕郎扬州路通州判官弗斋先生陈公宜孙行状》，《新安文献志》卷八五，第2071页。
③ 《元史》卷四《世祖纪一》。

学中,一般设立学正、教谕等学官;在官办书院中则设立山长。以徽州路及所属各州县学官设置为例,元代徽州路路学设教授、学正、学录各1员;歙县、休宁、祁门、黟县、绩溪5县儒学各设教谕1员,婺源州儒学设学正1员;歙县紫阳书院设山长2员,后省1员,婺源州晦庵书院、明经书院各设山长1员。① 以忽必烈为代表的蒙元政府,在制度方面对学校教育所作的积极调整、变革和规划,是这一时期地方官学得以渐进恢复和发展的重要制度保障。

就元代安徽全境而言,在战争过后的一段时期内,有的地方甚至是延续至终元之世,各处的地方官员及以儒士为代表热心教育的各方人士,都极为重视教育特别是官办教育的发展。这是元代安徽地区官学教育恢复和发展的重要的人为因素。而经过地方官、热心教育的文人儒士等社会阶层长期的教育实践,日积月累,在有些方面还形成了一些特定的兴文重教的制度,这又成为促进各地教育发展的制度因素。如:在徽州路境内,至元年间,路总管康天锡"劝农桑,兴学校,民永利之";路总管郝思义,在任上"视学事如家事,躬奠谒,升堂讲课,左庙右学,易敝构新。又刊《朱文公语类》于路学"。② 后至元年间,该路所属婺源州知州干文传,在任时"创晦庵书院及州学,建文公庙宅,开南衢,启堂试,以激励后进。后数科登第者,皆曰前堂试之士,书声比屋,亦文风一时之盛"。③

在池州路境内,至元初,铜陵县尹陈伯奎,"建学校,表先贤,作兴士类,俊乂彬彬焉"。④ 县尹方澨,以"抚民造士"⑤为己任。

在泗州境内,至元年间,虹县尹张孚,"兴学化民,时俗丕变,邑人德之"。⑥

在濠州境内,延祐年间,定远县尹安汝明,"首兴学校,谨礼奉法"。⑦

① 弘治《徽州府志》卷四《职制·郡邑官属》。
②③ 弘治《徽州府志》卷四《职制·名宦》。
④ 嘉靖《池州府志》卷六《官秩篇·名宦》。
⑤ 乾隆《池州府志》卷三八《名宦传下》。
⑥ 光绪《泗虹合志》卷九《职官志下·名宦》。
⑦ 道光《定远县志》卷六《职官志·名宦传》。

在宿州境内，后至元年间，西域人马思忽"调监是郡"，于"学校尤为致意，捐俸延师，劝率民间俊秀子弟入学读书"。①

在宁国路境内，至正年间，旌德县达鲁花赤亦怜真，重视学校教育，"朔望行释菜礼，升堂讲说，诸生及斗粟吏皆帖帖环听，叱霸学者削迹，添置经史子集，规堂试赏格，以激劝多士"。②

在庐州路境内，和州知州马泽，"以儒术饰吏事，礼儒生，修学校"；③至正年间，庐江县尹兀颜纲，"政务宽厚，首新文庙，春秋释奠，命士皆唐服将事，雅化始行"。④ 重视学校教育，并以官办教育为主要渠道来推行教化。

在亳州境内，城父县达鲁花赤伯颜，以"崇文教，修学宫"⑤为己任。

在安庆路境内，宿松县尹戴昌，"立县治，建学校，筑坛壝，辟田野，赈饥备荒，皆有良法"。⑥

在广德路境内，建平县儒学教谕程端礼，"兴举废坠，诸生之贫者必周给之。县尹王君起宗率僚吏听其论说，且筑室赤岩上，命其子楚鳌受学焉。楚鳌后出入台阁，卒为时之名人。继王君为其县者，复倡好事之家为买书万卷，覆以杰阁"。⑦ 该县多任县尹、学官重视官办教育的发展，在县境内形成了一种兴文重教的制度。

2. 基础设施建设

在官员、儒士、普通民众等社会各界人士的重视、支持和积极参与下，元代安徽地区许多地方的官办教育在原有基础上得到了加强，官学教育的基础设施得到了不同程度的改善。如：在徽州路境内，自宋初起，当地就有官办学校的设置。南宋德祐元年，元军南下，郡将李铨为抵御元兵，将州学"撤毁几半"。而且，州学一度被蒙古大军所占，

① 弘治《宿州志》卷下，至正四年黄德善《宿州监郡马思忽公去思记》。
② 许道传：《兴学记》，乾隆《旌德县志》卷九《艺文志》。
③ 光绪《直隶和州志》卷一二《职官志·名宦》。
④ 光绪《庐江县志》卷六《职官·名宦》。
⑤ 乾隆《颍州府志》卷六《名宦志》。
⑥ 康熙《宿松县志》卷二四《名宦志三》。
⑦ 黄溍：《畏斋程先生端礼墓志铭》，《新安文献志》卷七一，第1743页。

"生徒解散,书版、祭器之属无复存者。自礼殿以至贡院,率为军营"。至元十五年秋,江东按察副使奥屯希鲁至徽州,"尽徙军屯于外,以还学舍之旧",并礼请前朝进士休宁人陈宜孙充任教授。陈宜孙在任路儒学教授期间,"经理田土,大兴工役,在任逾年,凡殿宇、讲堂、楼阁、斋庑,靡不构葺。又重创先贤阁"。[①] 至元二十八年,路学教授杨斌请于行枢密院及江东宣慰司,再复军营所占路学贡院基地30亩,"限以崇墉,立文庙扁表,辟棂星门隙地"。大德四年,路学教授徐拱辰"重建讲堂。他如小学、文公祠、景濂、思乐二亭、祭器服、大成乐,雕装从祀,哀助书籍,重刊《九经要义》等书,皆备"。后至元四年,路学教授陆德明"乃姑苏巨家,以己赀创大成殿"。[②] 直到至正十二年,徽州路学因战乱被毁,后仅存大成殿。

除徽州路路学得到修复和重建外,元代该路所属各州县的儒学也都得到了不同程度的修复和重建。如歙县县学:元初,被戍兵撤毁,惟大成殿仅存,教谕吕泰初等相继兴复。至大三年,县尹宋节捐出自己的俸禄,倡修县庠,将县儒学葺之一新。

休宁县学:至元年间,曾重修学宫。大德五年,郡守布伯廉等勉励邑中儒士哀力整葺斋舍,主簿赵桂、县尉郑文进相继董工造棂星门。[③] 至正五年,县尹唐棣因岁久学宫多倾圮加以重建。十一年,蕲黄红巾军掠县,学宫毁于战火,独存明伦堂。[④] 另据文献记载,元代该县县尹丁敬莅职后,"首以学校为己任,与僚佐主簿柴奎,县尉帖灭赤彭、普达世理,典史张元嘉、叶松,宾序汪昂,耆儒朱宦日讲其事,弊者新之,失

---

① 弘治《徽州府志》卷五《学校》。另据其《行状》记载,针对元初徽州路儒学大坏的情形,"公(指陈宜孙)究图之,如堂如构,为甃为茨,复侵田,新器具、斋扁,鼎创先贤阁,文其梁,板刻之。徽学之大坏而重新,公之力也。"参见《新安文献志》卷八五,曹泾《从仕郎扬州路通州判官弗斋先生陈公宜孙行状》,第2071页。

② 按,此处原作"至正戊寅",然至正无"戊寅"岁,当为"后至元戊寅(四年,1338)"之误。

③ 大德年间,休宁县儒学拥有一定的规模,学宫"内有泮池,东辟小门出入。池北有平坦数十步。坦之东为学庑,西为学吏房。仪门建戟,非迎牲不入,左右二门通往来。东廊幕次有先贤祭器库、志道斋、据德斋。西廊有小学,有依仁斋、游艺斋。正殿后有明伦堂。其东有德义斋,有直舍;西有治事斋,有直舍,又有莞尔亭"。参见道光《休宁县志》卷三《学校·学制》。

④ 道光《休宁县志》卷三《学校·学制》。

者复之，故其殿宇门庑，黝垩丹漆，为之奂然"。①

婺源州州学：此前曾屡遭战火焚毁。延祐元年火灾过后，达鲁花赤廉寿山重建大成殿、讲堂。泰定元年，邑人李谕、程鼎新献议知州史光祖建乡贤祠，以祀二程和朱熹。后至元元年，知州干文传重建讲堂、斋舍、藏书阁。至正十二年，县学毁于战火。

祁门县县学：从至元到至顺年间，县尹张希浚、②刘炳、王琛、徐忽都不花、主簿梅汝说、县尉郑千龄等人，先后对县儒学加以修建。重建后的县学，规模宏丽，焕然一新。天历间，县达鲁花赤张蒙完得，"兴崇学校，创建门廊，有未完者悉皆备之，士民怀德"。③ 至顺三年，主簿宋也先在儒学南镌立加封先圣诏旨碑，邑民汪元相"创翼亭以覆之"。至正十二年，县学悉毁于战乱。

黟县县学：元初，学舍圮坏，主簿袁孚重建大成殿。④ 元贞元年，县尹刘德、主簿刘谔重建两庑。至大四年，县尹皇甫涖构讲堂、门庑、斋舍，凿池筑垣。至正十二年，县学毁于兵火。

绩溪县县学：至元十三年，学舍毁于兵火，学基为镇兵营垒所据，改迁至县西隅。⑤ 教谕胡遂孙等曾购买民屋安奉圣像。二十七年，复火于盗，寻创屋数间，规制狭隘。大德初，邑人高斗举任县学教谕，在任期间翻刻苏文定公翠眉亭诗于学宫。⑥ 大德十年，县尹张纲重建庙堂、门庑、斋舍。延祐五年，县尹刘亨晋重建棂星门，甃讲堂地，又凿石以造泮桥。元统二年(1334)，县尹刘士毅重修。至正八年，孔子54世孙孔文学为县尹，以大成殿卑隘，出己币辟两楹，设四配十哲位。⑦ 二十七年，复于县治东儒学故址，创正屋四楹及门庑，中塑朱文公像，以

① 阿思兰：《复学田记》，道光《休宁县志》卷二一。
② 据嘉庆《绩溪县志》卷一〇《人物志·学林》记载，张为绩溪人，在任祁门县尹时，"修学宫，兴文教，朔望集诸生虔行奠礼，士多力学焉"。
③ 弘治《徽州府志》卷四《职制·名宦》。
④ 嘉庆《黟县志》卷一〇《政事志·学校》。
⑤ 据弘治《徽州府志》卷六《选举·荐辟》记载："张旂，号方山，绩溪人。至元二十三年，举授广德路学教授，致仕归。尝与胡遂孙等捐赀买地建县学。"又据嘉庆《绩溪县志》卷一〇《人物志·学林》记载，绩溪人张旂"与汪梦斗、胡遂孙、胡泳、高山辈各捐赀买地，于邑西建造殿堂斋舍"。
⑥ 弘治《徽州府志》卷六《选举·荐辟》。
⑦ 嘉庆《绩溪县志》卷五《学校志·学宫》。

勉斋黄氏、西山蔡氏配。

在宁国路境内,元代该路所属旌德、泾县的县学得到了修复和建设。如旌德县县学:创始于宋崇宁元年。该年,徽宗下诏兴学宫,县令严适修建庙庑。宣和间,毁于战乱。德祐元年,再毁于战火。元至元十四年,县尹葛师亮命主簿汪必成重修县学堂庑。十八、十九年间,县尹单执中复加整饰,升廊国像于配位。二十八年,县尹郝弼修盖大成殿。三十年,县尹刘瑞修东西两庑,饰圣像绘,从祀于壁;筑宫墙,浚沟渠,造棂星门。元贞年间,县尹王祯倡修殿堂、斋庑,砖石甃砌。大德十一年,县尹萧杰立加封孔圣碑。后至元年间,县尹刘性重建庙庑堂斋,置祭器、书籍,捐俸买铜 390 斤,①铸造香炉、爵豆、牺樽。至正九年,达鲁花赤亦怜真、县尹榻宝宝兴建学校,塑诸贤像。末年,县学被废毁。②

泾县县学:旧址原被寺僧占据,至元年间,泾县县尹朱文魁极力收复之;③延祐五年,山东益州人苏济出任泾县尹,在任时"修学宫,铸祭器"。④

在广德路境内,元代该路及所属建德县的县学曾得到不同程度的修复和建设。至治年间,婺源人俞师鲁出任路学教授,在任期间"教雅乐,置祭器,以崇祀典"。⑤

建德县学:元代中后期,教谕程端礼在任上曾"增学舍以居其徒",⑥重视学校校舍建设。

在庐州路境内,元代该路所属合肥、舒城、庐江、巢县、无为州、六安州等州县的儒学也得到了不同程度的修复和建设。如合肥县学:宋咸淳中,郭振展拓城基,迁于城内景贤书院。元至正年间,路总管拜住重建,史称拜住"在郡五年,修包公祠,增广弟子员,惠利及人"。⑦

舒城县学:创始未详。延祐二年,县尹杜思敬始重建孔庙,而讲堂

① 乾隆《旌德县志》卷六《职官志·政迹》作:捐俸贸铜 339 斤。
② 乾隆《旌德县志》卷三《学校志·学宫》。
③④ 嘉靖《宁国府志》卷八《人文纪上》。
⑤ 程文:《松江府知事俞公师鲁行状》,《新安文献志》卷九五下,第 2420 页。
⑥ 黄溍:《畏斋程先生端礼墓志铭》,《新安文献志》卷七一,第 1743 页。
⑦ 康熙《庐州府志》卷二三《名宦二》。

库陋弗治,久而益坏。天历二年(1329),县尹燮理溥化捐出自己部分俸禄,"度材庀工,撤而新之,凡为堂五间,规制宏敞,始与庙称"。① 至正年间毁于战乱,惟有虞集所撰碑记尚存。至正十一年,邑人许荣改筑于新城门外。

庐江县学:旧在城南门外,创建无考。至正十一年,县尹兀颜纲加以扩建。

巢县县学:在县治右。宋绍兴年间,知县江瑁创建,赵登善继之,次第振兴。元代得以沿用,元末毁于战乱。

无为州学:宋皇祐年间建于锦绣溪北。元至正间,学博全璧树立门庑。元末兵乱,惟大成殿独存。

六安州学:在州治东北。元大德四年,学正成大用创建。至正年间,知州王大有增其未备,浚泮池。②

在安丰路境内,元代该路所属寿春、蒙城等县的县学也得到修复和使用。如寿春县学:唐宋时建于城内东南隅,元代移建于西清淮坊,泰定年间,经历岳复等重修。③

蒙城县学:旧设在县治东。元贞年间,县尹刘正平利用旧孔庙东的空地重建新庙。至正二十一年,县尹李仲卿在县治东南重建儒学。④

此外,在宿州、天长、萧县等地,儒学也得到不同程度的修复和使用。如宿州州学:后至元三年三月,高昌人大黑奴"来监是郡","构学宫两庑十四楹,以崇儒教"。⑤

天长县学:至元年间,天长县尹郝偶在任时因庙学将圮予以重修,县学教谕孙尚忠则"誓任其劳",亲自主持。⑥

萧县县学:至元年间,耶律廷瑞出任萧县尹,"改建学宫,士风一

① 虞集:《道园学古录》卷八《舒城县学明伦堂记》。
② 以上元代庐州路所属各州县儒学的修建情形,除已注明出处外,余可参见康熙《庐州府志》卷一七《学校》、乾隆《六安州志》卷四《学校》。
③ 乾隆《凤台县志》卷二《学校》。
④ 万历《蒙城县志》卷四《章训志一·学校》。
⑤ 弘治《宿州志》卷下黄德善《宿州监郡公大黑奴遗爱碑》。
⑥ 嘉靖《皇明天长志》卷二《人事志·官师》。

振"。①

3. 经费筹措

在相关基础设施之外,元代安徽境内许多地方官还积极收复、增置学田,筹措经费,以维持官办学校的正常运转。在徽州路境内,为了支付"教官师生廪禄及耆儒之养、百需之供",维持路儒学的正常运转,徽州路各任郡守、教官积极筹划增置学校产业。自宋初迄于元初,前后郡守、教官经画增置田、地、山共18顷88亩余,岁入800余石,房、地、山租赁收入,以元中统钞5贯为1锭计算,合计为钞8锭23两6钱4分。在该路所属休宁县境内,元代,县学"田亩间为豪家占据",县尹丁敬上任后,"复其县之南乡土名王公坑等处水田若干亩,又虑其久而无所考,遂详记于石,为之久远",积极致力于收复儒学的田粮。②

在广德路境内,至治年间,路学教授俞师鲁,"召人垦废地,岁增学粮五十余石"。③

在宁国路境内,延祐年间,泾县尹苏济,"复浮屠氏侵田以廪诸生"。④ 至正年间,旌德县达鲁花赤亦怜真,将宋嘉定年间县令方俌所没灵源浮屠田300余亩"悉征入学",又将"学地侵于豪右者"加以核实,增租至20余石;"凡山荒水损,悉为推究,学稍裕矣"。⑤

在庐州路境内,延祐年间,无为州同知王硕,"尝承监司檄清理学田诸项,夙夜究心,搜隐抉漏,凡得田一百一十九顷有奇,米数视原额增倍,柴鱼钱岁收中统钞视原额三倍之。又追积负粮米三百石。自是,廪有余粟,帑有余财,士得所养"。⑥

在泗州境内,后至元年间,天长县尹郝俌"聿新庙学,籍乡民隐蔽

---

① 嘉庆《萧县志》卷一一《名宦》。
② 阿思兰:《复学田记》,道光《休宁县志》卷二一《艺文·纪述》。
③ 程文:《松江府知事俞公师鲁行状》,《新安文献志》卷九五(下),第2420页。
④ 嘉靖《宁国府志》卷八《人文纪上》;又见嘉庆《宁国府志》卷二一梅震:《泾县尹承务苏公政绩记》。
⑤ 乾隆《旌德县志》卷三《学校志·学田》、卷九《艺文志》。
⑥ 乾隆《无为州志》卷一四《名宦》。

田七顷有奇,入其租于学,为师生廪禄费,时人颂之"。①

在池州路境内,至正年间,该路"官学之田,岁入富于他学,而官吏蠹食之,弟子员日仅一饭,教养无方,师生解体。(路学学正朱)升始至,则举吴文正公澄鼠牛之喻,会出入,整斋厨,去宿弊。晨与讲授,以身示法,江南北学者云集"。② 通过积极整顿和重新分配官田收入,以改善师生的生活和学习条件。此外,元代该路学官姚廷用,针对"学前池利,或妄引例罢免用,不畏权势,悉发其奸,得征钱一万七千贯有奇,以助修学之费"。③ 元代中后期,建德县儒学教谕程端礼,"尽复民所占田,其始至也,有田三百亩,比受代而去,有田一千亩"。④

值得指出的是,元代安徽各处地方官兴学的倡议和实际举动还得到了所在地民众特别是儒士和富户的积极支持。至元二十九年,休宁县儒士朱震雷积极响应地方官府兴学之举,出私财重修县学学宫;大德五年,郡守布伯廉等勉励诸儒衰力整葺斋舍,朱震雷又独任建县学文公祠。⑤ 元初,黟县儒学的学舍因战乱圮坏。元贞元年,县尹刘德、主簿刘谔重建儒学两庑时,邑中诸儒纷纷捐钱增置侧近民田,以作为县学的产业。由于经费紧张,至正元年,县尹陈真孙曾劝民助田养士。⑥ 至顺年间,青阳县尹徐泰亨,"会欲广学宫,有方某为之割地"。⑦ 至正年间,旌德县达鲁花赤亦怜真在任上收复、增置学田时,曾得到当地儒士程昌右、程宗德等人的响应,他们向官府施田 200 筹,数量可观。⑧

4. 地方官学教育体系的形成

以上所述是元代安徽地区的普通学校也即是儒学的情况。此外,在这一时期,安徽地区还存在蒙古字学、医学、阴阳学、官办书院、小

① 嘉靖《皇明天长志》卷二《人事志·官师》。
② 朱同:《朱学士升传》,《新安文献志》卷七六,第 1854 页。
③ 嘉靖《池州府志》卷六《官秩篇·名宦》。
④ 黄溍:《畏斋程先生端礼墓志铭》,《新安文献志》卷七一,第 1743 页。
⑤ 道光《休宁县志》卷三《学校·学制》。
⑥ 以上除注明出处的外,余均见弘治《徽州府志》卷五《学校》。
⑦ 乾隆《池州府志》卷三八《名宦传下》。
⑧ 乾隆《旌德县志》卷三《学校志·学田》。

学、社学等其他类型的官办学校,并形成了以儒学为中心,包括上述各类学校在内的较为完善的地方官学教育体系。① 以徽州路为例,元代,该路境内创办了蒙古字学、医学、阴阳学、官办书院、社学等各类官办学校。其中,蒙古学设教授1员,秩正九品;医学设教授1员,掌训诲诸医生,又别置提领所,主领医户,设官1员;阴阳学设教授1员;官办书院,如歙县紫阳书院、婺源州晦庵书院各设山长1员。② 关于官办小学的设置,大德四年,元朝政府延续宋代的小学制度,要求"路、州、县、书院,各设小学教谕教习生员"。③ 同年,徽州路学教授徐拱辰在路学旁重建小学。大德五年,休宁县学得到整葺,小学设在其西廊。④ 关于社学,至元二十三年,元朝政府规定:各县所属村庄,以50家为一社,每社立学校一所,择通晓经书者为学师,于农隙时分各令子弟入学。⑤

总之,元代安徽地区官办教育在以前的基础上获得了较为明显的恢复和发展,这在一定程度上有效地促进了这一时期安徽境内一些地区科举和文风的兴盛以及社会风气的淳雅。如据文献记载,后至元年间,婺源知州干文传"创晦庵书院及州学,建文公庙宅,开南衢,启堂试,以激励后进。后数科登第者,皆日前堂试之士,书声比屋,亦文风一时之盛";⑥宿州知州马思忽"捐俸延师,劝率民间俊秀子弟入学读书,城市乡社蔼然变邹鲁之风"。⑦ 至正年间,庐江县尹兀颜纲"首新文庙,春秋释奠,命士皆唐服将事,雅化始行"。⑧

① 陈高华:《元代的地方官学》,《元史论丛》第5辑。
② 弘治《徽州府志》卷四《职制·郡邑官属》。
③ 《庙学典礼》卷六《成宗设立小学书塾》,浙江古籍出版社1992年版,第134页。
④ 关于徽州路官办小学的设置,可参见李琳琦:《宋元时期徽州的蒙养教育述论》,《安徽史学》2001年第1期;刘祥光:《中国近世地方教育的发展——徽州文人、塾师与初级教育(1100-1800)》,中国台北《中央研究院近代史研究所集刊》,1997年,第28期。
⑤ 《元典章》卷二三《户部九·农桑·劝农立社事理》。
⑥ 弘治《徽州府志》卷四《职制·名宦》。
⑦ 弘治《宿州志》卷下黄德善《宿州监郡马思忽公去思记》。
⑧ 光绪《庐江县志》卷六《职官·名宦》。

二、民办教育①

1. 主要形式

元代安徽境内许多地方的宗族或个人等民间力量,积极捐资兴办学校以教育宗族和乡里子弟,这些由民间力量创办的学校即为民办学校。由于科举仕宦失利或仕途不畅,不少儒生在民办学校中以教习生徒作为自己谋生的手段,而一些地方官学的衰落又在客观上为民办教育的发展创造了条件。

元代安徽地区民办教育的主要形式为蒙学教育(初等教育)。如在徽州路境内,蒙学教育的实施主要依靠民间力量,当地出现了家学、家塾、塾学、塾馆、义学、义塾等许多民间私家创办的蒙学教育机构。许多好义之士创办义学、义塾,延师教授乡族子弟。特别是元末战乱导致官学不修,徽州路境内义学的设置更为普遍。如,在婺源州境内,至正七年,里人程本中创办遗安义学,"为屋若干楹,中祀先圣先贤,招延明师以教乡之子弟,割田五百亩,以三百亩之入赡师弟子,以二百亩养族之贫者";至正八年,中山人祝寿朋创建中山书塾,"为屋若干楹,割田二百亩,设朱子祠,其堂曰进修,斋曰成德、立本,阁曰清源,延师以教宗族及乡之子弟"。② 在休宁县境内,元末,万安人汪德懋针对"比年矛戟抢攘,列城兵燹,学者逃难解散,非惟里闾废学,而郡邑学宫悉为丘墟"的情况,"慨庠序之不兴,而士习日靡",遵循"古者家塾教民之遗意",创建了万川家塾;并"居家教授,集亲族闾里之子弟若干人,旦夕修读以自勖"。③ 在歙县境内,士绅洪味卿(1283—1328)之家似创设有家学、塾馆一类的蒙学教育机构,他曾延聘名师教其子洪斌,闻婺源人胡默贤,将其迎至家中,并"躬率子侄师事之"。④ 元末,该县

---

① 在撰写本目过程中参考了李琳琦:《宋元时期徽州的蒙养教育述论》,《安徽史学》2001年第1期;李琳琦:《徽州教育》,安徽人民出版社2005年版,第18－26页;刘祥光:《中国近世地方教育的发展——徽州文人、塾师与初级教育(1100－1800)》,《中央研究院近代史研究所集刊》,1997年,第28期。

② 弘治《徽州府志》卷五《学校·书院附》。

③ 汪克宽:《万川家塾记》,《新安文献志》卷一六,第404－405页;弘治《徽州府志》卷五《学校·书院附》。

④ 程文:《洪府君味卿墓志铭》,《新安文献志》卷八九,第2189页。

名儒唐仲实之家创办有义塾,其义塾之师名范季贤,"(范)季贤温恭慎重,教小学弟子常数十百人,取束修乘壶之微以养慈亲,庶几能竭其力者"。① 在宁国路境内,元初,宣城人贡士瞻,力学砥节,宋亡不仕,"尝作义塾以待四方学者,乡人甚尊敬之"。②

2. 恢复和发展的主导因素

除好义之士的主观努力之外,元代安徽地区蒙学教育的兴盛还与各处地方官的积极提倡、儒士特别是理学家的热心参与有极大的关系。

(1)地方官的积极提倡。在歙县境内,大德十一年,燕京人宋节出任县尹,在任上"谕父老遍立乡塾训诲子弟,使知孝弟忠信"。③ 在全椒县境内,至正间,县尹李安"任力兴学校,一仿大学之制,命乡社皆置馆塾以教子弟"。④

(2)儒士特别是理学家的热心参与。在徽州路境内,众多儒士其中特别是理学名家热心参与训蒙事业,如:歙县人刘光,"幼孤力学,授徒五十余年"。⑤ 元初,婺源名儒胡次焱,宋亡不仕,"迹归婺源,以《易》教授乡里。往来从学者常百许人"。⑥ 元初,休宁名儒程逢午"杜门以诗书教子,不复有禄仕意"。⑦ 休宁名儒陈栎,自 24 岁馆于江潭起,曾先后坐馆于詹溪程氏、里中毕氏、江潭叶氏、蕈口汪氏、珰溪金氏,终其一生,或馆于人,或自授徒。陈栎的学生休宁名儒倪士毅,因家贫无以为生,遂授徒以养亲。黟县人汪泰初"闻其贤而敬礼之,筑室下阜里中,请先生奉二亲来居,躬率子弟为邑人问学焉"。⑧ 因受汪氏礼遇,倪士毅在黟县授徒长达 23 年,直到去世。元末,休宁名儒朱升

① 赵汸:《东山存稿》卷二《留别范季贤序》。
② 《宋元学案》卷九二《草庐学案》。
③ 弘治《徽州府志》卷四《职制·名宦》。
④ 民国《全椒县志》卷九《职官志·名宦》。
⑤ 《新安文献志·先贤事略上·本郡·元》,第 32 页。
⑥ 洪焱祖:《胡主簿次焱传》,《新安文献志》卷八七,第 2144 页。
⑦ 邓文原:《故海盐州教授程君逢午墓志铭》,《新安文献志》卷七一,第 1751 页。
⑧ 赵潂:《倪仲弘先生士毅改葬志》,《新安文献志》卷七一,第 1754 页。

曾在里中程氏、珰溪某氏、东倚平义塾以及自家教授塾馆多年。[①] 在宁国路境内,元初,泾县人宗德"隐水西教授生徒,世祖闻其名,命枢密张易征之,不起"。[②]

与此同时,一些理学名家,在训蒙过程中,根据自身的教学实践,对存在缺陷的蒙学教材予以改造,编写出一系列适合儿童特点的蒙学教材。如在徽州路境内,婺源名儒胡炳文,从培养儿童的伦理道德观念出发,仿照前代《蒙求》和朱熹《小学·外篇》格式,编成《纯正蒙求》。该书采用四言体行文,强调语句对仗押韵,便于初学者记忆。休宁名儒陈栎,根据自身教学心得,编写出《论语训蒙口义》、《中庸口义》、《性理字义》、《历代通略》、《增广通略》、《小学字训注》等多种蒙学教材。休宁名儒朱升,为使童蒙能更好地理解方逢辰《名物蒙求》、程若庸《性理字训》、陈栎《历代蒙求》、黄继善《史学提要》四本书的意蕴,特意为之作旁注,编辑了《小四书》。上述儒士和理学家热心训蒙、编辑蒙学教材的举动,在一定程度上确保了当地蒙学教育的质量,也使当地的民办教育获得了长足发展。

三、书院教育

徇宋元风气,以私宅之堂托名于书院者甚多,可说比比皆是。此处我们讲的书院,是指由官府或民间力量创建或主持的,用于聚徒讲学、研讨学问的特殊教育组织。可分为官办和民办两类,官办书院是地方官学的组成部分,民办书院是民办学校的组成部分。

1. 恢复和发展的因素

(1)与封建统治阶级的文教政策的调整有着密切的关系。宋元鼎革之际,连绵不断的战火给各地书院带来灾难性破坏,书院教育几乎陷于绝境。如徽州境内较为著名的官办紫阳书院,在至元十二、十三年之间,南宋守将李铨以元兵将至,诡称守城乏材而毁之,使书院祭器书版等基本设施荡为乌有,书院遭到毁灭性破坏。伴随着全国统一

---

① 朱升:《朱枫林集》卷三《大学中庸旁注序》、卷七《东倚平义塾讲书》,黄山书社 1992 年版;康熙《徽州府志》卷一八《杂志下·拾遗》。

② 嘉庆《宁国府志》卷三一《人物志·隐逸》。

的进程,元朝政府日渐重视文教,在文化教育方面实行崇儒尊孔、推崇理学的方针,继续推行科举制度,保护和鼓励发展包括书院教育在内的学校教育。至元二十四年,元朝政府设江南各道儒学提举司。至元二十八年,元朝政府下令在江南"先儒过化之地,名贤经行之所,与好事之家出钱粟赡学者,并立为书院",[①]并设山长一员管理书院的日常事务。元朝政府的兴文重教政策,其中特别是鼓励书院发展的政策,在很大程度上促进了元代安徽地区书院的恢复、创建和书院教育的发展。

(2)与南宋遗民儒士、理学家等社会各阶层人士以及宗族等社会组织的重视和积极参与有关。元初,一大批保持民族气节、学问造诣较深的南宋遗民儒士,不愿入仕新朝,他们或自己创建书院,或应邀进入书院收徒授业,讲学著述。如,歙县人汪维岳,入元不仕,建友陶书院以读书讲学。休宁人曹泾,入元不仕,至元十四年,元朝政府强起为紫阳书院山长;他还曾讲学于西畴书院、初山精舍。休宁人汪一龙,宋亡不仕,至元十五年,江东按察强起为紫阳书院山长,讲学于书院,传授朱子之学。婺源人俞师鲁之父,乡贡进士,宋亡不仕,筑云隐山房,隐居讲学。望江人王幼学,入元不仕,创建慈湖书院以讲学著述。等等。上述安徽地区的书院皆宗法程朱,精研理学,与元朝统治阶级的意志和要求相一致。元朝统治阶级因势利导,对创办书院予以提倡和鼓励,既收到了缓和宋儒反抗情绪并争取他们为发展文教事业服务的双重效用,又在一定程度上促进了各地书院的发展。

随着元朝统治的日趋稳定,元代安徽地区的许多理学家积极投身于书院创建,或以书院为据地,从事讲学著述活动。特别是在徽州路境内,元代新安理学家皆以朱子学的卫道者自居,并以发挥朱学义理、光大与传播朱子之学为己任。他们纷纷创办书院,或依托书院从事学术活动,将书院作为光大和传播程朱理学的重要阵地。如,休宁名儒程逢午,与族父程若庸讲明正学,"益畅朱子之旨",元贞二年荐授紫

---

① 《元史》卷八一《选举志一·学校》。

阳书院山长。① 婺源名儒胡炳文,笃志朱子之学,四方学者多从之游。族子胡淀为其建明经书院,以馆四方来学之士,炳文亲任山长,为课试以训,诸生成材者多。② 元代徽州路境内书院的勃兴,与这一时期新安理学的发展结下了不解之缘。③

元代安徽地区特别是徽州路境内的许多宗族有重视教育的优良传统,为了促进族人科举仕宦成功和提高族人素质,它们极为重视宗族书院的创建。如至大年间,婺源考川胡氏创办了明经书院;元末,歙县棠樾鲍氏创办了南轩书院;元末,黟县黄村黄氏创办了集成书院;等等。

（3）与各处地方官的重视和推动有关。为了发展教育,造就科举人才,提高当地文教水平,元代安徽境内的一些地方官在任期间将较多的精力和财力投放到本地书院的创办和建设上。如,至元十四年,江东道宣慰使张弘范应儒士赵必晃之请,在当涂县创建了采石书院。至元二十四年,婺源州知州汪元圭创建了晦庵书院,该书院后遭损坏,知州干文传上任后加以修复。大德元年,宁国路太平县弦歌乡巡检郑千龄创建了弦歌书院。至顺三年,宿州监郡木撒飞创建了文山书院。至顺间,无为州同知字罗帖木儿欲建兴文书院,未果;至正间,御史余阙复上其事,朝廷谕允立院设官;至正八年,在地方官的主持下,书院建成。

可以说,元代安徽地区书院教育的恢复和发展是上述多种因素综合作用的结果,各方力量所形成的合力,促成了元代安徽地区书院教育的迅速恢复和长足发展。

2. 概况

元代安徽地区书院主要分布于徽州、太平、庐州、宿州等路州境内。各地书院的具体分布、创建、教育及学术活动情况如下:

徽州路:

紫阳书院:在歙县南门。宋建。元至元十三年冬,镇帅设险固围,

① 康熙《徽州府志》卷一五《绩学传》。
② 汪幼凤:《胡云峰炳文传》,《新安文献志》卷七一,第1742页。
③ 参见李琳琦:《徽州教育》,第13-18页。

撤城外凡屋为栅,郡檄俾迁于南门内江东道院,实古郡学遗址也。至元十五年,按察副使奥屯希鲁至,谋诸总府,以书院地与古郡学地两易,以溪山伟观为明明德堂,得前进士休宁汪一龙、曹泾为山长,前贡士许豫立为学正,相与经始兴复。然濒江地卑,岁有泛溢之患。延祐二年夏,溪水泛涨,栋挠不支,山长张炳白总府,迁南门外旧基左侧,接乌聊山脉,正对紫阳山,尤为一郡山水胜处。建大成殿、讲堂、文会堂、文公祠、庖湢仓庾及亭百余楹。时书院田租仅 300 石,张炳倾己帑,募路县官僚俸佐不给。山长旧制以本州教授兼充,后省差二员,例由县教谕、郡学录升充,后省其一。至正十二年,毁于兵。①

西畴书院:在歙县棠樾。南宋末年邑人鲍寿孙、元初休宁曹泾、歙县方回讲学其中。②

易安书院:在歙县呈坎。宋元之际,呈坎后罗氏宗族建。③

虚谷书院:在歙县。南宋时邑人方回建。为方回讲学之所。该书院于元贞间刻元鲍云龙撰《天原发微》5 卷,大德三年刻元释园至撰《筠溪牧潜集》7 卷。④

友陶书院:在歙县丛睦。至元间,省元邑人汪维岳建。维岳入元不仕,以陶渊明自况,读书吟啸其中。⑤

倚山书院:在歙县。元初,邑人程国宝建。国宝先公号倚山,有嘉遯之志焉。⑥

师山书院:在歙县城西师山。至正间,郑玉门人鲍元康等"以受业者众,(郑)玉所居至不能容,乃相与即其地为之。中书省名曰'师山书院'"。郑玉讲学处。⑦

① 方回:《徽州重建紫阳书院记》,《新安文献志》卷一四,第 362－363 页;方回:《定斋先生汪公一龙墓铭》,《新安文献志》卷九五上,第 2409－2412 页;弘治《徽州府志》卷六《选举·荐辟》。又据唐元《筠轩文稿》卷一〇《紫阳书院增置学田记》记载,书院曾有学田 30 亩。

② 道光《徽州府志》卷三之一《营建志·学校·书院附》。

③ 歙县呈坎后罗氏《传家命脉图·宗祊再造引言》,转引自赵华富:《徽州宗族研究》,第 433 页。

④ 王颋:《元代书院考略》,《中国史研究》1984 年第 1 期;徐学林:《源远流长的安徽古代出版业》,《东南文化》1991 年第 2 期。

⑤ 康熙《徽州府志》卷七《营建志·学校》;道光《徽州府志》卷三之一《营建志·学校·书院附》。

⑥ 唐元:《倚山书院辞》,《新安文献志》卷四九,第 1042 页。

⑦ 道光《徽州府志》卷三之一《营建志·学校·书院附》。

凤池书院：在歙县深渡。元末邑人姚琏讲习之地。①

南轩书院：在歙县棠樾。元末，歙县棠樾鲍氏建。至元间，休宁人汪士逊曾任书院山长。②

南门书院：在歙县县城南门。元时建。明初，毁于兵火。③

费公书院：在歙县岩镇。元代，歙县岩镇闵道源，"上章请立费公书院"。④

柳溪书院：在休宁城西柳溪。元代，休宁汪氏建；元末，休宁汪洗自柳溪迁邑南汊川。⑤

商山书院：在休宁浯田。元末，行枢密院判官婺源汪同建。延邑人汪德懋为训导，又请朱升、陈光为师。⑥

月友书院：在休宁城西禹山。元末，休宁禹山程氏族人程翊夫（号月友），"尝创月友书院，与赵东山、倪尚纲、倪尚谊、陈伯同、陈自新、朱允升、金孟章、詹以南、县尹唐以华诸贤肄业其中"。⑦

屯山书院：在休宁屯溪。元明之际，休宁屯溪潘氏族人潘琪（号屯山），"与宪副雪湖冯公吟咏，素善，构屯山书院以教子姓"。⑧

龙川书院：在婺源龙川。宋建。先贤张竹房、张兰室与胡炳文合业于斯，著有《四书发微》、《通证》、《通显》并《诗经训释》，皆院中集。⑨

晦庵书院：在婺源州文庙侧。至元二十四年，知州汪元圭建，里之闻人巨室乐助其役，复捐田以养士；上之省，乞以"文公书院"为名，符下，名曰"晦庵书院"。本道提刑按察副使卢挚呈省，起里人名进士吴

① 民国《歙县志》卷二《营建志·学校》。

② 唐文凤：《梧冈集》卷五《题端孝思草书引》。康熙《休宁县志》卷六《人物·隐逸》。又据道光《休宁县志》卷一四《人物·高逸》记载：元休宁人吴资深，"上曾祖文集于朝请谥，得易名，授官宝谟阁国史编校。宋亡归隐，元聘充南轩书院山长，不赴"。

③ 《紫阳书院志》卷一三，江苏教育出版社1995年影印本。

④ 《新安名族志》前卷《闵》，第256页。

⑤ 弘治《徽州府志》卷五《学校·书院附》。

⑥ 赵汸：《东山存稿》卷四《商山书院学田记》；《新安文献志》卷八九，赵埥：《故城县丞汪先生德懋行状》，第2208页；弘治《徽州府志》卷五《学校·书院附》。

⑦ 《新安名族志》前卷《程》，第50页。

⑧ 《新安名族志》后卷《潘》，第639页。

⑨ 康熙《婺源县志》卷五《建置志·宫室》；民国《重修婺源县志》卷七《建置志·宫室》。

觉、江雷为山长。元圭为建山长屋百楹,置田六顷、书万卷。延祐元年火,元圭子良昼复买北关汪氏园宅为新祠。后至元间,复建于县学东北。至正十二年,毁于火。①

湖山书院:在婺源南乡太白。元初,乡贤胡一桂结庐讲学于此。②

明经书院:在婺源考川。至大三年,考川人主簿胡淀谋于族父炳文,为屋105间,右大成殿,左会讲堂,又左斋庐四,又前二塾,扁曰"明诚敬义";礼服、祭器悉备;宫室规制,视岳麓、白鹿洞有加。淀又捐田土300亩充祭祀、师生廪俸、修学费。淀弟承务郎澄捐田50亩,设小学训乡族子弟。知州黄惟中聘炳文掌教事,请于朝,以"明经书院"为额。四方学者云集,炳文谈经,日听者盈千人。至正十二年,兵毁。③

石丘书院:在婺源考川南。元末,考川人胡孟成(号石丘生)建。孟成受学于族祖炳文,作石丘书院以居来学。族人胡元礼有《石丘盟》。至正十二年,兵毁。④

阆山书院:在婺源阆山。至正中,行枢密院判官婺源汪同建。延休宁赵汸为师,以教乡之俊秀者。⑤

道川书院:在婺源南大田五镇。元代,休宁硕儒倪士毅(号道川先生)与婺源大田五镇倪士安为五从兄弟。士毅"远谒士安公于大田,学者多从之游,士安公于居傍为构书院,以容讲学之士,学者扁额曰'道川书院'。仍捐田四十亩,以赡四方学者"。⑥

樟源书院:在婺源沙阳。元明之际,婺源沙阳人程焕建,"捐资成就贫士,德声著扬"。⑦

青山书院:在婺源沙阳。元明之际,婺源沙阳人程焕建,"捐资成

① 方回:《饶州路治中汪公元圭墓志铭》,《新安文献志》卷八五,第2076-2077页;弘治《徽州府志》卷五《学校·书院附》、卷四《职制·名宦》;康熙《徽州府志》卷七《营建志·学校》;道光《徽州府志》卷三之一《营建志·学校·书院附》。

② 民国《重修婺源县志》卷六《建置志·学校》。

③ 胡长孺:《元龙泉主簿胡公淀墓志铭》,《新安文献志》卷八六,第2093页;弘治《徽州府志》卷五《学校·书院附》。

④ 弘治《徽州府志》卷五《学校·书院附》。

⑤ 弘治《徽州府志》卷五《学校·书院附》。

⑥ 《新安名族志》后卷《倪》,第608页。

⑦ 《新安名族志》前卷《程》,第76页。

就贫士,德声著扬"。①

竹溪书院:在祁门县城北隅。至正间,邑人方贡孙建。②

集成书院:在黟县黄村。至正十一年,里人黄真元立厚本义庄,内建义学曰集成书院,以教其族中子弟。③

𪩘阳书院:在绩溪仁里。元忠显校尉、梅州同知邑人程璲所立。因念先祖遗泽构此书院,以教育子姓与其里之俊秀者。元末遭兵燹破坏。④

太平路:

采石书院:在当涂县采石镇。至元十四年,江东道宣慰使张弘范从儒士赵必晃之请,即旧统制司之景雍堂及射圃地创建。泰定年间,总管贾焕、山长杨伋、县尹王惟中重建堂斋门库亭庖。至正三年,廉访使金事崔敬属、达鲁花赤帖里答失、总管胡安国增修置田。⑤

东川书院:在当涂县。元代建。⑥

天门书院:在当涂县大信镇。宋建。门庑、殿堂、斋舍、庖湢悉仿州庠规制。元渐废。后至元三年,达鲁花赤弘吉刺野素溥花饬新之。⑦

丹阳书院:在当涂县黄池镇。宋建。元至大元年,宪使卢挚暨人匠提举陈童拨置田600亩以养士。⑧

临汝书院:在芜湖县。元代建。⑨

庐州路:

三贤书院:在合肥县。元代建。祀包拯、马亮、王希吕,后废。⑩

① 《新安名族志》前卷《程》,第76页。

② 康熙《徽州府志》卷一七《杂志·古迹》。

③ 嘉庆《黟县志》卷一〇《政事志·书院义学》、卷一四汪泽民《黄氏厚本庄记》。

④ 弘治《徽州府志》卷五《学校·书院附》。

⑤ 乾隆《太平府志》卷八《建置志·学校·书院》;民国《安徽通志稿·金石古物考》卷五张允《太平路采石书院增修置田记》。又据乾隆《旌德县志》卷八《人物志·文苑》记载:至元间,旌德人吕枋"以文行举采石书院山长。设教详明,士皆悦服"。

⑥ 王颋:《元代书院考略》,《中国史研究》1984年第1期。

⑦ 乾隆《太平府志》卷八《建置志·学校·书院》。

⑧ 吴澄:《吴文正公集》卷二〇《丹阳书院养士记》;乾隆《太平府志》卷八《建置志·学校·书院》、卷三三《俪事志·杂附》、卷三四《艺文志·记》。

⑨ 王颋:《元代书院考略》,《中国史研究》1984年第1期。

⑩ 《安徽文化史》编纂工作委员会编:《安徽文化史》上册,第716页。

景贤书院:在合肥县。元代建。①

西岩书院:在合肥县。元代建。②

龙眠书院:在舒城县治东。宋建。李公麟读书处。元代,院基为僧侣所并。天历二年,知县爕理溥化复之,新其庙。凡殿堂、门庑、斋舍、庖库及李公之祠,为屋 36 楹。邑人范凤瑞割田 200 亩为学田,以供祭养。③

秀溪书院:在无为州城北贾家湾。一名贾家花园,为宋理学名臣贾易(号秀溪先生)墓所。至正八年,易九世孙贾孝恭建。④

兴文书院:在无为州学前。又名文翁书院。至顺间,无为州同知孛罗帖木儿以文翁事迹达诸郡府,请祀不果。至正间,御史余阙复上其事,朝廷谕允,立院设官,名其院曰"兴文"。至正八年建成。⑤

怀德书院:在六安州。元代建。⑥

宿州:

文山书院:在宿州。至顺三年,监郡木撒飞"以文山书院久废,延师儒,设弟子员,分职□以起东斋,捐俸金以供释奠,因公必枉道敦劝,故进士贡举数倍于前"。⑦

第六节　科　技

元代安徽科技成就主要体现在:对农业生产进行技术推广和经验总结;创造发明了木活字及转轮排字法;医学获得了一定的发展,涌现

---

① 王颋:《元代书院考略》,《中国史研究》1984 年第 1 期。
② 王颋:《元代书院考略》,《中国史研究》1984 年第 1 期。
③ 揭傒斯:《文安集》卷一〇《舒城县龙眠书院记》。
④ 嘉庆《无为州志》卷一〇《学校志二·书院》。
⑤ 嘉庆《无为州志》卷一〇《学校志二·书院》;王颋:《元代书院考略》,《中国史研究》1984 年第 1 期。
⑥ 王颋:《元代书院考略》,《中国史研究》1984 年第 1 期。
⑦ 弘治《宿州志》卷下,高元忠《宿州监郡木撒飞德政记》;光绪《宿州志》卷八《学校志·书院》。

了一批医家;数学、天文、历法领域,一些学者颇具造诣。

一、农业科技

元代,随着农业生产的恢复和发展,出现了一些对农业生产进行技术推广和经验总结一类的农学著作。其中,孟祺参与编纂的《农桑辑要》、鲁明善的《农桑衣食撮要》、王祯的《农书》等三部农书与安徽有着较为密切的关系,或由安徽籍人士参与编纂,或由时任安徽地方官的外籍人士撰成,对当时安徽及全国农业生产均产生了深刻的影响。此外,祁门人黄德清所著《农桑备考》和休宁人吴瑞所著《日用本草》也在农学领域占有一定的地位。

1. 孟祺参与编纂《农桑辑要》

元世祖忽必烈比较重视农业,于至元七年二月创设司农司,专以劝课农桑。为了推广当时先进的农耕技术,便于农户掌握节令,司农司组织人员"遍求古今所有农家之书,披阅参考,删其繁重,撮其切要",①于至元十年编成《农桑辑要》一书。该书为元朝司农司官颁的综合性大型农书,也是我国现存最早的官撰农书。而此书主要编纂或修订者之一为宿州符离人孟祺。

孟祺,字德卿,少时敏悟,善骑射,随父迁居东平。东平世侯严实兴建学校,招揽生徒。以考试入选东平幕府,任掌书记,受到廉希宪、宋子贞等朝中大臣的器重,召为国史院编修。迁从仕郎、应奉翰林文字,兼太常博士。一时典册,多出其手。至元七年,任山东东西道劝农副使时,参与并负责编撰《农桑辑要》一书。

《农桑辑要》共分7卷,包括典训、耕垦、播种、栽桑、养蚕、瓜菜、果实、竹木、药草、孳畜、岁用杂事等篇目。其中,典训篇主要通过引用历史资料来阐发农本思想,以下各篇则分别辑录相关技术资料,岁用杂事篇则记录每月应作的农事。该书是贾思勰《齐民要术》以后历代农学成果的一次系统总结,是我国古代政府组织编行、用以指导全国农业生产的最早最具全面性的一部大农书。

---

① 王磐:《农桑辑要序》,《元文类》卷三六。

《农桑辑要》成书后,在全国各地得到陆续推广。至元二十三年六月,元世祖下诏将该书颁行诸路,用以指导各地具体的农业生产。由于该书"用之则力省而功倍",①刊行后收到了较为明显的效果。在有元一代,从世祖至元至文宗至顺年间,该书屡被翻印,至顺三年一次即印行万部。在徽州路境内,元仁宗时,该路总管郝思义曾在当地翻刻《农桑辑要》,"颁之社长,俾专劝课"。② 在宿州境内,后至元三年,高昌人大黑奴"来监是郡","捐己俸刊《农桑辑要》"。③

2. 鲁明善《农桑衣食撮要》

鲁明善,以父鲁字为氏,名铁柱,字明善,畏兀儿人。元代农学家。父伽鲁纳答思从西域进入大都,官至开府仪同三司、大司徒。明善随父长期居住汉地,自幼习读儒家典籍,对汉文化颇为精通。曾历任靖州路(治今湖南靖县)、安丰路、太平路、池州路达鲁花赤。延祐元年,出任淮西江北道肃政廉访使,驻安丰。这一时期,他深入农村展开调查,精心研讨各种农书,并在此基础上编辑刊印成《农桑衣食撮要》一书。

《农桑衣食撮要》为农家历书性质的农书,实为《农桑辑要》的补充。至元年间颁行的《农桑辑要》,于耕种树畜之法言之颇详,而《岁用杂事》仅列为卷末一篇,未为赅备。《农桑衣食撮要》则"分十二月令,件系条别,简明易晓,使种艺敛藏之节,开卷了然。盖以阴补《农桑辑要》所未备"。④ 该书共2卷,继承了崔寔《四民月令》的体制,采用月令体裁,根据季节、物候,将全年的农事活动逐月编排。内容以农桑为主,兼论园艺、畜牧、竹木;对各种农产品加工、储藏等也有记述。全书文字通俗,简明扼要,实用性强。该书对农业生产起到了积极的指导作用。

3. 王祯《农书》

王祯,字伯善,山东东平人。元代农学家。成宗元贞元年至大德

---

① 蔡文渊:《农桑辑要序》,《元文类》卷三六。
② 弘治《徽州府志》卷四《名宦》。
③ 弘治《宿州志》卷下黄德善《宿州监郡公大黑奴遗爱碑》。
④ 《四库全书总目提要》卷一〇二。

四年间,任旌德县尹。大德四年,调任永丰县尹。在任旌德县尹期间,王祯以其平时积累的丰富资料,开始着手编写《农书》,用以指导农业生产。到永丰县任职二年后脱稿,至仁宗皇庆三年最终编成。在旌德、永丰等地长期就任县尹的为官经历,为王祯撰成《农书》提供了较为有利的条件。

王祯《农书》共 37 集、270 目,主要包括农桑通诀、百谷谱、农器图谱三大部分内容。该书图文并茂,实用方便。在书中,王祯广泛收集了历史上的有关农学著作,记载了一些民间行之有效的生产经验,阐述了他本人关于农业和农学的一些独特发明与见解。该书博古通今,兼论南北,富于创造,是我国第一部从全国范围内对整个农业作系统研究的农书。

4. 黄德清《农桑备考》

黄德清,字廉政,号古田,元末明初祁门人。元末,慨然有澄清之志,于滁州从军,数立战功。元朝灭亡后,遂隐以终。寄情于山水之间,尤精地学,与青阳张宗道交最称莫逆,宗道前来造访,两人相互谈论必周年始还。曾著有《农桑备考》,该书为农学著作,然未见流传,其具体内容也已不得而知。

5. 吴瑞《日用本草》

吴瑞,字瑞卿,元代休宁人。医家。他通过对可供食用的动植物进行系统的探索和研究,于文宗天历年间撰成《日用本草》一书。关于编纂此书的原因,李汛在该书序中曾有交代:"夫本草曰日用者,摘其切于饮食者耳。盖饮食所以养人,不可一日无。然有害人者存,智者察之,众人昧焉。故往往以千金之躯,捐于一箸之顷而不知。瑞卿悯之,于是类次食物,凡五百四十余品,共为八卷,曰《日用本草》行于世。盖以往者不可追,来者犹可救也。"即该书主要是为了使普通民众避免误食中毒这一实用目的而编纂。

全书共 8 卷,记载可供日常食用的动植物和菌类 540 种,分为米谷、菜、果、禽、兽、鱼、虫、五味等 8 门。除名称外,还记载了每种动植物和菌类的性状、性味、烹煮方法和药用价值,间附处方,是按照本草学体例而专记可供食用的动植物和菌类的系统著作。该书实开安徽

系统研究食物本草之先河,因具有广泛的实用价值,对后世影响较大。李时珍在其《本草纲目》中,根据本草学的标准对该书所记火麻、豆腐、香蕈、天花菜、石耳、银杏、西瓜、山羊等8种动植物和菌类予以摘引,这在一定程度上反映了该书在明代的影响和价值。①

二、印刷术

元代,旌德县尹王祯在活字印刷领域取得重大突破,创造发明了木活字及转轮排字法,并成为中国历史上第一个成功使用木活字刊印书籍的人,为中国的出版印刷事业作出了重要贡献。在任旌德县尹期间,王祯通过刻苦钻研,创造发明了木活字。在北宋毕昇发明泥活字印刷术前后曾经试制过木活字,后来也有人试制过瓦活字和锡活字。但因木料纹理疏密不均,沾水后高低不平,且较易和松脂蜡药相粘连,不便清理取用;而瓦活字和锡活字吸水性能差,使用水墨效果不理想。为了克服上述弊端,王祯经过长期的探索与试验,对木活字印刷方法提出了一系列改进措施,较好地解决了一些具体的技术难题。王祯所采用的方法是:先用纸张写好大小字样,糊于木板上刻字,字刻好以后,用小细锯将字一一锯开,并用小刀修成一样大小,再一行行排字,用竹片夹开来,排满一板框,用小竹片垫平,再用木楔塞紧,使活字坚牢不动,然后涂墨铺纸进行刷印。这一做法有效地克服了此前活字沾水产生伸缩的缺点,将活字印刷技术大大地向前推进了一步。王祯所撰《造活字印书法》附载于《农书》之末,这是最早系统地叙述活字版印刷术的文献。

此外,王祯在排字技术上也有独创。为便于排拣活字,减轻排字工人来回走动寻字的劳动强度,王祯发明了转轮拣字法。该办法用轻质木料制成两个自由旋转的轮形储字盘,所用活字,依韵排列,排版时,一个人坐在中间,左右俱可转动轮盘拣字,此即所谓的"以字就人"。这样,在排版时避免了以人寻字的麻烦,在减轻排字工人劳动强

---

① 参见张秉伦、胡化凯:《徽州科技》,安徽人民出版社2005年版,第238-240页;张秉伦:《安徽科学技术史稿》,安徽科学技术出版社1990年版,第169页;《安徽文化史》编纂工作委员会编:《安徽文化史》上册,第924页。

度的同时,又大大地提高了印刷效率。大德二年,这种印刷新技术首先被王祯用在《旌德县志》的刊印上。《旌德县志》全书6万余字,不到一个月的时间便印成了100部,其印刷"一如刊版",效果极佳。

三、医 学

元朝政府对医学较为重视,在医疗政策、医学制度、药政等方面对宋代既有沿袭又有创新。① 从总体上看,元代医学较前代有所发展。就官办医学而言,元代惠民药局的普及化最为明显,这一时期安徽境内各地创立的惠民药局非常多,如元朝政府于大德三年诏各路设置惠民药局,"官给钞本,规运息钱"。在中央政府的提倡下,这一年徽州路设立了惠民药局,当时该局的规模为:全局修合药品400余件,主医2人,药生5人;其具体的人选安排为:"岁于医户轮差"。大德九年,元政府又令各州县设立子局,广惠贫民;其药于总局四季发下。当时徽州路所属各县皆设立了惠民药局:休宁县惠民药局在县楼外之西;婺源州惠民药局在州治南;祁门县惠民药局在县治前东边,设主局1员,屋3间;黟县惠民药局在城东门外;绩溪县惠民药局在县东。② 在这些惠民药局中,既有新建的,也有不少是延续前代的,如休宁县"元惠民药局仍宋之旧"。③ 在元代安徽境内,地方官在任上多积极从事惠民药局的修建。如山东益州人苏济,于延祐五年出任泾县尹。在任期间,为了实现"民不可使有疾"的目标,"捐帑买基殿三皇表,医学以总之,卫生则有药物焉"。④ 而且,在地方官府修建惠民药局时,往往还会得到当地百姓的支持,如徐泰亨于至顺二年知青阳县,在任期间"欲建惠民局,有章某为之捐地焉"。⑤ 除官办医学外,元代安徽地区的民间

① 梁其姿:《宋元明的地方医疗资源初探》,《中国社会历史评论》第3卷,中华书局2001年版。
② 弘治《徽州府志》卷五《恤政·仓局》。
③ 道光《徽州府志》卷三之三《营建志·仓局》。
④ 嘉靖《宁国府志》卷八《人文纪上》;嘉庆《宁国府志》卷二一《艺文志》。
⑤ 乾隆《池州府志》卷三八《名宦传下》。

医学,其中特别是传统的新安医学,①也获得了一定的发展。

1. 新安医学的发展②

元代,徽州路境内社会总体稳定,商业兴旺,文化兴盛,加上当地山区药材资源十分丰富,使得传统医学继续得到发展。中国医学史上独树一帜的地域性医学流派——新安医学,在元代获得了一定的发展。这一时期,徽州境内涌现了一大批医家,一些名儒宿学也往往兼通医术药理,他们撰有许多颇具分量的医学著作传世;普通民众则多怀有"不为良相,即为良医"的思想,并多存有活人济世之心,悬壶为业。元代新安医学的代表人物和重要医家主要有:

邵悦,字贞父,休宁人。以理学家兼通医学。师事婺源名儒胡方平,明理学,务实践。宋亡不仕,隐于萝山精舍,玩易象。集古方书,施药活人,本路因牒授惠民药局副使。两膺辟举皆不就,以寿终于家。

程汝清,字正子,婺源人。名医程约之后。精太素脉,预言人祸福生死神验。曾随人学"补泻过注法",医术大进,于是病疾无论久近,应手取效。著有《医方图说》。

吴以凝,字凝之,歙县人。工医。著有《去病简要》27卷。

王国瑞,字瑞安,婺源人。其父王开,曾从窦默学习针灸20载,尽得其传,为针灸名家。国瑞传承家学,精针灸。著有《扁鹊神应针灸玉龙经》,约成书于13世纪末,初刊于元文宗天历二年。该书专论针灸之法,书中以易诵易记的85首歌诀形式,介绍了120个常用穴位。每一穴位均指明部位,并举其所治病症,便于习诵和推广运用。书中还收集有诸家针灸学方面的经验秘法。在以针灸治病的临床实践中,王氏既主张按病取穴,又重视按时取穴。其所创"飞腾八法"颇具特色,与"灵龟八法"同中有异;其"夫妻配合"取穴法,属于子午流注法的另一支派。该书对后世医学及医家影响较大,历代针灸名家无不精研此

---

① 元代安徽境内民间医学发展的主要表现之一,是许多地方重视对医生进行教育培训。据台湾学者梁其姿的初步统计,元代安徽境内医生训练途径主要有自学(1名)、家学(26名)、拜师(1名)、家学加拜师(1名)等几种类型。参见梁其姿:《宋元明的地方医疗资源初探》,《中国社会历史评论》第3卷。

② 本节写作参考了张玉才《新安医学》,安徽人民出版社2005年版第10-11、36-39页的相关内容。

书,取其精华,为己所用。

马肃,字叔敬,号敬斋,婺源人。以儒医鸣。曾北上燕京,游于朝廷重臣虞集、揭俣斯之门,受到虞、揭二公称许。初授三山路医学教授,后为江西等处医学提举。

张良卿,一名良轻,字弘道,婺源人。性行纯笃,理学优明,尤善医道。后举授浙江绍兴路医学教授。年七十二终。

程深甫,休宁人。业儒,神于医,擢任江浙行省太医提举。应召为皇帝治病,立愈,由是声震南北,一时有"好人程太医"之誉。

范天锡,字寿朋,休宁人。精通岐黄之术,诊脉能决人生死,用药不拘泥于古方,随手而应,无不见效。为郡医之最,曾任徽州路医学提领。

胡炳文,字仲虎,号云峰,婺源人。以理学家兼通医学。

徐存诚,字宗吉,祁门人。家世业医,祖父仁斋工医,闻名州里。传至存诚,医术益精,曾任县医学训科。存诚精通方脉,行医施诊不计名利,曾设药室施药济人。

陆文龙,歙县人。宋翰林院医官陆安国之后。精医学,曾任县医学正科。

吴冕,字君仪,休宁人。曾任徽州路医学正科,后调任饶州路医学教授,卒于任。

李仲南,又名中南、乃季,号栖碧,黟县人。曾汇集古人医书,取其精要,于至顺二年编成《锡类钤方》22 卷,后改名《永类钤方》刊行于世。该书记载骨伤科内容尤多,涉及骨折、脱臼、整复、夹板固定法、医疗器械、方药等方面,是我国骨伤科代表性著作之一。

汪汝懋,字以敬,号遯斋,歙县人。曾任浙江定海县尹。兼通医学。

鲍同仁,字国良,号静轩,歙县人。泰定元年,试蒙古翰林院,授全州路学正。历巢县、南康县主簿。至正九年,授承事郎、邵武路泰宁县尹。后以承事郎、会昌州同知致仕。凡所至皆有治绩。与理学名儒郑玉交往颇深,为师山讲友。性慧巧,精研针灸之术,凡四末受邪、瘫疽瞆眩等疑难杂症,治无不中。与名医朱震亨齐名。终于家,得年八十。

著有《通玄指要赋注》2卷、《经验针法》1卷。

徐道聪,字士明,休宁人。精通儿科。时当元末战乱,人民流离失所,婴孩多因受惊吓致病而死。道聪制方授药,每授一匙辄苏,全活者千计。其子杜真,继承父学,复精内科,著有《方书》行世。

赵泬,字子常,休宁人。以理学家精通医学,好集古方,施药济人。

2. 其他医学成就

除新安医学外,元代安徽境内宣城、怀远、霍邱等地的民间医学也有一定的发展,诞生了一些医家。如:

徐文中,字用和,宣城人。善针术。为吴掾。镇南王妃苦风患,秃鲁御史以文中闻,文中丐诊候,按手合骨,曲池而针潜入焉。妃殊不省也。移晷,手足并举。次日起坐,王喜异,劳之。从吴迁杭,杭守吴秉彝病,召之立愈。后由功曹仕绍兴路知事,卒。[①]

朱肯堂,怀远人。医士。与朱赟、刘彦实、朱莹、秦子通等医皆五世知名,各悬一壶于市,慕董仙壶公之为人。唯子通仕至太医院提举,归老,朝廷给役其家。[②]

徐富生,霍邱人。通医理。元末避乱,采药金刚台山中。明洪武间起太医院,以善疗名,指到生春。识者谓"前身卢扁,当世岐黄"。[③]

四、数　学

元代安徽地区在数学方面也诞生了有一定影响的学者,如霍山县学者邢颂不,精通数学。其弟子刘大鉴著有《乾坤括囊》一书,其中有"人元二问"。所谓"人元二问",即是指含有天、地、人三元三个未知数的方程组问题,它是天元术向四元术发展的序曲。[④]

五、天文、历法

元代,徽州路境内涌现了一批精通天文、历法的学者。如歙县人

---

①　光绪《宣城县志》卷二七《方技》。
②　嘉靖《怀远县志》卷二《杂志·医术》。
③　同治《霍邱县志》卷一三《人物志·方技》。
④　转引自张秉伦:《安徽科学技术史稿》,第133页。

方回,为官之余,留心于天文之学,曾著《古今考》、《历象考》等天文历算著作。其同乡好友鲍云龙,曾潜心周易象数学和天文学的研究,著有《天原发微》5 卷,集中讨论象数问题,对天文问题多有涉及。鲍氏在宇宙学上的观点在当时颇为著名,尤其是他对传统地说的大力支持,在当时引起较大反响,方回曾为此与他展开过讨论。[①] 又如:休宁人吴观万,著《潮说》、《夏小正》,辨闰月,定四时成岁。[②] 婺源人王俦,早岁颖悟,师事名儒胡炳文。博极群书,凡天文、历法、象数、江河、海岛、山经地志源委次第,今古州郡、地域疆理之异同,礼乐名物度数之详略,三代、汉、唐历代制度仪文,日夕讨论,图象具列,义疏备陈,折衷以先儒之论,而发其所未详,补其所未备。积之既久,卷帙繁多,约之则以关于天者曰《天象考》,丽于地者曰《坤象考》。在天文、历法方面颇具造诣。[③]

---

① 《安徽文化史》编纂工作委员会编:《安徽文化史》上册,第 901 页。
② 道光《休宁县志》卷一二《人物·文苑》。
③ 汪幼凤:《王伯武先生传》,《新安文献志》卷七一,第 1757 页。

第十五章

社会矛盾加剧与安徽人民推翻元朝统治的斗争

由于长期累积的各类社会矛盾的激化,元顺帝至正年间,最终导致元末农民大起义的爆发。安徽地区是元末农民大起义的主战场之一,北方红巾军、南方红巾军等各路起义军在安徽境内活动频繁,战事激烈。这场农民大起义最终推翻了元政权。

第一节　社会矛盾加剧

一、官府肆意搜刮

为了增加政府收入，元朝统治者频繁派遣官员分赴各地搜刮、聚敛民间财富。早在忽必烈统治时期，阿合马、桑哥等人肆意搜刮民脂民膏，"用事者急聚敛，遣使天下，大括金玉珠货器物赢余，苛酷吏请尽辟知名清强吏以任事。公（指秦仲）虽居闲，犹被迫遣治徽、广德之会。是时，公府之出纳，无容复有余羡，此直以无义而取之耳。而操窃（切）郡县危甚"。① 与此同时，江东道官员也纷纷"承意竣剥，狱犴尤甚"。② "世祖时，淮北内地，惟输丁税，铁木迭儿为相，专务聚敛，遣使括勘两淮、河南田土，重并科粮；又以两淮、荆襄沙碛作熟收征，徼名兴利，农民流徙。"③江淮地区则因暴政虐民，造成"江淮之民愁怨载路"④的凄凉景象。忽必烈以后的元朝诸帝继续执行搜刮虐民的政策，使得元代安徽地区的百姓负担日益加重。大德元年，元朝政府设立江淮等处财赋总管府及提举司以搜刮当地的民脂民膏。延祐元年，元朝政府采纳章间建议，经理钱粮，作增税之计："今经理江淮田土，第以增多为能，加以有司头会箕敛，俾元元之民，困苦日甚。"⑤各级官吏不顾地方实际，纷纷以增多为能，无端加重了人民负担。延祐七年四月，元朝政府又增两淮、荆湖、江南东西道田赋，斗加2升。⑥ 元代中后期政府的各项苛捐杂税和繁重徭役也压得农民喘不过气来。以徽州路为例，当地百姓有正税和各项苛捐杂税之征。以上供纸为例：常岁供官有赴北

---

① 虞集：《道园学古录》卷一四《知昭州秦公神道碑》。
② 苏天爵：《滋溪文稿》卷一〇《故集贤大学士李文简公神道碑》。
③ 《元史》卷一七五《张珪传》。
④ 《元史》卷一六《世祖纪十三》。
⑤ 《元史》卷一七七《吴元珪传》。
⑥ 《元史》卷二七《英宗纪一》。

纸、行台纸、本道廉访司纸；其纸有夹纸、线纸、检纸三色，赴北夹纸岁供300万张，行台纸、廉访司纸通计岁供约20万张；此外，又有诸衙门和买纸、常课日纸、和买经文纸等，动以百万计，不在常数；当时有司和买数多，惟务立办，令甫下而追呼沓至，并缘渔猎。① 各项苛捐杂税以及征办官吏从中百般渔利，使得当地百姓负担十分沉重。安徽境内各地百姓日常承担的徭役也颇为繁重，如旌德县民"岁输租米郡仓万四千二百九石有奇，行数百里"，"陟危降深，前蹶后颠"，往往造成运粮百姓的死亡。② 歙县人吴明善，"当元季，产税甲里中，役繁赋重，久而困约"。③ 此外，由于长期用兵，安徽地区大量劳动力被征用于转运、造船，或充当水手、壮丁等。安徽成为元朝政府及各级官吏压迫与搜刮的重灾区，人民负担日益加重，社会矛盾不断积累并走向激化。

二、地主阶级残酷压榨

元代中后期，安徽境内地主豪强加快了土地掠夺和兼并的步伐，在征收租税、剥削佃户方面更加变本加厉。在芍陂等两淮地区，频繁发生"屯田为豪右占据"、"两淮地为豪右所占"的事件。④ 虹县境内的东朗湖，被"淮东富民涸泽为田"。⑤ 后至元年间，池州路"郡学有田七百亩，为豪民所占"。⑥ 至正初年，亳州境内，"有豪民强占民田为己业"。⑦ 各地的土地掠夺和兼并十分剧烈。与此同时，赋役不均成为严重的社会问题。大德八年正月，元朝政府鉴于江南佃户私租太重，诏令以十分为率，减二分，永为定例。说明当时南方地主对佃户剥削已十分苛重。大德年间，歙县境内，"富民析税，诡立户名，规避差役"。

① 弘治《徽州府志》卷二《食货一·土贡》、卷三《食货二·财赋》。另据嘉庆《黟县志》卷九《政事志·赋役》记载："元制：夏税茶租、地租、丝、绵，秋赋粟。岁贡之品四，岁办之课六。其金、铁、酒、醋、竹、木、香会之课颇不便于民。"
② 陈旅：《安雅堂集》卷七《旌德县便民政绩记》。
③ 方勉：《赠承德郎行在兵部主事吴公发行状》，《新安文献志》卷九二（下），第2301页。
④ 《元史》卷二一《成宗纪四》。
⑤ 赵汸：《东山存稿》卷七《李君生墓志铭》。
⑥ 《元史》卷一九〇《儒学二·吴师道传》；乾隆《池州府志》卷三八《名宦传下》。
⑦ 《元史》卷一八五《盖苗传》。

当地"上户"则常于新陈未接之际征收农民所欠租赋。① 此外,赋役严重不均,还可从各处地方官在任期内纷纷以均徭均赋为施政重点中见其端倪。延祐年间,太和县达鲁花赤教化迪,致力于"均徭平讼"。② 后至元年间,宿州境内"税粮折收首绵,地无所产,价增十倍,里正神奸,其价又倍,富者倾家荡产,贫者典妻鬻子,办纳不前。公(指监郡大黑奴)以事陈于上司,以布代之,四境之民感德弗胜"。③ 至正年间,"为政者习于贪鄙,且税又不均,诡名应户杂其间,(休宁县尹唐)棣一核而正之"。④ 此外,泾县尹王相,"首核民田,以见业为准,禁兼并,均赋役,民甚德之";⑤"时主簿杜继良称勤干,核田均赋,与有绩焉"。⑥ 徭役、赋役不均,使大批农民走向破产,激化了社会矛盾。

三、民族压迫残暴

在阶级压迫的同时,元朝统治者人为地推行民族压迫政策,按民族将全体人民划分为蒙古人、色目人、汉人、南人四等,并规定四等人享有不平等的待遇,其中,蒙古人和色目人享有各种特权。民族压迫政策贯穿于有元一代,加剧了各民族之间的矛盾和隔阂。民族压迫的残暴是引发元末农民大起义深层原因之一。

四、灾害饥荒频仍

元代中后期,安徽地区各类自然灾害频繁发生,而且破坏性增强,有时造成庄稼大面积绝收,饥民流民载道,人口大量流徙或死亡。至大元年正月,广德等路饥,死者甚众。⑦ 天历二年,池州、广德、宁国、太平等路、州受灾饥民达到 60 余万户;同年,陕西、河东、燕南、河北、河

---

① 弘治《徽州府志》卷四《职制·名宦》。
② 民国《太和县志》卷七《秩官志·名宦》。
③ 弘治《宿州志》卷下黄德善《宿州监郡公大黑奴遗爱碑》。
④ 弘治《徽州府志》卷四《职制·名宦》。
⑤ 嘉靖《宁国府志》卷八《人文纪上》。
⑥ 嘉庆《泾县志》卷一六《名宦》。
⑦ 《元史》卷二二《武宗纪一》。

南诸路流民达到十数万人,自嵩、汝至淮南,死亡相籍。① 至正四年,河南北大饥,明年又疫,民之死者半。民罹此大困,田莱尽荒,蒿藜没人,狐兔之迹满道。② 在大灾年份,往往物价飞涨,米比金贵,民生艰难。至正十五年,宁国路发生大旱,引发严重饥荒,导致旌德、泾县境内升米值银2钱,远远高于正常年份的水平。③ 在重灾年份,虽有政府的赈灾救济,但往往是杯水车薪,不能从根本上解决民生艰难的问题。元代后期,安徽地区灾害饥荒频仍,经济衰敝,饿殍遍野,民不聊生,终于使轰轰烈烈的元末农民大起义在两淮一带得以酝酿并爆发。

第二节　安徽人民推翻元朝统治的斗争

一、农民大起义爆发④

促使元末农民大起义爆发的直接原因是"开河",即治理黄河。元末,黄淮流域广大地区天灾频仍,民不聊生。至正四年五月,天下大雨20余日,黄河暴溢,平地水深2丈余,北决白茅堤。六月,又北决金堤。沿河一带的山东、河南、安徽、江苏、河北等广大地区遭受严重水灾。这次水灾导致的黄河泛滥之严重、受害地域之广阔,史所罕见。黄河大水,使广大农田被淹,民屋冲踏,人民流离失所;水灾之后,又是旱灾、蝗灾、饥荒、瘟疫的肆虐蔓延。"至正四年,河南北大饥,明年又疫,民之死者半。……民罹此大困,田莱尽荒,蒿藜没人,狐兔之迹满道。"⑤"值四方旱蝗,民饥,疾疠大起。"⑥沿河两岸的广大百姓遭受着极大的苦难,过着饥寒交迫、颠沛流离、痛苦万状的生活。

---

① 《元史》卷三三《文宗纪二》。
② 余阙:《青阳集》卷五《书合鲁易之作〈颍川老翁歌〉后》。
③ 乾隆《旌德县志》卷一〇《杂记志·祥异》;嘉庆《泾县志》卷二七《杂识·灾祥》。
④ 参见韩儒林主编:《元朝史》下册,第89-95页。
⑤ 余阙:《青阳集》卷五《书合鲁易之作〈颍川老翁歌〉后》。
⑥ 《明太祖实录》卷一。

黄河决堤后,水势沿着运河北侵,涌入会通运河,蔓延于济南(治今山东济南市)、河间(治今河北河间市)两路广大地域,对漕运和盐税这两大元朝政府的财政支柱构成了严重威胁。当时,元朝政府通过漕运从南方各地运来大量的粮食、丝绸、奢侈品;而盐税收入则占到元朝政府财政总收入的80%。为了确保国库收入的安全,避免出现严重的经济危机,元朝政府决定治理黄河。至正九年,贾鲁提出治河方略,得到右丞相脱脱和元顺帝的批准。至正十一年四月,元顺帝下诏开黄河故道,①以工部尚书贾鲁为总治河防使,领河南、北诸路军民,发汴梁、大名等13路15万民工及庐州等18翼戍军2万人,到河上服役。②

黄河泛滥7年来,沿河两岸贫苦农民遭受了严重的灾荒和瘟疫,长期挣扎在死亡线上,本来已经怨声载道,对元朝政府的统治充满了仇恨。现被强征为河工后,在工程进行中,伙食和工资又遭到治河官吏的无端克扣,"朝廷所降食钱,官吏多不尽给"。在半饥半饱的状态下,这些河工在军队的皮鞭下承担着极其沉重的劳役。怨恨与愤怒笼罩着治河的工地。白莲教③首领滦城人韩山童与颍州人刘福通决定抓住这一时机,发动武装起义。他们一面加紧宣传"天下大乱,弥勒佛下生"、"明王出世",一面广泛传布"石人一只眼,挑动黄河天下反"④的民谣,同时在即将挖掘的黄陵岗(今山东曹县西南)附近河道工地上预先埋下一个独眼石人。石人被挖出后,群情激奋,轰轰烈烈的元末农民大起义正式爆发。

① 指由开封经徐州会运河的故道。
② 《元史》卷四二《顺帝纪五》。
③ 元末农民大起义主力红巾军是通过利用白莲教来宣传和组织群众的。白莲教崇奉阿弥陀佛,宣称只要口念阿弥陀佛,死后即可"往生"西方极乐世界。因教义简明易懂,在群众中传播迅速。在北方,河北滦城人韩山童的祖父韩学究,"以白莲会烧香惑众,谪徙广平永年县"。山童继任白莲教主后,开始宣传"弥勒佛下生"、"明王出世","河南及江淮愚民皆翕然信之",并且拥有刘福通、罗文素、盛文郁、王显忠、韩咬儿等一批较为得力的骨干。在南方,江西袁州人彭莹玉较早即在群众中宣传白莲教。后至元四年,他与徒弟周子旺在袁州发动起义失败后,逃往淮西,长期在江淮一带宣传白莲教,倡言"弥勒佛下生,当为世主",门徒遍及江淮地区,成为南方白莲教的祖师。参见韩儒林主编:《元朝史》下册,第92 - 95页。
④ 《元史》卷五一《五行志二》、卷六六《河渠志三》。

二、北方红巾军在安徽境内的战事①

至正十一年五月初,韩山童与刘福通联合杜遵道、罗文素、盛文郁、王显忠、韩咬儿等,倡言韩山童实为宋徽宗八世孙,当为中国主,在颍州颍上县聚集徒众3000人,杀白马、黑牛,誓告天地,准备发动起义。由于事机泄密,地方官派兵前来镇压,韩山童被捕遇害,其妻杨氏、子韩林儿逃避武安山(今江苏徐州市境内)中。② 刘福通等逃出重围,再次起兵,于五月初三日攻克颍州,元末农民大起义正式爆发。由于当时起义队伍以头裹红巾为标志,故称红巾军。

当元末农民大起义爆发时,治理黄河的工程正在紧张进行中,为了弹压工程地区内可能发生的叛乱,元朝政府曾命中书右丞玉枢虎儿吐华、同知枢密院事黑厮秃赤率领素以精悍善骑射著称的阿速军进行镇戍。闻知刘福通起事后,元朝政府即授黑厮秃赤分枢密院印,率阿速军及诸部汉军6000人,会同河南行省徐左丞前往镇压。当元军与红巾军遭遇时,立刻被起义军的气势所吓倒,不战自溃。刘福通军很快攻占亳州、项城(治今河南项城县)、朱皋(今河南固始北)、罗山(治今河南罗山县)、上蔡(治今河南上蔡县)、真阳(治今河南正阳县)、确山(治今河南确山县),及于舞阳(治今河南舞阳县)、叶县(治今河南叶县)等地。起义军所过之处,得到当地贫苦百姓的积极响应,"贫者从乱如归"。九月,刘福通攻克汝宁府(治今河南汝南县)、息州、光州(治今河南潢川县),起义队伍发展至10万人的规模。

在刘福通率领所部红巾军取得节节胜利这一大好形势的鼓舞下,全国各地先后纷纷起兵响应。其中,与安徽地区战事有关的元末农民起义主要有萧县人芝麻李③等领导的农民起义、定远人郭子兴等领导的农民起义、泰州白驹场(今江苏东台市境内)人张士诚等领导的农民起义,以及袁州(治今江西宜春市)人彭莹玉等领导的南方红巾军起义(详情见后)、濠州钟离县人朱元璋领导的农民起义(详情见后),

---

① 参见韩儒林主编:《元朝史》下册,第96-158页。
② 《元史》卷四二《顺帝纪五》。
③ 原名李二,因家有芝麻一仓,年荒时赈济饥民,故有"芝麻李"之称。

等等。

　　至正十一年八月,在刘福通起义的影响下,白莲教徒萧县人芝麻李与社长赵均用(又名赵君用)、樵夫彭早住(又名彭大)及其父老彭等8人前至徐州城下,4人入城,4人在外。夜半,燃火高呼,城中大乱,遂占据徐州城。天明,树旗募人为军,从者达10余万。不久,又占领徐州近县及宿州、五河、虹县、丰、沛、灵璧、安丰、①濠州等地。

　　至正十二年二月,白莲教徒定远人郭子兴联合农民出身的孙德崖、俞某、鲁某、潘某等4人起兵,攻占濠州,俱自称元帅。闰三月,濠州钟离县人朱元璋来投郭子兴。至正十四年五月,安丰、正阳一带的起义军曾攻占庐州。②与此同时,北方地区王权、孟海马等起于湘汉流域,占领了河南、湖北境内许多城池;南方各地的红巾军也纷纷起兵,并取得了较大战果。

　　至正十三年正月,张士诚与其弟士义、士德、士信等18人,招集盐丁,起兵反元,一举攻下泰州,有众万余,并连克兴化(治今江苏兴化市)、高邮。至正十四年正月,自称诚王,国号大周,改元天祐。

　　各地红巾军取得的节节胜利,严重威胁着元政权的统治。元朝政府急忙调动他们能够支配的所有武装力量,对农民起义军进行残酷镇压。其中,安徽北部广大地区是元军与北方红巾军相互厮杀的主要战场之一。

　　刘福通领导的红巾军是元末农民大起义的主力,也始终是元朝政府的心腹之患。至正十一年九月,元朝政府对于黑厮之败十分震惊,任命御史大夫也先帖木儿(右丞相脱脱之弟)为知枢密院事,与卫王宽彻哥总率大军10余万人,前往镇压。十月,又调知枢密院事老章增援也先帖木儿。十二月,元军攻陷上蔡,农民起义早期领导人之一的韩咬儿被捕杀害。至正十二年二月,起义军进攻滑(治今河南滑县)、浚(治今河南浚县),并攻入开州(治今河南濮阳县),旋为元军所败。三月,元河南行省平章太不花攻陷汝宁,起义军退保亳州。元知行枢密院事巩卜班率数万侍卫汉军、爱马、鞑靼军屯驻汝宁沙河岸,他们因

---

　　①② 《元史》卷四三《顺帝纪六》。

暂时的胜利而陶醉,放松了警惕。刘福通乘其不备,偷袭大营,元军大溃,巩卜班战死,余部退驻项城。不久,也先帖木儿率精兵 30 万驻于沙河,巩卜班的下场使元军胆战心惊。某夜,军中夜惊,也先帖木儿仓皇先遁,元军大溃。也先帖木儿仅带散卒万人退屯朱仙镇(今河南开封县西南),后被调回大都(今北京市)。① 在与刘福通领导的红巾军交战过程中,元军因遭遇一连串的失败而暂时稍稍放松了对他们的围剿,将主要力量转移到镇压徐州、高邮等地红巾军上。

至正十一年八月,萧县人芝麻李等占据运河与黄河交会的要冲徐州后,等于截断了元朝南北交通的主动脉。为了镇压农民起义,打通大运河供应线,至正十二年正月,元顺帝命逯鲁曾为淮东添设元帅前往徐州。逯鲁曾主要依赖在两淮所募的 3 万名盐丁组成的黄军,对徐州城进行包围。八月,为捞取战功,右丞相脱脱决定亲征徐州。九月,元军攻陷徐州,屠其城。月余,芝麻李被元军俘杀。赵均用、彭早住等率领余众逃往濠州。脱脱命贾鲁与月哥察儿围攻濠州,城中坚守。至正十三年五月,贾鲁病死于军前,濠州之围始解。同年冬,彭早住称鲁淮王,赵均用称永义王,权在郭子兴之上。随后,彭、赵东去泗州、盱眙,据安东州(治今江苏涟水县),与元军董抟霄部战于北沙、庙湾、沙浦等砦,并于至正十四年六月攻陷泗州。②

在镇压了徐州芝麻李起义后,至正十四年九月,右丞相脱脱总制诸路元军,号称百万,出征高邮。十一月,元军将高邮围得水泄不通。就在高邮城危在旦夕之际,元朝上层发生内讧,在大都的中书右丞哈麻弹劾脱脱"劳师费财",元顺帝下令削夺脱脱的兵权,改以河南行省左丞太不花、中书平章政事月阔察儿、知枢密院事雪雪代领其兵。因临阵换将,元军哗然,导致全军崩溃四散。陷于困境中的张士诚乘机出兵,大败元军。

高邮战役是元末农民战争的一个转折点。百万元军临阵溃散,使整个战局发生了有利于农民起义军的变化。从至正十五年开始,元末

---

① 周良霄、顾菊英:《元代史》,上海人民出版社 1993 年版,第 633 - 635 页。

② 周良霄、顾菊英:《元代史》,第 640 页。

农民战争进入了一个新的时期。在这一年,北方红巾军开始主动出击,占据的范围进一步扩大。

为了进一步联络、调遣北方各支红巾军,建立巩固的政权中心,至正十五年二月,刘福通将韩山童子韩林儿从砀山夹河迎至亳州,正式建立北方红巾军的政权,定国号为宋,改元龙凤。立韩林儿为皇帝,又号"小明王";以其母杨氏为皇太后,杜遵道、盛文郁为丞相,罗文素、刘福通为平章,福通弟刘六为知枢密院事。杜遵道等各遣子入侍。杜遵道原为元枢密院掾史,后弃职不仕,前往颍州加入起义队伍,成为龙凤政权早期建设的重要人物。后因受刘福通嫉忌,被其阴命甲士挝杀。杜遵道死后,刘福通遂为丞相,后称太保,事权一归于己。刘福通掌握实际军政大权后,派遣使者前往联络各路起义军。各地起义军相互配合,相互支援,一时声势大振。

龙凤政权的建立,对元军构成了更大的威胁,元朝政府加紧了对红巾军的镇压。至正十五年(龙凤元年)(1355)六月,刘福通与元河南行省平章答失八都鲁大战于许州长葛(治今河南长葛市),元军大败,答失八都鲁退至中牟(治今河南中牟县)。九月,起义军自洧川(治今河南尉氏县)渡河,掠汴梁以西,劫答失八都鲁大营,尽夺其辎重,并俘获其子孛罗帖木儿;但在半道中,这支起义军却受到了元军刘哈喇不花部伏兵的袭击,反胜为败,遭受重创。元朝政府复任命知枢密院事脱欢督师,答失八都鲁整军进讨。十一月,元军大破起义军于砀山夹河。十二月,元军进逼太康(治今河南太康县),屯驻离城 30 里之高柴店。起义军试图乘夜劫营,但见元军有备,急忙后撤,元军趁势围陷太康。太康失利后,答失八都鲁趁势进围龙凤政权的都城亳州,韩林儿避兵退走安丰。至正十六年(龙凤二年)三月,刘福通与元军激战于亳州,答失八都鲁败走,亳州得安。

为了分散元军对龙凤政权都城亳州的压力,巩固和扩大战果,自至正十六年(龙凤二年)九月起,刘福通开始分兵出击,遣李武、崔德经潼关入陕西,毛贵入山东。至正十七年(龙凤三年)上半年,起义军在山东取得了一系列胜利。根据这一形势,刘福通作出了三路北伐的重大战略决策:东路以毛贵为主力,由山东北向挺进,进攻大都;中路

由关先生（铎）、破头潘（诚）、冯长舅、沙刘二、王士诚等自怀庆（治今河南沁阳市）而西，深入山西、河北，形成对大都的包围；西路因李武、崔德所部在陕西受阻，复增派白不信、大刀敖、李喜喜等前往支援，进取关中。这一时期，北方红巾军声势大振，从而掀起了元末农民战争的新高潮，"远迩传闻，元都大震"。

由于北方红巾军派出的三路北伐大军牵制了元军的大量兵力，使得刘福通能够腾出手来开始出击。六月，刘福通亲率中央红巾军进取汴梁，①但因元军势力强大未克。八月，刘福通等转攻大名、卫辉（治今河南卫辉市）等路，相继克之。这样，在占据豫北、冀南等广大地区后，刘福通部起义军形成了对汴梁的包围。至正十九年（龙凤五年）五月，刘福通再次进攻汴梁，元汴梁守将竹贞弃城而逃。于是，刘福通将韩林儿从安丰迎至汴梁，并定汴梁为都城，"造宫阙，易正朔，号召群盗。巴蜀、荆楚、江淮、齐鲁、辽海，西至甘肃，所在兵起，势相联结"。②至此，北方红巾军一度重又出现了鼎盛局面。

然而，与此同时，在察罕帖木儿、③董抟霄等各路元军的围追堵截下，三路北伐大军却相继失利，陷于困境：东路因毛贵孤军深入大都，

①　汴梁是北宋的首都，北方红巾军以"复宋"为号召，因此，攻占汴梁并将其定为都城，对于推翻元朝封建统治是非常有号召力的，这也是北方红巾军长期以来的一个愿望。参见韩儒林主编：《元朝史》下册，第120－121页。

②　《元史》卷一四一《察罕帖木儿传》。

③　察罕帖木儿，畏兀儿人，为颍州沈丘（今安徽临泉县）探马赤军。刘福通起义后，他和罗山人李思齐纠集地主武装，号称"义兵"，袭破罗山，大受元顺帝的赏识。他们是红巾起义军的死敌。除利用官军镇压农民起义外，元朝政府十分重视对各种地主武装加以利用。至正十四年二月，诏河南、淮南两省并立义兵万户府。同年十二月高邮之战，百万元军溃散，中央诸卫军实际上已基本丧失战斗力，诸行省军渐成元师主力，地主武装也显得越来越重要。至正十五年二月，元朝政府立淮东等处宣慰使司都元帅府于天长县，统濠、泗义兵万户府并洪等处义兵，听富民愿出丁壮义兵5000名者为万户，500名者为千户，100名者为百户，仍降宣敕牌面。十二月，立忠义万户府于宿州。（参见周良霄、顾菊英：《元代史》，第671－674页）另据文献记载，元代安徽境内南北各地这种地主武装还有很多，如：至正十六年正月，休宁溪西人俞士英"率子侄，结纠曲，募义勇屯于马金岭，期以杜贼障乡里"。（李祁：《新安节士俞君士英墓志铭》，《新安文献志》卷九七，第2500页）黟县人汪致道："壬辰大变，所在剽掠，乃捐家赀，以保乡里。继募义兵，从官军复郡邑。"（汪叡：《萧县今汪公致道墓志铭》，《新安文献志》卷九七，第2511页）休宁富溪人程安道："元季，倡义兵保乡里，事平不复出。"（道光《休宁县志》卷一三《人物·武略》）铜陵人陶起祖："元末兵兴，聚义兵保障乡里，邑恃以安。"（嘉靖《池州府志》卷七《人物篇·贤哲》）潜山人葛昂："元季兵起，昂募义兵保障，乡曲赖之。"（顺治《潜山县志》卷六《人物志上·忠节》）凤阳人杜昌："至正间，以义兵应募有功授金虎符、汝州同知、安丰等处万户。杜亨，昌之弟。授泗濠义兵万户，没于所事。"（光绪《凤阳县志》卷一一《人物志·忠义》）

失败后退居山东；中路因关先生、破头潘进攻保定失利，被迫远去塞外，进军辽东；西路李武、崔德则孤悬宁夏、灵武等地。① 三路北伐并未达到原定的目的，使起义形势发生了逆转。由察罕帖木儿、孛罗帖木儿等率领的各路元军主力互相联合，加紧了对龙凤政权的围剿，并步步进逼汴梁。至正十九年（龙凤五年）五月，当分兵北伐与西进的红巾军先后被击败之后，元军两大主力之一的察罕帖木儿已着手夺取汴梁的准备。察罕帖木儿移军虎牢，并分兵出击：南路出汴南，攻占归、亳、陈、蔡；北路出汴东，略曹州南，据黄陵渡；又调晋、陕等诸路兵马将汴梁团团包围。在元军紧紧包围之下，刘福通率部婴城坚守。八月，城中食尽。察罕帖木儿指挥诸将分门合攻，汴梁城破，刘福通领数百骑护送韩林儿自东门突围，逃往安丰。汴梁城内数万红巾军及龙凤政权的官吏、家属被俘。此时，退守安丰的龙凤政权已处于孤立无援的境地，但名义上仍节制诸军。

至正二十三年（龙凤九年）二月，占据濠州的张士诚，②趁安丰空虚之机，派遣其部将吕珍进攻安丰，刘福通等率众抵抗，战死。因安丰城中处境极为艰难，陷于困境中的韩林儿被迫遣人向朱元璋求援。朱元璋亲率大军前来救援，击败吕珍和前来援助吕珍的左君弼，救出韩林儿。③ 后朱元璋将韩林儿安置于滁州，实为软禁。至此，龙凤政权实际上已不复存在。④ 北方红巾军起义归于失败。

三、南方红巾军在安徽境内的战事

元顺帝至元四年，白莲教领袖彭莹玉与其徒弟周子旺在袁州起兵反元。不久，起义即被元军镇压，周子旺牺牲，彭莹玉脱身逃往淮西。抵达淮西后，在当地百姓的掩护下，彭莹玉继续从事组织反元起义的

① 按，龙凤政权派出的三路北伐大军后均被元军镇压，归于失败。因其中详细战事与皖无涉，文中略去不表。

② 张士诚趁龙凤政权三路北伐，造成苏北、鲁南空虚之机，曾将自己的势力扩张到济宁、濠州、宿州、安丰等安徽北部许多地方一度为其占据。参见韩儒林主编：《元朝史》下册，第136页。

③ 朱元璋退兵后，张士诚军队再次占据安丰。参见韩儒林主编：《元朝史》下册，第137页。

④ 至正二十六年（龙凤十二年）十二月，朱元璋遣部将廖永忠迎韩林儿至应天，途经瓜步，将其沉入水中溺死。

秘密活动。在淮西一带,彭莹玉的组织活动比较成功,后来赵普胜、李普胜、俞通海、左君弼等人在巢湖、含山、庐州一带的反元斗争就是打着他的旗号进行的。①

至正十一年五月,刘福通颍州首义成功后,对在江淮一带从事秘密活动的彭莹玉及其徒弟们是一个极大的鼓舞,他们认为再次发动起义的时机已经到来。同年八月,彭莹玉联合罗田人布贩徐寿辉、麻城人铁工邹普胜等,"倡弥勒佛下生,当为世主",在蕲州聚众发动起义。他们烧香拜佛,头裹红巾,以红巾为号,所以也称红巾军。十月,起义军攻占蕲水(治今湖北浠水县),并以蕲水为都城,建立政权,定国号为天完,改元治平。徐寿辉称帝,以邹普胜为太师,倪文俊为大将军。天完政权是元末农民大起义中建立的第一个农民政权。②

天完政权建立后不久,即于至正十一年冬分兵东攻淮南。十一月,红巾军入宿松,破太湖、潜山。至正十二年春,克桐城,占池州、铜陵、无为等地,一度进入繁昌境内。③ 同年三月,项普略部红巾军经浮梁入徽州路。闰三月,陷婺源,执元婺源知州张士谦。四月,克休宁、黟县、歙县等地,徽州路尽为红巾军控制。六月,自皖南东进,破昱岭关,入浙江。七月,陷杭州。当时,率师镇压安丰、濠州等处起义军的江浙行省平章教化与济宁路总管董抟霄等已返师增援江南,并联合江浙行省平章三旦八猛烈反扑,彭莹玉等被迫撤出杭州,退守徽州。教化、董抟霄、三旦八等尾随不放。为摆脱元军的围剿,彭莹玉等选择北上广德、进兵苏南。九月,红巾军克广德。随后,起义军相继攻占常州、江阴、宜兴、溧水、溧阳、丹阳、句容等地,并试图攻打集庆(今江苏南京市)。因元军有备,逗留苏南对战局不利,彭莹玉不得不再次退回徽州。此时,徽州已落入元军之手,项普略被俘牺牲,彭莹玉在巢湖水师赵普胜(详情见后)的援助下再克徽州。在占领徽州路期间,天完

---

① 杨讷:《天完大汉红巾军史述论》,《元史论丛》第1辑。

② 该政权的地方行政机构,最高为行省。曾于1352至1353年建立江南行省,徽州、广德二路隶属于该行省;并于庐州设立汴梁行省。参见邱树森:《元末红巾军的政权建设》,《元史论丛》第1辑。

③ 自至正十二年二月至十一月,天完红巾军连续十余次攻打安庆,皆为元安庆守臣韩建所败。池州、铜陵也因星吉、卜颜帖木儿等部元军的反击得而复失。

红巾军狠狠打击了当地的地主阶级。起义军摧富益贫的举动，受到了当地贫苦民众的积极响应，他们"群小鸱张，狼噬巨室"，①对地主阶级进行了清算，并提出了"金珠我有也，牛羊我有也，谷粟我有也"②的响亮口号。为了躲避起义军和贫苦民众的清算，"豪右之家颇以赀雄乡里者，辄弃走，涂塞耳目，夷灭踪迹"，③纷纷逃走他乡。为了捍卫自身的利益，徽州路境内的地主阶级纷纷组织武装进行抵抗。如歙县人罗宣明："至正壬辰（至正十二年），蕲黄盗起，攻破州郡，延蔓将至歙。宣明散家赀募兵，保障乡井。……癸巳（至正十三年）夏四月，元帅沙不丁治歙城，以宣明慷慨仗义，俾分筑百三十尺，家计索于用兵。"④歙县人郑琏："至正十二年，红巾蕲贼窃据徽城。琏年三十七，与兄璿倾赀召募义兵，协助大军克复城池，用心守御。十三年，随福建道都元帅帖古迭儿克复婺源州，以功擢太白渡巡检。十六年正月，贼复据徽州，琏又与兄璿募义兵三百五十名，同官军克复。进攻黟县鱼亭蔼江贼寨，又进复祁门县治。守御黟县，屡次杀贼二十余人，生擒伪百户牛子俊、伪千户巴子成数人。"⑤歙县人江铨："至正壬辰（至正十二年），蕲黄兵犯徽，驻休宁，铨与兄日新散财募兵，得三千人，御却之。以功授休宁簿。日新授祁门簿。后蕲兵复至，俱死于官。"⑥歙县人鲍元康："至正十二年春，红巾贼至饶州，元康与乡人集丁壮结保甲，捐财出粟，以供费用。贼至婺源，官军败走，度民力不可支，使携老幼入山逃避。"⑦"汪同、程国胜、俞茂结集民兵，誓死血战，恢复城栅。"⑧至正十三年春，在元军和地主武装的拼死抵抗下徽州失守，彭莹玉被迫退守江西瑞州。同年十一月，元江西行省右丞火你赤包围瑞州，彭莹玉等被捕牺牲。

---

① 程敏政编：《唐氏三先生集·梧冈文稿》卷二八唐文凤《故处士吴公伯风行状》，北京图书馆出版社2000年版。
② 程敏政编：《唐氏三先生集·白云文稿》卷二〇唐桂芳《吕氏嘉贞传》。
③ 程敏政编：《唐氏三先生集·白云文稿》卷二〇唐桂芳《吕氏嘉贞传》。
④ 弘治《徽州府志》卷九《人物三·义勇》。
⑤ 弘治《徽州府志》卷九《人物三·义勇》。
⑥ 道光《徽州府志》卷八之二《职官志·名宦》。
⑦ 弘治《徽州府志》卷九《人物三·隐逸》。
⑧ 钱谦益：《牧斋初学集》卷八〇《回金正希馆丈书》。

对于南方红巾军来说,至正十三年是起义遭受严重挫折的一年。除了彭莹玉部起义军遭到镇压外,其他各支红巾军也先后遭遇了挫折。这年三月,起义大军10万人进攻池州,为元江浙行省平章卜颜帖木儿所败。五月,元江西行省左丞亦怜真班自信州(治今江西上饶县)、元帅韩邦彦自徽州,进陷饶州(治今江西鄱阳县)。卜颜帖木儿舟师又败起义军于小孤山(今宿松县境内),进陷江州。至年底,江浙、湖广、四川、河南、江西诸路元军会师,分道进攻天完政权的都城蕲水,蕲水失守,徐寿辉等被迫遁入黄梅(治今湖北黄梅县)山中及沔阳(治今湖北洪湖市)湖区。蕲水的陷落,使南方红巾军起义一度处于低潮。

元末,活动在江淮流域巢湖一带的赵普胜等领导的巢湖水师也是南方红巾起义军的组成部分之一,他们对彭莹玉等天完红巾军在南方一带的军事活动给予了积极的配合。这一时期活动在巢湖周围的起义队伍主要有三支:一支由赵普胜领导,一支由金花姐、李普胜领导,一支由左君弼领导。在这三支起义队伍中,左君弼部曾于至正十四年攻占庐州,一度投降元朝,后又归附朱元璋。金花姐和李普胜部势力较大,活动范围较广,这支起义军中有较为著名的俞廷玉、俞通海父子,廖永安、廖永忠兄弟等。而势力最大的要数赵普胜领导的这一支。赵普胜,巢县人,白莲教首领彭莹玉的门徒,善用双刀,故号"双刀赵"。元末响应红巾军起义,以巢湖为根据地,据有含山等地,称"彭祖家"。至正十二年春,彭莹玉率军攻打江州、饶州、徽州、信州等地,赵普胜率所部南下,一度攻占无为、铜陵、繁昌、安庆、池州等地,配合彭莹玉在江南的攻势。九月,在长江中游小孤山附近大败元军,杀元江西行省平章星吉,克江州。到至正十二年底,赵普胜统率的军队已"号百万"。① 彭莹玉等部起义军遭到镇压及天完政权都城陷落后,赵普胜被迫退回巢湖一带,与李普胜等结水寨自保。②

然而,就在元军集中全力镇压南方红巾军的同时,刘福通领导的

---

① 《元史》卷一四四《星吉传》。

② 参见韩儒林主编:《元朝史》下册,第104－105页。

北方红巾军又重新活跃起来。至正十四年三月,北方红巾军下颍州。五月,围庐州。六月,占据高邮的张士诚攻占扬州;同月,泗州也被红巾军攻陷。这就迫使元军在既克蕲水后,迅速调伯颜不花所部湖广军入安丰,调蛮子海牙军救援庐州,调太不花所部河南军还戍河南,调威顺王宽彻普化军还镇武昌。至正十五年正月,在百万元军高邮大溃之后,徐寿辉部将黄陂(治今湖北武汉市黄陂区)人渔民出身的倪文俊,率领红巾军乘势复起,攻破沔阳。随后,起义军克中兴路(治今湖北江陵县),下襄阳、武昌、汉阳(治今湖北武汉市)、岳州(治今湖南岳阳市)、饶州、徽州等地。在一度受挫后,天完政权形势复振。至正十六年正月,倪文俊建都汉阳,改元太平;并迎徐寿辉据之,自为丞相,设官分职。天完政权重建后,分兵四出,向元军展开了积极的攻势。二月,在徽州的红巾军破昱岭关,入浙江。就在南方红巾军复振之时,巢湖水师发生了内讧与分裂,①赵普胜率领部分水师投奔天完政权。离开巢湖后,赵普胜即进驻枞阳(今安徽枞阳县),并南下夺取池州、青阳等地。至正十六年曾两次率兵围攻军事重镇安庆,并杀元怀宁县达鲁花赤伯家奴。

在重建天完政权方面,倪文俊起了较大的作用。然而在胜利面前,倪文俊日益骄恣跋扈,刻薄寡恩。至正十七年九月,他阴谋杀徐寿辉而自代,未果,自汉阳逃往黄州(治今湖北黄冈市黄州区),被其部将渔民出身的陈友谅袭杀。倪文俊被杀后,陈友谅实际掌握了天完政权的大权。至正十八年正月,陈友谅联合赵普胜共同围攻安庆。安庆守臣余阙依小孤山为屏蔽,派义军元帅胡伯颜以水军驻守。陈友谅袭破小孤山,进围安庆,昼夜猛攻,城破,余阙及元将10余人被杀。天完政权控制了军事重镇安庆,巩固了其在汉阳的政权中心。随后,陈友谅又相继攻占龙兴路(治今江西南昌市)、建昌路(治今江西南城县)等地。至正十九年三月,陈友谅自恃功高,骄纵异常,挟徐寿辉以令众。九月,因忌恨巢湖水师统帅赵普胜,设计杀之于安庆。同年底,陈友谅尽杀徐寿辉部属,自称汉王。至正二十年五月,陈友谅攻朱元璋

---

① 参见韩儒林主编:《元朝史》下册,第125页。

于池州,兵败。闰五月,挟徐寿辉攻占朱元璋所据之太平。师至采石,命人击杀徐寿辉而自立为帝,定国号为大汉,改元大义。同月,陈友谅准备从江州顺流而下,攻取集庆,一举消灭朱元璋。后朱元璋利用反间计大败其于龙湾,陈友谅逃到江州,朱元璋乘胜夺取太平,占领安庆等地。至正二十一年,陈友谅企图反扑。七月,派张定边攻占安庆,八月,被朱元璋所部夺回。后朱元璋亲率大军攻克江州,陈友谅逃奔武昌。至正二十二年,陈友谅进行反扑。五月,占领安庆,不久即被朱元璋夺回。这一时期,陈友谅的部将多降附于朱元璋,处境越来越不妙。至正二十三年七月,陈友谅与朱元璋双方大战于鄱阳湖,损失惨重,败退草鞋山。八月,因粮绝势困、进退失据,准备逃往武昌,二十六日,在向湖口突击时中矢死亡。张定边等奉其子陈理逃回武昌,立陈理为帝。至正二十四年二月,朱元璋征武昌,陈理请降,陈友谅建立的大汉政权宣告灭亡。

四、朱元璋领导的起义军在安徽境内的战事

朱元璋,濠州钟离县人,出身于穷苦农家。至正四年春,淮河流域一带蝗旱民饥,疫疠流行,朱元璋父母及长兄、仲兄相继去世,只剩下他同一个寡嫂、幼侄。17岁的朱元璋孤苦无依,只得入皇觉寺为僧。才及一月,因寺中贫困,僧众云散,朱元璋又成了云游四方的托钵僧,遍历合肥、光、固、汝、颍诸州。三年后,朱元璋重返皇觉寺为僧。刘福通首义颍州,郭子兴等据濠州响应。至正十二年闰三月,朱元璋投奔郭子兴,很快即得到郭的赏识。贾鲁病死,濠州之围解后,朱元璋率兵攻五河,取定远,攻怀远、安丰,后因元军包围定远,朱元璋突围取含山、灵璧、虹县等地。至正十三年冬,朱元璋开始南略定远。至正十四年正月,朱元璋得驴牌寨义兵3000;六月,得横涧山义兵2万、洪山寨义兵数千;于是在定远时已拥兵数万,自成一旅。七月,克滁州。十一月,克和州。至正十五年三月,郭子兴病逝。四月,建都于亳州的龙凤政权任命郭子兴长子郭天叙为都元帅,郭子兴妻弟张天祐为右副元帅、朱元璋为左副元帅。六月,朱元璋利用前来归附的廖永安、俞廷玉所部巢湖水师,自和州强渡长江,取采石、太平路。随后,分兵取溧阳、溧水、句容、芜湖等处。至正十六年三月,朱元璋大败屯集采石的元军蛮子海牙所领舟师,并挥师攻占集庆。六月,朱元璋部取广德路。至正十七年四月,取宁国路。七月,朱元璋大将邓愈、胡大海领兵下绩溪、歙县、休宁。九月,元婺源州元帅汪同、黟县尹叶宗茂、祁门元帅马国宝归降。至次年七月,朱元璋尽得徽州路1州5县之地。十月,攻克天完政权占据的池州。至正十八年四月,天完政权部将赵普胜自枞阳攻破池州。至正十九年四月,朱元璋大将徐达、俞通海力复池州,赵普胜自枞阳败走。至正二十年五月,陈友谅直逼池州城下,遇伏大败。至正二十一年六月,朱元璋攻克天完政权占据的安庆。在控制皖南地区后,朱元璋加以精心经营,使之成为自己击败群雄的重要后方战略基地。

至正二十三年二月,张士诚派大将吕珍围韩林儿、刘福通于安丰。安丰城内兵粮匮乏,向朱元璋求救。朱元璋亲率徐达、常遇春驰援。吕珍攻破安丰,刘福通被害,韩林儿脱走。朱元璋率军攻安丰,遭到吕珍的极力抵拒,加上庐州左君弼也以兵来助。朱元璋虽经苦战拿下安丰,但在四月陈友谅大举围攻洪都(治今江西南昌市)的消息传来,朱元璋急忙南还。至正二十四年七月,朱元璋部取庐州路。至正二十五年十月,朱元璋开始了对张士诚的全面进攻。到至正二十六年四月,原先被张士诚占据的濠州、徐州、宿州、泗州、颍州、安丰路等地先后为朱元璋攻取。至同年十一月,湖州、杭州、绍兴、嘉兴等地尽为朱元璋所部攻占,朱元璋军已经形成了对平江的包围。至正二十七年(吴元年)九月,平江城破,张士诚被俘送应天,自缢死。不久,无锡、常熟被朱元璋所部攻占,张士诚割据政权归于灭亡。同年十月,朱元璋命令徐达、常遇春率25万大军北伐灭元。

至正二十八年正月,朱元璋在应天即皇帝位,定国号为明,年号洪武。三月,徐达、常遇春克汴梁。四月,元广东行省左丞何真降明。五月,廖永忠下梧州;七月,克南宁,两广平定。闰七月,徐达、常遇春克通州,元顺帝逃往上都。八月,大都降明。元在全国范围内统治结束,自世祖忽必烈定国号起,共11帝、98年。顺帝退往塞外,仍称元朝,史称北元。

附录一
宋金元安徽大事编年

宋太祖建隆元年　南唐李璟建隆元年（960）

正月，赵匡胤发动陈桥兵变，称帝，建国宋，都开封，改元建隆。三月，宿州火，烧毁民房万余间。

宋建隆二年　南唐李煜建隆二年（961）

二月，宋导蔡水入颍，以通淮右舟楫。六月，南唐中主李璟死，子煜嗣位，是为后主。七月，宋蠲除舒州菰蒲鱼鳖税。

宋乾德元年⑪①　南唐乾德元年（963）

宋实行文官知州事、节度使支郡直属京、以京朝官知县事。

宋乾德二年　南唐乾德二年（964）

二月，宋浚汴河。四月，宋始置参知政事。

宋乾德三年　南唐乾德三年（965）

宋于舒、庐、寿、蕲、黄置14场榷茶，朝廷岁收利百万缗。

宋乾德四年　南唐乾德四年（966）

七月，宋禁淮南道私铸钱。闰八月，诏民开垦荒田，不加征，令佐能劝来者受赏。

宋开宝元年　南唐开宝元年（968）

宋开宝四年　南唐开宝四年（971）

三月，改天下州县以唐为名者，寿州盛唐县改曰六安。合肥动工

---

① 帝王年号后"〇"内数字，系指改元月份，如"乾德元年⑪"，即表示该年十一月改元乾德。下文遇此类情况，皆是，恕不再一一出注。

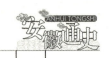
浚肥河。

宋开宝五年　南唐开宝五年（972）

八月，宋升宿州为保静军节度。宋均庐州5县民田。

宋开宝七年　南唐甲戌年（974）

九月，宋命将伐南唐。南唐始去宋年号，改用甲子纪年。十一月初，宋军在采石以预制浮桥渡江。

宋开宝八年　南唐乙亥年（975）

正月，宋将曹彬等开始围金陵。五月，改南唐雄远军曰平南军。九月，发和州丁夫凿横江河，以通粮道。十一月二十七日，金陵城破，南唐后主李煜降宋。

宋太宗太平兴国元年（976）⑫

十一月，令诸州大索。十二月，诏堕毁江淮诸州城隍，撤除江淮武备。

宋太平兴国二年（977）

正月，置淮南榷茶场。六月，颍州大水。闰七月，废平南军为太平州。八月，寿州大水。

宋太平兴国三年（978）

正月，罢蔡河舟算，浚惠民及蔡河。七月，以庐州无为监（镇）为无为军，割庐州之庐江、巢2县隶之。析宣州之广德县置广德军。

宋太平兴国五年（980）

正月，歙州言稻再熟。二月，斩徐州"妖贼"7人。四月，寿州风雹。六月颍州颍水溢，坏民庐舍。

宋太平兴国七年（982）

三月，舒州上玄石，文曰"丙子年，赵号二十一帝敬醮潜山九天司命真君，社稷永安"。于是诏舒州修司命真君祠，总成六百三十区，号灵仙观。

宋雍熙二年（985）

三月，江南民饥，许渡江自占。

宋端拱二年（989）

是岁，汴河运米五百万斛食京师，都下粟麦至贱，露积红腐，陈陈相因。九月,听商人输粟京师而请茶盐于江淮。

宋淳化元年(990)

八月,蠲舒州宿松等三处鱼池税。赐诸路印本《九经》。

宋淳化四年(993)

九月,京东久雨,陈、宋、颍、亳饥民纷纷起为盗。

宋淳化五年(994)

三月,太子中允武允成献踏犁,命依式造之,颁赐江淮民。

宋至道二年(996)

七月,宿州蝗。十月,赐池州新铸钱监额曰永丰。

宋至道三年(997)

三月,太宗死,太子恒嗣位,是为真宗。是岁,分天下为15路,今安徽地区分属淮南路、江南路和京西路、

宋咸平六年(1003)

颍州陂塘荒地达1500顷,命黄宗旦往经度之。

宋景德元年(1004)

八月,寿州捕获劫窖藏粟麦饥民70余人。

宋景德二年(1005)

雕印《景德农田敕》颁诸州军。诏修亳州太清、洞霄二宫。

宋景德三年(1006)

六月,汴河南堤决,流亳州,合浪宕渠东入淮。定江淮岁输米600万石食京师。

宋大中祥符元年(1008)

秋,江、淮等路大稔,米斗钱七八十。

宋大中祥符二年(1009)

四月,江、淮廪粟除留州约支及三年外,当上供者凡1300余万石。六月,除舒州宿松等县官庄长生牛。增池州永丰监犒工钱30万。七月,罢寿州市木。委州县吏祭寿州霍山南岳。九月,无为军大风拔木,坏城门、营垒、民舍,压溺者千余人。十月,诏天下置天庆观。是岁,汴河运米700万石食京师。

宋大中祥符三年（1010）

闰二月，朝廷遣官增葺舒州灵仙观。八月，淮南路饥，诏庐州长史兼本路安抚使。

宋大中祥符四年（1011）

五月，诏州城置孔子庙。六月，江、淮南大水，滁、和、庐、寿等州出现大量流民。罢歙州上供纸一年。诏奖励知定远县王仲微，以规画供修玉清昭应宫材木无缺故也。

宋大中祥符五年（1012）

五月，江、淮、两浙旱，给占城稻种，教民播种之。八月，诏减运河水以灌民田。闰十月，舒州献瑞石，文曰"誌公记"。

宋大中祥符六年（1013）

正月，舒州管内官吏、僧道、耆老2272人列状请皇帝驾谒灵仙观。六月，赐诸路天庆观逃田：藩镇10顷、诸州7顷。诏诸路勿税农器。亳州官吏父老2368人诣阙，请车驾谒太清宫。十一月，亳州来献芝草37000余本。

宋大中祥符七年（1014）

正月，判亳州丁谓又献白鹿一、灵芝95000本。升亳州为集庆军节度。庚戌日，车驾发卫真次亳州。丙辰，升应天府为南京。二月，车驾至自亳州，大风扬沙砾。是岁，淮南、江南、两浙民饥。

宋大中祥符八年（1015）

十二月，发宿、亳丁夫浚汴河，凡用工865428。

宋大中祥符九年（1016）

三月，亳州明道宫建成，总成480区。五月，臣僚言江、饶、池、杭四州钱监每年共铸钱120贯，江淮岁入茶视旧额增570余万斤。秋，江淮久旱，飞蝗连云障日，有富民出私廪16万石粜施饥民。

宋天禧元年（1017）

二月，临涣县重修天静宫毕。自本月起，江淮13州军陆续发生蝗灾。九月，寿州兵变，杀沿淮巡检王骥。

宋天禧二年（1018）

泾县茶场岁增课千万。

宋天禧三年（1019）

三月,亳州民间讹言兵变,老幼千余人乘夜逃走。

宋天禧四年（1020）

四月,分江南为东、西两路。

宋乾兴元年（1022）

正月,改元乾兴。二月,真宗死,子祯嗣位,年十三,是为仁宗,刘太后听政。

宋仁宗天圣元年（1023）

改茶法,听商人向园户买茶,而于所在榷场纳税。

宋天圣四年（1026）

十月,寿州多盗,至白昼掠民市中。

宋天圣九年（1031）

正月,舒州调兵夫筑长风沙堤。二月,女真国内附者184人被安置于濠州。

宋明道元年（1032）

二月,淮南、江东民大饥。七月,许寿州立学,此后几年,舒、亳、滁、宣、颖等州也相继立学。淮南转运使徙一员治庐州。八月,修大内,发淮南、江东等路工匠赴京。十一月,诏舒州筑吴塘堰。

宋明道二年（1033）

三月,刘太后死,仁宗亲政。八月,庄献太后遣使督修舒州山谷寺。

宋景祐元年（1034）

闰六月,泗州淮、汴溢。

宋康定元年②（1040）

以西夏叛,诏淮南等路括市战马。又诏淮南、江南、浙江州军造纸甲给陕西城防弓手。

宋庆历元年（1041）

十一月,诏江、饶、池3州铸铁钱300万缗以备陕西军费。

宋庆历三年（1043）

五月,沂州兵变,虎翼卒王伦率众攻克沂州,又攻青州,不克,转向

淮南。七月,在历阳被县丁捕杀。十月,均亳、寿等州赋税。

宋庆历四年(1044)

春,江、淮以南大旱、蝗,井泉枯竭。令州县皆兴学。

宋庆历八年(1048)

合肥县稻再熟。

宋皇祐三年(1051)

八月,大旱,汴河绝流,淮南、江南等路民饥。分淮南为东、西两路,扬州为东路治所,庐州为西路治所。扬、庐等州并带提辖本路兵甲贼盗公事,增屯禁兵。诏徐、泗、宿等州采磬石。

宋皇祐五年(1053)

三月,遣使奉安太祖御容于滁州。

宋嘉祐元年(1056)

自京师至泗州置汴河木岸,历四年而成。

宋嘉祐二年(1057)

淮水溢,浸泗州城。

宋嘉祐三年(1058)

二月,寿州鼓角将夜入州廨,杀知州林洙。

宋嘉祐五年(1060)

五月,诏淮西路庐州兼本路兵马钤辖,就置禁军三指挥驻泊。

宋嘉祐六年(1061)

七月,淮南、江南、两浙大水为灾,淮水坏泗州城。修万春圩。是年,池州绿矾住煎。

宋嘉祐八年(1063)

三月,仁宗死。四月,太子曙即位,是为英宗。十一月,以宰相、寿州人吕夷简等配享仁宗庙庭。

宋英宗治平元年(1064)

是年,宋、亳、颍、宿、濠、泗、庐、寿、宣等州大水。

宋治平四年(1067)

正月,英宗死,子顼即位,是为神宗。

宋神宗熙宁元年（1068）

富弼劝神宗"二十年口不言兵"。王安石上书主张变法。

宋熙宁二年（1069）

二月，创置三司条例，议行新法。七月，立江、淮、浙、湖6路均输法，凡籴买、税敛上供之物，皆就近就贱收购。九月，行青苗法。十一月，颁农田水利法。

宋熙宁三年（1070）

五月，诏亳州明道宫依舒州灵仙观例，置勾管或提举。十二月，立保甲法。置沿汴淤田司。

宋熙宁四年（1071）

正月，宿、徐、单等州别立为盗贼重法区。二月，罢诗赋、帖经、墨义等科，以经义、策论取士。十月，颁募役法。立太学三舍法。省诸路厢军。

宋熙宁五年（1072）

八月，颁方田均税法。九月，分淮南路为东西两路、京西路为南北两路，至此，路一级划分基本稳定下来，今安徽地区分属淮南西路、淮南东路、江南东路、京西北路。

宋熙宁六年（1073）

十月，江、淮、两浙民饥。开黄池江，用夫70万、兵3000，丁夫夜逃死者千余人。修天长县界河。

宋熙宁七年（1074）

设五等丁户簿，令民申报财产，据以纳税。七月，淮南、江南旱蝗灾。

宋熙宁八年（1075）

引汴水入蔡河以通漕。自南京至泗州汴河，一律浚深三至五尺。

宋熙宁九年（1076）

五月，宿州一百姓衣纸，夜越皇城登文德殿诵佛经，为妖言，杖脊，配沙门岛。

宋熙宁十年（1077）

蕲县桐墟镇兵变，王海杀巡检使刘震。滁、和蝗灾，死者相枕，或

食蝗以济。六月,徐、单、亳、寿、濠、泗、宿盗贼并用重法。

宋元丰元年(1078)

是年,始见关于安徽淮北煤田及采煤冶铁的记载。

宋元丰二年(1079)

八月,升颍州为顺昌军节度。

宋元丰四年(1081)

二月,分东南团结诸军为13将,淮南东路第一将,驻亳州;淮南西路第二将,驻庐州;江南东路第五将,驻江宁府。九月,舒州筑堤1115丈,置斗门二,以护州城。是年,颍州亦立为盗贼重法区。

宋元丰八年(1085)

三月,神宗死,子煦即位,是为哲宗,年十岁,太皇太后蒙城高氏临朝听政。开始废王安石新法。十月,罢方田均税法。

宋哲宗元祐元年(1086)

罢免役法,复行差役法。六月,宿、亳、泗3州大水,夏田绝收。

宋元祐二年(1087)

是年,两淮有逃绝户475965,江南东路、两浙路逃绝户401332。

宋元祐四年(1089)

是年,立经义、诗赋两科,自此士子习诗赋者多,专经义者十无一二。

宋元祐六年(1091)

秋,庐、濠、寿等州大水。安丰、霍邱、六安富户屡被饥民打劫。

宋元祐八年(1093)

九月,太皇太后高氏死。十月,哲宗亲政。

宋绍圣元年(1094)

李清臣等倡议"绍述",即继承熙、丰年间所行新法,降宣州宁国军节度为防御。宿、泗、亳等州水灾。

宋绍圣三年(1096)

九月己酉,滁州地震。

宋绍圣四年(1097)

贬逐元祐大臣。宣城民妻一产四男子。

宋元符三年（1100）

正月，哲宗死，弟端王佶即位，是为徽宗。时议以为元祐、绍圣政均有失，欲以大公至正消除朋党，十一月，诏改明年元曰建中靖国。

宋徽宗建中靖国元年（1101）

是岁，江、淮等路大旱。

宋崇宁四年（1105）

设应奉局于苏州，收罗奇花怪石建艮狱。灵壁石第一次被大规模开采，用作艮狱建筑材料。

宋大观元年（1107）

是年，庐州雨豆。

宋政和五年（1115）

三月，升舒州为德庆军节度。筑永丰圩。

宋政和六年（1116）

闰月，升颍州为顺昌府。八月，升寿州为寿春府。

宋重和元年⑪（1118）

二月，升六安县为六安军。是年，江、淮等路水。

宋宣和元年②（1119）

是年，淮南东路大旱。

宋宣和二年（1120）

十月，方腊起义的消息传到朝廷。十二月，命将往讨方腊。是年，淮南大旱。

宋宣和三年（1121）

至本年三月十三日，被义军攻占的安徽州县全部被宋军收复。四月，方腊在青溪县帮源洞战败被俘，宋军纵兵杀掠，皖南社会经济遭重创。五月，宋改歙州曰徽州。

宋宣和七年　金太宗天会三年（1125）

十二月，金使臣至开封，以割地称臣胁宋。徽宗禅位于太子桓，是为钦宗。

宋钦宗靖康元年　金天会四年（1126）

闰十一月，金兵攻陷宋京师开封。

宋高宗建炎元年⑤　金天会五年（1127）

三月，金立张邦昌为楚帝，携徽、钦二帝北去，北宋亡。五月，康王赵构即位于南京（今河南商丘市），改元建炎，是为高宗。十月，高宗南迁扬州。十一月，真定溃军张遇入池州。

宋建炎二年　金天会六年（1128）

溃军，盗贼开始肆虐江淮。冬，宋东都留守杜充于李固渡决黄河入清河以阻金兵，黄河自此不复故道，改由泗入淮，是为中古以来河道南迁之始。

宋建炎三年　金天会七年（1129）

正月，韩世忠军溃沭阳，金以骑兵3000自彭城，间道趋淮甸。二月，金人陷天长军，高宗仓惶渡江南逃。三月，苗傅、刘正彦迫高宗退位，立皇子旉，改元明受。四月，高宗复位。五月，高宗至建康，致书金军前，愿称藩臣。六月，宋命江、浙、淮南引塘涨、开畎浍，以阻金兵，百余年来江、淮人民用血汗修筑的水利工程设施至此毁坏殆尽。十月，金兵陷滁州、寿春府。十一月，陷庐州、无为军，自和州渡江。

宋建炎四年　伪齐阜昌元年⑪　金天会八年（1130）

七月，金立刘豫为齐帝。十一月，刘豫建元阜昌。十二月，宋筹备于两淮屯田，募民垦荒（绍兴六年以后改名营田）。

宋绍兴元年　伪齐阜昌二年　金天会九年（1131）

盗贼、溃兵以淮南野无所掠，陆续转向江南。

宋绍兴二年　伪齐阜昌三年　金天会十年（1132）

四月，伪齐移都汴京。八月，并池州永丰钱监入饶州永平监。宋在淮南大兴营田。

宋绍兴三年　伪齐阜昌四年　金天会十一年（1133）

五月，宋向金求和，禁止攻击伪齐辖区。

宋绍兴四年　伪齐阜昌五年　金天会十二年（1134）

九月，金齐联军渡淮攻宋。十月，陷濠州。十一月，陷滁州。十二月，岳飞部将牛皋、徐庆援庐州，击退围攻庐州的金兵。金军渡淮北撤，伪齐军闻讯，亦弃辎重逃走。

宋绍兴五年 伪齐阜昌六年 金熙宗天会十三年（1135）

正月,金太宗死,阿骨打嫡长孙完颜亶即位,是为熙宗,仍用天会年号。闰二月,宋置总制司,增税,号总制钱。雇役钱变为上供行在的经制钱,保正等成为无报酬的差役。

宋绍兴六年 伪齐阜昌七年 金天会十四年（1136）

二月,改江、淮屯田为营田。造交子30万用于两淮,与铁钱并行。七月,修濠州城。九月,刘豫签乡兵30万,分3路攻宋:中路由寿春趋合肥,子麟率领;东路由紫荆山出涡口,犯定远,趋宣化,豫侄猊统之;西路由光州犯六安,孔彦周统之。十月,宋将杨沂中大败猊军于藕塘,伪齐军北归。十二月,筑寿春城。

宋绍兴七年 金天会十五年（1137）

正月,筑采石城。二月,伪齐奸细在淮甸及沿江诸州纵火,当涂被焚,军须帑藏一夕而尽。八月,庐州兵变,宋将郦琼杀淮西节制吕祉,大掠后举兵北投刘豫。九月,宋于合肥城北筑长堤以遏金兵,历数月始毕工。十一月,金废刘豫为蜀王。

宋绍兴八年 金熙宗天眷元年（1138）

三月,秦桧拜右相兼枢密使。反对议和的大臣相继被罢贬。是年,宋始定都杭州。

宋绍兴九年 金天眷二年（1139）

正月,宋金和议成,宋向金称臣,岁贡金银绢25万两匹,金还宋河南、陕西地。三月,宋命颍、寿复旧府名。

宋绍兴十年 金天眷三年（1140）

五月,金人渝盟,下诏复取河南、陕西。六月,金将宗弼(即兀术)攻顺昌,宋将刘琦大破之。宋将王德收复宿、亳。七月,宋下令诸军退回到长江以南。

宋绍兴十一年 金皇统元年（1141）

正月,金兵渡淮陷寿春和庐州,游骑至无为军、和州。二月,宋军大破金军于柘皋,收复庐州。三月,宋命诸军退回到长江以南,金人亦北归。四月,宋解韩世忠、岳飞、刘光世兵权。十一月,宋金和议成,划淮为界,又割唐、邓2州给金,岁贡币、银、绢各25万。十二月,宋以莫

须有的罪名残忍杀害岳飞父子和张宪。

宋绍兴十二年　金皇统二年（1142）

正月，宋升天长为军，以盱眙、招信隶之。升安丰县为军，以寿春、霍邱、六安隶之。二月，池州、太平州芜湖县大火，市井一空。三月，金册命赵构为宋帝。四月，宋于盱眙、花靥、霍邱、安丰水寨等处置榷场，以通南北之货，此后，战起停，战息复。

宋绍兴十三年　金皇统三年（1143）

宋在长江以南地方行"经界法"，以纠正有田不纳税，无田反纳税之弊。仅徽州一地即清理出隐田 150 万亩。

宋绍兴十四年　金皇统四年（1144）

六月，泾县"妖贼"俞一起事，旋被守臣镇压。由于大地主的反对，修改经界法，改"按图核实"为自报。

宋绍兴十五年　金皇统五年（1145）

九月，河决李固渡，金主宣调曹、单、拱、亳、宋、宿 6 郡民修之。

宋绍兴十八年　金皇统八年（1148）

夏，淮南、江南旱。

宋绍兴十九年　金海陵王天德元年⑫（1149）

十二月，金岐王完颜亮杀其主亶自立，是为海陵王，改元天德。

宋绍兴二十年　金天德二年（1150）

四月，宋募江南、浙江、福建民耕两淮闲田。

宋绍兴二十一年　金天德三年（1151）

六月，宋括淮南佃田所隐顷亩，以理租税。

宋绍兴二十三年　金贞元元年③（1153）

三月，金迁都燕京，改元贞元，以汴京开封府为南京，曹、单、宿、泗、颍、亳等州隶之。十月，宋兴工修宣州、太平州圩田，明年七月竣工。

宋绍兴二十六年　金正隆元年②（1156）

募四川民佃淮南闲田，并复其租税 10 年。

宋绍兴二十九年　金正隆四年（1159）

正月，金废颍、寿等处榷场，只留泗州一处。事出不意，南北商旅纷纷弃货物而逃。

宋绍兴三十年　金正隆五年（1160）

是年初,淮南西路尚有系官荒田4.8万余顷。

宋绍兴三十一年　金世宗大定元年⑩（1161）

六月,金迁都南京。九月,金主亮率军大举攻宋。十月,金东都留守完颜雍自立为帝,改元大定,是为世宗。完颜亮自寿州渡淮,宋将王权弃庐州,趋和州,渡江而去。十一月,虞允文犒师采石,率诸军击退金军。完颜亮东至瓜洲,兵变被杀。十二月,淮南金军全部北撤。是年,两淮去交子,改行会子。

宋绍兴三十二年　金大定二年（1162）

六月,宋高宗禅位,嗣子昚（太祖裔孙）立,是为孝宗。

宋孝宗隆兴元年　金大定三年（1163）

五月,宋将李显忠渡淮,复灵壁、虹县,克宿州,后因主将之间不和,师溃于符离。

宋隆兴二年　金大定四年（1164）

十月,金兵南下攻楚州,以战胁和。十一月,陷楚、濠、滁。十二月,宋金和议成。

宋乾道二年　金大定六年（1166）

八月,诏两淮行铁钱,铜钱毋得过江。十月,复行交子于两淮。升宣州为宁国府。

宋乾道三年　金大定七年（1167）

五月,罢淮南西路、江南东路营田,募人佃种。

宋乾道四年　金大定八年（1168）

二月,置和州铸钱监。七月,徽州大水。

宋乾道五年　金大定九年（1169）

三月,修庐、和2州城。八月,命淮西铸小铁钱。

宋乾道六年　金大定十年（1170）

二月,复置舒州同安监,铸铁钱。

宋乾道九年　金大定十三年（1173）

闰正月,修庐州城。是年,皖南大旱。

宋淳熙二年　金大定十五年(1175)

正月,废同安监。

宋淳熙七年　金大定二十年(1180)

五月,诏舒、蕲2州岁铸钱以45万贯为额。是年,江南、淮南旱。

宋淳熙八年　金大定二十一年(1181)

是年,江南、两淮水旱相继,徽州大量民户流亡。宣州胡木匠(佚名)以秘密宗教为掩护聚众反抗,旋被镇压。

宋淳熙十年　金大定二十三年(1183)

五月,废舒州宿松监。是年,广德军、宁国府旱。

宋淳熙十四年　金大定二十七年(1187)

冬,南陵重修大农、永丰2陂,明年夏讫事。

宋淳熙十五年　金大定二十八年(1188)

五月,两淮、徽州大水。

宋淳熙十六年　金大定二十九年(1189)

正月,金主雍死,孙完颜璟即位,是为章宗,明年正月改元明昌。二月,宋孝宗禅位于太子惇,是为光宗,改明年元曰绍熙。

宋光宗绍熙二年　金章宗明昌二年(1191)

正月,宋命两淮行义仓法。四月,徽州火,二日乃灭。七月,出会子百万缗,收两淮铁钱。十二月,复出会子百万缗收两淮铁钱。金罢用契丹文字,令自今女真字直译为汉字。

宋绍熙三年　金明昌三年(1192)

三月,宋修天长县城。

宋绍熙四年　金明昌四年(1193)

三月,修巢县城。五月,淮西路大水。

宋绍熙五年　金明昌五年(1194)

七月,赵汝愚以太皇太后旨立太子扩,是为宁宗。是岁,淮南路和江南路水、旱。

宋宁宗庆元元年　金明昌六年(1195)

十月,以舒州为安庆府。韩侂胄斥道学为"伪学"。

宋嘉泰元年　金泰和元年（1201）

是年，江东、两淮旱。

宋嘉泰三年　金泰和三年（1203）

七月，罢同安监。

宋开禧元年　金泰和五年（1205）

六月，复同安监。十月，复置和州马监。

宋开禧二年　金泰和六年（1206）

四月，金命仆散揆领行省于汴，分守要害。宋以邓友龙为两淮宣抚使。五月，宋下诏伐金。十月，金纥石烈执中（胡沙虎）率军渡淮，围楚州，攻盱眙。十一月，仆散揆军渡淮，破安丰军，攻合肥。十二月，仆散揆退屯下蔡，遣使与宋议和。

宋嘉定七年　金贞祐二年（1214）

受蒙古压迫，五月，金宣宗迁都南京（汴京）。十二月，宋复罢舒州同安监。

宋嘉定八年　金贞祐三年（1215）

金升宿州为保静军节度、亳州为集庆军节度。

宋嘉定十年　金兴定元年⑨（1217）

金发行"贞祐通宝"，每贯当旧钞10贯。金谋侵宋以扩地，一军攻襄、樊，一军入大散关。

宋嘉定十一年　金兴定二年（1218）

金兵在西线不得志，十一月，攻宋安丰军之黄口滩。

宋嘉定十二年　金兴定三年（1219）

闰三月，金仆散安贞军攻宋淮南，游骑至长江北岸的东采石杨林渡。宋知楚州贾涉遣李全破金军于化湖陂（在今怀远县北）。金军解淮南诸城之围退去。

宋嘉定十五年　金元光元年⑧（1222）

金完颜讹可渡淮攻宋，破庐州兵后，旋即北去。

宋嘉定十六年　金元光二年（1223）

十一月，太平州大水。十二月，金宣宗死，太子守绪即位，是为哀宗。

宋嘉定十七年　金哀宗正大元年(1224)

正月,金向宋求和,派官至光州"榜谕"更不南下。闰八月,宋宁宗死,权相史弥远拥立皇侄昀为帝,是为理宗,废原定继承人竑为济王,出居湖州。

宋理宗宝庆元年　金正大二年(1225)

七月,滁州大水。

宋宝庆二年　金正大三年(1226)

七月,遂安、休宁两县界山裂,洪水坏公宇、民舍、田畴。

宋绍定元年　金正大五年(1228)

舒州廖森起义,一度攻占怀宁县的集贤关和山口镇,坚持到第六年始被镇压下去,是南宋安徽规模最大、历史最久的一次农民起义。

宋绍定二年　金正大六年(1229)

歙县动工兴修石梁坝,越四年九月竣工,是为徽州最大水利工程。

宋绍定五年　金天兴元年④　蒙古窝阔台汗四年(1232)

正月,蒙军攻占金亳、颍、寿等地,遣王檝至宋议夹攻金,许灭金后以河南地归宋。

宋绍定六年　金天兴二年　蒙古窝阔台汗五年(1233)

正月,金哀宗南逃至归德,汴京降于蒙古。十月,史弥远死,理宗亲政。

宋端平元年　金天兴三年　蒙古窝阔台可汗六年(1234)

正月,宋蒙联军破蔡州,金哀宗自杀,末帝死于乱军,金亡。蒙军主力北还。五月,太平州螟。六月,宋欲乘机收复三京,命全子才、赵葵引军赴汴、洛。八月,汴、洛宋军以粮运不继引还。蒙古人决寸金堤(一作寸金淀,在今开封市北)以灌宋军,自此安徽成腹背受河之势。

宋端平二年　蒙古窝阔台汗七年(1235)

正月,宋遣使与蒙古通好。蒙军继续从中、西两线攻宋。

宋端平三年　蒙古窝阔台汗八年(1236)

蒙军攻淮西,大掠而去。蒙古以砀山县为弘吉剌氏封邑。

宋嘉熙元年　蒙古窝阔台汗九年(1237)

冬,蒙军南下攻光州,攻庐州,又攻安丰军,宋将吕文德、杜杲力战,蒙军乃退。

宋嘉熙二年　蒙古窝阔台汗十年（1238）

蒙古军围攻庐州,被杜杲击退。秋,又攻宋寿、泗、庐、滁等州,不得志,大掠而还。

宋淳祐元年　蒙古窝阔台汗十三年（1241）

十一月,蒙古军攻安丰军,被宋淮东提刑余玠击退。

宋淳祐二年　蒙古乃马真后元年（1242）

蒙古将张柔自五河口渡淮,攻宋扬、滁、和等州,进破通州,屠其民。

宋淳祐三年　蒙古乃马真后二年（1243）

宋命吕文德总统两淮军马。

宋淳祐四年　蒙古乃马真后三年（1244）

蒙古军围寿春,吕文德御之,围解。

宋淳祐五年　蒙古乃马真后四年（1245）

吕文德击败蒙古军,收复五河。蒙古将察罕与张柔掠淮西,至扬州而去。

宋淳祐六年　蒙古贵由汗元年（1246）

蒙古贵族推窝台长子贵由为大汗,即元定宗。宋于当涂大信镇建天门书院、歙县建紫阳书院。

宋淳祐十一年　蒙古蒙哥汗元年（1251）

蒙古军在亳、颍等地开展屯田。

宋宝祐二年　蒙古蒙哥汗四年（1254）

蒙古命张柔镇亳州,柔筑甬道自亳通汴堤,以畅运输。

宋宝祐三年　蒙古蒙哥汗五年（1255）

张柔为栅堡,通甬路,由是亳州管内各县及与陈、蔡、息邻州得以沟通。

宋宝祐五年　蒙古蒙哥汗七年（1257）

五月,宋城荆山置荆山县、怀远军。

宋开庆元年　蒙古蒙哥汗九年（1259）

蒙古军从中西两路向宋进攻。闰十一月,忽必烈闻蒙哥死,拖雷

幼子阿里不奇争汗位,决策退兵北归。是年,宋寿春府始有突火枪,以巨竹为筒,内安子窠(子弹的前身),用火药点放。

宋景定元年　蒙古世祖中统元年⑤(1260)

三月,忽必烈即位于开平,是为元世祖,蒙古始不由贵族会议推举嗣君。五月,定年号中统,蒙古始用年号。六月,宋升巢县为镇巢军。七月,忽必烈下令于颍州等地立榷场,以通南北之货。

宋景定二年　蒙古中统二年(1261)

正月,宋开始动工城安庆。十月,蒙古军掠地淮西。

宋景定三年　蒙古中统三年(1262)

三月,宋将夏贵渡淮攻符离、蕲县;四月,攻亳州;五月,陷蕲县。九月,蒙古军收复被宋军攻占的符离和蕲县。十月,宋升六安县为六安军。

宋景定五年　蒙古至元元年⑧(1264)

宋奸相贾似道推行经界推排法,史称"江南地尺寸都有税"。发行"金银现钱关子",一贯抵十八界会子三贯,物价益贵。八月,蒙古定都燕京,曰中都,改元至元。十月,宋理宗死,太子禥即位,是为度宗。是年,宋于当涂县黄池镇建丹阳书院。

宋度宗咸淳元年　蒙古至元二年(1265)

八月,蒙古元帅阿术率大军南侵至庐州及安庆府,大败宋军。十二月,宿州蝗灾。是年,蒙古定制,以蒙古人充各路达鲁花赤,汉人充总管,回回充同知。并砀山入单县。

宋咸淳四年　蒙古至元五年(1268)

八月,亳州大水。是年,蒙古始于河南等路置行省。

宋咸淳七年　元至元八年(1271)

六月,宋筑五河城毕,赐号安淮军。十一月,忽必烈用刘秉忠议,取《易》"大哉乾元"意,改国号为大元,此国号前加"大"字之始。

宋咸淳八年　元至元九年(1272)

元改中都燕京曰大都。

宋咸淳九年　元至元十年(1273)

正月,元军破樊城,宋将范天顺、牛富等殉职。二月,襄阳城破,宋将吕文焕出降。

宋咸淳十年　元至元十一年（1274）

六月,元世祖下诏攻宋,以伯颜为元帅。七月,宋度宗死,子显即位,年四岁,是为恭帝。十二月,元将吕文焕招降宋沿江各地旧部。

宋恭帝㬎德祐元年　元至元十二年（1275）

正月,元将刘整出淮西,攻无为军,闻吕文焕招降沿江各地,以"功成于人后",气恨死,曹明以六安军、范文虎以安庆府、张林以池州降元。贾似道至芜湖江上督师。二月,贾似道军溃鲁港,宋长江防线彻底崩溃。宁国府、和州、无为军、太平州皆降元。三月,建康府、镇江府、广德军、滁州降元。是年,元籍宋盐徒 6000 人开芍陂屯田。

宋端宗昰景炎元年⑤　元至元十三年（1276）

正月,宋奉表投降。李铨以徽州降元。二月,夏贵以合肥降元。五月,益王昰在福州即帝位,时年九岁,改元景炎,是为端宗。

宋景炎二年　元至元十四年（1277）

五月,安庆府太湖人张德兴、傅高等杀元太湖县丞张德颙,与怀宁野人原刘源起兵抗元,据司空山。九月,被元军镇压。元创采石书院。征发人找砚石,造成"石尽山颓,压死数人"惨剧。

宋帝昺祥兴元年⑤　元至元十五年（1278）

四月,宋帝昰死,陆秀夫等立卫王昺,时年八岁。五月,改元祥兴。

元世祖至元十六年　宋帝昺祥兴二年（1279）

二月,宋元崖山决战,宋军大败,陆秀夫负幼帝投海死,宋亡。三月,元诏归德、亳、寿、临淮等处禁田猎。安庆、池州等处设河泊所,黄池镇设织染局。

元至元十七年（1280）

五月,宿州蝗灾。是年,于江州置榷茶都转运司,在安徽设宁国路、庐州路提举司,以总理当地茶务。募民耕种淮西荒田,免租 3 年。

元至元十八年（1281）

募民淮西屯田。徽州课金始于本年。祁门爆发王万十、王信二领导的反元起义,旋败。

元至元十九年（1282）

四月,宁国路太平县民大饥,采竹实为粮,死者相枕,存活下来的仅300余户。冬,宣城、徽州、南陵等地发生反元起义,旋被镇压。

元至元二十年（1283）

按照户口多寡定路、州、县等级,10万户以上者为上路,10万户以下者为下路,地当冲要者,虽不足10万,亦可定为上路。庐州、宁国、徽州为上路,安丰、安庆、太平、池州、广德为下路。5万户以上者为上州,5万以下3万以上者为中州,不及3万者为下州。宿、和、元三州为中州,颍、亳、六安、濠、滁为下州。3万户以上者为上县,3万以下2万以上者为中县,万户以下者为下县。合肥、历阳、无为、宣城、歙为上县,梁、舒城、含山、乌江、庐江、六安、寿春、怀宁、宿松、太湖、桐城、清流、全椒、天长、南陵、宁国、旌德、太平、休宁、祁门、绩溪、当涂、芜湖、石台、广德、建平为中县,砀山、太和、沈丘、颍上、萧、灵璧、谯、城父、巢、安丰、霍邱、下蔡、蒙城、钟离、定远、怀远、望江、来安、虹、五河、黟、繁昌、贵池、青阳、建德、铜陵、东流为下县。

元至元二十一年（1284）

徽州路立织染局。

元至元二十二年（1285）

正月,弛江淮以南渔利之禁。十月,括江淮民船备征日本。今安徽长江以北诸州改隶河南行省,皖南仍属江浙行省。

元至元二十三年（1286）

令"自今省、部、台、院必参用南人"。遣人赴江南访求人才。七月,设芍陂屯田万户府。

元至元二十四年（1287）

是年,无为路设立矾课所,负责征收矾税。婺源创建晦庵书院。徽州路柯三十八、汪千十等因饥饿暴动,被镇压。芍陂屯田将士筑堤320里,修水门、水闸20余所,又凿渠40余里,自南塘抵正阳,以通转输。

元至元二十五年（1288）

三月,灵璧、虹县雨雹,大如鸡卵,害麦。是年,河决汴梁,陈、颍等地被害。置两淮屯田打捕总管府,分置安丰、庐州、镇巢、招泗等打捕提举司,经理两淮屯田。

元至元二十六年(1289)

二月,籍江南户口。四月,设江东木棉提举司,责民岁输木棉。两淮雨雹,害稼。

元至元二十七年(1290)

正月,无为路大水。三月,太平县叶大五、歙县凌六乙,五月,绩溪县胡发、饶必成,七月,芜湖县徐汝安、孙惟俊等发动起义,均失败。十月,江阴、宁国路大水,民流者40余万户。是年,河决祥符,颍州被害。

至元二十八年(1291)

二月,设江淮行院,治广德。设河南江北行省,治汴梁。罢江淮漕运,改由海道运粮。

元至元二十九年(1292)

六月,扬州、宁国、太平3郡大水。

元至元三十年(1293)

是年,芍陂屯田军增至14808人,屯田万余顷。

元至元三十一年(1294)

正月,世祖死。四月,皇孙铁木儿即位,是为成宗。

元成宗元贞元年(1295)

闰四月,罢徽州路银场。五月,太平水。七月,安丰路、泗州旱。八月,安丰路大水。九月,泗州、庐州等路大水。

元元贞二年(1296)

夏,颍州、庐州及太平州或水或蝗。十一月,调芍陂屯田兵修大都城,停种一年。

元大德元年②(1297)

六月,历阳县境长江涨,水溢,漂没民户至18500余家。八月,池州、宁国、太平水。十月,无为县境长江潮泛滥,漂没庐舍。历阳、合肥、梁县、蒙城、霍邱自春至秋不雨。十二月,复芍陂屯田。

元大德二年(1298)

春,宁国、太平、广德、池州等地水。夏,江南、两淮多处蝗。

元大德四年（1300）

三月，宁国、太平两路旱，宣州泾县雹。五月，芍陂，濠州旱、蝗。

元大德八年（1304）

三月，罢庐州榷茶提举司。

元大德十一年（1307）

正月，成宗死。五月，怀宁王海山至大都即位，是为武宗。

元武宗至大元年（1308）

正月，广德饥，死者甚多。六月，江淮大饥。

元至大二年（1309）

夏，滁州、舒城、历阳、合肥、六安先后蝗。以江南民只纳地税、商税，其富户有蔽占奴使百千家至万家者，令每年收粮5万石以上者，每石输2升于官。

元至大三年（1310）

五月，合肥、舒城、历阳、蒙城、霍丘、怀宁等县蝗。六月，六安州大水，死者五十二人。

元至大四年（1311）

正月，武宗死。三月，太子即位，是为仁宗。

元仁宗皇庆元年（1312）

三月，令亳州将宪宗所赐不怜吉带地1072顷还其子孙。八月，泾县水。取消儒户免役制度。

元皇庆二年（1313）

六月，河决陈、亳、睢3州及开封之陈留县，没民田庐。定徽州路上供纸重量、质地、式样。旌德尹王祯《农书》成于本年，据该书所述，已有木活字。

元延祐元年（1314）

九月，安丰路水。

元延祐三年（1316）

四月，颍州太和县河溢。

元延祐五年（1318）

四月，合肥大水。江南开始实行包银制，包银规定每户年征银

2 两。

元延祐七年(1320)

正月,仁宗死。三月,太子硕德八剌即位,是为英宗。四月,安丰、庐州界淮水溢,损禾麦万顷。亳州城父县水。七月,颍州水。

元英宗至治元年(1321)

八月,当涂浚市河,可溉田百顷。是年夏秋,两淮、江南自然灾害频发,百姓荐饥。

元至治三年(1323)

八月,英宗被杀。九月,晋王也孙铁木耳在龙居河即位,是为泰定帝。

元泰定帝致和元年(1328)

三月,河决砀山、虞城。

元明宗天历二年(1329)

英宗至治以来,安徽地区自然灾害频发,到处荐饥。本年,淮河以南死亡相籍。

元文宗至顺三年(1332)

五月,池州火灾,受灾者73户。

元顺帝后至元元年(1335)

十一月,以祖述世祖意,改元至元,为与世祖至元年号相区别,或称曰"后至元"。

元后至元二年(1336)

宿松地震、山裂。

元后至元三年(1337)

民间传闻朝廷将搜括男女送蒙古当奴婢,从中原到江南,13岁以上男女,婚嫁几尽。

元后至元四年(1338)

袁州慈化寺僧彭莹玉之徒周子旺起义,称周王,改年号,旋被捕杀。莹玉避地淮西,继续活动。

元至正四年(1344)

五月,封脱脱为郑王,食邑安丰。六月,河决金堤(即今山东梁山

县一带之古堤),砀山、丰、沛皆罹水患。

元至正五年(1345)

夏秋间,亳州久雨,二麦禾豆俱不登。太湖县溪水坏民田,知县翟居仁督筑长堤以障之,遂谓之翟公堤。

元至正七年(1347)

长江下游沿岸发生多起农民起义。

元至正十一年(1351)

四月,以贾鲁为总治河防使,征发民工15万、军队2万,采取塞北河、疏浚南河方针,自黄陵岗(今曹县西南)向南到白茅,又自黄陵岗向西至杨青村,合于故道。民工在黄陵岗掘得石人,背刻"莫道石人一只眼,此物一出天下反"。石系白莲教首领韩山童等所埋。五月初,韩山童、刘福通等在颍上县聚众起义,事泄,山童被捕,妻及子林儿逃匿武安(今徐州附近)。刘福通突出重围,再次举兵,克颍州,号红巾军、红军、香军。夏,桐城雨水泛涨,花崖、龙源二山崩,冲决县东河堤,漂没居民400余家。八月,萧县白莲教徒芝麻李(李二)、樵夫彭大、社长赵君用(赵均用)等攻占徐州,有众号10万。不久,又南下攻占宿州、五河、虹县、灵壁、安丰、濠州等地。十月,彭莹玉、徐寿辉攻占蕲水,徐称帝,国号天完,改元治平。十一月,天完军攻占宿松、太湖、潜山。

元至正十二年(1352)

二月,郭子兴起义,攻占濠州。徐寿辉沿江东下攻池州,围安庆,三月,克徽州。闰三月,朱元璋至濠州参加郭子兴部起义军,任九夫长。七月,天完军克广德。十二月,元命余阙守安庆。

元至正十三年(1353)

正月,张士诚起兵反元。三月,天完军攻克池州。攻濠州之元将贾鲁死,围解。冬,彭大之子早住称鲁淮王、赵君用称永义王。

元至正十四年(1354)

正月,张士诚在高邮称诚王,国号大周,年号天祐。三月,刘福通领导的北方红巾军攻下颍州,五月,进围庐州。六月,彭早住、赵君用攻陷泗州。七月,朱元璋下滁州,众至3万,以李善长为掌书记。郭子兴受彭、赵压迫,离濠至滁。十一月,朱元璋克和州。

元至正十五年　宋小明王龙凤元年（1355）

二月,刘福通立韩林儿为帝,号小明王,都亳,国号宋,改元龙凤。三月,郭子兴死。六月,朱元璋渡江,拔采石,取太平,升任元帅。十二月,元军攻亳州,韩林儿南保安丰。

元至正十六年　宋龙凤二年（1356）

三月,刘福通与元军激战亳州,元军败。张士诚称周王,与南下之朱元璋部争战苏南、浙西,互有胜负。七月,朱元璋称吴公,仍奉龙凤正朔。

元至正十七年　宋龙凤三年（1357）

是年,朱元璋四向发展,在江北,夺取张士诚之泰兴及"青军"所据之扬州;东取张士诚所据之长兴、常州、江阴等地;南取元宁国路、徽州路;西败赵普胜,取青阳县,又克元池州。休宁儒生朱升见朱元璋,劝他"高筑墙,广积粮,缓称王"。

元至正十八年　宋龙凤四年（1358）

正月,陈友谅、赵普胜联军陷安庆,元守臣余阙沉水死。四月,赵普胜取吴池州。五月,朱元璋将邓愈在徽州路推行田土自实。

元至正十九年　宋龙凤五年（1359）

四月,朱元璋将徐达、俞通海复池州。五月,刘福通克汴梁,迎小明王至汴,都之。八月,汴梁被元军攻破,刘福通奉韩林儿走安丰。

元至正二十年　宋龙凤六年（1360）

三月,朱元璋征浙东名士刘基、宋濂等至建康。闰五月,陈友谅攻陷吴太平,守将花云被俘死。陈友谅杀徐寿辉,自称汉帝,年号大义。六月,朱元璋部收复太平,进克安庆。

元至正二十一年　宋龙凤七年（1361）

正月,小明王封朱元璋为吴国公。二月,吴立盐法、茶法。七月,陈友谅将张定边陷吴安庆。八月,朱元璋率徐达、常遇春等西上,复安庆。

元至正二十三年　宋龙凤九年（1363）

二月,占据濠州的张士诚遣吕珍攻安丰。三月,安丰陷落,刘福通战死。朱元璋救安丰,至则城已破,挟韩林儿南还,使居滁州。龙凤政

权至此仅存虚名。七月,朱元璋与陈友谅大战鄱阳湖。八月,陈友谅从湖口突围,中箭死。

元至正二十四年　宋龙凤十年(1364)

正月,朱元璋称吴王,仍用龙凤年号。七月,吴军攻克庐州。

元至正二十六年　宋龙凤十二年(1366)

四月,朱元璋攻克张士诚所辖徐州以南州县。十二月,命廖永忠等到滁州迎小明王韩林儿,至瓜洲舟覆,林儿溺死江中,龙凤政权结束。

元至正二十七年　朱元璋吴元年(1367)

正月,朱元璋始称吴元年。九月,徐达、常遇春等攻破苏州,俘张士诚。十月,迁苏州富民于濠州。

元至正二十八年　明太祖洪武元年(1368)

正月,朱元璋在应天府即皇帝位,国号明,年号洪武,是为太祖高皇帝。八月,大都降明,元在全国范围内统治结束。

附录二
宋金元安徽人物小传及资料来源表

宋金安徽人物小传及资料来源表

姓名	生卒年月	籍贯	履历	资料来源
丁黼 字文伯 号延溪	？—1239	石埭	泰亨子,淳熙进士,历官成都制置使。为政宽大,蜀人德之。嘉熙三年元兵趋成都,黼率兵夜出城南迎战,至石笋街力战死。著有《延溪集》、《六经辩证疑问》等。	《鹤林集》卷三四《褒忠庙碑》《宋史》卷四五四《宋史翼》卷一七《宋季忠义录》卷四《宋元学案》卷六一《宋诗纪事》卷六四
丁罕	？—999	颍州	应募补卫士,以战功累迁指挥使。淳化中为泽州团练使、知霸州。河决,以私钱募筑,民咸德之,擢灵环路都部署。破李继迁有殊功,拜密州观察使,徙贝州。子守德能世其家。	《宋史》卷二七五《宋史新编》卷七八《史质》卷五六
丁贶		濠梁	善画花竹翎毛。熙宁间神宗命贶与崔白、艾宣、葛守昌四人,共画垂拱御扆图,为一时之荣。	《画史会要》卷二《绘事备考》卷五中《宣和画谱》卷一八《图绘宝鉴》卷三

姓名	生卒年月	籍贯	履历	资料来源
丁泰亨 字岩老	1123—1196	石埭	原籍徐州，南渡后居池州石埭，黼父。幼明悟，日记二千言，善古文，尤长于诗，庆元二年卒，年七十四。	《鹤山大全集》卷八一《赠奉直大夫丁公墓志铭》《宋元学案》卷六一《宋元学案补遗》卷六一
丁特起		合肥	靖康初为太学生，上书乞早决用兵之计。绍兴五年特差龙阳县尉。著有《靖康纪闻》、《孤臣泣血录》。	《三朝北盟会编》卷六六、六八《建炎以来系年要录》卷一、九二
丁进	？—1129	寿春	被罪逃，遇赦复还乡里。建炎初聚众于县之苏村，不久，众至数万。自称丁一箭。二年初受宗泽招抚，授武翼大夫，阁门宣赞使，稍迁京城巡检使。二月，生擒金大将史某。后被王渊杀害。	《建炎以来系年要录》卷一〇、一一、一三《三朝北盟会编》卷一一五、一五八、一二〇
习衍 （或作衎） 字元宾	945—1013	宣州	仕南唐为秘书郎，从李煜归宋，授太常寺太祝。太平兴国中，诏群臣言事，衍上谏刑书，迁大理寺丞。真宗即位，献所著《本说》。与修《册府元龟》，书成，授兵部郎中。	《宋史》卷四四一《宋史新编》卷一七〇《京口耆旧传》卷一《宋诗纪事》卷六《景定建康志》卷六九《至正金陵新志》卷一三下
文勋 字安国		庐江	精于篆书，官至奉议郎、签书昭庆军节度判官厅公事。苏轼曾为作篆铭，颇推重之。	《八琼室金石补正》卷一〇五《大宋杭州惠因院首教藏记》跋
文道南		舒城	素与姚铉友善。凌策幼时尝往学焉。晚年司教泾邑，遂居于泾。	《宋元学案补遗》卷三
方岳 字巨山 号秋崖	1199—1262	祁门	绍定五年进士。淳祐中为赵葵参议官，移知南康军，以杖舟忤荆帅贾似道。后知袁州，又忤丁大全，罢归。岳才锋凌厉，诗文不用古律，语或天出，尤工骈体。著《重修南北史》110卷、《宗维训录》10卷，又有《秋崖小稿》行于世。	《新安文献志》卷七九《方吏部传》《宋史翼》卷一七《南宋馆阁续录》卷八《宋诗纪事》卷六四《宋元学案补遗》卷七七《宋元学案补遗别附》卷二

姓名	生卒年月	籍贯	履历	资料来源
方恬 字元养 （一作字仲 退，号鉴轩 又号师古）		歙县	乾道五年试礼部第一，教授荆门。周必大、李焘、程大昌交荐，授太平州教官，除太学博士。其学贯穿经史，务为可用。有《正论》10 篇、《机策》3 篇。	《宋元学案补遗》卷七一 《宋诗纪事补遗》卷五二 《宋历科状元录》卷六 《宋会要辑稿·选举》一之一七
方洙		婺源	登元符三年进士第，崇宁、大观间以宣德郎知溧阳县丞，累至朝散郎。	《淳熙新安志》卷八
方琮 字元章	1174—1229	歙县	回父。嘉定七年进士，授楚州州学教授，改蓬州，辟四川总领所措置籴买，兼准备差遣，为言者论列。寻授吉阳军学教授，权通判融州，经略司委其买马于邕州横山，坐事谪封州。	《桐江集》卷四《先君事状》 《宋元学案补遗》卷七六
方演		新安	历官虞部员外郎、轻车都尉，大中祥符二年知新安。	《新安志》卷九
方纲		青阳	八世同炊，家属七百口，每日鸣鼓会食。尝出稻赈贷贫民，景德中诏旌其门。	《宋史》卷四五六 《宋史新编》卷一七六 《史质》卷七三
方有开 字躬明	1125—1187	歙县	隆兴元年进士。授南丰尉，历监行在惠民和济局，官至户部侍郎，必求尽职。有《月溪堂集》。	孙应时《烛湖集》卷一一《淮西运判方公行状》 《宋元学案补遗》卷六九 《宋诗纪事》卷五三
方仲荀		歙县	成平进士。祥符中，以尚书屯田员外郎知苏州。	《宋诗纪事》卷八 《宋诗纪事小传补正》卷一
方闻一		舒州	淳熙中为郡博士。有《大易粹言》。	《江湖长翁集》卷三一《题大易粹言》 《宋元学案补遗》卷二八
方懋德 字元相	1085—1149	南陵	宣和三年赐上舍出身，官至桐沩太守。	《太仓稊米集》卷七〇《桐沩太守方君墓志铭》

姓名	生卒年月	籍贯	履历	资料来源
王相		和州	乾道间进士，官至朝散大夫。嘉定三年差知归州，以老疾罢任。	乾隆《江南通志》卷一二〇《宋会要辑稿·职官》七四之三六《天柱山志·石牛洞题记》
王回字深父（甫）	1023—1065	汝阴	嘉祐二年进士，为卫真簿，称病免，退居颍州。后为忠武军节度推官，知南顿县。有文集20卷。	《临川集》卷九三《王深父墓志铭》《宋史》卷四三二《梦溪笔谈》卷一五《艺文》《闽中理学渊源考》卷一〇《淳熙三山志》卷二六
王向字子直号公默		汝阴	回弟。嘉祐二年进士，工古文，尤长于序事，不幸早逝。有文集。	《宋史》卷四三二《闽中理学渊源考》卷一〇《淳熙三山志》卷二六《元丰类稿》卷一二《王子直文集序》
王罕字师言		舒州	珪季父。历广东转运使，降侬智高父子，擢户部度支副使，知潭州。官终光禄卿，卒年八十。	《宋史》卷三一二《宋史新编》卷九八《北宋经抚年表》卷一一一、一一二《宝庆四明志》卷一
王杆字元佐		庐江	蔺子。绍定间通判汀州，抚定变乱，军民安堵，汀民德之，为立生祠，称曰王生佛。	《永乐大典》卷七八九四《临汀志》
王同字容季号公议		汝阴	向弟。少能文，尤长叙事，嘉祐六年进士，以新蔡主簿终。年仅三十二。有文集。	《元丰类稿》卷四二《王容季墓志铭》《宋史》卷四三二《闽中理学渊源考》卷一〇

姓名	生卒年月	籍贯	履历	资料来源
王炎 字晦叔 （一作字晦仲，号双溪）	1138—1218	婺源	乾道五年进士，为潭州教授，以荐知湖州。与朱熹交谊颇笃，著有《读易笔记》《尚书小传》，其诗文存者曰《双溪集》。	《新安文献志》卷六九《王大监传》《南宋馆阁续录》卷八、九《宋元学案补遗》卷四九、七一《宋诗纪事》卷五四
王迎		砀山	绍圣二年进士，兼治诗赋。绍兴七年为国子监丞，出知南剑州。	《南宋馆阁录》卷七
王所 字次文 自号 白云子	1045—1109	无为	举经明行修起家，调庐陵主簿，历摄永丰及考城令，终和州防御判官。有《锦溪集》20卷。	《姑溪集》卷四九《王判官墓志铭》
王建		婺源	政和八年进士，官崇阳令。	《宋诗纪事补遗》卷三五
王珪 字禹玉	1019—1085	舒州	永曾孙。庆历二年进士，朝廷大典册，多出其手。元丰五年官尚书左仆射兼门下侍郎，封岐国公。有《华阳集》，谥曰文恭。	《宋史》卷三一二《东都事略》卷八〇《隆平集》卷一九《名臣碑传琬琰集上集》卷八《元祐党人传》卷九
王明		歙县	为鄱陵令，筑堤止水患，太祖闻之，擢知广州。在官秋毫无所取。	《古今纪要》卷一七《南畿志》卷五五《曲洧旧闻》卷七
王宾 字德卿		亳州	金贞祐二年(1214)进士及第，初调兰陵主簿，辟虹县令，入为尚书令史。坐事罢归乡里。天兴元年(1232)正月，亳州军变，宾以计复其州。六月，哀宗迁蔡，擢为刑部尚书。后以军粮发放不及时，被乱兵杀害。	《金史》卷一一七《王宾传》《归潜志》卷三《中州集》卷七《王宾传》
王遵 字少愚		无为	官至户部侍郎，著有《北山纪事》12卷。	《直斋书录解题》
王实		颍州	庞安常高足，著有《伤寒证治》3卷。	《郡斋读书志》

姓名	生卒年月	籍贯	履历	资料来源
王赟		舒州	王珪祖父,官兵部郎中,赠太师、中书令。	《元丰类稿》卷二一《追封魏国公制》 《王魏公集》卷二《追封蜀国公制》
王准		舒州	王珪父,官三司监铁判官,太常博士,秘阁校理。	《元丰类稿》卷二一《追封汉国公制》 《王魏公集》卷二《追封兖国公赠太师中书令兼尚书令制》
王恕		婺源	炎子。官会稽时,父付书曰:当官一日廉,非此无以立己。二曰公,非此无以服人。三曰勤,非此无以办事。四曰和,非此无以交同僚。五曰敬,非此无以事上。后为景陵令。	《宋元学案补遗》卷七一
王招 自号仙居		芜湖	试进士不第。以特恩监南岳庙。著《仙居集》。	《宋元学案补遗》卷七九
王逢 字会之	1005—1063	当涂	进士起家,权南雄州军事判官,补袁州,迁国子监直讲,兼陇西郡王宅教授,官至太常博士。有《易传》10卷,《乾德指说》1卷,《复书》7卷。	《临川集》卷九三《王会之墓志铭》 《宋史》卷四四三 《宋元学案补遗》卷一
王琪 字君玉		舒州	珪从兄。举进士,调江都主簿,上时务十二事,仁宗嘉之,除馆阁校勘、集贤校理。嘉祐中守平江府。性孤介,数临东南诸州,政尚简静,以礼部侍郎致仕。卒年七十二。	《宋史》卷三一二 《北宋经抚年表》卷三一、八一、九〇、九一、九八 《宋诗纪事》卷一一 《新安志》卷九《牧守》 《咸淳临安志》卷四六 《嘉定镇江志》卷一五
王禀 字正臣	?—1126	舒州	珪孙。靖康初总军太原,金人入寇,禀提孤旅由平阳应援,自春至秋,救者不至,城陷,抗辞骂贼,与子均死节。谥忠壮。	《宋史》卷四五二 《观堂集林》卷二三《补家谱忠壮公传》 《宋诗纪事补遗》卷三八

姓名	生卒年月	籍贯	履历	资料来源
王晚	？—1147	舒州	珪孙。秦桧妻兄。绍兴十二年除敷文阁待制知临安府，十四年以工部侍郎、宝文阁直学士出守平江。	《南宋制抚年表》卷二、一三《咸淳临安志》卷四七《建炎以来系年要录》卷四、四四、四六、四八、五八、一〇六、一三〇、一三九、一四〇、一四七、一五四、一五六
王万字处一号抑斋	1196—1243	定远	嘉定十六年进士，理宗时累官至监察御史，弹劾不避权贵，以太常少卿致仕。有《时习篇》、《书志编》及其他奏札若干卷	《宋史》卷四一六《浦阳人物记》卷上《金华贤达传》卷四《重修琴川志》卷八
王苇		庐江	之道子。庆元四年知临江军，刻《三孔文集》。	周必大《平园续稿》卷一三〇《三孔文集序》《相山集》附《王之道神道碑》
王愈字原道（初名宗，徽宗改赐今名）		婺源	绍圣元年进士，调建昌令。方腊起事，愈守信州，以平方腊功，进秩二等。官至朝请大夫，职至秘阁修撰。有《二堂先生文集》。	《王双溪集》卷三《二堂先生文集序》《浮溪集》卷二〇《信州二堂碑》《新安文献志》卷七七《王愈传》
王诏德字子辉		婺源	愈长子。才气横迈，辅以博学，著《绿静文集》。	《王双溪集》卷三《绿静文集序》
王溉字巽泽		石埭	铚长子。绍兴初进士，累官直秘阁知苏州。淳熙中知南康军，历两浙路转运副使，终太府少卿、知临安府，权工兵两部侍郎。	《宋史》卷二六《宋诗纪事小传补正》卷三《咸淳临安志》卷四八《宋会要辑稿·礼》四九之八六、五三之一一，《职官》七三之一二、七四之五《攻媿集》卷一〇二《永宁郡夫人孙氏墓志》
王橐	？—1161	婺源	炎父。事母极孝，事兄嫂如父母，教兄子如己子。诗文遗稿曰《南窗杂著》。	《宋元学案补遗》卷七一《王双溪集》卷三《南窗杂著序》

姓名	生卒年月	籍贯	履历	资料来源
王铚 字性之		汝阴	记问赅洽,尤长宋代故事,尝撰《七朝国史》。绍兴初为枢密院编修官,会秦桧柄国,中止,书竟不传。有《雪溪集》、《补侍儿小名录》、《默记》、《四六话》、《谈苑》等。	《宋诗纪事》卷四三 《宋元学案补遗》卷四 《紫微集》卷三六 《建炎以来系年要录》卷三五、七四、一二五、一四九、一五一 《宋会要辑稿·崇儒》五之三三、三四
王纲 字德维		婺源	炎从兄。学贯经史,其文出杼轴,晚年惟诵佛书。有《懒翁诗》。	《双溪集》卷三《懒翁诗序》
王臻 字及之		汝阴	第进士,累官三司度支判官,刚严善决事,所至有风迹。坐事降监察御史,出知福州。仁宗即位,累迁尚书工部郎中,以右谏议大夫权御史中丞卒。	《宋史》卷三〇二 《宋史新编》卷九四 《宋史经抚年表》卷一〇四
王绾		庐江	大观三年进士,建炎二年除秘书监丞,转考功员外郎。	《南宋馆阁录》卷七
王柟 字叔永		庐江	蔺从子,嘉定六年以承议郎、将作监主簿知泾县。宝庆间寓居山阴。有《燕翼诒谋录》。	嘉庆《宁国府志》卷二 《四库全书总目提要》卷五一
王荐 字继道		宣城	以雄州防御推官知歙县事,专务兴库序劝学,为政宽仁。	《新安志》卷三
王铚 字时可	?—1147	石埭	绍兴八年进士,累擢御史。历中书舍人,兼侍讲致仕。通经术,善训导,旁郡肄业者常数百人。有《紫微集》、《春秋门例通解》、《戚里元龟》、《易象宝鉴》。	《归愚集》卷七 《宋中兴学士院题名录》卷四 《宋元学案补遗别附》卷二 《建炎以来系年要录》卷一五四、一五六、一六六 《宋史》卷二〇八、四六五

姓名	生卒年月	籍贯	履历	资料来源
王蔺 字谦仲 号轩山		庐江	乾道五年进士，累官至参知政事，拜枢密使。光宗时应诏上疏，条列八事以闻，尽言无隐，然嫉恶太甚，同列多忌之，竟以不合去，有《轩山集》。	杜范《杜清献公集》卷一九《王蔺传》 《宋史》卷三八六 《南宋馆阁续录》卷七、五 《南宋制抚年》卷九、三一、三二、四〇 《南宋名臣言行录》卷三 《宋诗纪事》卷五三
王鉴 字明仲	1184—1265	安丰	历正阳忠勇军正将，积功迁镇江诸军都给使。淳祐五年至十一年为淮西宣抚使知庐州。景定元年知真州，卒。	《蒙斋集》卷八《特授拱卫大夫某州观察使制》 《至大金陵新志》卷一四 《南籲志》卷一〇
王大昌		池阳	官奉议郎权淮南路转运判官，兼淮南东路提点刑狱公事。编有《六一先生在滁州诗》1卷。	《宋元学案补遗》卷六一 《宋史》卷二〇八 《宋会要辑稿·职官》七四之三〇、七五之一〇
王之道 字彦猷 号相山居士	1093—1169	庐江	宣和六年进士，对策极言燕云用兵之非，以切直抑置下列。绍兴间通判滁州，忤秦桧，沦废二十年。桧死，起知信阳军，擢湖南运判，以朝奉大夫致仕。有《相山集》、《相山居士词》。	《相山集》卷三〇附尤袤《故太师王公神道碑》 《宋史翼》卷一〇 《南宋文范作者考》上 《宋诗纪事》卷四一
王文资		宁国	乾道中累官知南恩州。	《宋诗纪事补遗》卷五二
王日休 字虚中	1105—1173	龙舒	诲诱后学，最为谆切。尝撰《易解》、《春秋解》、《春秋名义》、《养贤录》等书。晚年佞佛，著《净土文》。	《周文忠公集》卷八九《王日休真赞》 《宋元学案补遗》卷四 释宗晓《乐邦文类》卷三《王日休传》 《于湖居士文集》卷一五《龙舒净土文序》 《双溪类稿》卷二四《经刚经序》

姓名	生卒年月	籍贯	履历	资料来源
王汝舟 字公济 （晚号 云溪翁）	1034—1113	婺源	皇祐五年进士，知舒城，迁知南剑州，仕终夔州路提刑，历官十七任，皆有治迹。有文集百卷。	《宋史翼》卷二〇 《新安志》卷七 《宋诗纪事补遗》卷一三
王仲山		舒州	珪子。南渡后居信州，历知抚州，官至中大夫。	《紫微集》卷一九 《南宋书》卷三一
王磐 字安国		合肥	政和中为郎，又三年出知宣州。	《玉照新志》卷三
王山民 字隐甫	1003—1071	汝阴	祥符中用祖荫补将作监主簿。升寺卿，出典州郡，凡迁秩十有五等，历官十政。芍陂堤坏久不治，山民调夫缮完，民获其利。	苏颂《苏魏公文集》卷六一《少府监致仕王君墓志铭》
王相		和州	乾道间进士，官至朝散大夫、知归州。	民国《安徽通志稿·金石古物考》卷四《和州登科题名》 《宋会要辑稿·职官》七四之三六
王士敏		太和	元军至，与刘士昭谋复太和县。事败入狱，众多乞怜，士敏独慷慨不挠，临刑叹曰：恨吾病失声，不能大骂耳。	《宋史》卷四五四 《昭忠录》卷三〇 《宋季忠义录》卷五
王仲琬		舒州	珪子。官至大理评事。	《王魏公集》卷二《王珪男仲琬可大理评事制》
王仲嶷 （一作巍） 字丰父		舒州	珪少子。政和中守会稽，擢待制。建炎初知袁州，金人入江西，坐失守削籍。秦桧为其兄仲山婿，当时，启恩开陈，仲嶷再复原官。	《南宋书》卷三一 《挥麈余话》第75条 《建炎以来系年要录》卷二九、三一、八八、一五〇 《宋会要辑稿·职官》六八之二八、七七之八，《食货》一之一〇五
王行之 字才仲	？—1121	太平	为婺州士曹。宣和初方腊寇婺，官吏皆遁。行之曰：吾刑官也，分当死职。遂遇害。	《宋史翼》卷三〇

姓名	生卒年月	籍贯	履历	资料来源
王孝迪	？—1140	下蔡	宣和七年知庐州。靖康元年正月自翰林学士承旨除中书侍郎，二月罢。建炎三年起与尚书左丞庐益并奉使金国。旋罢，提举嵩山崇福宫。	《建炎以来系年要录》卷二一、二二、一一六、一三四《宋宰辅编年录》卷四四之一三《宋会要辑稿·礼》二〇之三，《职官》一八之七七、六八之一五、六九之二二，《选举》一二之五
王仲修		舒州	珪子。元丰（一云熙宁）中登第，官崇文院校书，坐事贬万安军司户参军，元符三年复故官。	《东都事略》卷八〇《续资治通鉴长编》卷三〇七、七一二、三四八、四〇一《宋会要辑稿·职官》六六之一五、《选举》三三之一四
王酉发字噩甫		安丰	居京口。宝祐元年进士，历金坛丞，迁知通州静海县，入元，隐居黄鹤山下，自号息寮子。	《至顺镇江志》卷一九
王希吕字仲行		宿州	乾道五年进士，孝宗用为右正言，直声闻于远迩。累官吏部尚书，出知绍兴府，百废俱兴，以言者落职，处之晏如。希吕性刚劲，居官廉洁，及致政，至赁僧院以居，帝闻之赐钱造第。	《宋史》卷三八八《宋史新编》卷一四三《南宋馆阁续录》卷七、八《南宋制抚年表》卷九、二七《嘉泰会稽志》卷二《咸淳临安志》卷九二《至元嘉禾志》卷一三
王定民		亳州	元祐中知湘阴县，创学宫于南浦。移知衡阳县，兼权教授，修葺学宫，撰劝学文，一时士皆感奋。	《宋元学案补遗别附》卷一《楚纪》卷四九
王居厚		亳州	崇宁元年知洪州。	《宋史新编》卷一三七《北宋经抚年表》卷九五
王明清字仲言		汝阴	铚次子。庆元间寓居嘉禾，官泰州倅。有《挥麈录》、《玉照新志》、《投辖录》、《清林诗话》。	《宋史翼》卷二七、二九《至元嘉禾志》卷一三《宋元学案补遗》卷四《四库提要辨证》卷一七

姓名	生卒年月	籍贯	履历	资料来源
王渥		石埭	铦次子。乾道中知建阳县，历漳州推官、盱胎守。淳熙八年自淮南运判兼淮东路提刑，除直秘阁、四川都大茶马。十二年，升直龙图阁。十四年，为朝散郎、守大理少卿。致仕。	《攻媿集》卷一〇二《永宁郡夫人孙氏墓志铭》《宋会要辑稿·职官》二四之三七、六二之二三、六二之二五、七五之四《宋诗纪事补遗》卷五二
王知微		宣城	与王安石同年进士，以著作佐郎签判贺州。迁秘书丞知当涂，仕终龙州通判。	《南畿志》卷四九
王惟忠字移孝		钟离	乡豪。金兵南下，率乡民保据韭山。建炎四年，弃韭山归隶招信刘位麾下，官至左军统制。	《建炎以年系年要录》卷三三《三朝北盟会编》卷一三八
王彦成		全椒	大观三年进士。官太仆少卿。	《浮溪集》卷八《除太仆少卿制》
王相如字次卿	？—1129	宣城	孤贫嗜学，有《溪堂文集》。建炎间死于盗。	《太仓稀米集》卷五一《溪堂文集序》、《送王次卿之浙西序》《宋史翼》卷三〇
王钦若字定国	962—1025	钟离	擢进士甲科，累官司空、门下侍郎、同平章事。智数过人，每朝廷有所兴造，委曲迁就以中帝意。真宗封泰山，祀汾阴，天下争言符瑞，皆钦若及丁谓倡之，与丁谓、林特、陈彭年、刘承珪号为五鬼。有：《翊圣保德真君传》、《卤簿记》、《彤管懿范》、《天书仪制》、《圣祖事迹》、《五岳广闻》、《列宿万灵朝真图》、《罗天大醮仪》等。又与诸儒共编《册府元龟》千卷。	夏竦《文庄集》卷二八《王公行状》、卷二九《王公墓志铭》《宋史》卷二八三、《东都事略》卷四九《隆平集》卷四《宋大臣年表》卷四下、五、六、七《北宋经抚年表》卷八〇、九〇《乾道临安志》卷三《咸淳临安志》卷四六、八九、二〇、九一《宋诗纪事》卷五
王廉清字仲信	1127—1214	汝阴	铚长子。著有《京都岁时记》、《广古今同姓名录》、《补定水陆章句》、《新乾曜真形图》。	《宋史翼》卷二七《宋诗纪事》卷五八《宋元学案补遗》卷四

姓名	生卒年月	籍贯	履历	资料来源
王庆之		钟离	钦若第三子。赐进士第，终卫尉寺丞。有《桂籍追荣集》20卷。	《文庄集》卷二二《桂籍追荣序》
毛政		庐江	工画神佛及山水	《图绘宝鉴》卷四《绘事备考》卷六
牛富	？—1273	霍邱	勇而知义，为侍卫马军司统制，戍襄阳，移守樊城，御元军，累战不衄，固守六年，城破，率死士百人巷战，伤重赴火死。	《宋史》卷四五〇《宋季忠义录》卷四《至正金陵新志》卷十三上
毋丘震		谯县	淳化间太宗御选为官，任秘书省著作佐郎。	《鸡肋集》卷三三
石俣		濠州	开禧中出家财募军以从征伐，抗金战殁，民立庙祀之。	《漫塘文集》卷二一《濠州新建石韩将军庙记》
石悆字敏若，自号橘林		芜湖	元符三年进士，仕至密州教授。梁师成当权，或劝悆一见，悆曰：腐夫弄柄，愧未能争批蛀根，奈何因取富贵，遂被排摈。有《橘林集》。	《宋诗纪事》卷三五光绪《安徽通志》卷一五一《宋会要辑稿·职官》六八之一八
石待问字则善	？—1051	芜湖	原籍眉州，成平三年进士，应直言极谏科，六试皆第一，授殿中丞、通判明州。上策忤真宗意，责授滁州团练使。仁宗即位，通判太平州，遂家焉。官终太常丞知阶州。	《续资治通鉴长编》卷六四、七三《宋史》卷二〇七《艺文志六》《宋诗纪事补遗》卷四《宋会要辑稿·职官》六四之二一、《选举》一〇之一二
石禹勤字力臣		芜湖	待问子。皇祐元年进士，调靖安县令，历辰州通判、建州转运使、知抚州。遭诬陷，卒于狱，有《石力臣文集》。	《南畿志》卷四六《太平府志·人物》

姓名	生卒年月	籍贯	履历	资料来源
左肤		庐州	元祐中为衡州判官,元符初用安惇荐为御史。累官刑、兵、户三部尚书,以枢密直学士知河南府,改永兴军,卒。	《宋史》卷三五六《宋史新编》卷一一九《长编》卷四七五、五〇三《宋会要辑稿·仪制》一一之八
田承说		汝阴	钦祚次子。累官至崇仪副使。	《宋史》卷二七四
田承诲		汝阴	钦祚长子。历仕供奉官阁门祇候。	《宋史》二七四二七四
田钦祚		汝阴	从周世宗征淮南,为前军都监。开宝间,与何继筠破北汉兵于石岭关,领贺州刺史。江表既平,以功加领汾州防御使。终银夏绥宥都巡检使。	《宋史》卷二七四《宋史新编》卷七八
白时中 字蒙亨	？—1127	寿春	登进士第,累官吏部侍郎,坐事降知郓州,复召用。政和六年拜尚书右丞、中书门下侍郎。宣和中加特进、太宰。时燕山日告危急,而时中恬不为虑,金人攻京城,御史劾时中孱懦不才。罢去。	《金石萃编》卷一三七《宋史》卷三七一《宋大臣年表》卷一八、一九《续资治通鉴长编》卷四九三、五一八《建炎以来系年要录》卷九《宋会要辑稿·帝系》一之一三,《职官》七之二五、五四之一一,《选举》一之一三,《刑法》三之六九
包拯 字希仁	999—1062	合肥	天圣五年进士,除大理评事,知建昌县。仁宗时除龙图阁直学士,历知开封府,迁右司郎中。拯立朝刚毅,贵戚宦官,为之敛手。童稚妇女,亦知其名,呼曰包待制。京师为语曰,关节不到,有阎罗包老。迁礼部侍郎。谥孝肃。有奏议15卷。	《南涧甲乙稿》卷一五《庐州重建包孝肃祠堂记》《宋史》卷三一六《东都事略》卷七三《隆平集》卷一一《名臣碑传琬琰集下集》卷六《五朝名臣言行录》卷八《宋人轶事汇编》《书史会要》卷六《宋诗纪事》卷一一

姓名	生卒年月	籍贯	履历	资料来源
包贵		宣城	善画虎,名闻四方,世号为老包。	《图绘宝鉴》卷三 《绘事备考》卷五(下)
包鼎		宣城	贵子。亦工画虎,虽从父训,抑又次焉。	《宋人画学论著》卷四 《画史会要》卷二
丘濬 字道源		黟县	天圣五年进士,历官殿中丞。读易悟损益二卦,能通数,有《洛阳贵尚录》。	《至正金陵新志》卷一三下 《新安志》卷八、一〇 《宋诗纪事》卷一一
江友直 字德正		歙县	以荐为经学长,升本州教授,元兵陷临安,恭帝被执,友直升堂大哭,不食,数日卒。	《宋诗钞》卷三二 《宋元学案补遗别附》卷二
江致一 字得之 号石室		休宁	靖康元年伏阙上书,乞斩蔡京、童贯等六奸臣,复李纲相,声震中外。寻授承信郎,辞不受。学者称石室先生,有集50卷。	《新安文献志》卷七七 《江石室传》 《宋元学案》卷一
江应洪 字泰之		青阳	庆元五年进士。赵方帅襄阳,辟为佐,后知德安府,擢淮东提刑兼知扬州。元兵至,御之,力屈死。	《宋史翼》卷三一
江润身 字明德	1217—1269	婺源	咸淳元年进士及第,历梁县尉,合肥和宝应主簿、瓜洲镇官。	《新安文献志》卷九五上 曹泾《江公润身墓志铭》
池州匠 (佚名)		池州	北宋人,画师董源,作秋浦九华图,粗有清趣。	《画继》卷六 《图绘宝鉴》卷三
米立		淮人	三世为将。江西制置使黄万石署为帐前都统制,元兵略江西,立迎战,被执不降,系狱,行省遣万石谕之,立曰:侍郎国家大臣,立一卒耳,何足道,但三世食赵氏禄,赵亡,何以生为。遂遇害。	《宋史》卷四五四 《宋季忠义录》卷四

姓名	生卒年月	籍贯	履历	资料来源
朱纮		合肥	嘉祐进士。治平二年,由秘书省校书郎出知宜城县事,修复木渠,溉田6000余顷,改唐州沁阳令。迁大理寺丞,崇宁初致仕。三年,坐元符末应诏上书谤斥讥讪,除名勒停,以老疾免羁管,入党籍。	《元祐党人传》卷四《郎溪集》卷一五《修宜城县木渠记》《宋史》卷九五《宋会要辑稿·食货》七之一九《苏魏公集》卷三二《守唐州沁阳令朱纮可大理寺丞制》
朱申字周翰		徽州	绍熙元年进士。官朝散大夫,历知无为军。有《周礼句解》12卷。	《宋诗纪事补遗》卷一三弘治《徽州府志》卷六、七《千顷堂书目》卷二、三
朱弁字少章	1085—1144	婺源	建炎初,议遣使问安两宫,弁奋身自献,诏借吉州团练使,为通问副使。至云中,见粘罕,邀说甚切,粘罕不听。迫仕刘豫,弁守节不屈。和议成,得归。转奉议郎,卒。有《聘游集》、《尚书直解》、《曲洧旧闻》、《风月堂诗话》及《辋轩唱和集》。其怀念故国之诗,深切宛转。	《朱文公文集》卷九八《奉使直秘阁朱公行状》《宋史》卷三七三《皇朝名臣言行录》卷五《宋人轶事汇编》《南宋文范作者考》上《宋诗纪事》卷四三《宋元学案》卷二二《宋元学案补遗》卷二二《建炎以来系年要录》卷五、一四九、一五二
朱松字乔年号韦斋	1097—1143	婺源	熹父。政和八年同上舍出身,除秘书省正字。累官司勋吏部郎,秦桧决策议和,松与同列上章极言不可,桧怒,出知饶州。有《韦斋集》。	《朱文公文集》卷九七《皇考朱公行状》《周文忠公集》卷七〇《朱公神道碑》《宋史》卷四二九《新安志》卷七《建炎以来系年要录》卷一一三、一一八、一三四
朱翌字新仲自号灊山居士、省事老人	1097—1167	桐城	政和八年赐同上舍出身。绍兴中为中书舍人,秦桧恶其不附己,谪居韶州十九年,孝宗初,官至敷文阁待制、左朝议大夫。有《灊山文集》40卷、《猗觉寮杂记》	《渭南集》卷二八《跋朱新仲舍人自作墓志》《建炎以来系年要录》卷一〇六、一二二、一三二、一三五、一三七、一三八、一四一、一七〇、一八四、一八五《延祐四明志》卷四《宋诗纪事》卷三九《宋元学案补遗》卷二二

姓名	生卒年月	籍贯	履历	资料来源
朱巽字顺之		天长	寿昌父。真宗朝官至工部侍郎,守雍州。忠愿自守,时称长者。历知杭州、扬州。	《东都事略》卷一一七《乾道临安志》卷三《宋会要辑·礼》一四之二〇,《职官》二三之五、六一之三八、六四之二六《长编》卷八一、八七、九六
朱辅字季公		桐城	翌次子。官州通判,著《溪蛮丛笑》。	《宋诗纪事》卷七一《宋诗纪事小传补正》卷四
朱槐字逢年		婺源	松弟。有《玉澜集》。	《宋诗纪事》卷三九《宋元学案补遗》卷三九
朱熹字元晦,(后改仲晦)号晦庵、遁翁	1130—1200	祖籍婺源	祖父因官葬闽,子孙遂为福建人。绍兴十八年进士,历泉州同安簿,擢知南康军,迁提举江西常平茶监公事,历江西提刑,入为侍讲。光宗末,除宝文阁待制知江陵府。旋以焕章阁待制提举南京鸿庆宫。庆元二年为御史所劾,落职罢祠。著有《四书章句》、《楚辞集注辨证》、《韩文考异》。编次有《名臣言行录》、《家礼》、《近思录》、《河南程氏遗书》、《伊洛渊源录》。又有《文集》100卷,生徒问答凡80卷,别录10卷,多传于世。	《北溪大全集》卷一七《侍讲待制朱先生叙述》《克斋集》卷七《朱先生述叙》《先天集》卷九《婺源朱塘晦翁祠碑》《勉斋集》卷三六《文公朱先生行状》《宋史》卷四二九《闽中理学渊源考》卷一六《宋元学案》卷四八《宋诗纪事》卷四八《宝庆会稽志》卷二
朱权字圣与号默斋	1155—1232	休宁	淳熙十四年进士,历会稽县丞。知余干县,有政声。入监行在左藏东库。官至知惠州,差主管绍兴鸿禧观。有《默斋文集》20卷,《纳言》10篇。	《洺水集》卷一一《朱惠州行状》《宋诗纪事补遗》卷五六《宋元学案补遗别附》卷二
朱定国字兴仲	1011—1089	庐江	庆历二年进士,授贵池主簿,迁饶州军事判官,历梓州观察推官,知广德、合肥二县,以朝散郎致仕,著诗数百首。	《无为集》卷一三《朱君墓志铭》

姓名	生卒年月	籍贯	履历	资料来源
朱师服		庐州	元符二年至崇宁元年知广州。	《元祐党人传》卷三 《北宋经抚年表》卷一二〇、一二一
朱安国 字康侯		休宁	登绍兴进士第。淳熙中历任监察御史、将作监、江东运判。除直秘阁、广东经略安抚使，知广州。进直徽猷阁，知宁国府。著有《阴符玄机》1卷。	《景定建康志》卷二六 《宋史》卷二〇五 《宋会要辑稿·职官》二九之六、六二之二六，《选举》二二之五 《新安志》卷八
朱由义 字宜之		休宁	以荫授官，累迁至福州都监，所至有善政。工诗，有《秀轩集》。	《宋史翼》卷二一 《新安文献志》卷九六上 《朱由义墓志》
朱晞颜 字子渊	1133—1200	休宁	登隆兴元年进士。授当阳尉，历知永平、广济二县。升知兴国军，入对称旨，除知靖州，改知吉州，擢广西安抚使，以劳加秩，召为太府少卿，总领江东军马钱粮。迁权工部侍郎兼知临安府，卒于官。	《新安文献志》卷八二 《朱公行状》 《南宋制抚年表》 《南宋馆阁续录》卷九 《全宋词》卷三 《宋诗纪事》卷五八、五七 《咸淳临安志》卷四八
朱载上		桐城	翌父，官黄州教授。	《宋诗纪事》卷三九 《宋元学案补遗》卷九九
朱寿昌 字康叔		天长	巽子。以父荫守将作监。历知阆州，有政绩。母刘氏，方娠而出嫁民间，寿昌生数岁始归，母子不相闻者五十年。熙宁初，弃官刺血写金刚经，行四方求之。得于陕州，乃迎母与二弟归，由是以孝闻。仕终中散大夫，卒年七十。	《丹渊集》卷二六《送朱郎中诗序》 《欧阳文忠公集》卷七九《朱寿昌磨勘改官制》 《东坡集》卷四〇《朱寿昌梁武忏赞偈》 《元丰类稿》卷一八《广德军重修鼓角楼记》 《宋史》卷四五六 《东都事略》卷一一七 《宋诗纪事》卷一〇
任青		寿春	少为盗，以智数雄其党，诏以补卒，太守使捕盗，境以无盗。官至右侍禁。	《张右史集》卷五〇《任青传》

姓名	生卒年月	籍贯	履历	资料来源
沈立 字立之		历阳	天圣进士，签书益州判官，提举商胡埽，采掇大河事迹古今利病，为书曰《河防通议》，治河者皆宗之。迁两浙转运使，复著《茶法要览》。累判都水监，出为江淮发运使，徙宣州，提举崇禧观，卒年七十二。著名藏书家，有《名山水都记》、《盐筴总类》、《贤牧传稽正辩讹》、《香谱》、《锦谱》、《文集》计400卷。	《无为集》卷一二《右谏议大夫沈公神道碑》《宋史新编》卷一一〇《乾道临安志》卷三《宋诗纪事》卷二四《咸淳临安志》卷四六《宋史》卷七三三本传《蔡忠惠集》卷三六《沈平墓志铭》
沈虚中 字太虚		广德	宣和进士，历官吏部尚书。有《资治通鉴事类》、《左传国语要略》、《桐川集》等。	《宋中兴学士院题名录》《建炎以来系年要录》卷一六二、一六五、一七一光绪《安徽通志》卷二二九
汪存 字公泽		婺源	绍子，元丰七年领乡荐。授西京文学，言时政得失，不报。遂弃官归养，延四方士子以讲学。	《新安文献志》卷八七《汪存传》《宋元学案补遗》卷二七
汪贲		旌德	绍兴十五年进士，二十六年官上元丞，二十七年为国子学录。	《宋会要辑稿·崇儒》二之三九，《选举》二〇之一二光绪《安徽通志》卷一五四
汪汲 字子迁		绩溪	嘉祐进士，尝为慈溪令、太平州推官，鞫赞善大夫陈知规狱，系者百余，讯得其情，知规复官，系者出。性廉洁，与物无忤，而政称强明。元丰中卒。	《新安文献志》卷七七《汪推官传》《新安志》卷七
沈士龙 字景之	1016—1083	颍州	年二十三举进士，为颍上尉。历益州录事参军、秘书丞，以奉职郎致仕。有《阳夏杂稿》5卷。	《临川集》卷五五《安徽通志稿》卷三《沈公墓志铭》《默记》卷下
汪杞 字南美 旧名利国		新安	建炎二年进士，历知崇安、安仁、南丰三县，仕至朝散大夫知韶州，年九十三卒。	《南涧甲乙稿》卷二二《韶州太守汪公墓志铭》

姓名	生卒年月	籍贯	履历	资料来源
汪泳 字伯游		休宁	乾道五年进士，淳熙十五年为蒲圻令，迁大理寺丞。	《宋会要辑稿·职官》七四之一五 《新安文献志·先贤事略上》
汪注 字东之		旌德	咸淳四年进士，授池州青阳簿，六年弃官归。肆于学。有《中庸演说》、《大易衍义》。	《宋元学案补遗别附》卷二
汪奕 字公伟		绩溪	汲子。登进士第，历官东流县令，有书生以妄言系狱，宪使欲寘之极典，奕以为狂疾，得贷死。	《宋元学案补遗》卷九八 《新安志》卷七
汪勃 字彦及	1088—1171	黟县	绍兴二年进士，以党于秦桧，累官金书枢密院，出以端明殿学士领外祠，凡六年。复起知湖州。	《水心文集》卷二四《参政汪公墓志铭》 《宋元学案》卷九六 《新安志》卷七 《嘉泰吴兴志》卷一四
汪绎		黟县	义端子。以父任补承务郎，历萧山丞，宝庆间守仪真，终于直秘阁、知宁国府。	隆庆《仪真县志》卷四 弘治《徽州府志》卷八
汪深 字万顷 号主静	1231—1304	休宁	累试礼部不第，景定三年授安吉教谕。时人语曰，前有安定后主静。朝臣荐于太学，或曰陆学，非朱子，遂寝。贾似道擅政，辞归。	《陈定宇先生文集》卷9《汪主静先生墓志铭》 《宋元学案》卷五八
汪莘 字叔耕 号柳塘	1155—1227	休宁	屏居读易自旷，自号方壶居士。有《柳塘集》及《方壶存稿》2卷、《词》2卷。	《新安文献志》卷八七《汪处士传》 《宋诗纪事》卷六二 《宋元学案补遗》卷四九
汪绍 字子博		婺源	好义乐施，辟义学教乡里弟子，割田三百以充费。	《新安文献志》卷八七《饭上丈人汪君绍传》 《宋元学案补遗》卷二七
汪晫 字处征	1162—1237	绩溪	博学多通，尝辑曾子、子思子。著有《康范诗集》。	《康范诗集附录》之《康范先生行状》 《新安文献志》卷八七《处士汪君处征墓碣铭》

姓名	生卒年月	籍贯	履历	资料来源
汪统 字仲宗		新安	宝庆间知扬州事,兼提点刑狱。	《南宋经抚年表》卷一〇、二四 《宝庆会稽续志》卷二
汪齐 字子思		泾县 (一说旌德)	登庆历六年进士。历官秘书郎、弋阳令,迁屯田员外郎,力言青苗法不便,王安石不悦,出判池州,以朝散郎致仕。	《宋元学案补遗》卷九六
汪钢 字仲举 号怒斋		黟县	淳熙十四年中诠试,历知绍兴府,主管浙东安抚司公事,寻除直龙图阁。理宗立,授右文殿修撰,加宝谟阁待制。绍定初权户部侍郎,数月致仕。有《怒斋集》、《左帑志》、《漫存录》。为著名私人刻书家。	《新安文粹》卷一四《飞翼楼记》 《宋史》卷四〇八 《宋史新编》卷一五五 《南宋书》卷四七 《南宋经抚年表》 《南宋名臣言行录》卷九 《宝庆会稽续志》卷二
汪绶 字仲章		黟县	历知兴国军、太平州,进直宝章阁,终朝散大夫。	弘治《徽州府志》卷八
汪震		婺源	天禧三年进士,累官秘书丞,赠光禄少卿。	《宣城右集》卷一三
汪澥 字仲容		宣城	元丰八年进士,累官国子监祭酒,改大司成,以议学制不合,出知婺州。卒年七十五。有《孟子句解》14卷、《诗书讲义》6卷、《诗义释音》30篇、《文集》30卷。	《安徽通志稿·金石古物考》卷四《显谟阁待制汪公神道碑》 《宋史》卷三五四 《宋元学案》卷九八 《新安志》卷五
汪襄 字公弼		绩溪	仕南陵主簿,始在太学时,以荐为教谕。会内舍三试不中,当退舍,以梁师成言得免。襄自陈愿退舍,强之不可;及登第,师成欲荐为馆职,又不可,师成浸怒,秩满,改宣教郎。	《宋元学案补遗》卷九八 《宋诗纪事补遗》卷三七 《新安志》卷七
汪麟		六安	立信子。为内书写机宜文字,在建康不肯从众降,崎岖走闽以死。	《宋季忠义录》卷五

姓名	生卒年月	籍贯	履历	资料来源
汪大发 字敷之		休宁	建平山书院，教授于乡。学者称腾波先生。	《宋元学案补遗》卷八〇
汪立信 字城甫、 成父 号紫源	1200—1274	六安	淳祐元年进士。历知江陵府。劝贾似道尽国中兵沿江分屯置府，联络固守，否则输钱币以缓师期，以修守备，俱不用。咸淳末似道督师次江上，以立信为招讨使，募兵援江上诸郡，至高邮，闻似道师溃，恸哭三日，扼吭而死。	《碧梧玩芳集》卷五、九、六三、六七、七〇 《金华黄先生文集》卷二二《汪立信传》 《宋史》卷四一六 《宋季忠义录》卷五 《至正金陵新志》卷一三 《宋诗纪事》卷六六 《楚纪》卷五一
汪召嗣 本名似		祁门	伯彦子。官军器监丞，至太府少卿、直龙图阁。	《宋史》卷四七三 《建炎以来系年要录》卷五八、一〇六、一二四、一五七、一六二、一六四
汪伯彦 字廷俊	1069—1141	祁门	崇宁二年进士，高宗时擢右仆射，专权自恣，不能有所经画，寻劾罢。帝后思之，拜检校少傅、保信军节度使。著有《春秋大义》10卷、《汪伯彦集》25卷、《中兴日历》5卷。	《宋史》卷四七三 《南宋书》卷一二 《宋大臣年表》 《北宋经抚年表》 《南宋制抚年表》 《新安志》卷七 《宋诗纪事补遗》卷三八
汪希旦 字周佐		歙县	大观三年进士，宣和初以虞部郎出知泗州，后知袁州，缮治城池，建炎兵兴，江西列城多失守，袁独全，终朝请大夫。	《新安志》卷七
汪宗颜		婺源	庆历三年进士，官都官员外郎，赠中大夫。	《宣城右集》卷一三
汪昌寿 字伯敏		旌德	咸淳元年进士，授金陵户曹，改浙西帅司主管机宜文字。宋亡不仕，著有《心易详说》、《铁崖自娱集》。	《宋元学案补遗别附》卷二
汪叔詹 字至道	1081—1161	歙县	崇宁五年进士，初授会昌县尉，改宣州州学教授。政和六年除太常博士。历官河南宪司，有惠爱。	《新安文献志》卷七七《汪公行状》 《新安志》卷七

姓名	生卒年月	籍贯	履历	资料来源
汪若思 字行父		歙县	绍兴十二年进士。乾道四年除秘书丞，寻丁忧。	《南宋馆阁录》卷七 《新安志》卷七
汪若海 字东叟	1101—1161	歙县	靖康初应诏上书，请立康王为大元帅。及二帝北行，请王即帝位以图中兴。献平寇策，刘忠、曹成等皆降，湖湘遂安。累官直秘阁，知江州，丁父忧归。有《若海集》、《麟书》。	《新安文献志》卷八一《汪公行状》 《宋史》卷四〇四 《南宋书》卷三〇 《新安志》卷七
汪若容 字正夫	1107—1161	歙县	绍兴五年进士，历知洪州，除将作监丞。金人犯淮甸，慨时危主忧，抱愤以卒。有《文集》30卷。	《新安文献志》卷九四（下）《汪公墓志铭》 《新安志》卷七 《宋诗纪事补遗》卷四一
汪彦中		绩溪	绍兴八年第进士，绍兴末为教授，尝知饶州。	《新安志》卷八 隆庆《仪真县志》卷五
汪胄文		旌德	洼子，温州路儒学教授。	《宋元学案补遗附录》卷二
汪庚 字子载	1132—1178	婺源	历建宁尉、广德军签判，知永丰县，迁知汀州，卒。	婺源县博物馆藏：汪庸《有宋汪公汀州圹记》
汪雄图 字思远 号李坡先生		休宁	淳熙十一年进士。历峡州教授，转建昌军教授卒。有《李坡集》。	《宋元学案补遗别附》卷二 《宋诗纪事补遗》卷五五
汪皋会 字子赞		黟县	绍兴进士，历官醴陵令，著书数10卷，学者称醴陵先生。	《宋元学案补遗别附》卷二
汪义和 字谦之	1141—1200	黟县	勃孙。以郊恩补官，主江阴簿，历余干丞，改宣教郎知新建县。淳熙八年举进士，倅绍兴，知武冈。后为太常博士，充馆伴正旦使，官终侍御史。有《所形集》30卷。	袁燮《絜斋集》卷一八《汪公墓志铭》 《新安文献志》卷八一《汪侍御传》
汪义荣 字焕之		黟县	勃孙。登乾道五年进士，知崇仁县，历沭阳，终大理寺丞，卒年五十八。	《新安文献志》卷八一《汪寺丞传》 《宋诗纪事补遗》卷五二

姓名	生卒年月	籍贯	履历	资料来源
汪义端 字子充 一字充之		黟县	勃孙。弱冠登第，廷对第三人。历官中书舍人，知婺州，帅隆兴。终知鄂州。有《盘隐集》、《奏议》。	《宋元学案》卷九七 《莆阳比事》卷六 《嘉泰会稽志》卷二 弘治《徽州府志》卷六
汪楚材 字太初 又字南老		休宁	绍熙元年进士。历湖南安抚司干办公事，转广西转运使干官。喜问学，尝通书朱熹、吴儆，二人皆以为学次第，楚材遂以硕儒知名。	《止斋文集》卷一七 《宋诗纪事补遗》卷五九 《宋元学案补遗》卷四九
汪辅之 字正夫		宣州	嘉祐四年进士，累官河北东路转运判官，权提点河东刑狱。历太常丞，除广东转运副使，罢知虔州。	《续资治通鉴长编》卷一九〇、三三一一 《宋会要辑稿·选举》一〇之四
汪梦雷		宣城	淳祐元年进士，累官知靖州。	《宣城右集》卷一三
汪仪凤 字祥甫、 翔甫	1207—1290	歙县	度宗时，充淮东制置司干办公事，寻致仕。有《山泉类稿》42卷，《程文》6卷。	《新安文献志》卷九五（上）《汪公墓志铭》 《宋诗纪事补遗》卷六九 《宋元学案补遗别附》卷二
汪汝则		旌德	宣和初，除芜湖县丞。以讨平方腊功，累至通判绍兴府。以不附秦桧，守祠。起知信州，徙衢州，寻以疾辞归。	《南畿志》卷四九
汪若楫 字作舟		休宁	官宣城令。咸淳间，为紫阳书院山长。有《秀山集》。	《宋诗纪事》卷七六 《桐江集》卷二《跋汪君若楫诗文》
汪应元 字尹卿	1207—1256	歙县	绍定五年进士，调潭州户曹，以招抚武冈猺功，累迁直秘阁提点浙东刑狱。	《新安文献志》卷八三《提刑汪公墓志铭》 弘治《徽州府志》卷八
辛克承 字钦夫		当涂	曾守荆州。	《平斋文集》卷一七《除太府卿制》、卷一九《除直显谟阁主管绍兴府千秋鸿禧观制》 《鹤山大全集》卷五七《当涂辛钦夫克承熟庵铭》

姓名	生卒年月	籍贯	履历	资料来源
宋觃 字益谦		当涂	惠直子。绍兴中官至尚书郎，引退，山居30余年。安然自适，以全名节。	《新安文献志》卷九三 《宋尚书传》 《乾道临安志》卷三 《咸淳临安志》卷四七 《景定建康志》卷二六 《官守》
宋景年 字退叔		当涂	历官太学正，元丰中为太常博士，绍圣中为宗正寺丞。	《续资治通鉴长编》卷四七一、四七七 《宋会要辑稿·职官》二〇之七 《范太史集》卷五五
宋惠直 字温		当涂	父景瞻，与王明清祖父莘为同年生。政和七年以文林郎试词学兼茂科入中等，诏与书局差遣，出为蕲州司录。后迁明堂令。	《宋会要辑稿·选举》二之八，《礼》一四之七一，《职官》六九之二四 《挥麈三录》卷二
宋朴		当涂	好左道，丁祦荐之于秦熺，绍兴二十一年由诸王宫大小学教授守监察御史。二十二年守殿中侍御史、崇政殿说书、侍御史、试御史中丞、答枢密院事、权参知政事。二十三年落职。	《建炎以来系年要录》卷一六二、一六三、一六五、一七七、一九八
杜默 字师雄		历阳	师事石介，介尝作三豪诗赠之。与石延年、欧阳修并称。默为诗多不合律，后人因言事不合律者为杜撰。	《宋人轶事汇编》 《宋诗纪事》卷二七 《宋元学案》卷二 《宋元学案补遗》卷二
李宏 字彦恢	1088—1154	宣城	政和五年进士，历沧州学教授，官至御史台主簿，淮南、京西转运判官。	《南涧甲乙稿》卷二〇《李公墓志铭》 陆游《渭南文集》卷一五《宣城李虞部诗序》
李兼 字孟达 号雪岩	？—1208	宣城	宏孙，历知台州，居官有守。开禧四年卒，吏民为之巷哭罢市，有《雪岩集》。	《宣城右集》卷一二《宣城总集序》 《宋诗纪事补遗》卷六二 《宋元学案补遗》卷三五 嘉靖《宁国府志》卷八中

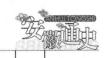

姓名	生卒年月	籍贯	履历	资料来源
李健 字子健、 子建		泗州	寓金坛。大观三年进士，主霍邱薄，累官户部右曹员外郎。南渡后改淮西提举，进直秘阁知庐州，为秦桧所抑，坐废。	《南宋制抚年表》 《京口耆旧传》卷七 《宋诗纪事补遗》卷三四
李琥 字西美 自号知足 老人	1098—1174	舒城	公麟孙。父硕，提举湖南常平。幼传家学。宣和七年以父恩补将仕郎。绍兴初辟新喻尉，再为昭信军签判，转右朝奉郎，终通判邵州，以疾奉祠。	《周文忠公集》卷七八 《朝奉郎李君墓碣》 《宋元学案补遗》卷九九
李植 字元秀 （一名稙， 字元直）		招信 （一说 临淮）	两举于乡，靖康初补迪功郎。高宗时累官户部员外郎。秦桧当国，植乞祠奉亲，十九年不仕。后历知歙州，以宝文阁学士致仕。年七十六卒，谥忠襄，有《临淮集》10卷。	《宋史》卷七九 《宋史新编》卷一三八 《宋元学案》卷九九 《新安志》卷九 《挥尘后录》卷八
李绮 字元质		婺源	登绍兴十五年进士。仕终福州教官。	《宋元学案补遗》卷二七
李鼏 字仲镇		宣城	绍兴初官都昌尉，累迁迪功郎、淮西安抚使准备差遣。工词章。	《宋诗纪事补遗》卷四一 《全宋词》卷二
李植		建德	历官至湖北转运判官，入为尚书度支郎，坐元祐党人废弃不用。	《南畿志》卷五二
李缯 字参仲	1117—1193	婺源	文战失意，筑室钟山，世称钟山先生，有《论语西铭解》及《诗文集》。	《尊德性斋小集》卷三 《钟山先生李公行状》
李公寅 字亮功		舒城	公麟弟。元祐三年进士，藏有周昉美人琴阮图，黄庭坚题诗于绢素上。	《宋诗纪事补遗》卷三
李公麟 字伯时	1049—1106	舒城	熙宁进士，历删定官，御史检法，终朝奉郎。好古博学，长于诗，多识奇字，尤善画山水佛像。元符末致仕，有《考古图》5卷。	《宋史》卷四四四 《书史会要》卷六 《图绘宝鉴》卷三 《宣和画谱》卷七 《宋诗纪事》卷二七、二一、五五

姓名	生卒年月	籍贯	履历	资料来源
李冲元字元中		舒州	善论人物，工书翰，追踪钟王。元祐三年登第，典狱宜春，作鞠诚等十一铭。	《周文忠公集》卷四七《题李龙眠山庄图》《黄豫章集》卷一三《李元中南禅阁铭》《挥麈三录》卷二
李孝先字玠叔、介叔		宣城	含章子，以荫补太庙斋郎，历虞部员外郎，改朝散郎，通判池、杭二州。诗篆琴棋，并登妙品。有《柯山集》10卷。	《宣城右集》卷一二《李虞部诗序》《周文忠公集》卷四六《题李玠叔诗文》《宋诗纪事》卷三四《宋诗纪事小传补正》卷二
李含章字时用		宣城	太平兴国进士，历官屯田员外郎、三司度支判官，出知本郡，在郡二年罢。仁宗即位，起知江阴军，数月卒。有《仙都集》。	《万姓统谱》卷七二《宋诗纪事》卷四《南涧甲乙稿》卷二〇《李宏墓志铭》
李季札字季子		婺源	从朱熹学，著有《近思续录》、《字训续编》等。	《考亭渊源录初稿》卷一四《宋元学案》卷六九
李知己字智仲		婺源	绍兴二十四年进士，通判婺州，累官大理丞，大宗正丞，兼权都官郎。卒年七十二。	《止斋文集》卷一八《除大理寺丞制》《宋诗纪事补遗》卷四四
李嘉言		广德	隆兴进士第。尝从范成大北使，历知常、饶二州。	《南畿志》卷五八
李瞻		历阳	绍熙中历知旌德县，升知庐州。	光绪《安徽通志》卷一一五　嘉庆《旌德县志》卷九《重修学记》
李唐杰		宣城	大观三年进士，官至奉议郎、知合肥县。	乾隆《江南通志》卷一五四
李材字达才		太平	建炎初，除遂安令。历宿松、建德、乐平三邑，皆有治声。	乾隆《江南通志》卷一五二

续表

姓名	生卒年月	籍贯	履历	资料来源
李柽 字与几		当涂	宣和三年进士,通医精《易》。绍兴间通判徽州,累迁监察御史,忤秦桧,出知信州、饶州。著有《易说》、《小儿保生方》、《伤寒要旨》。	《宋会要辑稿·食货》之六三之二、《职官》五九之二〇 光绪《安徽通志》卷一五四、一九三
李彭年 字元老		广德军	绍兴八年进士,调铜陵尉。累至镇江府教授。	《永乐大典》卷一〇四二一《桐汭志》
李德孚		宣城	为江左漕官。	《石门文字禅》卷二二 《宣城右集》卷一〇《舫斋记》
阮阅 榜名美成 字闳休		舒城	元丰八年进士,历知巢县和郴、袁等州,喜吟咏,时号阮绝句。有《诗话总龟》、《松菊集》、《郴江百咏》。	《桐江集》卷四《诗话总龟考》 《宋诗纪事》卷四三 《四库提要辨证》卷二二
吴革 字孚道	1036—1088	全椒	进士及第,历知南雄州、吉州,终于湖南路转运判官。	《山谷全书·正集》卷三〇《吴君墓志铭》
吴天骥 字伯骏		休宁	登隆兴元年进士第,调建昌司户参军。迁将作监丞,改太常博士。出知信、衢二州,升户部员外郎。著有《凤山集》20卷。	弘治《徽州府志》卷六、八
吴蔚		全椒	熙丰间进士。调临淮簿摄令事。历知广德、彭、池三州军,所至兴学劝农。	《南畿志》卷六〇
吴山 字镇国		休宁	仕至宜州通判,工诗词。	《宋诗纪事补遗》卷八五
吴羽		全椒	元祐初秀州军事推官。	《宋诗纪事补遗》卷二七
吴开 字正仲		全椒	元丰进士,绍圣四年中弘词科。靖康中官翰林承旨,使金被留。金人欲立张邦昌,令与莫俦传达意旨,往返数回,京师人谓之捷疾鬼。建炎后安置永州,移韶州。有《优古堂诗话》、《漫堂随笔》。	《建炎以来系年要录》卷一、三、八二 《宋诗纪事》卷三四 道光《重纂福建通志》卷一九二 道光《来安县志》卷一三 《永福县丞赵君墓志》 《挥麈余录》卷二

姓名	生卒年月	籍贯	履历	资料来源
吴朋		全椒	元丰进士，坐元符上书谤讪讥斥，得罪宗庙，入党籍。	《元祐党人传》卷四
吴昶 字叔夏 号友堂	1155—1219	休宁	师朱熹，著有《易论》、《书说》80卷、《史评》7卷、《诗文》50卷。	《新安文献志》卷六九 《友堂吴先生小传》 《宋元学案》卷六九 《宋元学案补遗》卷六九
吴浩 字义夫 号直轩		休宁	隐居不仕，著《直轩大学讲义》。	《宋元学案补遗别附》卷二 《宋诗纪事补遗》卷八五
吴格 字之平		休宁	淳熙十四年进士。历左曹郎，官直秘阁，绍兴帅。终枢密都承旨、起居舍人。	《南宋馆阁续录》卷九、二八 《宝庆会稽续志》卷二
吴俯 字益章 号棣华		休宁	与弟儆齐名，时人为之语曰："眉山三苏，江东二吴。"乾道二年进士，终太学录。著有《棣华杂录》。	《宋史翼》卷一四 《宋元学案补遗》卷七一
吴倧 字尚贤		歙县	有《渔矶胜语》。	《宋诗纪事》卷七九
吴渊 字道父 号退庵	1190—1257	宁国	嘉定七年进士，调建德簿，史弥远欲授以开化尉，渊谢曰："甫得一官，何敢躁进。"弥远改容不复强。宝祐中以援川蜀功，拜参知政事。著有《易解》、《退庵文集》、《奏议》等。	《吴兴掌故集》卷三 《宋史》卷四一六 《宋元学案》卷七七 《全宋词》卷四 《宋诗纪事》卷六一 《至正金陵新志》卷一三下 《至顺镇江志》卷一五
吴琳 字禹玉		宁国	潜子。宝祐四年进士，倅婺州。	《宋诗纪事》卷六七
吴会		休宁	登绍熙元年第，尉鄱阳，调金陵纠曹。任满，不复出仕。	《宋元学案补遗》卷五八
吴辅 字友仁		休宁	嘉定进士，授崇安簿，适汀郡寇作，辅督军饷，赈民饥，真德秀甚器之。后擢监察御史，兼崇政殿说书，首列四疏上之，皆嘉纳，寻以老乞致政。卒年七十五。	《弘治徽州府志》卷八 《楚纪》卷五二 《宋元学案补遗》卷五八

姓名	生卒年月	籍贯	履历	资料来源
吴箕 字嗣之		休宁	乾道五年进士,主仁和簿,分教临川,与陆九渊诸人讲明义理。宰当涂县,剖析民讼,编《听讼类稿》十二册,为赵妆愚所重。召主审察,以疾卒。有《常谈》。	《宋元学案补遗》卷五八 《四库全书总目提要》卷一二一《常谈》
吴潜 字毅夫 号履斋	1196—1262	宁国	渊弟。嘉定十年进士第一。历官至江东安抚留守,以正直忤时相,罢,奉祠。淳祐中由绍兴府入为参知政事,累进左丞相。封许国公。论丁大全、沈炎、高铸之奸,卒为炎论劾,谪建昌军,循州安置,有《履斋遗集》。	《吴兴掌故集》卷三 《宣城右集》卷一二 《宋史》卷四一六、四一八 《宋元学案补遗》卷七七 《全宋词》卷四 《宋诗纪事》卷六一 《宋元四明六志校勘记》卷六、八 《景定建康志》卷二六 《吴郡志》卷一一 《咸淳临安志》卷四九 《宝庆会稽续志》卷二 《宝庆四明志》卷一 《至顺镇江志》卷一五
吴儆 (初名偁字益恭,避讳,改今名)	1125—1183	休宁	绍兴廿七年进士。历知泰州。以亲老请祠,余闲与众游者穷经论史,分斋肄业,如安定湖学之法以为教。有《竹洲集》。	《吴文肃公文集》附《竹洲先生吴公行状》、卷一《宋竹洲先生吴公传》 《宋元学案》卷七一 《宋诗纪事》卷五一
吴棫 字才老		舒州	宣和六年进士及第。绍兴间除太常丞。十二年,以忤秦桧,出判泉州。著有《书裨传》、《楚辞释音》、《毛诗叶韵补音》、《韵补》、《字学韵补》等。	道光《永州府志》卷九徐蔵《韵补序》 《宋史翼》卷二四 《宋元学案》卷二二 《挥麈三录》卷三
吴鹓 字子平		休宁	尝官光禄寺丞。	《宋诗纪事补遗》卷八二
吴天球 字伯玉	1171—1236	休宁	嘉定七年进士,授庐江尉,提点坑冶司检踏官,终淮东转运司干办公事。	《秋崖小稿》卷四五《吴公墓志铭》

姓名	生卒年月	籍贯	履历	资料来源
吴柔胜 字胜之	1154—1224	宁国	举淳熙八年进士，历太学博士，后以秘阁修撰奉祠。	曹彦约《昌谷集》卷二〇《秘阁修撰吴胜之墓志铭》 《宋史》卷四〇〇 《宋元学案》卷四九 《宋诗纪事》卷五五 《至正金陵新志》卷一三下
吴锡畴 字元伦 号兰皋	1215—1276	休宁	研精理学，有《兰皋集》。	《宋史翼》卷三五 《宋元学案》卷八三 《宋诗纪事》卷七六
吴椿年		无为	军巫师，金人侵无为军，民惊走一空。椿年窃其马告宋军，令进军。	《南宋书》卷三〇
吴应龙		建平	嘉定四年进士，为武进尉。辟湖广总领所准备差遣。	《烛湖集》卷一〇《跋吴氏戒杀文》 《漫塘文集》卷二〇《武进县门记》
吴宝信 字叔诚		宣城	以荫为龙泉令，元兵入临安，宝信从张世杰等奉二王如福州，转泉州，会蒲寿庚乱，率淮兵百人力战死。	《宋史翼》卷三二
吴观万 字亨寿		休宁	笃尚朱熹之学。著《潮说》、《夏小正》。辨闰月，定四时成岁。	《宋元学案补遗》卷四九
何嗣武		芍陂	南宋末知和州，曾兴工筑州城。	袁甫《蒙斋集》卷一三《和州修城记》 《新安志》卷九
何大圭 一作大奎 字晋之		广德	登政和八年进士，历秘书省正字、著作郎，坐失洪州除名，编管岭南。绍兴二十年，以左朝请郎直秘阁，勾管台州崇道观。	《全宋词》卷二 《宋诗纪事》卷三九
何宗英		和州	绍兴中以布衣上书，论金必败盟，宜先事为备，与其坐困一隅，不若进幸建康，以壮国势。	《宋诗纪事》卷六九 《宋诗纪事小传补正》卷四

姓名	生卒年月	籍贯	履历	资料来源
何大任		濠州	嘉定中为和安大夫,特差判大医局。	《中国医籍考》卷一七《王氏脉经后序》、卷七四《小儿卫生总微论方序》
吕武		太平州	文天祥出使,武应募从行,偕脱镇江之难,赖武力为多。天祥开府南剑,以前功补官,遣结约州县,起兵相应,道阻,走数千里,会天祥于汀、梅,挺身患难,化贼为兵。后出江西,以遇士大夫无礼,死于横逆。	《宋史》卷四五四 《史质》卷七二 《宋季忠义录》卷五 《宋元学案补遗》卷八八
吕午 字伯可 号竹坡	1179—1255	歙县	嘉定四年进士,累官监察御史,迁浙东提刑。复入为御史,兼崇政殿说书,迁起居郎,以论谏切直名,有《左史谏草》、《竹坡类稿》。	《左史谏草》附录《吕公家传》 《宋史》卷四〇七 《宋元学案补遗》卷七一 《宋诗纪事》卷六一 《宋诗纪事补遗》卷六四
吕沆 字叔朝	1205—1285	歙县	午子,以恩补将仕郎,端平三年中进士,知于潜县。旋通判婺州,后以忤贾似道,与云台观。起知兴国军及全州,皆不赴。	《宋史》卷四〇七 《宋史新编》卷一五五 《新安文献志》卷七九 《吕公家传》
吕溱 字济叔	1014—1068	歙州 (一云扬州人)	宝元元年进士第一。仁宗时累官翰林学士,尝疏论宰相陈执中奸邪,仁宗还其疏。溱曰:"以口舌论人,是阴中大臣也。"愿出以示执中,使得自辨。神宗时知开封府,终枢密直学士。	《宝晋英光集》卷八《书吕溱事》 《新安文献志》卷九四(上)《吕密学传》 《宋史》卷三二〇 《东都事略》卷七六 《新安志》卷六 《咸淳临安志》卷四六
吕文仲 字子臧		歙县	南唐进士,入宋历少府监丞,预修《太平御览》、《太平广记》、《文苑英华》。以文史学为太宗所知,直秘阁,为侍读,转右正言,御史中丞。真宗时累官刑部侍郎、集贤院学士。有集10卷。	《新安文献志》卷九四(上)《吕侍郎文仲传》 《宋史》卷二九六 《新安志》卷六 《宋诗纪事》卷五 《宋诗纪事小传补正》卷一

姓名	生卒年月	籍贯	履历	资料来源
吕文信	？—1275	安丰	仕至武功大夫、沿江制司谘议官。德祐初，师次南康，与蒙古兵遇，战死。	《宋史》卷四五四《宋史新编》卷一八九《宋季忠义录》卷四
吕文德	？—1269	安丰	微时卖薪于市，淮西帅赵葵招致麾下，累授京湖安抚制置使，兼四川宣抚使，湖广总领。战功卓著，朝廷依之为长城，疽发于背死。	《宋史新编》卷一八九《南宋制抚年表》卷四三《宋史》卷四二至卷四六《度宗纪》《新元史》卷一七七《吕文焕传》附《景定建康志》卷二六《官守》
吕切问 字舜从		寿州	好问弟。守官会稽，或责其不求知，切问对曰："勤于职事，其他不敢不慎，乃所以求知也。"	《宋元学案》卷二三
吕公弼 字宝臣	998—1073	寿州	夷简次子。赐进士出身，仁宗时权开封府。英宗初，拜枢密副使。王安石立新法，公弼数言宜务安静，遂罢为观文殿学士，知太原府。俄判秦州。卒，谥惠穆。	王安礼《王魏公集》卷八《吕公行状》《宋史》卷三一一《东都事略》卷五二《名臣碑传琬琰集上集》卷二六《吕公神道碑》《宋大臣年表》《宋诗纪事》卷一四
吕公雅		寿州	宗简子。历知濠、常、苏、齐等州，元符间提点江东路刑狱。	《续资治通鉴长编》卷三四一、三四三、三五六、三六八、四四八、四九〇、四九二、四九四、五〇八
吕公著 字晦叔	1018—1089	寿州	举进士，累官御史中丞。元祐元年拜尚书右仆射兼中书侍郎，与司马光同心辅政，务去王安石新法。光疾革，以国事托之，独当国三年，辞位。封申国公，史称其识量深敏，量阔学粹。	《宋史》卷三三六《东都事略》卷八八《名臣碑传琬琰集下集》卷一〇《三朝名臣言行录》卷八《宋元学案补遗》卷一九《元祐党人传》卷一
吕公绰 字仲祐 一作仲裕	999—1055	寿州	天圣中为为馆阁对读，累迁翰林侍读学士，移右司郎中，未拜卒。历官多所建白，性通敏有才，父执政时，多涉干请，尝漏泄除拜以市恩，时人比之窦申。	王珪《华阳集》卷三八《吕公墓志铭》《宋史》卷三一〇《东都事略》卷五二《北宋经抚年表》《宋元学案补遗》卷一九

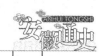
姓名	生卒年月	籍贯	履历	资料来源
吕公孺 字稚卿	1021—1090	寿州	仁宗时历知泽、颍、庐、常四州。元丰初知永兴军，徙河阳。洛口兵以久役思归谋变，观听汹汹，诸将请出兵掩击，公孺遣牙谕之，索倡首者黥一人，余众帖息。后迁刑部侍郎，知开封府。为政明恕，官终户部尚书。著有诗集、奏议集20卷。	《宋史》卷三一一《吕夷简传》附 《宋史新编》卷九七 《东都事略》卷五二 《北宋经抚年表》 《宋元学案补遗》卷一九 《乾道临安志》卷三 《续资治通鉴长编》卷四三九
吕本中 初名大中 字居仁	1084—1145	寿州	希哲孙，好问子。绍兴六年赐进士，以荫补承务郎，累迁中书舍人兼直学士院。以不附秦桧罢，提举太平观。学者称东莱先生。著有《春秋集解》、《童蒙训》、《师友渊源录》、《东莱诗集》、《紫薇诗话》、《紫薇杂说》。	《宋史》卷三七六 《四朝名臣言行录下》卷七 《南宋馆阁录》卷八 《南宋文范作者考》上 《江西诗社宗派图录》 《宋诗纪事》卷三三 《全宋词》卷二 《宋元学案》卷三六 《宋元学案补遗》卷三六
吕由诚		寿州	徽宗末知乘氏县，后知集庆府。康王移军济阳，由诚竭力馈饷，由是军不乏食。金兵陷城，不屈死。	《山东通志·宦绩》 《宋史翼》卷三〇
吕夷简 字坦夫	979—1044	寿州	蒙亨子。第进士，多智数。仁宗时官至同平章事。帝初立，太后临朝，十余年间，天下晏然，夷简之力为多。而郭后之废，夷简实赞成之，以此颇为清议所非。封许国公，以太尉致仕。谥文靖，有集20卷。	《乐全集》卷三六《吕公神道碑铭》 《宋史》卷三一一 《东都事略》卷五二 《隆平集》卷五 《五朝名臣言行录》卷六 《宋诗纪事》卷九 《宋元学案补遗》卷一九
吕好问 字舜徒	1064—1131	寿州	希哲子。以荫补官，坐党人子弟废。蔡卞得政，讽之曰："子少亲我，则列显阶。"好问笑而不答。靖康中为御史中丞，数建大义，寻迁吏部侍郎。及金人入寇，委曲以成中兴之业。建炎初为尚书右丞，后以资政殿学士知宣州，卒。	《东莱文集》卷一四《东莱公家传》 《宋史》卷三六二 《宋大臣年表》 《宋人轶事汇编》 《宋元学案》卷二三 《宋元学案补遗》卷二三

姓名	生卒年月	籍贯	履历	资料来源
吕希哲 字原明	1039—1116	寿州	公著长子，学者称荥阳先生。少从焦千之、孙复、石介、胡瑗学，复从二程、张载游，务躬行实践。元祐中为崇政殿说书，导帝以正心诚意为本，徽宗时知曹、相、邢三州，遭崇宁党祸，罢祠卒。为人乐易有至行，远近皆师尊之。有《吕氏杂记》、《发明义理》。	《宋史》卷三三六 《东都事略》卷八八 《三朝名臣言行录》卷八 《元祐党人传》卷四 《宋诗纪事》卷三五 《宋元学案》卷二三 《宋元学案补遗》卷二三
吕希纯 字子进		寿州	公著第三子。登第为太常博士，哲宗时拜中书舍人。宣仁太后崩，希纯虑奸人乘间进说摇主听，上疏极言之。由是阉寺侧目，并为张商英、曾布所忌，入崇宁党籍。卒年六十。	《宋史》卷三三六 《东都事略》卷八八 《元祐党人传》卷二 《金石萃编》卷一四四 《元祐党籍碑姓名考》 《宋诗纪事》卷二六 《宋元学案》卷一九 《宋元学案补遗》卷一九
吕希道 字景纯	1025—1091	寿州	公绰子。庆历六年赐进士出身，历知解、和、滁等州，皆有惠政，累迁少府监。熙丰间，士急于进取，希道独雍容安分。及元祐初，希道雅量自如，不改其故，以此甚为时所称。有文集20卷。	《范太史集》卷四二《吕公墓志》 《宋史翼》卷一 《宋元学案补遗》卷一九
吕希绩 字纪常		寿州	公著次子，师邵雍，以庶官入元祐党籍，绍圣间责光州居住。	《东都事略》卷八八 《宋史翼》卷一 《宋元学案》卷一九
吕和问 字节夫		寿州	宗简曾孙，南渡后为宁国府太平县人。弟广问主婺源簿，奉之以俱。	《宋元学案》卷二七
吕宣问 字季通		寿州	夷简曾孙。以恩入官，调池阳录事参军。母韩氏，莫知所之，宣问多方求得之，因以孝闻。官知蕲春县。	《景定建康志》卷四八 《至正金陵新志》卷一三（上）

姓名	生卒年月	籍贯	履历	资料来源
吕祖泰 字泰然		寿州 南渡后 居宜兴	祖俭弟。庆元初上书论韩侂胄有无君心,请诛之以防祸乱。又请诛苏师旦,罢陈自强,用周必大,遂配钦州。侂胄诛,补上州文学,改授迪功郎,监南岳庙。卒年四十九。	《宋史》卷四五五 《咸淳毗陵志》卷一七 《宋元学案》卷五一 《金华贤达传》卷一二 《金华先民传》卷四
吕祖俭 字子约 号大愚	?—1196	寿州 南渡后 居金华	祖谦弟。受业祖谦如诸生。监明州仓,会祖谦卒,乞终其丧。宁宗即位,除太府丞,韩侂胄用事,赵汝愚罢相,祖俭上封事极论,安置瑞州,在谪所读书穷理,卖药以自给,遇赦量移高安,有《大愚集》。	《嘉定赤城志》卷一〇 《金华贤达传》卷五 《宋诗纪事》卷五九 《宋元学案补遗》卷五一 《宋史》卷四五五本传 《宋会要辑稿·礼》五八之一〇四、《职官》七三之一九
吕祖谦 字伯恭	1137—1181	寿州 南渡后 居金华	好问孙。隆兴元年进士,复中博学弘词,官至秘阁著作郎、国史院编修。与朱熹、张栻齐名,称为东南三贤。文词闳肆辨博,凌厉无前。于诗书春秋,多究古义,于十七史皆有详节,故词多根柢,学者称东莱先生。著有《古周易》、《易说》、《书说》、《春秋左氏传说》、《东莱左氏博议》、《大事记》、《历代制度详说》、《吕氏家塾读诗记》、《少仪外传》、《近思录》、《丽泽论说集录》、《卧游录》、《诗律武库》、《东莱吕太史集》。所辑有《古文关键》、《皇朝文鉴》。	《吕太史文集》卷一四 《东莱公家传》 《考亭渊源录初稿》卷三 《宋史》卷四三四 《皇朝道学名臣言行外录》卷一五 《南宋馆阁录》卷七,卷八 《南宋馆阁续录》卷八 《宋人轶事汇编》 《宋诗纪事》卷五二 《宋元学案》卷五一 《宋元学案补遗》卷五一 《南宋文范作者考》卷下 《金华贤达传》卷九 《金华先民传》卷一 《景定严州续志》卷二 《新安志》卷三 《吕东莱外录》卷四吕祖俭《吕祖谦圹记》
吕冲问		寿州	公著孙。绍兴四年为右朝散大夫,吏部员外郎,旋出为福建路提点刑狱公事。六年,移广南西路,直秘阁。	《建炎以来系年要录》卷七五、七九、一〇五

姓名	生卒年月	籍贯	履历	资料来源
吕弸中 字仁武		寿州	好问第三子,祖谦大父。累官驾部员外郎。	《宋元学案》卷二七
吕嘉问 字望之		寿州	以荫入官,熙宁初擢户部判官,支持王安石变法。绍圣中擢宝文阁待制,知开封府,终龙图阁学士、太中大夫,卒年七十七。	《道乡集》卷二五《襄州迁学记》 《北宋经抚年表》 《北宋纪事补遗》卷二六 《宋史》卷三五五
吕安中		寿州	嘉问子,王雱女婿。绍圣中为水磨茶场监官。四年,以修复水磨,获息21万余缗议赏。绍兴初为朝散郎,后为通直郎。	《资治通道长编》卷四八五、五〇〇 《要录》卷四四
吕稽中 字德元		寿州	尹焞门人。张浚宣抚川陕,辟为计议官。绍兴二十一年,为右朝请郎,知邵州。三十一年,以江南东路转运判官主管台州崇道观。	《建炎以来系年要录》卷一六二、一九四 《宋元学案》卷二七
吕坚中 字景实		寿州	尹焞门人。尝为祁阳令,预撰《尹焞语录》4卷。	《斐然集》卷二一 《宋元学案》卷二七
吕求中		寿州	建炎中为从事郎、衢州江山县令,主管劝农公事。	同治《江山县志》卷五 吕求中《藏玺书于璩寺记》
吕冲问		寿州	公著孙。绍兴四年四月为右朝请大夫、吏部员外郎;八月,为福建路提点刑狱公事。六年九月为广南西路提点刑狱、直秘阁。	《建炎以来系年要录》卷七五、七九、一〇五
吕用中		寿州	好问第四子。绍兴五年为枢密计议官。八年为右宣义郎,守尚书兵部员外郎。十二年为两浙东路提点刑狱。三十一年为右朝请大夫、直秘阁。	《宋会要辑稿·选举》三四之七、《道释》二之一二 《宋史》卷二八《高宗纪五》、卷三六二《吕好问传》

姓名	生卒年月	籍贯	履历	资料来源
吕游问		寿州	绍兴二十七年知均州,三十二年权发遣阆州,以贪残不法放罢。七年总领湖北京西军马钱粮兼提领措置屯田。八年为湖广总领,除直显谟阁、知襄阳府。淳熙元年又放罢,降官。	《宋会要辑稿·刑法》二之一六一,《瑞异》一之二七,《食货》六三之一五〇,《兵》七之二七,《职官》一一之五一、七一之一一四、七二之一一。
吕企中		寿州	乾道三年出为淮南转运判官;六年直敷文阁,兼淮南西路提刑,提举常平盐茶,措置屯田,改福建运判;八年除浙西提刑,擢直宝文阁,知扬州。淳熙二年直龙图阁,知隆兴府;四年除秘阁修撰,寻以侵夺民利放罢。	《吴郡志》卷七《淳熙三山志》卷二五雍正《江西通志》卷四六《宋会要辑稿·职官》六二之二一、七二之一九,《仪制》七之三一,《选举》三四之二〇、三四之二三、三四之二九
束元嘉		合肥	历通城主簿,知泰州,累至枢密院都承旨。德祐元年,奉命往元营议和,为所拒。年老隐居平江。	《南畿志》卷三八
吕广问字仁甫	1103—1175	寿州南渡后居太平县	宗简曾孙。宣和七年进士,历宣州司理参军,提举江东常平茶盐,两浙运副,权礼部侍郎,以龙图阁待制奉祠致仕。	《南涧甲乙稿》卷二〇《吕公墓志铭》《新安文献志》卷九三《吕侍郎传》《宋元学案》卷二七《新安志》卷九
吕龟祥		寿州	龟图弟。太平兴国二年进士,历殿中丞,出知寿州。因家焉。	《宋史》卷二六五
吕蒙亨		寿州	龟祥子。举进士高等,以吕蒙正居中书故报罢。命为光禄寺丞,改大理寺丞卒。	《宋史》卷二六五
吕蒙周		寿州	龟祥第三子,淳化中进七及第。	《宋史》卷二六五
吕蒙巽		寿州	龟祥子,官虞部员外郎。	《宋史》卷二六五

姓名	生卒年月	籍贯	履历	资料来源
林宗放 字问礼		宣城	淳熙十四年进士,授潭州教授,改通州。州学旧刊《三谏集》,载章惇奸状。郡守,惇孙也,欲去其板,宗放执不从。调太平州,四方学徒至者四百人。改知兰黪县,摧折豪强,奸吏屏气。授广州通判,遂乞祠归。	《宋诗纪事》卷五六 《宛陵群英集》卷三 嘉靖《宁国府志》卷八中
林特 字士奇		舒州	原籍南剑州顺昌县,仕南唐为兰台校书郎。归宋,移家舒州,与刘承珪等改革茶法,岁增课百余万。历三司使,工、户、吏部侍郎,尚书右丞,工部、刑部尚书,翰林侍读学士,知许州。勤于吏职,善于承上接下,与王钦若、丁谓等被时人称之为"五鬼"。撰《会计录》30卷。	沈括《长兴集》卷三〇《宋故寿安县君林氏墓志》 《宋史》卷二八三本传 《宋史翼》卷四〇 《宋史新编》卷八六
金文刚 字子潜	1188—1258	休宁	安节孙。用遗恩补将仕郎,历知奉新县,为潭州司户。历通判兴国军,知临江军、常德府,迁太府丞,浙西提举,进直龙图阁。	《新安文献志》卷七〇《金公墓志铭》 《宋元学案》卷八一 《宋元学案补遗》卷八一 《宋诗纪事》卷六九
金安节 字彦亨	1094—1171	休宁	宣和六年进士,调洪州新建县主簿,绍兴中累官殿中侍御史,丁母忧去,遂不出。桧死,起知严州,迁礼部侍郎、给事中。孝宗嗣位,拜礼部尚书兼侍读,以敷文阁学士致仕。有文集30卷,及奏议表疏、周易解等。	《新安文献志》卷七三《金忠肃公家传》 《宋史》卷三八六 《南宋文范作者考》上 《南宋名臣言行录》卷一 《宋元学案补遗》卷四四
金朋说 字希傅		休宁	淳熙十四年进士,知鄱阳县。	《宋元学案补遗》卷六九 乾隆《江南通志》卷一六四

姓名	生卒年月	籍贯	履历	资料来源
周真字子继		旌德	咸淳中奉文天祥劄授本县尉,元兵压境,力战死。	《宋史翼》卷三二《宋季忠义录》卷七
周承勋字希稷		广德	绍兴元年进士,知昆山县,政平讼简,有《清閟集》。	《宋诗纪事》卷七〇《宋诗纪事小传补正》卷四
周紫芝字少隐号竹坡居士	1082—1155	宣城	绍兴十二年进士,历官右司员外郎,知兴国军。著有《太仓稊米集》、《竹坡诗话》、《毛诗解义》等。	《宣城右集》卷一一《宋元学案补遗》卷三《全宋词》卷二《宋诗纪事》卷四六
周震炎字名光		当涂	开庆元年进士第一。时公主选尚,丁大全欲用为驸马。震炎年几三十,公主不悦,事遂寝。	《宋历科状元录》卷八《宋人轶事汇编》
周复		广德军	淳熙二年进士,庆元间官承直郎,差充高邮军军学教授。	《吴都文粹续集》卷九
侍其玮字良器	922—1104	原籍长洲晚年迁宣城	皇祐二年进士及第,调富阳、阳武主簿,历建德、固始、永丰等县,稍迁知化、池等州。工草隶,善属文,制《续千字文》行世。	葛胜仲《丹阳集》卷一三《侍其公墓志》《宋史翼》卷一九
侍其铉字希声		宣城	历知浔、蜀、徽、均等州,均有政绩。	《丹阳集》卷一三《侍其公墓志》《宋史翼》卷一九
洪福		安丰	夏贵家僮。从贵转战,积功为镇巢雄江左军统制。以不愿从贵降元,福及子大渊、大源均被贵诱杀。	《宋史》卷四五一《宋季忠义录》卷五
洪湛字惟清	963—1003	休宁	南唐时举进士,归宋,再举雍熙二年进士第三人,历典数州,直史馆。真宗时凡五使西北议边要,官归德军节度推官,坐事削籍流儋州,有集10卷。	《新安文献志》卷九四上《洪比部传》《宋史》卷四四一《宋历科状元录》卷一《宋诗纪事》卷三《新安志》卷六

姓名	生卒年月	籍贯	履历	资料来源
洪鼎		休宁	湛子。大中祥符四年进士，官至度支员外郎，直史馆，盐铁判官。	《元宪集》卷二八《赐知舒州洪鼎敕书》《宋史》卷四四一
洪搏		婺源	授徒讲学。有《菊坡言志录》。	《宋元学案补遗》卷四九
洪中孚字思诚	1049—1131	休宁	神宗朝登第，授黄冈尉。元祐中为成都县簿。政和六年帅真定，女真约夹攻辽，许以燕云之地，河北诸帅皆以为可，独中孚议不同，识者叹之。以中大夫、龙图阁待制致仕。	《新安文献志》卷七三《洪公神道碑》《宋史翼》卷五《北宋经抚年表》《新安志》卷七《洪尚书传》
姜才	？—1276	濠州	隶淮南兵籍，以善战名，为通州副都统，与元兵屡战屡胜。德祐二年，宋亡，元将持谢太后诏谕降，才发弩射却之。益王在福州使人召之，才将入海，为元兵追及，被执，不屈死。	《四明文献集》卷五《特授□州防御使诰》《宋史》卷四五一《宋史新编》卷一七四《史质》卷二八《南宋书》卷五九《宋季忠义录》卷五
施缜字德玉		宣城	元长子。治平二年以荫补太庙斋郎，调衢州龙游县主簿，转本州司法参军，累迁镇南军节度判官。	《宣城右集》卷一〇《宋故奉议郎施君墓志铭》
施元长		宣城	天圣进士，累迁至两浙提点刑狱，论鉴湖不可为田，后知洪州，有惠政，累至兵部郎中。	《文恭集》卷二六《赐提点刑狱施元长平江西赋书》《北宋经抚年表》
骨致尧以字显	965—1023	合肥	契丹犯边，真宗幸魏，应诏上书言兵事，得召见，补三班借职，累迁左班殿直。以疾求监寿州酒税，卒。	《欧阳文忠公集》卷六一《骨君墓志铭》
查深字道源		广德	隐居以教郡子弟，世称清容先生。有文集20卷。	《宋元学案补遗》卷一《宋诗纪事补遗》卷一九
查陶字大钧、大均	937—1006	休宁	初仕南唐，以明法登科，补常州录事参军。入宋历侍御史，判大理寺。咸平中知审刑院，持法深刻，用刑多失中，前后坐罚铜百余斤。	《新安文献志》卷六四《传略》《宋史》卷二九六《宋史新编》卷九四《新安志》卷六

姓名	生卒年月	籍贯	履历	资料来源
查道 字湛然	955—1018	休宁	端拱初进士，祥符三年官至龙图阁待制。秉性纯厚，有犯不校，所至务宽恕，以是颇不治。有集20卷。	《新安文献志》卷六四《查待制传》 《宋史》卷二九六 《书史会要》卷六 《宋诗纪事补遗》卷三
查拱之		休宁	淳化三年进士，为都官郎中。	《宋史》卷二九六
查庆之		休宁	官太子中舍。	《宋史》卷二九六
柳灏		祖籍大名晚家合肥	进士及第，历任太常少卿、转运使、秘书丞、工部郎中，直龙图阁。	《鸿庆居士文集》卷三三《柳瑊墓志铭》 《续资治通鉴长编》卷一五八 《宋景文集》卷三一《柳灏可工部郎中制》 《宋史》卷三〇四、卷四四〇
柳瑊 字伯玉	1071—1136	合肥	灏曾孙。举崇宁五年进士，调淄川主簿，秩满授苏州观察推官。历陕西运判、利州路提刑，除知濬州。靖康元年，以中奉大夫告老。	《鸿庆居士集》卷三三《中奉大夫致仕柳公墓志铭》
胡升 字潜夫 号定庵	1198—1281	婺源	登淳祐十二年进士，授国史编修。宝祐四年坐尤焴案，谪九江，徙临汝，又徙南安。有《四书增释》、《丁巳杂稿》。	《桐江集》卷二《跋国史定庵胡公升丁巳杂稿》 《徽州府志》卷八 《宋元学案补遗》卷四九、六五
胡仔 字元任 号苕溪 渔隐	1110—1170	绩溪	寓居湖州，舜陟子。以荫授迪功郎、两浙转运司干办公事，官至奉议郎，知常州晋陵县。有《苕溪渔隐丛话》百卷行世。	《桐江集》卷四《渔隐丛话考》 《宋诗纪事》卷五〇 《嘉泰吴兴志》卷一七 《吴兴掌故集》卷三
胡伋 字彦思		婺源	绍圣四年进士，历官中外，政和间通判深州，终金部郎中。	《新安文献志》卷八四《胡金部传》 《新安志》卷七
胡伸 字彦时		婺源	登绍圣四年进士第，教授颍川，崇宁中召为太学正，累迁国子司业，知无为军，有德政，民绘其像于学宫。	《新安文献志》卷八一《胡司业传》 《宋元学案补遗》卷六 弘治《徽州府志》卷六、七

姓名	生卒年月	籍贯	履历	资料来源
胡霖 字君济	1060—1112	婺源	以赀雄其乡,尝得奉新主簿,归,筑亭馆溪山间,藏书万卷以课子弟。	《浮溪集》卷二七《主簿胡君墓志铭》
胡方平 字师鲁 号玉斋		婺源	精易,著《易学启蒙通释》。	《新安文献志》卷七〇《胡玉斋传》 《宋元学案》卷八九
胡汝明 字传道		黟县	政和二年进士,为南康军教授。南渡后历官监察御史,擢殿中侍御史,出知饶州,卒年七十七。	《新安志》卷七 《建炎以来系年要录》卷一四二
胡次焱 字济鼎 号梅岩	1229—1306	婺源	登咸淳四年进士第。为贵池县尉,元兵陷池州,脱身归家,以易教授乡里。有《梅岩文集》。	《新安文献志》卷八七《胡主簿传》 《宋史翼》卷三五 《宋季忠义录》卷一五 《宋诗纪事》卷七五
胡廷桂 字伯诜		婺源	咸淳七年进士第,授平乐尉,饶守唐震素知其才,辟居签幕。德祐元年,元兵临城,与震协谋捍御,力穷城陷而死。	《宋史翼》卷三二
胡伯虎 字用之		宁国	少从吕祖谦游,登淳祐七年进士,除和州防御判官,有善政。	《宋元学案补遗》卷七三
胡季虎		宁国	伯虎弟。淳祐四年进士,历官徽州倅,权发遣桂阳军。	《宋元学案补遗》卷七三
胡舜元 字叔才		铜陵	少读书大明寺,与王安石同砚席。登嘉祐四年进士,知郑县,遇行新法,致仕去。后官至著作郎。	《临川集》卷八四《送胡叔才序》 《宋元学案补遗》卷九八
胡舜陟 字汝明	1083—1143	绩溪	大观三年进士,历官监察御史,钦宗时请诛赵良嗣以快天下,迁侍御史。高宗初,除集英殿修撰,累官广西经略、提举太平观,为运副吕源所陷,绍兴十三年死狱中。有《胡少师集》6卷,《孔子编年》1卷。	《新安文献志》卷七八《胡待制传》 《宋史》卷三七八 《宋诗纪事》卷三八 《新安志》卷七 《乾道临安志》卷三 《咸淳临安志》卷四七 (清)胡培翚《胡少师年谱》

姓名	生卒年月	籍贯	履历	资料来源
胡舜举 字汝士		绩溪	舜陟弟。建炎二年进士，绍兴中知建昌军，宽以恤民。著有《盱江志》。	《宋诗纪事补遗》卷四〇
苗时中 字子居	？—1091	宿州	以荫主宁陵簿，邑有古河久堙，时中浚以溉田，为利甚溥，人称苗公河。熙宁中以司农丞使梓州路，密荐能吏十人，后皆进用，人卒莫之知。交人犯边，擢广西转运副使，徙梓州，策画周备，官终户部侍郎。	《金石萃编》卷一三四《岘山题名》 《宋史》卷三三一 《宋史新编》卷一〇九 《宋诗纪事》卷二九 《资治通鉴长编》卷四三五、四四四、四四五、四五五
俞士千 字吉仲		婺源	宝祐四年进士，调新安郡博士，兼紫阳书院山长。	《宝祐四年登科录》
俞希旦		歙县	献卿子。嘉祐六年进士，累官朝议大夫知潭州。	《京口耆旧传》卷二 《资治通鉴长编》卷二八四、三四五、三四六 《新安志》卷六
俞希孟		歙县	宝元元年进士，累官荆湖南路转运使，历祠部及屯田员外郎，充殿中侍御史。	《新安志》卷八 《资治通鉴长编》卷一七四、一七六、一八一 雍正《福建通志》卷二三
俞易直 字平叔		歙县	尉彭泽，以母老归。尝有病，县令卢知原问以后事，曰："棺已具，衣已浣，附葬先茔，他无所须也。"知原遗以钱5万，竟不受。	《宋元学案补遗别附》卷一
俞康直 字之彦		黟县	以从祖献卿恩补太庙斋郎，主潮阳簿，为杭州观察推官。累官通判睦州，秩满奉祠。	《苏魏公集》卷三四 《丹渊集》卷二二 《京口耆旧传》卷二
俞献可 字昌言		歙县	端拱进士，历御史、吏部郎中，有能称。尝为广西运使，平定寇乱，为立互市，筑塞以扼其险，自是不敢犯边。官终龙图阁待制。	《宋史》卷三〇〇 《宋史新编》卷九三 《新安志》卷六

姓名	生卒年月	籍贯	履历	资料来源
俞献卿 字谏臣	970—1045	歙县	第进士,补安丰尉,累迁殿中侍御史,为三司盐铁判官。淮浙盐利不登,献卿更立新法,岁增盐课缗钱甚众,除陕西转运使。入对,条上边策甚备。知杭州,江潮决堤,献卿作堤数十里,后以刑部侍郎致仕。	《公是集》卷53《俞公墓志铭》 《宋史》卷三〇〇 《宋史新编》卷九三 《新安志》卷六 《乾道临安志》卷三 《咸淳临安志》卷四六
皇甫选		庐江	累官都官员外郎,大中祥符六年为越州守。	《续资治通鉴长编》卷四六、七三 《武夷新集》卷五 《苏学士集》卷一六 《会稽志》卷二 《宋史》卷二〇五《艺文志四》 《宋会要辑稿·职官》四之八二、《食货》七之二
姚铉 字宝之	968—1020	合肥	太平兴国八年进士甲科,宋初古文运动提倡者,善书札,藏书至多。累迁两浙漕司,与薛映不协,夺官谪连州。有集20卷,又采唐人文章纂文粹百卷。	《宋史》卷四四一 《宋史新编》卷一七〇 《吴兴掌故集》卷二 《书史会要》卷六 《宋元学案补遗》卷三 《宋诗纪事》卷四
凌策 字子奇	957—1018	泾县	雍熙进士,勤于吏职,处事精审,所至有治绩,官至工部侍郎。	《宋史》卷三〇七 《东都事略》卷四五 《宋元学案补遗》卷三
凌唐佐 字公弼	?—1132	休宁	元符三年进士,建炎初提点京畿刑狱,知南京。南京陷,刘豫因使为守。唐佐与宋汝为密疏其虚实,遣人持蜡书告于宋,事泄,被害。有《易解》1卷。	《宋史》卷四五二 《新安志》卷七 《新安文献志》卷六四 《建炎以来系年要录》卷五九
高卫		历阳	崇宁间提举湖南茶事,靖康中,以徽猷阁待制知平阳府,建炎元年落职。四年,以显谟阁待制知洪州,累官龙图阁待制、吏部侍郎。	《于湖居士文集》卷二九《高侍郎夫人墓志铭》 《北山小集》卷二四《除龙图阁待制知抚州制》 《北海集》卷四《除显谟阁待制制》

姓名	生卒年月	籍贯	履历	资料来源
高镈 字时和		历阳	嘉祐六年进士,累官权广东转运使,终户部郎中。	《宋诗纪事补遗》卷一五《续资治通鉴长编》卷二八〇、二九〇、二九九、三八九、四四二
高琼 字宝臣	935—1006	蒙城	少勇鸷无赖,太宗尹京师,知其材勇,召至帐下。及即位,擢御马直指挥使,累官保大军节度使。真宗时为殿前都指挥使。帝幸澶渊,寇准力赞过河,众议不决,请如寇准之言,麾卫士进辇,帝遂渡河。后以久疾解兵柄。琼不识字而晓达军政,有子十四人,皆训以诗书。	《王华阳集》卷三六《高烈武王神道碑》《宋史》卷二八九《东都事略》卷四二《隆平集》卷一七《五朝名臣言行录》
高惠连		宣城	端拱二年进士,历大理寺丞,广南西、东路转运使。	《续资治通鉴长编》卷四〇、八三
高士瞳		蒙城	宣和三年权淮南东西路提点刑狱公事。建炎元年提点两浙刑狱,二年,以明州观察使提点江南东路刑狱。绍兴三年为保宁军承宣使,差权管客省四方馆阁门公事。官至亲卫大夫。	《宋会要辑稿·兵》一二之二三《建炎以来系年要录》卷四、一八、六四
高士京		蒙城	遵裕子。绍圣四年为宫苑副使、西京第七副将,转皇城副使。	《续资治通鉴长编》卷四八六、四九三
高觌 字会之		蕲县	举进士,为嘉兴县主簿,通判泗州,定南场草法。历京西转运,徙益州,多所建白。累官集贤院学士、给事中,知单州卒。	《宋史》卷三〇一《宋史新编》卷九四《北宋经抚年表》《宋诗纪事》卷七
高子莫 字执中	1140—1200	蒙城人,南渡后居永嘉	公绘曾孙。初官郢州京山尉,调知象山、丽水二县,迁判台州。谪主管台州崇道观,寻通判隆兴府。庆元六年除知永州,未上而卒。	《水心文集》卷一五《高永州墓志铭》

姓名	生卒年月	籍贯	履历	资料来源
高子溶 字庆远	1141—1203	蒙城	百之子。历官平江府粮料院,签书越州节度判官,通判平江府。荐授太社令,迁大理丞、提举淮东常平茶盐。召还,监军器监,终司农少卿。仁爱恭恕,不妄交接,居官以能闻。	《水心文集》卷一六《司农少卿高公墓志铭》
高子润 字毕老	1141—1217	蒙城	士林曾孙。初官乌程簿,迁真州判官。母病乞祠。改通直郎,赐绯衣银鱼致仕。开禧元年起为大理司直,迁天府丞,终大宗正丞。	《水心文集》卷二二《大宗正高公墓志铭》
高士良		蒙城	宣仁皇后昆弟行。官文思副使。	《东坡外制集》上卷《高士良可文思副使制》
高士育		蒙城	遵裕幼子。元符末累官左班殿直,除环庆路干办公事,崇宁元年追所授官,仍为左班殿直。	《元祐党人传》卷四 《宋元学案补遗》卷九六
高士林 字才卿		蒙城	宣仁皇后弟。累官内殿崇班殿直,英宗每欲进擢,后屡辞辄止。喜儒学,涉阅经史,通大义。卒,追封普安郡王。	《宋史》卷四六四 《宋史新编》卷一八三 《东都事略》卷一一九 《古今纪要》卷一九
高士湑		蒙城	宣仁皇后再从弟。官左班殿直。	《东坡外制集》下卷《太皇太后再从弟高士湑可左班殿直制》
高士权		蒙城	宣仁皇后昆弟。官武职,崇宁三年入党籍。	《元党人传》卷九 《宋元学案补遗》卷九六
高士缵		蒙城	宣仁皇后再从弟。官左班殿直。	《东坡外制集》下卷《太皇太后再从弟高士缵可左班殿直制》
高不傅 字寿卿		蒙城	淳祐八年至十年知道州,请祠得允。开庆元年复出知潮州。	道光《永州府志》卷一八《澹山题名》

姓名	生卒年月	籍贯	履历	资料来源
高元常 字复明	1042—1099	蕲县	觊孙，秉子。以恩补试将作监主簿，历渭州司户，改京兆府司理，监沧州都作院，迁忠武节推、泰州录事。转通直郎知山阳县，在任三年，以治最闻。得差监泗州粮料院，以亲疾不行。	晁补之《鸡肋集》卷六五《奉议郎高君墓志铭》《宋史翼》卷二〇
高公纪 字君正		蒙城	士林子。累官集庆军留后，性俭约，俸禄多以给诸族，得任子恩，均及孤远，持宣仁后丧未终卒。	《东坡外制集》卷中《高公纪防御使制》《宋史》卷四六四《东都事略》卷一一九
高公应		蒙城	宣仁皇后从侄。元符末应诏上书得罪宗庙，除名勒停，编管随州。崇宁三年入党籍，五年于旧资上降二官收叙。	《金石萃编》卷一四四《元祐党籍碑姓名考》《元祐党人传》卷四《宋元学案补遗》卷九六
高公绘		蒙城	士林长子。官至节度使，以贤称。	《东坡外制集》卷中《高公绘防御使制》《东都事略》卷一一九
高世吏 字无隐	1086—1158	蒙城	曾祖遵宪，祖士别，考公严。幼以宣仁皇后昆孙补太庙斋郎。好学，大观初，丞澄城县，吏不敢为奸。政和六年为比阳县令，历知万全、唐、樊川、武进等县，皆有政声。绍兴中通判广德军，转真州，迁知无为军，再知衡州，所至均以勤强著称。	《胡澹庵集》卷三一《衡州太守高大夫行状》
高世则 字仲贻	1080—1144	蒙城	公纪子。以节度使判温州，所得俸禄积2万缗，请以裨郡费。当时皇族居温者多恣横，世则以勋戚重望镇之，民赖以安，卒年六十五，谥忠节。	《宋史》卷四六四《宋史新编》卷一八三《水心文集》卷一六《司农少卿高公墓志》《建炎以来系年要录》卷一五二
高百之		蒙城	世则子。官直秘阁、浙东提举。	《紫微集》卷一七《除直秘阁制》《海陵集》卷一三《除浙东提举制》

姓名	生卒年月	籍贯	履历	资料来源
高皇后 乳名滔滔	1032—1093	蒙城	英宗皇后,哲宗太皇太后。摄政,退王安石之党,用司马光等,废新法,成元祐之治,时称为女中尧舜。谥宣仁圣烈太皇太后。	《宋史》卷二四二 《宋史新编》卷五九 《东都事略》卷一四 《宋人轶事汇编》卷三八
高遵甫		蒙城	继勋子,英宗高皇后之父。官至北作坊副使。卒赠太师尚书令,兼中书令,累追封至兖、楚、陈王。	《宋史》卷二八九 《宋史新编》卷八九 《东都事略》卷四二 《隆平集》卷一七
高士谈 字季默	?—1146	蒙城	琼裔孙。宣和末,为忻州户曹参军,陷于金。仕金累至翰林直学士。有文集行世。皇统六年,受宇文虚中案牵连,被杀。	《金史》卷七五《宇文虚中传》附
高遵恪		濠州	崇宁初坐元符上书言多诋讥,降两官致仕。三年入党籍。	《元祐党人传》卷五
高遵约		蒙城	继勋子。以荫补官。	《隆平集》卷一七
高遵惠 字子育	1041—1099	蒙城	以荫入官,熙宁中试经义中选,累官户部侍郎,以龙图阁学士知庆州卒。宣仁后临朝,举家事付遵惠,遵惠躬表率之,人无闲言。	《宋史》卷四六四 《宋史新编》卷一八三 《续资治通鉴长编》卷五一九
高遵裕 字公绰	1026—1085	蒙城	继宣子。以父任累迁秦凤安抚副使,熙宁中擢引进副使,俾归治师。即武胜城建镇洮军,命知军事。历知岷熙庆等州,哲宗时官终右屯卫将军。	《宋史》卷四六四 《东都事略》卷四二 《北宋经抚年表》 《宋元学案补遗》卷九六 《续资治通鉴长编》卷三五九
高继忠		蒙城	琼第三子。历官至四方馆使,荣州团练使。	《宋史》卷二八九 《东都事略》卷四二 《隆平集》卷一七
高继宣 字舜举		蒙城	乾兴中以内殿崇班为益州都监。累迁眉州防御使卒。	《宋史》卷二八九 《东都事略》卷四二 《隆平集》卷一七 《书史会要》卷六

姓名	生卒年月	籍贯	履历	资料来源
高继勋 字绍先	958—1035	蒙城	琼长子。真宗时为益州兵马都监，历知滑州，累迁建雄军节度使。性谦谨，有机略，善抚育士卒，临战辄胜，在蜀有威名，号神将。	《王华阳集》卷三六《高穆武王神道碑》 《宋史》卷二八九 《隆平集》卷一七 《成都文类》卷四五李之纯《宋穆武高楚王绘像记》
唐廷瑞 字君祥 号空斋		歙县	宝祐四年特奏名进士，授福州文学，转递安簿，官至总干。有《容斋杂著》10卷。	《宋元学案补遗》卷八一 《万姓统谱》卷四八
唐泰岳 字赓方		宣城	丞相介之后。度宗时为宁国军节度使，遂卜居其地。及元兵围城，与妻同日死，城得免屠。	《宋史翼》卷三二
唐敏求 字好古		当涂	宣和六年进士，调德化主簿。盗起，敏求率众捍贼，遇害。	《宋史》卷四五三
祝穆 字和父， 初名丙		歙县	父康国，徙居崇安，故穆又为建宁府崇安人。幼孤，与弟癸同受业朱熹，著有《事文类聚》前后续别四集170卷、《方舆胜览》70卷。	《闽中理学渊源考》卷二○ 《新安文献志·先贤事略》上 嘉靖《建宁府志》卷一八 《宋诗纪事》卷六四
祝次仲 字孝友		太平	工画山水，尤善草书。	《图绘宝鉴》卷四 《绘事备考》卷六
茹孝标		舒城	天圣进士。庆历初为秘书丞，迁太常博士。四年，责监光州盐酒税。八年，通判许州。皇祐三年，知无为军。	《续资治通鉴长编》卷一三四、一五三、一七○ 乾隆《江南通志》卷一一九
夏友谅		合肥	绍定间为武略大夫、忠州刺史、池州驻扎御前诸军副都统制。四年，除建康驻扎御前诸军都统制。	《景定建康志》卷二六《官守》
夏松	？—1274	安丰	贵子。尝奉命筑硖石城（今蚌埠西），与元军力战而亡。	《四明文献集》卷五《夏松特赠保康军节度使诰》 光绪《凤阳府志》卷一六《筑硖石城摩崖碑记》

姓名	生卒年月	籍贯	履历	资料来源
秦醇 字子复		谯川	北宋中前期著名传奇作家,有《谭意歌传》、《温泉记》、《赵飞燕别传》、《骊山记》、《赵氏二美遗踪》等。	刘斧《青琐高议》之《前集》及《别集》
夏希道 字太初		九华	善书法,庆历中官繁昌县令。	《元丰类稿》卷一七《繁昌县兴造记》、《能改斋漫录》卷一一
夏师尧 字达德		休宁	登咸淳十年进士,授谏议郎,以忤权奸被谪。后升翰林学士,迁承旨,扈从祥兴帝航海,崖山兵败,死之。	《宋史翼》卷三二《宋季忠义录》卷七
马亮 字叔明	959—1031	合肥	举进士,初为大理评事,知芜湖,仁宗时累迁知江陵府。有智略,敏于政事。官至工部尚书,以太子少保致仕。谥忠肃。	《南涧甲乙稿》卷一五《庐州重建马忠肃公祠堂记》 《宋史》卷二九八 《东都事略》卷四五 《隆平集》卷一四 《名臣碑传琬琰集中集》卷1《马亮墓志铭》
马瑊 字忠玉		合肥	熙宁中提举永兴路常平,以王韶言改太子中舍,权发遣江西转运判官,移荆湖。	《元丰类稿》卷五〇《汉武都太守汉阳阿阳李翕西狭颂》 《苏祠从祀议》卷三〇 《宋诗纪事补遗》卷二二
马仲甫 字子山		合肥	亮子。举进士,历知登封县,拜天章阁待制,知瀛、秦、亳、许、扬五州,所至兴利除害,时称能吏,提举崇禧观卒。	《宋史》卷三三一 《宋史新编》卷一〇八 《北宋经抚年表》
袁康		怀宁	景德中,得三班借职,屡迁左班殿直,巡检桐城。退居扬子之尹娄河上,未几卒。	王令《广陵先生文集》卷二〇《袁君墓铭》
袁溉 字道洁		汝阴	举进士不第。建炎初集乡民抗击金,屡胜,众谋奉之为主,乃逃于金房山谷间。从卖香薛翁学,无所不通,于易礼说尤邃。	《浪语集》卷三二《袁先生传》 《宋元学案》卷三〇 《宋元学案补遗》卷三〇

姓名	生卒年月	籍贯	履历	资料来源
孙抗 字和叔	998—1051	黟县	天圣五年得同学究出身，后登进士甲科，授滁州来安主簿，历洪州司理，迁知浔州。庆历二年，为监察御史里行，累除广西转运使。迁尚书司封员外郎，有文集百卷。	《临川集》卷八九《广西转运使孙君墓碑》 《宋史翼》卷一 《宋元学案补遗》卷九八 《宋诗纪事小传补正》卷四 《淳熙新安志》卷六
孙懋 字得操		太平	绍兴二十四年进士，历判池、真、郢三州，所至以兴学节财为务。移知太平州。绍熙四年以直龙图阁知温州。后韩侂胄用事，谢官归隐。	《南宋文范》卷四四《醉乐亭记》 《南畿志》卷四九
孙嵩 字元京	1238—1292	休宁	以荐入太学，宋亡，隐海宁山中，杜门吟咏，自号艮山，有《艮山集》。	《桐江集》卷二《跋孙元京诗集序》 《宋季忠义录》卷一一 《宋元学案补遗》卷八九
孙晖	？—1129	霍邱	出身土豪。建炎兵兴，统乡兵保据安丰塘，屡败金军，俨然为一面长城。官至知安丰军。	《建炎以来系年要录》卷三、六七、七五、八一、一〇六、一二七、一三三、一三九、一四四
孙适	1028—1055	黟县	从学于王安石，登第为越州上虞主簿，转永州军事推官，卒于汜州。	《元丰类稿》卷四四《孙君墓志铭》 《宋元学案补遗》卷九八
孙逸		黟县	适弟。尝为县令，王安石称其好学能文。	《宋史翼》卷一 《宋元学案补遗》卷九八
孙岩 号爽山	1245—？	休宁	嵩弟。工诗，有《爽山集》。	《宋史翼》卷三五 《宋诗纪事》卷八〇
孙元功 以字显		全椒	崇宁三年宰婺源。	《新安文萃》卷一《清风堂记》
孙義叟		徽州 （一说江陵人）	政和六年，以朝散大夫、直龙图阁、成都路转运副使为右文殿修撰、知泸州。重和元年迁成都府。宣和三年知洪州，移广州；六年，改知夔州。	《宋会要辑稿·职官》四一之九四、六九之一，《选举》三三之二九 嘉庆《四川通志》卷一一四 《北宋经抚年表》卷四、五

姓名	生卒年月	籍贯	履历	资料来源
孙附凤 字君孺		滁州	淳祐十年进士，开庆元年以国子录召试，除正字，景定元年升右正言兼侍讲。官至端明殿学士、参知政事，兼知枢密院事。	《南宋馆阁续录》卷九 《宋大臣年表》 《至顺镇江志》卷一八
孙虎臣	？—1275	城父	居京口。初以父荫补官，从两淮制置使贾似道出师有功，授镇江都统制，累官至马步军都总、沿江招讨使、清远军节度使，知泰州。元兵攻泰州，自杀。	《四明文献集》卷四《特授清远军节度使加食邑实封制》、卷五《特赠太尉诰》 《至顺镇江志》卷一九 《宋史》卷四六《度宗纪》、卷四七《瀛国公纪》
孙应凤		滁州	居镇江。淳祐四年登进士乙科，官至将作监簿，知江阴军卒。	《至顺镇江志》卷一八
宁知微 字明甫		宿州	博学。尤长于史学。家积书万卷。	《归潜志》卷三
武祯		临涣	精天文术数，仕金任司天台管勾。子亢，亦精天文。	《金史》卷一三一《武祯传》
穆延年	1086—1131	寿春	尝知鄢陵、江津等县，绍兴元年天大旱，祈雨，溺死江中。	《建炎以来系年要录》卷四五
盛新		亳州	绍兴九年，金人渝盟，围顺昌，张俊援刘锜，复亳州，新挈家南归。从正将渐升至水军统制。采石之战，新功最多，但赏轻，抑郁而死。	《建炎以来系年要录》卷一九四
奚士达 字必达		宁国	登淳熙二年进士，教授复州，改绩溪，提辖左藏库，签书淮南判官致仕。	《宋元学案补遗》卷七六
奚士逊		宁国	与兄士达同登进士，累官至大理卿。会韩侂胄死，史弥远议大狱。士逊曰：侂胄诚奸邪，若欲加以大逆，非士逊所知。遂罢归。	《后乐集》卷一《特授尚书右司郎中制》 《攻媿集》卷三七《除大理评事制》

【宋金元卷】

姓名	生卒年月	籍贯	履历	资料来源
倪涛 字巨济	1086—1124	广德军	大观三年登进士。历左司员外郎,朝议有事燕云,涛独言其非。王黼怒,贬监朝城县酒税,再徙茶陵船场。工诗,善画草虫,有《云阳集》、《玉溪集》。	《宋史》卷四四四 《东都事略》卷一一六 《画继》卷四 《宋诗纪事》卷三八
倪直孺		建德	元丰八年进士,元符末累官承议郎,崇宁五年坐上书谤讪,降授宣德郎,监南剑州盐税。	《元祐党人传》卷五
徐勣 字元功		南陵	熙宁中举进士,历吴江尉,诸王宫教授、诸王府记室参军、宝文阁待制、中书舍人、给事中、翰林学士,任职强毅。累官显谟阁学士,以忤蔡京,终不至大用,时议惜之。卒年七十九。	《宋史》卷三四八 《宋史新编》卷一一八 《东都事略》卷一〇五 《元祐党人传》卷三 《宋元学案补遗》卷九六
徐兢 字明叔 号自信 居士	1091—1153	历阳	林弟。年十八入太学,工画山水神物,洞晓音律,尤工篆籀。以荫补官,摄知雍丘、原武二县。宣和中随使高丽,撰《高丽图经》40卷上之,赐出身。累官大宗正丞,兼掌书学。迁刑部员外郎,坐亲嫌谪监池州永丰监。起除沿江制司参议,奉祠归。	《吴中人物志》卷五 《宋史翼》卷二七 《皇宋书录》下 《书史会要》卷六 《宋诗纪事补遗》卷三七 《宣和奉使高丽图经》附录张孝伯《徐公行状》
徐宗武	？—1269	淮西	景定至咸淳间为夔州路安抚使、知夔州,措置蒙坑事。咸淳五年死于王事。	《宋史》卷四六《度宗纪》 《宋末四川战争史料选编》第六四九页《夔州题记摩崖》
徐徽 字仲元		全椒	嘉祐四年进士,官提举利州常平,抗疏致仕。与曾肇为文字交,尝采集唐宋两朝文为一编示肇,肇裒集为《滁阳庆历集》。	《宋诗纪事》卷二二

姓名	生卒年月	籍贯	履历	资料来源
徐閌中		历阳	就父。为吏有能名,官至直秘阁。吏部员外郎。	《姑溪居士集》卷四九《郡太君林氏墓铭》《宋会要辑稿·职官》六八之三六、六九之一六,《选举》三三之三五,《食货》一七之二九
徐林字稚山号岘山居士		历阳	登宣和三年进士,历太常少卿、户部侍郎。绍兴末知信、温州。隆兴初为吏部侍郎,论符离之役为非计,出知平江府,旋致仕。再以给事中召,累官龙图阁学士,卒年八十余。	《吴郡志》卷二七《建炎以来系年要录》卷一九八
徐蓁字宣伯		历阳	嘉泰间通判永州	光绪《零陵县志》卷一四《澹岩题名》
徐士龙		宣州	乾道间为迪功郎、芜湖县主簿。	周必大《杂著述》卷八《奏事录》
章飞英		池州	隆兴北伐,飞英出家赀4万贯以补财用。其子慈龙欲效卜式,亦出家赀4万贯助边。	《宋会要辑稿·职官》六二之二八
章琰		太平	进士。历官镇江通判,有治声,擢殿中侍御史,寻出为江西安抚使、知江州。以忤丁大全解职,再召,不赴。	《南畿志》卷四九
章元任字莘民	1064—1130	宣城	绍圣元年进士及第,调黄梅县主簿。历鄱阳县丞、知新建县事。丁母忧,服除,知历阳县。差充淮西察访司主管文字,由承议郎转朝奉郎。高宗即位,转朝奉大夫。	《太仓稊米集》卷七〇《朝议大夫章公墓志》

姓名	生卒年月	籍贯	履历	资料来源
章厦 一作章复 字季常		宁国	夏弟。宣和六年进士,调丹阳县令。绍兴中因附秦桧而不次升迁。十七年由左奉议郎主官诰院。十八年为监察御史。十九年守右正言。二十一年试谏议大夫。二十二年试御史中丞,迁端明殿学士、签书枢密院事,兼权参知政事。寻罢,提举太平兴国宫。后起知太平、婺等州,隆兴二年为龙图阁学士,以本官致仕。	《建炎以来系年要录》卷一五六、一五八、一六〇、一六二、一六三、一七〇、一七四、一八六《宋会要辑稿·职官》七〇之五〇、七七之七五、七八之四四,《食货》九之五七、五二之一〇、六八之四《宋宰辅编年录》卷一六《宋史》卷三〇、三一三、四三五、四七三嘉靖《宁国府志》卷八中
章迪 字吉老		无为	洞精医书,而得鍼刺术于素问内经,以其道救人,视肤透膜,随针病已。卒年七十九。	《宝晋英光集补遗》卷四《无为章吉老墓表》
章夏 字彦明	1072—1132	宁国	大观三年进士,历知宿州虹县、潭州通判,所至有惠爱。有《湘潭集》。	《太仓稊米集》卷七〇《左朝散郎章公墓志铭》《宋诗纪事》卷三八
章焘 字彦博, 一作彦溥	1093—1174	宣城	元任子。以荫补官,历大理少卿,知复州、蕲州,累拜刑部侍郎。焘练熟宪章,每议狱,傅以经术,时论推其平允。	《诚斋集》卷一二五《刑部侍郎章公墓铭》《楚纪》卷五二《宋会要辑稿·选举》三四之一九
章汝钧 字和叔		桐川	登咸淳二年进士,复中七年词科,历正字,校书郎。	《南宋馆阁续录》卷八、九
章元崇 字德昂		歙县	博通诸经,两冠乡书,待次于潜簿,仕终奉议郎。	《宋元学案补遗别附》卷二
密佑		庐州	咸淳中为江西都统,率众与元军逆战于进贤坪,身被四矢三枪,遂被执,不屈死。	《宋史》卷四五一《宋季忠义录》卷四

姓名	生卒年月	籍贯	履历	资料来源
寇宏		寿春	南宋初,劫掠淮泗间,屡犯濠州。金人逼濠,知州张德求援于宏,宏破金将于城下,德感之,以州印让宏,宏遂知州事。绍兴四年,金兵攻城,宏守御甚力,后度不可守,弃妻持母与寡嫂遁迹平江,帝召见,命仍知濠。	《南宋书》卷二六 《建炎以来系年要录》卷四三、四八、八一、八四、一四九 《三朝北盟会编》
章汝楫		宣城	隆兴初为左迪功郎,富阳县主簿,淳熙三至五年以承议郎充建康府学教授。	《景定建康志》卷二八 《宋会要辑稿·职官》一〇之二八
郭维 字仲逸	991—1042	当涂	大中祥符八年第进士,调泰州司理参军,治狱有能名。迁知南丰县,籍郡邑之豪猾徙之,终任无敢犯者。改知新都县,以廉干闻。后为屯田员外郎,知常州。	《临川集》卷九五《尚书度支员外郎郭公墓志铭》
郭祥正 字功父 自号谢公山人, 又号 漳南浪士	1035—1113	当涂	维子,少有诗名,梅尧臣一见叹曰:真太白后身也。举进士,熙宁中以殿中丞致仕,后复出通判汀州,知端州,又弃去。隐于县之青山卒。有《青山集》。	《宋史》卷四四四 《东都事略》卷一一五 《宋诗纪事》卷二七 《永乐大典》卷七八九四 《临汀志》 嘉靖《太平府志》卷六
郭延泽 字德润		钟离	廷谓从子。知建州,入为史馆检讨,历国子博士。咸平中以虞部员外郎致仕。有泳牡丹诗千余首。聚书万余卷,手自刊校。	《宋史》卷二七一 《宋史新编》卷七六
郭延浚 字利川	?—999	钟离	廷谓子,为供奉官,屡使西北传谕机事。淳化中,以成都十州都检巡检使击破李顺之乱,又率兵屯遂州,为剑门钤辖转运。咸平二年改内园使卒。	《宋史》卷二七一 《宋史新编》卷七六

姓名	生卒年月	籍贯	履历	资料来源
郭象字伯象		和州	由进士历知兴国军，有《睽车志》6卷。	《四库全书总目提要》卷一四二
许子绍字季绍		历阳	绍兴进士。孝宗时监左藏库，出为静江府通判。	《桂故》卷五《容斋四笔》卷一五乾隆《江南通志》卷二〇
许希		下蔡一说开封	精医，天圣中仁宗不豫，御医数进药无效，希以针进，遂愈。官至殿中省尚药奉御。有《神应针经要诀》。	《宋史》卷四六二《宋史翼》卷三七《宋诗纪事》卷一二
许颂		定远	政和八年正月，以朝散郎出知徽州。	《淳熙新安志》卷九《牧守》
许元字子春	989—1057	宣城	以父荫为泰州军事推官，迁国子博士，监在京榷货务，三门发运判官。为吏强敏，尤能兴财利。庆历中为江浙制置发运判官。历知扬、越、秦三州。	《欧阳文忠公集》卷三三《许公墓志铭》《宋史》卷二九九《东都事略》卷七五《嘉泰会稽志》卷二《嘉定镇江志》卷一七
许平字秉之		歙	逊子，元弟。以范仲淹荐召试为太庙斋郎，迁泰州海陵主簿，虽慷慨自许，终不得大用。嘉祐中卒，年五十九。	《临川集》卷七一《许氏世谱》《临川集》卷九五《许君墓志铭》《新安志》卷六
许恢		宣城	逊子，庆历元年，以大理丞为晋陵县令。	《临川集》卷七一《许氏世谱序》《文恭集》卷三五《常州晋陵县开渠港记》
许俞字尧言		黟	大中祥符七年登第，授浔阳从事，丁父忧去官。丧除，超资除扬州从事，尝知大冶县，县人称颂。子均、埍俱为进士。	《临川集》卷七一《许氏世谱》《新安文献志》卷六四《许孝子传》《宋史翼》卷三三《新安志》卷六

姓名	生卒年月	籍贯	履历	资料来源
许逖 字景山		歙	遂弟。仕南唐为监察御使,国亡入宋,为汲县尉,迁冠氏主簿,知县事。数上书太宗,论北边事。拜太仆寺丞,知海陵,迁太常丞,知鼎州,调知兴元府,官至司封员外郎知扬州。卒年五十七。	《临川集》卷七一《许氏世谱》 《欧阳文忠公集》卷三八《许公行状》 《北宋经抚年表》 《新安志》卷六
许润 字子莹		绩溪	政和中累征不起,构乐山书院于深山,讲道其中。	《弘治徽州府志》卷九 《宋元学案补遗别附》卷一
许文蔚 字衡甫, 又曰行父, 号环山		休宁	登绍熙元年进士。嘉定元年差户部架阁,除国子录,历国子博士、秘书郎,著作佐郎兼权兵部郎官,终著作郎。	《洛水集》卷一〇《许郎中墓志》 《南宋馆阁续录》卷七、八 《弘治徽州府志》卷七 《宋元学案补遗》卷七三
许孔明 字元熙		祁门	登宝祐四年进士。仕为宣教郎、湖广总领所干官,克举其职。	《宝祐四年登科录》 《弘治徽州府志》卷八
曹夬		休宁	矩孙。任睦州建德丞,方腊之乱死于官。	《弘治徽州府志》卷九 《宋史翼》卷三〇
曹矩 字诲之		休宁	景祐进士,官至屯田郎中。	《新安文献志》卷六四 《曹屯田传》
曹筠 字庭坚		当涂	政和末为人训子弟,与秦桧有邂逅之交。绍兴五年进士,十七年充诸王宫大小学教授。十八年守监察御史,改殿中侍御史。二十一年出知衡州,旋以敷文阁待制为四川安抚置使、知成都府。二十三年移知宣州,后夺职奉祠。	《建炎以来系年要录》卷一五六、一五七、一五八、一五九、一六〇、一六一、一六二、一六三、一六四、一六五、一六六、一六七、一六八、一六九、一七〇 乾隆《当涂县志》卷一七 《挥麈三录》卷三 《十驾斋养新录》
曹汝弼 字梦得		休宁	高蹈不仕,有《海宁集》。	《弘治徽州府志》卷九 《宋诗纪事》卷九

姓名	生卒年月	籍贯	履历	资料来源
曹颖叔 字秀之, 一字力之		谯县	初名熙,常梦之官府,见颖叔名,遂更今名。第进士,韩琦、文彦博荐其才。累官至龙图阁直学士,知永兴军。卒于官。	《宋史》卷三〇四 《宋史新编》卷九五 《宋元学案》卷五 《宋元学案补遗》卷一三
戚士逊 字谦之		宣城	登嘉定十年吴潜榜进士,历太府寺丞、秘书郎、司农寺丞、著作佐郎、著作郎,淳祐五年出知徽州,调知宝庆。后以国子祭酒兼国史院编修官及实录院检讨官,终右文殿修撰,以通议大夫致仕。	《平斋文集》卷二〇《太学博士制》 《后村大全集》卷七五《赠宣奉大夫制》 《南宋馆阁续录》卷七、八
张佖		全椒	仕南唐为内史舍人,归宋,终给事中。	《道乡集》卷四〇《张公(次元)行状》 《宋诗纪事》卷三 《安徽史学》2001年第1期朱玉龙《张佖、张泌实为一人考》。
张耒 字文潜 号柯山	1054—1114	祖籍亳州,父因官居淮阴,故又为淮阴人。	苏门四学士之一。弱冠第进士,元祐元年以试太学录召试,授秘书省正字,累迁起居舍人。绍圣初知润州,坐党谪官。徽宗召为太常少卿,出知颍、汝二州,复坐党籍落职。未有雄材,尤长文词,诲人作文,以理为主。诗效长庆体,晚年务平淡,而乐府得盛唐之髓。学者称宛丘先生,有《两汉决疑》、《诗说》、《柯山集》、《张右史文集》等。	《宋史》卷四四四 《东都事略》卷一一六 《元祐党人传》卷四 《书史会要》卷六 《轶事汇编》卷六〇三 《宣城右集》卷一〇 《宋元学案》卷九九 《宋元学案补遗》卷九九 《全宋词》卷一 《宋诗纪事》卷二六 邵祖寿《张文潜先生年谱》
张祁 字晋彦 号总得居士		乌江	邵弟。以兄使金恩补官。累迁直秘阁,淮南转运通判。谍知金人谋,屡以闻于朝。储粟阅兵,为备甚密。言者以张惶事论罢之。	《宋元学案》卷四一 《宋诗记事》卷四八 《万姓统谱》卷三九 《建炎以来系年要录》卷一一九、一六九、一七〇、一七七、一八一、一八五、一八八

姓名	生卒年月	籍贯	履历	资料来源
张邵 字才彦	1096—1156	乌江	登宣和三年上舍第。建炎间使金，累被囚徒，几濒于死，迄不屈。后以和议成放还。历官敷文阁待制，提举江州太平兴国宫。起知池州，再奉祠。	《平园续稿》卷二五《张公邵神道碑》 《宋史》卷三七三 《四朝名臣言行录别集》卷七 《吴兴掌故集》卷一六 《宝庆四明志》卷九
张秉 字孟节		新安	谔子。累官枢密直学士，知相州。秉虽久践中外，然无仪检，好谐戏，人不以宿素称之。	《新安文献志》卷九四《张密学传》 《宋史》卷三〇一 《宋诗记事》卷四、六
张洎 字师黯， 一字偕仁	933—996	全椒	南唐进士，知制诰，参与机密。归宋，累官给事中、参知政事。著《贾氏谈录》，又有《文集》50卷。	《宋史》卷二六七 《东都事略》卷三七 《隆平集》卷六 《宋诗纪事》卷三
张珏 字公予 号竹溪		婺源	有《竹溪诗稿》30卷。	《朱文公文集》卷八一《跋张公子竹溪诗》
张贲		宣城	熙宁间为仙游尉，官至忠州司户。豪于诗，有集传世。	《太仓稊米集》卷六六《灵济王庙修造记》
张郯 字知彦	1103—1189	乌江	邵弟。以兄出使恩授右迪功郎，为开化尉兼主簿，擢全椒令，召为枢密院编修官，出判建康府，迁太府寺丞知真州，移鄂州，提举江南东路常平茶盐，终提举武夷冲祐观。	《渭南文集》卷三七《朝议大夫张公墓志铭》 《宋元学案补遗》卷四一 《延祐四明志》卷四
张崇		繁昌	熙宁三年进士，官至太常丞。	《元丰类稿》卷二〇《张崇太学博士制》
张傅 字岩卿		亳州	举进士，真宗时累官著作佐郎，知奉符县，历三司度支副使，以工部侍郎致仕。傅强力治事，七为监司，所至审核簿书，勾摘奸隐，州县惮之。	《宋史》卷三〇〇 《宋史新编》卷九三 《北宋经抚年表》卷二〇 《宋诗纪事补遗》卷七

姓名	生卒年月	籍贯	履历	资料来源
张瑗 字君玉	1006—1060	全椒	洎孙。以进士甲科守秘书省校书郎，签书平江军节度判官厅公事，改知南丰县，通判鄂州、梓州。召试，为秘阁校理，五迁至尚书祠部员外郎。	《临川集》卷九一《张君墓志铭》
张会		休宁	登绍熙元年进士，授鄱阳尉，调金陵纠曹，仕满不复出仕。家居十余年而卒。	《宋元学案补遗》卷五八
张纶 字昌言	962—1036	汝阴	从雷有终讨王均，以功擢阁门祗侯。累官乾州刺史，徙知颍州。所至兴利除害，有循良之政，或称其政绩：发身如班定远，事边如马伏波，水利如邵南阳，食货如耿大农。	《苏学士集》卷六《泰州张侯祠堂颂序》 《文恭集》卷三五《真州水闸记》 《范文正公集》卷一二《张公神道碑》 《宋史》卷四二六 《东都事略》卷一一二 《隆平集》卷一九
张震 字嗣之		休宁	乾道五年进士，主仁和簿，分教临川，与陆九渊诸人讲明义理。宰当涂县，剖析民讼，编类成书，曰《听讼类稿》。	《万姓统谱》卷二九 《宋元学案补遗》卷五八
张震 字彦亨		歙县	登乾道五年第，历院辖、寺丞、知抚州、提举江西仓，以不附韩侂胄，论罢。嘉定初召为郎，迁右司郎官，奉祠不复出。	《弘治徽州府志》卷八
张肃		舒城 一作武义	天圣五年进士，历广东运判、江东提刑，累官祠部郎中。	《周文忠公集》卷一七《跋皇祐朝贤送张肃提刑诗卷》 《万姓统谱》卷三九 《宋诗纪事补遗》卷八
张履 字坦夫	1149—1201	谯县	奭长子。试有司辄不利，庆元中以荫补将仕郎，转迪功郎，调溆浦县主簿卒。	《周文忠公集》卷七三《辰州溆浦张主簿墓志铭》

姓名	生卒年月	籍贯	履历	资料来源
张奭 字叔保	1127—1200	谯县	父允蹈,尝知兴化军。南渡后徙家庐陵。乾道六年以荫补临贺县主簿,累迁知袁州萍乡县,官终知永州。	《诚斋集》卷一一九《知永州张公行状》 《周文忠公集》卷七三《永州张使君奭墓志铭》
张谔 字昌言, 一字直甫		新安	初仕南唐,后归宋,官西川转运副使。累迁荆湖江浙等道制置茶盐副使。	《新安文献志》卷九四上《张秉传》附 《宋史》卷三〇一 《宋史新编》卷九四
张济		无为军	善用针,得诀于异人,能观解人,而视其经络则无不精。娠妇因仆地而腹偏左,针右手指而正。久患脱肛,针顶心而愈。伤寒反胃呕逆食不下,针眼眦立能食,皆古今方书所不载。陈莹中为作传,云为世良医。	《宋史翼》卷三八 《邵氏闻见后录》卷二九
张澂 字如莹 号澹岩	?—1143	舒城	李公麟外甥,靖康初官中书舍人,监察御史。建炎三年自御史中丞除尚书右丞。寓居临川,有《澹岩集》。	《中兴小纪》 《宋诗纪事》卷四二 《建炎以来系年要录》卷一、一八、二〇、二一、二二、二五、一四九 《抚州府志》卷九
张璪 初名琥, 字邃明	?—1093	全椒	嘉祐三年进士,授缙云令。神宗时知谏院。元丰四年,拜参知政事,改中书侍郎。哲宗时,谏官、御史合攻之,以资政殿学士出知郑州。进大学士,知扬州,卒。	韦骧《钱塘集》卷一六《张公行状》 《宋史》卷三二八 《宋史新编》卷一〇七 《史质》卷二四 《东都事略》卷八三
张扩 字子充		歙县	精医,闻蜀人王朴善太素脉,能知人贵贱祸福,往从之。期年,得其衣领中所藏素书诸诀以归。为人治疾,神妙莫测。其弟挥,字子发,传其业。	《宋史翼》卷三八 《新安志》卷八 《中国医籍考》卷四九罗颂《医说序》

姓名	生卒年月	籍贯	履历	资料来源
张锐 字季万		南渡 徙居滁州	善草书，尤工山水，得破墨法。绍兴中官郎中，与孙觌唱和。	《图绘宝鉴》卷四 《画史会要》卷三 《宋诗记事补遗》卷四七
张延寿		舒城	建炎三年，以宣教郎为监察御史。	《建炎以来系年要录》卷二一
张瓌 字唐公	1004—1073	全椒	天圣二年进士，除秘阁校理，迁淮南转运使，遇事辄言，触忤势要，虽屡黜，终不悔。历知扬州，拜淮南转运使，终知亳州。	《宋史》卷三三〇本传 《东都事略》卷三七 《宋诗纪事》卷九 《咸淳临安志》卷四五
张方回		全椒	泊次子。历官虞部员外郎。	《宋史》卷二六七
张文伯 字正夫		樵阳	宋末人。有《九经疑难》10卷。	《宋元学案补遗别附》卷二
张安期		全椒	泊长子。官至国子博士。	《宋史》卷二六七
张孝伯 字伯子		乌江	隆兴元年进士，官至参知政事。时韩侂胄当国，孝伯劝弛伪学党禁，一时贤人贬斥者，得渐还故职。	《南宋馆阁录》卷九 《宋元学案补遗》卷四一 《宝庆四明志》卷九
张孝忠 字正臣		乌江	邵子。隆兴元年进士，以朝请郎权知荆门军，官至宝谟阁知金州，兼制置使参议。	《宋史》卷三七三 《宋诗纪事补遗》卷五〇 《宋会要辑稿·职官》七四之二五、七四之三〇、七五之七
张孝祥 字安国 号于湖居士	1132—1170	乌江	祁子。绍兴二十四年进士第一，累官集英殿修撰，历知平江、静江、荆南，皆有声绩。文章过人，尤工翰墨，惟渡江初，张浚主复仇，汤思退祖秦桧之说主和，孝祥出入二人之门，议者惜之。有《于湖居士集》。	《于湖集》附录《张安国传》 《宋史》卷三八九 《书史会要》卷六 《宋元学案》卷四一 《全宋词》卷三 《宋诗纪事》卷五一 《庆历四明志》卷九
张孝曾 字王叔		乌江	邵子。以大理少卿使金，没于中山府。	《宋史》卷三七三 《宝庆四明志》卷九

姓名	生卒年月	籍贯	履历	资料来源
张伯麟 字庆符		当涂	绍兴初以明经入太学,时秦桧主和议,伯麟愤题斋壁云:夫差,尔忘勾践之杀尔父乎?元夕都市张灯,伯麟过中贵人白谔门,见灯盛设,取笔题其上,如斋壁所书。	《万姓统谱》卷三九 《宋元学案补遗》卷三四
张即之 字温夫, 号樗寮	1186—1265	乌江	孝伯子。以父荫授承务郎,累官司农寺丞,知嘉兴府,以能书闻,金人尤宝其翰墨。有《桃源志》。	《宋史》卷四四五 《皇宋书录》下 《书史会要》卷六 《宋元学案补遗》卷四一 《宋元四明六志校勘记》卷九
张同之 字野夫	1145—1196	乌江	孝祥子,历知滁、和等州,官朝散郎,直秘阁。	《文物》1973 年第 4 期张亿《张公埋铭》
张敦实		婺源	登绍兴五年进士,历任监察御史,迁枢密院检详诸房文字,兼直庆王府赞读,以老归。有《潜虚发微论》1 卷。	《宋史翼》卷二一 《宋元学案补遗》卷八 《宋会要辑稿·食货》一一之二一、《刑法》一之四八
张景温 字敦直		历阳	嘉祐中进士及第。历殿中丞、广西提点刑狱、广西转运使。	《续资治通鉴长编》卷二五一、二六三、三〇五、五〇八、五一九 《桂胜》卷二 乾隆《江南通志》卷一一九
张怀玉		全椒	方回子,王钦若婿。赐进士及第,历大理丞、秘书校理。	《宋史》卷二六七
张岩 字尚翁 (一作 肖翁)		历阳 一云大梁	官至参知政事,以善鼓琴闻名一时,著有《琴操谱》15 卷、《调谱》4 卷、《阅静老人文集》。	《直斋书录解题》 《宋史》卷三九六 《吴郡志》卷一一 《南宋馆阁录》卷七、九、二四 《宋元学案》卷九七 《南畿志》卷四六
张椿		龙舒	乾道间以右朝奉郎,权发遣和州军州事,主管学事,兼管内劝农营田屯田事。	《景定建康志》卷二一

姓名	生卒年月	籍贯	履历	资料来源
陈之方	？—1085	舒州	熙宁中为清海军节度判官、承事郎、大理评事。六年，知英州浛光县。元丰八年为礼部贡院典校试官，失火，被焚死。	光绪《广州府志》卷一〇〇
陈文中字文秀		符离	名医，尤精小儿科，著《小儿病源方论》。	《宋以前医籍考》第409页郑金《小儿病源方论序》
陈几道以字行	1012—1081	无为军	祖籍东平，先人徙居无为军。举进士不第，用辟奏补九品官。历南巢主簿、道州司理，改汀州。除姑苏录事参军，岁饥，赈救有方，全活甚众，改温州，卒。	《无为集》卷一四《陈君墓志铭》
陈蒿字子翔		铜陵	仁宗时布衣。闭门著书，虽家人，非常不见，时称"闭门先生"。好植桐竹，又号桐竹君。著《桐谱》一卷。	《明一统志》卷一六
陈广		宣城	宋画家，习徐白鱼水，有《清湍鱼跃图》传世。	《绘事备考》卷六
张德兴		淮人	景炎二年，与野人原寨刘源等起兵据司空山，复黄州寿昌，战于樊口，杀元将郑鼎。未几，元兵袭破司空山，复陷寿昌，德兴死之。	《宋季忠义录》卷七
陈述		和州	宣和进士，靖康间官广东转运使。	《宋诗纪事》卷四四《宋诗纪事小传补正》卷三
陈贾		舒州	淳熙中，知武进县、宁国府，官殿中侍御史、监察御史、兵部侍郎，以右谏议大夫同知贡举。庆元中，乞摒斥道学。	《宋元学案》卷九七《宋史》卷三五、三九三、三九四、三九六、四二九、四三四、四七四《道命录》卷五《宋会要辑稿·职官》三二之一二、七二之三八，《选举》一之二〇

姓名	生卒年月	籍贯	履历	资料来源
陈天麟 字季陵		宣城	登绍兴十八年进士,累官集贤殿修撰,历知饶州、襄阳、赣州,并有惠绩,未几罢,起为集英殿修撰卒。有《易三传》、《两汉南北朝史》、《左氏缀节》、《攖宁居士集》。	《绍兴十八年同年小录》 《宋中兴东宫官僚题名》 《宋诗纪事》卷四七
陈庆勉 字志问	1183—1261	休宁	绍定五年进士,授舒城尉,历华亭县浦东盐场。迁韶州推官,调知蒲圻县,擢福州通判。	《陈定宇先生文集》卷九《通守陈公庆勉传》、卷一五《福州通判陈公行状》 《宋元学案补遗》卷七〇
陆同 字彦和		历阳	以父抗金死节补建康府户曹参军,乾道二年擢知望江县,改知庐江。内外官吏称其能,任满,升知房州,兼京西转运判官,奏请平鹿门山冤狱,撤销襄阳新增扰民条例。以老奉祠,居芜湖。子世良,字君晋,官至广南东路提刑。	《容斋五笔》卷七 《南畿志》卷四六
陆梦发 字太初	1222—1275	歙县	登宝祐四年进士,累迁大理寺丞,捕海盗,死。有《乌衣集》、《圻南集》、《晓山吟稿》。	《新安文献志》卷八三《陆公梦发墓表》 《宝祐四年登科录》 《宋诗纪事补遗》卷八一 《宋诗纪事》卷六七
陶炽 字茂叔		芜湖	登绍定二年进士,景定初,由两浙转运判官兼权知临安,寻除大理少卿,后以中大夫直徽猷阁,提举建康崇禧观,讲学东川书院。	《南宋制抚年表》 《宋元学案补遗》卷六九 《咸淳临安志》卷四九
陶居仁 号菊存		芜湖	仕为镇江录事参军。元军攻镇江,统制官石祖忠举城降,居仁被执不屈,见杀。	《宋史》卷四五二 《南宋书》卷五九 《宋季忠义录》卷五
陶叔献 字符之	1014—1049	庐江	皇祐元年进士。有《西汉文类》。	《西溪集》卷一〇《陶叔献墓志铭》 《宋元学案补遗别附》卷一

姓名	生卒年月	籍贯	履历	资料来源
梅询 字昌言	964—1041	宣城	端拱二年进士及第,知杭州仁和县,真宗朝迁太常丞、三司户部判官。后知苏州,徙两浙转运使,迁祠部员外郎。坐事出知濠州,以刑部员外郎为荆湖北路转运使,屡迁至给事中,出知许州。询性修于奉养,晨起必焚香两炉,以公服罩之,满袖以出,坐定拨开,满室浓香,人谓之梅香。	《欧阳文忠公集》卷二七《梅公墓志铭》 《临川集》卷八八《梅公神道碑》 《宋史》卷三○一 《宋史新编》卷九四 《东都事略》卷四八 《宋人轶事汇编》 《古今纪要》卷一七 《宋诗纪事》卷五
梅让 字克让	959—1049	宣城	尧臣父。隐居不仕,其弟询贵显,奏任大理评事,后以子恩,进为太子中舍。	《欧阳文忠公集》卷三一《太子中舍梅君墓志铭》
梅正臣 字君平	904—1082	宣城	让子。奏试将作簿,调怀宁、绩溪两县尉,迁和州防御判官,历知广德、南陵县,官至殿中丞。正臣学问瞻博,时与伯氏尧臣唱和。	《无为集》卷一三《梅君墓志铭》
梅尧臣 字圣俞	1002—1060	宣城	以荫为桐城、河南、河阳主簿,历知德兴、建德、襄城三县,镇安判官。仁宗赐进士出身,累迁都官员外郎,预修《唐书》。有《唐载记》26卷、《毛诗小传》20卷、《宛陵集》60卷、注《孙子十三篇》等。工诗,以深远古淡为意,与欧阳修为诗友。	《欧阳文忠公集》卷三三《梅圣俞墓志铭》 《宋史》卷四四三 《东都事略》卷三八、卷一一五 《宋元学案》卷四 《宋元学案补遗》卷四 《宋诗纪事》卷二○
梅应奇 字和甫	?—1246	宣城	举武科,为武进校尉,后以边赏转承信郎,淳祐六年卒。	《屡斋遗稿》卷三《梅和甫墓志铭》
常立 字子允		汝阴	登进士第,历天平军节度推官、崇文院校书、陈州教授,累迁郑州观察支使。绍圣三年除秘书省正字,寻以蔡卞荐由通直郎为王府说书,改侍讲。卞又荐为谏官。曾布言其父行状于帝,帝怒之,降添差监永州酒税,崇宁初入党籍。	《宋史》卷三二九 《宋史新编》卷一○八 《金石萃编》卷一四四 《元祐党籍碑姓名考》 《元祐党人传》卷五 《宋元学案》卷九六

姓名	生卒年月	籍贯	履历	资料来源
常秩 字夷甫	1019—1077	汝阴	熙宁中累官至宝文阁待制,兼侍读。秩初隐居不肯仕,欧阳修、王安石等皆称荐之,及安石变法,天下沸腾,秩独以为是,一召遽起。在朝任谏职,无所建明,闻望日损。	《临川集》卷九〇《常公墓表》 《宋史》卷三二九 《东都事略》卷一一八 《宋元学案补遗》卷四 《宋诗纪事》卷二三 《古今纪要》卷一九
崔白 字子西		濠梁	仁宗时补画院艺学,官至左班殿直,善画花竹翎毛,尤长写生。宋画院教艺者必以黄荃父子为式,自白及吴元瑜出,其格遂变。	《宋史翼》卷三七 《宣和画谱》卷一八 《图绘宝鉴》卷三 《永乐大典》卷二七四一引《安阳集》卷五〇《崔公行状》
崔悫 字子中		濠梁	白弟。工画花鸟,尤喜作兔,自成一家。官至左班殿直。	《宋史翼》卷三七 《宣和画谱》卷一八
冯伉 字仲咸	?—999	歙州	谧子。文辞清丽,作平晋颂,时人称之。由同州户曹掾举进士,淳化三年以太子中允知商於郡。累迁殿中侍御史,历典藩郡,皆有治绩,至道三年知福州卒。	《小畜集》卷二〇《商於驿记后序》、《冯氏家集序》 《宋史》卷四七八 《北宋经抚年表》 《淳熙三山志》卷二二 《牧守题名碑》
冯元辅 字长卿	1057—1129	泾县	以输粟助边授三班奉职,改成信郎,转保义郎。徽宗践祚,覃恩为成忠郎。	《太仓稊米集》卷七〇 《成忠郎冯君墓志铭》
冯尧夫 字贯道		寿春	举进士不偶,游京师,居相国寺东录事巷,以训童子为业。元祐末苏辙罢政斥外,无敢近者,尧夫朝夕往见,且受其所寄钱。辙自岑表归许昌,尧夫即日往访,还其向所寄钱,辙视之封识如故。精五行数,故车马常满门。	《道乡集》卷四〇《冯贯道传》 《宋史新编》卷一七九 《宋史翼》卷三六

姓名	生卒年月	籍贯	履历	资料来源
汤允恭 字税之		贵池	宣和进士，通判常州，邻州有叛卒及境，允恭单骑诣贼营谕之，寇即解去。累擢兵部侍郎。	《建炎以来系年要录》卷二〇、一五九、一六〇、一六三、一六四、一七九《宋史》卷二一六《宋会要辑稿·选举》四之二九《万姓统谱》卷四八
汤岩起 字梦良		贵池	分教潭阳，知营道县，通判徽州。著有《诗海遗珠》。	《桐江集》卷四《诗海遗珠考》《万姓统谱》卷四八嘉靖《池州府志》卷七
汤耘之		广德军	绍兴五年进士，二十三年通判处州。	光绪《广德州志》卷五五
汤悦		池州	原名殷崇义，仕南唐为司空，知左内史事。入宋，避宣祖庙讳改姓汤，避太宗御名改名悦。曾预修《太平御览》等书。	马、陆《南唐书》本传《宋诗纪事》卷五
黄台		歙县	徙宣城。宋初，任屯田员外郎。	《宋诗纪事》卷二
黄何 字景萧	1136—1209	休宁	乾道二年进士，授吉州太和主簿，调饶州鄱阳，以荐升从事郎，知大冶县。邑产铁，盗铸者4000人，起为乱，何至，单骑往谕，焚其具，一境晏然。擢提辖榷务，岁增40万缗，迁司农寺主簿，调大府寺丞，出知岳阳。终朝请大夫。	《宋元学案补遗》卷七一《新安文献志》卷八四《黄公何行状》
黄莘 字任道	1021—1085	太湖	皇祐五年进士，为天长主簿，徙清河令，改济阴。擢提举河北常平仓，历东西路运判，迁陕西提点刑狱。召入为职方员外郎，出知汝州，以朝奉郎致仕。有《文集》40卷。	《永乐大典》卷七六五〇《黄府君行状》《忠肃集》卷一四《朝奉郎致仕黄君墓志铭》《宋史翼》卷一九《宋元学案补遗别附》卷一

姓名	生卒年月	籍贯	履历	资料来源
黄涣 字巽翁		休宁	何子。以父任试铨部词赋选，主德化薄，摄判官，转诸暨丞，监司辟庆元穿山盐官，漕司又辟三石桥酒官，转通直郎卒。	《洺水集》卷一四《黄运干墓志铭》 《宋元学案补遗》卷七一
黄进		舒州	原为盗，被招安，累至防御使。	《玉照新志》卷三
黄阅 字定翁	1170—1234	休宁	何次子，以父任入官，为仪真酒正，历吉水、新城、武宁三县丞，擢知建昌县，通守蕲春。	《宋元学案补遗》卷七一 《洺水集》卷一四《黄通判墓志铭》
黄葆光 字元晖 一作元辉	1069—1126	黟县	以从使高丽得官，蔡京怒其不附己，安置昭州。京致仕，复知处州，加直秘阁。	《宋史》卷三四八 《东都事略》卷一〇五 《新安志》卷七 《新安文献志》卷七七洪迈《黄葆光传》
彭思永 字季长	1000—1070	祖籍庐陵 晚家历阳	天圣五年进士及第，历知南海、分宁二县，通判睦州，移知湖、常等州。英宗朝升给事中，神宗朝以户部侍郎改仕。	《明道文集》卷四《彭公行状》 《宋史》卷三二〇本传 《宋诗纪事》卷一三 《嘉定赤城志》卷九 《咸淳毗陵志》卷八
彭卫 字明微	1035—1110	历阳	思永子。历赵州判官，元丰四年，以宣义郎致仕。哲宗即位，迁宣德郎。徽宗即位，迁通直郎，又为奉议郎、承议郎。	《游定夫先生集》卷六《彭公墓志》
华岳 字子西 别号翠微	？—1221	贵池	轻财好侠，开禧初上书诋韩侂胄，侂胄大怒，下大理，贬建宁。侂胄诛，放还，登嘉定武科第一，为殿前司属官，郁郁不得志。后以谋去丞相史弥远，事觉，为弥远杖死东市。有《翠微南征录》、《北征录》。	《宋史》卷四五五 《宋史新编》卷一七四 《南宋书》卷三九 《南宋文范作者考》卷下 《宋元学案补遗》卷四五 《宋诗纪事》卷六〇

姓名	生卒年月	籍贯	履历	资料来源
焦焕		六安	建炎二年进士,素性贞介,赴试宿旅舍,主妇失金环,为焕仆所获,即行数日,焕觉之,遂弃试归还其环。适因场屋火灾,复覆试,遂举第一。时谚云:不得南方火,怎得状元焦。弟炳,亦武举第一,时人荣之。	《宋诗纪事补遗》卷四〇《南畿志》卷三八
焦千之字伯强	?—1080	颖州	嘉祐六年试舍人院,赐进士出身。为国子监直讲,后以殿中丞出为乐清令,徙无锡令,入为大理寺丞。	《京口耆旧传》卷一《宋元学案》卷四《宋诗纪事补遗》卷一五《苏轼文集》卷六九《跋焦千之帖后》
焦炳炎字济甫		太平	淳祐元年进士第三人,为谏官,时宰主括田议,远近骚动,炳炎痛疏其害,面奏累数千言,上为动容,寻除太常少卿,辞去。以右观文殿修撰致仕。	《宋史翼》卷一六《南宋馆阁续录》卷七、八《宋诗纪事补遗》卷六九《至元嘉禾志》卷一三
焦焕炎字晦甫		太平	炳炎弟,绍定二年擢武榜第一,御边多显功,仕至镇江太守。	《至元嘉禾志》卷一三《宋诗纪事补遗》卷六八、六九
智原		安丰	为淮西总管,宝祐六年,蒙古军入寇淮东,围广陵,蹂躏通、泰、仪真,智原奉命往援,力战而死。	《履斋遗稿》卷三《忠节庙记》
傅瑾字公宝		汝阴	邃于字韵。著有《字林补遗》12卷、《音韵管见》3卷、《闻见录》10卷。	《宋元学案补遗》卷六
傅高		太湖	景炎中,张德兴起义兵,高率众应之,为元兵执,不屈死。	《宋史翼》卷三二
程先字传之号东隐		休宁	全子,痛父死节,不仕。刻意问学,有《东隐集》。	《新安文献志》卷六九方回《东隐程先生墓表》
程源		贵池	颐四世孙,仕至将作监丞。	光绪《安徽通志》卷一五一

姓名	生卒年月	籍贯	履历	资料来源
程端中		池州	颐长子,南渡后移家池州。建炎中知六安军事,金人攻之,城破,死。	《新安文献志·先贤事略上》《宋元学案》卷一六《宋会要辑稿·选举》三二之一九
程全字禹昌	?—1129	休宁	宣和中,以平方腊功累授承节郎。靖康初,从康王入援,宗泽破金人于卫州,全有力。以功迁开州团练使。建炎三年,与金兵战,死之。	《新安文献志》卷六五《赠协忠大夫累赠太尉程公神道碑》《宋史翼》卷三〇
程松字冬老		青阳	九万子。绍熙进士,庆元中知钱塘县,诣事吴曦以结韩侂胄,累除同知枢密院事。自邑宰至执政仅四年,后为兴元都统制,坐罪安置宾州死。	《宋史》卷三九六《宋史新编》卷一四六《宋大臣年表》《南宋制抚年表》
程卓字从元	1153—1223	休宁	淳熙十一年试礼部第一,授扬州司户,历知龙泉县,累迁刑部郎中。尝使金,议论不屈,金人惮之。后知泉州,民为立祠。召同知枢密院事,进资政殿大学士。有《使金录》、《清源文集》。	《程氏贻范乙集》卷一一《程公行状》《后乐集》卷一八《程公墓志铭》《南宋馆阁续录》卷七、九《宋元学案补遗》卷二《宋诗纪事》卷五五
程洙字正源	1210—1275	休宁	淳祐十年进士,授贵池县主簿,调上元县,德祐元年建康陷,百官投牒附降,洙仰天叹曰:吾受宋官二十余年,忍移所守,降虏以为偷生乎。自缢而死。有《南窗诗集》。	《程氏贻范乙集》卷一四《程洙传》《宋史翼》卷三一《宋元学案补遗》卷七一《宋诗纪事》卷六六
程珌字怀古	1164—1242	休宁	先世居洺水,因自号洺水遗民,绍熙四年进士,历直学士院、礼部尚书、端明殿学士,封新安郡侯。直学士院时,宁宗崩,丞相史弥远夜召珌同入禁中草矫诏,一夕为制诰二十五,初许珌政府,杨皇后铖针金一囊赐珌,所直不赀。弥远衔之,卒不与共政。有《洺水集》60卷、《内制类稿》10卷、《外制类稿》20卷。	《程氏贻范乙集》卷一三《程公行状》《洺水集》附录《程公墓志》《宋史》卷四二二《宋史新编》卷一五八《宋诗纪事》卷五八

【宋金元卷】

姓名	生卒年月	籍贯	履历	资料来源
程崇		休宁	淳祐进士,历大理寺丞,出守台州,累至将作监。	《新安文献志》卷九六(上)《程安节传》附
程覃 字会元		休宁	嘉定六年提举两浙常平茶盐,权沿海制置使,置田租,以所收浚导东钱湖沱山堰。拨钱及田以劝学,蠲海错果蓏之征以惠民,凡公府廨舍城郭戎器仓场桥道,以至乡饮器具,纤细毕备,人服其整。官至集英殿修撰、司农卿。	《洺水集》卷一〇《程公墓志铭》 《宋元学案补遗》卷二 《宝庆四明志》卷一 《延祐四明志》卷二 《宝庆会稽续志》卷二 《咸淳临安志》卷四八
程森 字伯茂		黟县	登淳祐七年进士,历官宣教郎、通判抚州,改衢州,未赴卒。	《新安文献志·先贤事略》上 《弘治徽州府志》卷八
程准 字平叔		休宁	淳熙二年进士,绍熙元年,以宣教郎知常熟县,调通判太平州,入主管官诰,累官至直焕章阁,知庆元府。	《全宋词》卷四 《宋诗纪事补遗》卷五九
程迈 字晋道	1068—1145	黟县	元符三年进士,仕至显谟阁直学士。有《漫浪编》5卷、《奏议启劄》30卷、《止戈堂诗》1卷	《新安文献志》卷八四《程公家传》 《建炎以来系年要录》卷一九、二八、三一、三二、五八、一二〇、一二五、一三一 《新安志》卷七
程骥 字师孟 一字季龙	1217—1289	休宁	开庆元年进士,授承务郎,转保义郎,除权中书舍人。时贾似道误国,知事不可为,遂乞祠。宋亡益屏迹,自号松轩以见志。	《新安文献志》卷九六(上)《帅干程公骥传》 《宋诗纪事》卷八二 《宋诗纪事小传补正》卷四
程九万 字鹏飞		青阳	淳熙进士,知武康县,有善政。历司农簿、太府丞,充两淮盐铁使,俱有规画。寻擢待制,安抚襄阳。	《可斋续稿前集》卷五《跋程制干九万诗轴》 《宋诗纪事》卷五六 《南宋制抚年表》

姓名	生卒年月	籍贯	履历	资料来源
程大昌 字泰之	1123—1195	休宁	绍兴二十一年进士，孝宗时累官吏部尚书，出知泉、汀等州，以龙图阁学士致仕。大昌于古今事靡不考究，有《禹贡论》2 卷、《诗论》、《易原》10 卷、《雍录》10 卷、《易老通言》10 卷、《考古编》10 卷、《演繁露》6 卷、《北边备对》6 卷、《书谱》20 卷。	《周文忠公集》卷六三《程公神道碑》 《宋史》卷四三三 《宋史新编》卷一六四 《宋四朝名臣言行录别集》卷一一 《南宋馆阁录》卷七、卷八 《宋元学案补遗》卷二 《全宋词》卷三 《宋诗纪事》卷五〇
程元岳 字远甫 自号山牕	1218—1268	歙县	宝祐元年进士，初授迪功郎、真州司户参军，改差总领淮西江东军马钱粮，历官太学博士、殿中侍御史，权工部侍郎。	《桐江集》卷四《祭工部程侍郎文》 《新安文献志》卷八三《工部侍郎程公传》 《宋诗纪事》卷六九
程元凤 字瑞甫 一字申甫 号讷斋	1200—1269	歙县	绍定二年进士，宝祐中累官右丞相，兼枢密使。丁大全谋夺相位，元凤辞去，复起判平江府。度宗即位，进少保，以观文殿大学士致仕，在朝论列甚多，为时名臣。有《讷斋文集》。	《程氏贻范乙集》卷一二《程公家传》 《宋史》卷四一八 《宋名臣言行录》卷一四 《南宋馆阁续录》卷七 《宋元学案补遗别附》卷二 《宋诗纪事》卷六四
程永奇 字次卿 号格斋	1151—1221	休宁	受学于朱熹，有《六经疑义》20 卷、《四书疑义》10 卷、《朱子语粹》10 卷、《中和考》3 卷、《格斋稿》40 卷。	《新安文献志》卷六九《程君墓志铭》 《宋元学案》卷六六 《宋元学案补遗》卷六九 《宋诗纪事》卷六三
程以南 字南仲 号斗山		休宁	理宗朝官秘阁校理，有诗集。	《桐江集》卷二《程斗山吟稿序》 《宋诗纪事》卷六九
程安节 字元亨		休宁	御金有功，授京西招抚司游击义士军副将兼统领。后战死。	《新安文献志》卷九六上《统领程公安节传》

姓名	生卒年月	籍贯	履历	资料来源
程光庭 字朝望		休宁	嘉定元年进士,调信阳军罗山尉,辟差军学教授。金人犯光山,围沙窝,督兵赴援,奏捷。擢知罗山县。金人窥蕲、黄,节制三关军策应,殁于王事。	《宋史翼》卷三一
程叔达 字元诚	1120—1197	黟县	绍兴十二年进士。典湖学,教授兴国军。以论时弊擢监察御史,累官华文阁直学士,有《玉堂集》等。	《诚斋集》卷一二五《程公墓志铭》 《宋中兴学士院题名录》 《宋中兴东宫官僚题名》
程述祖 字继孙		歙县	元凤仲子。以荫入仕,授扬州制置司干办公事,入元不仕。	《新安文献志·先贤事略》上
程若庸 字逢原		休宁	举咸淳四年进士,历安定、临汝、武夷书院山长,学者宗之,称勿斋先生,又称徽庵先生。有《性理学训议讲义》、《太极洪范图说》。	《新安文献志》卷七〇《程山长若庸传》 《宋元学案》卷八三 《宋元学案补遗》卷八三
程象祖 字岩孙		歙县	除朝奉郎,直秘阁,两易处州兼管内劝农营田公事。	《后村大全集》卷六二、六三
程鸣凤 字朝阳 号梧冈		祁门	宝祐元年武举状元,开庆元年复中进士,历知德庆府,平山猺之乱。后知南雄,陛辞,进无逸说,帝嘉之。有《读史发微》30卷及诗文集。	《新安文献志》卷九六上《程武魁传》 《梦梁录》卷一七
舒元	923—977	沈丘	初为李守贞门客,为守贞乞师南唐,遂留江南,易姓朱。周世宗征淮南,降。入宋复姓,官终白波兵马都监。元辨捷强记,或奏其治郡不亲狱事,太祖面加诘问,元辄具诵辞牍,指述曲直,太祖嘉叹之。	《宋史》卷四七八 《宋史新编》卷一九〇 《南唐书·朱元传》

姓名	生卒年月	籍贯	履历	资料来源
舒雅 字子正	？—1009	歙县 一云旌德	南唐时举进士,归宋为将作监丞,充秘阁校理。与吴淑齐名。后出知舒州,雅恬于荣宦,秩满请掌灵仙观事,就加主客郎中,改直昭文馆,在观累年,以山水吟咏自乐。大中祥符二年卒,年七十余。宋初大规模编纂、整理文献,雅多预焉。	《新安文献志》卷九四上《舒直馆传》 《宋史》卷四四一 《宋史新编》卷一六九 《吴中人物志》卷六 《宋元学案补遗》卷二 《宋诗纪事》卷六 《新安志》卷六 马、陆《南唐书》本传
舒雄		歙县	雅弟。端拱二年进士,累官都官郎中、知婺州。	《宋史》卷四四一 《宋诗纪事补遗》卷三
游酢 字定夫	1053—1123	历阳	先世闽人,师二程,登元丰五年进士第,历太学博士,监察御史,知汉阳军及和、舒、濠三州。乐和州风水,晚移家历阳。	《杨龟山先生集》卷三五《游公墓志》 《宋史》卷四二八 《廌山集》卷首附《游廌山年谱》 《闽南道学渊流》
舒知白		沈丘	元长子,真宗朝累官至作坊使。	《宋史》卷四七八
舒知崇		沈丘	元第三子。累历内职,至供备库使。尝为广州铃辖,官至河北安抚副使卒。	《宋史》卷四七八
舒知雄	942—1022	沈丘	元次子。官廊延路驻泊都监,辞疾居嵩山,召授泉福都巡检使。真宗初恳请入道,归嵩阳旧隐,后以荐知棣州,麟府、廊延铃辖,又知虔州,复求入道,赐号崇玄大师。	《宋史》卷四七八
舒昭远		沈丘	知白子。大中祥符五年任大理评事,改大理寺丞,赐进士第,仕至太常博士。	《宋史》卷四七八
舒宾王		庐江人,迁黟县	扬先祖。历官著作郎。为湖学高第。	《桐江集》卷四《舒君扬墓志铭》 《宋元学案补遗》卷一

姓名	生卒年月	籍贯	履历	资料来源
贾易 字明叔		无为	嘉祐进士，历常州司法参军，自以儒者不闲法令，岁议狱，惟求合于人情，迨去，郡中称平。哲宗时，历官侍御使，上书论天下大事，言顾切直，然皆老生常谈，志于抵陃时事，无他奇画。又痛诋苏轼兄弟，议者由是薄之。徽宗时，终宝文阁待制，知邓州，寻入党籍。卒年七十二。	《宋史》卷三五五 《宋史新编》卷一一九 《元祐党人传》卷二 《北宋经抚年表》卷二 《宋元学案》卷九六 《宋元学案补遗》卷三〇 《咸淳临安志》卷八九 《续资治通鉴长编》卷四七八、四八一、五一六
杨介 字吉老		招信	以医术闻四方。	《宋史翼》卷三八 《挥麈余话》卷二
杨所 字次文 自号 白云子	1045—1109	无为	杰弟。与仲兄仅，能羽翼所学。从兄游宦，为一时名士所钦向。举经明行修，授庐陵簿，累迁和州防御判官。有《锦溪集》20卷。	《姑溪居士前集》卷四九《杨判官墓志铭》 《宋元学案补遗》卷二
杨佐 字公仪	1007—1067	宣州	第进士，为陵州推官，皇祐中，以盐铁判官同判都水监。京城地势低下，夏秋苦霖潦，佐开永通河，患遂息。又浚孟阳河以便运，累迁江淮发运使，充天章阁待制，复判都水监。英宗时，使契丹，卒于道。	《西溪集》卷五《都官郎中杨佐可司封郎中制》 《净德集》卷九《给事中充天章阁待制杨佐可赠右正议大夫制》 《宋史》卷三三三 《宋史新编》卷一一〇
杨杰 字次公 道号 无为子		无为	嘉祐四年进士。元丰中官太常，一时礼乐之事，皆预讨论。元祐中为礼部员外郎，出知润州，除两浙提点刑狱。晚佞佛，卒年七十。有《无为集》15卷、《别集》10卷、《乐记》5卷。	《宋史》卷四四三 《东都事略》卷一一五 《书史会要》卷六 《宋元学案补遗》卷一、卷二 《宋诗纪事》卷二二 《至顺镇江志》卷二〇 释宗晓《乐邦文类》卷三 《大宋无为子杨提刑传》

姓名	生卒年月	籍贯	履历	资料来源
杨寘 字审贤	1014—1044	合肥	察弟。庆历二年进士，试国子监、礼部皆第一。试崇政殿，仁宗亲擢第一，授将作监丞。四年通判颍州，未至官，持母丧，病羸卒，时人伤之。	《宋史》卷二九五、四四三 《隆平集》卷一四 《宋历科状元录》卷三
杨察 字隐甫	1011—1056	合肥	景祐元年进士，累官御史中丞，论事无所避。数忤宰相陈执中，后迁户部侍郎，充三司使。察美风仪，敏于为文，尤勤吏职。	《宋史》卷二九五 《隆平集》卷一四 《东都事略》卷六四 《宋学士年表》卷下 《宋元学案补遗》卷三 《宋诗纪事》卷一三
杨玙		宣城	天圣八年进士，历十八年迁至殿中丞。	《彭城集》卷三四《为杨殿丞作五世祖系事状》郑獬《郧溪集》卷二二《杨公墓表》
杨义忠 字大书		宁国	德祐元年，元巴延攻宁国，知县赵与塘战死。义忠率众城守60昼夜，出战，死。	《宋史·恭帝纪一》 《宁国府志》
杨若		南陵	绍兴元年进士及第，知祁门县，后知全州。兴学校，减租赋，以明恕称。累官朝请大夫、直宝章阁。	《南畿志》卷四九
万文胜		宁国	少从军，积功至福州观察使，总殿前诸军。理宗尝飞白"忠实"二字赐之。	《南畿志》卷四九
虞俦 字寿老		宁国	隆兴元年进士，历官绩溪令，饮食服用，悉取给于家。诸司上其治状，累迁监察御史，排击贵近，朝纪肃然。出为浙东提刑，知湖州，推行荒政，全活甚众。仕终兵部侍郎。工诗古文，有《尊白堂集》。	《南宋馆阁续录》卷九 《南宋制抚年表》 《宋诗纪事》卷五三 《宋诗纪事补遗》卷六〇 《宋会要辑稿·职官》七四之一四、七九之六、二二之九 光绪《安徽通志》卷一八八

姓名	生卒年月	籍贯	履历	资料来源
贡祖文		宣城	原籍河北大名府,南渡后居宣城。与岳飞善,协力恢复,及秦桧当国,废于家。岳飞狱起,祖文潜藏其子孙于别墅。	《南畿志》卷四九
董必 字子疆		南陵	登进士第,绍圣中提举湖南常平,累官显谟阁待制,卒年五十六。	《宋史》卷三五五 《北宋经抚年表》 《宋元学案补遗》卷九八
董槐 字庭植 号矩堂	?—1262	定远	登嘉定六年进士。宝祐中累官右丞相,兼枢密使,为政务大体,苟可以利国家,知无不为。进封许国公。卒。	《宋史》卷四一四 《南宋名臣言行录》卷一三 《宋元学案补遗》卷九八 《南宋馆阁续录》卷七 《宋元学案》卷六四 《宋诗纪事补遗》卷六五
董之奇 字梦锡	1032—1078	其先鄱阳人,徙池州建德	举熙宁初明经,为虔州赣县簿,调太平州繁昌县尉,卒。	《安徽通志稿》卷三《繁昌尉董君墓志铭》
叶介		休宁	著有《甲乙稿》64卷。	《后村大全集》卷一〇一《跋叶介文卷》
叶寀 字子真 号坦斋		青阳	隐居九华山,以著书自娱。宋末监司论荐,补迪功郎、本州签判。有《爱日斋丛抄》。	《宋诗纪事补遗》卷八一 《四库提要辨证》卷一五
叶楠 字元质	1138—1189	其先合肥人,徙家贵池	隆兴元年进士,为鄱阳尉,力请蠲租以救荒涝。后为绩溪令,邑人歌曰,前有苏黄门,后有叶令君。淳熙十六年擢提辖文思院,命下而卒。	《周文忠公集》卷三五《提辖文思院叶君墓志铭》
葛闳 字子容	1003—1072	建德	天圣五年进士,为大理评事,知信州上饶县,徙知蒙州,转殿中丞、太常博士,通判常州。皇祐中知江阴军,以职田所得700斛尽输之官。募里中殷实,得粟2万斛,浚治运河,长40里。有《治安策》25篇、《绩策数》10篇。	《苏魏公集》卷五七《葛公墓志铭》 《宋元学案补遗》卷六 《宋诗纪事》卷二三 《宋诗纪事小传补遗》卷一

姓名	生卒年月	籍贯	履历	资料来源
詹初 字以元 一作子元		休宁	以荐入太学为学录,上疏请辨君子小人邪正之分,忤韩侂胄,罢归,有《寒松阁集》。	《宋元学案》卷六三 《宋诗纪事》卷六二
詹友端 字伯尹		宣城	政和六年第进士。建炎初监池州赡军酒库,盗发,摄西安尉,平盗,中流矢卒。	《太仓稊米集》卷五一 《送詹伯尹之大梁序》 《宋史翼》卷三〇
齐谌 字子期		历阳	元丰中提举广西常平,入为秘书丞。	《宋诗纪事补遗》卷二五
齐天觉 字莘夫		青阳	少好学,30年未尝解带就枕,由是经史子集靡不淹贯。举于州,历赣州金判。	《宋元学案补遗别附》卷二
赵企 字循道		南陵	神宗朝进士,历官绩溪令、台州倅。	《宋诗纪事》卷三八 《宋诗纪事小传补正》卷二
赵积 字表微	963—1038	宣城	年二十六第进士,真宗时历官兵部员外郎、益州路转运使,以厚结刘美人家婢,天圣初累擢吏部侍郎。明道二年,拜尚书右丞,以礼部尚书致仕。	《河南先生文集》卷一三 《赵公墓志铭》 《宋史》卷二八八 《东都事略》卷五四 《隆平集》卷一〇 《古今纪要》卷一八
赵必赞 字子襄		宋宗室,南渡后居休宁	登端平二年进士,授承奉郎,调南陵丞,迁吉水令,治得士民心。主福建转运司机宜文字,漕使赖之。终通判建宁府。	《新安文献志》卷九三 《赵必赞传》
赵汝盥 字观之	1172—1230	南渡后居休宁	三预漕荐,试不中,乃刻意学问,自号樗叟。以荐应嘉定十三年进士丙科,改京秩,终通判兴化军。	《复斋先生龙图陈公文集》卷二二《通判赵公墓志铭》
赵汝𪩘		宣城	理宗时官文州通判,元兵至,与州守刘锐誓死守城,城垂陷,犹手提双刃入阵,中十六矢,死。	《宋史》卷四四九《王翊传》附 《宋季忠义录》卷四

姓名	生卒年月	籍贯	履历	资料来源
赵自然		繁昌	家获港旁，以鬻茗为业。本名王九，年十三，疾甚，父抱诣青华观，许为道士，梦中有人授以辟谷法，出柏枝令啖，及觉，遂不食。神气清爽，日惟啖饮生果清泉。尝为玄道歌，言修炼之要。太宗召赴阙，赐道士服，改名自然，遣还，住青华观。	《宋史》卷四六一《宋史新编》卷一八一《史质》卷八七
赵霖	？—1134	和州	崇宁二年进士第。建炎四年知和州。绍兴二年官无为军镇抚使。绍兴四年以左中奉大夫、直徽猷阁奉祠居家。	《建炎以来系年要录》卷三三、三四、五一、一八〇《宋史》卷二六、九六、二六四、四五三光绪《安徽通志》卷一五四《吴都文粹》卷六《三十六浦利害》
赵时坠字德范		南渡居歙县	年十七补宗学，丁大全、董宋臣用事，与同舍生伏阙上书斥其奸。景定三年登第，授兴国军教授，终浙西提举司干官。卒年五十一。有《富川志》。	《新安文献志》卷九三《赵提干传》《弘治徽州府志》卷八
赵时赏字宗白		和州	廷美九世孙。咸淳元年进士。端宗初，擢知邵武军。文天祥开都督府于南剑，奏辟参议军事、江西招讨副使。提兵趋赣州，复宁都县，数以偏师当一面，战皆有功。及空院之败，被执，不屈死。	《宋史》卷四五四《宋史新编》卷六四《宋季忠义录》卷五《文丞相督府忠义传》《宋元学案补遗》卷八八
赵时践字容月		南渡后居采石	德祐初，摄建平县事，元兵南下，城陷，与妻子仆妾凡九人赴溪潭死。	《宋史翼》卷三二《宋季忠义录》卷七
赵善璙字德纯		南渡后寓新安	太宗七世孙。登嘉定元年进士第，为婺清县主簿，除大理评事，累迁尚书刑部郎，官至中奉大夫。有《自警编》行世。	《平斋文集》卷二二《除刑部郎中制》《新安文献志》卷九三《赵刑部善璙传》《宋诗纪事》卷三五

姓名	生卒年月	籍贯	履历	资料来源
赵必普 字德修		宁国	累官湖南安抚使。	《本堂集》卷八八《祭赵德修文》 《后村大全集》卷六二《除检讨制》
潘谷		歙县	造墨精妙,价不二。或不持钱求墨,不计多少与之。苏轼尝赠以诗云:一朝入海寻李白,空看人间画墨仙。	《宋史翼》卷三七
潘琛		宿松	登绍兴进士,授庐州司户参军,调祁门丞,崇尚礼让,士民化之。	《宋元学案补遗》卷二七
褚一正 字粹翁		庐州	武举进士,官谘议,元兵入侵,督战高沙,被创,投水死。	《宋史》卷四五四 《宋季忠义录》卷五
郑升		宁国	与兄可与同师徐存。累官至吏部郎中。	《宋元学案补遗》卷二五
郑严	?—1130	钟离	建炎中权知舒州,招抚刘文舜。四年,李成陷舒州,严被杀。	《三朝北盟会编》卷一三〇 《建炎以来系年要录》卷二五、三一
郑之纯 字粹中		歙县	绍兴十八年四甲第六十七名进士,授德兴尉。	《绍兴十八年同年小录》第三四页
郑昌嗣		宣州	起三司役使,迁侍禁,奉使西川回,奏在官不治者数十人,太宗嘉其直,使昌嗣监杂买务。累迁至西上阁门副使,盐铁监,黜为唐州团练副使,赐死于路。	《宋史》卷四七〇
郑魏挺 字景烈		宁国	登嘉定七年进士。历分宜尉,入江淮提举司幕,杜绝馈遗,引疾归。卒年八十。著有《褪身粹言》2卷、《读书通说》5卷。	《宋元学案补遗》卷二五

姓名	生卒年月	籍贯	履历	资料来源
巩信		安丰	本隶苏刘义部曲,后隶文天祥,累官江西招讨使。与元兵战于石岭,重伤,投崖而死。	《宋史》卷四五四 《宋季忠义录》卷五 《文丞相督府忠义传》卷一 《宋元学案补遗》卷八八
樊知古 字仲师 初名若水 字叔清		池州	在南唐举进士不第,北归,赐本科及第。授舒州军事推官。太祖伐南唐,献造浮桥以渡大军计。江南平,以功擢侍御史。改江南转运使。知古明俊有吏干,累任转运,甚得时誉。后为西川转运使,盗起,逃走东川,诏以本官知均州,寻以忧惭卒,年五十二。	《宋史》卷二七六 《宋史新编》卷七九 《史质》卷八四 《宋人轶事汇编》卷一二二
邓柔中 字克强	1067—1163	合肥	寓庐陵。政和八年中第。得登仕郎,仕至广州司理。	《榤溪居士集》卷一二 《邓司理墓志铭》
鲁有开 字元翰 一作周翰		谯县	皇祐五年进士,知确山县。有古循吏风,寻知南康军,代还。王安石问江南如何,曰:“法新行,未见其患,当在异日也。”安石以所对乖异,出通判杭州。复守冀州,所历皆有政绩。官至中大夫、尚书比部员外郎卒。	《黄豫章集》卷一七《冀州养正堂记》 《宋史》卷四二六 《宋史新编》卷一六八 《史质》卷四八 《东都事略》卷一一二 《苏祠从祀议》卷八 《宋元学案补遗》卷三 《宋诗纪事》卷二六
蒋子春		历阳	建炎初,金人至新塘,子春方教授里中,金人见其挟书,且人物秀整,强命以官,子春怒骂,被杀。	《宋史》卷四五二
鲁宗道 字贯之	966—1029	谯县	登咸平二年进士,天禧中为右正言,多所论列。真宗书殿壁曰鲁直,仁宗时判吏部流内铨,厘正铨格,悉揭条条,拜参知政事。章献太后临朝时,有请立刘氏七庙者,太后问辅臣,众不敢对,宗道抗言若立刘氏七庙,如嗣君何?枢密使曹利用恃权骄横,宗道屡于帝前折之。自是为贵戚所惮,目为鱼头参政,因其姓,兼言其骨鲠如鱼头也。	《丹渊集》卷二一《鲁肃简公尺牍题后》 《宋人画学论著》卷六 《宋史》卷二八六 《东都事略》卷五三 《隆平集》卷六 《名臣碑传琬琰集下集》卷八 《五朝名臣言行录》卷五 《宋人轶事汇编》卷二八八 《宋元学案补遗》卷三 《宋诗纪事》卷九 《古今纪要》卷一八

姓名	生卒年月	籍贯	履历	资料来源
滕珙 字德章 号蒙斋		婺源	璘第。淳熙进士,官合肥令,有声。游朱熹门,尝取熹语录分类编次,曰《经济文衡》。	《考亭渊源录初稿》卷九 《宋元学案》卷六九 《宋元学案补遗》卷六九
滕璘 字德粹 号溪斋	1150—1229	婺源	淳熙八年中乙科,历四川制置司干官,官至朝奉大夫。有《溪斋类稿》。	《真文忠公集》卷四六 《滕公墓志铭》 《考亭渊源录初稿》卷九 《宋元学案》卷六九
滕宗谅 字子京	?—1047	原籍河南,晚家当涂	与范仲淹同年进士,知当涂,移知邵武。迁知信州,湖州。累官殿中丞,出知湖州、泾州。庆历中,以仲淹荐擢天章阁待制,充环庆路经略安抚招讨使,兼知庆州,坐事谪守岳州,迁知苏州。宗谅尚气倜傥自任,好施与,及卒,家无余财。	《范文正公集》卷一三 《滕君墓志铭》 《宋史》卷三〇三 《吴兴掌故集》卷五 《宋人轶事汇编》卷三六八 《宋元学案补遗》卷一 《全宋词》卷一 《宋诗纪事》卷八 《嘉泰吴兴志》卷一四
刘光 字元辉 号晓窗		歙县	幼孤力学,授徒50余年,郡守欲官之,不就。喜为诗,有《晓窗吟卷》。	《宋季忠义录》卷一五 《宋诗纪事》卷七七 《宋诗纪事小传补正》卷四
刘位		招信	知滁州,节制徐、泗二州军事,金人入寇,位数败之。后中流矢殁于阵,建庙滁阳,号刚烈。	《南宋书》卷二六 《宋史翼》卷三〇 《建炎以来系年要录》卷二九、三三、三四
刘虎 字伯林		梁县	少隶军籍,累功为镇江府防江军事准备将,后从赵葵经理河南,迁许浦水军都统制,累转和州防御使,改镇江都统制兼知淮安。淳祐八年知和州,十年权知安庆府,终知泰州,年五十九卒。	《至正金陵新志》卷一四

姓名	生卒年月	籍贯	履历	资料来源
刘拯 字彦修		南陵	第进士,元丰时为监察御史,提点广西刑狱。绍圣初复为御史,累迁户部尚书。以失蔡京意,罢知蕲州,后复为吏部尚书,昏愦不能举其职,左转工部,知同州,削职。	《吴都文粹》卷九《常熟县题名记》 《宋史》卷二〇四、三五六 《北宋经抚年表》卷七五、一〇〇、一二七 《宋诗纪事》卷二八 《长编》卷三〇〇、三三八、五〇四、五一五、五一七 蔡卞《刘君士安墓志铭》,南陵县文物管理所藏
刘泾		泾县	累官御史,神宗朝为谏官,尝以十事言丞相王安石,甚切直,闻其名者为之凛然。	《太仓稀米集》卷五一《刘氏家训序》
刘琦 字公玉		宣城	以都官员外郎通判歙州,召为侍御史,后贬通判邓州,卒年六十一。	《宋史》卷三二一 《东都事略》卷七八 《宋元学案补遗》卷九六 《续资治通鉴长编》卷三一一
刘源 字叔清		怀宁	景炎中与张德兴起义兵,立寨司空山,复黄州寿昌军,元将昂吉儿来攻,源坚守三年,力竭而死。	《宋史翼》卷三二
刘纲 字公举	?—1160	招信	位子。绍兴间袭父职知泗州,二十九年代黄仁荣知庐州,三十年六月移知扬州,七月卒于官。	《南宋书》卷二六 《南宋制抚年表》卷二二 《建炎以来系年要录》卷三二、三四、三七、三八、四四、四六、六四、七六、九七、一一五、一三五、一三六、一四一、一四五、一六三、一七九、一八四
刘伯证 字证甫		歙县	不仕。著有《唐史撮要》、《左氏本末》、《三传制度辨》等书。	《宋元学案补遗》卷七四
刘师勇		梁县	度宗时以战功历环卫官,鲁港师溃,师勇助守常州,及城陷,溃围出,从二王至海上,见时事不可为,忧愤纵酒卒。	《宋史》卷四五一 《宋季忠义录》卷三 《至正金陵新志》卷一四

姓名	生卒年月	籍贯	履历	资料来源
刘著 字鹏南		怀宁	宣政末登进士第,降金后碌碌州县,年六十余始入翰林,充修撰。出守武遂,终于忻州刺史。	《中州集》卷二《刘内翰著传》
刘瞻 字嵒老		亳州	金天德三年南榜登科,大定初召为史馆编修。有《樱宁居士集》传世。	《中州集》卷二《刘内翰瞻传》
刘澄		宣城	事南唐后主李煜于藩邸,煜嗣位,累迁侍卫厢军都虞候。宋征南唐,出为润州节度留后,举城降。太平兴国六年,失律桂岑,被杀。	马令《南唐书》卷二七《刘澄传》 《续资治通鉴长编》卷二二
阎日新	950—1017	临涣	少为本州牙职,真宗时累迁文思使。锐于进取,屡有请对,多所建白,官至昭州团练使,知单州。	《宋史》卷三〇九 《宋史新编》卷八五 《史质》卷五一 《北宋经抚年表》卷六五、六九、七〇
卢以中		歙县	建炎初官奉议郎,守监察御史,高宗幸淮甸,身次宝应,御营后军作乱。为乱军逼,堕水死。	《宋史翼》卷三〇 《建炎以来系年要录》卷一〇
卢臣忠 字仲信 一云信仲		黟县	政和进士,建炎初由临安府司累迁右正言,扈驾建康。溺水死。	《新安文献志》卷六四《卢谏议传》 《新安志》卷七
钱藻 字醇老	1022—1082	和州	皇祐五年进士,授秘书校理,熙宁三年出知婺州,历侍读学士,知审官东院。	《元丰类稿》卷四二《钱公墓志铭》 《宋史》卷三一七 《东都事略》卷四八 《吴中人物志》卷四 《宋元学案》卷一 《咸淳临安志》卷六五
钱俨 (原名信) 字诚允	937—1003	祖籍钱塘,晚家和州。	俶异母弟,钱氏有国日为镇东军安抚使。归宋,历慎、随、金州观察使。太宗朝出判和州,遂家焉。有《前集》50卷、《后集》24卷、《吴越备史》15卷。	《宋史》卷四八〇 《宋史新编》卷一九〇 《吴兴掌故集》卷五

姓名	生卒年月	籍贯	履历	资料来源
谢泌 字宗源	950—1013	歙人,晚家汝阴,故又曰汝阴人	太平兴国五年进士,端拱间为殿中丞,淳化间拜左司谏,知湖、虢等州。咸平中,历两浙转运使,知福州、荆南府、襄州,终右谏议大夫。有《古今类要》30卷。	《新安文献志》卷七七《谢谏议传》 《宋史》卷三〇六 《宋人轶事汇编》卷二二 《宋诗纪事补遗》卷二 《新安志》卷六
谢衍		汝阴	泌子。大中祥符五年以父遗恩录为太常寺奉礼郎,官至太子中舍、驾部郎中。	《宋史》卷三〇六 郑侠《西塘集》卷四《谢夫人墓表》
谢炫		汝阴	泌子。大中祥符五年以父遗恩补官,为将作监主簿。	《宋史》卷三〇六 郑侠《西塘集》卷四《谢夫人墓表》
谢凤 字彦阳		歙县	绍兴五年进士,建昌军教授。	《宋诗纪事补遗》卷四一
檀固 字以忠		建德	熙宁进士,绍圣初极言朝廷罢吕大防、苏辙、范纯仁,而用章惇、曾肇、蔡卞之失,书奏,报罢。及蔡京用事,遂不复用。	《金石萃编》卷一四四 《元祐党籍碑姓名考》 《元祐党人传》卷四 《宋元学案补遗》卷九六
檀淏 字元吉	1135—1222	建德	以恩调南康军建昌尉,迁兴山令,以内艰不赴。服除授黄陂令,有政声。选干办湖南安抚司公事,以通政大夫致仕。	《昌谷集》卷一五《致仕通政檀公圹中记》
钟离瑾 字公瑜		合肥	第进士,知德化县。历殿中丞,通判益州,改开封府推官,提点两浙刑狱,迁河东、北转运使。仁宗时累迁龙图阁待制。权知开封府卒。	《宋史》卷二九九 《宋史新编》卷九三 《安徽史学》1984年第5期马仲甫《任氏墓志铭》 《金石萃编》卷一三一 《永定陵奉修采石记》
钟离景伯 字公序		合肥	瑾子。朝议大夫,元丰七年知通州。元祐三年,以少府监知寿州。以善书知名。著有草书洪范、无逸、中庸、韵谱10卷	《续资治通鉴长编》卷四一二 《宋史》卷二〇七《艺文志六》 《书史会要》卷六 《宋诗纪事补遗》卷二四

姓名	生卒年月	籍贯	履历	资料来源
钟世美		旌德	元丰初试校书郎,太学正。元符中,任福建常平,上书乞复熙宁、绍圣故事,为宣德郎。	《长编》卷二九四、三〇三、三一二《宋会要辑稿·仪制》一一之一一一 乾隆《江南通志》卷一三五
聂世卿		歙县	冠卿弟。康定中以太常博士通判宣州。	《宋史》卷二九四 《宋诗纪事补遗》卷一〇
聂宗卿		歙县	冠卿弟,官校书郎。	《宋诗纪事补遗》卷一〇
聂冠卿 字长孺	988—1042	歙县	致尧子。大中祥符五年进士,授连州军事推官,召试学士院,预撰《景祐广乐记》,特迁刑部郎中。奉使契丹,迁翰林院侍读学士。嗜学好古,尤工诗,有《蕲春集》10卷、《河东集》30卷。	《新安文献志》卷九四《聂内翰传》《宋史》卷二九四《宋学士年表下》卷四〇《全宋词》卷一《新安志》卷六
谭次山		太平	绍兴二十七年登进士第,淳熙间历休宁县丞。	光绪《安徽通志》卷一五四《宋会要辑稿·食货》一之一三一
双渐		巢县	庆历进士。官尚书田员外郎,尝知同州,通判吉州军州事,为政和易多恩惠。	《元丰类稿》卷四五《双君夫人邢氏墓志铭》韦骧《钱塘韦先生文集》卷一七《灵芝记》《南畿志》卷三八
应安道		无为军	举进士,政和三年提举淮东路常平,五年为两浙转运副使。重和元年(1118),自秘阁修撰充徽猷阁待制,知平江府。宣和元年进徽猷阁直学士。四年知宣州,旋提举江州太平观。	《靖康要录》卷六《姑苏志》卷三九 乾隆《江南通志》卷一二一《宋会要辑稿·仪制》五之二一,《食货》四九之三一,《职官》五九之一七、六九之一〇
韩沆		颍州	嘉泰中自知贵池县除奉议郎、提举行在榷货务都茶场。	《景定建康志》卷一四

姓名	生卒年月	籍贯	履历	资料来源
韩元龙 字子云		祖籍真定 徙宣城	以荫补将仕郎,为天台令,司农寺丞。隆兴、乾道间历知池州、淮南转运判官、淮东总领,直宝文阁,权江东路计度转运副使。	《宋史翼》卷一四 《宋会要辑稿·食货》八之四二、四八之一〇、七〇之五四,《选举》三四之三〇 光绪《安徽通志》卷一八八
魏钦绪		历阳	乾道中任大理寺丞,历仕孝、光、宁三朝,先后知泰、台、南剑州。	《黄氏日抄》卷四〇 《宋会要辑稿·职官》七二之二一、七三之八、七三之六〇、七四之一七,《刑法》三之三三
魏杞 字南夫	1121—1184	寿春	绍兴十二年进士,孝宗朝以宗正少卿为金朝通问使,正敌国体,损岁币。还迁参知政事、右仆射、兼枢密使。出知平江府。王希吕劾罢之。后以端明殿学士奉祠告老。	《宋史》卷三八五 《宋元学案》卷二五 《宋诗纪事》卷四七 《宝庆四明志》卷九 嘉庆《泾县志》卷九李域《魏公祠堂记》 朱熹《魏丞相行状》(见《四明丛书·魏文节遗书》)
魏矼 字邦达	?—1151	历阳	宣和三年上舍及第,绍兴初迁考功郎,屡上书言得失。刘豫挟金人入寇,矼督江上诸军。说刘光世贻书韩世忠、张俊,以谋交欢,由是众战屡捷,军威大振。丁父忧去,免丧,除知宣州,不就卒。	《宋史》卷三七六 《南宋书》卷二三 《南宋馆阁录》卷七、六 《宋元学案补遗》卷四四 《建炎以来系年要录》卷六九、七六、八三、八五、一〇二、一一九、一三九、一六二
魏绍 字承之	1038—1094	下蔡	瓘子。以父任为将作监主簿,尝知虞城县,岁大饥,度请报不及,乃先发廪赈济后以闻。通判绛州,行州事,以右朝郎知嘉州,在官有能声。	《新安志》卷六 《后山集》卷二〇《魏嘉州墓志铭》
魏琰 字子浩		婺源	瓘弟。以父恩授秘书省正字,通判陈州,知江宁府,召判刑部,致仕,进卫尉卿卒。	《宋史》卷三〇三 《宋史新编》卷九五 《北宋经抚年表》卷七一、一〇五

姓名	生卒年月	籍贯	履历	资料来源
魏瓘 字用之		原籍 婺源 移家 寿春	羽次子。以父恩补校书郎。真宗时为开封府仓曹参军，持法精审，明吏事。后知渭州，以龙图阁直学士、吏部侍郎致仕，卒年七十一。葬寿春。	《黄豫章集》卷二四《吏部侍郎魏公神道碑》《宋史》卷三〇三《北宋经抚年表》卷八六、九四、一〇八、一〇九、一一一、一一九《宋诗纪事》卷一三《新安志》卷六
魏良臣 字道弼		宣城	历吏部员外郎、郎中、侍郎，绍兴十九年知庐州，累官参知政事，出知绍兴、宣州、潭州、洪州。以资政殿学士致仕，卒年六十九，谥敏肃。	《宣城右集》卷一一《宋大臣年表》卷二二《南宋制抚年表》卷八、一八、二六、三九《至正金陵新志》卷一三、五一
魏叔介 字端直	1140—1177	宣城	良臣季子。以荫得监南狱庙，历主管临安府城南左厢公事，官终军器监丞。	《南涧甲乙稿》卷二一《军器监丞魏君墓志铭》
魏庭玉 字句滨		宛陵	嘉熙四年官吴县令	《全宋词》卷四
魏汝功		寿春	乾道三年任海盐县令。淳熙中历知滁、抚等州，十一年为广东转运使。	《至元嘉禾志》卷七雍正《江西通志》卷四六雍正《广东通志》卷二六
魏仲恭 字端礼		宣城	良臣子。曾知富阳县，淳熙中为平江府通判。尝辑刻朱淑真《断肠诗集》并为序。	《吴郡志》卷六《咸淳临安志》卷五一
魏能 字子师		寿春	嘉泰中知永州。	光绪《零陵县志》卷一四《澹山岩题名记》
罗复 字无悔		铜陵	政和二年进士，知胙城县。靖康之难，金人逼城下，复力御之，身被重创，至以死守。以与秦桧不合，故官不显。	《宋史翼》卷三〇
罗颂 字端规	？—1191	歙县	汝楫子。绍兴二十二年以父任子恩补承务郎，历官湖北帅司主管机宜文字，行在检点膳军酒库干办公事，通判镇江府，知郢州。绍熙二年正月以疾卒于郡，邦人巷哭。有《狷庵集》。	《竹洲文集》卷一二《读罗郢州飞来记》《新安文献志》卷八四《郢州太守墓志》《宋史》卷三八〇《宋元学案补遗》卷三九《宋诗纪事补遗》卷四七

【宋金元卷】

姓名	生卒年月	籍贯	履历	资料来源
罗璧 字子苍		新安	尝考证经史疑义,为《识遗》10卷。	《宋元学案补遗》卷四九
罗愿 字端良 号存斋	1136—1184	歙县	汝楫子。乾道二年进士,博学好古,词章高雅精炼。知鄂州,有治绩。有《尔雅翼》20卷、《鄂州小集》7卷、《新安志》10卷。	《鄂州集》卷五《鄂州太守存斋罗公传》《宋史》卷三八○《南宋文范作者考》卷三《宋元学案补遗》卷三九《宋诗纪事》卷五三
罗颉 字端翔		歙县	汝楫子。以任子恩监泉州市舶务,历知彭泽县、南安军,通判夔州。以清介闻。	《漯川足征录·先达》
罗汝楫 字彦济	1089—1158	歙县	政和二年进士,阿附秦桧,以侍御史累官龙图阁学士,知严州卒。	洪适《盘洲文集》卷七七《罗尚书墓志铭》《宋史》卷三八○《宋诗纪事》卷三八《新安志》卷七
罗彦辅 字经世	1027—1100	太平州	嘉祐四年进士,历江都、湖口令,后知池州,属岁旱,以荒政奏课第一。尝诫子曰:"我以清白遗尔曹,万一至馈粥不给,亦不可少屈。"人以姑溪水况其清德。	《姑溪集》卷四八《罗大夫墓志铭》
严敬 字庄人		宿松	与朱熹同至白鹿洞讲易,归著《敬心铭》,卒年八十七。	《宋元学案补遗》卷四九
苏刘义		贵池	景定中,以鄂州战守功知吉州军事。元兵至皋亭山,与张世杰等扶益、广二王出嘉会门,渡浙江去,崖山兵败,刘义乘潮而遁,寻为其下所杀。	《南宋书》卷六一《昭忠录》卷三四《宋季忠义录》卷一○
释自宝 俗姓吴	978—1054	合肥	弱龄出家寿州普宁禅院,学于智柔大师。皇祐中,恩赐妙圆大师。	《武溪集》卷七《妙圆大师塔铭》《补续高僧传》卷七

姓名	生卒年月	籍贯	履历	资料来源
释宗杲字昙晦俗姓奚	1089—1163	宁国	年轻出家,尝参圆悟禅师克勤,闻薰风自南来殿阁生微凉句,豁然有得。以雄辨负重名,住径山,赐号佛日大师。绍兴十一年忤秦桧,勒返初服,桧死复其僧服。孝宗召对称旨,寻赐号大慧,御书妙喜庵三字赐之。著《正法眼藏》。门人辑其法语书疏偈颂铭赞为《大慧普觉禅师语录》、《大慧普觉禅师宗门武库》。	《渭南文集》卷二六《跋杲禅蒙泉铭》《宋代蜀文辑存》卷四五张浚《大慧普觉禅师塔铭》《雪山集》卷五《大慧禅师正法眼藏序》《新续高僧传四集》卷一二《吴中人物志》卷一二《咸淳临安志》卷七〇《宝庆四明志》卷九祖咏《大慧普觉禅师年谱》《五灯会元》卷一九《续传灯录》卷二七
释道茂俗姓纪		歙县	始住休宁普满院,后住通州白狼山,晚归,自号觉庵,时称雪山子。有《池阳百问》。	《新安志》卷八
释嗣宗俗姓陈时称宗白头	1085—1153	歙县	受业水西寺,年二十游方,后从觉于泗州普照寺。	《罗鄂州小集》卷六《宗白头嗣宗传》
饶虎臣字宗召		宁国	嘉定七年进士,理宗时,累官参知政事,立朝无可称道者。	《宋史》卷四二〇《宋大臣年表》卷三二、三三《南宋馆阁续录》卷八
龚原字深之		历阳	第进士,元丰中为国子直讲,徽宗初,进给事中,时除郎官五人,皆执政姻戚,原举驳之。以论哲宗丧服事,谪知南康军。再起,历兵、工二部侍郎,又夺职居和州。起知亳州,命下而卒。原籍遂昌,葬和州,其后遂为和州人。	《宋史》卷三五三《东都事略》卷一一四《元祐党人传》卷三《乾道临安志》卷三《咸淳临安志》卷四六

姓名	生卒年月	籍贯	履历	资料来源
龚楫 字济道		历阳	原孙。文弱如不胜衣，建炎初闻金人陷郡县，辄忿悲不食。金兀术据和州，楫率家僮龚之，获千户二，系累者数百人。俄而金兵大至，楫麾其众曰："今日斗死，亦足为义士。"遂死之，年仅二十二。	《宋史》卷四五二 《宋元学案补遗》卷九八
龚相 字圣任 号复斋		历阳	原孙。曾为乌江、归安等县令，又为华亭令，喜其风景之美，因家焉。著有《复斋间记》4卷。	陈长方《唯室集》卷二《送龚圣任序》 《宋元学案补遗》卷九八《龚相传》 《文献通考》卷二一七
龚颐正 字养正 本名敦颐，避讳改名颐正		历阳	相子。光宗时为国史检讨官，历宗正丞。有《芥隐笔记》、《元祐党籍列传谱述》、《续释常谈》。	《吴中人物志》卷四 《南宋馆阁续录》卷七、九 《宋中兴东宫官僚题名》卷二 《宋元学案补遗》卷九八 《宋诗纪事》卷五九
龚琦		历阳	建炎三年，洪皓充大金通问使，以右武大夫、假明州观察使副之。	《建炎以来系年要录》卷二三

元代安徽人物小传及资料来源表

姓名	生卒年	籍贯	履历	资料来源
于泰来 字履道		祁门	镇江路淮海书院山长。	《至顺镇江志》卷一七
于景隆		祁门	太平路学教谕。	《弘治徽州府志》卷六
仇自坚		歙县	扬州路学录。	《弘治徽州府志》卷六
方用 字希才 号茗谷	1227—1307	望江	"许(谦)门四杰"之一。著有《先儒宗旨》、《茗谷丛说》。	《宋元学案》卷八二
方回 字万里 号虚谷	1227—1307	歙县	宋景定三年进士,累官知严州,入元为建德路总管。晚寓钱塘,卖文为生。学宗朱子,论诗主江西,著书甚多,今存《桐江续集》36卷、《桐江集》4卷(一本8卷)、《续古今考》37卷、《瀛奎律髓》49卷、《文选颜鲍谢诗评》4卷、《虚谷闲抄》1卷。	《癸辛杂识》别集卷上 《新安文献志》卷九五上 《方总管传》 《南村辍耕录》卷二六 《元史》卷八九 《元诗纪事》卷五
方存心 字中全	1260—?		回长子。荫授义乌尹,泰定元年知盐官州。	《剡源文集》卷一三《送方中全北行序》 《万历金华府志》卷一二 《元诗纪事》卷五
方时发 字子春		青阳	历潮州、徽州二路教授。	《南畿志》卷五二 《新安志补》卷七
方贡孙 字去言 号竹溪	1231—1295	祁门	宋景定三年进士,咸淳末,以荐领祁门县事,迁抚州路府判,历兴国、建德路。	《新安文献志》卷八四 《竹溪方贡孙宰乡邑记》 《万姓统谱》卷四九
方玲 字仲和 号晓山		祁门	贡孙长子。大德九年为信州学正,迁江阴州学教授。	《桐江续集》卷二八《送方仲和信州学正二首》

643

【宋金元卷】

姓名	生卒年月	籍贯	履历	资料来源
方珪		祁门	贡孙次子。以荫授常山县主簿,升集庆路同知。	《万历祁门县志》卷三
王廷 字美宗		南陵	元贞二年除益州教授。	《宋元学案补遗别附》卷三
王恪 字景伯		无为	延祐元年任镇江路推官,三年致仕。	《至顺镇江志》卷一五
王珪		颍州	元统二年任南台御史。	《至正金陵新志》卷六
王翰 字用文 蒙古名 那木罕	1333—1378	祖籍灵武,徙居庐州	累官福建行省郎中、潮州路总管。入明,隐永福山中,洪武十一年辟书至,自刎死。有《友石山人遗稿》1卷。	《闽书》卷四四、五〇 《明史》卷一二四 《闽中理学渊源考》卷四二 《元史氏族表》 《元诗纪事》卷二六
王大有 字廷佑		濮阳人,徙宣城	本女真完颜氏。历湖北宪司知事,迁平江路推官,至正元年授六安州知州。	《嘉靖六安州志》卷中 《万历庐州府志》卷八
王幼学 字行卿	1254—1346	望江	博览经史,精通程朱学。至元间,讲学于慈湖书院,学者称慈湖先生。著有《资治通鉴纲目集览》59卷。	《南畿志》卷四二 《古今图书集成·氏族典》卷二七三、文学典卷八九 《宋元学案补遗别附》卷三
王虎翼		符离	元初官南安路总管,迁抚州路。	《水云村稿》卷三《南安路学大成殿记》
王伯虎 字君佐		太平	历任石台、临海教谕,石门洞书院山长。	《嘉庆太平县志》卷七
王国瑞		婺源	著有《扁鹊神应针灸玉龙经》。	《扁鹊神应针灸玉龙经》卷末《扁鹊神应针灸玉龙经序》
王复道 字伯初		婺源	至治三年中乡试,除泉州路教授,天历二年调任衡山尹。	《弘治徽州府志》卷八

姓名	生卒年月	籍贯	履历	资料来源
王鼎臣		无为州	天历二年中乡试,后除本州教授。	《正德无为州志》卷六、七、八
王与敬 字可权		安丰	由浙江典吏充宣使,历省都镇抚,升元帅。至正十六年张士诚破平江,与敬兵败,退嘉兴,与杨完者不协,乃投松江,与镇将复不相下,卒叛附士诚。	《南村辍耕录》卷三〇
左继梣 字芳远		泾县	以博学明经任安庆路教授。改钱塘令,旬日移疾归,筑隐斋精舍。手订《大易性理》诸篇。	《宋元学案补遗》卷一〇 《嘉庆泾县志》卷一八
石国英 号月涧		灵璧	元初仕至福建宣慰。	《梧溪集》卷四下《奉题招讨使台州石安抚雁荡能仁寺遗诗后》 《元诗选》癸集乙 《元诗纪事》卷四
石琼 字伯玉		灵璧	国英曾孙。元末为松江万户,分戍大信,遇乱归隐佘山。	《梧溪集》卷五《俭德堂怀寄》
任元 字本初	1328—1362	休宁	与弟任序俱从汪克宽受《春秋》。克宽撰《春秋纂疏纲目考异》,任氏兄弟参与讲论。朱元璋下徽州,组织义兵相从,积功至显武将军、雄峰翼管军万户。有诗文集传世。	《环谷集》卷二《哭任生本初哀辞》、卷五《志学斋记》 《宋元学案补遗》卷八三
朱璟 字景玉	1298—1330	歙县	工画。其画法习米元晖、高彦敬而自成一家。	《师山集》卷七《朱爱梅墓志铭》
朱友正		休宁	至正中任婺源州判官。	《新安志补》卷六
朱仲明 号北轩		休宁	泰定间陈栎主小桃源诗盟,仲明诗第一。	《元诗选》癸集戊上
朱克正 字平仲		休宁	师陈栎,登至正十一年进士第,授婺源州判官。	《新安学系录》卷一六

姓名	生卒年月	籍贯	履历	资料来源
朱宗周		徽州	至元二十四年任秘书监校书郎。	《元秘书监志》卷一〇
朱宗道		徽州	至元三十一年任丹阳县尉。	《至顺镇江志》卷一六
羊仁		庐江	元初北兵掠其家，被卖给汴人李之安家，力作二十余年，子安纵之为良，仁贷钞百锭，四处寻母及兄弟，历六年始得完聚。	《元史》卷一九七
余谦 号嶓山		池阳	至顺二年官翰林应奉，后至元元年提学江浙。	《菊潭集》卷二《韵会举要书考序》《书史会要》卷七《万历杭州府志》卷六一
余阙 字廷心 一字天心 自号青阳先生	1303—1358	合肥	元统元年右榜进士第二，授泗州同知，入为翰林应奉，转刑部主事，历监察御史、礼部员外郎，出为湖广郎中，累迁浙东金宪。至正十二年权淮西宣慰副使，分治安庆，以功升淮南行省左丞。十七年冬，陈友谅大举来犯，城陷，沉水死。精通儒学，曾为《五经》作注。有《青阳文集》9卷。	《宋文宪公全集》卷四〇《余左丞传》《元史》卷一四三《元诗纪事》卷一八《元史氏族表》《新元史》卷二一八
余寄生		宁国	至治元年任镇江路录事。	《至顺镇江志》卷一六
况逵 字肩吾		庐江	至大二年为广西宪司书吏，泰定末累迁光泽县尹，元统二年升庆元路推官。	《云山日记》卷下《道园学古录》卷八《光泽县云岩书院记》《至正四明续志》卷一《闽书》卷六三
吴舟		婺源	晦庵书院山长。	《新安志补》卷七
吴浩 字养夫 号直轩 初名英卿，字孟和		休宁	南宋理学家锡畴子。幼承家学，专务性理之学。宋亡，隐居不仕，以讲学著述为业。著有《大学口义》、《直轩稿》等。	《弘治徽州府志》卷七《新安学系录》卷一三《宋元学案补遗别附》卷二、三《宋诗纪事补遗》卷八五

姓名	生卒年月	籍贯	履历	资料来源
吴瑞 字瑞卿		休宁	精医术,尝撰《日用本草》8卷,今不传。	《千顷堂书目》卷九
吴镒 字子彦		宣城	以荫为福建钞库提举,历分宜县丞、辰溪县尹,迁末阳知州。	《宛陵群英集》卷一、四、六、一二 《元诗纪事》卷二三
吴宝儒 字叔武		宣城	镒父。南雄路总管。	《元诗选》癸集丁
吴礼 字和叔	?—1359	休宁	历江浙行省令史、江西省掾、静江路经历、廉州路推官,升钦州路总管、海南海北道都元帅。以诗闻名。著有《野航集》。	《弘治徽州府志》卷八 《元诗纪事》卷二四
吴讷 字克敏	1331—1357	休宁	礼子。授建德路判官兼义兵万户,明兵至,败,寻自刎死。工诗文,有《吴万户诗集》5卷。	《新安文献志》卷九七《吴万户讷传》 《南畿志》卷五五; 《元诗纪事》卷二六
吴觉 字孔昭 号遁翁		婺源	宋淳祐元年进士,官至宣城令。入元授婺源晦庵书院山长。	《弘治徽州府志》卷八 《新安志补》卷七
吴元德 字师善		宣城	浙江宣谕使。	《元诗选》癸集丁
吴安元		绩溪	历信州路录事、福州盐使。	《万历绩溪县志》卷九
吴安民 字惠卿	1244—1300	寿春	父祐,降元授招讨使,至元十四年卒。安民袭爵为管军总管,镇扬州。十八年授征东副万户,从征日本。二十年平建州黄华。二十六年讨江西钟世明、吴太仲。三十年移镇和州。	《清容居士集》卷三〇《宣武将军寿春副万户吴侯墓志铭》 《蒙兀儿史记》卷一一二 《新元史》卷一六五
吴继武 字震之	1271—1330	寿春	安民子。袭寿春副万户。	《墙东类稿》卷一二《故武德将军吴侯墓志铭》

续表

姓名	生卒年月	籍贯	履历	资料来源
吴安朝 字元镇		绩溪	宋成淳七年进士。参议闽浙招捕司事。入元授池州路判官,迁知贺州,弃归。程钜夫荐入翰林,不起。	《弘治徽州府志》卷八 《万历绩溪县志》卷九
吴文玉 字德温		绩溪	安朝子。庆元路蒙古字学教授。	《万历绩溪县志》卷九
吴希颜 字季渊		新安	和靖书院山长。	《吴文正集》卷三〇《赠绍兴路和靖书院吴季渊序》、卷四四《思存堂记》
吴志淳 字主一		无为州	以父荫历官靖安、都昌二县簿。入明不仕。著有《环碧轩集》、《柳南渔隐集》、《主一集》。	《甬上先贤传》卷一三 《闽中金石志》卷一三 《吴志淳千文字》 《元诗纪事》卷二七 《明史》卷二八五
吴从龙 字洪飞	1254—1308	休宁	历庐陵县丞、铅山州判官、永康县尹,终都昌县尹。	《危太朴文续集》卷二《故承务郎南康路都昌县尹吴公墓碑》
吴梦炎 字文英 号南窗		歙县	由紫阳书院山长出为处州路学教授,改建德路,累迁婺源州同知。	《桐江续集》卷一六《题吴山长文英野舟五首》、卷三三《送桐江吴教授南窗序》 《定宇集》卷一一《贺吴南窗授婺源州同知启》
吴龙翰 字式贤 号古梅	1233—1293	歙县	宋任编校国史院、实录院文字。至元十三年,以布衣充徽州路教授,不久卸职去。有《古梅吟稿》6卷。从子鹏举,亦能诗,有《丹泉稿》。	《弘治徽州府志》卷七 《宋季忠义录》卷一五 《宋元学案补遗》卷七〇、七七、别附二 《宋诗纪事》卷七七
吴霞举 字孟阳 号默室	1257—1306	歙县	龙翰子。学宗朱熹,著有《文公丧礼考异》、《易管见》60卷、《筮易》7卷、《太玄潜虚图说》10卷,皆行于世。	《新安学系录》卷一三曹泾《圹记略》 《元史类编》卷三六 《宋元学案补遗》卷四九

姓名	生卒年月	籍贯	履历	资料来源
吕枋 字汝芳		旌德	采石书院山长。著有《桂芳家集》、《采江吟稿》。	《宋元学案补遗别附》卷三
吕元恺 字才甫	1260—？	安丰	师夔第三子。至元二十一年任合肥县尹，大德初累迁抚州路总管。	《桐江续集》卷四《送吕才甫之官合肥》、卷二四《寄抚州吕使君》
吕文焕 号常山		安丰	文德弟。仕宋为亳州防御使，迁知襄阳府兼京西安抚副使。咸淳九年以城降元，为世祖画策，身为前锋，招降沿江诸州郡。宋亡，授江东宣慰使。至元二十三年以江淮行省右丞致仕，大德初卒。	《元史类编》卷一八 《元史新编》卷二九 《蒙兀儿史记》卷一一一 《新元史》卷一七七
吕师召 号一山		安丰	文焕从子。至元间为温州同知。	《桐江续集》卷二二《呈吕使君二首》 《嘉靖浙江通志》卷三三
吕师张 字留卿		安丰	文福子。至元二十八年任衢州路同知。	《桐江续集》卷二一《呈吕使君留卿》 《嘉靖衢州府志》卷二
吕师圣		安丰	元贞初为常州路总管。时郡学久毁，师圣经营改建，规制一新。	《重修毗陵志》卷一一 《南畿志》卷二二
吕师说 字肖卿	1268—？	安丰	师夔弟。历江淮财赋副总管，仕至广德路总管。	《桐江续集》卷二〇《赠吕肖卿三首》 《永乐大典》卷六七〇一《江州志》
吕师夔 字虞卿 号道山	1230—1301	安丰	文德子。宋咸淳八年知桂州。十年以兵部尚书提举江州兴国宫，明年降元，从平宋有功，以中书左丞行省事于赣州。	《广州人物传》卷一七 《元史类编》卷一八 《元史新编》卷二九 《新元史》卷一七七
吕贵实 字若虚 号石室		休宁	宋度宗召为开元宫书记，家铉翁知镇江，檄领紫府观。至元十四年领天庆观，授明一凝虚冲妙大师，兼本路道录。卒年五十二。	《洞霄图志》卷五

【宋金元卷】

姓名	生卒年月	籍贯	履历	资料来源
宋世元		符离	至大中为永城县尹，务德化，不任刑罚。	《成化河南总志》卷四《嘉靖归德府志》卷四
完颜权字时中	1275—1321	当涂	成宗时以勋胄入侍禁中，仁宗在东宫，选授司经，迁江浙省照磨，历赣州路、信州路判官。	《陶学士集》卷一九《故完颜判官墓志铭》
成克敬字简卿		砀山	由归德府判转国子监典簿。	《大明一统志》卷一八《嘉靖徐州志》卷一二
李二号芝麻李		萧县	至元十一年聚众反，陷徐州，次年脱脱来讨，李二败死。	《七修类稿》卷八《元诗纪事》卷二九
李升字子云号紫筼生		濠梁	善画墨竹，平远小景尤佳。	《图绘宝鉴》卷五《曝书亭集》卷五四《跋李紫筼画卷》
李叙字彦伦	1259—1337	当涂	精通性理之学。历江宁、上饶教谕，迁明道书院山长，以太平路教授致仕。妻姚氏，熟读经史，有《梅窗集》1卷传世。	《弘治太平府志》卷一九《嘉靖重修太平府志》卷六
李习字伯羽		当涂	叙子。延祐四年举人，授书院山长。卒年八十余。	《嘉靖重修太平府志》卷六《宋元学案补遗》卷九五
李维		绩溪	延祐间任歙县尹。	《新安志补》卷六
李聚	1206—1278	砀山	金末为千户，降蒙古。为军民招抚使，将皇陵冈降民百家徙东明，垦荒逾万亩。四方之人多往焉。	《牧庵集》卷二七《招抚使李君阡表》
李涧字国用		铜陵	铅山宗文书院山长。	《陶学士集》卷一〇《送李国用赴宗文山长》

姓名	生卒年月	籍贯	履历	资料来源
李黼 字子威	1298—1352	颍州	泰定四年左榜进士第一，授翰林修撰，累迁国子监丞，改宣文阁鉴书博士，历秘书太监、礼部侍郎，出为江州路总管。至正十二年城陷，力战死。	《永乐大典》卷六六九七《李黼传》 《南村辍耕录》卷一四 《元史》卷一九四 《过云楼书画记·书类》卷三《李忠文诗卷》 《元诗纪事》卷一五 《新元史》卷二一七
李藻 字子洁		颍州	国子生。至正二年由馆陶县尹入为秘书监典簿。九年迁广东佥宪。	《惟实集》卷三《广东佥宪去恶碑》 《元秘书监志》卷九 《万历东昌府志》卷六、一八
李士龙	1333—1357	亳州	精武艺，以平寇功升徽州判官，同知睦州兼民兵总制。至正十七年讨贼战死。	《东维子文集》卷一二《睦州李侯祠堂记》 《毗陵人品记》卷五 《嘉靖江阴县志》卷一二中
李仁益		池州	建德东流县尹。	《万历东流县志》卷九
李守中 字正卿	1270—1342	颍州	黼父。累迁中书掾，至大二年以言事忤权贵，罢归。后起为满城县尹，历泗州知州、两浙盐运副使、归德知府，以工部尚书致仕。	《滋溪文稿》卷一一《元故嘉议大夫工部尚书李公墓志铭》 《养吾斋集》卷一八《李运副德政碑记》 《弘治中都志》卷六
李良弼 字唐臣		砀山	至正中为涉县尹。	《成化河南总志》卷一〇
李秉方 字元直		颍州	黼子。荫授同知常州，后以拒张士诚功擢翰林待制。	《梧溪集》卷五《寄李元直待制》 《元史》卷一九四
李秉昭 字元晋	1324—1352	颍州	黼任，补国子生，黼出守江州，从行。至正十二年城陷被执，不屈死。	《永乐大典》卷六六九七《国子生李秉昭传》
李道纯 字元素		临濠	精通经史，著有《周易尚占》3卷。	《光绪凤阳府志》卷一六

附录二　宋金元安徽人物小传及资料来源表

姓名	生卒年月	籍贯	履历	资料来源
李遵宪 字彦彰		虹县	泰定间为本县教谕,升淮安路教授。	《弘治中都志》卷六
李闿伯 字文谦		下蔡	仕至江浙行省参政。	《弘治中都志》卷五 《嘉靖寿州志》卷七
杜道坚 字处逸 号南谷子	1237—1318	当涂	宋度宗时赐号辅教大师,住武康升元报德观。元初入觐世祖,言求贤养贤用贤之道,嘉纳之,命住持杭州宗阳宫。大德七年授杭州路道录,仁宗赐号隆道冲真崇正真人。著有《文子缵义》12卷。	《松雪斋文集》卷九《隆道冲真崇正真人杜公碑》 《养蒙文集》卷九《与杜南谷》 《松乡集》卷一《大护持杭州路宗阳宫碑》、卷一《通玄观记》、卷四《南谷原旨发挥序》、卷八《寿杜南谷》、卷一○《宗阳宫讲堂上梁文》 《白云稿》卷三《杜南谷真人传》 《吴兴备志》卷一三 《两浙名贤录》卷五六
汪申 号坤翁		绩溪	延祐七年任庐州教授。	《万历绩溪县志》卷九
汪同 字仲玉	1326—1362	婺源	至正间聚众保乡里,署义兵千户,历余干州同知、徽州路判、婺源州同知、徽州路治中,除淮南行省左丞,至正二十二年为张士诚所杀。	《东山存稿》卷四《知本堂记》、卷七《资善大夫淮南等处行中书省左丞汪公传》 《新安志补》卷五、六 《南畿志》卷五五
汪厔 字德载		绩溪	象山书院山长。	《桐江续集》卷二六《次韵象山书院山长汪德载垂访》
汪珍 字聘之 号南山		太平	博学工诗,著有《南山诗集》。	《宛陵群英集》卷一、五、八、一二 《万历宁国府志》卷一七
汪进		婺源	至正中为休宁县尉。	《新安志补》卷六

姓名	生卒年月	籍贯	履历	资料来源
汪颐 字蒙元		休宁	一龙长子。至元间主建阳县簿。	《桐江续集》卷三〇《汪蒙元悦心说》
汪一龙 字远翔 号定斋	1230—1282	休宁	宋咸淳四年进士,历句容县尉、婺州教授,入李庭芝幕,旋奉母南归。至元十五年起为紫阳书院山长。	《新安文献志》卷九五《定斋先生汪公墓铭》《宋元学案补遗》卷八〇
汪巽元 字复心 号称隐 又号退 密老人	1262—?	休宁	元初授建德路学正,迁漳州路教授,改饶州路,历主安仁、钱唐二县簿。泰定中以建康路判官致仕。至正五年犹存。有诗集8卷。	《弘治徽州府志》卷八《南畿志》卷五五
汪希 字仲罕		休宁	丽水主簿,迁衢州路知事。	《傅与砺诗集》卷四《送别汪仲罕赴处州丽水簿》《嘉靖衢州府志》卷三
汪九成 字文善		婺源	学于胡炳文,为宗文书院山长。	《新安学系录》卷一六
汪士逊 字宗礼		休宁	至元十八年授南轩书院山长。	《弘治徽州府志》卷九《万姓统谱》卷四六
汪元龙 字云甫 号松坡	?—1286	婺源	宋咸淳元年进士,德祐元年摄本县事,入元授徽州路治中。	《新安文献志》卷八五《徽州路治中汪公元龙传》
汪元圭 字功甫	1233—1290	婺源	元龙弟。宋武学舍选,李庭芝辟充幕属。德祐元年为徽州兵马钤辖。元初知婺源事。至元二十七年授饶州路治中,未赴卒。	《柳待制文集》卷一五《婺源州重建晦庵书院记》《新安文献志》卷八五《饶州路治中汪公墓志铭》
汪幼凤 字子翼		婺源	衢州路学正,转采石书院山长,迁婺源州照磨。	《新安文献志》卷首《先贤事略上》
汪均信 号樵牧子		祁门	以荐辟新昌学教职,后为紫阳书院山长,著有《敬义箴》、《道隐诗集》。	《同治祁门县志》卷二八

姓名	生卒年月	籍贯	履历	资料来源
汪克宽 字德辅 一字仲裕	1304—1372	祁门	屡试不第,家居著书讲学,号环谷先生。明洪武二年征入朝,与修《元史》。著有《经礼补逸》9卷、《春秋胡传附录纂疏》30卷、《环谷集》8卷。	《新安文献志》卷七二《环谷汪先生克宽行状》《曝书亭集》卷六二《汪克宽传》《明史》卷二八二《元史类编》卷三四
汪时中 字天麟		祁门	克宽弟。不乐仕进。隐查山,筑查山书堂,与从兄克宽讲学其中,学者称查山先生。著有《三分稿》藏于家。	《万历祁门县志》卷三《宋元学案》卷八三
汪致远		黟县	以贤良任本县主簿。	《新安志补》卷六
汪若楫 字作舟		休宁	宋咸淳间为紫阳书院山长。入元历官至宣城尹。精研理学,尤工于诗。有《秀山集》10卷。	《弘治徽州府志》卷七《宋诗纪事》卷七六
汪庭桂 字秋芳 号存耕	1248—1321	婺源	年十八举进士,授紫阳书院山长。宋亡,家居养亲。	《新安文献志》卷九二上《存耕处士汪公墓志》《南畿志》卷五五
汪逢辰 字虞卿 号古学		歙县	致力性理之学。年四十始教谕乡校,调饶州路鄱江书院山长,转崇德州学教授,升嘉兴主簿,卒年七十七。著有《七经要义》、《太平要览》、《鸣球集》、《忠孝集》、《稽古编》等。	《弘治徽州府志》卷八《万姓统谱》卷四六
汪奕庆 字处谦 又字谦父		歙县	逢辰子。历长洲教谕、衢州清献书院山长,升嘉定州教授,迁太平路,岁余引退。	《弘治徽州府志》卷八《万姓统谱》卷四六
汪云龙 字昂甫	?—1321	休宁	元初授本县尹,以廉能闻,选为浙东西巡盐官。秩满不复仕。	《弘治徽州府志》卷八《新安志补》卷六
汪松寿 字正心		休宁	云龙子。官绍庆路学教授。	《弘治徽州府志》卷八

姓名	生卒年月	籍贯	履历	资料来源
汪梦斗 字以南 号杏山		绩溪	仕宋历江东司制干官、承务郎、史馆编校。至元十六年为徽州路教授,二十二年辞归。有《云间集》、《北游集》。	《弘治徽州府志》卷七 《万姓统谱》卷四六
汪汉卿 字景良 号菊坡	1241—1321	黟县	以荫授龙泉县主簿,转浙东转运司干官,迁贵池知县。入元后,历任本县丞、翰林编修、应奉翰林文字、同知制诰,累转翰林修撰、承事郎。至大三年,以承德郎、国子监丞致仕。有《养浩集》20卷。	《弘治徽州府志》卷七 《万姓统谱》卷四六
汪维祺 字寿甫	1242—1326	歙县	宋末举进士,授石峡书院山长。入元为杭州路学教授,迁权青阳县尹。	《新安文献志》卷八五 《元故青阳县尹维祺行状》 《弘治徽州府志》卷八
汪泽民 字叔志 自号堪老真逸	1273—1355	宣城	延祐五年进士,授平江州同知,转南安路推官,迁平江路,升兖州知州。召入为国子司业,与修辽、宋、金三史,除集贤直学士,寻以礼部尚书致仕归。与张师愚合编成《宛陵群英集》12卷。死于贼。	《宋文宪公全集》卷五 《文节汪先生神道碑铭》 《元史》卷一八五 《元诗纪事》卷一四 《宋元学案补遗》卷九五
汪应元 字元卿		祁门	宋末为江东宣闽掾,入元授海漕万户府知事,升经历,卒于官。	《桐江续集》卷二九《一斋箴》 《弘治徽州府志》卷六
汪应星		祁门	任徽州路教授。	《新安志补》卷七
邢浩 字润甫 号唐溪	1280—1349	当涂	泰定二年任镇江路照磨,天历间升婺州路知事。历嘉兴、武昌二路,皆以廉能称。	《至顺镇江志》卷一五 《弘治太平府志》卷二〇
阮谦 字受益		宛陵	后至元三年以父荫授浙东帅府照磨。	《畏斋集》卷三《送浙东元帅府阮照磨序》 《至正四明续志》卷一 《元诗选》癸集己上

姓名	生卒年月	籍贯	履历	资料来源
阮申之 字周翰 号理斋		池州	历同知黄岩、瑞安州事,泰定元年官鄞县尹。	《积斋集》卷五《鄞县阮尹去思碑》 《至正四明续志》卷二 《嘉靖浙江通志》卷三三
周桢 字子干		下蔡	仕至安丰路判官,卒年七十五。	《弘治中都志》卷五
周尚文		颍州	登进士第,由翰林编修权国子助教,后至元间尹梁县。	《大明一统志》卷三〇 《成化河南总志》卷一一
周实祖		铜陵	吉安主簿。	《万历铜陵县志》卷六
孟祺 字德卿	1241—1291	符离人徒东平	至元七年累迁山东劝农副使。伯颜伐宋,诏以祺为行省咨议,进郎中,伯颜信任之,誉为书生知兵。临安之降,祺功为多。宋平,授嘉兴路总管。至元二十八年奉使爪哇,其酋不听命,縻祺而放还。	《秋涧集》卷一七《挽孟德卿》 《元史》卷一六〇
孟汉卿		亳州	元代前期著名杂剧作家。元大都著名文人创作团体玉京书会重要成员之一。撰有《魔合罗》杂剧。	《录鬼簿》卷上
昌士气 字养浩		泾县	宋进士,至元二十六年任镇江路儒学教授。	《佩韦斋集》卷九《镇江路儒学成德堂记》 《至顺镇江志》卷一七
林遇春		祁门	始兴县主簿。	《万历祁门县志》卷三
花忽都		安丰	至治元年任衢州路总管。	《嘉靖衢州府志》卷二
花桂发		无为州	致和元年任庆元路学教授。	《延祐四明志》卷二
邵孜 字思善 又字青门		休宁	师从休宁县尹唐棣,善画梅竹山水。 弟谊,字思宜,号瓜圃锄云、青门生。曾任休宁训导。工山水,尤精红梅墨菊。画作亦受唐棣影响。	《万姓统谱》卷一〇三 《历代画史汇传》卷五五 《宋元以来画人姓氏录》卷三〇
邵维贞		休宁	至元间任清河县尹。	《嘉靖清河志》卷二

姓名	生卒年月	籍贯	履历	资料来源
金若洙 字子方 号东园		休宁	受业于同邑程若庸,宋宝祐间,由乡荐历知黔江县。宋亡不仕。有《东园集》、《四咏吟编》、《性理字训集文》。	《新安学系录》卷一六 《宋元学案》卷八三
金镇		徽州	新昌县尹。	《万历绍兴府志》卷二八
金一桂 字文馨		休宁	以荐为沅州守。	《古今图书集成·氏族典》卷三六一
金符午 字彦忠 号竹洲 鱼隐		休宁	工诗文。有《竹洲渔隐集》。	《弘治徽州府志》卷九
金符申 字彦直 号珰溪 钓叟		休宁	符午弟。至正间,因平盗功,授宁国等处榷茶副提举。工诗文。有《珰溪钓叟集》。	《弘治徽州府志》卷九
金鼎实		广德	松阳书院山长。	《元诗选》癸集己上
金震祖 字宾旸	1299—1362	休宁	从陈栎、胡炳文学,以荐入太史院,后从秦王深入朔漠有功,授平江十字路万户府镇抚,世乱归隐山中。	《新安文献志》卷九七 《元十字路万户府镇抚金公震祖行状》 《弘治徽州府志》卷九 《新安学系录》卷一六
金随祖		休宁	至正间官本县主簿。	《新安志补》卷六
侯宾于 字廷美		宣城	官广东宪使。	《宛陵群英集》卷四 《元诗选》癸集丁
俞元膺 字元应		婺源	治《春秋》,工诗词。至正间高第,授翰林学士。	《新安文献志》卷首《先贤事略上》 《弘治徽州府志》卷八
俞师鲁 字唯道 号水村	1269—1333	婺源	大德十年,以荐为史馆编修;迁龙兴路学教授。至治中,除广德路学教授,秩满授松江府知事。以疾卒于官。有《易》、《春秋》注说。	《新安文献志》卷九五下 《松江府知事俞公行状》 《弘治徽州府志》卷七 《万姓统谱》卷一二

姓名	生卒年月	籍贯	履历	资料来源
姚琏 一名廷用 字叔器		歙县	从胡炳文游,授紫阳书院学官,累迁太平路学教授,辞归。	《弘治徽州府志》卷六 《宋元学案补遗》卷八九
姚和中 号四清		当涂	征召不赴,潜心讲学,宣城汪泽民及同邑李习、李翼,皆其高足。为当世大儒。	《弘治太平府志》卷一九 《宋元学案补遗》卷九五
施琪 字永叔		宣城	饶州路初庵书院山长。	《宛陵群英集》卷四、六、九、一二
施正大		泾县	至元间伯颜下江南,辟知本县。	《宛陵群英集》卷六
施应先		青阳	至顺元年授本县教谕,累迁麻阳主簿。	《万历青阳县志》卷四、五
洪焱祖 字潜夫 号杏庭	1267—1329	歙县	至元二十九年授平江路学录,调浮梁长芗书院山长,转绍兴路学正,擢衢州路学教授,升遂昌主簿,致仕,卒。工诗。有《杏庭摘稿》50卷。另有《新安后续志》10卷。	《危太朴文续集》卷一《洪杏庭集序》 《宋文宪公全集》卷三五《杏庭摘稿序》 《弘治徽州府志》卷七 《新安志补》卷六 《宋元学案补遗》卷三九
洪椿 字子寿		歙县	焱祖父。至元十三年辟本县丞,改主簿,调仙居县,升尹玉山,改东阳,秩满归,卒于道,年七十五。	《弘治徽州府志》卷八 《新安志补》卷六 《万历金华府志》卷一二
相镇 字仲安		濠州人居镇江	宋末为沿江制置司都统制,德祐元年降元,累授镇江府路治中。至元二十七年,迁和州路同知。	《至顺镇江志》卷一五、一九
胡泳 字子游		绩溪	元初辟充黟县教谕,升徽州路学正。	《万历绩溪县志》卷一〇
胡愿 字伯恭	1262—1321	铜陵	历南陵、淳安二县主簿,迁崇德、婺源二州判官,除靖安县尹,改崇仁。	《吴文正集》卷七七《故承直郎崇仁县尹胡侯墓志铭》 《万历铜陵县志》卷六

姓名	生卒年月	籍贯	履历	资料来源
胡震		绩溪	任昌化县尉。	《万历绩溪县志》卷九
胡元举字子仁		宣城	兰亭书院山长。	《宛陵群英集》卷六
胡炳文字仲虎号云峰	1250—1333	婺源	笃志朱子之学，至元二十五年任江宁教谕。大德五年历信州路学录，辟道一书院山长。至大间族子淀建明经书院，知州聘炳文掌教事，成材者甚多。著有《周易本义通释》12卷、《四书通》26卷、《纯正蒙求》3卷、《云峰集》10卷。	《云峰集》卷九《云峰胡先生行状》《新安文献志》卷七一《胡云峰传》《元史》卷一八九《弘治徽州府志》卷七《元儒考略》卷二《宋元学案》卷八九《宋元学案补遗》卷八九《元诗纪事》卷一四
胡有庆		泾县	至元间为婺源县尹。	《新安志补》卷六
胡德芳		泾县	有庆子。至正间以捕贼功授旌德主簿。	《万历宁国府志》卷一七
胡初翁字成性号存庵别号敬存		婺源	以诗名，举为徽州路考试官，有《存庵吟稿》。	《云峰集》卷一《答敬存胡先生书》《元诗选》癸集癸下
胡彬甫		绩溪	以擒寇贼功，历官至建康路总管。	《万历绩溪县志》卷一〇
胡遂孙字成甫号竹洲		绩溪	元初为本县教谕，历太平州学正、浮梁州学教授。元贞间迁庐州路学教授，未之任卒。	《贞素斋集》卷三《跋竹洲胡君行述后》《万历绩溪县志》卷一〇
胡镇孙字安国		祁门	宋咸淳元年进士，历知星子县，秩满家居。元初乡里扰攘，郡委摄祁门县事，擒捕强徒，民赖以安。	《弘治徽州府志》卷八《万姓统谱》卷一一
范梦魁		庐州	大德六年任丹徒县主簿。	《至顺镇江志》卷一六
韦供		祁门	元统间由近侍任零陵县尹。	《万历祁门县志》卷三

安徽通史

姓名	生卒年月	籍贯	履历	资料来源
倪士毅 字仲弘 号道川	1303—1348	休宁	师名儒朱敬舆、陈栎,教授黟县。学者称道川先生。著有《四书辑释》36卷、《作义要诀》1卷、《历代帝王传授图说》、《道川集》。	《东山存稿》卷七《倪仲弘先生改葬志》 《弘治徽州府志》卷七 《元儒考略》卷四 《宋元学案》卷七〇 《宋元学案补遗》卷七〇
倪印心 号古洲		绩溪	元初以荐授湖广儒学副提举,至元三十年任开化县尹,迁尹玉山。	《万历绩溪县志》卷九 《万姓统谱》卷一四
倪应渊 字耕道	1227—?	宣城	至元三十一年起为和州路学教授。	《桐江续集》卷三三《送倪耕道之官历阳序》 《宛陵群英集》卷五
倪水西		泾县	本路教授。著有《水西诗集》。	《嘉庆泾县志》卷一八
唐元 字长孺 号筠轩	1269—1349	歙县	泰定四年以文学授平江路学录,迁分水教谕,升集庆路南轩书院山长,寻以徽州路学教授致仕。有《筠轩集》50卷。	《筠轩集》卷首《自序》 《新安文献志》卷九五下《徽州路儒学教授唐公墓志铭》 《新安志补》卷七 《万姓统谱》卷四八 《宋元学案补遗》卷三九 《元诗纪事》卷五
唐桂芳 一名仲 字仲实 号白云	1299—1371	歙县	元子。至正中历崇安县学教谕、南雄路学正。入明,起摄紫阳书院山长,卒。有《白云集》7卷。	《新安文献志》卷八九《唐公行状》 《白云集》卷首《白云集自序》
唐志大		天长	至正末任曲阳主簿。	《嘉靖真定府志》卷四
夏贵 字用和	1197—1279	安丰	少长兵间,端平元年,从赵范入洛,每战辄先登。嘉熙三年解寿春围,后援高邮,救扬州,积功升吉州刺史、知怀远军。宝祐六年除兼河南招抚使。历知庐州、重庆、宣抚两淮,为宋末虎将。德祐二年以合肥降元,授行省参政,升左丞。	《申斋文集》卷八《夏公神道碑铭》 《三朝野史》 《山房随笔》 《庶斋老学丛谈》卷四 《大明一统志》卷一四 《元史类编》卷一八

姓名	生卒年月	籍贯	履历	资料来源
夏贻孙		安丰	夏贵孙。历台州路总管，迁淮西宣慰使。	《元史》卷九 《嘉靖浙江通志》卷一一六
夏质孙		安丰	夏贵孙。至顺元年任吴江知州，迁新昌知州。	《嘉靖吴江县志》卷一七
夏赐孙		安丰	夏贵孙。延祐中为余姚州同知，后至元间尹永丰。	《万历绍兴府志》卷二八
徐骥 字伯骥		婺源	受邵雍之学于程直方。对邵子先天心学之妙多所发明。著《义易图意》、《皇极经世发微》。	《新安学系录》卷一六 《宋元学案补遗》卷七八
徐文中 字用和		宣州	冒姓倪氏。善针药方术，多所救活。历吴郡吏、江浙理问所提控案牍，终绍兴路知事。	《稗史集传》
徐庭芝		铜陵	长山书院山长。	《万历铜陵县志》卷六
晁显 字显卿		巢县	至治二年由户部郎中出知棣州，泰定三年升平江路总管，仕至两浙监运使。卒谥清献。	《归田类稿》卷四《棣州重修夫子庙记》 《洪武苏州府志》卷二〇 《正德姑苏志》卷三
秦天祐		舒城	初为本县丞，升知六安州，元季兵兴，能保境安民。	《嘉靖六安州志》卷中 《万历庐州府志》卷六、八
袁祥 字洪甫	1280—1354	当涂	历旌德、上元两县教谕，迁绍兴二戴书院山长。	《弘治太平府志》卷二〇
贡奎 字仲章 号云林	1269—1329	宣城	师泰父。以文学举为池州齐山书院山长，历太常奉礼郎、翰林应奉。延祐初除江西儒学提举，迁翰林待制。泰定中为集贤直学士。有《云林集》6卷。	《石田集》卷一一《集贤直学士贡文靖公神道碑铭》 《宛陵群英集》卷一、三、五、八 《元史》卷一八七 《万历宁国府志》卷一七 《宋元学案》卷九二 《宋元学案补遗》卷九二

姓名	生卒年月	籍贯	履历	资料来源
贡仲友		宣城	为婺源州判官。	《元诗选》癸集己上
贡性之 字友初		宣城	师泰从子。以胄子除簿、尉，补闽省理官。入明，改名悦，避居会稽，卒，门人私谥曰贞晦先生。有《南湖集》7卷。	《万历宁国府志》卷一六 《万历绍兴府志》卷三九 《两浙名贤录》卷五四 《宋元学案补遗》卷九二 《元诗纪事》卷二七
贡师刚 字刚父	1303—1373	宣城	师道弟。补婺州丽泽书院山长，转余干州学教授，调广德。中原乱，移家入浙，辟江浙行省掾，迁杭州西北录事司录事。	《始丰稿》卷一三《故元将仕郎杭州路西北录事司录事贡府君新阡表》
贡师泰 字泰甫 号玩斋	1298—1362	宣城	奎子。由国子生登泰定四年进士第，授太和州判，改歙县丞，擢翰林应奉，除绍兴路推官，历宣文阁授经郎、翰林待制、国子司业，累官监察御史。至正十四年除吏部侍郎，改兵部，出为平江路总管，历两浙监运使、江浙参政。二十年除户部尚书，分部闽中。二十二年召为秘书卿，行至海宁卒。有《玩斋集》10卷。	《宛陵群英集》卷六、九 《书史会要》卷七 《元史》卷一八七 《两浙名贤录》卷五四 《闽书》卷四四 《宋元学案》卷九二 《宋元学案补遗》卷九二 《元诗纪事》卷二〇
贡师道 字道甫		宣城	奎侄。累迁翰林待制，与修辽、宋、金三史，谓正统在宋而不在辽金，不谐众议。出为嘉兴路治中，寻卒。	《云林集》卷五《送师道侄赴太常奉礼》 《嘉靖嘉兴府图记》卷一〇 《元诗选》癸集丁、己上 《宋元学案补遗》卷九二
贡师谦		宣城	师泰兄。任集贤院照磨。	《宋元学案补遗》卷九二
贡清之 字有源		宣城	至正四年为溧阳州学教授。	《畏斋集》卷四《送贡有源归宣城序》 《弘治溧阳县志》卷四
贡颖之 字友达		宣城	奎从孙。以春秋中乡试，道梗未能赴会试，便宜授平江路儒学正。	《始丰稿》卷二《送贡友达序》 《密庵稿》己部《寓轩记》

姓名	生卒年月	籍贯	履历	资料来源
马均 字平甫		安庆	至元二十三年任镇江路提控案牍。	《至顺镇江志》卷一五
马肃 字叔敬 号敬斋		婺源	以儒医入大都,授福州路医学教授,迁江西医学提举。有《竹庄吟稿》。	《新安文献志》卷首《先贤事略上》 《弘治徽州府志》卷一〇
高若弼 号忠斋		绩溪	任桐庐县学教谕,至正十四年领本邑事。	《万历绩溪县志》卷九
高阳祖 字明叟		绩溪	若弼父。至元间举明经,任南安教授。	《万历绩溪县志》卷九
商袤		泗州	任镇江淮海书院山长。	《至顺镇江志》卷一七
康宁		祁门	至元十五年为本县尹。	《万历祁门县志》卷三
张恬 字安道		绩溪	元初授本县尹,历尹铅山、建德。	《万历绩溪县志》卷一〇
张炳 字仲文 一字文虎		歙县	大德间为宣城教谕,迁徽州紫阳书院山长,以徽州路学教授致仕。卒年八十一。	《桐江续集》卷三三《送张仲文教谕还宣城序》 《弘治徽州府志》卷六 《宋元学案补遗别附》卷二
张旂 号方山		绩溪	至元二十三年举授广德路学教授,致仕归。	《万历绩溪县志》卷九、一〇 《元诗选》癸集己上
张嵘 字孟洪		绩溪	旂子。授紫阳书院山长,历转江阴州、建德路学教授。	《新安志补》卷七 《万历绩溪县志》卷一〇
张渥 字叔厚 号贞期生 江海客	?—1356	淮南人 寓杭州	画工白描人物,师法北宋李公麟,有"李龙眠后一人"之誉。	《西湖竹枝集》 《草堂雅集》卷三、六、七 《图绘宝鉴》卷五 《六研斋二笔》卷二 《六研斋三笔》卷二 《元诗纪事》卷二四
张子和		舒城	由进士任宿迁主簿,有诗名。	《万历庐州府志》卷七、九

【宋金元卷】

姓名	生卒年月	籍贯	履历	资料来源
张仲仁		濠州人寓泗州	至正间贾鲁召使谕安丰，被害。子顺礼继往谕之，亦死焉。	《弘治中都志》卷五《元史类编》卷四〇
张存中字德庸		婺源	传朱熹之学，著有《四书通证》6卷。	《新安学系录》卷一六《宋元学案补遗》卷八九（作字伯庸）《康熙婺源县志》卷九
张希浚		绩溪	至元十六年任祁门县尹。	《万历绩溪县志》卷一〇《万历祁门县志》卷三
张良卿字弘道		婺源	绍兴路医学教授，卒年七十二。	《弘治徽州府志》卷一〇
张师愚字仲渊字仲愚		宣城	汪泽民合辑宋元宣城诗人之作，成《宛陵群英集》12卷。	《万历宁国府志》卷一七《宋元学案补遗》卷九五
张师鲁字叔舆		宣城	师愚弟。曾编《梅尧臣年谱》。	《宛陵群英集》卷一、六、八、一一《宋元学案补遗》卷四、四九、九五（讹作张师曾）
张学龙字云从		婺源	传朱熹之学，著有《诗经训释》。	《康熙婺源县志》卷九
张绍祖字子让		颍州	读书力学，以孝行闻，特授河南路学教授。至正十五年奉父避兵山中，贼至，绍祖请代父死，贼两释之。	《元史》卷一九八《宋元学案补遗别附》卷三
曹泾字清甫号弘斋	1234—1315	休宁人，寓居歙县	宋咸淳四年进士，讲授于丞相马廷鸾家，其子端临等皆承泾学。十年任昌化县主簿，明年权知县事。宋亡，起为徽州紫阳书院山长，与方回齐名。有《五经讲义》4卷、《书稿》5卷、《文稿》5卷、《俪稿》5卷及《服膺录》、《读书记》、《杂作管见》、《三场管见》、《泣血录》、《过庭录》、《课余杂记》、《曹氏家录》、《古文选》等。	《东山存稿》卷一《读弘斋遗稿》《新安文献志》卷九五上《曹主簿传》《新安志补》卷七《宋元学案》卷八九《宋元学案补遗》卷八九

姓名	生卒年月	籍贯	履历	资料来源
曹伯启字士开号汉泉	1255—1333	砀山	幼从东平李谦问学。延祐元年累迁御史台都事，改刑部侍郎，历真定路总管、司农丞。六年迁南台治书。英宗立，拜山北廉访使，入为集贤学士，除侍御史。泰定初引年归。有《曹文贞公诗集》10 卷(一作《汉泉漫稿》)。	《曹文贞公诗集》后录《文贞曹公神道碑铭》《滋溪文稿》卷一〇《元故御史中丞曹文贞公祠堂碑铭》《至正金陵新志》卷六《元史》卷一七六《元诗纪事》卷九《宋元学案补遗》卷二《元诗选》初集丙
梁雄飞		淮西	官广东道宣慰使。	《高要金石略》卷四《梁雄飞题名》
梅实字仲实		宣城	至正间为集庆路照磨，朱元璋克金陵，不屈死。	《宛陵群英集》卷六、一〇、一一《万历宁国府志》卷一六
梅致和字彦达一作彦远	1300—1356	宣城	数试场屋不利，乃弃去举业，家居著书，有《类编》12 卷。	《宛陵群英集》卷二、四、六、九(作彦远)《万历宁国府志》卷一八《宋文宪公全集》卷二〇《梅府君墓志铭》
梅应发字定夫号艮岩	1224—1301	广德	宋宝祐元年进士，授庆元府学教授，累官太府卿、直宝章阁。入元不仕。有《艮岩余稿》4 卷。	《桐江续集》卷二六《挽艮岩梅府卿》《清容居士集》卷三三《师友渊源录》《宋诗纪事补遗》卷七一《元史新编》卷五〇
添荣祖字仲华	1271—1336	当涂	累官武昌路诸色人匠提举。	《弘治太平府志》卷一九
毕祈凤字景韶号梧山	1224—1300	休宁	宋咸淳元年进士，累知石门县，迁权知辰州。宋亡，家居不仕。	《桐江集》补遗之《知县权州宣参毕公墓志铭》《永乐大典》卷二〇二〇五《新安志》
章文麟字瑞卿		绩溪	至正间举为本县主簿，擒贼有功，擢宁国路同知。	《万历绩溪县志》卷九、一〇

【宋金元卷】

姓名	生卒年月	籍贯	履历	资料来源
章克让		颍上	举进士,任繁昌县尹。	《嘉靖颍州志》卷下
许月卿 字太空 后字宋士 号山屋 先生	1217—1286	婺源	宋淳祐四年进士。历濠州司户参军、婺源州学教授、临安府学教授,干办江西提举常平事。元军下钱塘,五年不言卒。新安之学自山屋一变而为风节。	《新安文献志》卷六六《宋山屋先生许公月卿行状》
许荣 字荣卿		舒城	至正十七年以同金分枢密院事保障乡里,二十年升同知。卒年八十三。	《万历舒城县志》卷九
郭雷焕 字有章		泾县	由荐任池州路教谕,至元元年为乐平州学教授。工骈俪文,时称"郭四六"。著有《郭四六集》。	《宛陵群英集》卷九《安徽金石略》卷三
陈柏 字新甫 号云峤	?—1339	泗州	历礼部侍仪舍人、太常院太祝,后至元五年出为余姚州同知。卒年六十余。	《南村辍耕录》卷二四《两浙名贤录》卷五四《元诗纪事》卷一八
陈俣 字玉峰		太平	曾任县尹,有诗集行于世。	《嘉庆太平县志》卷七
陈钺 字宜之		当涂	宋咸淳七年进士,授镇巢军判官,辟建康闾幕,因家焉。入元起摄建康路学教授,学者称慈湖先生。卒年五十四。	《北游集》卷上《呈金陵教授陈宜之》《至正金陵新志》卷一四
陈龙 字义仲 号竹洲 老人	1249—1322	祁门	宋咸淳四年登进士第,授都昌县主簿。宋亡归里。至元十八年,以平乡邑贼乱有功,授定海县海内寨巡检,累升长亭场盐司管勾,改抚州路在城税课大使,终清湘县主簿。有诗集曰《竹洲集》。	《环谷集》卷八《元故将仕郎全州路清湘县主簿陈君墓碣铭》

姓名	生卒年月	籍贯	履历	资料来源
陈栎 字寿翁 号东阜	1252—1334	休宁	学宗朱子。延祐元年乡试中选，不赴礼部试，教授于家。所居堂曰定宇，学者因称定宇先生。著有《尚书集传纂疏》6卷、《历代通略》4卷、《勤有堂随录》1卷、《定宇集》16卷、《别集》1卷，编有《新安名族志》2卷。	《定宇集》卷一七《定宇先生行状》、《定宇先生墓志铭》 《元史》卷一八九 《弘治徽州府志》卷六、七 《元儒考略》卷三 《宋元学案》卷七〇 《宋元学案补遗》卷七〇 《元诗纪事》卷一二
陈岩 字清隐 号九华山人	?—1299	青阳	宋季屡举进士不第，淳祐中尝辑杜甫诗句成《凤髓集》，不传。入元隐居九华山。有《九华诗集》1卷。	《大明一统志》卷一六 《万历池州府志》卷六 《元史类编》卷三六 《宋诗纪事》卷七九
陈一德 号静轩	1256—?	歙县	至元中为奉化县尉。	《延祐四明志》卷三 《定宇集》卷一二《眉寿庵记》
陈君佐		宿州人居扬州	山水师马远、夏珪，墨戏师宋徽宗。	《图绘宝鉴》卷五
陈良弼 字公辅		宣城	历采石书院山长、嘉兴路学教授，调上元县主簿，升新宁县尹，以旌德县尹致仕。	《宛陵群英集》卷五、八 《至正金陵新志》卷六 《嘉靖浙江通志》卷三三 《万历宁国府志》卷一七 《元诗选》癸集丙
陈宜孙 字行可 号弗斋	1231—1297	休宁	宋开庆元年进士。元初授本县尹。至元二十年迁开化，调通州判官。	《新安文献志》卷八五《弗斋先生陈公行状》 《弘治徽州府志》卷八 《嘉靖衢州府志》卷二
陈真孙 字善甫		宣城	至正五年任黟县尹。	《安徽金石略》卷二《黟县儒学新增田粮记》 《嘉靖徽州府志》卷五
陈执中		宿州	至正中为清丰县尹，治教咸尽。	《正统大名府志》卷五 《嘉靖清丰县志》卷四、五

姓名	生卒年月	籍贯	履历	资料来源
陈道夫	？—1358	怀宁	至正间余阙守安庆,辟为怀宁县尹,城陷,与阙同死。	《南畿志》卷四二 《新元史》卷二三三
陶安 字主敬	1312—1368	当涂	师事李习兄弟,尤专于《易》。至正四年,中江浙行省乡试。八年,授明道书院山长,改高节书院。十四年避乱家居。十五年朱元璋至,偕父老迎谒,献言攻取集庆以争天下。著有《周易集粹》、《陶学士文集》等。	《嘉靖重修太平府志》卷六
陶起祖		铜陵	至正间募集义兵,任本路同知,为贼所执,不屈死。	《万历铜陵县志》卷七 《新元史》卷二三二
傅洪 字希远		建平	太湖县尹。	《嘉靖建平县志》卷六
傅汝砺 字若金		萧县	历陕西道御史,迁浙江廉访司佥事。有《清江集》8卷、《诗法源流》1卷。	《南畿志》卷六二 《嘉靖徐州志》卷一二
汤植翁 字茂叔		广德	镇江路濂溪书院山长。	《至顺镇江志》卷一七
程复		婺源	紫阳书院大学训导,著《春秋守约》。	《弘治徽州府志》卷九
程鹏翼 字九万		婺源	文弟。至正间为袁州路知事,城陷不屈死。	《弘治徽州府志》卷九
程冲		全椒	至正中为嵊县主簿。	《万历绍兴府志》卷二八
程宗		泗川	国子生,至正六年累迁望江县尹。	《南畿志》卷四二(作:程宗杰) 《安徽金石略》卷一《三孝堂记》

姓名	生卒年月	籍贯	履历	资料来源
程相 字仲和	1255—1331	绩溪	元初荐授信州录判,历兰溪州判、宁海县丞,转尹清江,改常宁知州,以浙东宣慰副使致仕。	《新安文献志》卷八六《元浙东道宣慰副使程公墓志铭》《弘治徽州府志》卷八《万历绩溪县志》卷一〇
程淳		休宁	后至元中任婺源州判官。	《新安志补》卷六《嘉靖徽州府志》卷五
程隆 字君熙		休宁	元初辟为本县尉。《新安文献志》卷八五《徽州路休宁县尉程君墓表》。	
程迁 字廷秀		休宁人徙歙县	初为县尉,至元二十三年从征安南,以功授千户。	《弘治徽州府志》卷九
程龙 初名渊 字舜俞 号苟轩 又号不不翁	1242—1322	婺源	宋咸淳七年进士。历黄陂县主簿、安庆府学教授、池阳司户参军、严州推官。入元,授永嘉县尹,历松江府判、同化路判,转湘阴知州,以徽州路同知致仕。著有《尚书毛诗二传释疑》《礼记春秋辨证》《弄丸余说》《三分易图》《归田录》。	《新安文献志》卷九五上《家传》《新安学系录》卷一〇《弘治徽州府志》卷六《宋元学案补遗》卷一六《新元史》卷二三五(讹作:宋永嘉县尹,入元不仕)
程燧 字德明		婺源	龙孙。延祐五年荫授新城主簿,泰定三年改丹阳主簿,迁清江镇征税官,升侯官县尹,除建宁路推官,至正七年调太平路。	《至顺镇江志》卷一六《陶学士集》卷一四《送程推官序》
程涛		徽州	以朱熹《易学启蒙》及熹与门人平日之语汇成《易启蒙类编》,失传。	《道园学古录》卷五《易启蒙类编序》
程元直		亳州	至元间为交城县尹,政平讼简,升知绛州。	《成化山西通志》卷八《万历平阳府志》卷六
程天祐		休宁	徽州路教授。	《新安志补》卷七

姓名	生卒年月	籍贯	履历	资料来源
程文彬		绩溪	至元十三年授太平路司狱,至大四年累迁武义县尹,转松江府判。	《万历绩溪县志》卷一〇《万历金华府志》卷一三
程煜字叔明		绩溪	文彬子。举授淳安县主簿。	《万历绩溪县志》卷九
程克柔		祁门	至元十三年任本县主簿。	《新安志补》卷六
程克绍字成甫		休宁	至元十六年用荐为遂安县主簿,寻弃去。	《桐江续集》卷二六《题程氏麟嘉寿域》《新安学系录》卷一六
程国儒字邦民		徽州人寓鄱阳	至正十一年进士,历余姚州判,十九年任衢州路都事。入明,授内省都事,除洪都太守,坐事系狱,自尽死。	《永乐大典》卷三五二八《麟溪集》《万历绍兴府志》卷二八《金石萃编未刻稿》之《元辛卯会试题名记》(讹作:穆国儒)
程逢午字信叔一作伸叔	1237—1303	休宁	宋宝祐、咸淳中,两举进士不第,遂绝意仕禄,以诗书讲授乡里。元贞二年荐授徽州紫阳书院山长。大德七年除海盐州儒学教授,未赴卒。著有《中庸讲义》3卷。	《新安文献志》卷七一《故海盐州教授程君墓志铭》《弘治徽州府志》卷七《宋元学案补遗》卷八三
程愿学字希圣一字节卿	1276—1335	休宁	逢午子。仕至循州长乐县尹。	《东山存稿》卷七《长乐县程令君行状》
程复心字子见号林隐	1257—1340	婺源	学本朱子,撰《四书图说》,以徽州路学教授致仕。	《清容居士集》卷二一《新安程子见四书图训序》《新安文献志》卷七一《程教授复心传》《元儒考略》卷四《宋元学案补遗》卷六四
程荣秀字孟敷	1263—1333	休宁	延祐中荐授建康路明道书院山长,历平江路学录、嘉兴路学教授,以江浙儒学副提举致仕。为学本朱子,而以治心为主,所至必揭《四箴》及《敬斋箴》于壁以自警。有《翼礼》。	《新安文献志》卷七一《元江浙儒学提举程公荣秀墓志铭》《弘治徽州府志》卷七《宋元学案》卷八九《宋元学案补遗》卷八九

姓名	生卒年月	籍贯	履历	资料来源
舒頔 字道原 号贞素 道人	1304—1377	绩溪	游学甚广,得马祖常、韩镛器重。后至元三年辟贵池教谕,调丹阳。至正十年转台州路学正,世乱,归隐山中。有《贞素斋集》8卷、《附录》2卷。	《贞素斋集》卷首《贞素斋集自传》、附录卷一《故贞素先生舒公行状》、《华阳贞素舒先生墓志铭》 《元诗纪事》卷二二 《新元史》卷二三八
舒远 字仲修 号北庄		绩溪	頔弟。诗人。著有《北庄遗稿》。	《元诗选》二集辛 《古今图书集成·氏族典》卷六二
舒逊 字士谦 号可庵		绩溪	远弟。诗人。著有《搜枯集》。	《贞素斋集》卷一《适安堂记》 《元诗选》二集辛 《古今图书集成·氏族典》卷六二
项志道		歙县	至正十二年募义兵千人,从官军收复徽州,授祁门县尹(一作主簿)。	《新安志补》卷六 《嘉靖徽州府志》卷五
冯勉 字彦思		池州建德	至顺元年进士,授常州路录事,累迁韶州路推官。	《畏斋集》卷四《送冯彦思序》 《万历池州府志》卷五
冯三奇		怀宁	恩授德安府学教授,中至顺元年进士。任光山县尹,迁翰林编修。参与编纂辽、金、宋三史。书成,升国子助教,累官至儒林郎。	《大明一统志》卷一四 《南畿志》卷四二
黄元承 字子厚		婺源	荫授于潜县主簿,迁丹阳县尹,以廉洁称,后遇贼不屈死。	《弘治徽州府志》卷九 《南畿志》卷五五
黄自诚 字可久		宛陵	官翰林院编修。	《元诗选》癸集丁
黄秉彝 字君美		谯郡	补吏济宁,掾淮西宪,迁山南。后至元六年选为中书掾。	《燕石集》卷一二《送黄君美序》

姓名	生卒年月	籍贯	履历	资料来源
黄智孙 字常甫 号草窗	1226—？	休宁	宋景定五年,由郡庠贡入太学。后谢病归,杜门讲学授徒。著有《草窗集》8卷、《四书讲义》200篇。	《新安学系录》卷一〇 《行实略》 《宋元学案》卷七〇
杨公远 字叔明 号野处居士	1228—？	歙县	能诗善画,有《野趣集》、《野趣有声画》二卷。	《野趣有声画》卷首《野趣有声画序》 《元书》卷八九 《元诗纪事》卷五
杨少愚 字仲愚		青阳	好学博识。屡举皆不第,遂隐居著述。著有《秋浦集》、《九华外史》、《孝经衍义编》,皆不传。	《万历池州府志》卷六 《万历青阳县志》卷四 《万姓统谱》卷四一
杨仲愚		青阳	至正十三年中乡试,授金坛县学教谕,迁池州路学正。	《万历青阳县志》卷四 《万历池州府志》卷五
杨惟良		萧县	仕至甘肃行省参政。	《大明一统志》卷一八
楚珩		蒙城	鼎父。仕金为寿州防御使,金亡归宋,守宿州,未几降于蒙古,宋兵来攻,城破死之。	《元史》卷一六六
楚鼎		蒙城	德祐元年降于蒙古,授管军总管,镇宁国。	《元史》卷一六六 《新元史》卷一五三
葛元龄 字椿甫		绩溪	元统元年举授祁门县主簿,卒于官。	《万历绩溪县志》卷九
葛宗极 字拱辰		泾县	大德七年任歙县丞,仕至常山县尹。	《弘治徽州府志》卷四 《万姓统谱》卷一一七 (作:葛拱辰,字宗极)
虞执中 字柏权		望江	登进士第,授中兴路录事,迁榆社县尹,南归,病卒于途。	《古今图书集成·氏族典》卷六五
詹献 字廷用		新安	至正十九年由内史府照磨迁秘书郎。	《元秘书监志》卷一〇
詹文质 字子仪		濠梁	至正二十年任吴江州同知。	《嘉靖吴江县志》卷一七

姓名	生卒年月	籍贯	履历	资料来源
路琪 字永叔		宛陵	饶州路初庵书院山长。	《元诗选》癸集丁
漆荣祖 字仲华	1271—1336	黄池	历黄池、建康、杭州三织染局副使，迁武昌路造作副提举，升武昌路诸色人匠提举。	《金华黄先生文集》卷三八《奉训大夫武昌路诸色人匠提举漆君墓志铭》
赵汸 字子常 号东山	1319—1369	休宁	明初与修元史，著有《周易文诠》4卷、《春秋集传》15卷、《春秋师说》3卷、《春秋属辞》15卷、《春秋左氏传补注》10卷、《春秋金锁匙》1卷、《东山存稿》7卷。	《新安文献志》卷七二《东山赵先生汸行状》 《宋文宪公全集》卷四三《春秋属辞序》 《枫林集》卷三《集赵东山文稿序》 《弘治徽州府志》卷七 《宋元学案》卷九二 《宋元学案补遗》卷九二 《明史》卷二八二 《元诗纪事》卷二七
赵象元 字长卿 号可斋		休宁	汸祖。元初授本县丞，改婺源县丞，迁仁和县尹，未上卒。	《弘治徽州府志》卷四、八 《新安志补》卷六
赵霖		泗州	丹徒县尉。	《至顺镇江志》卷一六
赵良钧 号鼎峰		婺源	宋宗室。宋咸淳七年进士，授宗学教谕，出为广德教授，入元不仕，居乡讲学。	《弘治徽州府志》卷六、九 《宋元学案补遗》卷一六 《元书》卷八八
赵居仁 字仲义		亳州	至顺元年累迁新昌知州。	《齐乘》卷一三
赵弥忠 字资敬 号云屋	1228—?	休宁	宋末官判院，入元不仕。著有《云屋集》。	《桐江续集》卷二○、二三、三五、三六 《桐江集》卷三《答赵云屋》 《弘治徽州府志》卷九 《宋季忠义录》卷一五
刘光 字元辉 号晓窗		歙县	喜为诗，晚益工，有《晓窗吟稿》。	《新安文献志》卷首《先贤事略上》

姓名	生卒年月	籍贯	履历	资料来源
刘迪 字吉甫		安庆	镇江路经历。	《至顺镇江志》卷一五
刘让 字敬修 一字敬先		桐城	至顺元年进士,任翰林典籍,累官顺州知州。	《弘治桐城县志》卷二
刘祥 字孝先		桐城	让弟。至正二年进士,历官江西廉访司知事。	《弘治桐城县志》卷二
刘湛		宿州	累官广平路总管,有贤声。	《弘治中都志》卷五 《万历宿州志》卷一六、一七
刘瑄		和州	至元十五年任章丘县尹。	《万历章丘志》卷一〇
刘有庆 字志善 号损斋		眉山人 寓南陵	任平江书院山长。	《元诗选》癸集丁(讹作:字元善) 《宋诗纪事补遗》卷八三(讹作:字元长)
刘铸 字禹鼎		其先蜀郡人,以父宦家南陵	有庆子。至治元年进士,历安庆路推官,除知南丰州,迁浙江、湖广行省,两典文衡,咸服其公允。长于诗。	《宛陵群英集》卷四、九 《万历宁国府志》卷一七 《元诗选》癸集丙
刘锡 字禹畴		南陵	铸弟。荫授江夏县尉,调弋阳主簿,累迁宁国路推官。	《宛陵群英集》卷九
刘益谦 字恭甫		颍州太和	历河南行省掾史、枣阳县尹。元统二年迁镇平县尹。	《菊潭集》卷三《镇平县尹刘侯遗爱之铭》 《成化河南总志》卷六、一一 《万历南阳府志》卷七、一四
刘福通		颍州	至正十一年起事反元,以红巾为号,奉韩林儿为帝,自为平章,分兵四出。初都汴梁,后徙安丰。至正二十三年张士诚将吕珍来攻,城陷,被杀。	《草木子》卷三 《七修类稿》卷八 《元史类编》卷四一

姓名	生卒年月	籍贯	履历	资料来源
刘德智 先后字 千里、彦明 晚号 知非子	1275—1329	歙县	历任建德路儒学正、永顺等处军民安抚司儒学教授、衢州路常山县主簿、平江路知事。有《紫溪集》。	《柳待制文集》卷一一 《刘彦明墓志铭》 《新安文献志》卷八六 《刘彦明墓志铭》 《弘治徽州府志》卷八
刘继祖 字大秀	？—1353	濠州	至顺初累官抚州路总管，后卜家于此，至正十三年卒。	《古今图书集成·学行典》卷二四〇
潘纯 字子素	1292—？	合肥	工诗赋，著有《子素集》。	《稗史集传》 《草堂雅集》卷六 《南村辍耕录》卷一〇、二三、二四 《万历合肥县志》卷下
潘铉 字仲金		宣城	浏阳州学教授。	《宛陵群英集》卷六
潘璿		建平	乌程县主簿。	《嘉靖建平县志》卷六
蒋文焕 字彦章		蒙城	至正二十年为于潜县尹。	《万历杭州府志》卷六四
蒋会龙	1235—1305	濠州	元初官淮东道儒学副提举，迁临淮县尹，数月弃去。	《雪楼集》卷一七《临淮县尹蒋君墓铭》
郑玉 字子美 号师山	1298—1358	歙县	元末著名学者。曾力图从朱学出发调和朱、陆两家之争。著有《春秋经传阙疑》45卷、《师山文集》8卷、《遗文》5卷。	《环谷集》卷八《师山先生郑公行状》 《元史》卷一九六 《宋元学案》卷九四 《宋元学案补遗》卷九四 《元诗纪事》卷一九
郑安 字子宁		歙县	千龄父。元初弭乱有功，授本县尹，邑大治。	《元史》卷一六六 《弘治徽州府志》卷八 《安徽金石略》卷二《郑令君庙碑》
郑绍 字仲贤	1288—1353	歙县	潜父。至正二年累官南安路提控案牍。七年升雩都县尹。十三年选为江西宪司经历，未赴卒。	《危太朴文续集》卷五《郑公墓志铭》

姓名	生卒年月	籍贯	履历	资料来源
郑潜 字彦昭 号樗庵	?—1379	歙县	绍子。累迁监察御史，历福建行省员外郎、闽海宪金，升海北廉访副使，以泉州路总管致仕。入明，起为宝应县主簿，迁潞州同知，洪武十一年致仕。有《樗庵类稿》2卷。	《弘治八闽通志》卷六三 《弘治徽州府志》卷七 《宋元学案》卷九四 《闽中金石略》卷一一
郑链 字希贡	1317—1360	歙县	玉弟。至正十二年募义兵讨贼，以功授太白渡巡检，升行军都镇抚。	《弘治徽州府志》卷九 《济美录》卷四 《宋元学案》卷九四
郑千龄 字耆卿	1265—1331	歙县	玉父。历官淳安、祁门两县尉，以休宁县尹致仕。	《师山集》卷八《先府君休宁县尹方村阡表》 《新安文献志》卷八六 《贞白先生郑公行状》
郑天麟 字德甫 号菊存	1217—1283	歙县	绍祖。元初荐授徽州路学宾。著有《梅竹拾遗》。	《新安文献志》卷八八 《学宾菊存郑公墓志铭》
郑昭祖 字孔明 （一作孔昭） 号敬斋		歙县	元初荐授广西儒学提举，不赴，后授保定等路管民提举，迁江淮财赋副总管。卒年五十。	《新安文献志》卷八五 《元江淮财赋副总管郑侯墓志铭》 《弘治徽州府志》卷八
郑绍祖		歙县	至正二年授南安路照磨，升雩都县尹，历江西、湖北二道廉访司经历。	《弘治徽州府志》卷六
骆铸 字希颜		庐州	至元二十年任镇江路判官。	《至顺镇江志》卷一五
鲍元蒙		黟县	至大三年为徽州路医学教授。	《新安志补》卷五 《安徽金石略》卷二
鲍文德		舒城	官万户，至正间守庐州，为炮石所伤而卒。	《万历庐州府志》卷一〇
鲍庭桂 字仲华		滁阳	历官京学提举。	《清容居士集》卷四九《书鲍仲华诗后》 《伊滨集》卷一六《鲍仲华诗序》 《元诗选》癸集癸上

姓名	生卒年月	籍贯	履历	资料来源
鲍云龙 字景翔 号鲁斋	1226—1296	歙县	居乡授徒,潜心理学。著有《天原发微》5卷。	《桐江续集》卷三四《天原发微前序》、《天原发微后序》 《新安文献志》卷八八《鲍鲁斋云龙传》 《宋元学案补遗》卷四九
鲍寿孙 字子寿	1250—?	歙县	宋咸淳三年魁江东漕试,入元历官徽州路学教授,移教宝庆路。注《易》未竟而终。	《宋史》卷四五六 《新安志补》卷七 《宋元学案补遗》卷八九 《宋诗纪事》卷七五
鲍元康 字仲安	1309—1352	歙县	从郑玉游。为玉筑师山书院以聚学者。	《师山集》卷八《鲍仲安墓表》 《宋元学案》卷九四
鲍同仁 字国良		歙县	至正八年官泰宁县尹,以会昌州同知致仕,卒年八十。	《师山集》卷四《邵武路泰宁县重建三皇庙记》 《宋元学案》卷九四
鲍深 字伯原		歙县	师山书院山长。	《弘治徽州府志》卷九 《新安志补》卷七 《宋元学案》卷九四
薛天祐 字安道		庐州	泰定元年任丹阳县尉。	《至顺镇江志》卷一六
谢定		祁门	至正间任漳州路学教授。	《万历祁门县志》卷三
谢伯亮		歙县	至正中为黟县尹。	《新安志补》卷六
谢俊民 字章甫 号适斋		祁门	元末隐居不仕,筑云深坞乐安庄书舍讲明道学。有诗集曰《寓意稿》。	《万历祁门县志》卷三 《宋元学案补遗》卷八三
储磻		石埭	至治元年进士,历赣州路判官。	《嘉靖石埭县志》卷四
戴坚		绩溪	泰定间以孝悌力田荐任上高县丞。	《万历绩溪县志》卷九
戴镒		绩溪	泰定间以明经荐授台州路学正。	《万历绩溪县志》卷九

姓名	生卒年月	籍贯	履历	资料来源
戴仲本		绩溪	至顺间举授余干州判官。	《万历绩溪县志》卷九
戴仲庸		绩溪	至正间举茂才，任清忠书院山长。	《万历绩溪县志》卷九
戴景祥字瑞卿		歙县	历绍兴路照磨，迁浦东盐场司丞，卒于官。	《弘治徽州府志》卷六
罗宣明字传道		歙县	元末募兵保障乡里，明洪武元年授山阳知县。	《弘治徽州府志》卷九《南畿志》卷五五
罗荣字华甫		安丰	至元十二年任镇江路提控案牍，明年升知事。	《至顺镇江志》卷一五
罗璧字子苍号默耕		新安	撰有《识遗》10卷。	《宋元学案补遗》卷四九
边鲁字至愚号鲁生		北庭人居宣城	能诗工画，尤擅画花鸟、水墨。以南台宣使奉命谕贼，不屈而死。	《梧溪集》卷六《边至愚竹雉图歌》《西湖竹枝集》《图绘宝鉴》卷五《翠屏集》卷二《题边鲁生墨竹》《书史会要补遗》
苏志字明甫		贵池	任钱塘县丞，大德间转昌国州判官。	《佩韦斋集》卷九《梦牛亭记》《延祐四明志》卷三
钱真孙字淳父		桐城	善治书，宝祐四年进士。曾知高邮军。咸淳十年知江州兼江西安抚使，以城降元。	《黄氏日抄》卷八六《高邮军社坛记》《宝祐四年登科录》卷五〇《南宋制抚年表》卷二一

主要参考文献

《资治通鉴》,［宋］司马光,中华书局 1956 年版。

《续资治通鉴长编》,［宋］李焘,上海古籍出版社宋史要籍汇编本。

《续资治通鉴》,［清］毕沅,中华书局 1999 年版。

《建炎以来系年要录》,［宋］李心传,光绪庚子年广雅书局刊本。

《宋史》,［元］脱脱等,中华书局 1977 年版。

《金史》,［元］脱脱等,中华书局 1975 年版。

《元史》,［明］宋濂等,中华书局 1976 年版。

《大金国志校证》,［宋］宇文懋昭撰,崔文印校证,中华书局 1986 年版。

《三朝北盟会编》,［宋］徐梦莘,《宋史要籍汇编本》,上海古籍出版社 1987 年版。

《宋会要辑稿》,［清］徐松辑,中华书局 1957 年版。

《隆平集》,［宋］曾巩,台湾文海出版社《宋史资料萃编》本。

《东都事略》,［宋］王称,台湾文海出版社《宋史资料萃编》本。

《宋朝事实》,［宋］李攸,中华书局 1955 年版。

《元祐党人传》,［清］陆心源,光绪十五年刊本。

《宋季忠义录》,［清］万斯同,《四明丛书》本。

《中兴小纪》,［宋］熊克,《八闽文献丛刊》,福建人民出版社 1995 年版。

《续编两朝纲目备要》,［宋］佚名,中华书局 1995 年版。

《刘豫事迹》,［宋］佚名,《藕香零拾》本。

《宋史翼》，[清]陆心源，光绪三十二年刊本。

《南宋馆阁录》，[宋]陈骙；《续录》，[宋]佚名，中华书局1998年版。

《宋元学案》，[清]黄宗羲撰，全祖望增补，光绪五年重刊本。

《宋元学案补遗》、《别附》，[清]王梓材、冯云濠辑，张寿镛补，《四明丛书》本。

《宋诗纪事》、《宋诗小传补正》，[清]陆心源辑，光绪十九年刊本。

《古今纪要》、《古今纪要逸编》，[宋]黄震，《四明丛书》本。

《宋季三朝政要》，[宋]佚名，台湾文海出版社影印文渊阁《四库全书》本。

《中兴御侮录》，[宋]佚名，《藕香零拾》本。

《宋遗民录》，[明]程敏政，《知不足斋丛书》本。

《宋朝事实类苑》，[宋]江少虞，上海古籍出版社1981年版。

《四朝闻见录》，[宋]叶绍翁，台湾文海出版社影印文渊阁《四库全书》本。

《皇宋中兴两朝圣政》，佚名，台湾文海出版社《宋史资料萃编》本。

《皇宋十朝纲要》，[宋]李埴，台湾文海出版社《宋史资料萃编》本。

《楚纪》，[明]廖道南，《四库全书存目丛书》，齐鲁书社1996年版。

《宋五朝名臣言行录》，[宋]朱熹辑，《四部丛刊初编》本。

《京口耆旧传》，佚名，《守山阁丛书》本。

《昭忠录》，[元]佚名，《墨海金壶》本。

《宋史新编》，[明]柯维骐，台湾文海出版社影印文渊阁《四库全书》本。

《宋史质》，[明]王洙，台湾文海出版社影印文渊阁《四库全书》本。

《宋九朝编年备要》，[宋]陈均，台湾文海出版社影印文渊阁《四库全书》本。

《宋史纪事本末》,[明]陈邦瞻,中华书局1977年版。

《文献通考》,[元]马端临,中华书局1986年版。

《职官分纪》,[宋]孙逢吉,中华书局1988年版。

《历代兵制》,[宋]陈傅良,学苑音像出版社2005年版。

《名臣碑传琬琰》,[宋]杜大珪编,台湾文海出版社影印文渊阁《四库全书》本。

《朱子语类》,[宋]黎靖德编,台湾文海出版社影印文渊阁《四库全书》本。

《大金吊伐录》,佚名,台湾文海出版社影印文渊阁《四库全书》本。

《北京图书馆藏拓本汇编》,北京图书馆金石部编,中州古籍出版社1989年版。

《金石萃编》,[清]王昶,台湾国风出版社影印本。

《八琼金石补正》,[清]陆增祥,台湾文海出版社影印本。

《金石苑》,[清]刘喜海编,《石刻史料丛书》本。

《台州金石录》,[清]黄瑞编,《嘉业堂丛书》本。

《万姓通谱》,[明]凌迪知,文渊阁《四库全书》本。

《吹剑录》、《吹剑录外集》,[宋]俞文豹,台湾文海出版社影印文渊阁《四库全书》本。

《皇宋书录》,[宋]董史,《知不足斋丛书》本。

《宣和书谱》,[宋]佚名,《津逮秘书》本。

《宣和画谱》,[宋]佚名,《津逮秘书》本。

《书林清话·余话》,[清]叶德辉,复旦大学出版社2008年版。

《南宋文范》七十卷、《外编》四卷,[清]庄仲方,光绪十四年江苏书局刊本。

《绘画见闻志》,[宋]郭若虚,台湾文海出版社影印文渊阁《四库全书》本。

《画继》,[宋]邓椿,台湾文海出版社影印文渊阁《四库全书》本。

《图绘宝鉴》,[元]夏文彦,《罗雪堂先生全集》初编本。

《画史会要》,[明]朱谋垔,《四库全书珍本》二集本。

《绘事备考》，[清]王毓贤，《四库全书珍本》二集本。

《太平寰宇记》，[宋]乐史，中华书局2007年版。

《元丰九域志》，[宋]王存，中华书局2004年版。

《南唐书》，[宋]陆游，《四部丛刊》本。

《挥麈录》，[宋]王明清，《四部丛刊》本。

《苏东坡全集》，[宋]苏轼，中国书店1986年版。

《栾城集》，[宋]苏辙，上海古籍出版社2009年版。

《宛陵先生集》，[宋]梅尧臣，《四部丛刊》初编本。

《苏学士集》，[宋]苏舜钦，《四部丛刊》初编本。

《范太史集》，[宋]范祖禹，《四库全书珍本》初集本。

《庆湖遗老集》，[宋]贺铸，清文渊阁《四库全书》本。

《河南穆公集》，[宋]穆修，《四部丛刊》初编本。

《直讲李先生文集》，[宋]李觏，《四部丛刊》初编本。

《后村先生大全集》，[宋]刘克庄，《四部丛刊》初编本。

《元丰类稿》，[宋]曾巩，《四部丛刊》初编本。

《龙学文集》[宋]祖士衡，清文渊阁《四库全书》本。

《临川先生文集》，[宋]王安石，中华书局1959年版。

《乐全集》，[宋]张方平，《四库全书珍本》初集本。

《欧阳文忠公集》[宋]欧阳修，《四部丛刊》初编本。

《咸平集》，[宋]田锡，文渊阁《四库全书》本。

《河南先生集》，[宋]尹洙，《四部丛刊》初编本。

《西台集》，[宋]毕仲游，《丛书集成》初编本。

《淮海集》，[宋]秦观，《四部丛刊》初编本。

《浮溪集》，[宋]汪藻，《四部丛刊》初编本。

《青溪寇轨》，[宋]方勺，中华书局1983年版。

《云庄集》，[宋]曾协，《豫章丛书》本。

《桯史》，[宋]岳珂，中华书局1997年版。

《相山集》，[宋]王之道，《四库全书珍本》初集本。

《欧阳修全集》，[宋]欧阳修，中华书局2001年版。

《攻媿集》，[宋]楼钥，《四部丛刊》初编本。

《水心文集》,[宋]叶适,《四部丛刊》初编本。

《于湖集》,[宋]张孝祥,《四部丛刊》初编本。

《勉斋黄先生文肃公集》,[宋]黄干,《四库珍本》二集本。

《燕翼诒谋录》,[宋]王栐,中华书局1981年版。

《真文忠公文集》,[宋]真德秀,《四部丛刊》初编本。

《舒文靖集》,[宋]舒璘,《四明丛书》本。

《秋崖先生小稿》[宋]方岳,《四库本书》本。

《苕溪渔隐丛话》,[宋]胡仔,《四部备要》本。

《郭祥正集》,[宋]郭祥正撰,今人孔凡礼辑补,黄山书社1995年版。

《陆放翁全集》,[宋]陆游,中国书店1986年版。

《朱文公文集》,[宋]朱熹,《四部丛刊》初编本。

《东莱文集》,[宋]吕祖谦,《续金华丛书》本。

《双溪集》,[宋]王炎,清康熙五十七年刊本。

《大慧普觉禅师年谱》,[宋]祖咏,北京图书馆藏《年谱珍本丛刊》本。

《鄂州小集》,[宋]罗愿,《知不足斋丛书》本。

《蔡忠惠公集》,[宋]蔡襄,文渊阁《四库全书》本。

《无为集》,[宋]杨杰,文渊阁《四库全书》本。

《九华集》,[宋]员兴宗,《四库全书珍本》初集本。

《张载集》,[宋]张载,中华书局1978年版。

《小畜集》,[宋]王禹偁,《四部丛刊》初编本。

《相山集》,[宋]王之道,文渊阁《四库全书》本;《后山先生集》,[宋]陈师道,民国四年吴兴张氏刻本。

《鸡肋集》,[宋]晁补之,《四部丛刊》初编本。

《昌谷集》,[宋]曹彦约,《四库珍本》初集本。

《鹤山集》,[宋]魏了翁,《四部丛刊》初编本。

《山房集》,[宋]周南,《涵芬楼秘笈》本。

《柯山集》,[宋]张耒,《武英殿聚珍》本。

《盘洲文集》,[宋]洪适,《四部丛刊》初编本。

《竹洲集》,[宋]吴儆,文渊阁《四库全书》本。

《长兴集》,[宋]沈括,《四部丛刊》三编本。

《桐江集》,[元]方回,上海商务印书馆1935年版。

《桐江续集》,[元]方回,《四库全书珍本》初集本。

《金华黄先生文集》,[元]黄溍,《四部丛刊》初编本。

《闻过斋集》,[元]吴海,《丛书集成》简编本。

《墙东类稿》,[元]陆文圭,《四库全书珍本》别辑本。

《道园遗稿》,[元]虞集,《四库全书珍本》五集本。

《道园学古录》,[元]虞集,《四部丛刊》初编本。

《金台集》,[元]迺贤,文渊阁《四库全书》本。

《贞素斋集》,[元]舒頔,《四库全书珍本》二集本。

《麟原集》,[元]王礼,《四库全书珍本》初集本。

《剡源文集》,[元]戴表元,《四部丛刊》初编本。

《石田文集》,[元]马祖常,《四库全书珍本》六集本。

《东山存稿》,[元]赵汸,《四库全书珍本》二集本。

《筠轩集》,[元]唐元,《四库全书珍本》三集本。

《揭文安公全集》,[元]揭傒斯,《四部丛刊》本。

《玩斋集》,[元]贡师泰,《四库全书珍本》三集本。

《吴文正集》,[元]吴澄,《四库全书珍本》二集本。

《云峰集》,[元]胡炳文,《四库全书珍本》四集本。

《师山集》,[元]郑玉,《四库全书珍本》四集本。

《青阳集》,[元]余阙,《四部丛刊》续编本。

《云林集》,[元]贡奎,《四库全书珍本》三集本。

《定宇集》,[元]陈栎,《四库全书珍本》二集本。

《松雪斋集》,[元]赵孟頫,《四部丛刊》初编本。

《云林集》,[明]危素,《四库全书珍本》三集本。

《环谷集》,[明]汪克宽,《四库全书珍本》七集本。

《元刊梦溪笔谈》,[宋]沈括,文物出版社1975年影印本。

《容斋随纸》,[宋]洪迈,上海古籍出版社1978年版。

《挥麈录》,[宋]王明清,《四部丛刊》本。

《涑水记闻》,[宋]司马光,中华书局1989年版。

《默记》,[宋]王铚,中华书局 1981 年版。

《玉照新志》,[宋]王明清,上海古籍出版社 1987 年版。

《春渚纪闻》,[宋]何远,中华书局 1983 年版。

《渑水燕谈录》,[宋]王闻之,中华书局 1981 年版。

《铁围山丛谈》[宋],蔡绦,中华书局 1983 年版。

《后山谈丛》,[宋]陈师道,《丛书集成新编》本。

《石林燕语》,[宋]叶梦得,《唐宋史料笔记丛刊》,中华书局 2006 年版。

《鸡肋编》,[宋]庄绰、萧鲁阳,《唐宋史料笔记丛刊》,中华书局 1983 年版。

《癸辛杂识》,[宋]吴企明、周密,《唐宋史料笔记丛刊》,中华书局 1988 年版。

《农书》,[元]王祯,上海商务印书馆《万有文库》本。

《历代名臣奏议》,[明]黄淮、杨士奇,上海古籍出版社 1989 年版。

《新安文献志》,[明]程敏政,黄山书社 2004 年版。

《读史方舆纪要》,[清]顾祖禹,上海书店出版社 1998 年版。

《元诗选》,[清]顾嗣立,中华书局 2001 年版。

《元诗纪事》,[清]陈衍,上海古籍出版社 1987 年版。

淳熙《新安志》,[宋]罗愿纂,《宋元方志丛刊》,中华书局 1990 年版。

《景定建康志》,[宋]周应合纂,《宋元方志丛刊》,中华书局 1990 年版。

《大明一统志》,[明]李贤等,台湾文海出版社影印本。

《南畿志》,[明]陈沂纂,明嘉靖间刊本。

弘治《徽州府志》,[明]汪舜民等修,明弘治十五年刊本。

弘治《宿州志》,[明]曾显纂,明弘治间刊本。

弘治《中都志》,[明]柳瑛纂,明弘治元年刊本。

嘉靖《重修太平府志》,[明]林钺等修,明嘉靖间刊本。

嘉靖《安庆府志》,[明]胡缵宗纂,明嘉靖元年刊本。

嘉靖《宁国府志》,〔明〕李默纂,明嘉靖十五年刊本。

嘉靖《寿州志》,〔明〕栗永禄修,明嘉靖二十九年刊本。

嘉靖《六安州志》,〔明〕邵德元修,明嘉靖三十四年刊本。

嘉靖《亳州志》,〔明〕李先芳纂,明嘉靖四十三年刊本。

嘉靖《和州志》,〔明〕易鸾纂,明嘉靖七年刊本。

嘉靖《皇明天长志》,〔明〕王心纂,明嘉靖二十九年刊本。

嘉靖《怀远县志》,〔明〕孙维礼修,明嘉靖十八年刊本。

万历《庐州府志》,〔明〕吴道明修,明万历三年刊本。

万历《宁国府志》,〔明〕陈俊修,明万历五年刊本。

万历《祁门志》,〔明〕谢存仁纂,明刻清印本。

康熙《庐州府志》,〔清〕朱弦纂,清康熙十二年刊本。

康熙《婺源县志》,〔清〕蒋灿等纂,清康熙三十三年刊本。

乾隆《颍州府志》,〔清〕王敛福修,清乾隆十七年刊本。

乾隆《池州府志》,〔清〕张士范修,清乾隆四十四年刊本。

嘉庆《泾县志》,〔清〕洪亮吉纂,清嘉庆十一年刊本。

嘉庆《萧县志》,〔清〕沈学渊纂,清嘉庆二十年刊本。

道光《定远县志》,〔清〕沈远标等修,清道光二十二年刊本。

同治《霍邱县志》,〔清〕陆鼎敩等修,清同治九年刊本。

光绪《泗虹合志》,〔清〕方瑞兰等修,清光绪十四年刊本。

光绪《重修安徽通志》,〔清〕吴坤修、何绍基等纂,清光绪四年
刊本。

民国《安徽通志稿》,〔民国〕安徽省政府编,民国三十三年铅印本。

《马克思恩格斯全集》,人民出版社1971年版。

《宋人传记资料索引》,昌彼得、王德毅等编,台北鼎文书局
1974—1976年版。

《元代社会阶级制度》,蒙思明,中华书局1980年版。

《中国历代户口、田地、田赋统计》,梁方仲编著,上海人民出版社
1980年版。

《中国陶瓷史》,中国硅酸盐学会编,文物出版社1982年版。

《元人传记资料索引》,王德毅、李荣村、潘柏澄编,台湾新文丰出

版公司 1982 年版。

《中国善本书提要》，王重民，上海古籍出版社 1983 年版。

《中国光学史》，王锦光、洪震寰，湖南教育出版社 1986 年版。

《元朝史》，韩儒林主编，人民出版社 1986 年版。

《中国书院制度研究》，陈谷嘉、邓洪波主编，浙江教育出版社 1987 年版。

《中国封建社会经济史》第五卷，傅筑夫，人民出版社 1989 年版。

《安徽科学技术史稿》，张秉伦，安徽科学技术出版社 1990 年版。

《明清徽州社会经济资料丛编》第二集，中国社会科学院历史研究所徽州文契整理组编，中国社会科学出版社 1990 年版。

《元代史》，周良霄、顾菊英，上海人民出版社 1993 年版。

《中国十大商帮》，张海鹏、张海瀛主编，黄山书社 1993 年版。

《简明安徽通史》，张南等著，安徽人民出版社 1994 年版。

《宋金元文学批评史》，王运熙、顾易生主编，上海古籍出版社 1996 年版。

《宋明理学史》，侯外庐，人民出版社 1997 年版。

《皖志史稿》，宫为之，安徽人民出版社 1997 年版。

《中国经济通史·元代经济卷》，陈高华、史卫民，经济日报出版社 2000 年版。

《安徽文化史》，《安徽文化史》编纂工作委员会编，南京大学出版社 2000 年版。

《淮河流域经济开发史》，王鑫义主编，黄山书社 2001 年版。

《元代政治制度研究》，李治安，人民出版社 2003 年版。

《元代出版史》，田建平，河北人民出版社 2003 年版。

《宋代史》，张其凡，澳门澳亚周刊出版有限公司 2004 年版。

《徽州宗族研究》，赵华富，安徽大学出版社 2004 年版。

《新安理学》，周晓光，安徽人民出版社 2005 年版。

《新安医学》，张玉才，安徽人民出版社 2005 年版。

《徽州教育》，李琳琦，安徽人民出版社 2005 年版。

后　　记

　　按照原来拟定的写作提纲,本卷尚有"宋代安徽著名家庭,群体和人物"章,因为字数超出太多,忍痛割爱。《宋金元安徽大事编年》、《宋金元安徽人物小传及资料来源表》先作正文,后因统一各卷体例改为附录。参加本卷编撰的有朱玉龙、陈瑞、韩酉山、白云、吴海升五位同志。

　　第八章的文学部分和第九章的"临济宗高僧宗杲"节韩酉山撰,第十章的"方兴未艾的雕版印刷业"和"藏书"由朱玉龙、白云合撰,第十一章的"跌宕起伏的教育事业"由朱玉龙、吴海升合撰,一至十一章的其余章节均由朱玉龙撰,十二至十五章陈瑞撰。《宋金元安徽大事编年》朱玉龙、陈瑞合撰,《宋金安徽人物小传和资料来源表》朱玉龙、白云编,《元代安徽人物小传和资料来源表》陈瑞、白云编。

　　初稿写成后,按照《安徽通史》编委会的意见送南京大学李昌宪、安徽师范大学杨国宜教授审读,两位先生看得非常认真、非常仔细,并提出一些很好的改进意见。本书部分图片选自安徽省文物管理局编《安徽馆藏文物珍宝》。当该书即将付梓之际,谨向为本书出版提供帮助的同志和单位表示衷心感谢。

编　　者

2011 年 6 月